JN026837

できる®

Jw_cad 8

パーフェクトブック

困った！＆便利ワザ大全 最新版

Jw_cad Version 8.25a/Windows 11, Windows 10 対応

櫻井良明 ＆ できるシリーズ編集部

インプレス

ご購入・ご利用の前に必ずお読みください

本書は、2023年9月現在の情報をもとに「Jw_cad Version 8.25a」の操作方法について解説しています。本書の発行後に「Jw_cad Version 8.25a」の機能や操作方法、画面などが変更された場合、本書の掲載内容通りに操作できなくなる可能性があります。本書発行後の情報については、弊社のWebページ（https://book.impress.co.jp/）などで可能な限りお知らせいたしますが、すべての情報の即時掲載ならびに、確実な解決をお約束することはできかねます。また本書の運用により生じる、直接的、または間接的な損害について、著者ならびに弊社では一切の責任を負いかねます。あらかじめご理解、ご了承ください。

本書で紹介している内容のご質問につきましては、巻末をご参照のうえ、お問い合わせフォームかメールにてお問合せください。電話やFAX等でのご質問には対応しておりません。また、本書の発行後に発生した利用手順やサービスの変更に関しては、お答えしかねる場合があることをご了承ください。

無料電子版について

本書の購入特典として、気軽に持ち歩ける電子書籍版（PDF）を以下の書籍情報ページからダウンロードできます。PDF閲覧ソフトを使えば、キーワードから知りたい情報をすぐに探せます。

▼書籍情報ページ
https://book.impress.co.jp/books/1123101012

動画について

操作を確認できる動画をYouTube動画で参照できます。画面の動きがそのまま見られるので、より理解が深まります。QRが読めるスマートフォンなどからはワザタイトル横にあるQRを読むことで直接動画を見ることができます。パソコンなどQRが読めない場合は、以下の動画一覧ページからご覧ください。

▼動画一覧ページ
https://dekiru.net/jwcad8pb

●本書の特典のご利用について

本書の特典はご購入者様向けのサービスとなります。図書館などの貸し出しサービスをご利用の場合は「購入者特典無料電子版」はご利用できません。なお、各ワザの練習用ファイル、フリー素材、YouTube動画はご利用いただくことができます。

●用語の使い方

本文中では、「Jw_cad Version 8.25a」のことを「Jw_cad」と記述しています。また、本文中で使用している用語は、基本的に実際の画面に表示される名称に則っています。

●本書の前提

本書では、「Windows 11」に「Jw_cad Version 8.25a」がインストールされているパソコンで、インターネットに常時接続されている環境を前提に画面を再現しています。

まえがき

Jw_cadは、簡単にインターネットからダウンロードでき、建築分野などでよく使われている無料の2次元汎用CADソフトウェアです。このソフトウェアは、そのシンプルさと使いやすさ、そしてフリーソフトでありながら実務で充分に使える豊富な機能を備えていることから、数百万人規模のユーザーがいるといわれています。

本書は、「困った!&便利ワザ大全」というサブタイトルが示す通り、Jw_cadの操作において問題が発生したり、より迅速な作業方法を求めたりする際に役立つガイドです。本書は、先頭から順に読む必要はありません。第1章から第14章までが、個別の操作項目に焦点を当てており、必要な情報を素早く見つけるための辞書のような役割を果たします。本編には合計400の「ワザ」を収録し、各ページにワザと関連したクロックメニュー、ショートカットキーを掲載しました。
さらに、ワザの上に「サンプル」マークが付いているものには、「練習用ファイル」を用意しています。これらのファイルを書籍のホームページからダウンロードし、実際に操作してみることで、より効果的に理解を深めることができます。
いつも手元に置いていただき、この1冊をJw_cadを使う方の一助にとしていただければ幸いです。

最後に、本書の制作に携わった編集部と関係者のみなさまに、心から感謝の意を表します。

2023年9月
櫻井良明

本書の読み方

中項目

各章は、内容に応じて複数の中項目に分かれています。あるテーマについて詳しく知りたいときは、同じ中項目のワザを通して読むと効果的です。

ワザ

各ワザは目的や知りたいことからQ&A形式で探せます。

解説

「困った!」への対処方法を回答付きで解説しています。

イチオシ①

ワザはQ&A形式で紹介しているため、A（回答）で大まかな答えを、本文では詳細な解説で理解が深まります。

イチオシ②

操作手順を丁寧かつ簡潔な説明で紹介！ パソコン操作をしながらでも、ささっと効率的に読み進められます。

クロックメニュー

ワザに関連したクロックメニューを紹介しています。

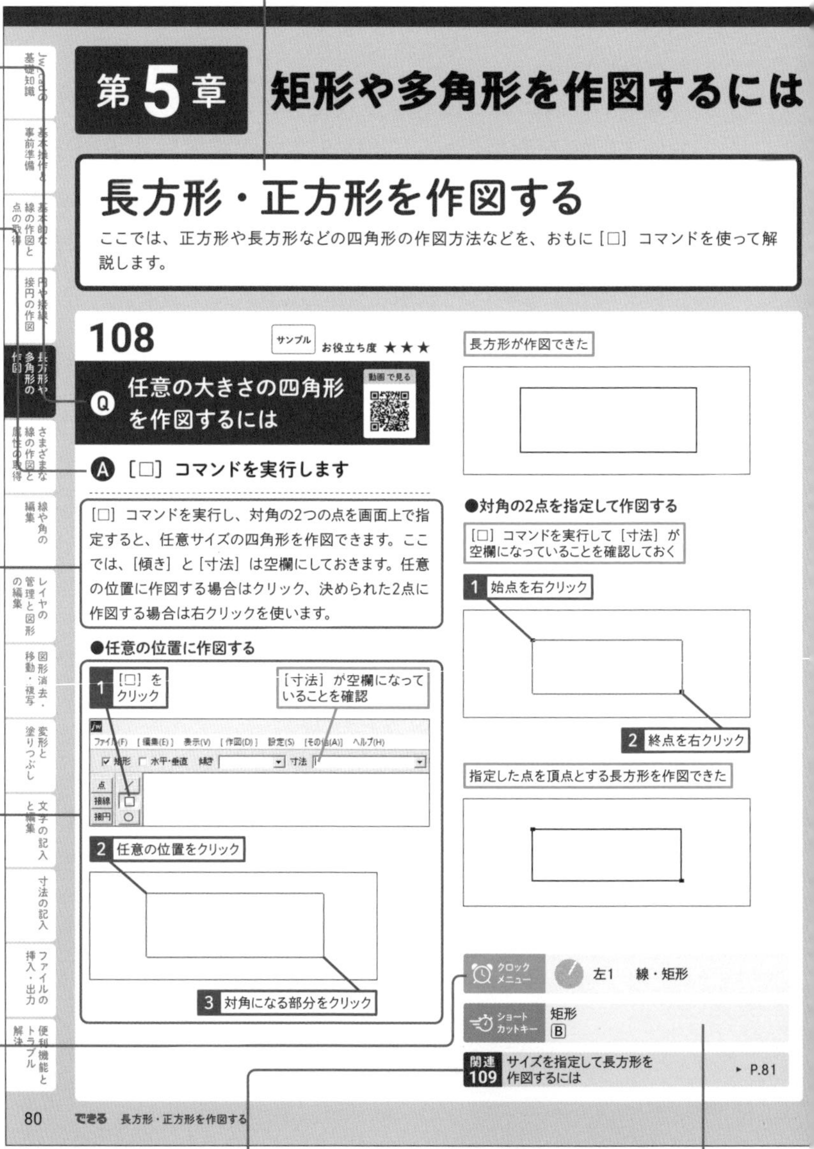
第5章 矩形や多角形を作図するには

長方形・正方形を作図する

ここでは、正方形や長方形などの四角形の作図方法などを、おもに［□］コマンドを使って解説します。

108 サンプル お役立ち度 ★★★

Q 任意の大きさの四角形を作図するには

A ［□］コマンドを実行します

［□］コマンドを実行し、対角の2つの点を画面上で指定すると、任意サイズの四角形を作図できます。ここでは、［傾き］と［寸法］は空欄にしておきます。任意の位置に作図する場合はクリック、決められた2点に作図する場合は右クリックを使います。

●任意の位置に作図する

1 ［□］をクリック

［寸法］が空欄になっていることを確認

2 任意の位置をクリック

3 対角になる部分をクリック

長方形が作図できた

●対角の2点を指定して作図する

［□］コマンドを実行して［寸法］が空欄になっていることを確認しておく

1 始点を右クリック

2 終点を右クリック

指定した点を頂点とする長方形を作図できた

クロックメニュー 左1 線・矩形

ショートカットキー 矩形 B

関連109 サイズを指定して長方形を作図するには ▸ P.81

80 できる 長方形・正方形を作図する

関連ワザ参照

紹介しているワザに関連する機能や、併せて知っておくと便利なワザを紹介しています。

ショートカットキー

ワザに関連したショートカットキーを紹介しています。

解説動画

ワザで解説している操作を動画で見られます。QRをスマホで読み取るか、Webブラウザーで「できるネット」の動画一覧ページにアクセスしてください。動画一覧ページは2ページで紹介しています。

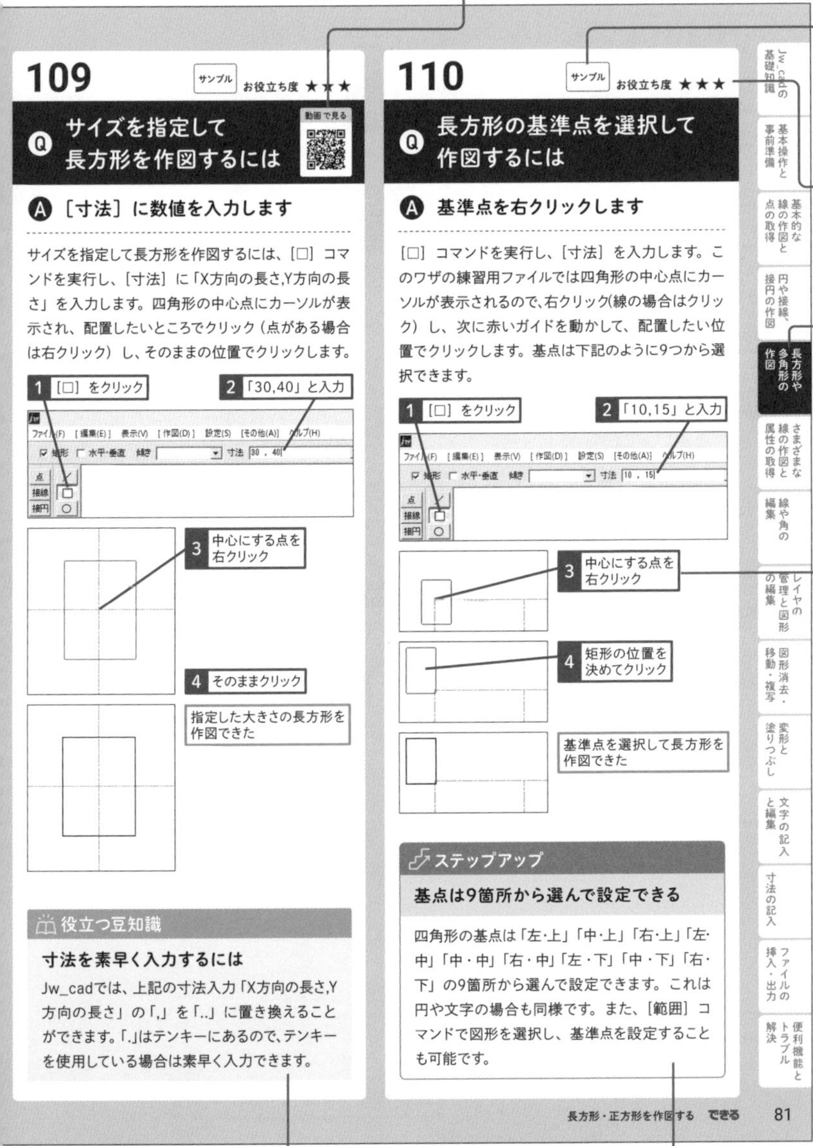

109 サンプル お役立ち度 ★★★

動画で見る

Q サイズを指定して長方形を作図するには

A ［寸法］に数値を入力します

サイズを指定して長方形を作図するには、［□］コマンドを実行し、［寸法］に「X方向の長さ,Y方向の長さ」を入力します。四角形の中心点にカーソルが表示され、配置したいところでクリック（点がある場合は右クリック）し、そのままの位置でクリックします。

1 ［□］をクリック

2 「30,40」と入力

3 中心にする点を右クリック

4 そのままクリック

指定した大きさの長方形を作図できた

役立つ豆知識

寸法を素早く入力するには

Jw_cadでは、上記の寸法入力「X方向の長さ,Y方向の長さ」の「,」を「..」に置き換えることができます。「.」はテンキーにあるので、テンキーを使用している場合は素早く入力できます。

110 サンプル お役立ち度 ★★★

Q 長方形の基準点を選択して作図するには

A 基準点を右クリックします

［□］コマンドを実行し、［寸法］を入力します。このワザの練習用ファイルでは四角形の中心点にカーソルが表示されるので、右クリック(線の場合はクリック）し、次に赤いガイドを動かして、配置したい位置でクリックします。基点は下記のように9つから選択できます。

1 ［□］をクリック

2 「10,15」と入力

3 中心にする点を右クリック

4 矩形の位置を決めてクリック

基準点を選択して長方形を作図できた

ステップアップ

基点は9箇所から選んで設定できる

四角形の基点は「左・上」「中・上」「右・上」「左・中」「中・中」「右・中」「左・下」「中・下」「右・下」の9箇所から選んで設定できます。これは円や文字の場合も同様です。また、［範囲］コマンドで図形を選択し、基準点を設定することも可能です。

長方形・正方形を作図する できる 81

サンプル

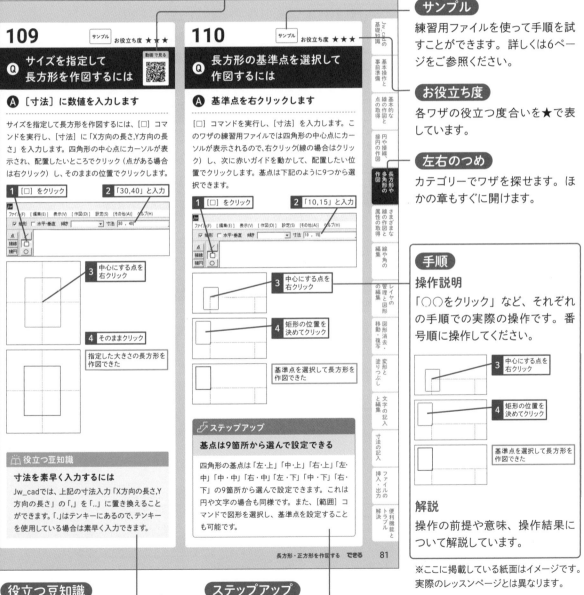

練習用ファイルを使って手順を試すことができます。詳しくは6ページをご参照ください。

お役立ち度

各ワザの役立つ度合いを★で表しています。

左右のつめ

カテゴリーでワザを探せます。ほかの章もすぐに開けます。

手順

操作説明

「○○をクリック」など、それぞれの手順での実際の操作です。番号順に操作してください。

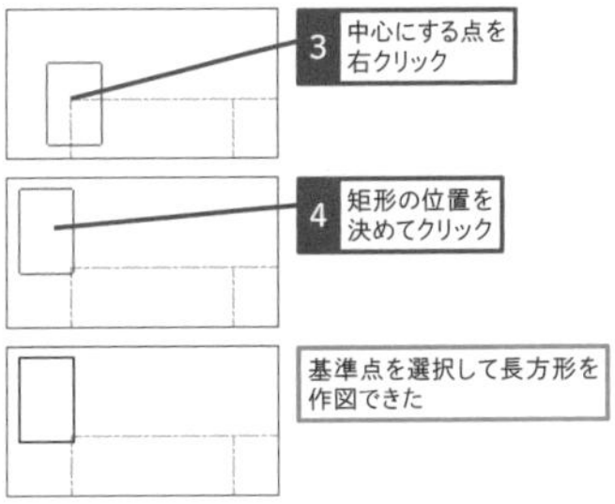

解説

操作の前提や意味、操作結果について解説しています。

※ここに掲載している紙面はイメージです。実際のレッスンページとは異なります。

役立つ豆知識

ワザに関連した情報や別の操作方法など、豆知識を掲載しています。

ステップアップ

一歩進んだ活用方法や、Jw_cadをさらに便利に使うためのお役立ち情報を掲載しています。

練習用ファイルの使い方

本書では操作をすぐに試せる練習用ファイルを用意しています（ワザに「サンプル」アイコンを表示）。ダウンロードした練習用ファイルは下記の手順で展開し、フォルダーを移動して使ってください。練習用ファイルは章ごとにファイルが格納されています。手順実行後のファイルは収録できるもののみ入っています。

▼練習用ファイルのダウンロードページ
https://book.impress.co.jp/books/1123101012

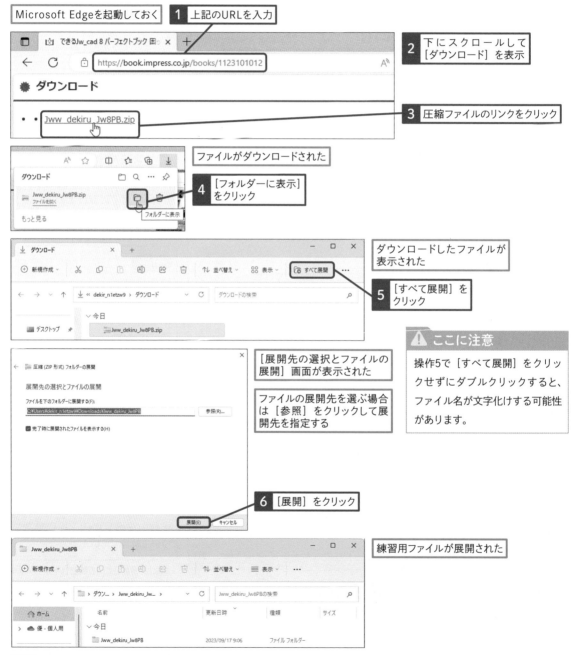

Microsoft Edgeを起動しておく

1 上記のURLを入力

2 下にスクロールして［ダウンロード］を表示

3 圧縮ファイルのリンクをクリック

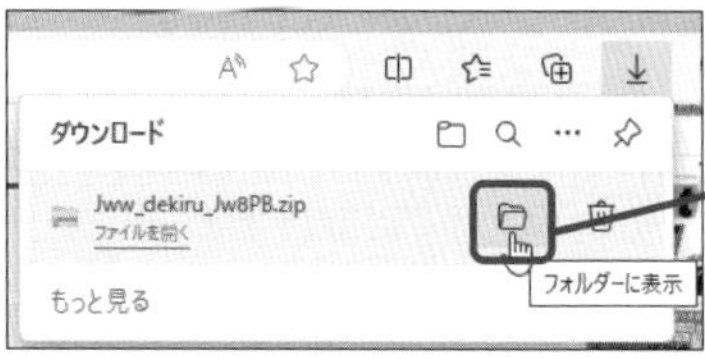

ファイルがダウンロードされた

4 ［フォルダーに表示］をクリック

ダウンロードしたファイルが表示された

5 ［すべて展開］をクリック

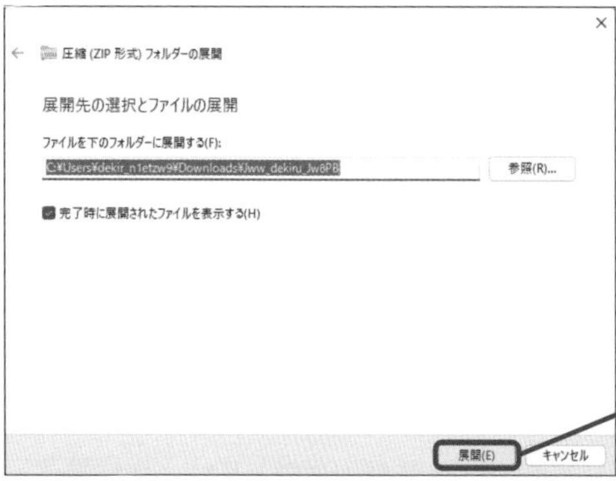

［展開先の選択とファイルの展開］画面が表示された

ファイルの展開先を選ぶ場合は［参照］をクリックして展開先を指定する

6 ［展開］をクリック

ここに注意

操作5で［すべて展開］をクリックせずにダブルクリックすると、ファイル名が文字化けする可能性があります。

練習用ファイルが展開された

●練習用ファイルを使えるようにする

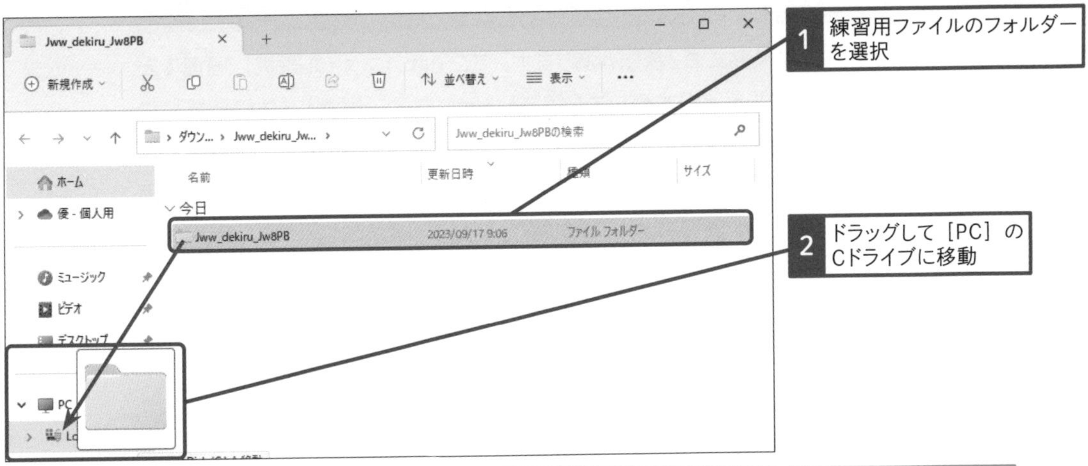

練習用ファイルの内容

ダウンロードしたファイルを展開すると、以下のような構成になります。練習用ファイルには章ごとにファイルが格納されており、ファイル先頭の「W」に続く数字がワザ番号を表します。ワザによって、練習用ファイルがなかったり、複数になっていたりします。 手順実行後のファイルは、収録できるもののみ入っています。図形ファイルの使用方法は221ページ、Jw_cadのインストール方法は25ページを参照してください。

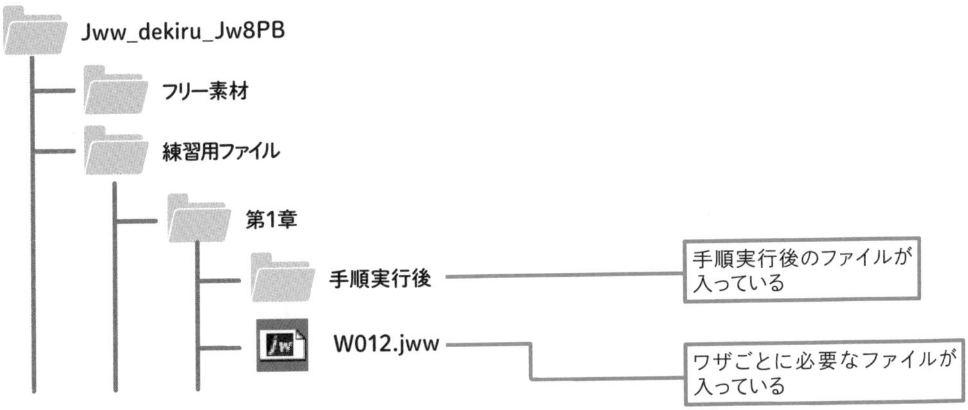

[フリー素材] の図形ファイルを挿入するには

図形ファイルには、JWS形式とJWK形式の2種類があります。ここでは [ファイル選択] 画面で表示する形式を切り替えて図形ファイルを選択する方法を解説します。なお [家具] [住設機器] 以外のフォルダーにはJWW形式の図面ファイルが収録されています。通常の手順でファイルを開いて、ワザ354を参考にファイル内の図形を図形登録して使いましょう。ファイルを開いた際に画面の色などが変更された場合は、本書の練習用ファイルを開くと元に戻ります。

ワザ353を参考に [ファイル選択] 画面を表示しておく

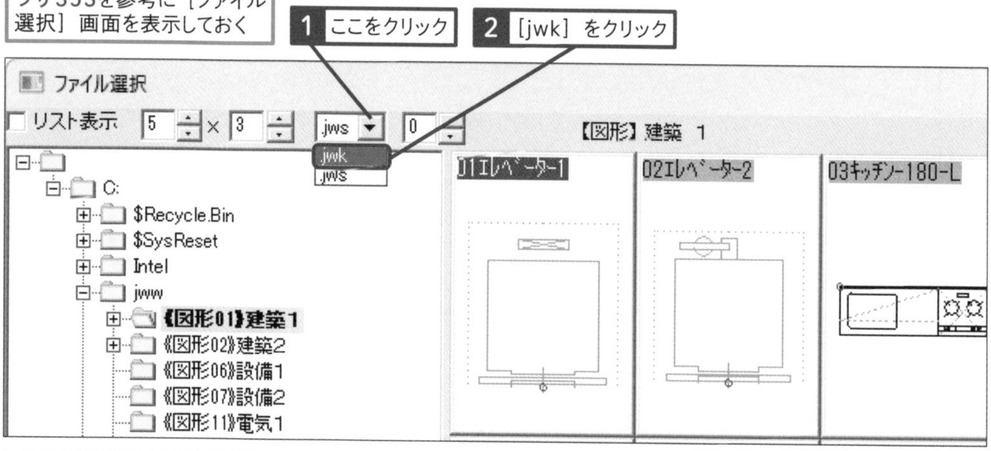

表示されるファイル形式が変更された

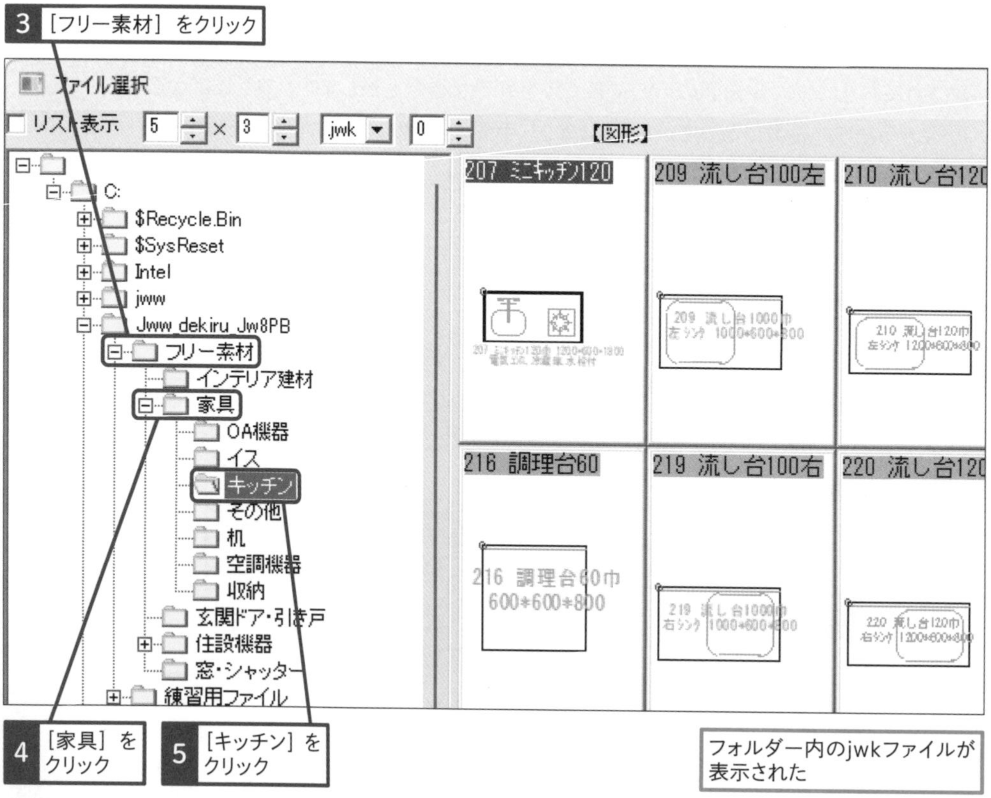

フォルダー内のjwkファイルが表示された

目次

第1章 脱・初心者のJw_cad基本ワザ

Jw_cadの基礎知識

第2章 Jw_cadの基本操作と設定の便利ワザ

基本操作と事前準備

Jw_cadの基本操作 36

基本操作と事前準備

コマンド操作の便利ワザ 51

第3章 線や点を作図するには

基本的な線の作図と点の取得

線の傾きや長さを変更する 56

特殊な点を端点に指定するには 62

第5章 矩形や多角形を作図するには

長方形や多角形の作図

第6章 さまざまな線を作図するには

さまざまな線の作図と属性の取得

第7章 線や角を編集するには

線や角の編集

第9章 図形の消去、移動、複写をするには

第10章 図形の変形、塗りつぶしをするには

変形と塗りつぶし

第11章 文字を記入するには

文字の記入と編集

文字の記入と編集

第12章 寸法を記入するには

寸法の記入

第13章 ファイルの挿入や出力

第14章 知っておきたい便利機能

便利機能とトラブル解決

よくあるトラブルを解決する 241

第1章 脱・初心者のJw_cad8基本ワザ

Jw_cad8の基本機能

ここではJw_cadのインストール方法や基本操作について説明します。一般的なアプリと共通する操作も多いので、一通り読んで確認しておきましょう。

001

お役立ち度 ★★★

Q CADって何？

A コンピューターを用いて設計をするシステムです

CADは「コンピューター支援設計」(Computer Aided Design) の略称であり、コンピューターを使用して製品や建築物の設計を行うシステムです。CADを利用することで、設計者はデジタル環境で詳細なモデルや図面を作成し、効率的に設計プロセスを進めることができます。また、CADは設計の変更や再利用が容易であり、設計の正確性や品質の向上にも貢献します。CADの利点には、時間とコストの削減、設計の可視化、設計の評価や解析、製造プロセスの最適化などがあります。CADはさまざまな産業や分野で広く利用されており、製品開発や建築、自動車設計、航空宇宙産業などにおいて重要なツールとなっています。なおCADには、2次元の2DCADと3次元の3DCADがありますが、Jw_cadは、2次元の図面作成に特化したCADソフトの一つです。

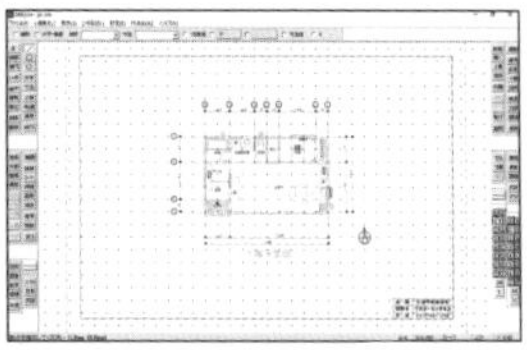

コンピューターを使用した設計システムを総称してCADと呼ぶ

002

お役立ち度 ★★★

Q Jw_cadを入手するには

A 作者が運営するホームページからダウンロードできます

Jw_cadは、清水治郎氏と田中善文氏が開発した2次元汎用CADです。パソコン通信の時代からフリーウェアとして公開され、現在も無償で使えます。本書は、2023年9月現在で最新版のJw_cad Version 8.25aをもとに作成しています。最新版を入手するには以下の作者が運営するホームページからダウンロードできます。

▼Jw_cadのWebページ
http://www.jwcad.net/

［ダウンロード］をクリックするとダウンロードページが表示される

003

お役立ち度 ★★★

Q Jw_cadを インストールするには

A ダウンロードしたインストーラーを使ってインストールします

インストールとは、プログラムをシステムに登録して使えるようにすることです。ダウンロードしたインストーラーを使ってJw_cadをインストールしましょう。なおインストール先はCドライブ（C:￥）のままにしてください。Cドライブ以外の場所にすると、図面ファイルが保存できなくなる場合があります。

7ページを参考に練習用ファイルをCドライブに展開しておく

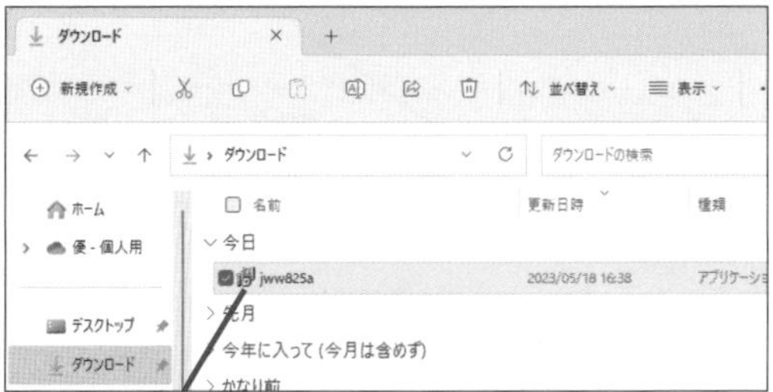

1 ［jww825a］をダブルクリック

インストーラーが起動した

2 使用許諾契約書を確認

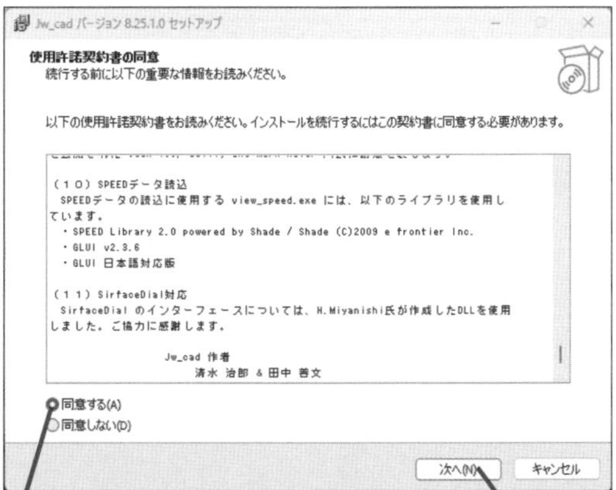

3 ［同意する］をクリック

4 ［次へ］をクリック

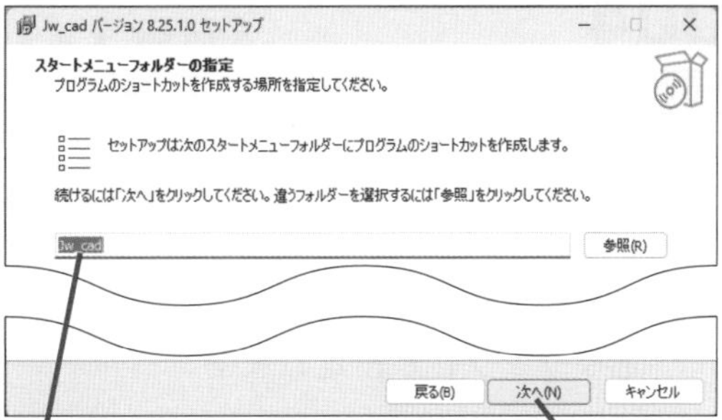

5 インストール先を確認

6 ［次へ］をクリック

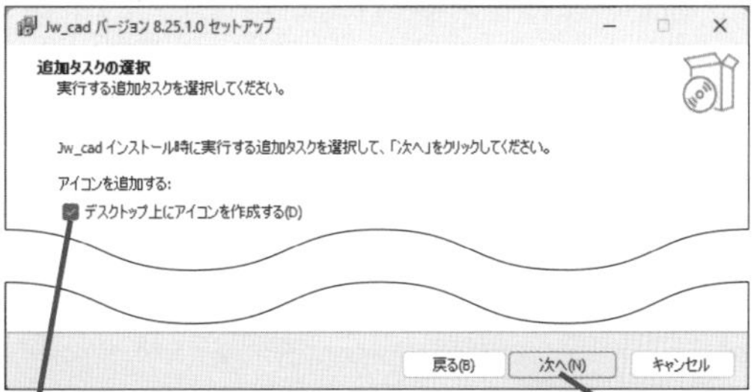

7 ここをクリックしてチェックマークを付ける

8 ［次へ］をクリック

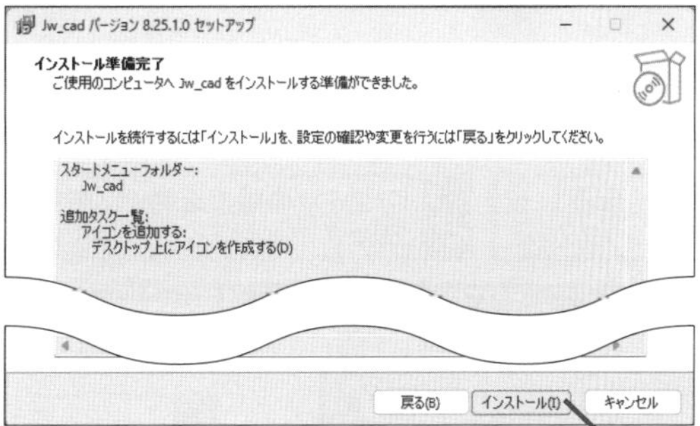

9 ［インストール］をクリック

次に表示される画面で［完了］をクリックしておく

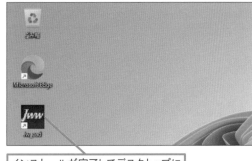

インストールが完了してデスクトップにアイコンが表示された

004

お役立ち度 ★★★

Q デスクトップにショートカットを作成するには

A スタートメニューのアイコンを右クリックして設定します

ショートカットアイコンをデスクトップに設置すれば、起動の操作を素早く行えます。[スタート] メニューの [J] 欄に表示される [Jw_cad] フォルダー中の [Jw_cad] を右クリックし、下記の操作手順に従ってショートカットを作成してください。

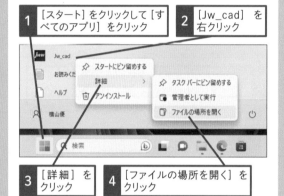

1 [スタート] をクリックして [すべてのアプリ] をクリック

2 [Jw_cad] を右クリック

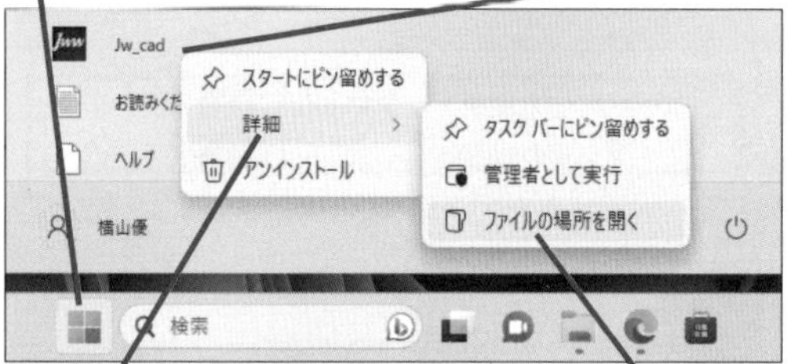

3 [詳細] をクリック

4 [ファイルの場所を開く] をクリック

Jw_cadのショートカットが表示された

5 [Jw_cad] を右クリックして [その他のオプションを表示] をクリック

6 [送る] をクリック

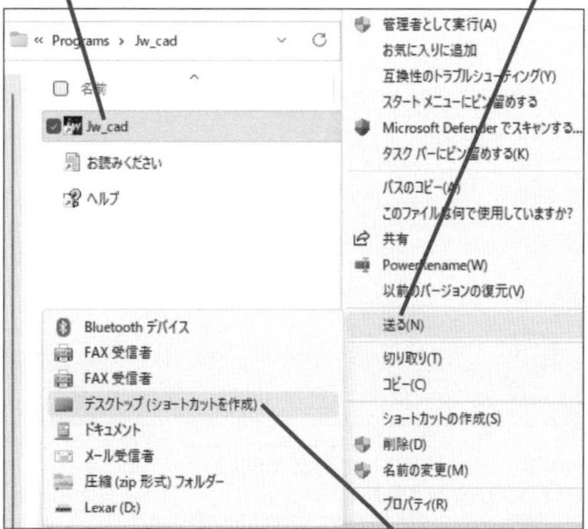

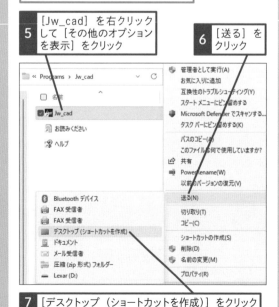

7 [デスクトップ (ショートカットを作成)] をクリック

005

お役立ち度 ★★★

Q タスクバーからJw_cadを起動できるようにするには

A タスクバーにピン留めします

「タスクバー」とは、Windowsの操作画面(デスクトップ) の最下部に表示される、細い帯状の操作領域です。アイコンの左端には [スタート] があり、右端には時刻の表示があります。タスクバーには、始めから登録されているアイコンの他に、起動中のアプリのアイコンが表示されます。下記の手順でアプリケーションのアイコンをピン留めすれば、アイコンをクリックするだけでアプリを起動できます。

ワザ004を参考にJw_cadのショートカットを表示しておく

1 [Jw_cad] を右クリック

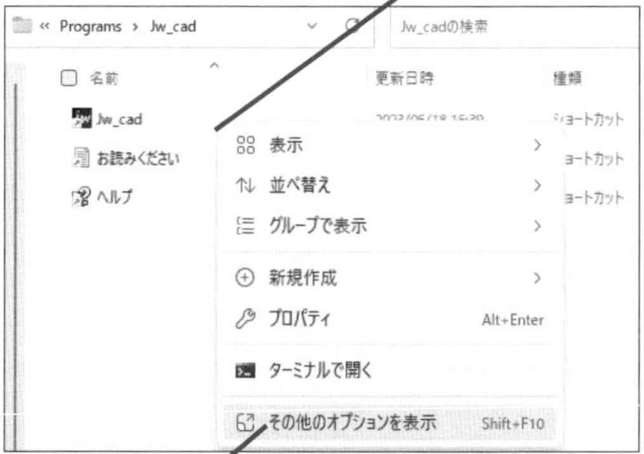

2 [その他のオプションを表示] をクリック

3 [タスクバーにピン留めする] をクリック

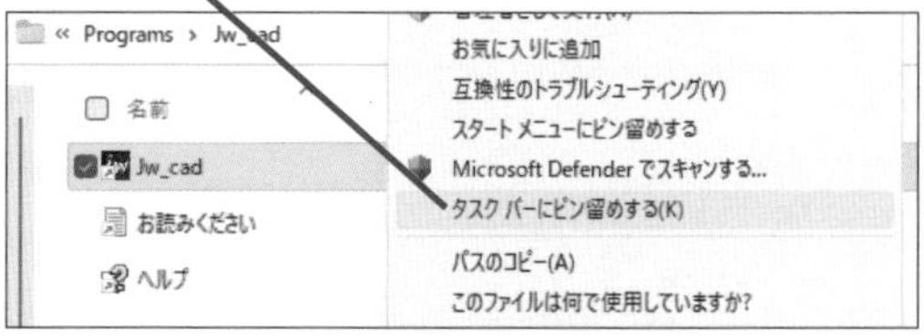

タスクバーにアイコンがピン留めされた

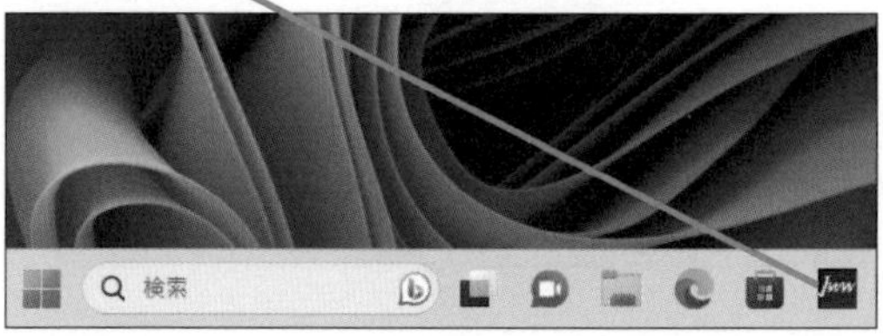

006

お役立ち度 ★★★

Q ショートカットアイコンを利用してJw_cadを起動するには

A アイコンをダブルクリックします

ショートカットアイコンからJw_cadを起動するには、デスクトップのアイコンをダブルクリックします。Jw_cadのアイコンをダブルクリックすることで、ハードディスクに保存されているプログラムがパソコンのメモリーに読み込まれ、Jw_cadが起動します。

1 [Jw_cad] をダブルクリック

Jw_cadが起動した

関連 004 デスクトップにショートカットを作成するには ▶ P.26

関連 005 タスクバーからJw_cadを起動できるようにするには ▶ P.26

007

お役立ち度 ★★★

Q Windows 10のスタートメニューからJw_cadを起動するには

A スタートメニューに含まれるアイコンをクリックします

Windows 10の [スタート] メニューからJw_cadを起動するには、アプリ一覧の [Jw_cad] フォルダー中の [Jw_cad] から実行します。[Jw_cad] のアイコンをクリックすることで、Jw_cadが起動します。

1 [スタート] をクリック

2 [Jw_cad] をクリック

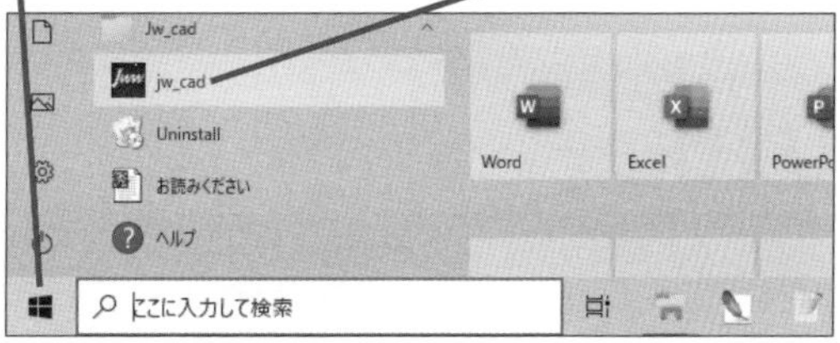

Jw_cadが起動する

008

お役立ち度 ★★★

Q Jw_cad8の推奨環境は？

A 仕事に使う場合はメモリ8GB以上を推奨します

Jw_cad8は、Windows8、10、11上で動作する2次元汎用CADです。2次元汎用CADなので、高性能なパソコンは必要ありません。また、データ容量が小さいので低スペックのパソコンでも短時間で読み込めます。専用のグラフィックボードも必要ありません。ただ、仕事などで作業効率を上げたい場合は、高解像度で大きめの液晶モニターを使い、パソコンのメモリは8GB以上、CPUはCore i5もしくはRyzen 5以上をおすすめします。

009

お役立ち度 ★★☆

Q Jw_cadのバージョン情報を確認するには

A ［ヘルプ］から表示できます

Jw_cadのバージョン情報を確認するには、画面上部にあるツールバーの［ヘルプ］から［バージョン情報］をクリックすれば別画面で表示されます。最新バージョンは、作者が運営するホームページで確認できます（ワザ002参照）。

最新バージョンは新しい機能が使えたり、バグが修正されたりしているので、より良い環境で使用できます。

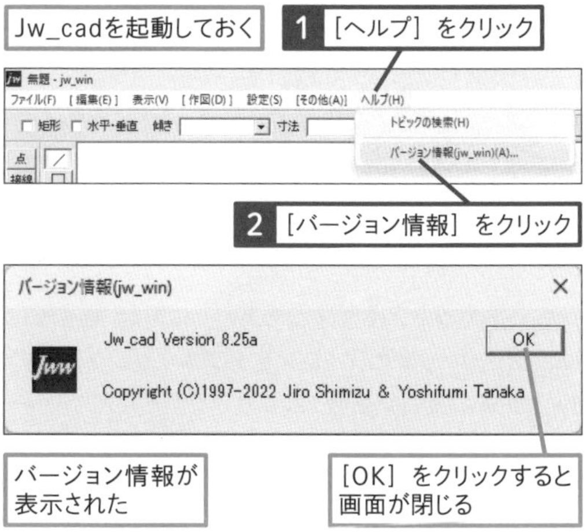

Jw_cadを起動しておく

1 [ヘルプ]をクリック

2

バージョン情報が表示された

[OK]をクリックすると画面が閉じる

010

お役立ち度 ★★★

Q Jw_cadを終了するには

A 画面右上をクリックして終了します

Jw_cadでの作業が終わって、プログラムを終了するには、次に使用するときに必要な情報をパソコンに書き込み、メモリーに読み込まれていたプログラムをクリアする作業が必要です。終了方法は、タイトルバー［ファイル］の［Jw_cadの終了］をクリックするか、画面右上の ✕ をクリックしてください。

●クリックして閉じる

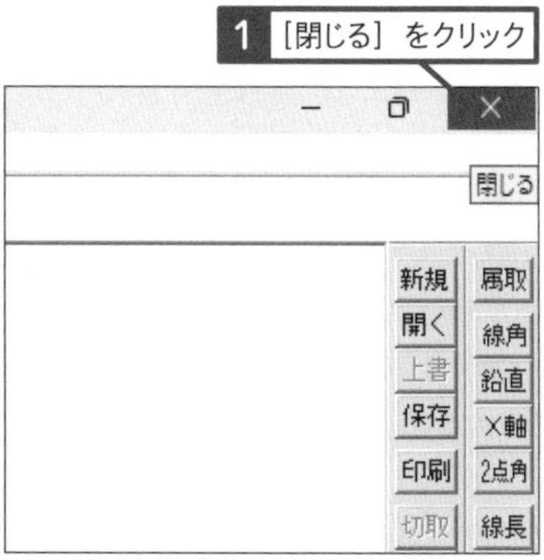

●メニューから閉じる

ファイルの基本操作

ここではJw_cadのファイル操作について説明します。一部でJw_cad特有の画面や操作がありますので、しっかりと確認しておきましょう。

011

お役立ち度 ★★★

動画で見る

Q 図面ファイルを開くには

A ［ファイル］メニューから開きます

Jw_cadの画面に、ハードディスクやUSBメモリーに保存されている図面ファイルを呼び出して使用するには、以下の手順で行います。この操作を「ファイルを開く」といいます。

これには2種類の方法があって、Jw_cadを起動してから開く方法と、直接、開きたいファイルをダブルクリックして開く方法があります。ここではJw_cadを起動してから開く方法を紹介します。

ワザ006を参考にJw_cadを起動しておく

1 ［ファイル］をクリック

2 ［開く］をクリック

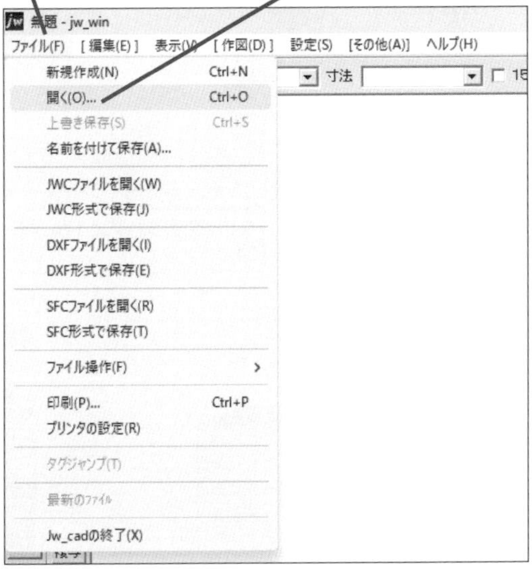

［ファイル選択］画面が表示された

3 ファイルの保存場所をクリック

4 ファイルをダブルクリック

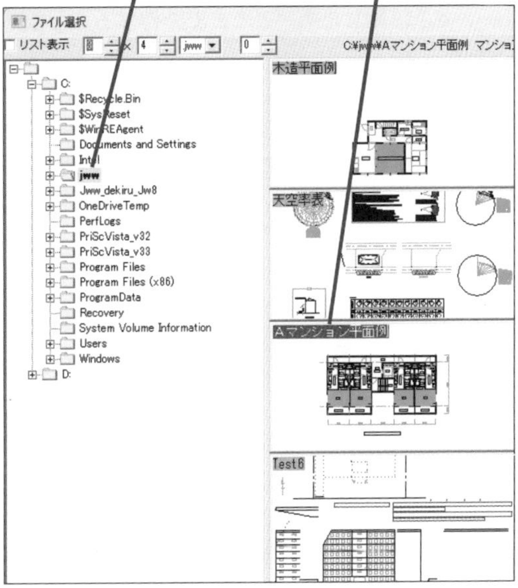

図面ファイルが開いた

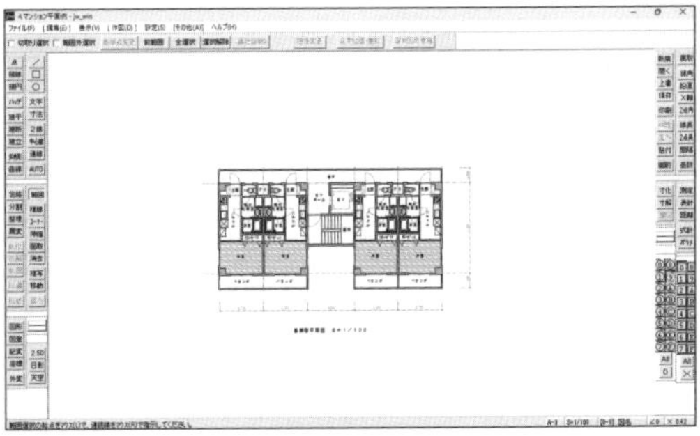

ショートカットキー　ファイルを開く　Ctrl+O

関連 018 図面ファイルを新規に保存するには ► P.33

012

サンプル　お役立ち度 ★★★

Q フォルダーからファイルを開くには

A ファイルをダブルクリックします

フォルダーなどにあるJw_cadを開く場合は、ファイルをダブルクリックしてください。Jw_cadを最初に起動しなくても、ファイルをダブルクリックした後にJw_cadが起動します。そのまま操作することも可能です。

1 ファイルをダブルクリック

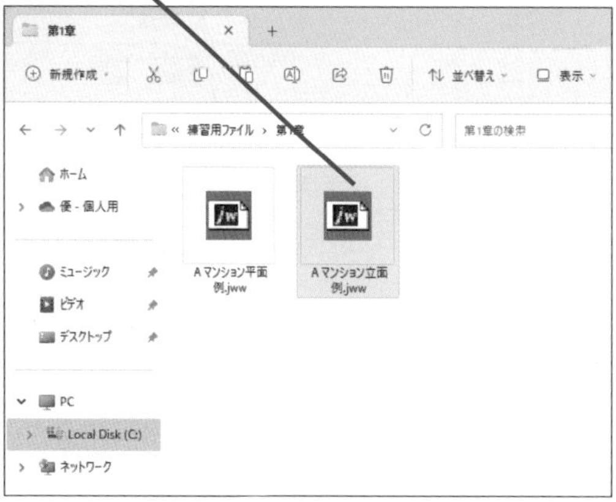

Jw_cadが起動してファイルが表示された

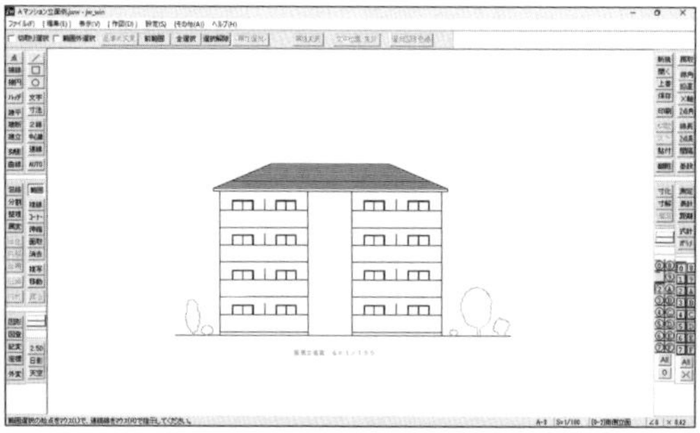

関連 018 図面ファイルを新規に保存するには ▸ P.33

013

お役立ち度 ★★★

Q 最近使用したファイルを開くには

A ［ファイル］メニューの履歴から開きます

画面左上のタイトルバー［ファイル］をクリックすると、メニューの下のほうに、最近使用したファイルが新しい順に表示されます。開きたいファイルをクリックすれば、そこから開くことも可能です。

1 ［ファイル］をクリック

最近使用したファイルが新しい順に表示される

クリックするとファイルが開く

014

お役立ち度 ★★★

Q ファイルをリスト表示するには

A ［ファイル選択］画面でリスト表示ができます

［開く］をクリックすると表示される［ファイル選択］画面では、フォルダー内のファイルの内容が一目でわかるようにプレビュー表示されています。ファイルがたくさんある場合、画面をリスト表示にすることで全体を見ることが可能になります。方法は、画面左上の［リスト表示］のチェックボックスをクリックしてチェックマークを付けてください。

ワザ011を参考に［ファイル選択］画面を表示しておく

1 ［リスト表示］をクリック

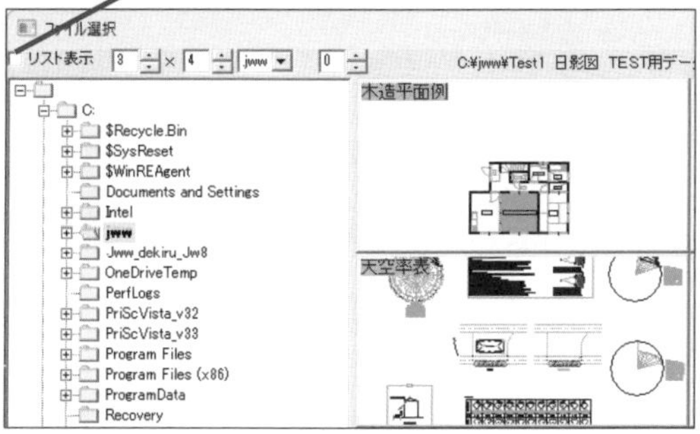

ファイルがリスト表示された

表示を戻す場合は［リスト表示］をクリックしてチェックマークをはずす

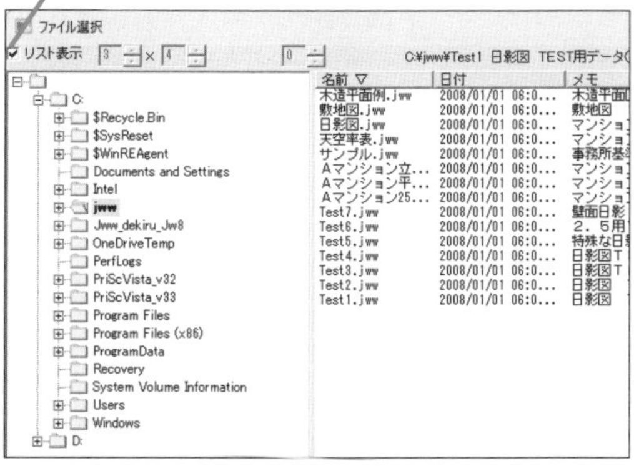

015

お役立ち度 ★★★

Q ファイル選択時の表示数を変更するには

A 行と列の数をそれぞれ指定できます

［開く］をクリックすると表示される［ファイル選択］画面について、プレビュー表示の行数と列数を変更することができます。［リスト表示］の隣にある入力欄に数値を入力するか、▲ ▼で変更してみましょう。画面の大きさに合わせて表示数を変更できます。

ワザ011を参考に［ファイル選択］画面を表示しておく

1 「2」と入力　2 「2」と入力

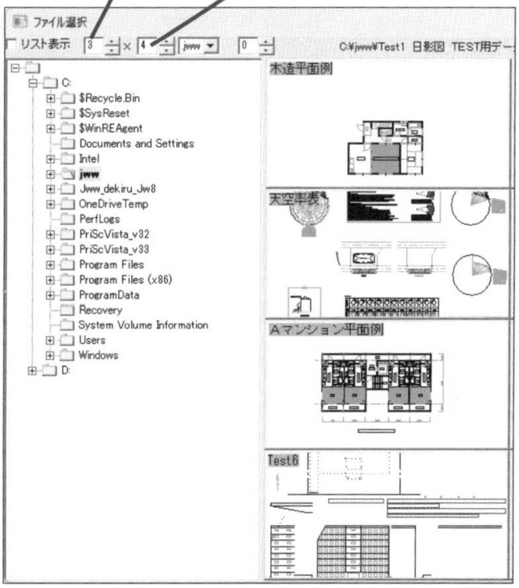

表示数が2行2列になった

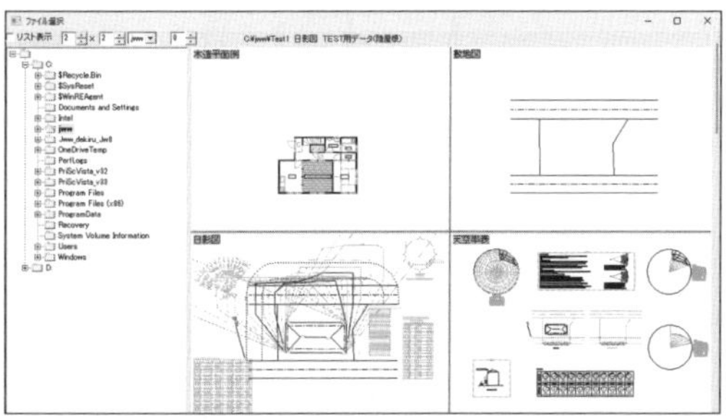

016

お役立ち度 ★★★

Q ファイルの選択時に図面の内容を確認するには

A ［ファイル選択］画面で拡大表示できます

［ファイル選択］画面に表示されるプレビューは、図面と同じように両ボタンクリックや両ボタンドラッグでズームや画面移動ができます（ワザ029参照）。プレビューは作図や編集はできませんが、画面表示だけでファイルの内容を確かめられます。

ワザ011を参考に［ファイル選択］画面を表示しておく

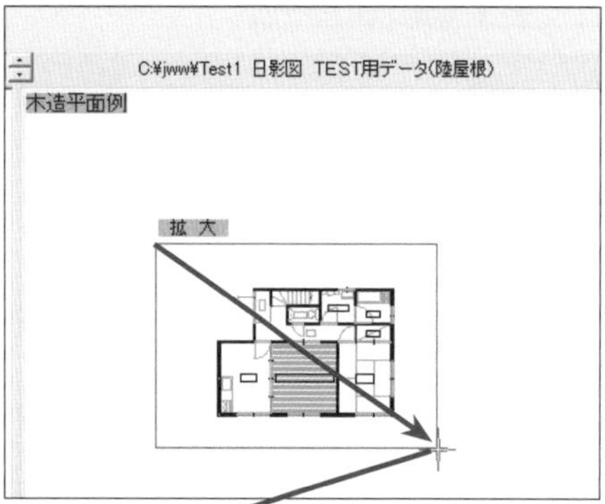

1 両ボタンクリックしながら右下にマウスカーソルを移動

［拡大］と表示された

2 マウスボタンをはなす

囲んだ部分が拡大表示された

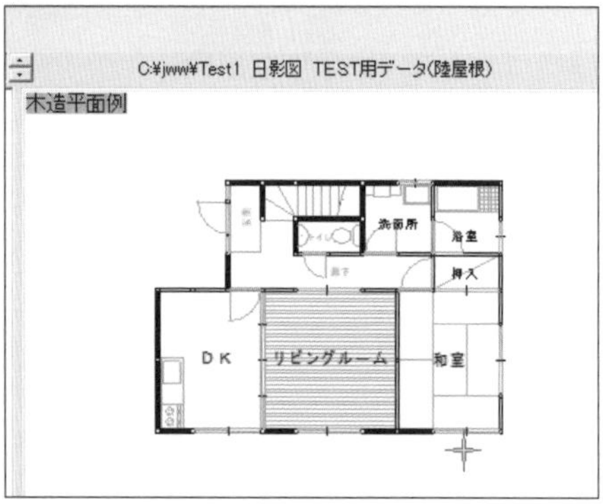

017

お役立ち度 ★★★

Q ファイル名の表示サイズを変更するには

A 7段階から選択できます

［ファイル選択］画面ではファイル名の文字サイズを変更することができます。デフォルトでは「0」になっていますが、をクリックして「-3」～「3」の範囲で変更可能です。

ワザ011を参考に［ファイル選択］画面を表示しておく

1 ここを3回クリック

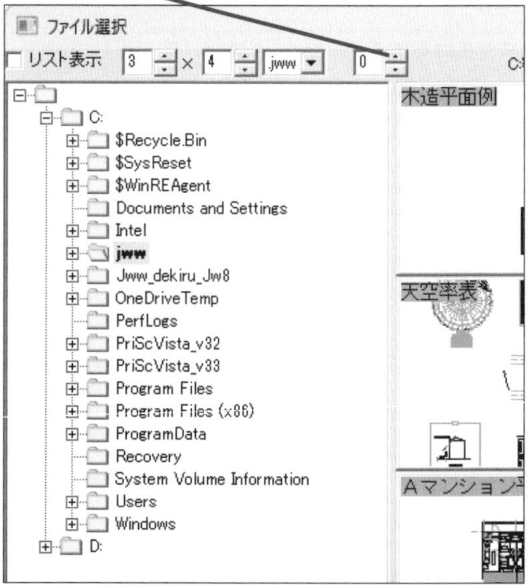

ファイル名が拡大表示された

元に戻す場合は下向きのボタンを3回クリックして「0」にする

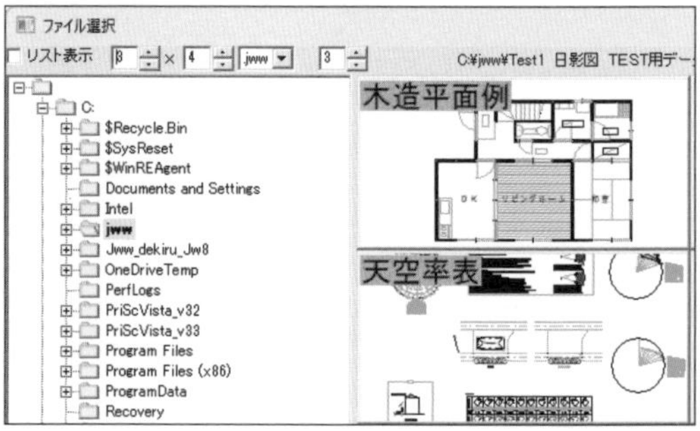

018

お役立ち度 ★★★

Q 図面ファイルを新規に保存するには

A ［名前を付けて保存］で保存します

図面を作成しているときは、作業中のファイルを保存しないと、コンピューターのトラブルや操作ミスによってデータが消去されてしまう可能性があります。ここでは、ファイルを新規作成した場合の保存方法を説明します。また、開いたファイルに別の名前を付けて新しいファイルとして保存したい場合も、同じ方法で操作できます。

1 ［ファイル］をクリック

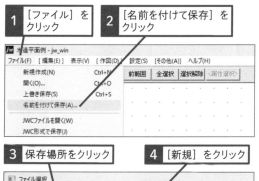

2 ［名前を付けて保存］をクリック

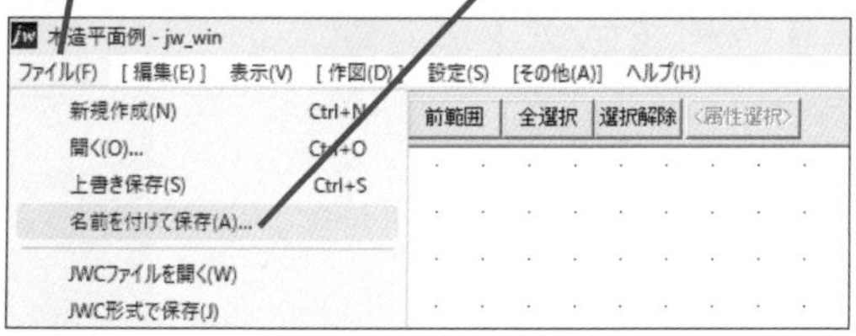

3 保存場所をクリック

4 ［新規］をクリック

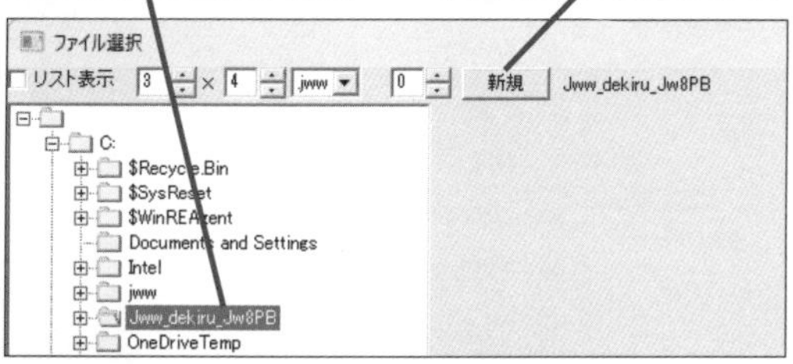

5 ファイル名を入力

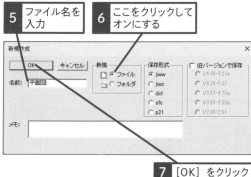

6 ここをクリックしてオンにする

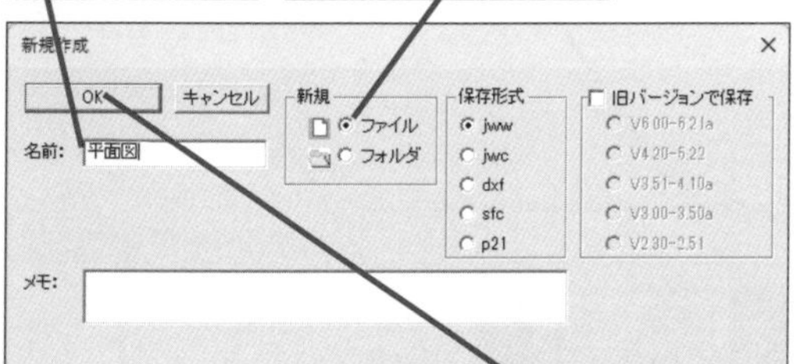

7 ［OK］をクリック

関連 018 図面ファイルを新規に保存するには ▸ P.33

019

お役立ち度 ★★★

Q 図面ファイルを上書き保存するには

A ［ファイル］メニューかツールバーから実行できます

作業後のファイルを上書き保存するには、［ファイル］メニューから［上書き保存］を選ぶか、ツールバーにある［上書］ボタンをクリックします。［上書き保存］を実行すると、すでに保存されている図面ファイルが、編集した内容で更新されます。このとき、上書き保存する前の図面ファイルは、自動的にバックアップファイルが作成されます。バックアップファイルの詳細については、ワザ398で説明します。

1 ［ファイル］をクリック

2 ［上書き保存］をクリック

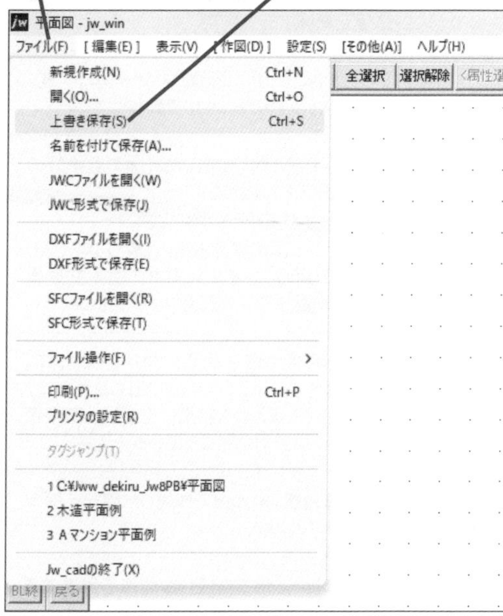

ファイルが上書き保存される

ツールバーの［上書］をクリックしてもよい

020 お役立ち度 ★★★

Q Jw_cadで扱えるファイルの種類を教えて！

A 以下の7種類を扱えます

Jw_cadで扱えるファイルは、以下の表の7種類です。そのうち、上の5種類は、図面ファイルとして読み書きできるファイルで、下の2種類は、図形データです。拡張子とは、ファイル名の末尾の「.」（ドット/ピリオド）の後ろにある英数字3～4文字の記号で、ファイルの種類やデータ形式を表します。

●Jw_cadで扱えるおもなファイル

拡張子	ファイルの内容
.jww	Windows版Jw_cadの基本の図面ファイル形式。最後の「w」は「Windows」の頭文字を意味する
.jwc	DOS版Jw_cadの図面ファイル形式。Windows以前の古いOSで動作していた
.dxf	AutoCADなど他のCADソフトとの互換性のある図面ファイル形式
.p21	STEPという国際標準規格に基づいたCADデータの図面ファイル形式で、国土交通省に電子納品する際の図面ファイル形式
.sfc	国土交通省の電子納品に利用される図面ファイル形式。p21ファイルよりもファイルサイズが小さくなるのも特徴。ただし、国際標準規格には非対応となっている
.jws	Windows版Jw_cadで作成した図形を保存するファイル形式
.jwk	DOS版Jw_cadで作成した図形を保存するファイル形式

関連 021 拡張子を表示するには ▸ P.34

021 お役立ち度 ★★★

Q 拡張子を表示するには

A フォルダーの［表示］から設定します

Windowsの標準設定では、非表示になっているファイルの拡張子を表示するには、拡張子を表示したいフォルダーを開きます。その後、メニューの［表示］をクリックし、［ファイル名拡張子］をクリックします。すると、拡張子付きのファイル名に、表示が変わります。

拡張子を表示したいフォルダーを開いておく

1 ［表示］をクリック

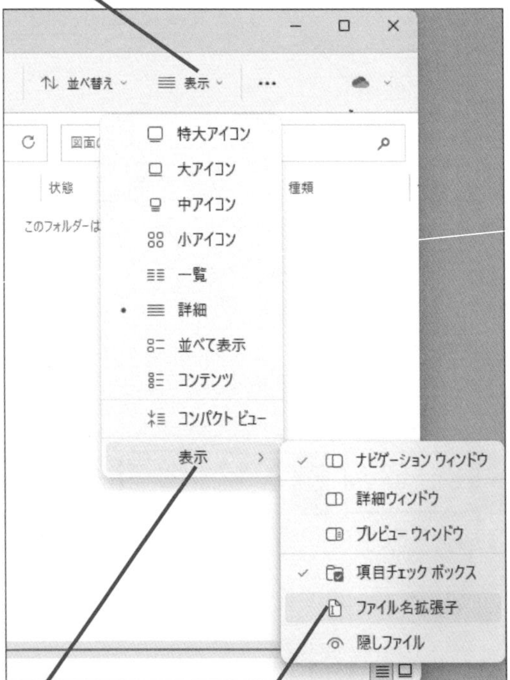

2 ［表示］をクリック

3 ［ファイル名拡張子］をクリック

選択したフォルダーで拡張子が表示されるようになった

022

お役立ち度 ★★★

Q 他のCADソフトのデータを読み込むには

A 拡張子を指定します

他のCADソフトのデータを読み込むには、[開く] をクリックし、[ファイル選択] 画面の [jww] をクリックして、そのCADソフトで作られたファイルの拡張子を選択します。
また、メニューバーの [ファイル] をクリックすると、「JWC」「DXF」「SFC」形式のデータを選んで読み込むことができます。

ワザ011を参考に [ファイル選択] 画面を表示しておく

1 ここをクリック

2 [.dxf] をクリック

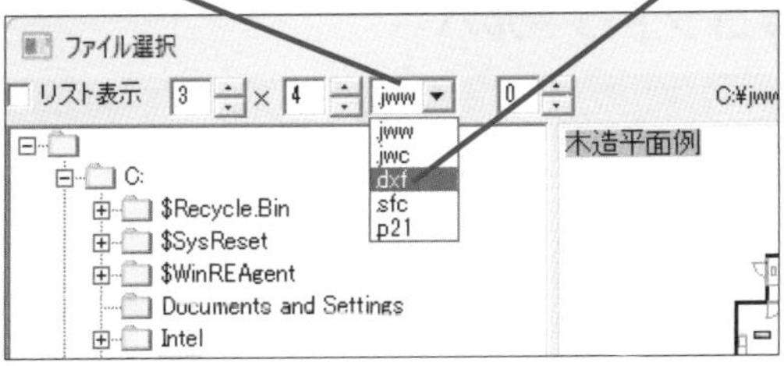

[ファイルを開く] 画面でDXFファイルが表示されるようになった

表示を元に戻す場合は [.jww] をクリックする

[ファイル] をクリックしてファイル形式を選んで開くこともできる

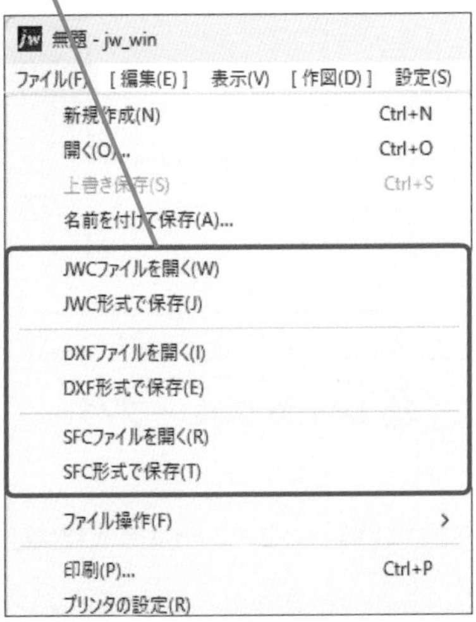

023

サンプル　お役立ち度 ★★★

Q 複数のファイルを同時に開くには

A アプリを別々に起動します

Jw_cadは、開いた1つの画面から同時に複数のファイルを扱うことはできません。ただし、複数のJw_cadを別々に起動してファイルを開き、それぞれの画面でファイルを編集することができます。また、開いたファイルどうしで、データのやり取りをすることも可能です。

ファイルを開いておく

1 追加して開きたいファイルをダブルクリック

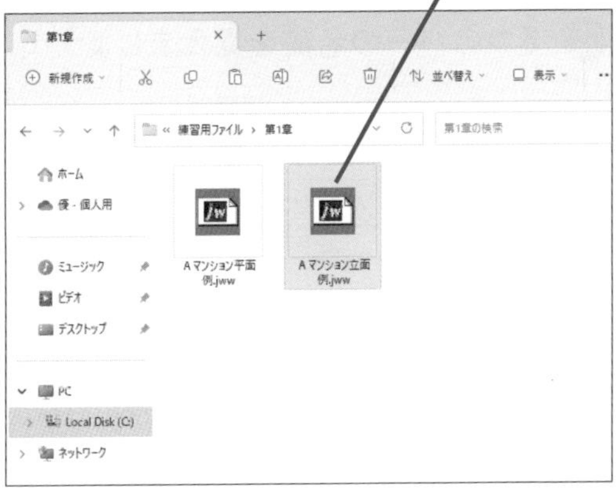

ダブルクリックしたファイルが新しい画面で表示された

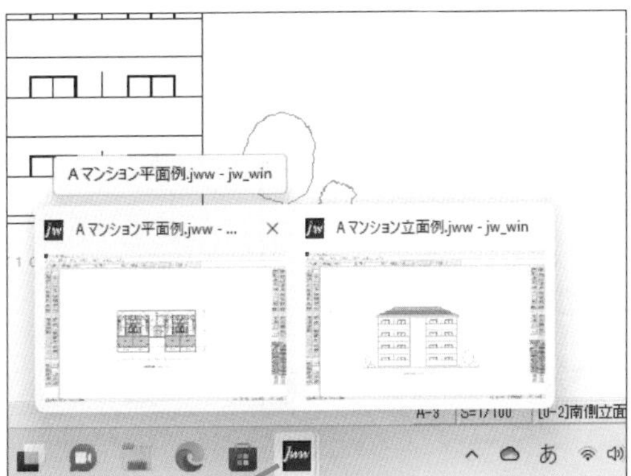

タスクバーのアイコンにカーソルを合わせると開く画面を選択できる

第2章 Jw_cadの基本操作と設定の便利ワザ

Jw_cadの基本操作

Jw_cadでは、画面の拡大表示や移動時にマウスの両方のボタンを使うなど、特殊なマウスの使い方をします。ここでは、画面各部の役割と基本的なマウス操作について解説します。

024

お役立ち度 ★★★

Q 画面の名称を教えて！

Jw_cadの画面には、下に示す通り、大きく分けて❶～❽のバーで構成されています。作図や編集作業を効率的に行えるように、メニューやボタンなどのツールが配置されています。ここでは、それぞれの要素の名称と、その役割を解説します。

A 8つのバーの名前を覚えましょう

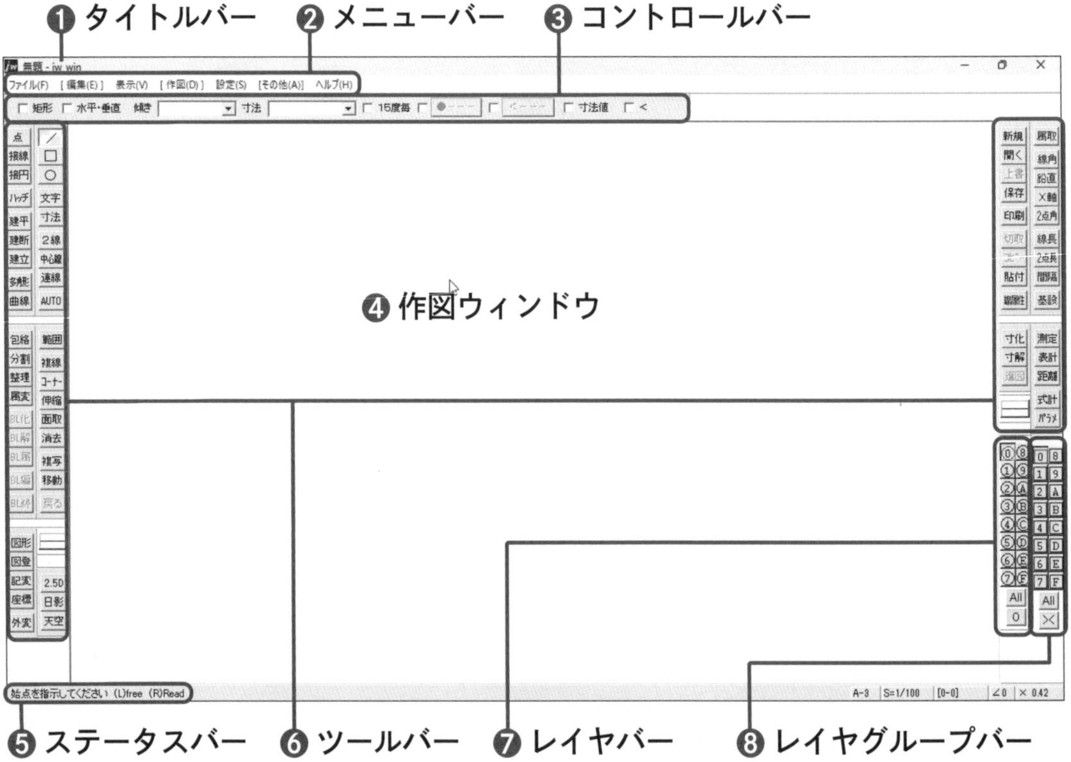

❶タイトルバー

Jw_cadで保存したファイル名が表示されます。起動したときは、ファイルが保存されていないので、ファイル名は「無題」になっています。

❷メニューバー
各項目をクリックするとそれぞれのメニューが表示されます。さらに、メニューからコマンド名などをクリックすると、そのツールが実行されます。ツールバーのボタンに登録されていないコマンドはこちらを利用します。なお、灰色で表示されているコマンドは利用できませんが、作図状況で黒色となり利用可能となります。

❸コントロールバー
各作図コマンドの詳細な設定をする場所です。選択されたコマンドによって表示されるコントロールバーは異なります。

❹作図ウィンドウ
作図するためのエリアです。初期設定では背景色は白色になっていますが、変更することも可能です（ワザ046参照）。起動時の作図ウィンドウは、使用する用紙の中心が画面の中心になるように表示されます。また、用紙枠を設定で表示することも可能です（ワザ038参照）。

❺ステータスバー
各コマンドを実行するためのヘルプメッセージが表示されます。例えば「(L)」という表示はマウスの左ボタンのクリックで行う操作、「(R)」はマウスの右ボタンクリックで行う操作を意味します。ステータスバーが表示されていない場合は、メニューバーから［表示］をクリックし、メニューの［ステータスバー］をクリックし、コマンドの横にチェックマークが付いていれば表示されている状態となります。

❻ツールバー
作図ウィンドウに表示されるボタンの集合体でクリックして各種コマンドを実行できます。ツールバーには、直線や円、多角形などの基本的な図形描画機能や、テキスト入力、レイヤーの操作、印刷などのコマンドを実行する機能があります。表示するボタンは、カスタマイズすることが可能です。

❼レイヤバー
図形のレイヤを管理するための機能です。レイヤとは、図形を分類して管理するために使用されます。例えば、異なる色や線種で描画された図形を分けて管理することができます。また、レイヤを使用することで、特定のレイヤの表示・非表示を切り替えることが可能です。

❽レイヤグループバー
レイヤグループは16グループあり、各グループごとに16個のレイヤが用意されているので合計256枚のレイヤシートを使うことができるようになっています。レイヤグループごとに縮尺が設定できるので、違う縮尺の図面を同じ画面に配置することが可能です。

●画面右下の表示

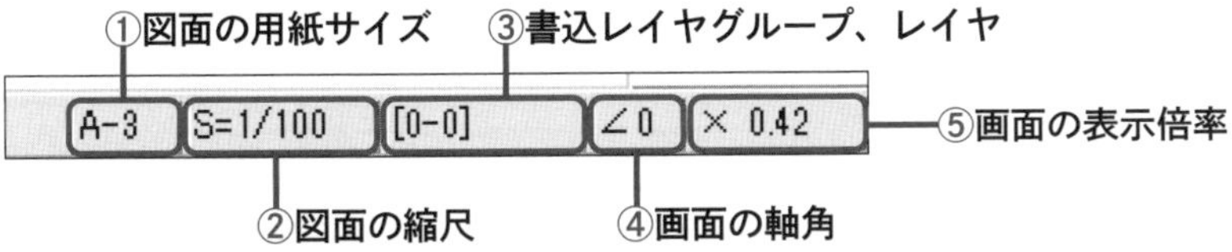

①図面の用紙サイズ
図面の用紙サイズを表示します。クリックしてA判の他、mでの大きさを設定できます。

②図面の縮尺
図面の縮尺を表示します。クリックで設定画面を開きます。レイヤグループごとに異なる設定が可能です。

③書込レイヤグループ、レイヤ
現在の書込レイヤグループ、およびレイヤグループを表示します。クリックで設定画面を開きます。

④画面の軸角
図面全体の軸角を表示します。クリックで設定画面を開きます。

⑤画面の表示倍率
図面全体の表示倍率を設定します。クリックで設定画面を開きます。

025

お役立ち度 ★★★

Q ツールバーをカスタマイズするには

A ［ツールバーの表示］画面で設定します

Jw_cadには初期状態のツールバーとは別にユーザー（1）～（6）、その他（1）（2）などのツールバーが用意されています。下の操作手順より、必要に応じて画面に出して配置することが可能です。なお、ユーザー(1)～(6)は、［ユーザーバー設定］からツールバーの内容を変更してカスタマイズが可能です（ワザ027参照）。

1 ［表示］をクリック

2 ［ツールバー］をクリック

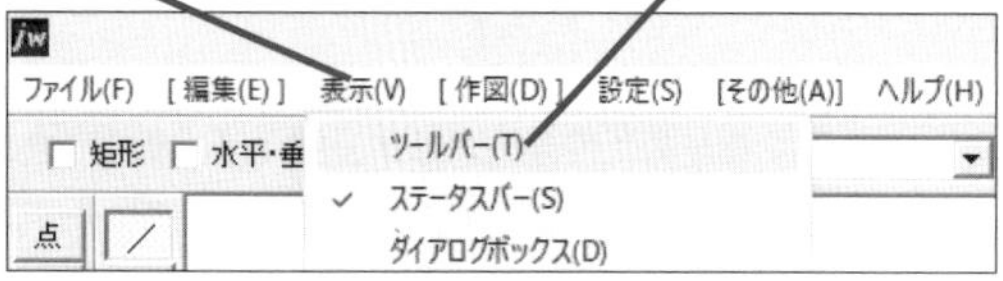

［ツールバーの表示］画面が表示された

3 クリックしてチェックマークを付ける

4 ［OK］をクリック

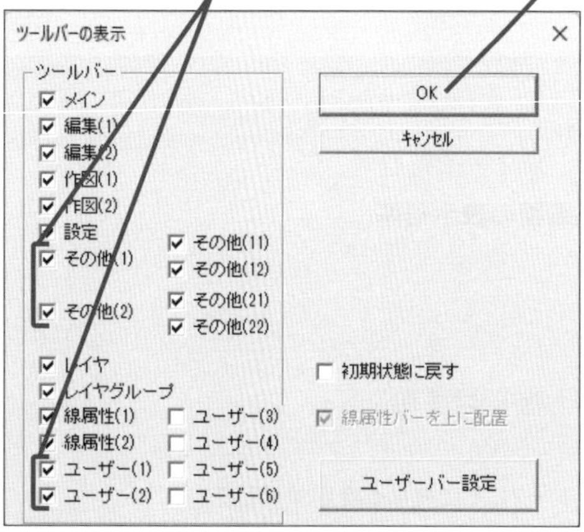

画面上にツールバーが追加された

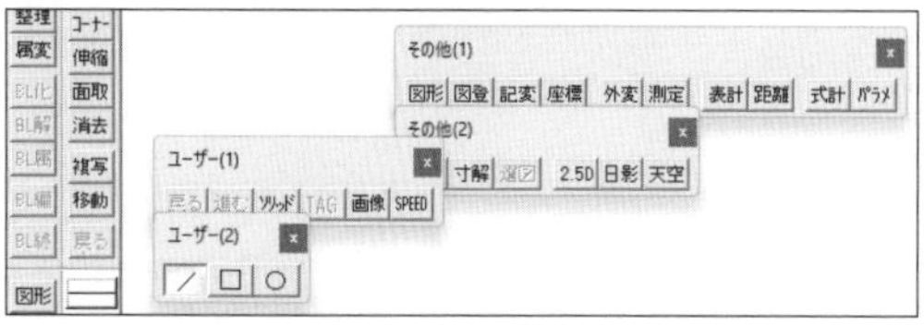

026

お役立ち度 ★★★

Q おすすめのツールバーを教えて！

A 「ユーザー（1）」がおすすめです

［ツールバーの表示］画面で選択できるツールバーの中で、最もおすすめしたいのは「ユーザー（1）」です。初期状態にはない［進む］があり、［多角形］［矩形］からしか操作できない［ソリッド］などのボタンがあるので大変便利です。

ワザ025を参考に［ツールバーの表示］画面を表示しておく

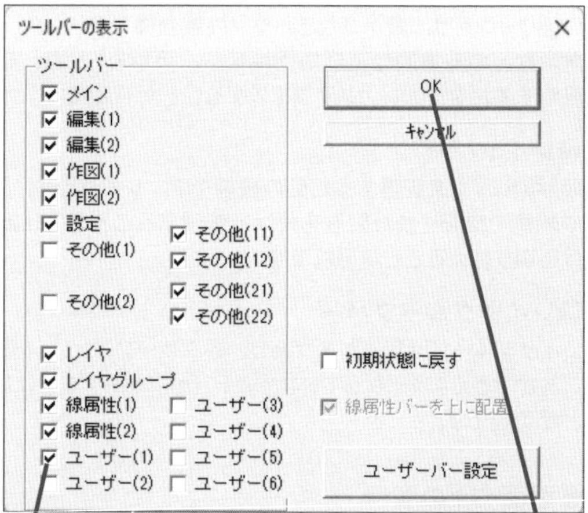

1 ［ユーザー（1）］をクリックしてチェックマークを付ける

2 ［OK］をクリック

［ユーザー（1）］ツールバーが追加された

［戻る］で操作の取り消し、［進む］で操作のやり直しをこのツールバーから実行できる

関連 027 ユーザー設定ツールバーをカスタマイズするには ▸ P.39

関連 028 ツールバーの表示を元に戻すには ▸ P.39

027

お役立ち度 ★★★

Q ユーザー設定ツールバーをカスタマイズするには

A ［ユーザー設定ツールバー］画面から設定します

「ツールバーの表示」画面の右下「ユーザーバー設定」をクリックして表示される「ユーザー設定ツールバー」画面より、ユーザー（1）から（6）までのツールの中身を下にあるコード番号をボックスに入力することで、オリジナルのツールバーの作成が可能です。

ワザ025を参考に［ツールバーの表示］画面を表示しておく

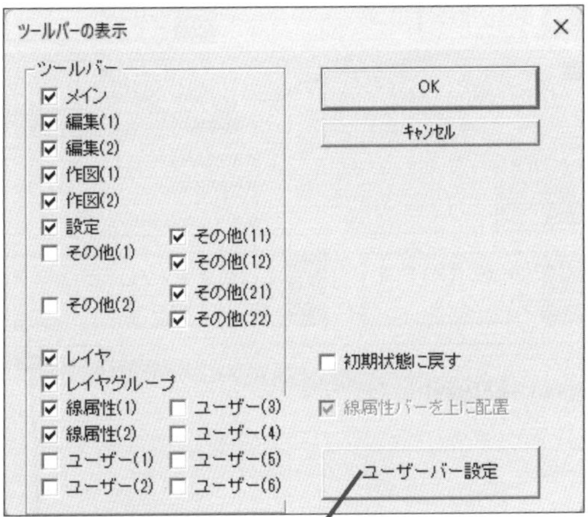

1 ［ユーザーバー設定］をクリック

［ユーザー設定ツールバー］画面が表示された

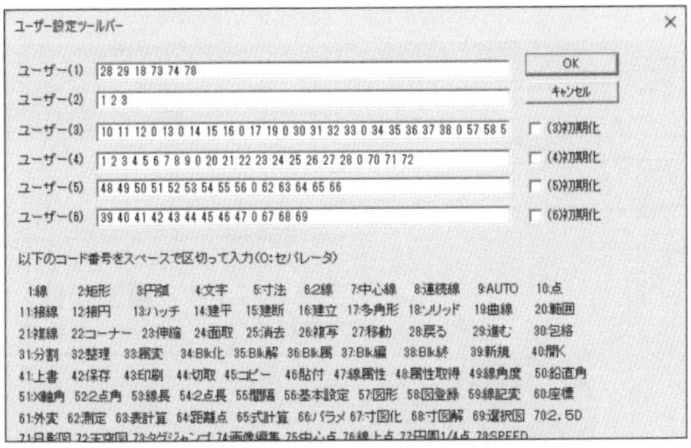

［ユーザー］の(1)から(6)に表示する内容をそれぞれコード番号で指定できる

028

サンプル

お役立ち度 ★★★

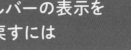

Q ツールバーの表示を元に戻すには

動画で見る

A ［初期状態に戻す］で元に戻せます

ツールバーをカスタマイズ前の状態にリセットしたい場合は、メニューから元の状態に戻すことが可能です。ワザ025を参考に「ツールバーの表示」画面を表示し、「初期状態に戻す」にチェックマークを付けて「OK」ボタンを押してください。

カスタマイズ前の状態に戻したい

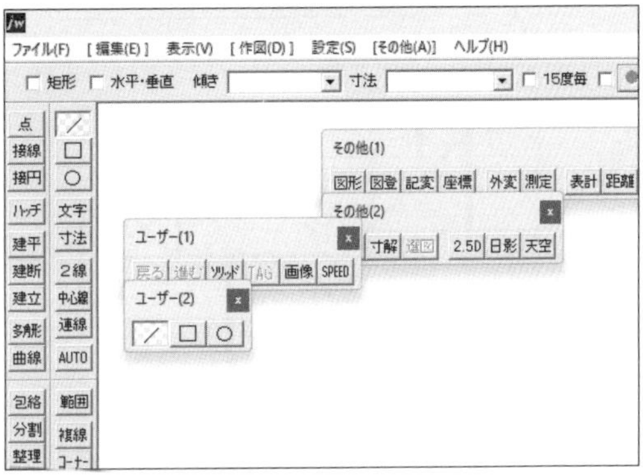

ワザ025を参考に［ツールバーの表示］画面を表示しておく

1 ［初期状態に戻す］をクリックしてチェックマークを付ける

2 ［OK］をクリック

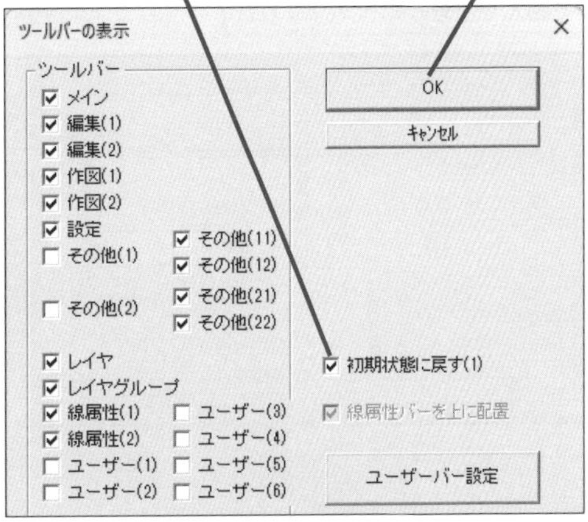

ツールバーの表示が初期状態に戻る

029 サンプル お役立ち度 ★★★

Q 画面の一部を拡大表示するには

A 両ボタンクリックで右下にドラッグします

画面を拡大して見たい部分は、マウスの両方のボタンを同時に押して、左上から右下へドラッグして拡大表示する範囲を囲み、マウスボタンから指を離すと、囲んだ範囲が画面いっぱいに表示されます。ドラッグを始めた位置には「拡大」と表示されます。

1 拡大したい部分の左上を両ボタンクリック

2 両ボタンクリックしたままマウスカーソルを右下にドラッグ

［拡大］と表示された　　拡大したい部分を枠で囲む

枠で囲んだ部分が拡大表示された

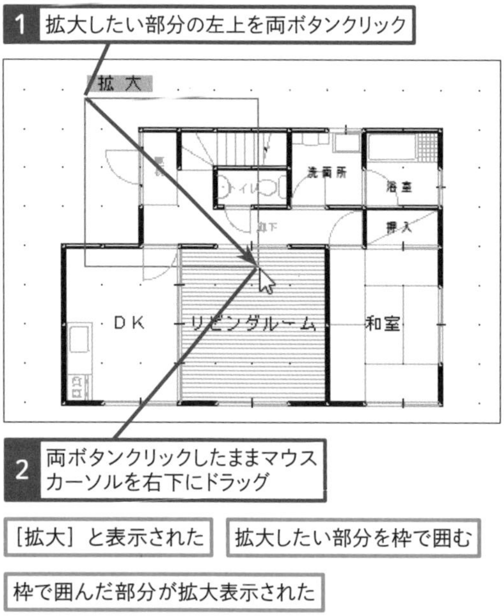

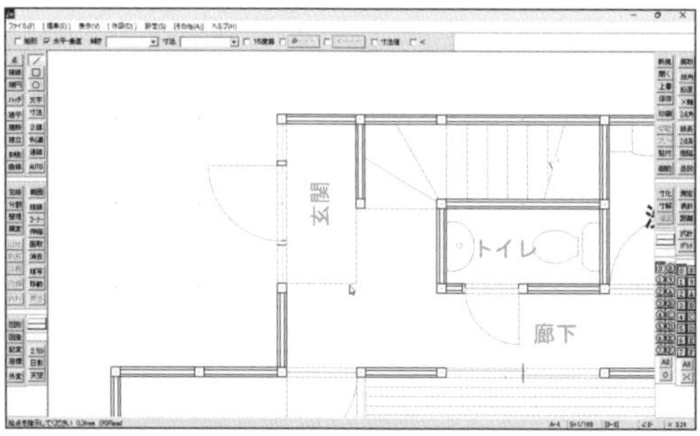

関連031 画面全体を表示するには ▸ P.41

030 お役立ち度 ★★★

Q マウスのホイールボタンで拡大縮小がしたい

A ［基本設定］で設定します

［基本設定］の[一般(2)] から以下の設定を行うと、マウスのホイールボタンを回転させるだけで画面表示の拡大や縮小ができるようになります。［マウスホイール］の項目で [+] にチェックマークを付けると、ホイールボタンを手前に回転させたときに画面が拡大され、[−] にチェックマークを付けると縮小されます。

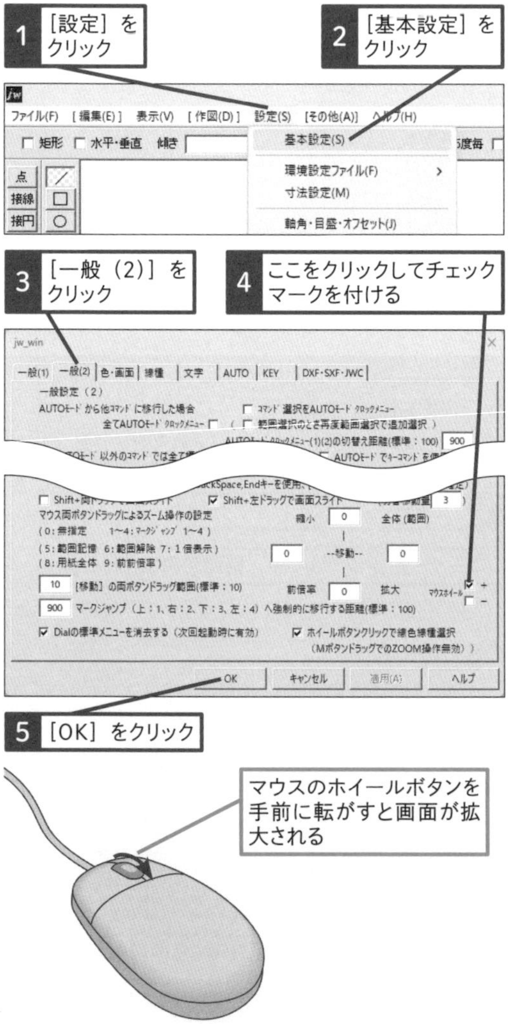

031

お役立ち度 ★★★

Q 画面全体を表示するには

A 両ボタンクリックで右上にドラッグします

画面の適当な場所で、マウスの両方のボタンを同時に押して、右上へドラッグします。［全体］と表示されたらマウスボタンから指を離します。

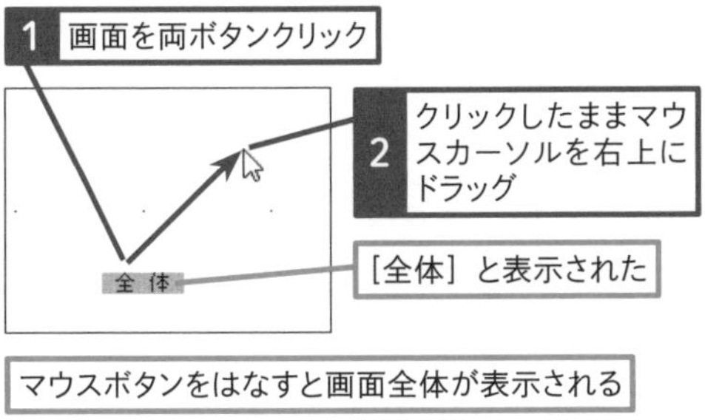

マウスボタンをはなすと画面全体が表示される

032

サンプル

お役立ち度 ★★★

Q 直前の表示倍率で表示するには

A 両ボタンクリックで左下にドラッグします

直前の表示倍率で表示したいときは、画面の適当な場所で、マウスの両方のボタンを同時に押して、左下へドラッグします。［前倍率］と表示されたらマウスボタンから指を離します。

マウスボタンを離すと直前と同じ表示倍率で表示される

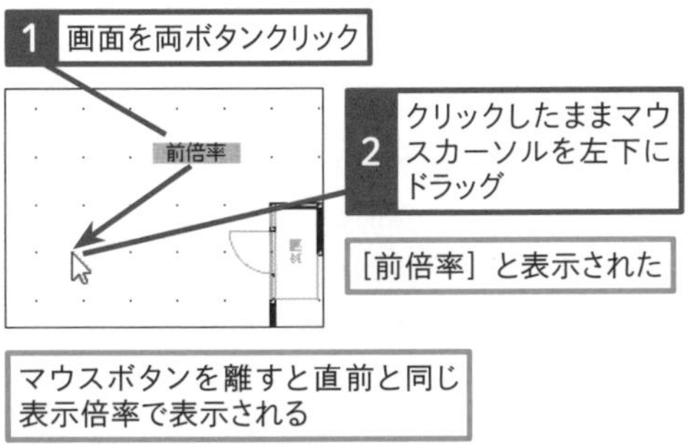

033

サンプル

お役立ち度 ★★★

Q 画面の表示位置を変更するには

A 両ボタンクリックで中央部の位置を指示します

画面の表示位置を変更する場合は、画面の中央部に表示したい部分で、マウスの両方のボタンを同時に押します。［移動］と表示されたらマウスボタンから指を離します。ここでは、和室のあたりを画面の中央部に表示しています。

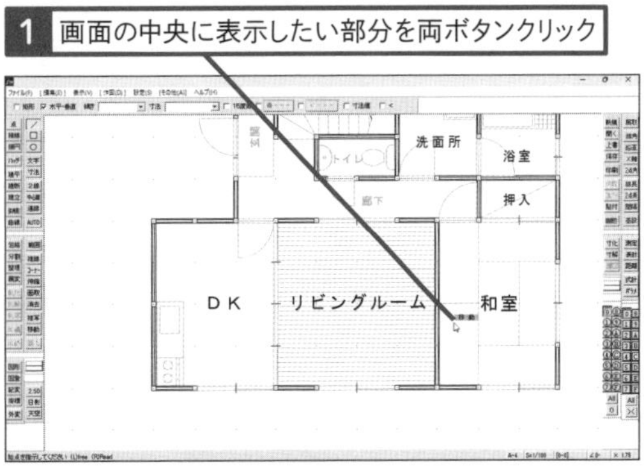

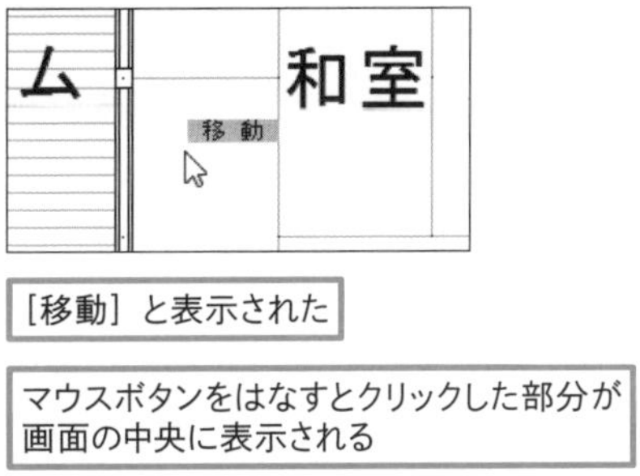

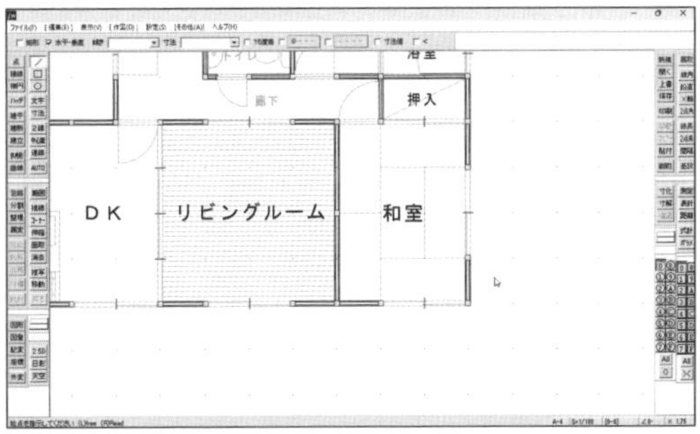

034

お役立ち度 ★★★

Q 操作を元に戻すには

A [戻る] をクリックします

直前の操作を元に戻すには、ツールバー [戻る] をクリックするか、メニューバー [編集] の [戻る] をクリックします。

1 [編集] をクリック

2 [戻る] をクリック

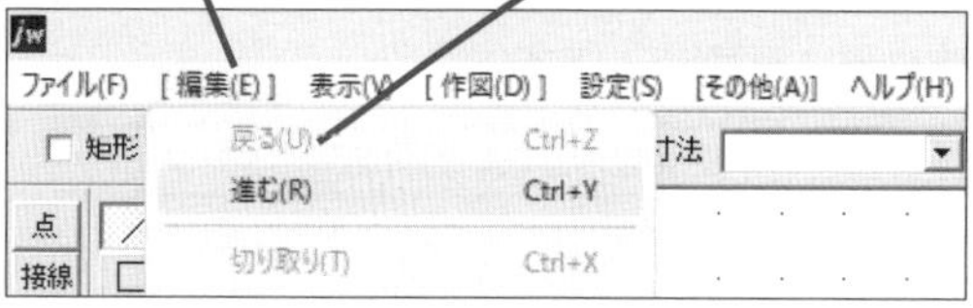

操作が1段階戻る

ツールバーの [戻る] をクリックしてもよい

035

お役立ち度 ★★★

Q 操作をやり直すには

A [進む] をクリックします

戻した操作をやり直すには、メニューバー [編集] の [進む] をクリックします。もし、ワザ026の操作で[ユーザー(1)] を画面に表示している場合は、ツールバーの [進む] をクリックしても実行できます。

1 [編集] をクリック

2 [進む] をクリック

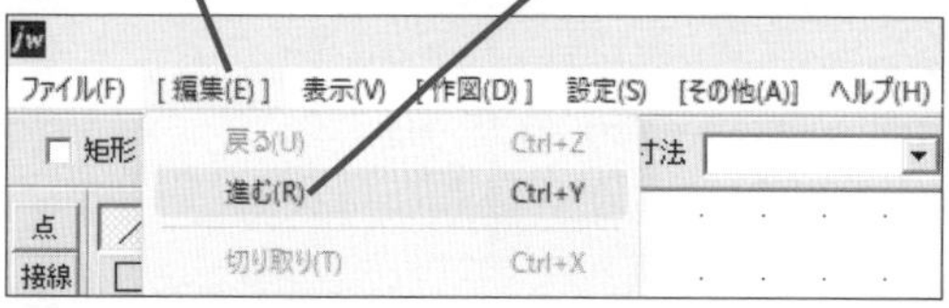

操作が1段階戻る

036

お役立ち度 ★★

Q キーボードで画面を操作するには

A [基本設定] でカーソルキーなどを使用できるようになります

[基本設定] の [一般 (2)] を表示して、[矢印キーで画面移動、PageUp、PageDownで画面拡大・縮小、Homeで全体表示する。] にチェックマークを付けます。そうすることで、キーボードでも画面の操作が可能になります。操作方法の詳細は下の表を参考にしてください。

ワザ030を参考に [基本設定] 画面を表示しておく

1 [一般 (2)] をクリック

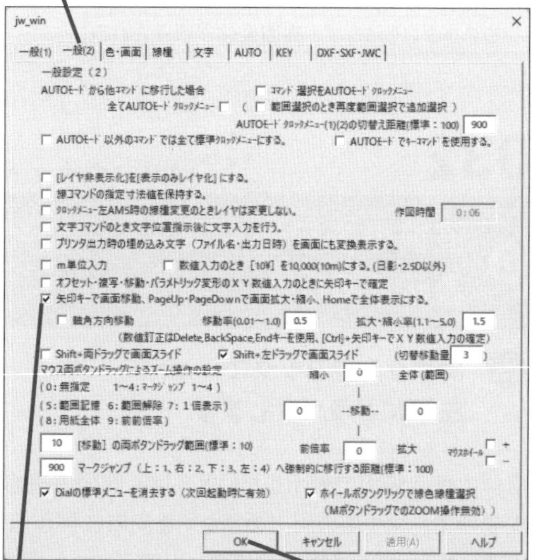

2 ここをクリックしてチェックマークを付ける

3 [OK] をクリック

●キー操作の例

↑←↓→	矢印の方向に画面を移動
Home	画面全体を表示
Page Up	画面を拡大表示
Page Down	画面を縮小表示

037

お役立ち度 ★★★

Q 用紙サイズを設定するには

A 画面右下の［用紙サイズ］をクリックします

画面右下の［用紙サイズ］から用紙サイズを設定できます。Jw_cadはA0～A4サイズの他、2A～5A、1辺が10m、50m、100mのサイズを選択することができます。なお、Jw_cadでは設定できるのは横置きのみです。縦置きにしたい場合は、ワザ039を参照してください。

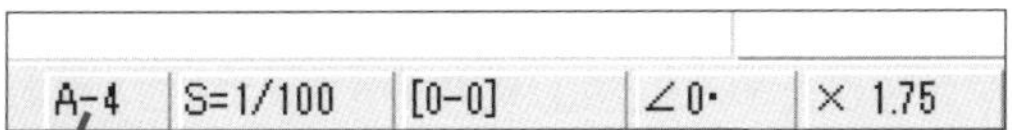

1 ここをクリック

2 用紙サイズをクリック

A0～A4サイズの他、2A～5A、最大で1辺が100mのサイズを選択できる

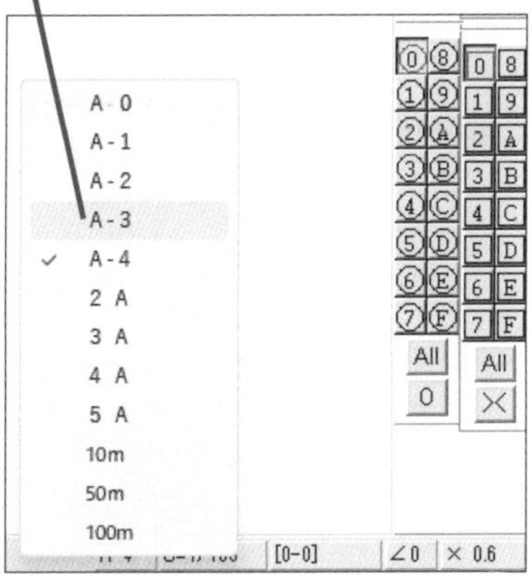

ステップアップ

B判の用紙サイズで作図するには

B4やB5の用紙サイズで作図するには、サイズに合わせた図面枠を作成し、その範囲内に作図します。用紙サイズは、B4ならA3、B5ならA4といった形で一回り大きく設定します。印刷の際には［プリンターの設定］で用紙をB4やB5に設定します。

038

お役立ち度 ★★★

Q 用紙枠を画面に表示するには

A ［基本設定］で設定します

［基本設定］の［一般（1）］の［用紙枠を表示する］にチェックマークを付けます。そうすることで、画面上に現在の用紙サイズの外周の線が、間隔の広い薄い色の点線で表示されます。ただし、印刷される範囲はプリンターによって異なります（ワザ361参照）。

ワザ030を参考に［基本設定］画面を表示しておく

1 ［一般（1）］をクリック

2 ［用紙枠を表示する］をクリックしてチェックマークを付ける

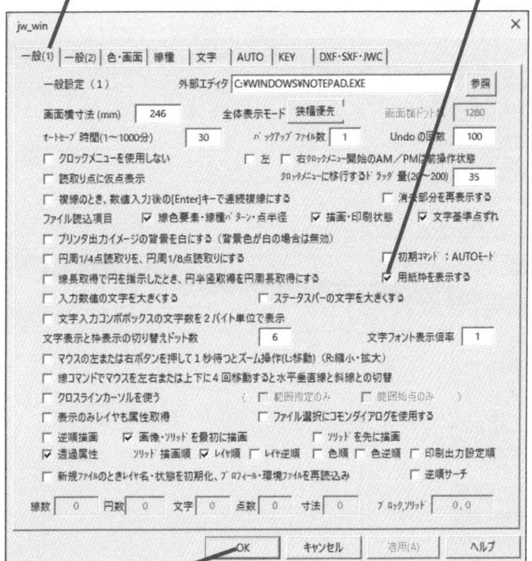

3 ［OK］をクリック

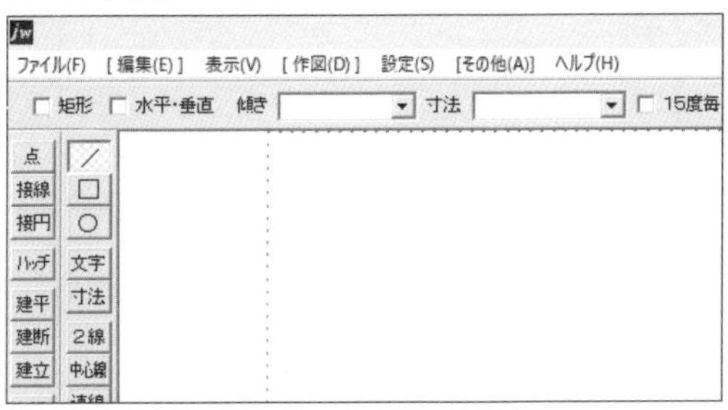

用紙枠が表示された

039

お役立ち度 ★★★

Q 縦置きの用紙を設定するには

A 長方形で用紙枠を作図します

Jw_cadで設定できる用紙は横置きのみです。縦置きにしたい場合は、用紙枠の点線の上に合わせて、横長の長方形を作図し、90度回転させて縦長にします。

ワザ031のように画面全体を表示したときに用紙全体が見えるようにするには、A4ならA3といったように1サイズ上の用紙に変更すると便利です。

ワザ108を参考に［□］コマンドを実行しておく

1 寸法を指定

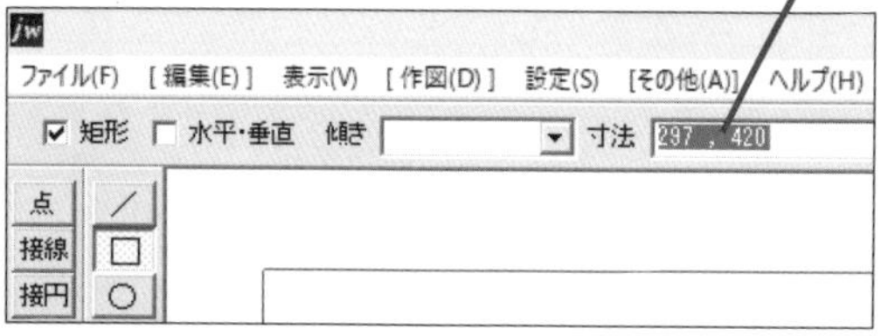

四角形を作図する

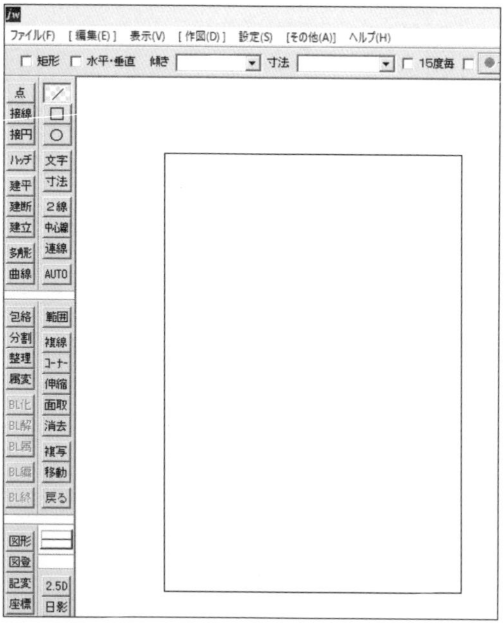

指定した大きさの四角形が作図できた

これを用紙枠として使う

040

お役立ち度 ★★★

Q 図面の尺度について教えて！

A おもな尺度を覚えておきましょう

例えば、建築物を作図表現する場合、作図する図面に応じて尺度を決めます。実物と同じ大きさのものを［原寸］または［現尺］といい、［S=1:1］［S=1/1］のように表します。通常は実物よりも小さく表現するので、この場合は［縮尺］といい、［S=1：100］［S=1/100］（100分の1）のように表します。［S=1:○］［S=1 ／○］において、○の整数値が小さいほど特定の部分を詳細に表現することができ、○の整数値が大きいほど広い範囲まで表現することができます。図面に用いられるおもな尺度は一番下の表を参考にしてください。

●JIS推奨尺度

種別	尺度			
倍尺	50:1	20:1	10:1	5:1
	2:1			
現尺	1:1			
縮尺	1:2	1:5	1:10	1:20
	1:50	1:100	1:200	1:500
	1:1000	1:2000	1:5000	1:10000

●中間の尺度（推奨尺度が使用できないとき）

種別	尺度			
縮尺	1:1.5	1:2.5	1:3	1:4
	1:15	1:25	1:30	1:40
	1:150	1:250	1:300	1:400
	1:1500	1:2500	1:3000	1:4000

●おもな用途

尺度	図面
1:1、1:2	原寸詳細図、納まり図など
1:5、1:10、1:20、1:30	矩計（かなばかり）図、部分詳細図など
1:50、1:100、1:200	平面図・断面図・立面図などの意匠図、構造図、設備図など
1:500、1:1000以上	大規模な土地の敷地図、配置図など

041 お役立ち度 ★★★

Q 図面の尺度を変更するには

A ［縮尺］をクリックして変更します

Jw_cadの場合、図面の尺度を決めてから作図します。作図する尺度は、画面右下の［縮尺］をクリックして設定します。ここでは縮尺1：1から1：100に変更する場合の解説をします。

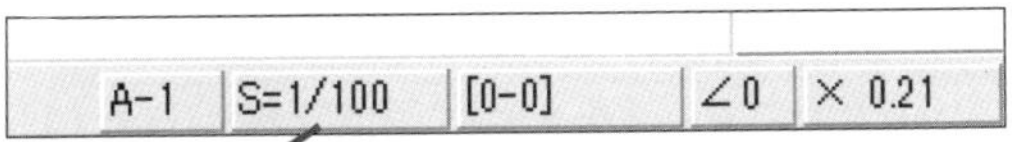

1 ここをクリック

［縮尺・読取設定］画面が表示された

2 縮尺を入力

3 ［OK］をクリック

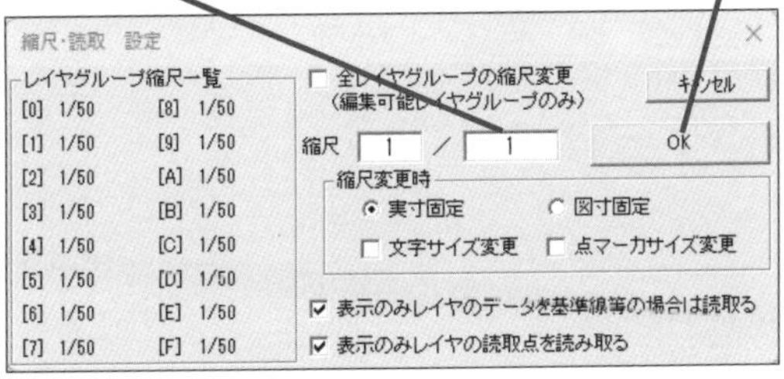

［全レイヤグループの縮尺変更］にチェックマークを付けると全てのレイヤグループを同時に同じ縮尺に変更できる

縮尺が変更された

役立つ豆知識

全てのレイヤグループを同じ縮尺にするには

全てのレイヤグループを同時に同じ縮尺に変更したい場合は、［縮尺・読み取り設定］画面で［全レイヤグループの縮尺変更］のボックスにチェックマークを付けてください。

関連 041 図面の尺度を変更するには ▸ P.45

042 お役立ち度 ★★★

Q 印刷時の線幅を設定するには

A ［色・画面］から設定します

印刷時の線幅は、［基本設定］の［色・画面］に含まれる［プリンタ出力要素］の［線幅］の数値で設定します。初期状態では線色1～8と同じ数値が線幅の数値になっており（ワザ043参照）、数値が大きいほど太い線です。ここでは、JIS規格に設定する方法を解説します。

ワザ030を参考に［基本設定］画面を表示しておく

1 ［色・画面］をクリック

2 ここをクリックしてチェックマークを付ける

3 ［線幅］に下記のように入力

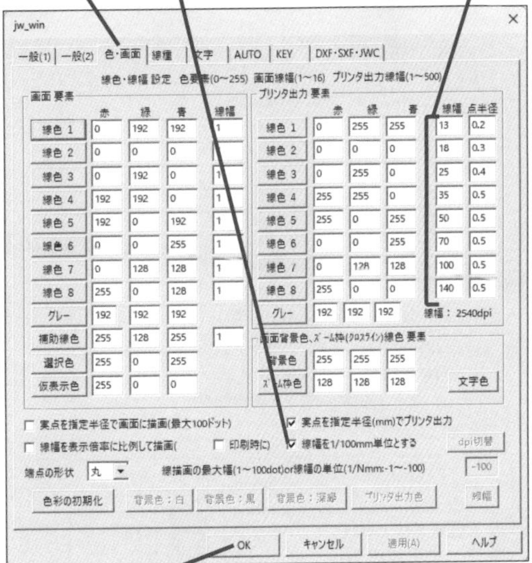

4 ［OK］をクリック

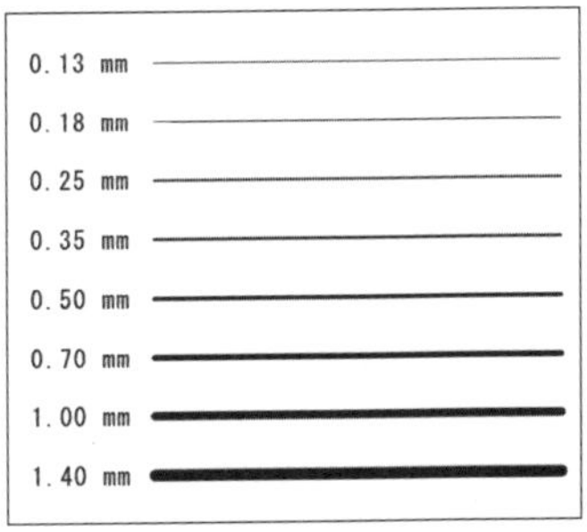

印刷すると線色ごとに割り当てた線幅で出力される

043

お役立ち度 ★★★

Q 線幅を画面表示に反映するには

A 線幅を表示倍率に比例して描画します

[基本設定] で [色・画面] の [線幅を表示倍率に比例して描画] にチェックマークを付けると、[プリンタ出力要素] の [線幅] で画面上に反映されます。また、チェックマークを付けないで画面上の線幅を変更したい場合は、[画面要素] の [線幅] を変更すれば、その数値が反映されます。

ワザ042を参考に線幅の設定をしておく

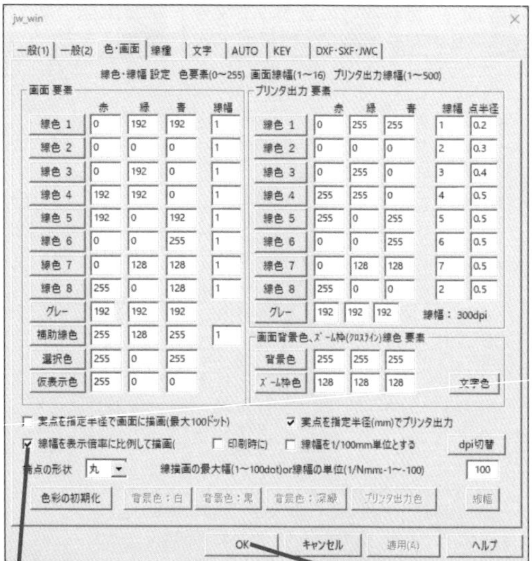

1 ここをクリックしてチェックマークを付ける

2 [OK] をクリック

[画面要素] の [線幅] に数値を入力してもよい

線色ごとに異なる太さで画面に表示される

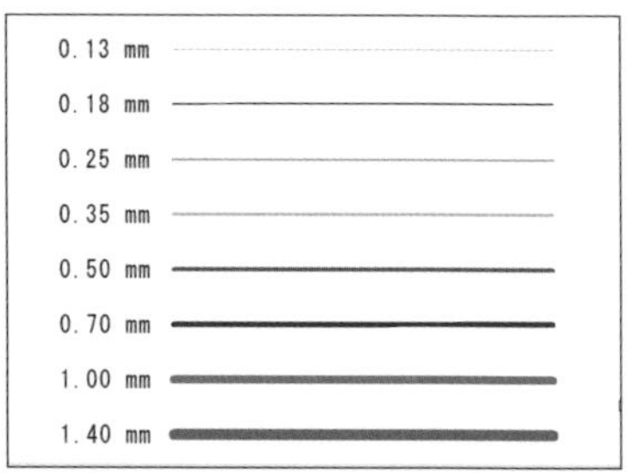

044

お役立ち度 ★★★

Q 画面表示の線色を変更するには

A [画面要素] で個別に設定できます

[基本設定] で [色・画面] の [画面要素] にある [線色] 1～8および [グレー] から [仮表示色] までのボタンをクリックすると [色の設定] 画面が表示されます。個別に色を選択することで、指定した線色に変更することができます。

ワザ030を参考に [基本設定] 画面を表示しておく

1 [色・画面] をクリック

2 ここをクリック

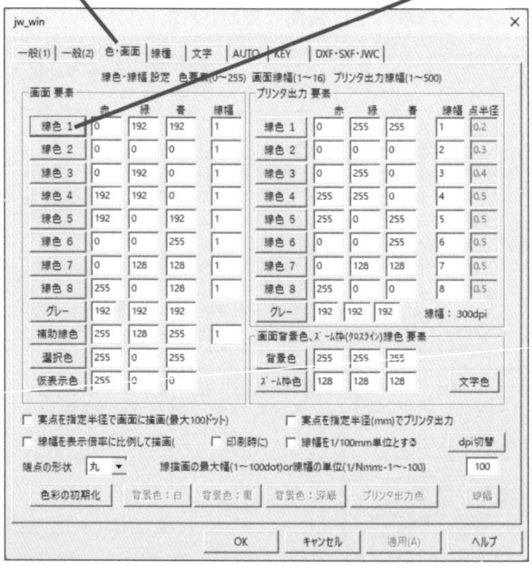

3 変更したい色をクリック

[OK] をクリックすると色が変更される

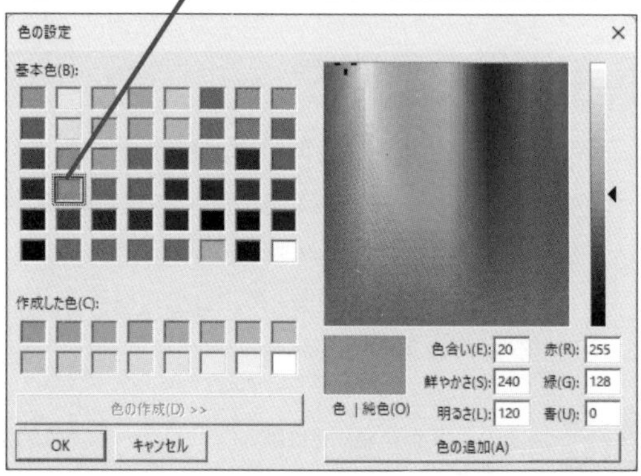

045

お役立ち度 ★★★

Q 印刷時の線色を変更するには

A ［プリンタ出力要素］で個別に設定できます

［基本設定］で［色・画面］の［プリンタ出力要素］にある[線色]1～8および[グレー]のボタンをクリックすると［色の設定］画面が表示されます。そこから変更したい色を選択することで、それぞれ指定した線色に変更することができます。

ワザ030を参考に［基本設定］画面を表示しておく

1 ［色・画面］をクリック

2 ここをクリック

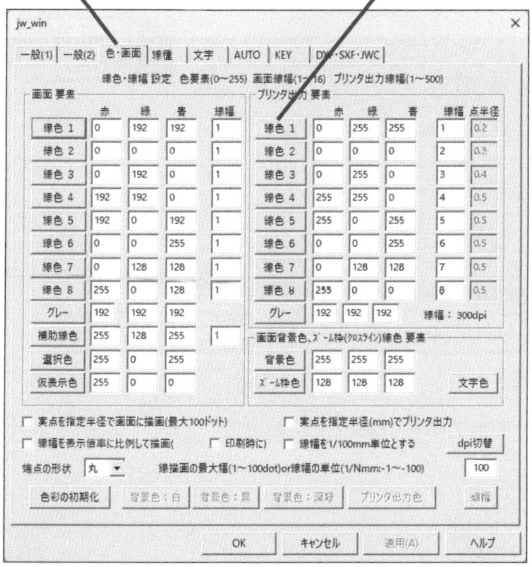

3 変更したい色をクリック

［OK］をクリックすると色が変更される

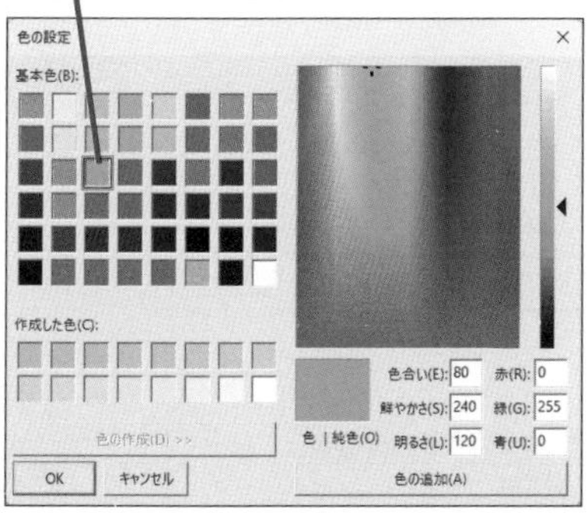

046

お役立ち度 ★★★

Q 画面の背景色を変更するには

A 3色から選択できます

画面の背景色は、［白］［黒］［深緑］の3色から選択できます。白以外を選択しても、印刷時に色が付くことはありません。なお、変更した背景色でも線が見やすくなるように、［画面要素］にある［赤］［緑］［青］の数値は自動的に変更されます。

ワザ030を参考に［基本設定］画面を表示しておく

1 ［色・画面］をクリック

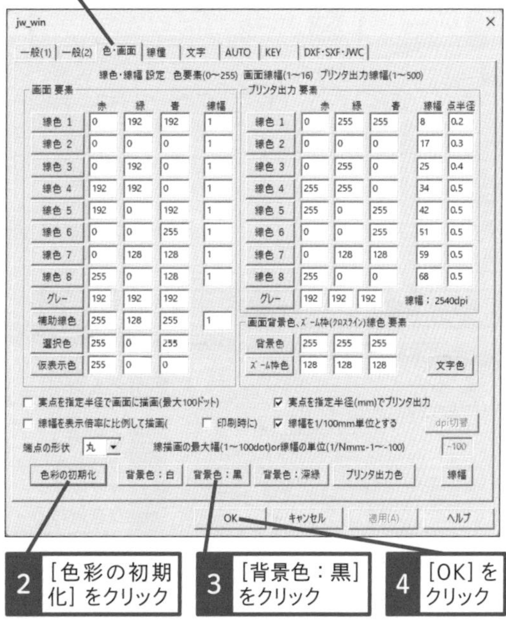

2 ［色彩の初期化］をクリック

3 ［背景色：黒］をクリック

4 ［OK］をクリック

背景色が黒になった

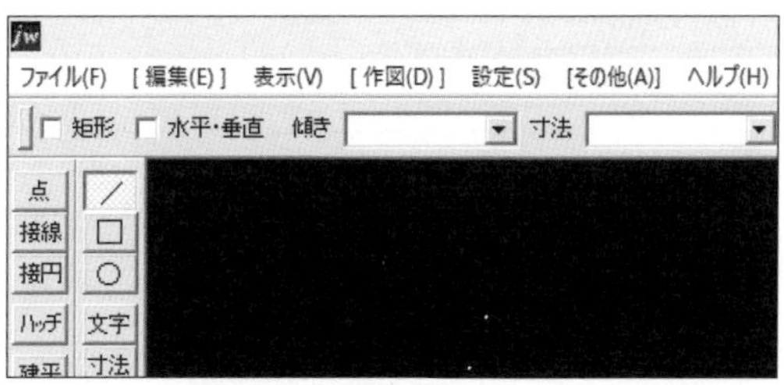

背景色をもとに戻すには操作3で［背景色：白］をクリックする

047

お役立ち度 ★★★

Q 画面に910グリッドの目盛を表示するには

A ［軸角・目盛・オフセット］で設定します

画面には、指定した間隔で格子状の点（グリッド）を表示できます。これらの点は表示されるだけで印刷されません。また、右クリックで点を読み取れるので、作図の補助に使用できます。ここでは、910間隔（455間隔の補助点あり）のグリッドを表示させる方法を解説します。

1 ［設定］をクリック

2 ［軸角・目盛・オフセット］をクリック

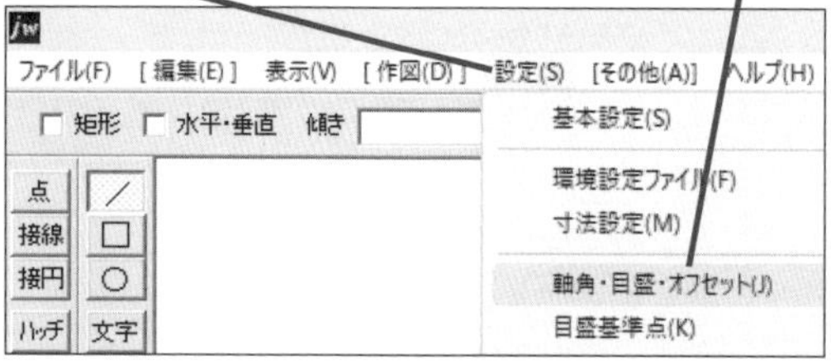

［軸角・目盛・オフセット設定］画面が表示された

3 「910,910」と入力

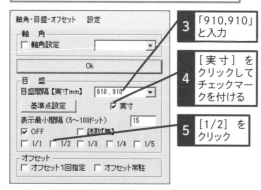

4 ［実寸］をクリックしてチェックマークを付ける

5 ［1/2］をクリック

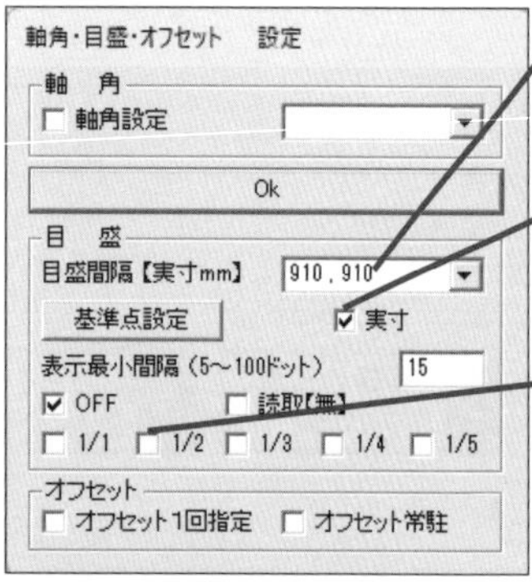

画面に目盛が表示された

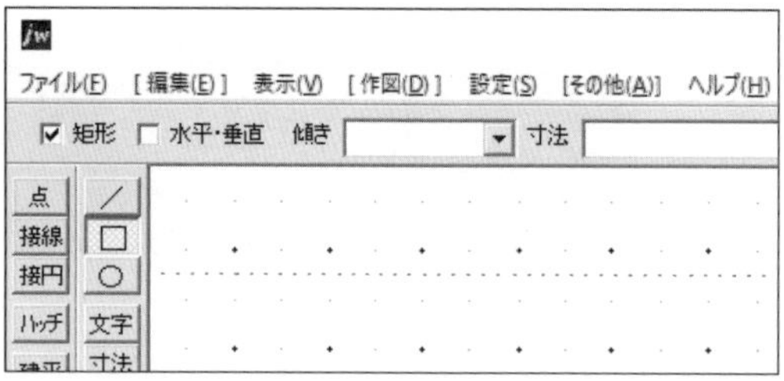

048

お役立ち度 ★★★

Q 軸角を設定するには

A ［軸角・目盛・オフセット］画面で入力します

軸角は、初期状態は0°に設定されていますが、任意の角度にX-Y軸を傾けることが可能です。［設定］メニューの［軸角・目盛・オフセット設定］画面を表示して、以下のように操作してください。

ワザ047を参考に［軸角・目盛・オフセット設定］画面を表示しておく

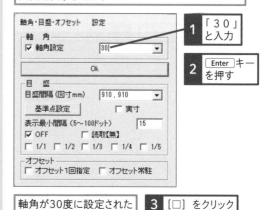

1 「30」と入力

2 Enter キーを押す

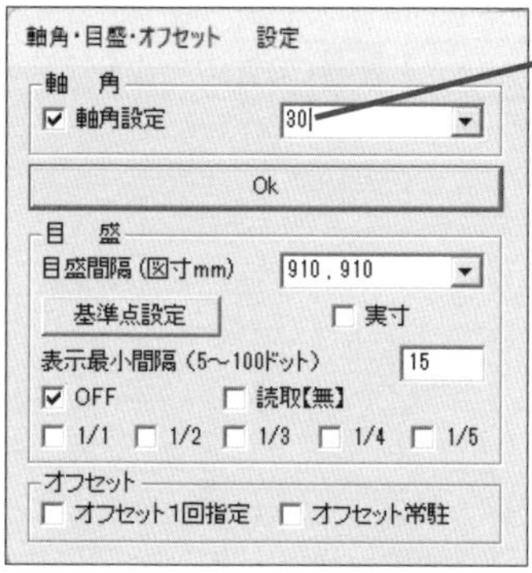

軸角が30度に設定された

3 ［□］をクリック

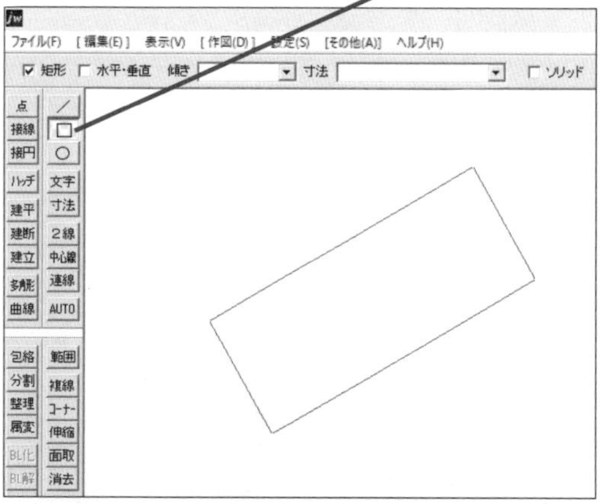

水平に対して30度傾いた軸角で作図される

関連 047 画面に910グリッドの目盛を表示するには ▸ P.48

049

お役立ち度 ★★★

Q 軸角設定を解除するには

A チェックマークをはずします

ワザ048で設定した軸角を解除するには、もう一度、[設定] メニューの [軸角・目盛・オフセット設定] 画面を表示して、軸角設定ボックスにチェックマークをはずして [OK] ボタンをクリックしてください。

ワザ047を参考に [軸角・目盛・オフセット設定] 画面を表示しておく

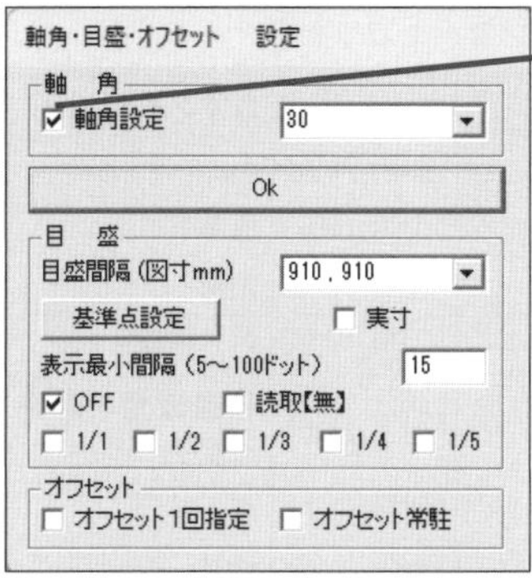

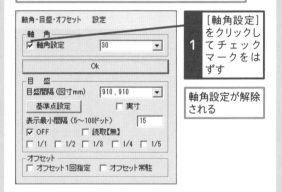

1 [軸角設定] をクリックしてチェックマークをはずす

軸角設定が解除される

050

お役立ち度 ★★★

Q 軸角設定を素早く表示するには

A 画面右下の表示をクリックします

[軸角・目盛・オフセット設定] 画面は、画面右下の [∠0] をクリックするだけでも表示されます。[∠0] の [0] はX-Y軸の傾きが0°の初期状態です。軸角を30°に変更すると [∠30] に変わります。

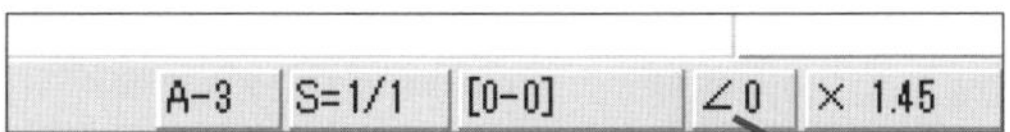

1 ここをクリック

[軸角・目盛・オフセット設定] 画面が表示される

051

お役立ち度 ★★☆

Q カーソルを十字カーソルにするには

A [基本設定] 画面で設定します

Jw_cadで表示される白抜き矢印のマウスポインターを十字カーソル (クロスラインカーソル) に変更することができます。クリックしたときのポイントは、縦横の線の交点です。なお、クロスラインカーソルを有効にすると、Jw_cadの動作が鈍くなることがあります。

ワザ030を参考に [基本設定] 画面を表示しておく

1 [一般 (1)] をクリック

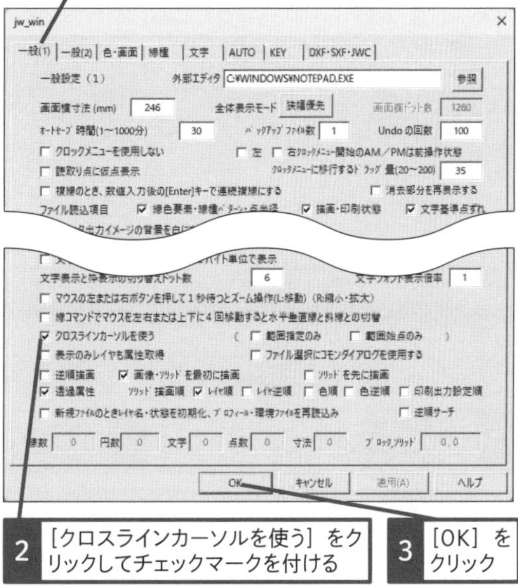

2 [クロスラインカーソルを使う] をクリックしてチェックマークを付ける

3 [OK] をクリック

カーソルが十字カーソルになった

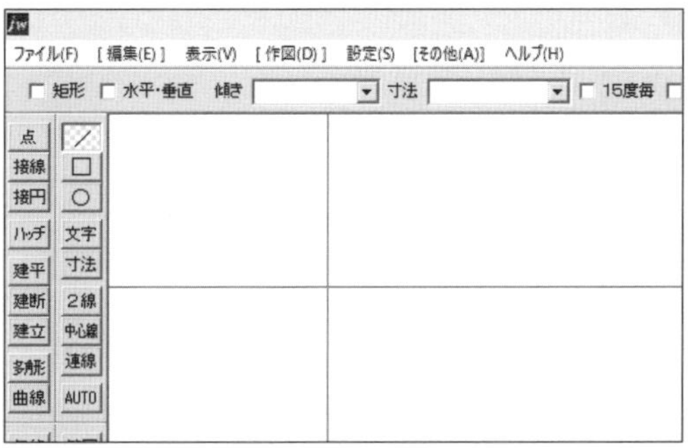

052

お役立ち度 ★★★

Q 範囲選択のカーソルを十字カーソルにするには

A 範囲選択のみ十字カーソルに設定できます

ワザ051で変更した十字カーソルの使用は、範囲指定時のみに変更することができます。十字カーソルは、図形を囲んで選択するときに当たりを付けやすいので便利ですが、それ以外の時はマウスポインターを使いたいという人向けの設定になります。

ワザ051を参考にクロスラインカーソルを設定しておく

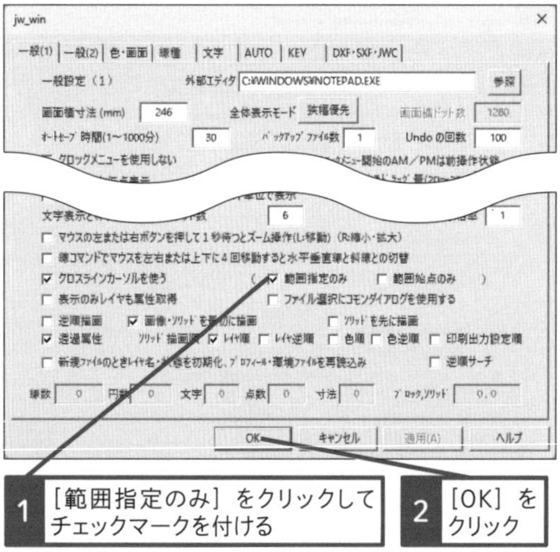

1 ［範囲指定のみ］をクリックしてチェックマークを付ける

2 ［OK］をクリック

範囲指定時のカーソルが十字カーソルになった

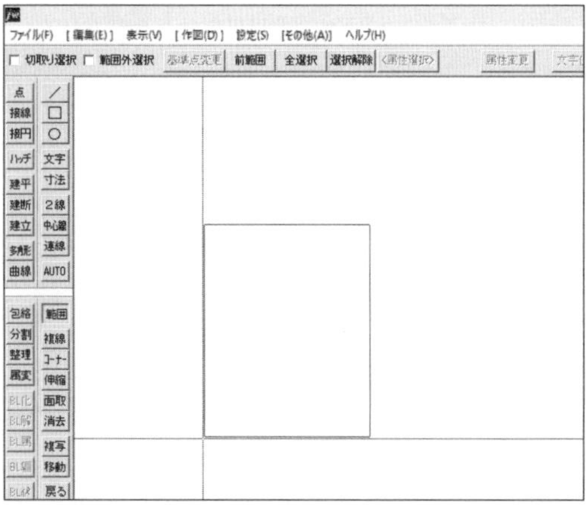

053

お役立ち度 ★★★

Q キーボードでコマンドを素早く実行するには

A ショートカットキーを使いましょう

Jw_cadは、マウス操作以外にキーボードのキーを押すことでも、コマンドを実行することが可能です。その場合、同じキーでも、単独で押す場合と、Shift キーを押しながら押す場合とで、実行できるコマンドが異なります。また、Shift キーに対応しないキーもあります。

●Jw_cad独自のショートカットキー

キー	コマンド	キー	コマンド
A	文字	Shift + A	Auto
B	矩形	Shift + B	直線
C	複写	Shift + C	矩形
D	図形消去	Shift + D	円・円弧
E	円・円弧	Shift + E	範囲確定・基準点変更
F	複線	Shift + F	点
G	外部変型	Shift + G	寸法
H	直線	Shift + H	
I	中心線	Shift + I	中心線
J	建具平面	Shift + J	
K	曲線	Shift + K	
L	連続線	Shift + L	
M	移動	Shift + M	線伸縮
N	線記号変型	Shift + N	面取り
O	接線	Shift + O	図形消去
P	パラメトリック変形	Shift + P	
Q	包絡処理	Shift + Q	移動
R	面取り	Shift + R	接線
S	寸法	Shift + S	接円
T	線伸縮	Shift + T	建具平面
U	座標ファイル	Shift + U	
V	コーナー処理	Shift + V	基準点変更
W	2線	Shift + W	多角形
X	ハッチング	Shift + X	曲線
Y	範囲選択	Shift + Y	包絡処理
Z	図形読込	Shift + Z	ズーム操作

コマンド操作の便利ワザ

Jw_cadにはマウスボタンをクリックしながらドラッグすることで表示できる「クロックメニュー」という独特のショートカットキーがあります。使い方を覚えて、素早く操作ができるようにしましょう。

054

お役立ち度 ★★☆

Q ショートカットキーの割り当てを変更するには

A コマンド番号を使って変更できます

[基本設定] の [KEY] を表示すると、アルファベットのキーによる対応するコマンド番号が確認できます。コマンド番号を変更することで、ショートカットキーのカスタマイズができます。なお [0] に設定すると、そのキーにはコマンドが割り当てられません。

ワザ030を参考に [基本設定] 画面を表示しておく

1 [KEY] をクリック

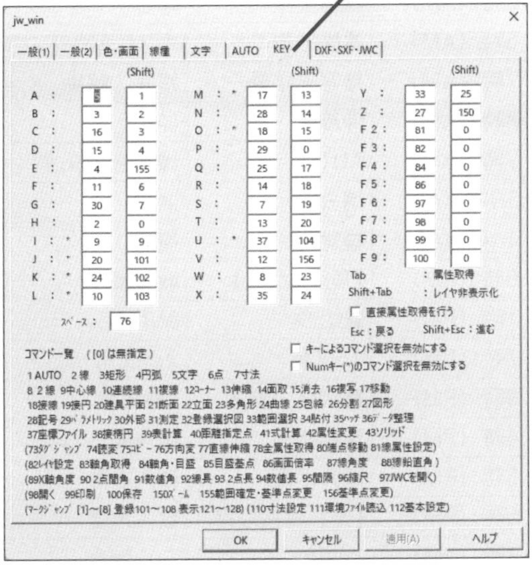

各キーに設定されているコマンドが表示された

番号を入力するとコマンドを指定できる

055

お役立ち度 ★★★

Q クロックメニューを利用するには

A 画面をクリックしながらドラッグします

画面上でマウスボタンを左または右クリックしながらドラッグすると、時計の文字盤のようなアイコンとコマンド名が表示されます。

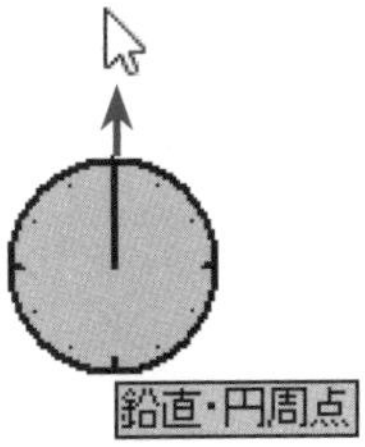

マウスボタンを押しながらドラッグするとクロックメニューが表示される

056

お役立ち度 ★★★

Q クロックメニューの入力をキャンセルするには

A マウスポインターを文字盤の中央に戻します

ドラッグ中にマウスボタンをクリックしたまま、ポインターを文字盤の中央に戻してボタンを離すと、コマンドをキャンセルできます。

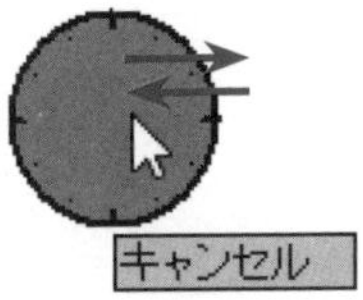

マウスボタンを押したままドラッグした方向と逆方向にドラッグし、ボタンをはなすとキャンセルできる

057

お役立ち度 ★★★

Q クロックメニューの文字盤の種類を教えて！

A 全部で4種類あります

クロックメニューは、左クリックしてドラッグした場合と右クリックしてドラッグした場合で表示が変化し、また、ドラッグした方向を逆にドラッグすることで「AM」から「PM」に表示が切り替わります。このため、左右のAMとPMの文字盤を合計して4種類あります。文字盤が薄い灰色はAM、濃い灰色はPMで区別されています。表示方法は以下で確認してください。なお、クロックメニューを表示してから押していない方のマウスボタンを押すと、午前と午後を切り替えることができます。

●左AM

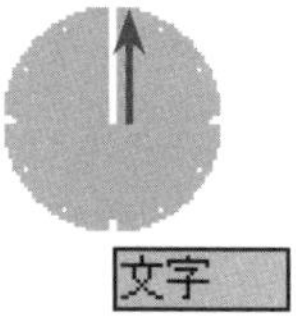

左クリックをしてドラッグすると左AMメニューが表示される

●左PM

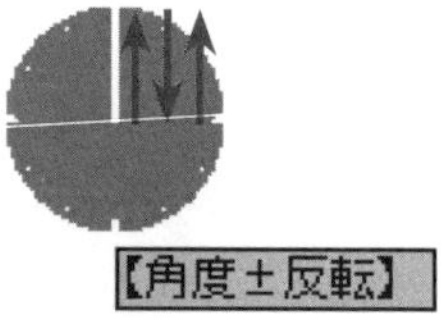

左AMメニューを表示した状態でマウスボタンを押したまま文字盤の中央に戻し、同じ方向にドラッグすると左PMメニューが表示される

●右AM

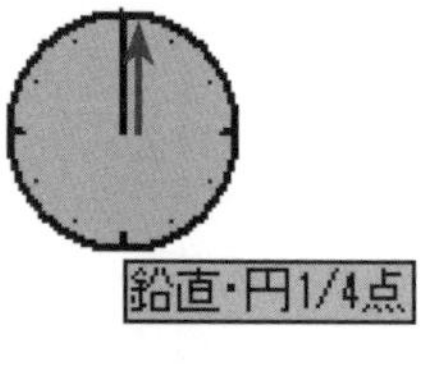

右クリックをしてドラッグすると右AMメニューが表示される

●右PM

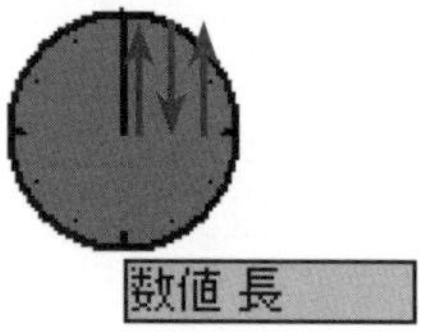

右AMメニューを表示した状態でマウスボタンを押したまま文字盤の中央に戻し、同じ方向にドラッグすると右PMメニューが表示される

058

お役立ち度 ★★★

Q クロックメニューの種類を確認しよう

A 一覧表で確認しましょう

クロックメニューの種類は以下の一覧表で確認してください。変更したい場合はワザ061を参照してください。なお、選択されているコマンドによって、一部のクロックメニューは変更されます。以下は[／]コマンドが選択されている状態で表示されるクロックメニューの一覧です。

●クロックメニュー一覧

	左メニュー	右メニュー
0時（AM）	文字	鉛直・円周点
1時（AM）	線・矩形	線・矩形
2時（AM）	円・円弧	円・円弧
3時（AM）	包絡	中心点・A点
4時（AM）	範囲選択	戻る
5時（AM）	線種変更	進む
6時（AM）	属性取得	オフセット
7時（AM）	複写・移動	複写・移動
8時（AM）	伸縮	伸縮
9時（AM）	AUTO	線上点・交点
10時（AM）	消去	消去
11時（AM）	複線	複線
0時（PM）	【角度±反転】	数値長
1時（PM）	■矩形	鉛直角
2時（PM）	15度毎	2点間角
3時（PM）	■水平・垂直	X軸角度
4時（PM）	建具断面	線角度
5時（PM）	建具平面	軸角取得
6時（PM）	【全】属性取得	数値角度
7時（PM）	ハッチ	(-) 軸角
8時（PM）	連続線	(-) 角度
9時（PM）	中心線	X軸 (-) 角度
10時（PM）	2線	2点間長
11時（PM）	寸法	線長取得

関連 061 クロックメニューをカスタマイズするには ▸ P.54

059

お役立ち度 ★★★

Q クロックメニューを使用停止にするには

A ［基本設定］で使用しない設定にできます

範囲選択などをするとき、クリックしたはずがドラッグになってしまい、クロックメニューが不意に表示されることがあります。そんなとき、クロックメニューを使用できなくする設定があります。ただし、使用しない設定にしても、ワザ060の4つのクロックメニューだけは使えます。

ワザ030を参考に［基本設定］画面を表示しておく

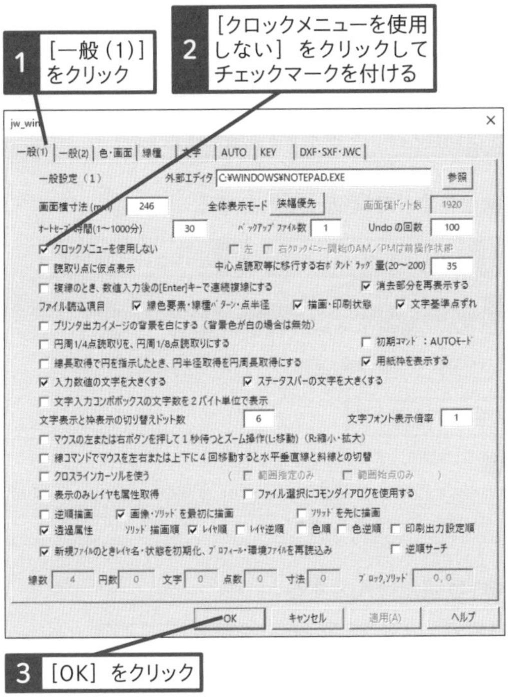

関連 030 マウスのホイールボタンで拡大縮小がしたい ► P.40

関連 060 常に使えるクロックメニューを教えて！ ► P.53

060

お役立ち度 ★★★

Q 常に使えるクロックメニューを教えて！

A 以下の4つは常に使用できます

ワザ059でクロックメニューを使えない設定にした場合でも、使えるクロックメニューが4つあります。共にAMの文字盤で、マウスの右ボタンを押しながら上（鉛直・円周点）、右（中心点・A点）、下（オフセット）、左（線上点・交点）へドラッグします。

●鉛直・円周点

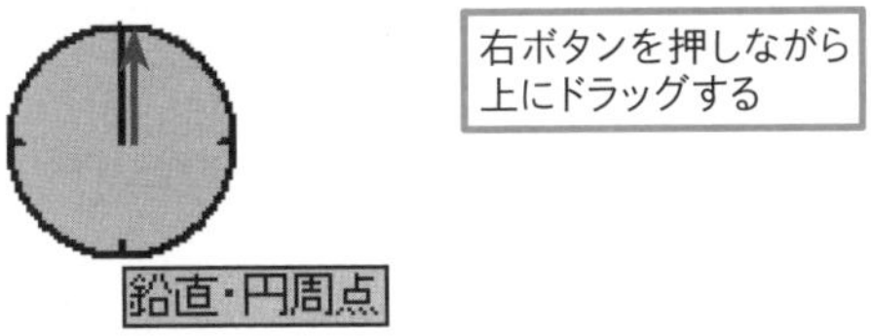

●中心点・A点

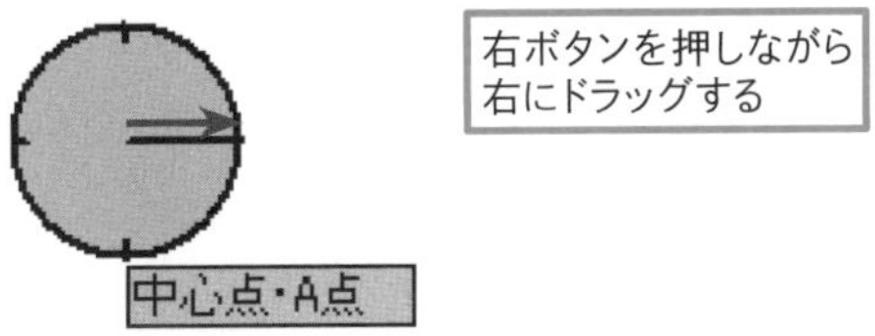

●オフセット

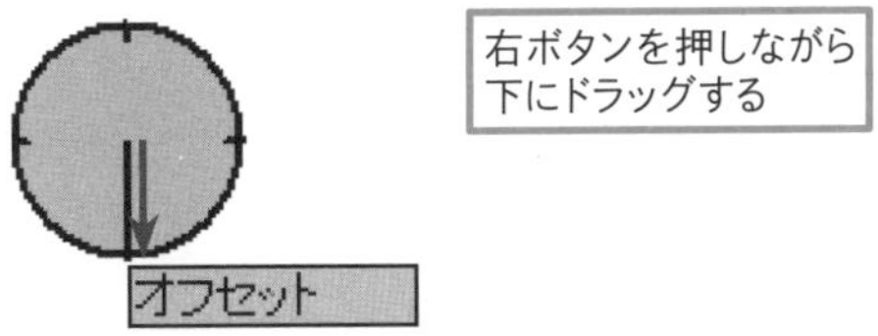

●線上点・交点

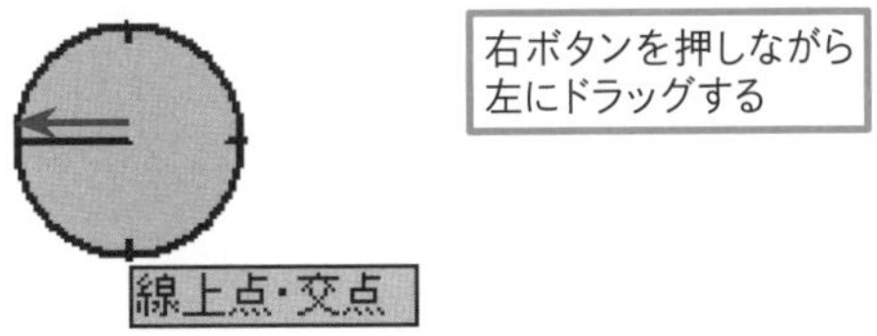

関連 057 クロックメニューの文字盤の種類を教えて！ ► P.52

061

お役立ち度 ★★☆

Q クロックメニューをカスタマイズするには

A ［基本設定］の［AUTO］で設定できます

［基本設定］の［AUTO］でコマンド一覧の数値を変更することで、クロックメニューをカスタマイズすることが可能です。また、［クロックメニュー（1）］のボタンをクリックすると［クロックメニュー（2）］となり、予備のクロックメニューを設定できます。使用するときはツールバーの［AUTO］をクリックしてコントロールバーの[クロックメニュー(1)]をクリックすると［クロックメニュー（2）］に切り替わり使用できます。

ワザ030を参考に［基本設定］画面を表示しておく

1 ［AUTO］をクリック

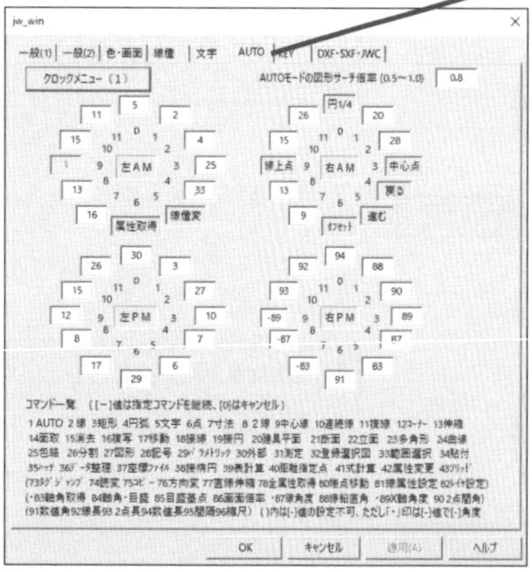

クロックメニューの一覧が表示された

番号を入力するとコマンドを指定できる

［クロックメニュー（1）］をクリックすると予備のクロックメニューを設定できる

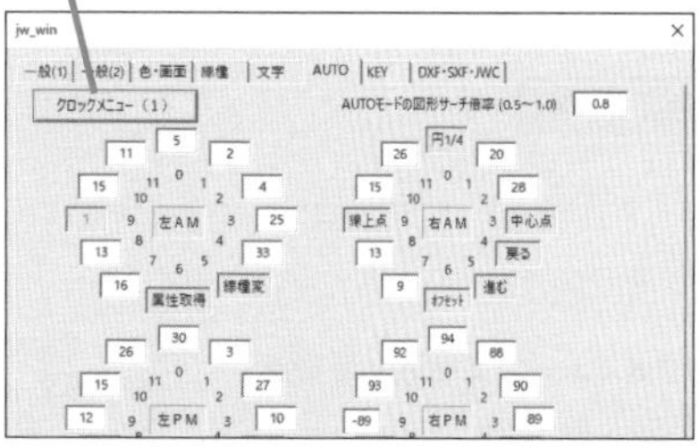

062

お役立ち度 ★★★

Q 座標入力のルールを教えて！

A 以下の3通りの方法があります

たとえば、長方形は［寸法］に［X方向の長さ,Y方向の長さ］のように座標入力して作図しますが、[,]コンマの代わりに［..］ピリオド2つで代用することができます。また、正方形のようにX方向とY方向の長さが同じ場合は、X方向の長さを入力するだけで認識してくれます。

●コンマで区切って入力する

1 「297,420」と入力

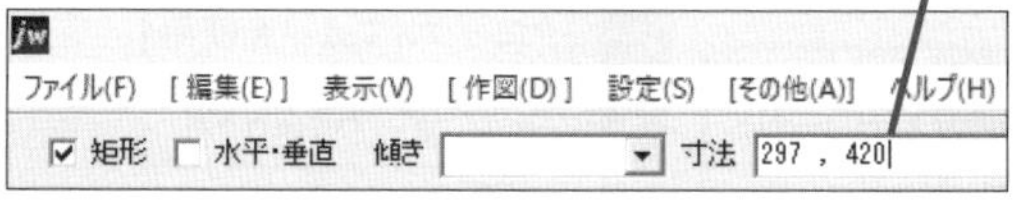

2 Enter キーを押す

座標が確定する

●ピリオドで区切って入力する

1 「297..420」と入力

2 Enter キーを押す

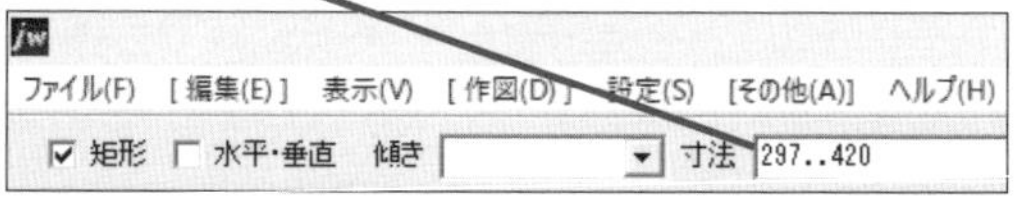

座標が確定する

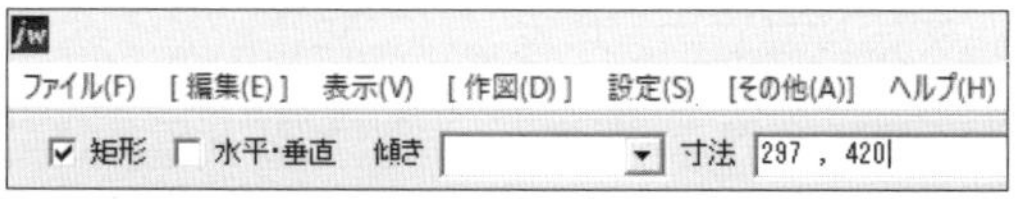

●1数値だけ入力する

1 「297」と入力

2 Enter キーを押す

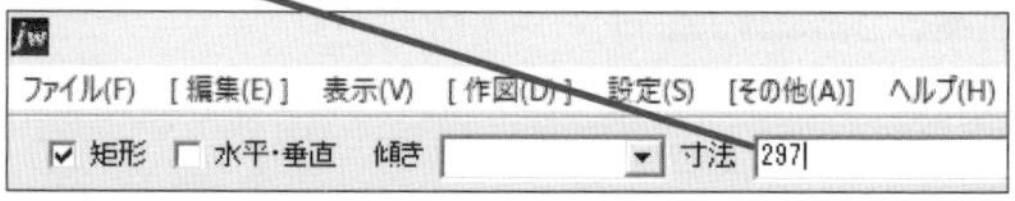

座標が「297,297」に設定される

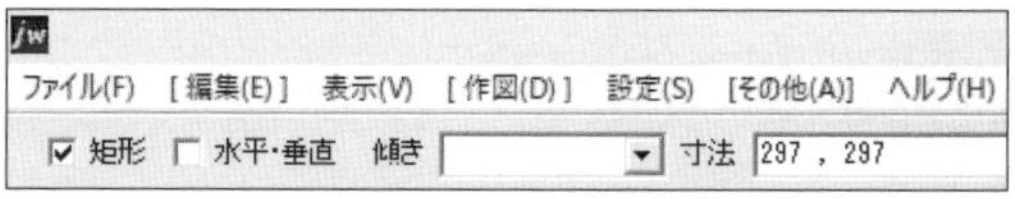

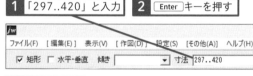

063

お役立ち度 ★★★

Q 数値を計算式で入力するには

A 特殊な記号を使って数式を入力します

[寸法] や [傾き] などの入力ボックスには、数値だけでなく計算式も入力できます。「×」や「÷」などの演算記号は、それぞれ「*」や「/」に置き換えます。詳しくは下表を参考にしてください。下の例において、半径50の円の円周長に等しい線分を引くには、[寸法] 欄に [2*P*50] と入力します。なおPキーを押すとPキーが割り当てられている [パラメトリック変形] というコマンドが実行されてしまうので、Pを入力するときはShiftキーを押しながらPキーを押します。

●計算式で数値を入力する

1 「2*P*50」と入力　2 Enterキーを押す

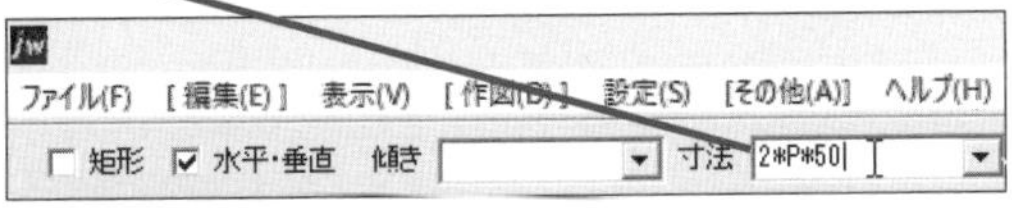

計算結果が入力された

●演算に利用できる記号

演算の内容	入力する記号
加算	+
減算	-
乗算	*
除算	/
開きかっこ、閉じかっこ	[ ]
べき乗	^
平方根	[^.5]
円周率	pまたはP

064

お役立ち度 ★★★

Q マウスのボタン操作を確認するには

A ステータスバーの表示を参照しましょう

Jw_cadでは、実行しているコマンドに応じて画面左下のステータスバーにマウス操作のヒントが表示されます。下の [始点を指示してください] のように教えてくれます。また、その場合の操作として [(L) free] は自由点の場合、左クリック、[(R) Read] は読み取り点の場合、右クリックを意味します。

実行しているコマンドに応じてステータスバーにマウス操作のヒントが表示される

065

お役立ち度 ★★★

Q [実寸] チェックボックスはどう使うの？

A 原寸以外で作図している際に使います

コントロールバーに [実寸] というチェックボックスを持つコマンドがあります。原寸 (1:1) の図面では、このチェックマークの有無は作図に影響しません。原寸以外で作図すると、CADデータの長さと印刷したときの長さが異なるので、紙上の長さなのか、製品の実長で指定するのかをチェックマークの有無で切り替えます。[実寸] にチェックマークを付けると図面の実長、チェックマークがないときは印刷した紙の上での長さになります。

チェックマークを付けると実寸で長さを指定できる

第3章 線や点を作図するには

線の傾きや長さを変更する

ここでは、おもに［／］コマンドの使用方法に焦点を当て、長さや角度を指定する手法について説明します。［／］コマンドのオプションは、他のコマンドでも応用できる共通のテクニックです。

066

サンプル　お役立ち度 ★★★

Q 線分を引くには

A ［／］コマンドを実行します

線分を引くには［／］コマンドを実行するか、Ⓗキーを押します。始点を画面上の適当な場所でクリックし、終点を画面上の適当な場所でクリックすれば線が作図できます。左クリックすると、マウスポインター先端の任意点を、右クリックすると端点や交点を読み取れます。

●任意の端点を指定して作図する

1 ［／］をクリック

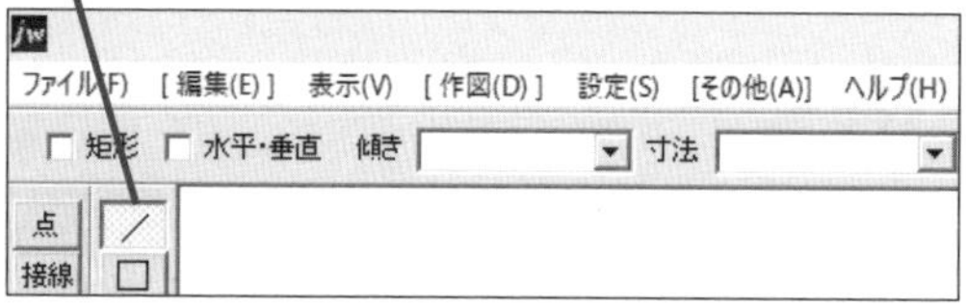

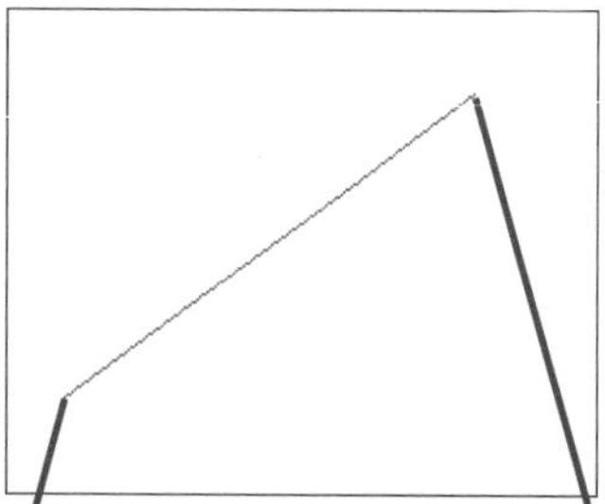

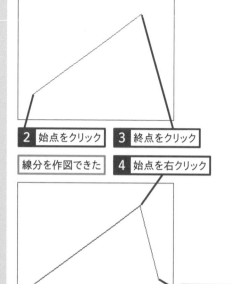

2 始点をクリック　3 終点をクリック

線分を作図できた　4 始点を右クリック

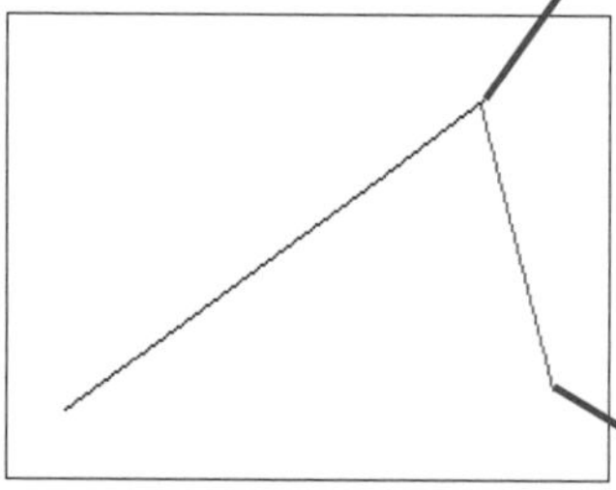

5 終点をクリック

●端点を読み取って作図する

［／］をクリックしておく

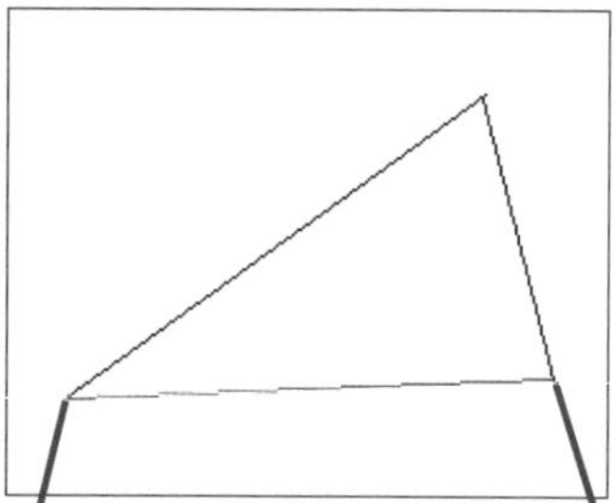

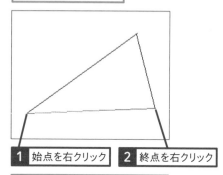

1 始点を右クリック　2 終点を右クリック

端点を指定して線分を作図できた

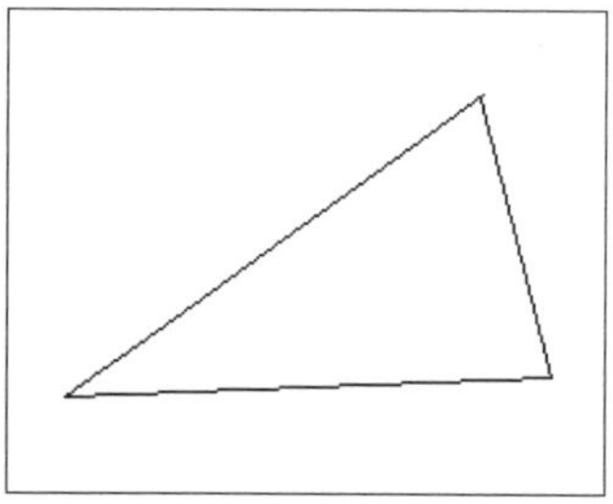

クロックメニュー　左1　線・矩形

関連053 キーボードでコマンドを素早く実行するには ▸ P.50

067

サンプル　お役立ち度 ★★★

Q 水平・垂直な線分を引くには

A ［水平・垂直］にチェックマークを付けます

［／］コマンドを実行し、［水平・垂直］にチェックマークを付けるか、［／］を2回クリックすると［水平・垂直］にチェックマークが付き、カーソルの動きが上下左右だけに固定されます。また、キーボードの space キーを押すことでも、［水平・垂直］のオンとオフを切り替えできます。

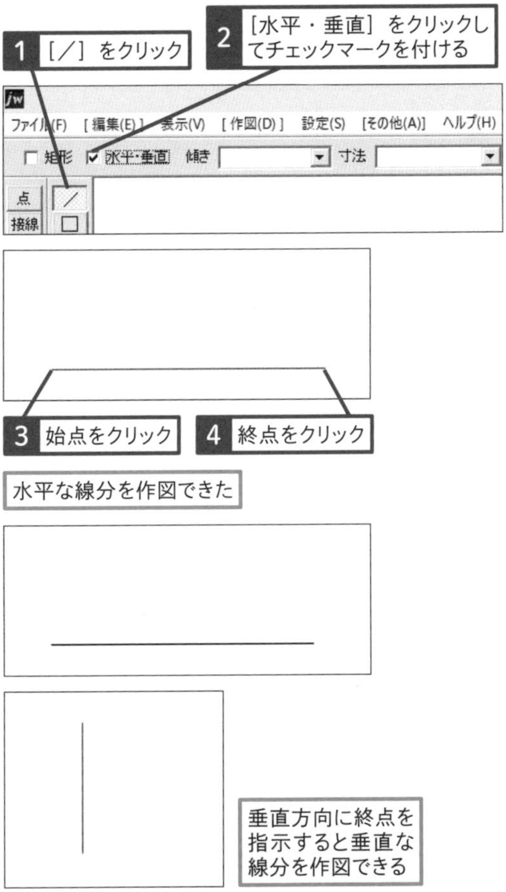

1 ［／］をクリック
2 ［水平・垂直］をクリックしてチェックマークを付ける
ファイル(F) ［編集(E)］ 表示(V) ［作図(D)］ 設定(S) ［その他(A)］ ヘルプ(H)
矩形 水平・垂直 傾き 寸法
点 接線
3 始点をクリック
4 終点をクリック
水平な線分を作図できた
垂直方向に終点を指示すると垂直な線分を作図できる

クロックメニュー　左1　線・矩形

068

サンプル　お役立ち度 ★★★

Q 長さを指定して線分を引くには

A ［寸法］に数値を入力します

［／］コマンドを実行し、［寸法］に線分の長さを入力します。始点を指定すると、入力した長さで赤い線がガイドとして表示されるので、方向を決めてクリックします。［寸法］の「▼」をクリックすると、最近使用した数値が表示されるので、リストからも長さを選択できます。

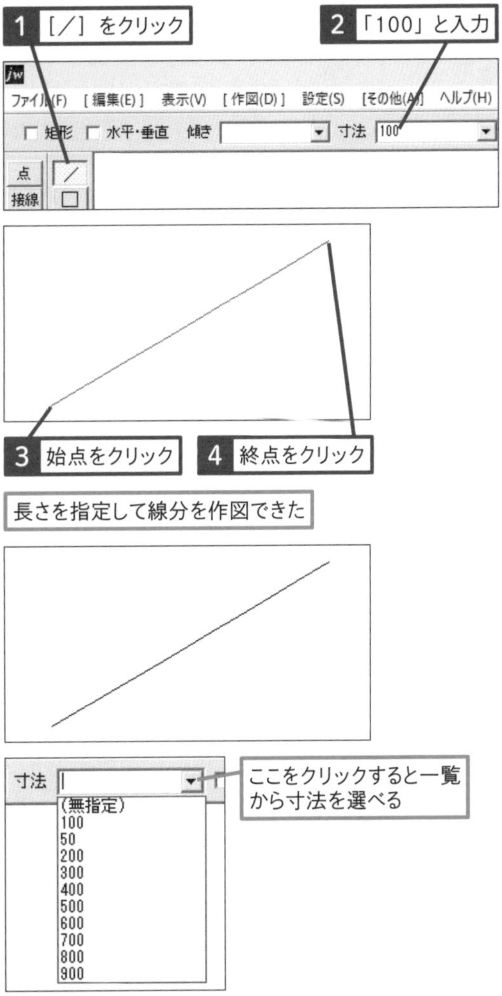

1 ［／］をクリック
2 「100」と入力
ファイル(F) ［編集(E)］ 表示(V) ［作図(D)］ 設定(S) ［その他(A)］ ヘルプ(H)
矩形 水平・垂直 傾き 寸法 100
点 接線
3 始点をクリック
4 終点をクリック
長さを指定して線分を作図できた
寸法
(無指定)
100
50
200
300
400
500
600
700
800
900
ここをクリックすると一覧から寸法を選べる

クロックメニュー　左1　線・矩形

069
サンプル　お役立ち度 ★★★

Q 角度を指定して線分を引くには

A ［傾き］に数値を入力します

角度を指定するには［／］コマンドを実行し、［傾き］に線分の角度を入力します。始点を指定すると、入力した方向に赤い線がガイドとして表示されるので、長さを決めてクリックします。［傾き］の「▼」をクリックすると、最近使用した数値が表示されるので、リストからも角度を選択できます。

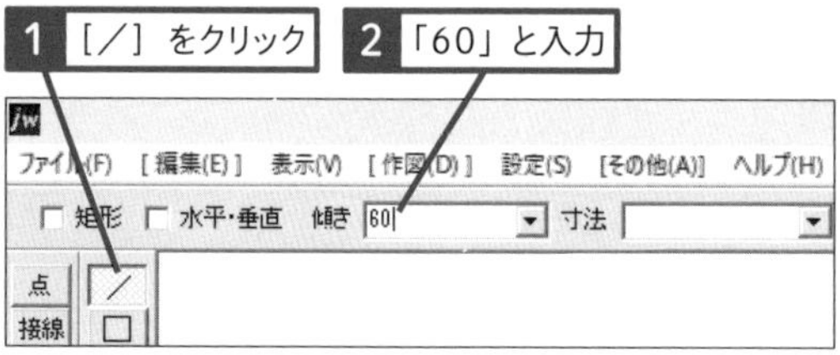

1 ［／］をクリック　2 「60」と入力

3 始点を右クリック　4 終点をクリック

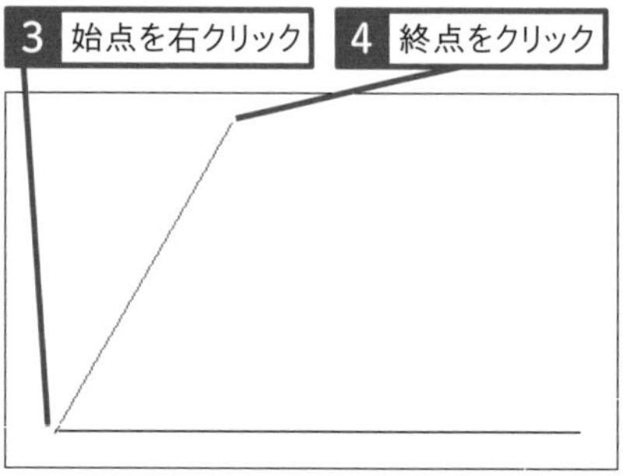

角度を指定して線分を作図できる

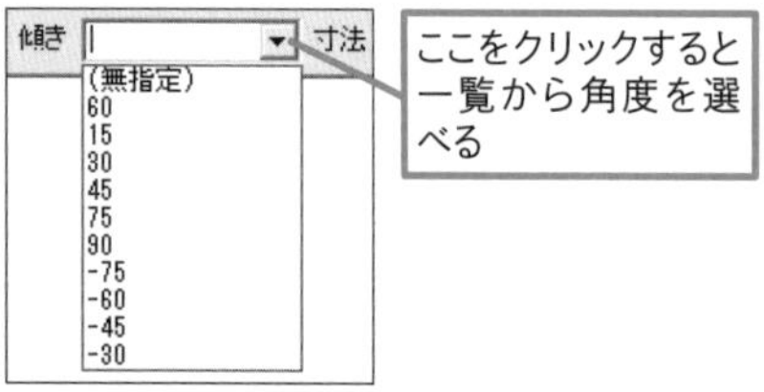

ここをクリックすると一覧から角度を選べる

●Jw_cadの角度の考え方

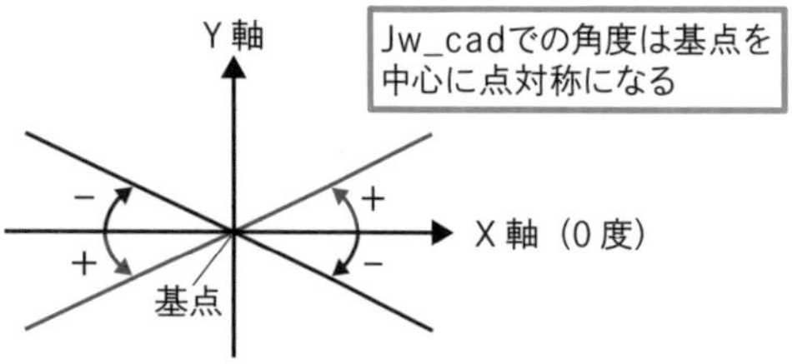

Jw_cadでの角度は基点を中心に点対称になる

Y軸

X軸（0度）

基点

070
サンプル　お役立ち度 ★★★

Q 角度を度分秒で入力するには

A 数値を「@」で区切って入力します

角度は「度」より小さい「分」や「秒」という単位も利用できます。1度は60分、1分は60秒です。［傾き］に「度分秒」で入力する場合は、半角の「@@」「@」を区切り記号として使います。例えば「30度15分20秒」と指定するときは「30@@15@20」と入力します。

1 ［／］をクリック

「度@@分@秒」のように入力すれば、より細かい角度を指定できる

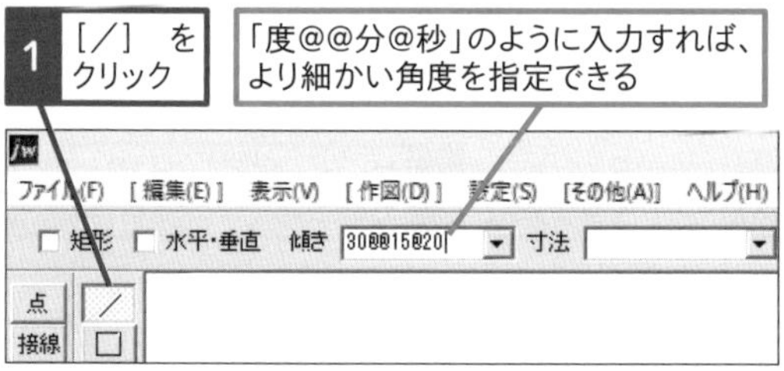

071
サンプル　お役立ち度 ★★★

Q 簡単に15度刻みの線分を引くには

A ［15度毎］にチェックマークを付けます

［／］コマンドを実行し、［15度毎］にチェックマークを付けると、［傾き］が空欄でも、カーソルを動かすと15度刻みで赤いガイドが止まります。また、［水平・垂直］にチェックマークが付いている場合は、15度刻みが優先されます。

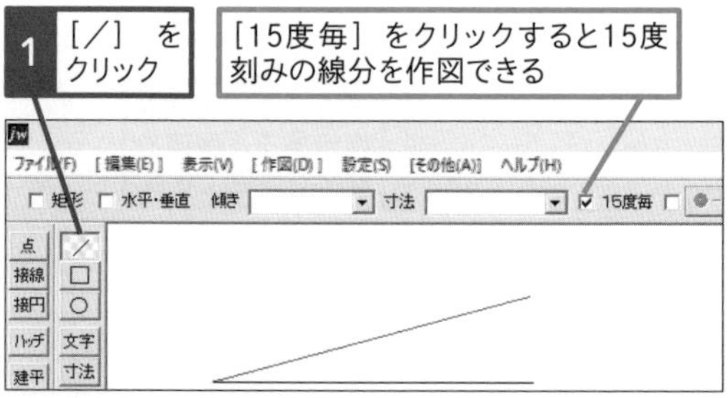

072 サンプル お役立ち度 ★★★

Q 角度を勾配で入力するには

A 先頭に「 //」と入力します

建築図面では、傾きを角度ではなく水平と垂直な長さの比で表す「勾配」が使われます。[傾き] に勾配を入力する場合は、数値の先頭に「//」を付けます。例えば、4/10 (4寸勾配) の線を作図するには、[／] コマンドを実行し、[傾き] に「//0.4」と入力します。

●小数で勾配を入力する

1 [／] をクリック

2 「//0.4」と入力

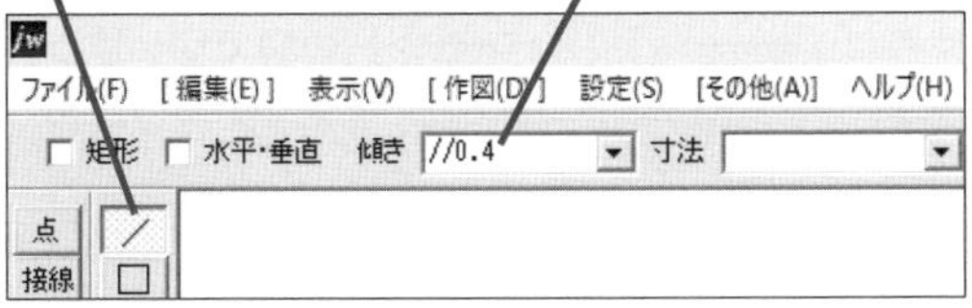

始点と終点を指示すると指示した勾配の線分を作図できる

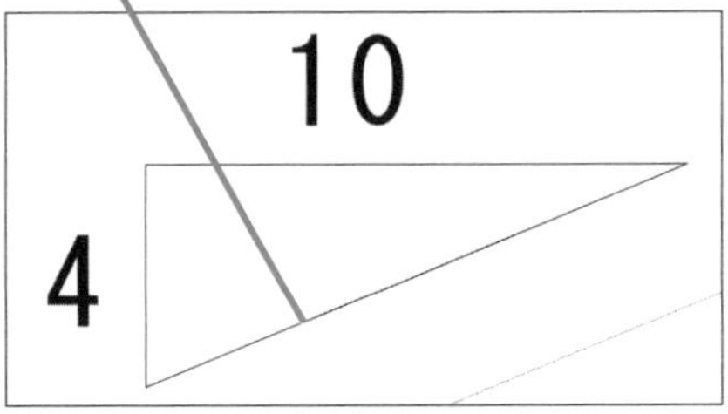

●小数で逆向きの勾配を入力する

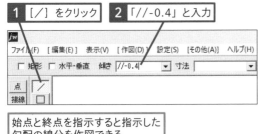

1 [／] をクリック

2 「//-0.4」と入力

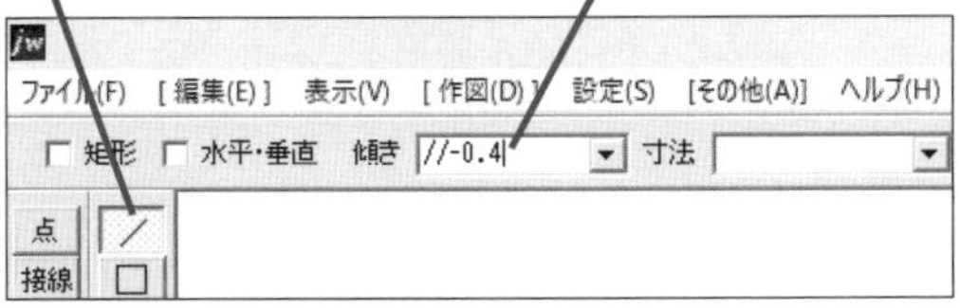

始点と終点を指示すると指示した勾配の線分を作図できる

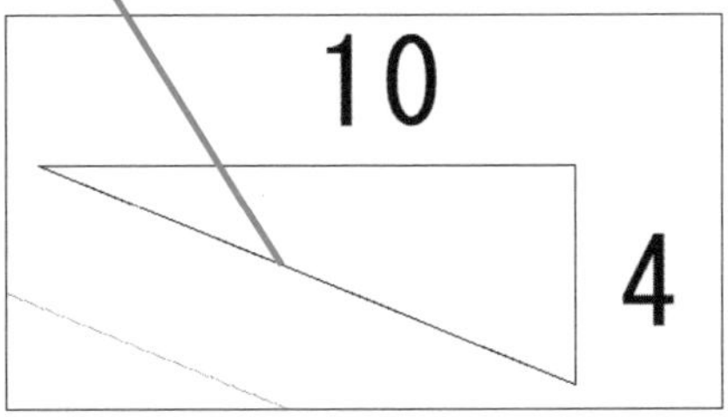

●分数で勾配を入力する

1 [／] をクリック

2 「// (1/8)」と入力

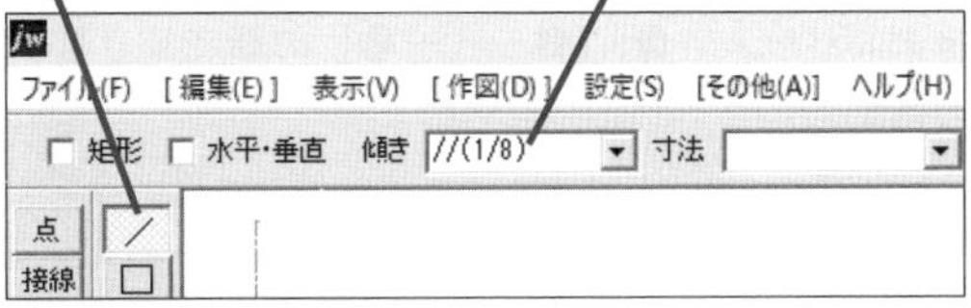

始点と終点を指示すると指示した勾配の線分を作図できる

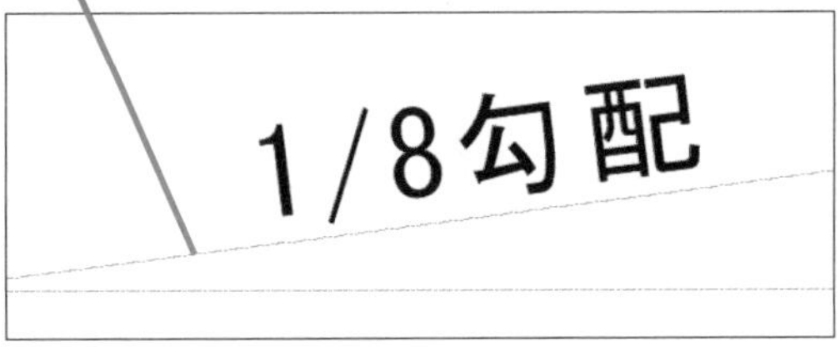

●分数で逆向きの勾配を入力する

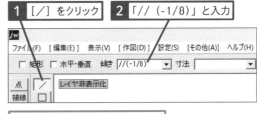

1 [／] をクリック

2 「// (-1/8)」と入力

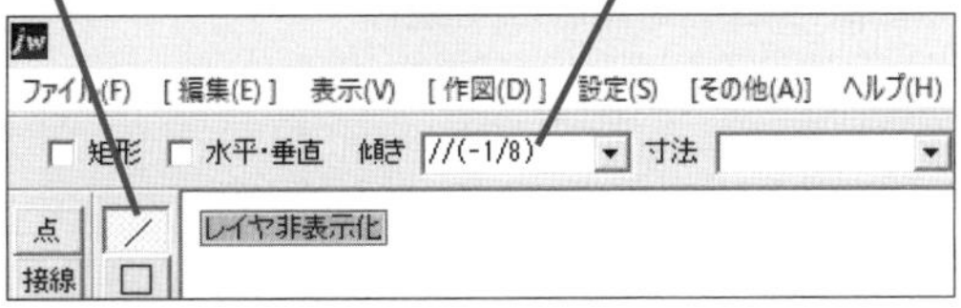

始点と終点を指示すると指示した勾配の線分を作図できる

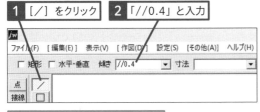

クロックメニュー 左1 線・矩形

073

サンプル　お役立ち度 ★★★

Q 始点や終点に「●」が付く線分を引くには

A ［●---］をクリックします

線を作図する際、同時に端部に［●］を付けることができます。［／］コマンドをクリックし［●―――］の左側にチェックマークを付け［●―――］をクリックすれば［―――●］［●―――●］の順で切り替わります。

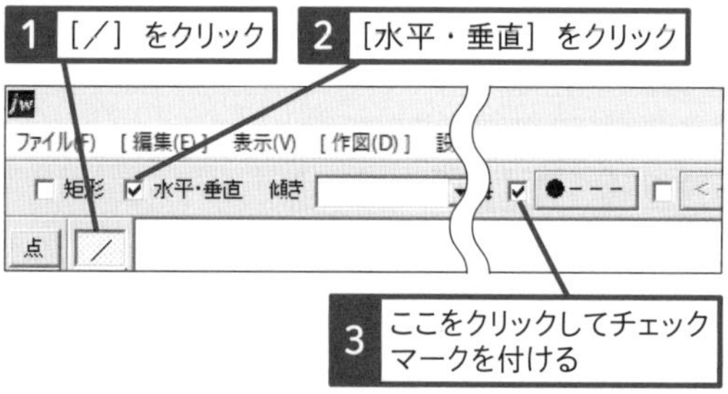
1 ［／］をクリック
2 ［水平・垂直］をクリック
ファイル(F)　［編集(E)］　表示(V)　［作図(D)］
矩形　水平･垂直　傾き
●---
点
3 ここをクリックしてチェックマークを付ける

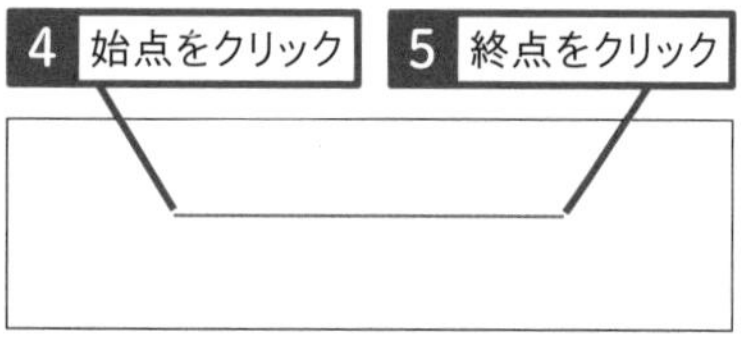
4 始点をクリック
5 終点をクリック

始点が「●」の線分を作図できた

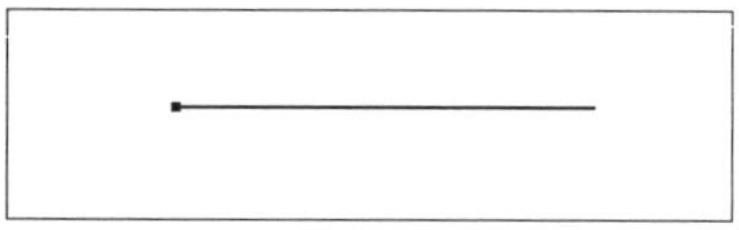

［●---］をクリックすると終点や両端を「●」にした線分を作図できる

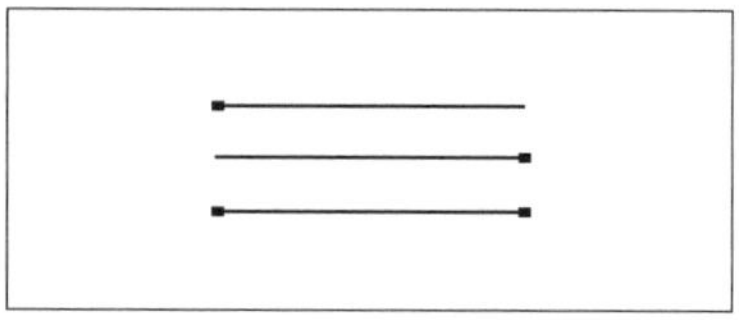

クロックメニュー　左1　線・矩形

関連074 始点や終点に「>」が付く線分を引くには ▶ P.60

074

サンプル　お役立ち度 ★★★

Q 始点や終点に「>」が付く線分を引くには

A ［<---］をクリックします

線を作図する際、同時に端部に［>］を付けることができます。［／］コマンドを実行し［<―――］の左側にチェックマークを付け［<―――］をクリックすれば［―――>］［<―――>］の順で切り替わります。

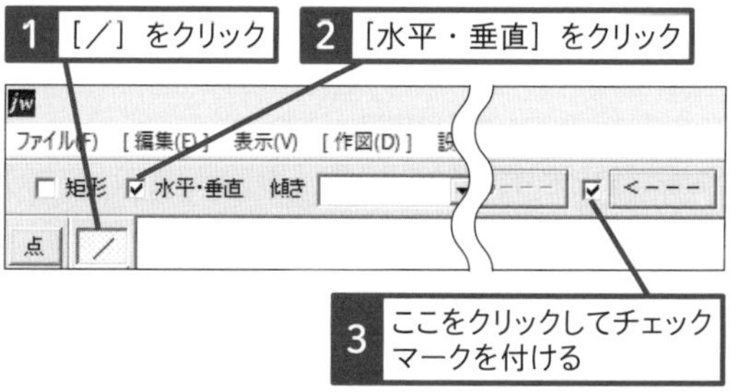
1 ［／］をクリック
2 ［水平・垂直］をクリック
ファイル(F)　［編集(E)］　表示(V)　［作図(D)］
矩形　水平･垂直　傾き
<---
点
3 ここをクリックしてチェックマークを付ける

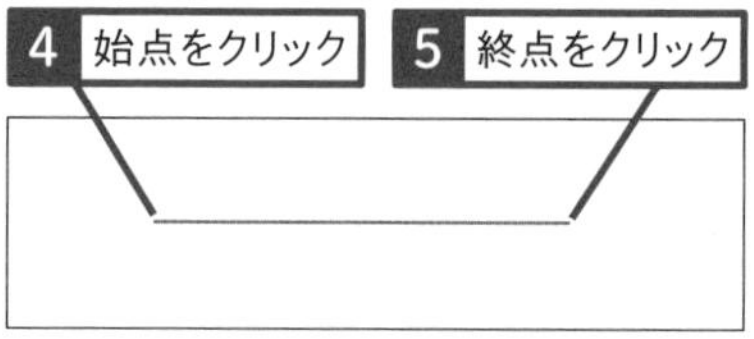
4 始点をクリック
5 終点をクリック

始点が「<」の線分を作図できた

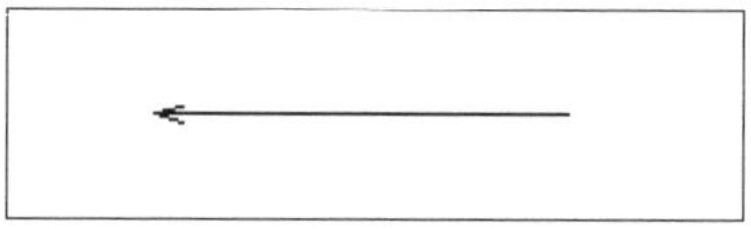

［<---］をクリックすると終点や両端を「<」にした線分を作図できる

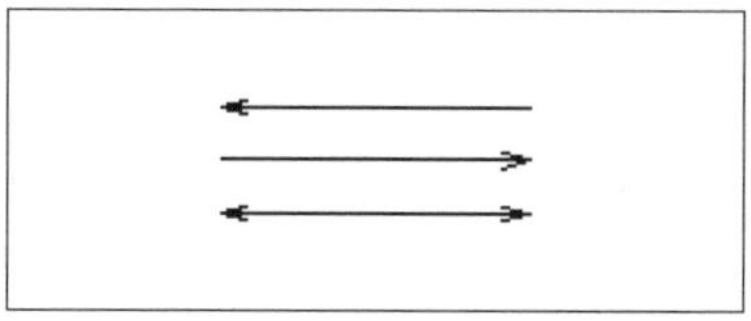

クロックメニュー　左1　線・矩形

関連073 始点や終点に「●」が付く線分を引くには ▶ P.60

075

サンプル　お役立ち度 ★★★

Q 線の端部に後から「>」を付けるには

A 線分をクリックします

すでに作図した線の端部を矢印にすることができます。[／] コマンドを実行し、[<] の左側にチェックマークを付け、矢印を付けたい側に近い線上をクリックすると端部に「<」が追加されます。なお、作業後は必ずチェックマークをはずすようにしましょう。

1 [／] をクリック

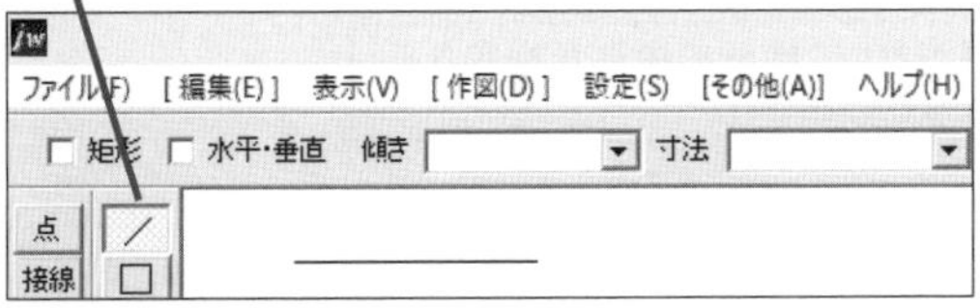

2 ここをクリックしてチェックマークを付ける

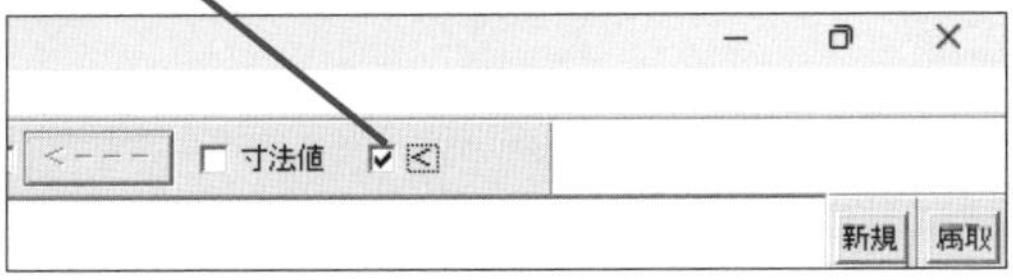

3 端点をクリック

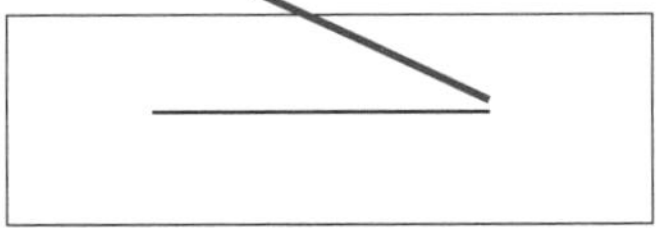

端点に「<」を追加できた

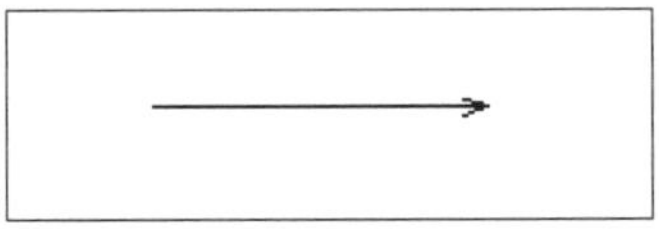

作業後は「<」をクリックしてチェックマークをはずしておく

クロックメニュー　左1　線・矩形

関連 073 始点や終点に「●」が付く線分を引くには ▶ P.60

076

サンプル　お役立ち度 ★★★

Q 線を引くときに寸法値を表示するには

A ［寸法値］にチェックマークを付けます

線を作図する際、同時に寸法値を表示することができます。[／] コマンドを実行して [寸法値] の左側にチェックマークを付け、画面上の適当な場所（始点）をクリックし、続けて画面上の適当な場所(終点)をクリックすると、線の上に長さを示す寸法値が表示されます。

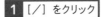

1 [／] をクリック

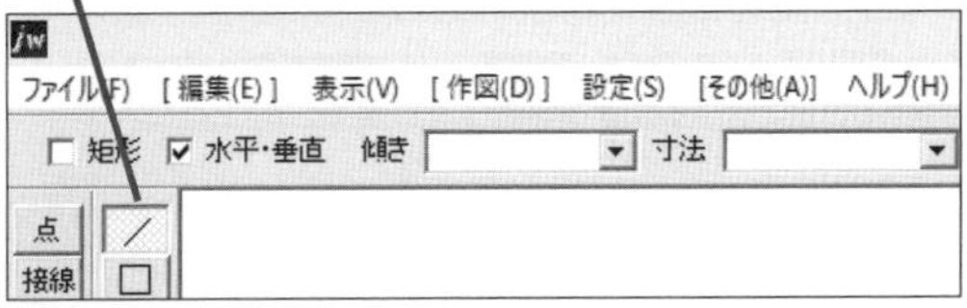

2 ここをクリックしてチェックマークを付ける

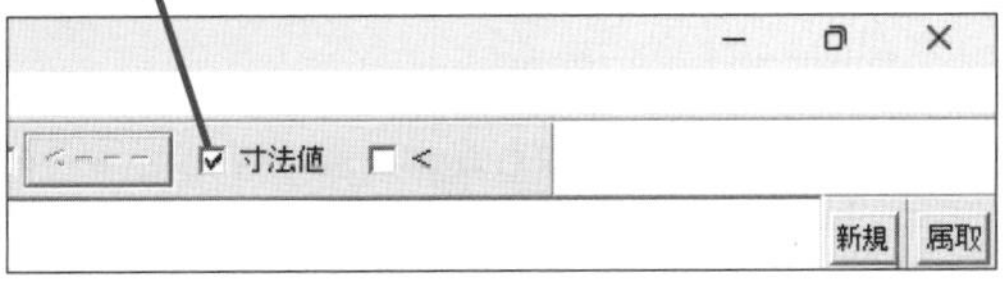

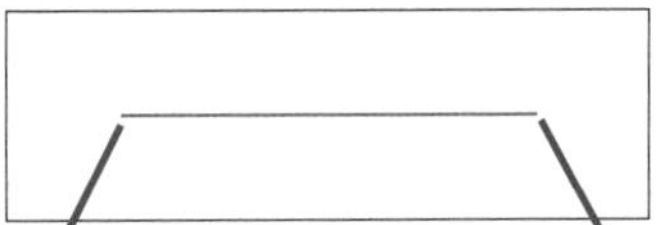

3 始点をクリック　4 終点をクリック

寸法入りの線分を作図できた

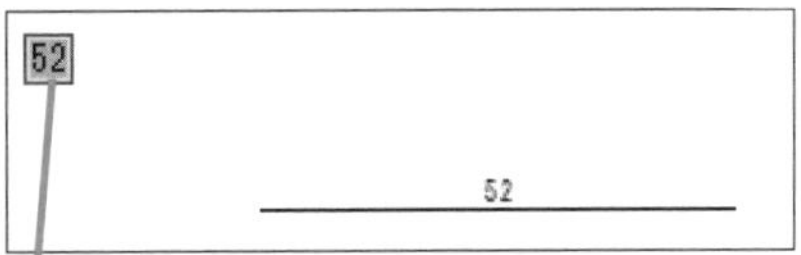

画面の左上に寸法が表示される

作業後は［寸法値］をクリックしてチェックマークをはずしておく

クロックメニュー　左1　線・矩形

特殊な点を端点に指定するには

ここではおもにクロックメニューの機能を使って、端点ではない特殊な点を指示して線などを作図する方法を解説します。

077

サンプル　お役立ち度 ★★★

Q 他の線の中点に線分を引くには

動画で見る

A クロックメニューを活用します

線分の中点や円（円弧）の中心を取得するには、クロックメニューの［中心点・A点］を使うと便利です。この機能は［基本設定］画面の［一般（1）］タブの項目で［クロックメニューを使用しない］にチェックマークを付けていても使用できます。

●直線の中点に線分を引く

ワザ066を参考に［／］コマンドを実行しておく

1 ここを右クリック

2 そのまま右にドラッグ

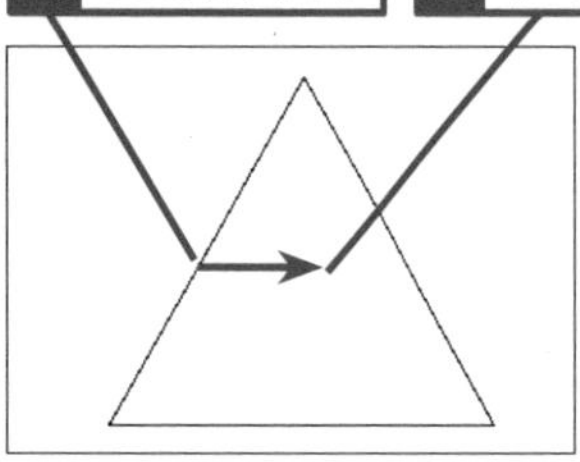

［中心点・A点］が表示された

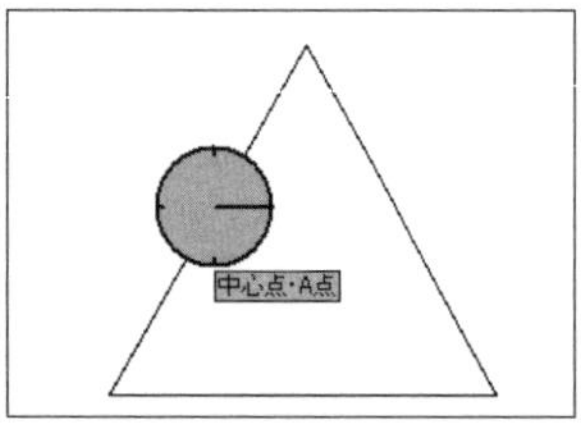

3 マウスボタンをはなす

始点として線分の中点が指定された

この操作を以降は右ドラッグと表記する

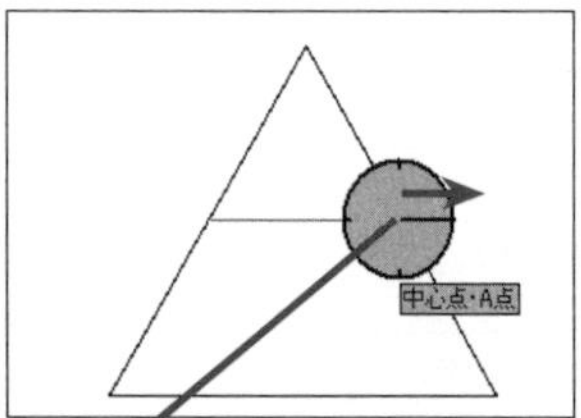

4 ここを右方向に右ドラッグ

終点として線分の中点が指定され、線分が作図された

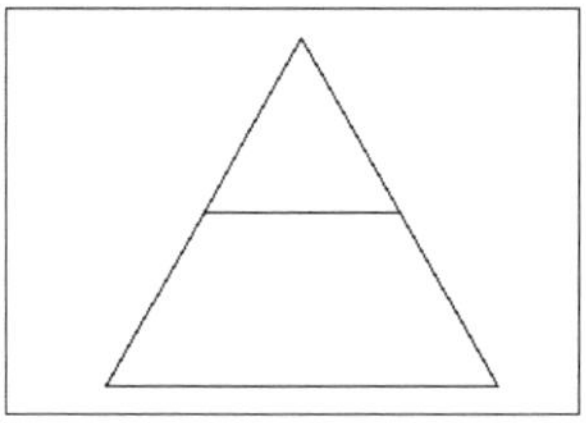

●円の中心を取得する

ワザ066を参考に［／］コマンドを実行しておく

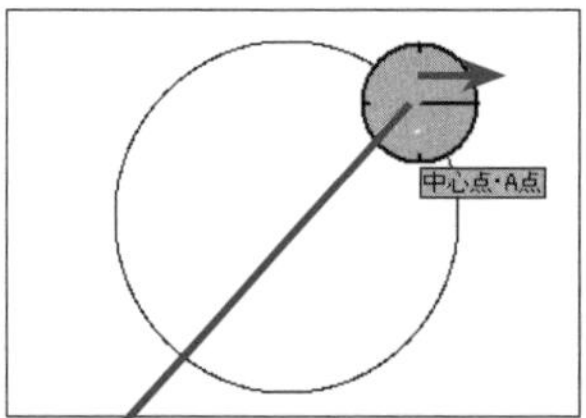

1 円周上で右方向に右ドラッグ

円の中心点が取得できた

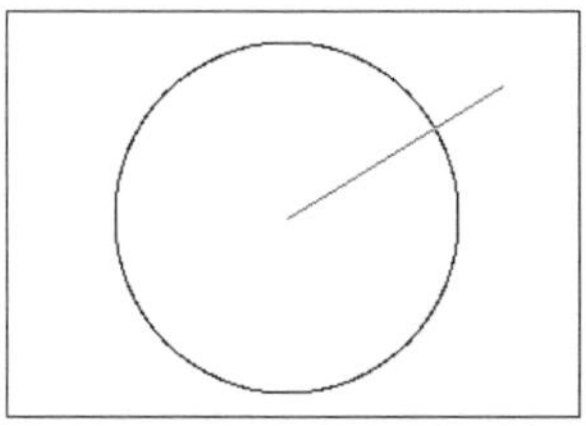

078

サンプル　お役立ち度 ★★★

Q 正方形の中心から線分を引くには

A ［中心点・A点］を使います

クロックメニューの［中心点・A点］は、ドラッグを始める位置が線上だと［中心点］を取得しますが、端点(頂点)を時計の3時方向に右ボタンドラッグし、続けてもう一つの端点（頂点）を右クリックすると2点間の中点を取得できます。

ワザ066を参考に［／］コマンドを実行しておく

1 ここを右方向に右ドラッグ

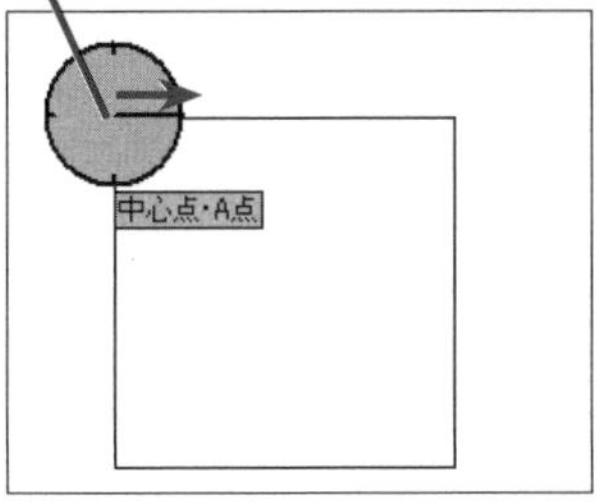

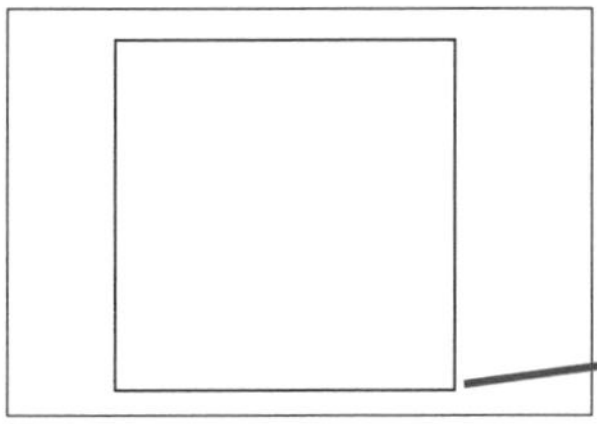

2 ここを右クリック

正方形の対角線の中点が取得できた

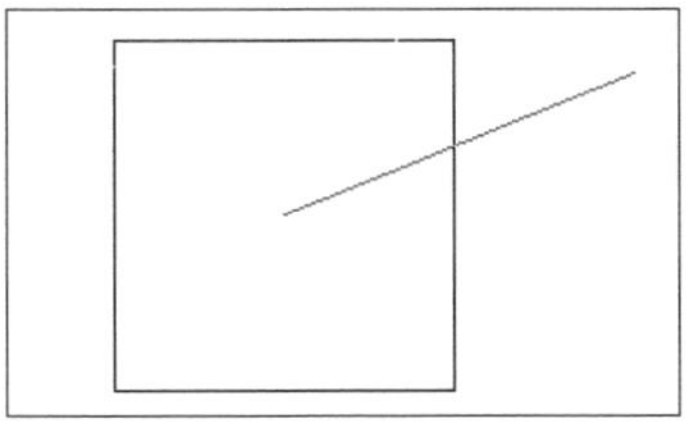

クロックメニュー　左1　線・矩形

関連066 線分を引くには ▸ P.56

079

サンプル　お役立ち度 ★★★

Q 角度が不明の斜線に対して平行な線を引くには

A ［線角］コマンドを使います

［／］コマンドを実行してから［線角］をクリックして、角度不明の線上をクリックすることで角度が取得できます。このとき、［傾き］の右側にその角度が表示されます。続けて線を作図すれば、角度不明の線と平行な線が作図できます。

ワザ066を参考に［／］コマンドを実行しておく

1 ［線角］をクリック

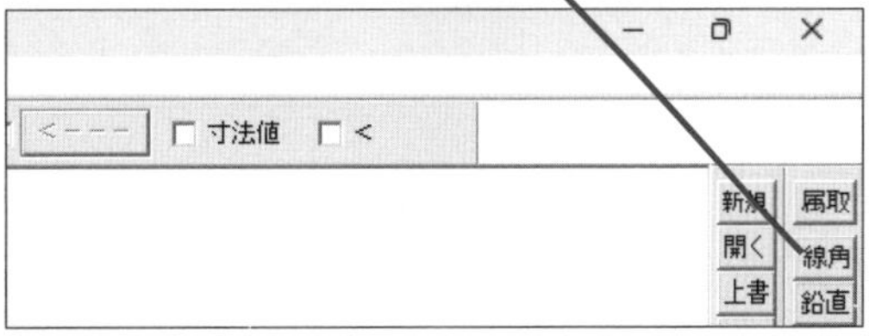

2 線をクリック

線の角度が取得できた

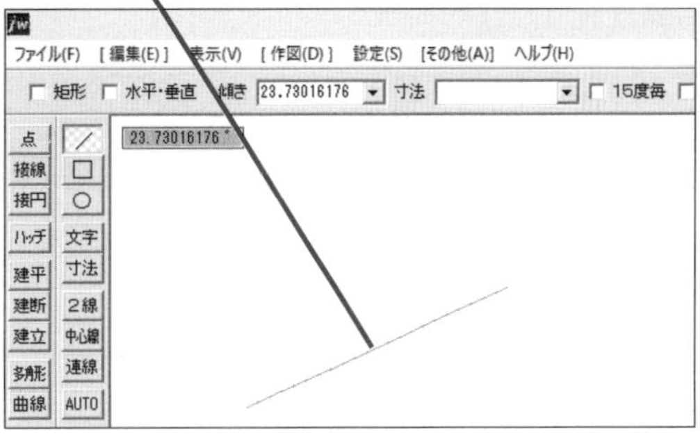

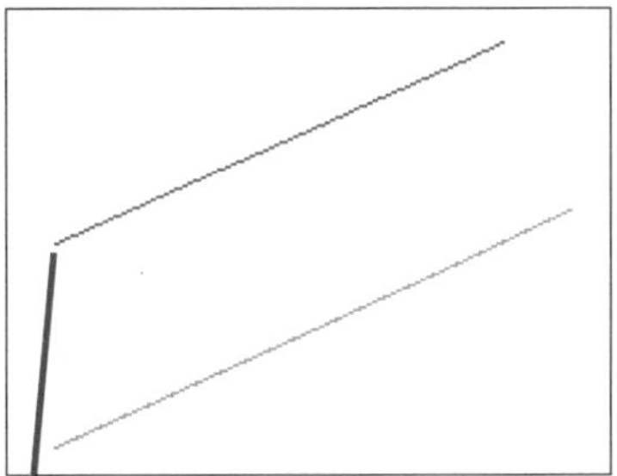

3 始点をクリック

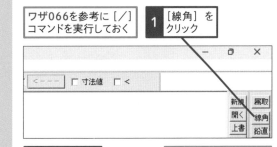

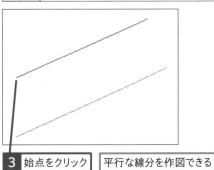

平行な線分を作図できる

080

サンプル　お役立ち度 ★★★

Q 角度が不明の斜線に対して垂直な線を引くには

A ［鉛直］コマンドを使います

［／］コマンドを実行し、［鉛直］をクリックして、角度不明の線上をクリックすることで角度不明な線に対して垂直な角度が取得できます。［傾き］の右側にはその角度が表示されます。続けて線を作図すると、角度不明の線と垂直な線を作図できます。

ワザ066を参考に［／］コマンドを実行しておく

1 ［鉛直］をクリック

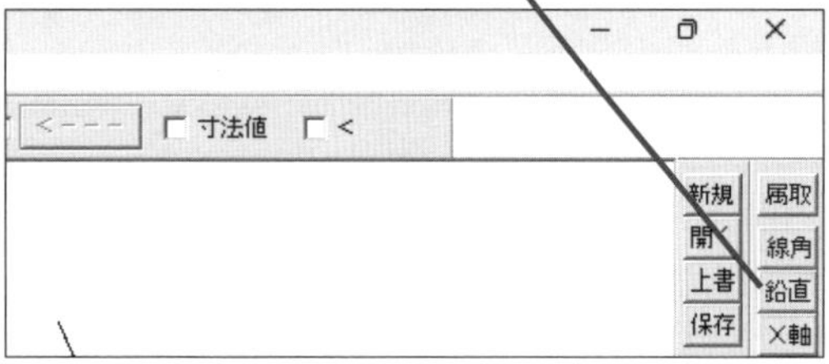

2 線をクリック

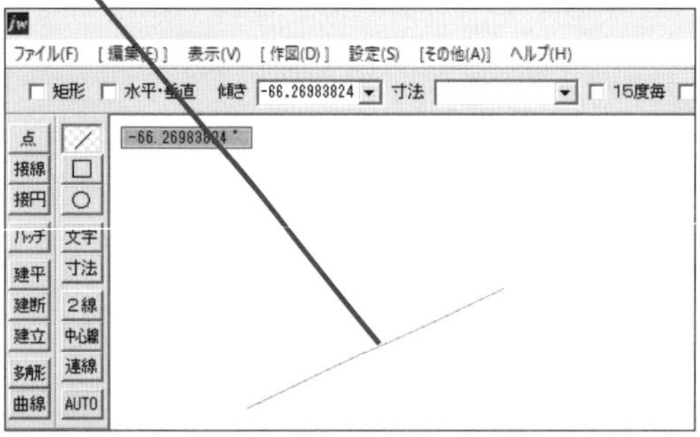

線に対して垂直な角度が取得できた

3 始点をクリック

4 作図する方向にマウスカーソルを移動

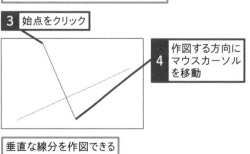

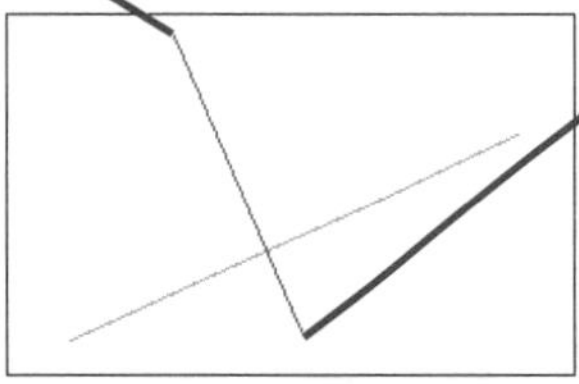

垂直な線分を作図できる

081

サンプル　お役立ち度 ★★★

Q 線上の任意点に線を引くには

A ［線上点・交点］を使います

［／］コマンドを実行し、線上で左方向へ右ドラッグすると線上の任意点が指定できます。続けて線上の適当な位置をクリックすると線上点が取得できます。この機能は［基本設定］画面の［一般（1）］タブの項目で［クロックメニューを使用しない］にチェックマークを付けていても使用できます。

ワザ066を参考に［／］コマンドを実行しておく

1 ここを左方向に右ドラッグ

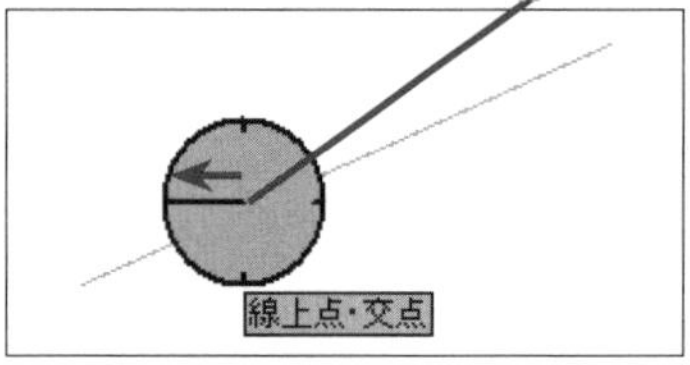

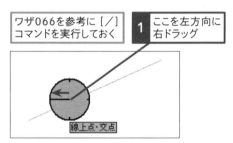

線分の始点が線上に取得できた

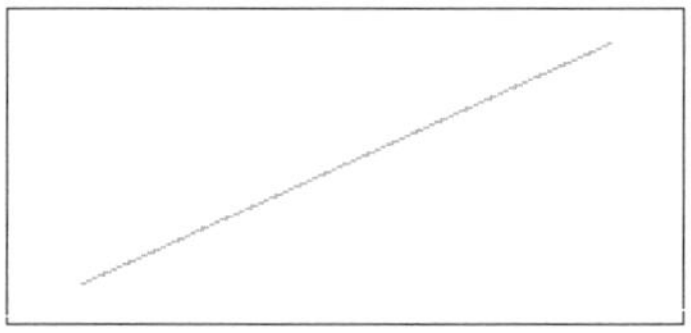

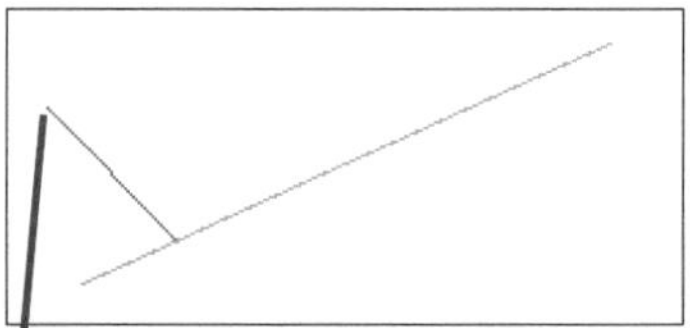

2 ここをクリック

線上の任意点を始点とする線分を作図できた

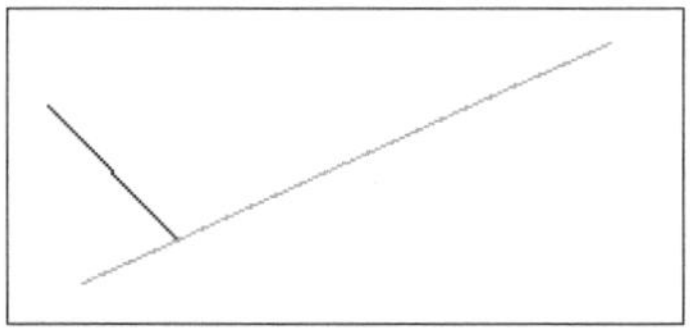

クロックメニュー　左1　線・矩形

082

サンプル　お役立ち度 ★★★

Q 円周上から法線を引くには

A ［鉛直・円周点］を使います

［／］コマンドを実行し、円周上で上方向へ右ドラッグすると、円周上の任意点が指定でき、円周上から放射状の線を簡単に作図できます。この機能は［基本設定］画面の［一般(1)］タブの項目で［クロックメニューを使用しない］にチェックマークを付けていても使用できます。

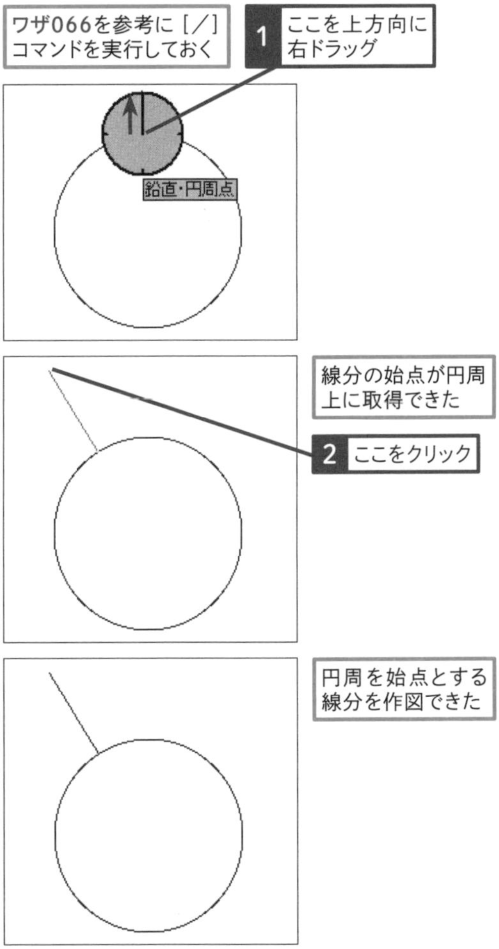

ワザ066を参考に［／］コマンドを実行しておく
1 ここを上方向に右ドラッグ
鉛直・円周点
線分の始点が円周上に取得できた
2 ここをクリック
円周を始点とする線分を作図できた

クロックメニュー　左1　線・矩形

083

サンプル　お役立ち度 ★★★

Q 円の内側に十字線を引くには

A ［鉛直・円1/4点］を使います

［／］コマンドを実行し、［水平・垂直］にチェックマークを付け、円周上の上下左右で上方向へ右ドラッグすると、円の上下左右の4つの点をそれぞれ取得できます。この機能も［基本設定］画面の［一般(1)］タブの項目で［クロックメニューを使用しない］にチェックマークを付けていても使用できます。

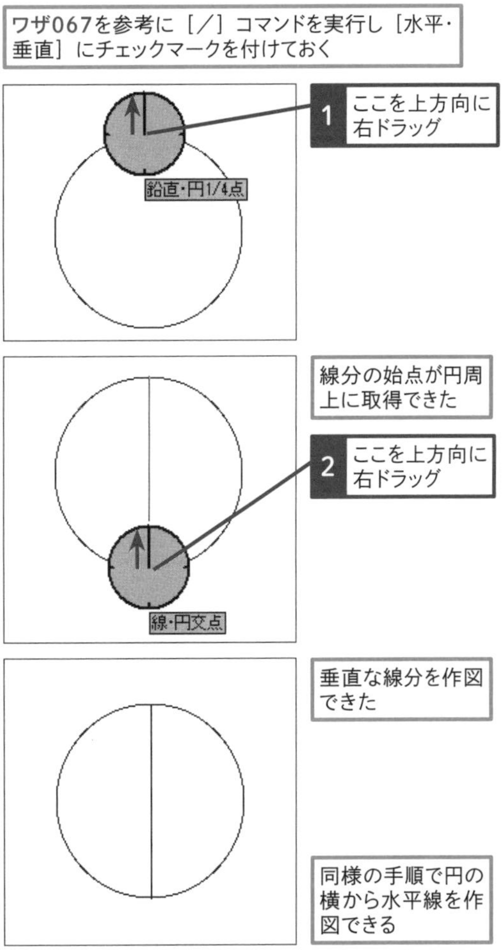

ワザ067を参考に［／］コマンドを実行し［水平・垂直］にチェックマークを付けておく
1 ここを上方向に右ドラッグ
鉛直・円1/4点
線分の始点が円周上に取得できた
2 ここを上方向に右ドラッグ
線・円交点
垂直な線分を作図できた
同様の手順で円の横から水平線を作図できる

クロックメニュー　左1　線・矩形

連続線や手書き線を作図するには

ここでは、[連線] コマンドを使った作図例を紹介します。Jw_cadには、手書きで線が作図できる機能もありますので、是非習得しましょう。

084

サンプル　お役立ち度 ★★★

Q 連続した線を引くには

A [連線] コマンドを使います

[連線] コマンドを実行すると、始点から連続で折線を作図することができます。終了したいときはコントロールバーの [終了] をクリックします。

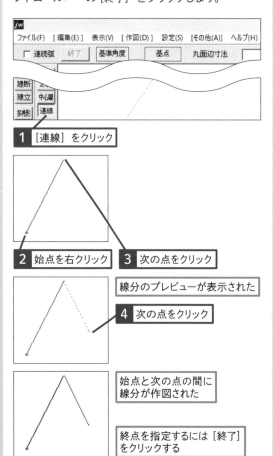

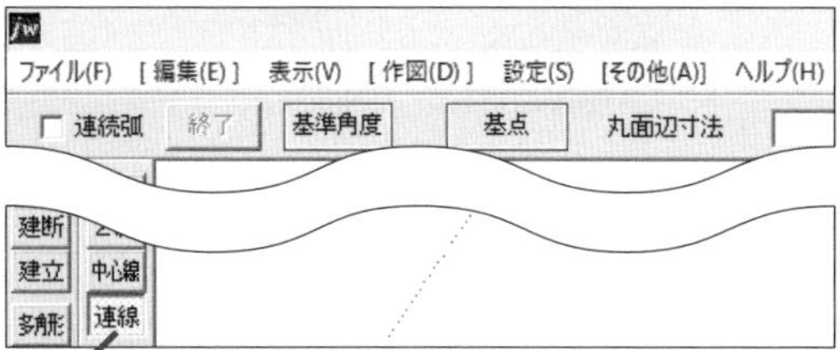

1 [連線] をクリック

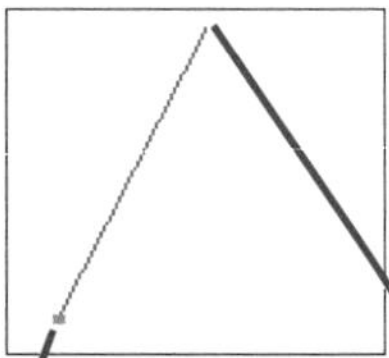

2 始点を右クリック

3 次の点をクリック

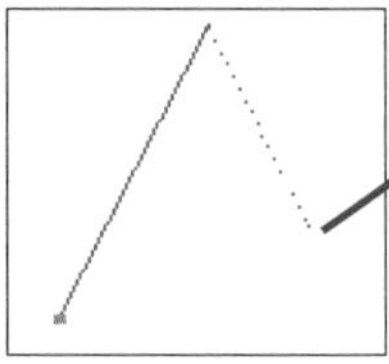

線分のプレビューが表示された

4 次の点をクリック

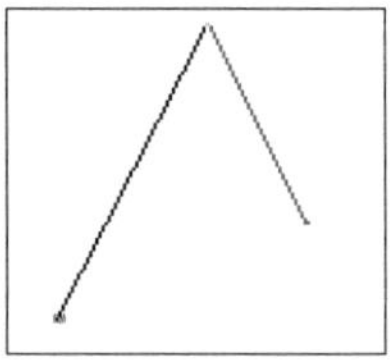

始点と次の点の間に線分が作図された

終点を指定するには [終了] をクリックする

085

サンプル　お役立ち度 ★★★

Q 角度を指定して連続した線を引くには

A [基準角度] をクリックします

[連線] コマンドを実行して [基準角度] をクリックすると、[角度15度毎] [角度45度毎] [角度 (無指定)] の順に切り替わり、角度を指定して作図できます。角度の指定を解除するときは [終了] をクリックします。

ワザ084を参考に [連線] コマンドを実行しておく

1 [基準角度] をクリック

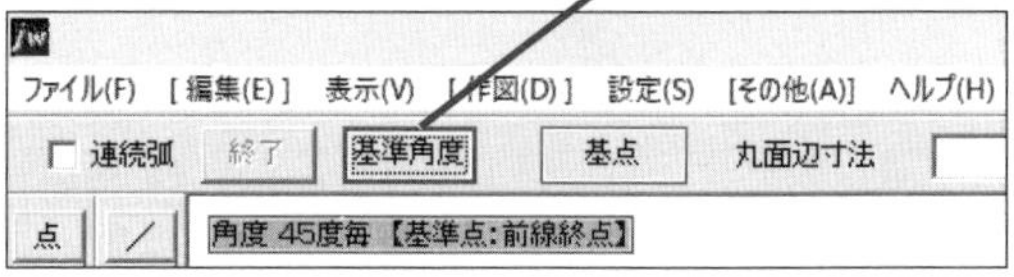

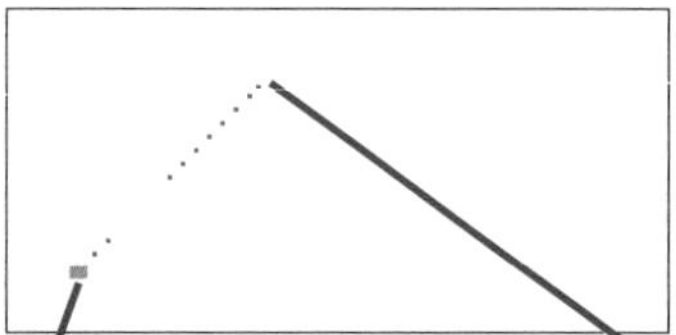

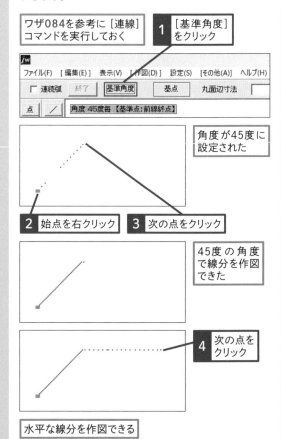

角度が45度に設定された

2 始点を右クリック

3 次の点をクリック

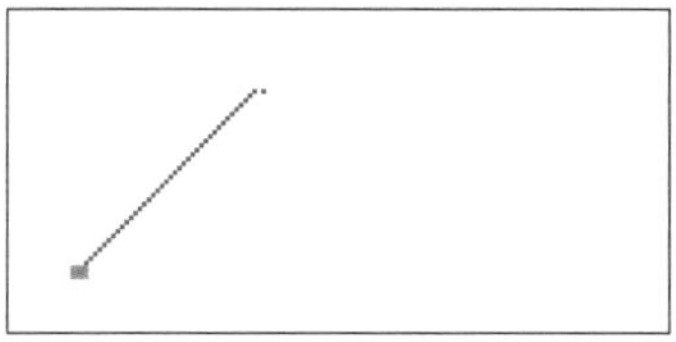

45度の角度で線分を作図できた

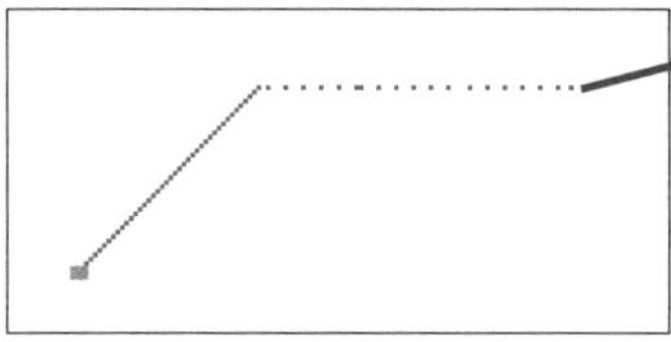

4 次の点をクリック

水平な線分を作図できる

086

サンプル　お役立ち度 ★★★

Q 丸みを帯びた折れ線を連続して引くには

A ［丸面辺寸法］に数値を入力します

［連線］コマンドを実行中に［丸面辺寸法］に数値を入力することで、折れ線の角部分が丸みを帯びて作図することができます。丸さ加減は数値で調整します。

ワザ084を参考に［連線］コマンドを実行しておく

1 「5」と入力

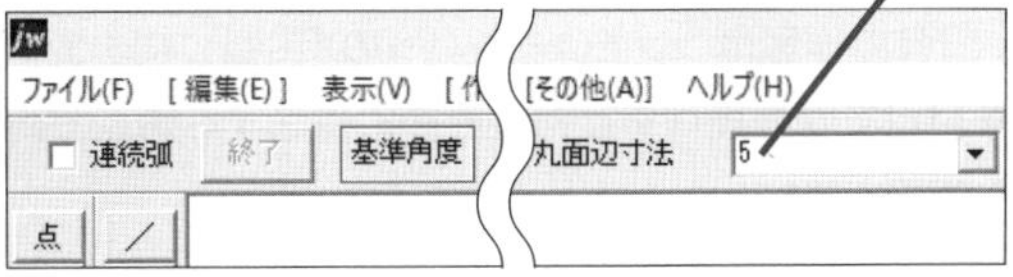

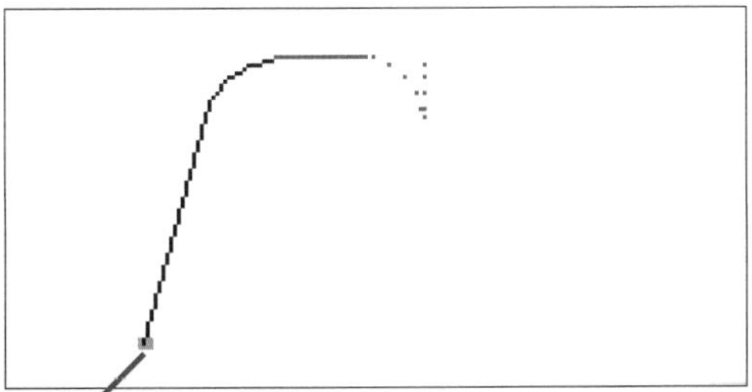

2 始点を右クリック

中間点を左クリックすると角の部分が丸みを帯びて作図される

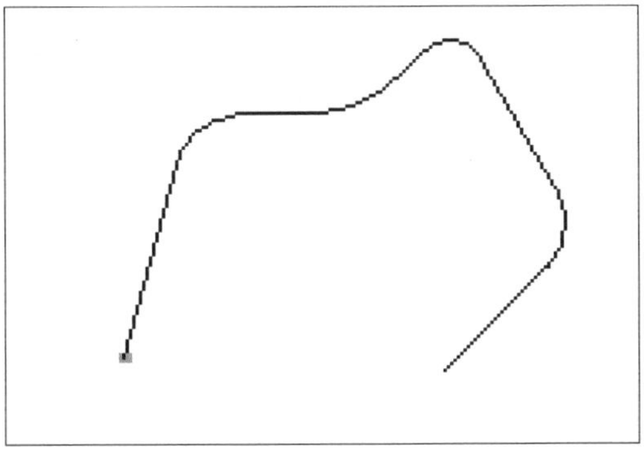

［終了］をクリックして作図を終了する

087

サンプル　お役立ち度 ★★★

Q 手書き線を引くには

A ［手書線］にチェックマークを付けます

［連線］コマンドを実行中に［手書線］にチェックマークを付けると手書き風の線が作図できます。始点をクリックした後、作図したい方向にマウスを動かし、次にクリックすると線は終わります。下記の例は、円の補助線の上に樹木を上から見た様子を作図しています。

ワザ084を参考に［連線］コマンドを実行しておく

1 ［手書線］をクリックしてチェックマークを付ける

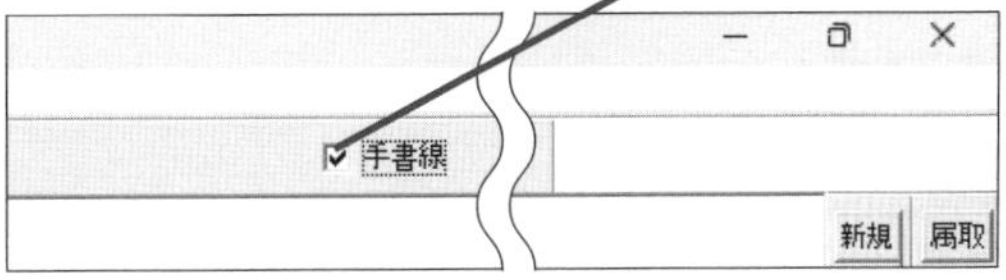

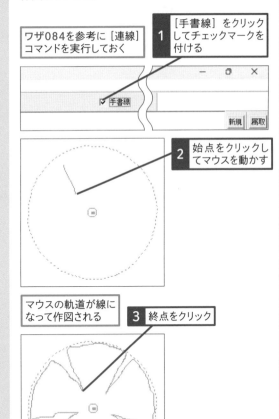

2 始点をクリックしてマウスを動かす

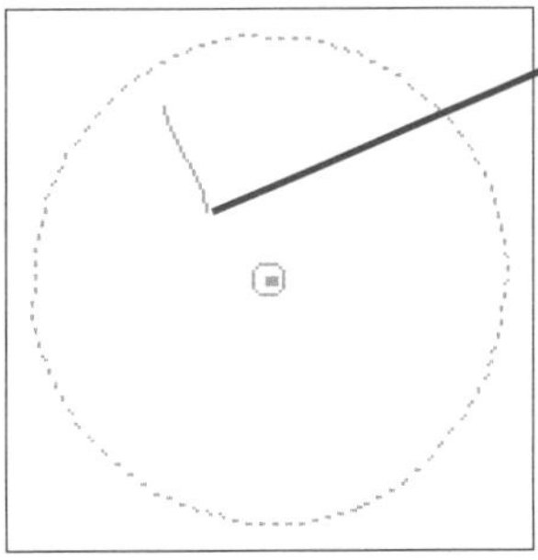

マウスの軌道が線になって作図される

3 終点をクリック

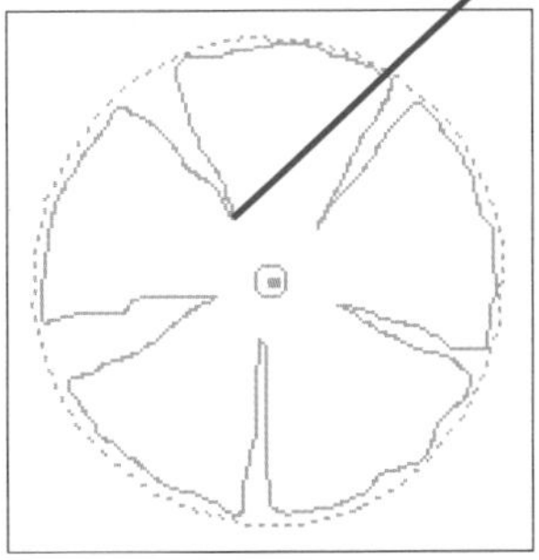

作図が終了した

第4章 円と接線、接円を作図するには

円や円弧を作図する

ここでは、円・楕円や円弧の作図方法などをおもに［○］コマンド、［接円］コマンドを使って解説します。

088

サンプル

お役立ち度 ★★★

Q 円・円弧を作図するには

A ［○］コマンドを使用します

［○］コマンドは、円や円弧を作図するコマンドです。［○］コマンドをクリックし、円の中心を指定し、円周の位置（半径）を指定すれば、円が作図できます。また、円弧の作図はコントロールバーの［円弧］にチェックを付けてから操作を行い、最後に作図する始点と終点を指定しましょう。

●円を描く

1 ［○］をクリック

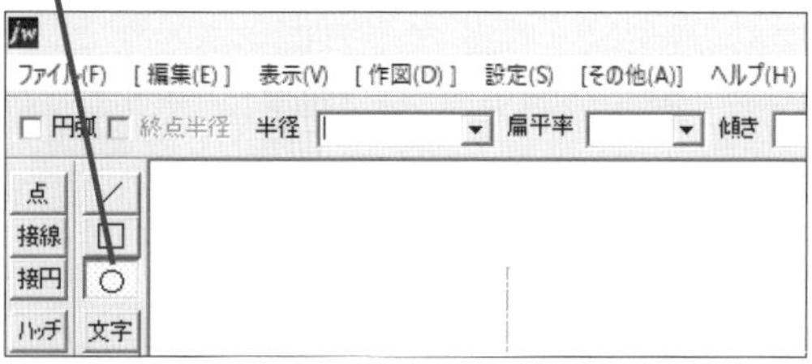

2 交点を右クリック

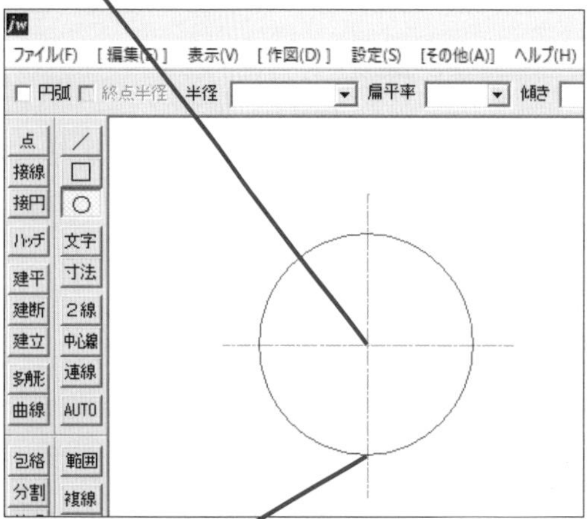

3 円が通過する位置をクリック

●円弧を描く

1 ［○］をクリック

2 ［円弧］をクリックしてチェックマークを付ける

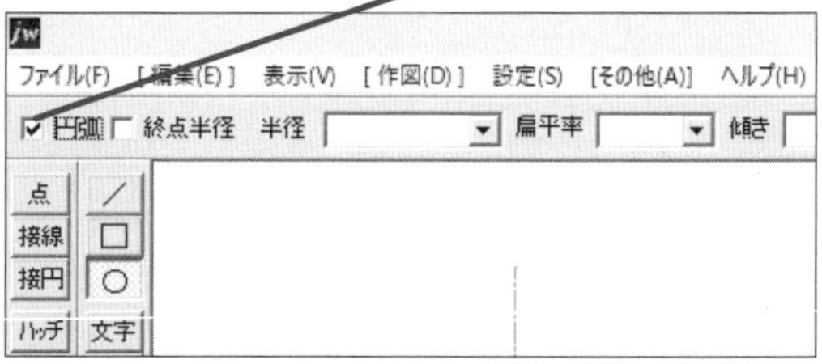

3 円弧の中心を右クリック

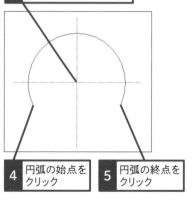

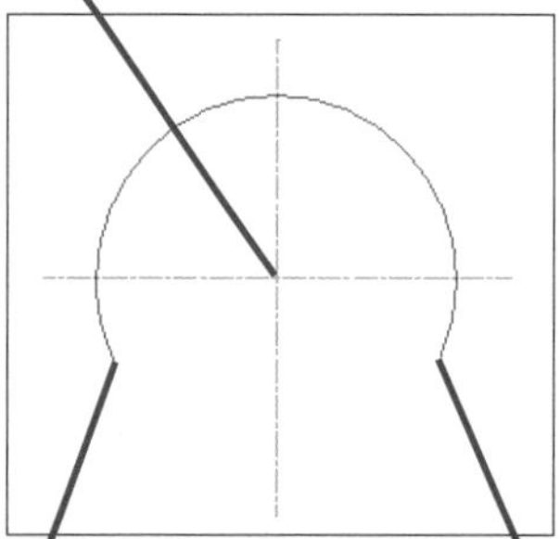

4 円弧の始点をクリック

5 円弧の終点をクリック

クロックメニュー　左2　円・円弧

089

サンプル　お役立ち度 ★★★

Q 半径を指定して円を作図するには

A ［半径］に数値を入力します

［○］コマンドをクリックし、円の中心を指定（円の中心が交点の場合は右クリック、自由点の場合はクリック）し、コントロールバーの［半径］に数値を入力すれば、指定した半径の円が作図できます。

ワザ088を参考に［○］コマンドを実行しておく

1「20」と入力

2 円の中心を右クリック

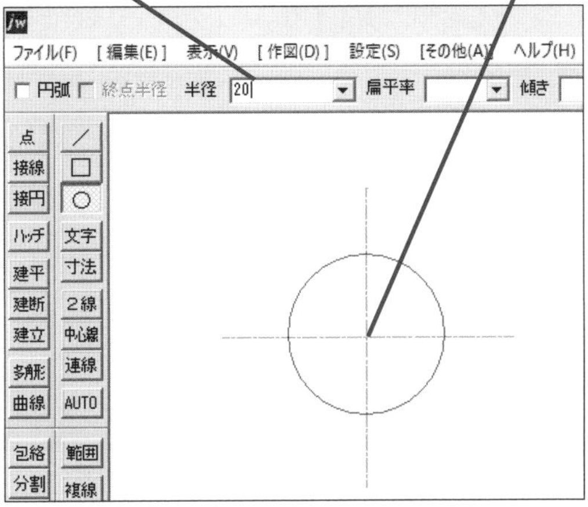

円を作図できた

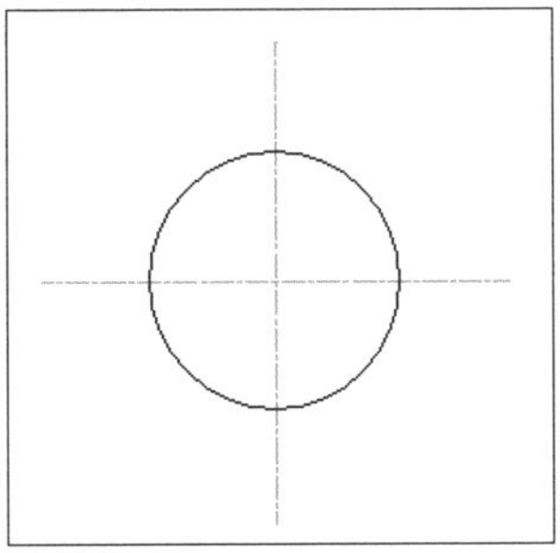

クロックメニュー　左2　円・円弧

090

サンプル　お役立ち度 ★★★

Q 中心以外を基点として円を作図するには

A ［基点］をクリックして切り替えます

［○］コマンドをクリックし、半径を指定すると、コントロールバーの［基点］が［中・中］となり、［中・中］を押すごとに、［左・上］→［左・中］→［左・下］→［中・下］→［右・下］→［右・中］→［右・上］→［中・上］→［中・中］と円の基点が変更されます。

ワザ088を参考に［○］コマンドを実行して半径を指定しておく

1「15」と入力

2 クリックして［左・上］に変更

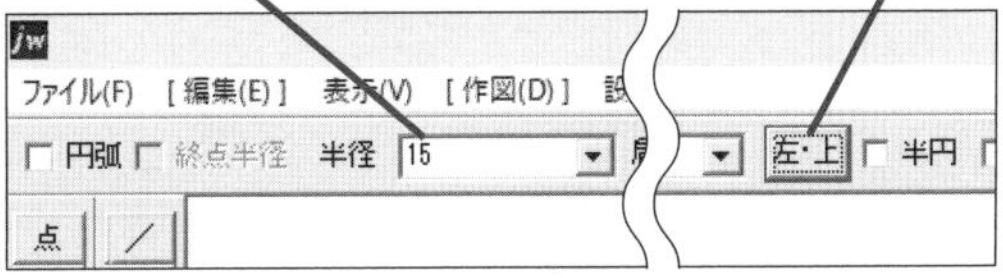

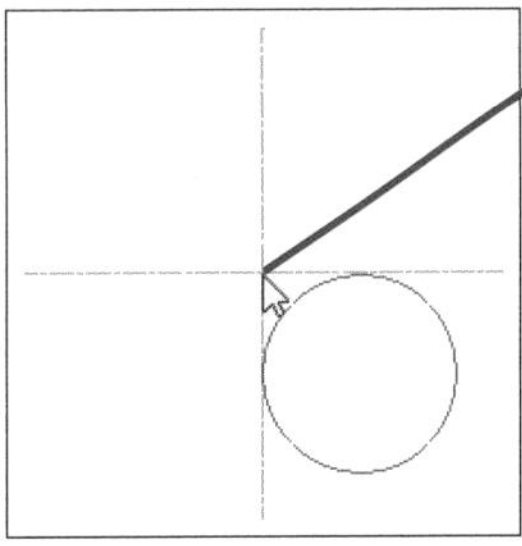

3 円の基点を右クリック

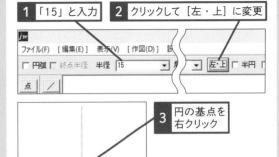

左上を基点として円を作図できる

基点は以下の9箇所を設定できる

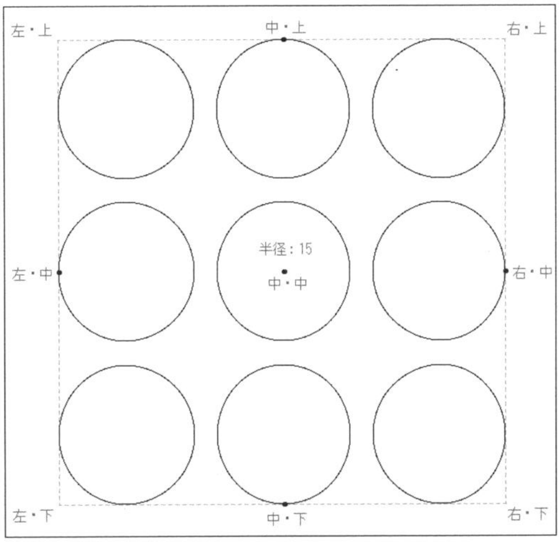

091

サンプル　お役立ち度 ★★★

Q 指定した2つの点を直径とする円を作図するには

A ［基点］を［外側］に切り替えます

［○］コマンドをクリックし、コントロールバーの［基点］をクリックすると［外側］に変わります。次に、指定した2つの場所を続けてクリック（点や交点・端点なら右クリック）することで、指定した2つの点を直径とする円を作図できます。

ワザ088を参考に［○］コマンドを実行しておく

1 ここをクリックして［外側］を表示

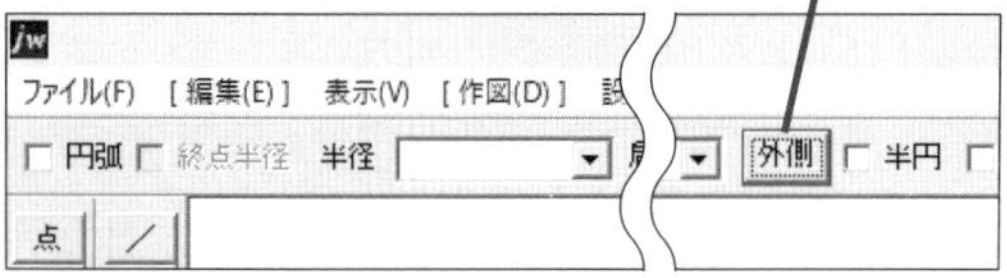

2 直径の1点目を右クリック

3 直径の2点目を右クリック

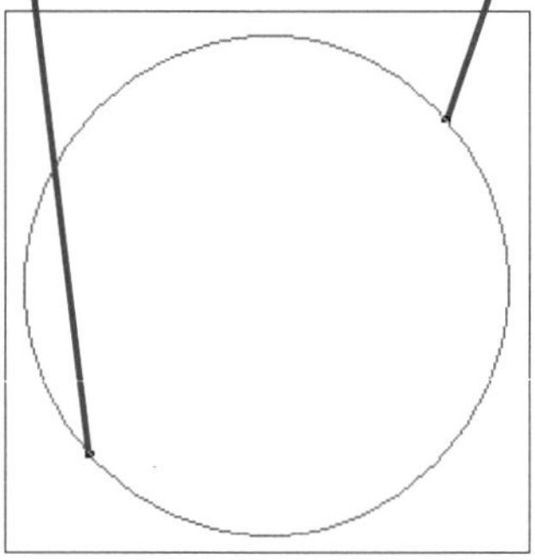

2つの点を通る円を作図できた

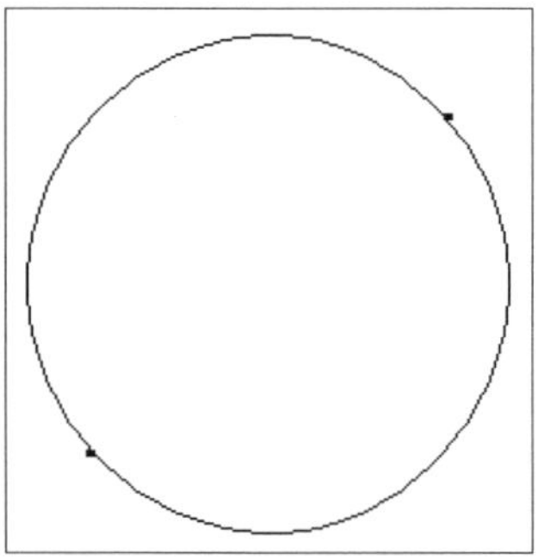

クロックメニュー　左2　円・円弧

092

サンプル　お役立ち度 ★★★

Q 指定した2つの点を直径とする半円を作図するには

A ［半円］にチェックマークを付けます

まず［○］コマンドをクリックし、コントロールバーの［半円］にチェックマークを付けます。次に、指定した2つの場所を続けてクリック（点や交点・端点なら右クリック）することで、指定した2つの点を直径とする半円を作図できます。なお、半円の向きはマウスを動かして決めます。

ワザ088を参考に［○］コマンドを実行しておく

1 ［半円］をクリックしてチェックマークを付ける

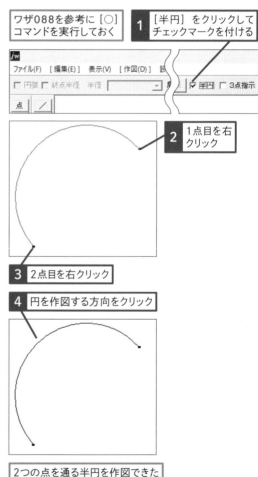

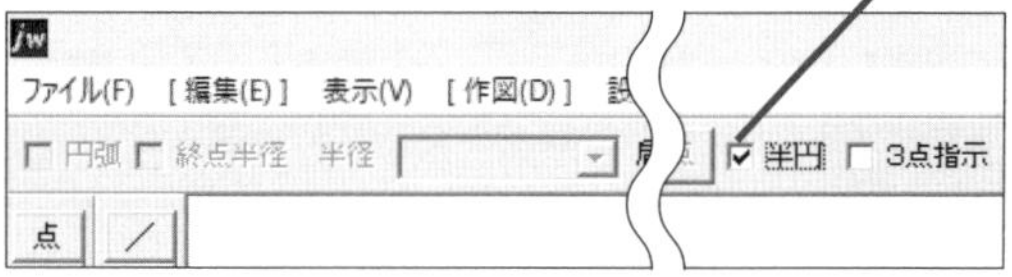

2 1点目を右クリック

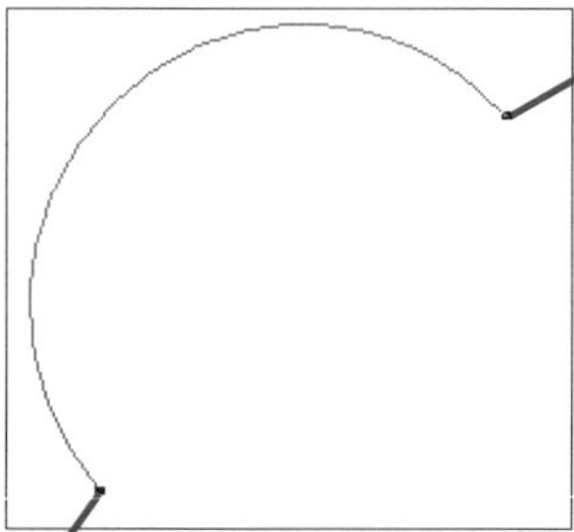

3 2点目を右クリック

4 円を作図する方向をクリック

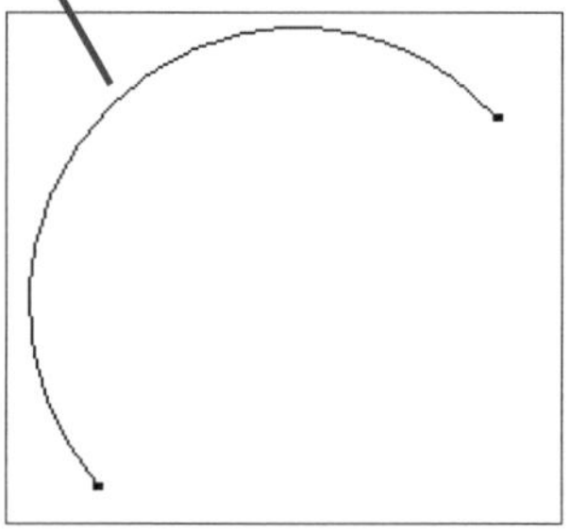

2つの点を通る半円を作図できた

クロックメニュー　左2　円・円弧

093

サンプル　お役立ち度 ★★★

Q 指定した3つの点を通過する円を作図するには

A ［3点指示］をクリックします

3つの点を通過する円を作図するときは、［○］コマンドをクリックし、コントロールバーの［3点指示］にチェックを付けます。指定した3つの場所を続けてクリック（点や交点・端点なら右クリック）することで、指定した3つの点を通過する円を作図できます。

ワザ088を参考に［○］コマンドを実行しておく

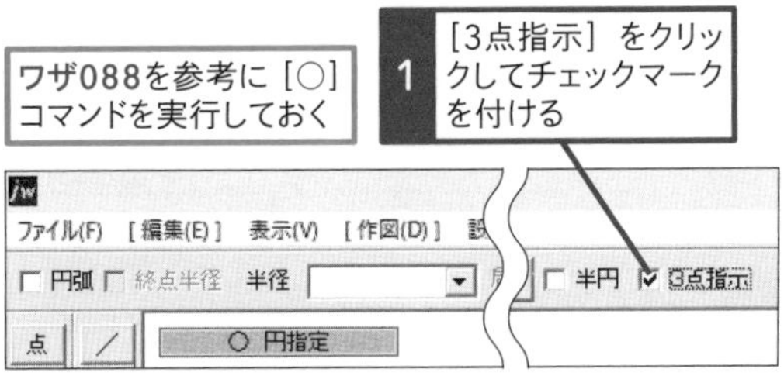

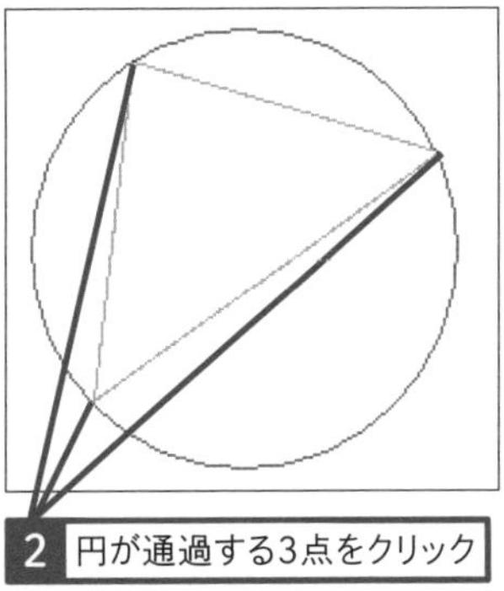

3点を通る半円を作図できた

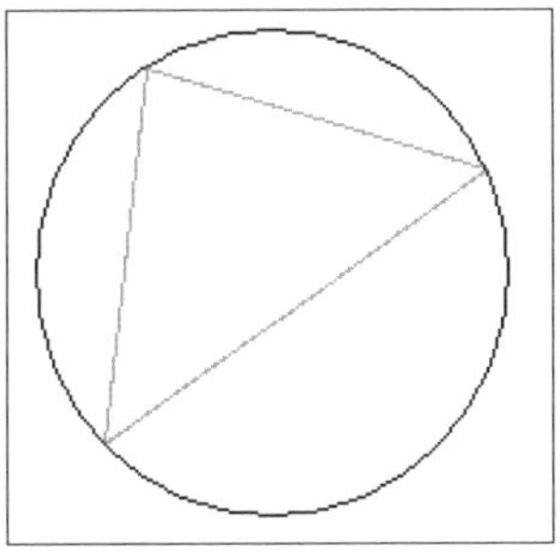

クロックメニュー　左2　円・円弧

094

サンプル　お役立ち度 ★★★

Q 多重円を作図するには

A ［多重円］に数値を入力します

中心が重なった円を作図するには、［○］コマンドをクリックし、［半径］に数値を入力します。続いて、コントロールバーの［多重円］に多重となる円の数値を入力（プルダウンから選択でも可能）して、中心となる場所をクリック（点や交点・端点なら右クリック）します。半径を指定せずに自由な半径で作図することもできます。

ワザ088を参考に［○］コマンドを実行しておく

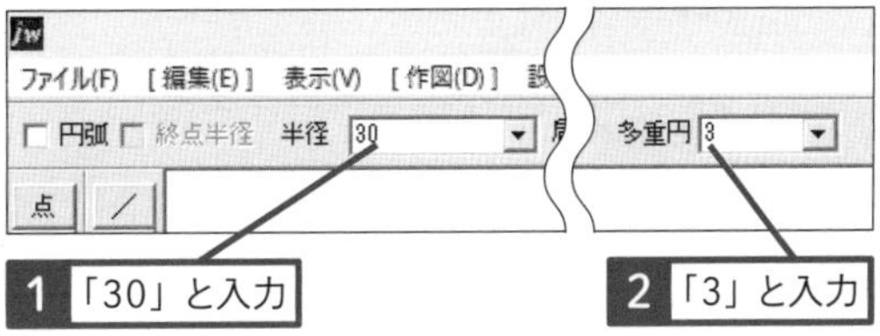

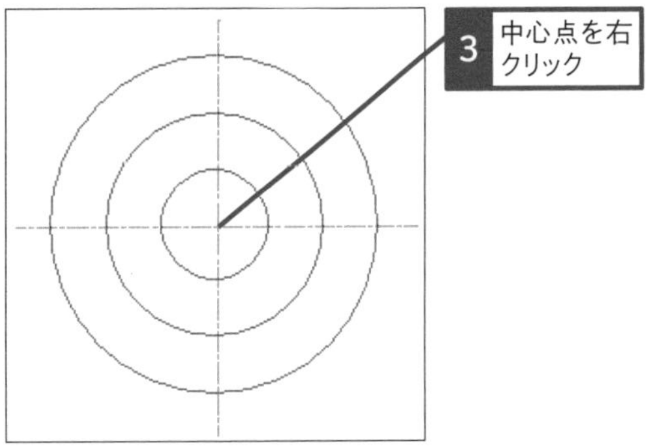

多重円を作図できた

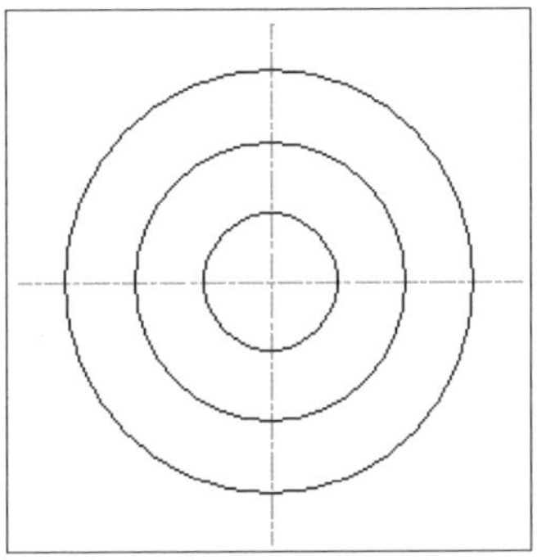

095

サンプル　お役立ち度 ★★★

Q 長径と短径の比率で楕円を作図するには

A ［扁平率］に比率を入力します

長径と短径の比率を決めて楕円を作図するには、［○］コマンドをクリックし、［半径］に楕円の長い方の半径を入力します。［扁平率］には長径に対する短径の比を入力します。右下の「四角形に内接する楕円を描く」ときは、楕円の基点を［中・中］を押して、［左・上］に変更して作図できます。

●楕円を描く

ワザ088を参考に［○］コマンドを実行しておく

1 「60/2」と入力

2 「40/60」と入力

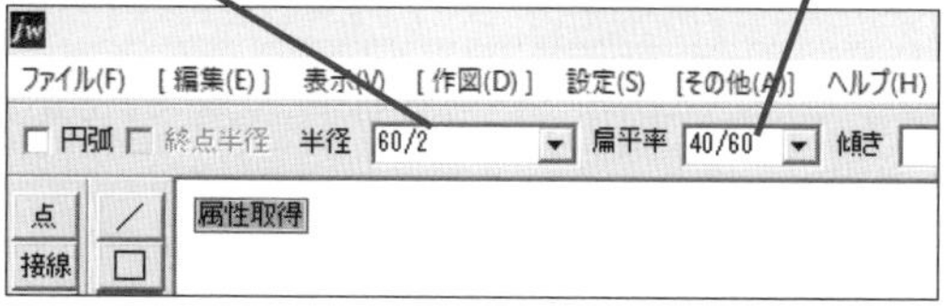

3 楕円の中心を右クリック

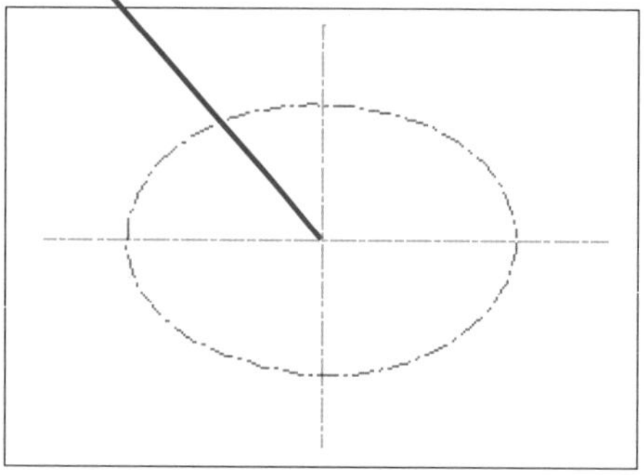

楕円を作図できた

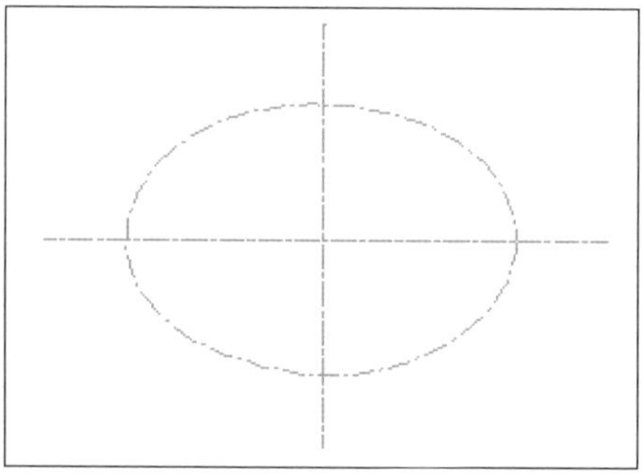

●四角形に内接する楕円を描く

左の手順を参考に楕円の設定をしておく

1 クリックして［左・上］を表示

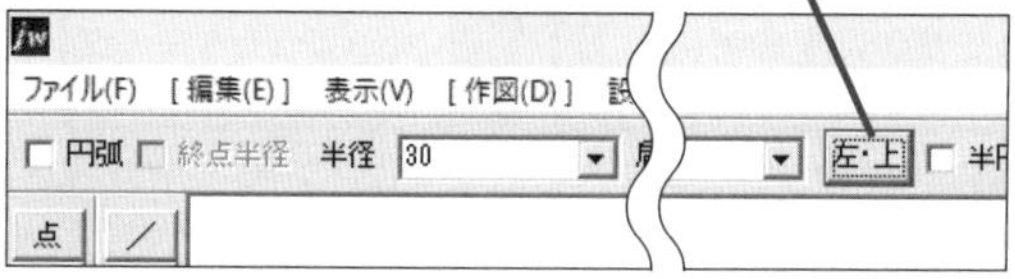

2 ここを右クリック

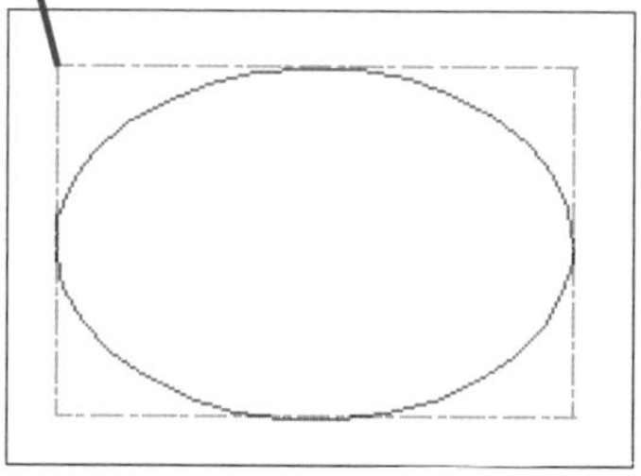

四角形に内接する楕円を作図できた

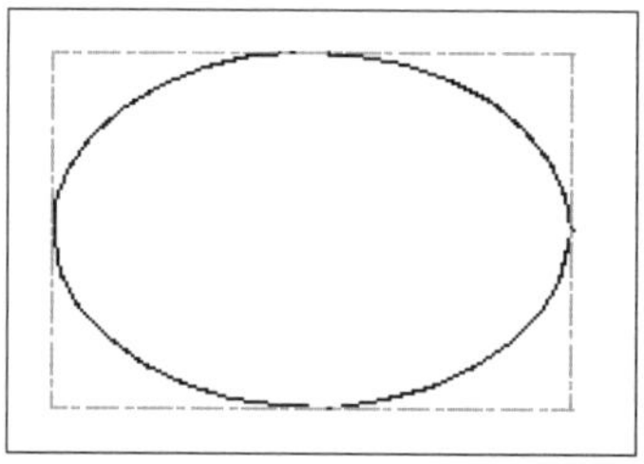

クロックメニュー　左2　円・円弧

096

サンプル　お役立ち度 ★★★

Q 長径と短径の3点を指定して楕円を作図するには

動画で見る

A ［接円］コマンドを使用します

楕円の長径と短径の位置を画面上で指定したいときは［接円］コマンドを使用します。［接円］コマンドをクリックし、コントロールバーの［接楕円］をクリックしてから［3点指示］をクリックし、長軸または短軸の両端の点と、もう片方の軸の端点の合計3点を指示すると楕円を作図できます。

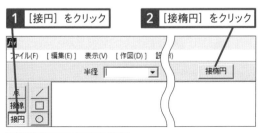

1 ［接円］をクリック

2 ［接楕円］をクリック

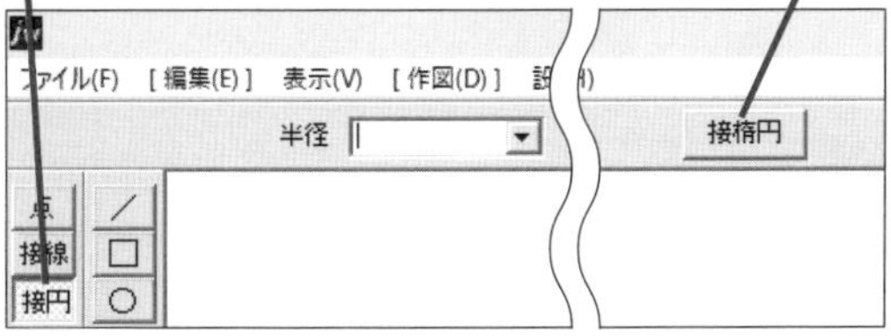

3 ［3点指示］をクリック

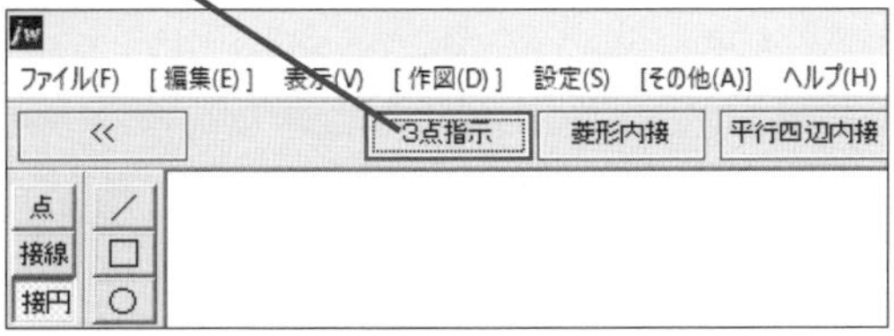

4 ここを右クリック

5 そのまま右にドラッグ

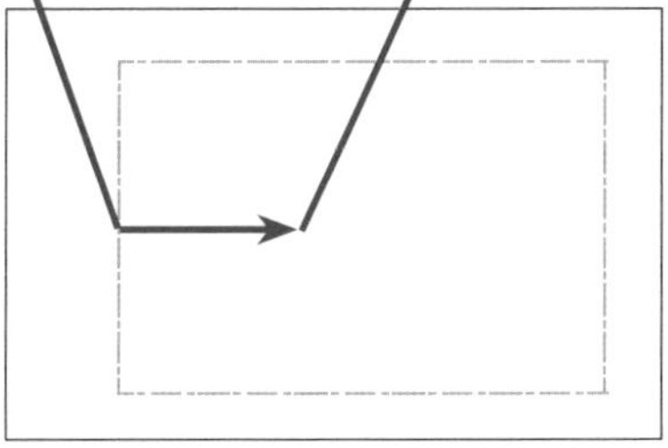

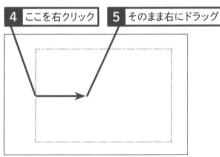

［中心点・A点］が表示された

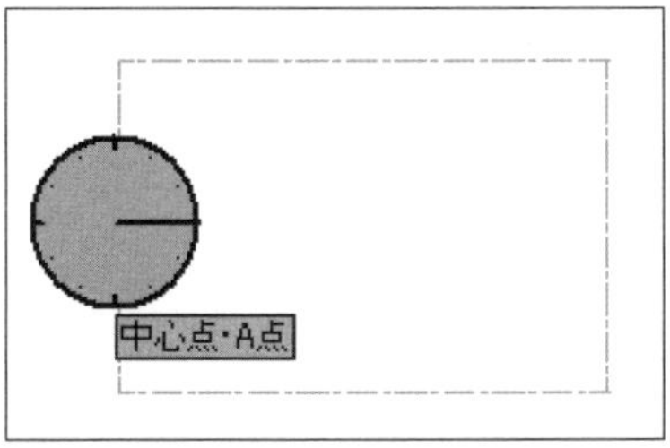

6 マウスボタンをはなす

楕円が通過する点が指定された

7 ここを右方向に右ボタンドラッグ

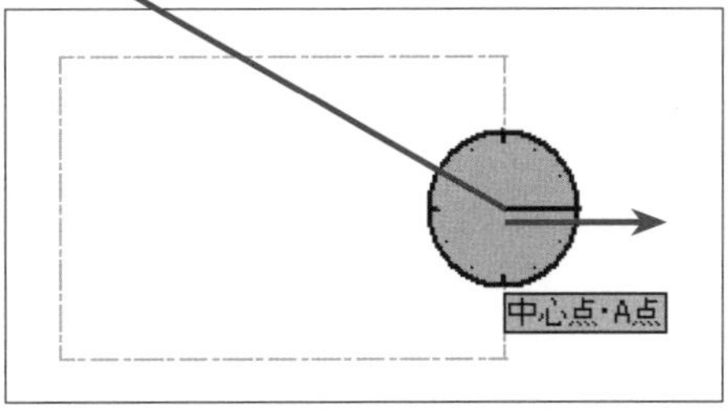

8 ここを右方向に右ボタンドラッグ

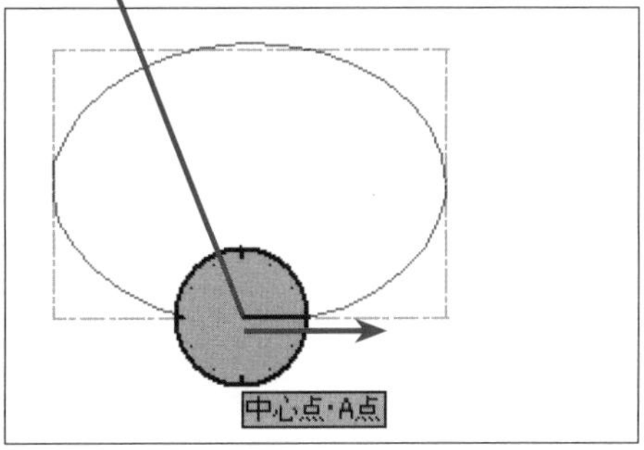

長方形に内接する楕円を作図できた

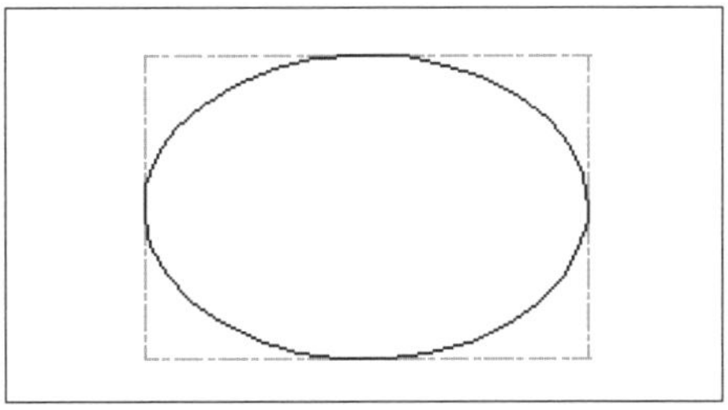

関連 097 ひし形に内接する楕円を作図するには ▸ P.74

関連 098 円に接線を引くには ▸ P.75

097

サンプル　お役立ち度 ★★★

Q ひし形に内接する楕円を作図するには

A ［菱形内接］コマンドを使用します

等角図（アイソメ図）に利用する円のように、ひし形に内接する楕円を描くときは［接円］コマンドを使用します。［接円］コマンドをクリックし、コントロールバーの［接楕円］をクリックしてから［菱形内接］をクリックし、ひし形の3つの辺を順番にクリックすると、ひし形に内接する楕円を作図できます。

1 ［接円］をクリック

2 ［接楕円］をクリック

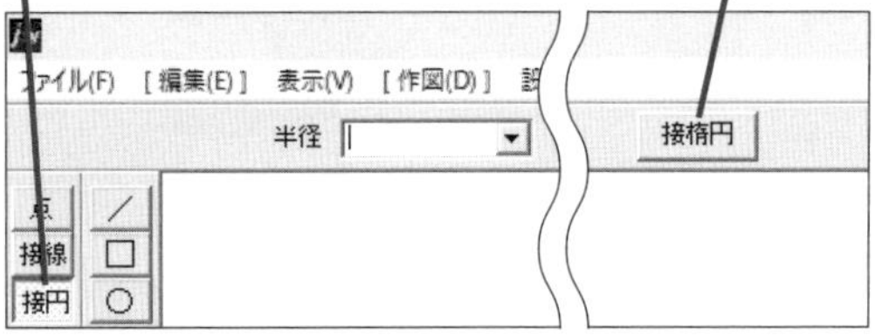

3 ［菱形内接］をクリック

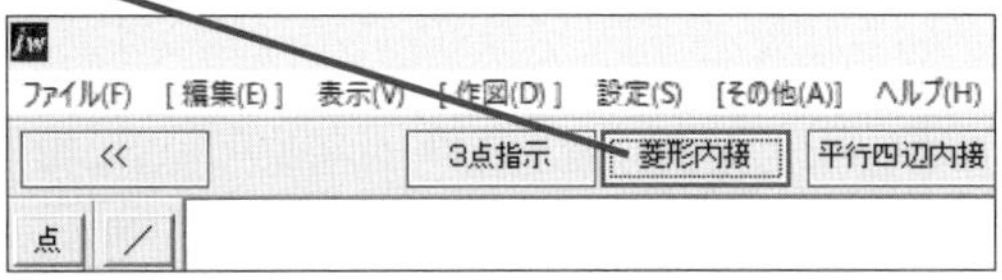

4 ここをクリック

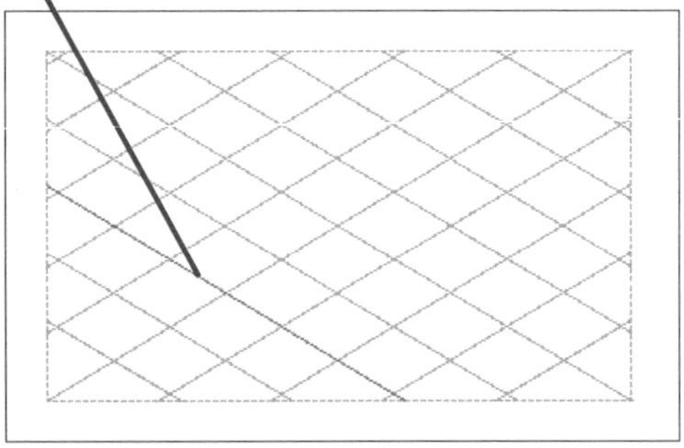

選択した線がピンク色で表示された

5 ここをクリック

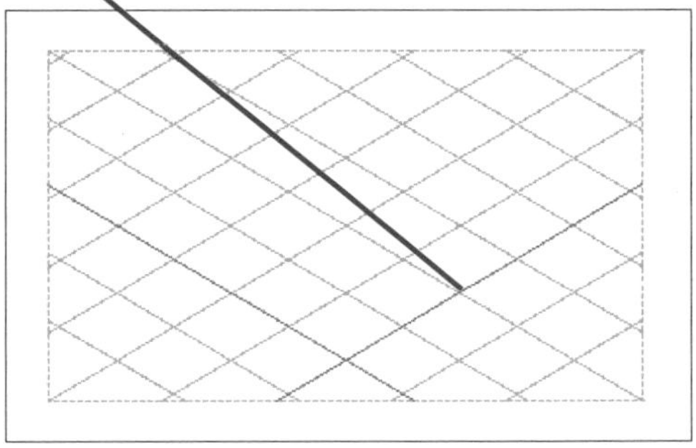

6 ここをクリック

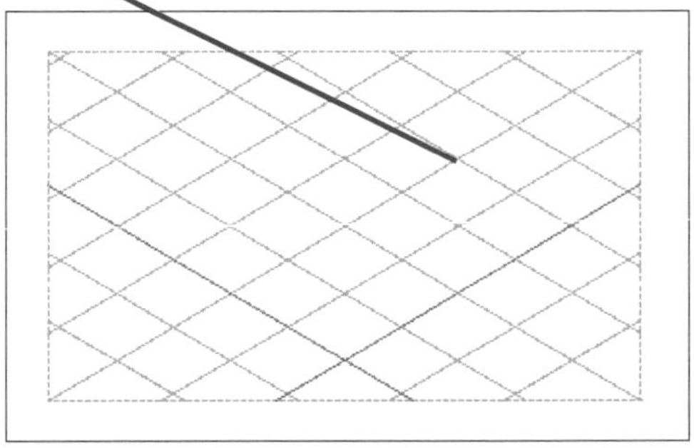

ひし形に内接する楕円を作図できた

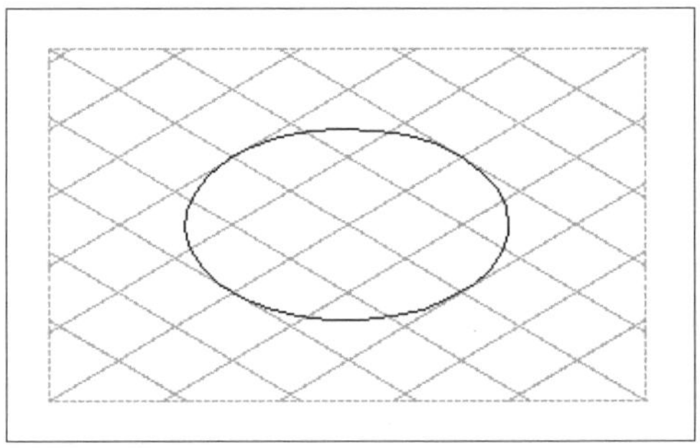

関連 096 長径と短径の3点を指定して楕円を作図するには ▸ P.73

接線や接円を作図するには

ここでは、接線、接円の作図方法などを主に［接線］コマンド、［接円］コマンドを使って解説します。

098

サンプル　お役立ち度 ★★★

Q 円に接線を引くには

A ［接線］コマンドを使用します

［接線］コマンドをクリックし、コントロールバーの［点→円］を選択し、最初に画面上の任意の場所をクリック（点や交点・端点なら右クリック）し、次に円上をクリックすると、円周上の点を自動で選んで接線を引くことができます。

> 1 ［接線］をクリック　　2 ［点→円］をクリック

> 3 点を右クリック

> 4 円をクリック

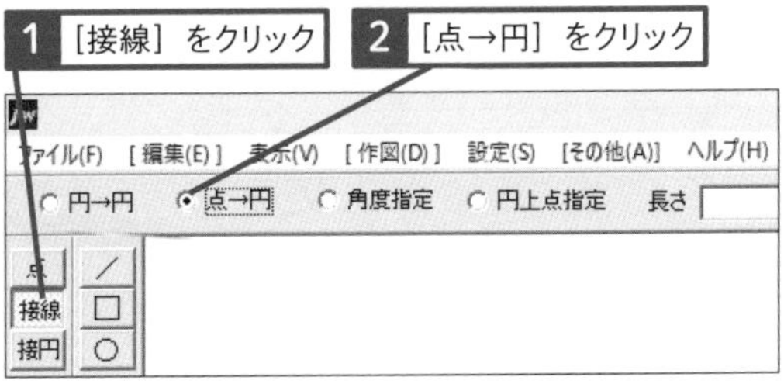

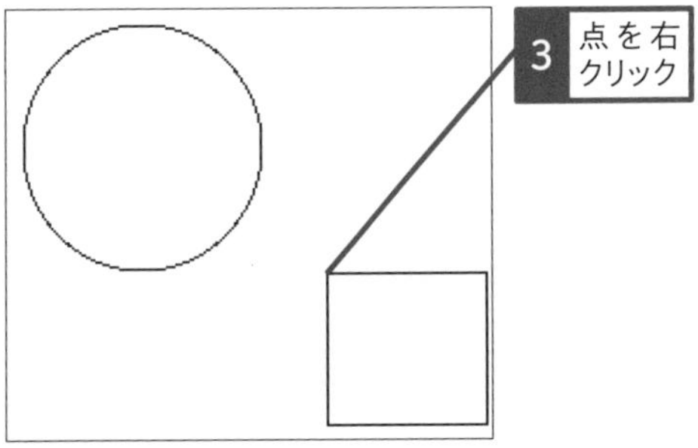

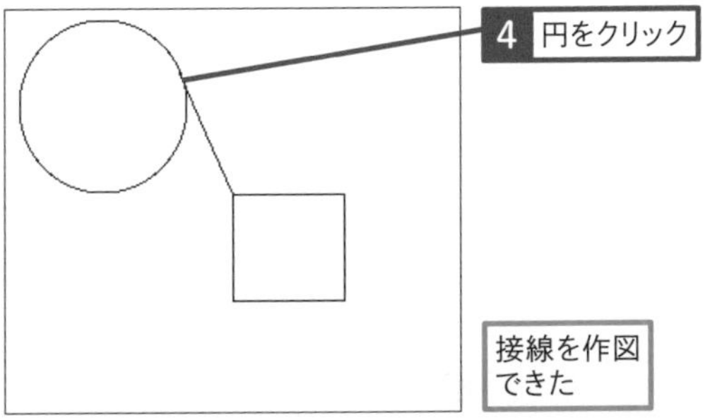

099

サンプル　お役立ち度 ★★★

Q 円周上の点を指定して接線を引くには

A ［円上点指定］を使用します

円周上の点を指定するには、［接線］コマンドをクリックし、コントロールバーの［円上点指定］を選択します。次に円をクリックして点を指定します。下記の例では、円の上部を右ドラックし、円周4分の1点を指定して、その点を通る水平な接線を作図しています。

> 1 ［接線］をクリック　　2 ［円上点指定］をクリック

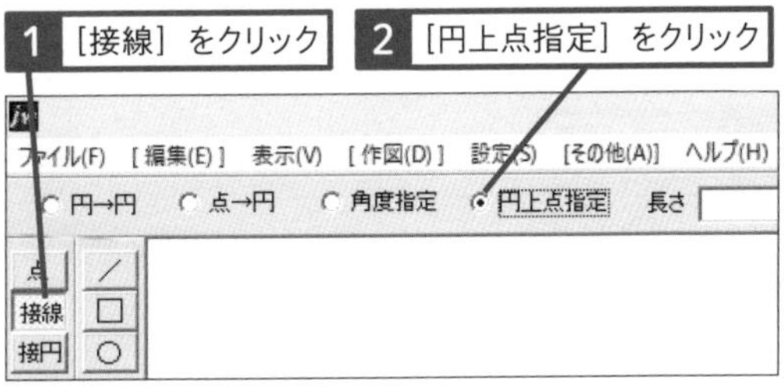

> 4 ここを上方向に右ドラッグ

円周1/4点

> 5 始点をクリック　　6 終点をクリック

> 接線が作図される

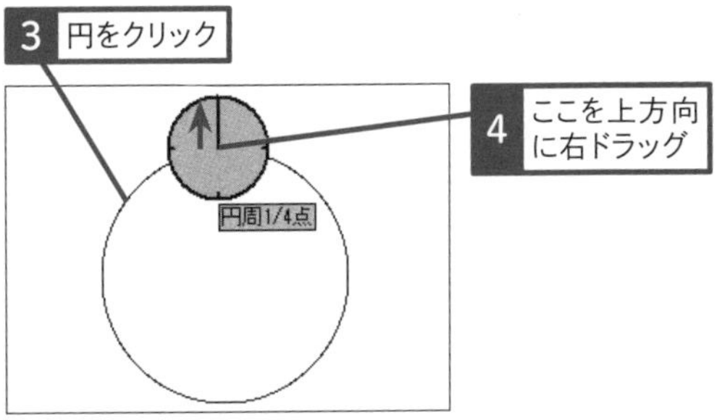

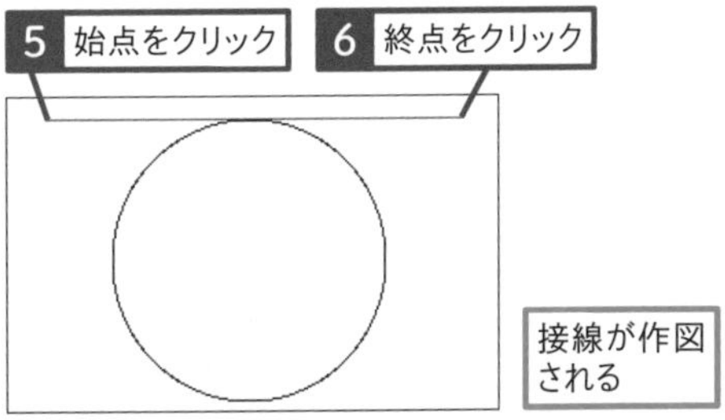

100

サンプル　お役立ち度 ★★★

Q 指定した角度で円に接線を引くには

A ［角度指定］を使用します

［接線］コマンドをクリックし、コントロールバーの［角度指定］を選択し、角度ボックスに角度を入力します。次に指定した角度の接線が円の両側にあるので、どちら側に引くかを考えて近い方の円をクリックします。角度は右上がりをプラス、右下がりをマイナスで入力します。

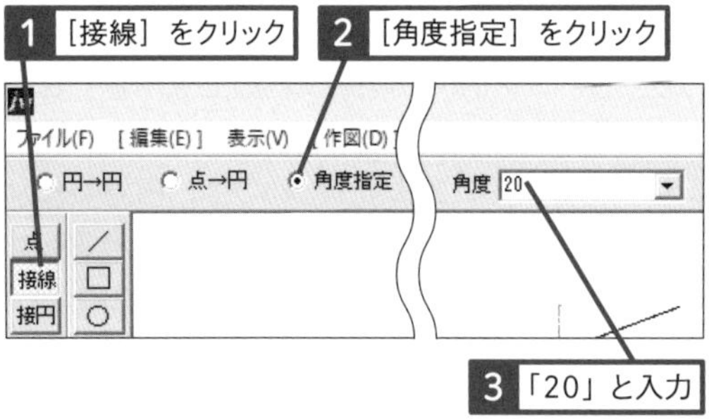

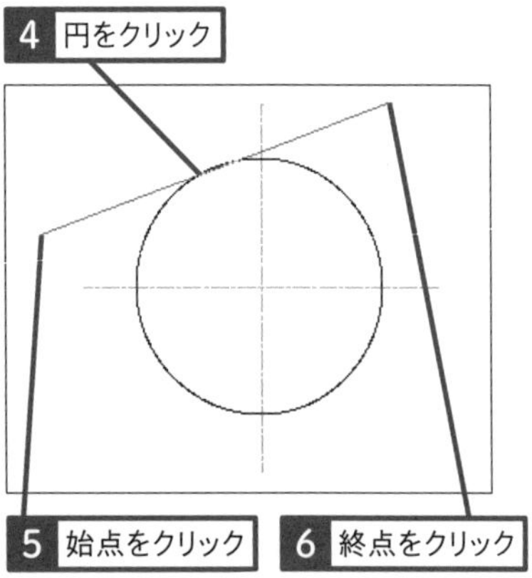

角度を指定した接線を作図できた

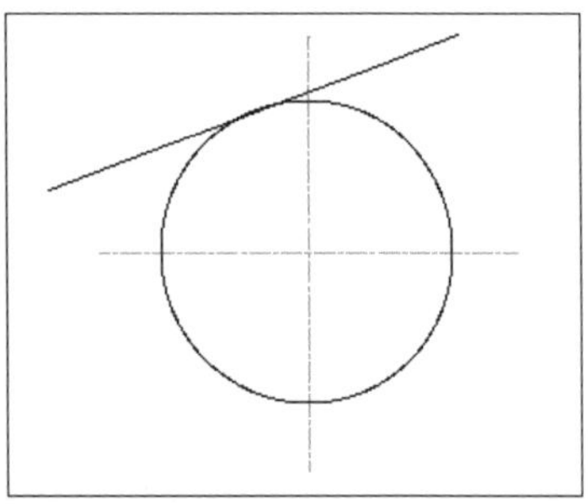

101

サンプル　お役立ち度 ★★★

Q 2つの円に接線を引くには

A ［円→円］を使用します

［接線］コマンドをクリックし、コントロールバーの［円→円］を選択します。次に、2つの円をクリックするのですが、2つの円には4本の接線が存在しますので、クリックした2つの位置で、一番近い接点が選ばれます。

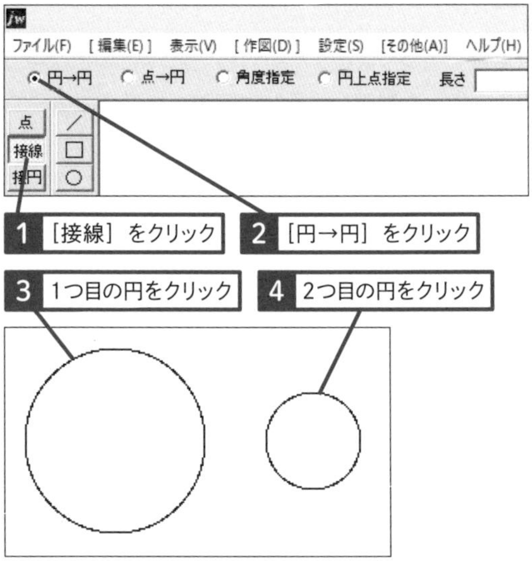

2つの円の接線を作図できた

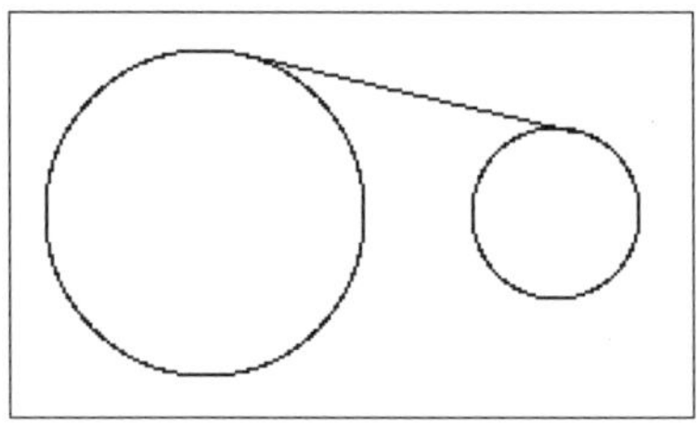

関連 098 円に接線を引くには ▸ P.75
関連 099 円周上の点を指定して接線を引くには ▸ P.75

102

サンプル　お役立ち度 ★★★

Q 三角形に内接する円を作図するには

A ［接円］コマンドを使用します

［接円］コマンドをクリックし、［半径］は空欄にしておき、三角形の3つの辺を順番にクリックすれば、三角形の内接円を簡単に作図できます。

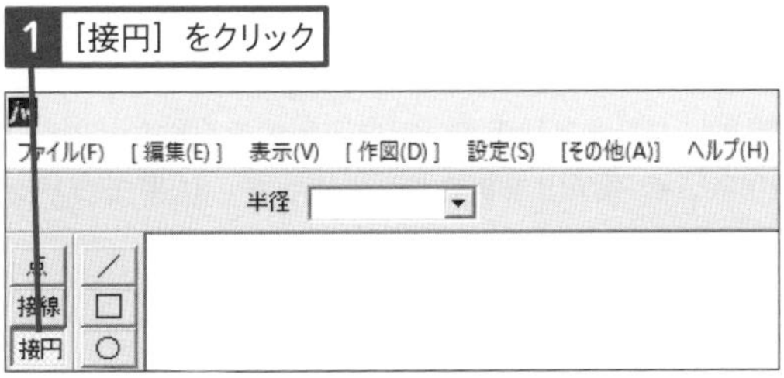

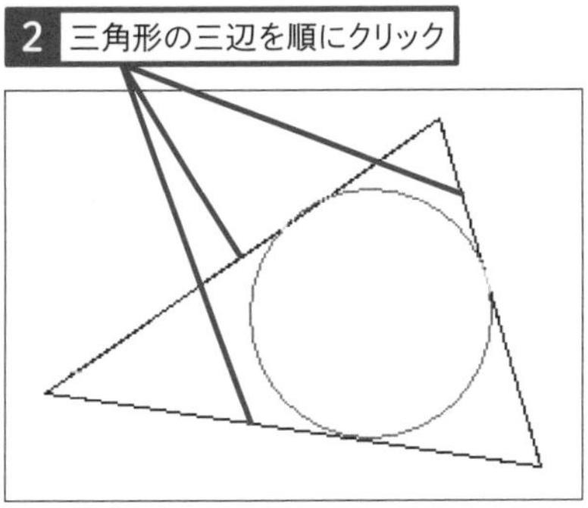

三角形に内接する円を作図できた

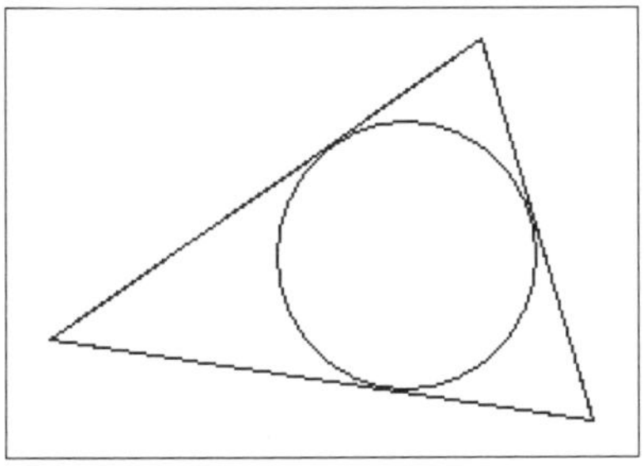

関連 103 2つの直線に接する円を作図するには ▸ P.77
関連 104 3つの円に接する円を作図するには ▸ P.78

103

サンプル　お役立ち度 ★★★

Q 2つの直線に接する円を作図するには

A ［半径］に数値を入力します

2つの線に接する円は無数に存在するため半径指定が必要です。［接円］コマンドをクリックし、半径を入力し、2つの線分を順にクリックすると、赤い円が表示されます。カーソルを大きく動かすと、線分を延長した方向にも、円が接する個所があるため赤い円の位置が動きます。作図したい位置でクリックしましょう。

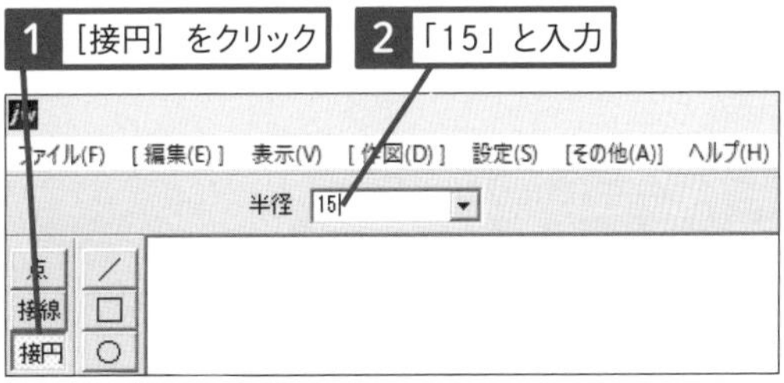

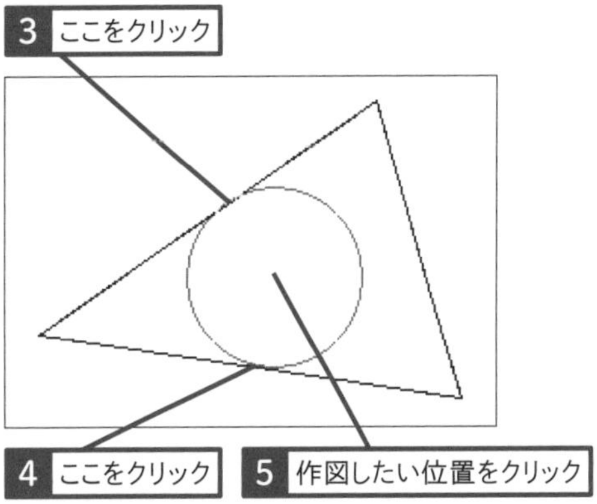

2つの直線に接する円を作図できた

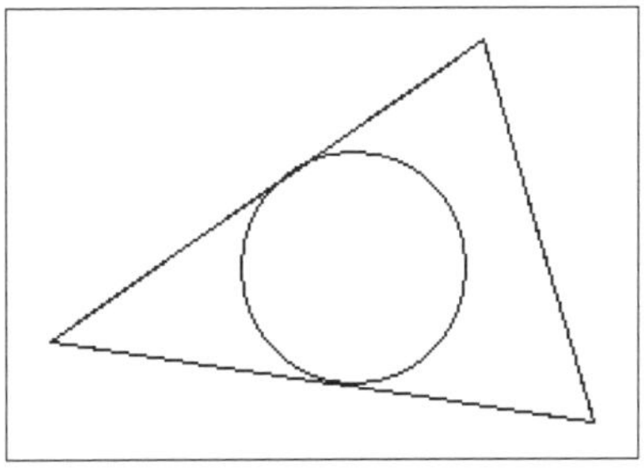

104

サンプル　お役立ち度 ★★★

Q 3つの円に接する円を作図するには

A 3つの円を順番にクリックします

[接円] コマンドをクリックし、[半径] は空欄にしておき、3つの円を順番にクリックすれば、3つ円に接する円が簡単に作図できます。

1 [接円] をクリック

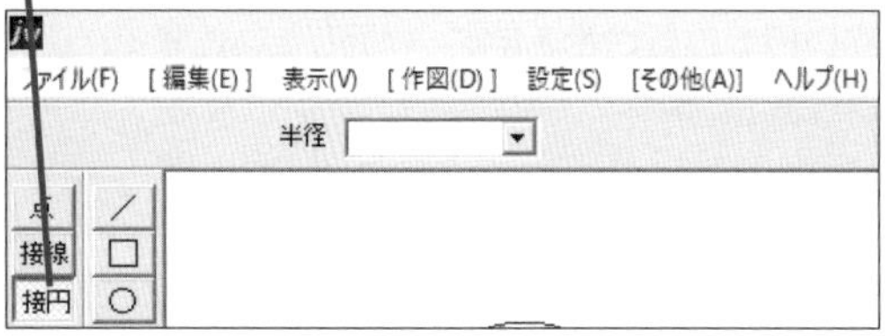

2 3つの円を順にクリック

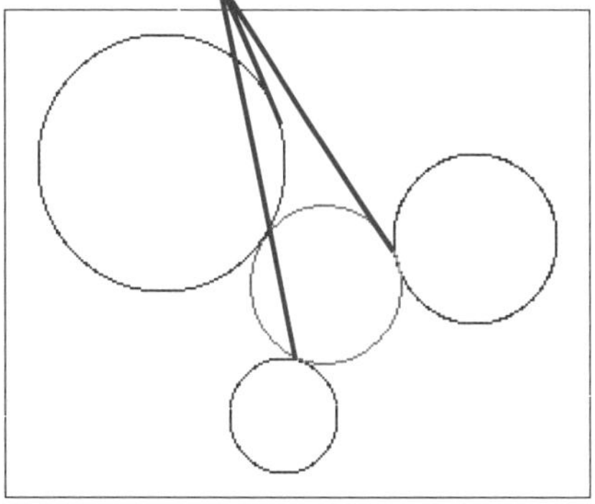

3つの円に接する円を作図できた

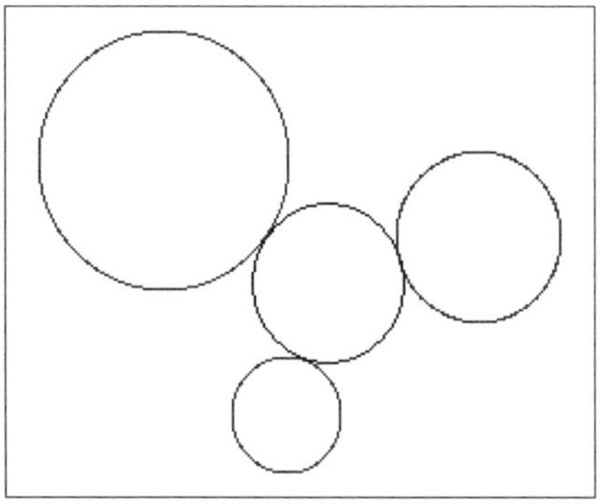

105

サンプル　お役立ち度 ★★★

Q 半径を指定して2つの円に接する円を作図するには

A 作図可能な位置から選んで作図します

2つの円に接する円を作図する場合、2つの円より大きな円の半径を指定した場合、6つの接円が存在します。[接円] コマンドをクリックし、[半径] を2つの円より大きな円の半径を指定して、2つの円を順番にクリックします。マウスを大きく動かすと6つの赤い接円が出ますので、作図したい位置でクリックしましょう。

1 [接円] をクリック

2 「15」と入力

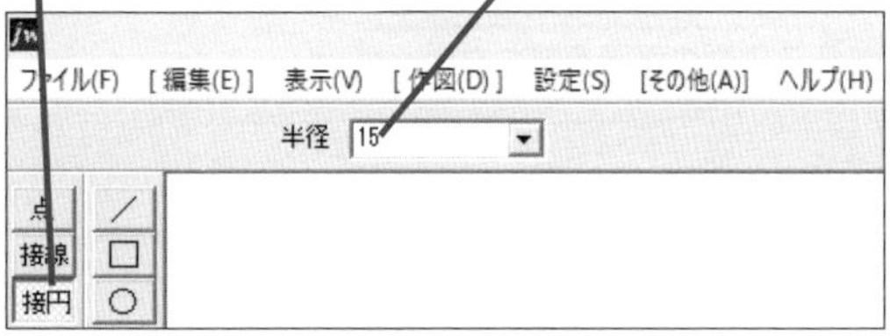

3 ここをクリック

4 ここをクリック

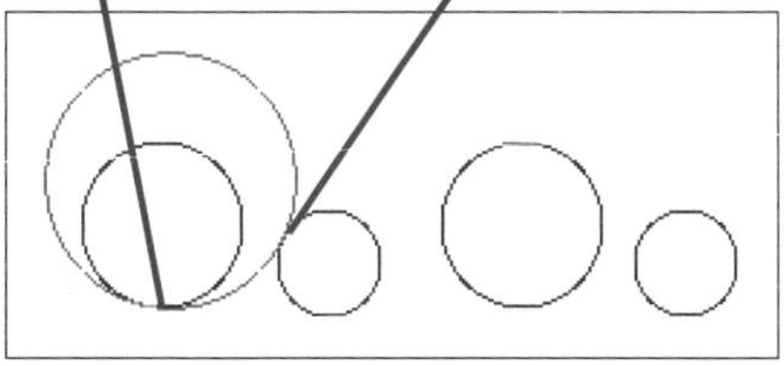

5 作図したい位置でクリック

指定した半径で2つの円に接する円を作図できた

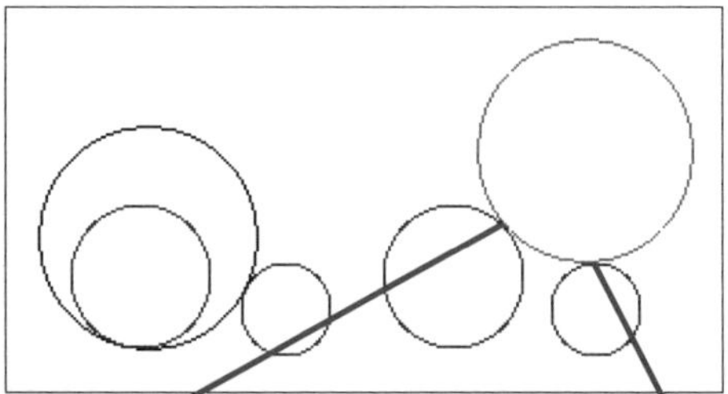

6 ここをクリック

7 ここをクリック

8 作図したい位置でクリック

別の形で接する円を作図できる

106

サンプル　お役立ち度 ★★★

Q 指定した3つの点を直径とする楕円を作図するには

A ［3点指示］を使用します

［接円］コマンドをクリックし、コントロールバーの［接楕円］をクリックし、［3点指示］をクリックします。下の例では、楕円軸の始点としてX軸左端点を右クリックし、終点としてX軸右端点を右クリックします。最後に、楕円の通過点をクリックします。

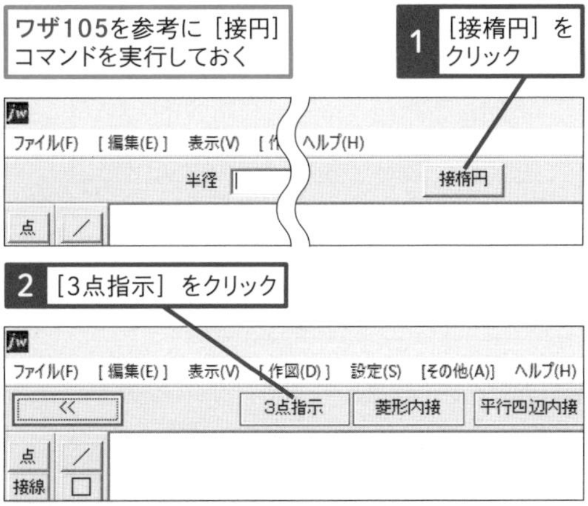
ワザ105を参考に［接円］コマンドを実行しておく
1 ［接楕円］をクリック
ファイル(F) [編集(E)] 表示(V) [作 ヘルプ(H)
半径
接楕円
点
2 ［3点指示］をクリック
ファイル(F) [編集(E)] 表示(V) [作図(D)] 設定(S) [その他(A)] ヘルプ(H)
3点指示
菱形内接
平行四辺内接
点
接線

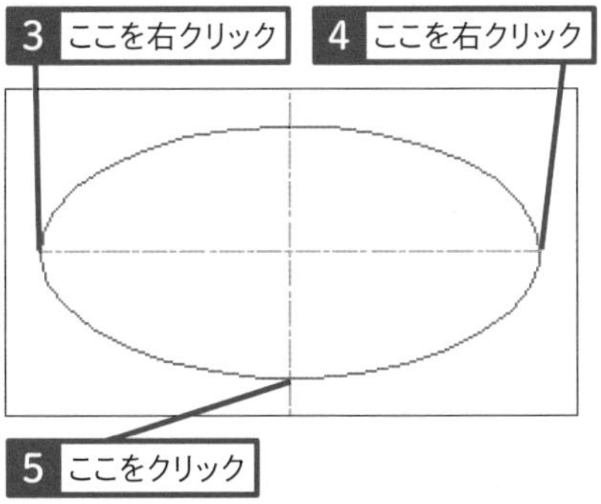
3 ここを右クリック
4 ここを右クリック
5 ここをクリック

3点を指示した楕円を作図できた

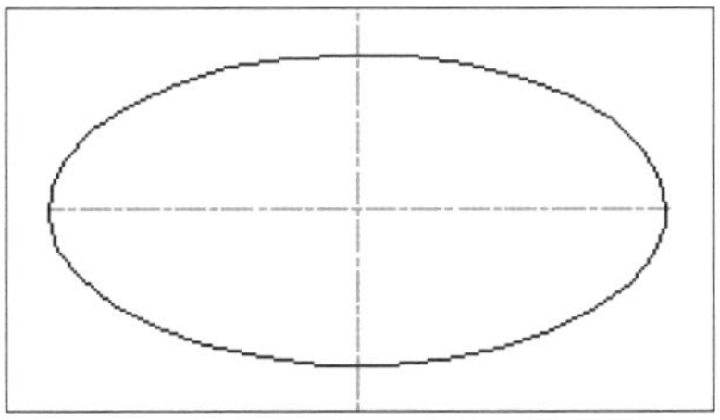

107

サンプル　お役立ち度 ★★★

Q 平行四辺形に内接する楕円を作図するには

A 平行四辺形の4辺をクリックします

［接円］コマンドをクリックし、コントロールバーの［接楕円］をクリックし、［平行四辺内接］をクリックします。次に、平行四辺形の4辺を順にクリック（特に順番は問いません）することで、平行四辺形に内接する楕円を作図できます。

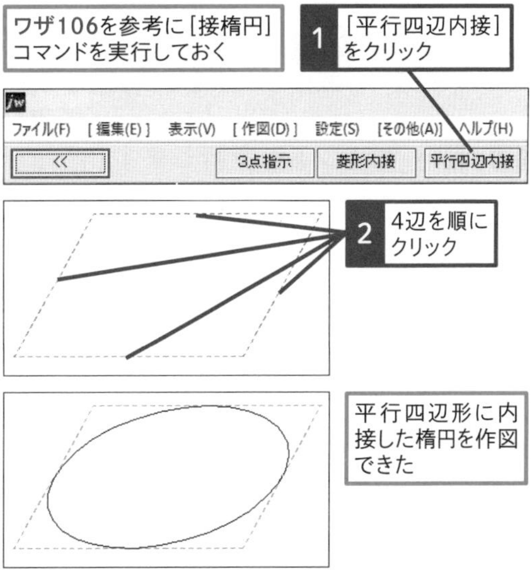
ワザ106を参考に［接楕円］コマンドを実行しておく
1 ［平行四辺内接］をクリック
ファイル(F) [編集(E)] 表示(V) [作図(D)] 設定(S) [その他(A)] ヘルプ(H)
3点指示
菱形内接
平行四辺内接
2 4辺を順にクリック
平行四辺形に内接した楕円を作図できた

役立つ豆知識

［3点半楕円］はどんなときに使うの？

3点を通過する半楕円を作図するときに使います。使い方は［接楕円］コマンドを実行中に［3点半楕円］をクリックし、両側の点を順に右クリックしてから中央の点を右クリックします。

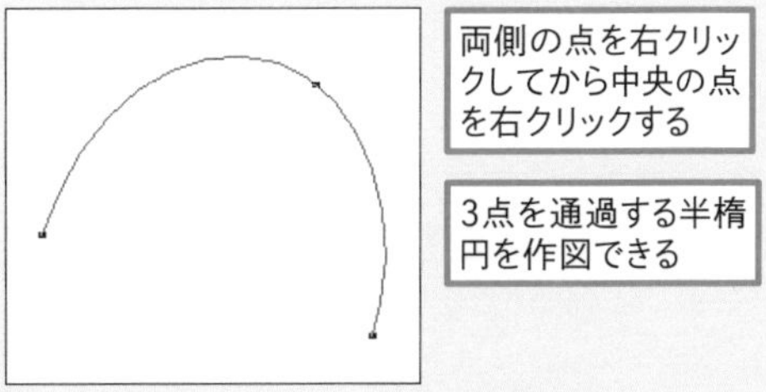
両側の点を右クリックしてから中央の点を右クリックする
3点を通過する半楕円を作図できる

第5章 矩形や多角形を作図するには

長方形・正方形を作図する

ここでは、正方形や長方形などの四角形の作図方法などを、おもに［□］コマンドを使って解説します。

108

サンプル　お役立ち度 ★★★

Q 任意の大きさの四角形を作図するには

動画で見る

A ［□］コマンドを実行します

［□］コマンドを実行し、対角の2つの点を画面上で指定すると、任意サイズの四角形を作図できます。ここでは、［傾き］と［寸法］は空欄にしておきます。任意の位置に作図する場合はクリック、決められた2点に作図する場合は右クリックを使います。

●任意の位置に作図する

1 ［□］をクリック

［寸法］が空欄になっていることを確認

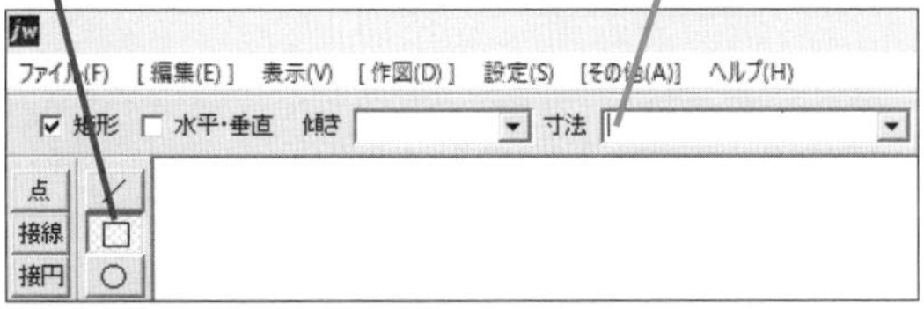

2 任意の位置をクリック

3 対角になる部分をクリック

長方形が作図できた

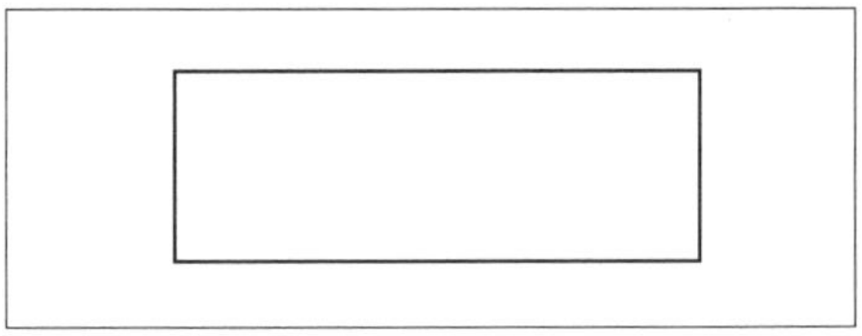

●対角の2点を指定して作図する

［□］コマンドを実行して［寸法］が空欄になっていることを確認しておく

1 始点を右クリック

2 終点を右クリック

指定した点を頂点とする長方形を作図できた

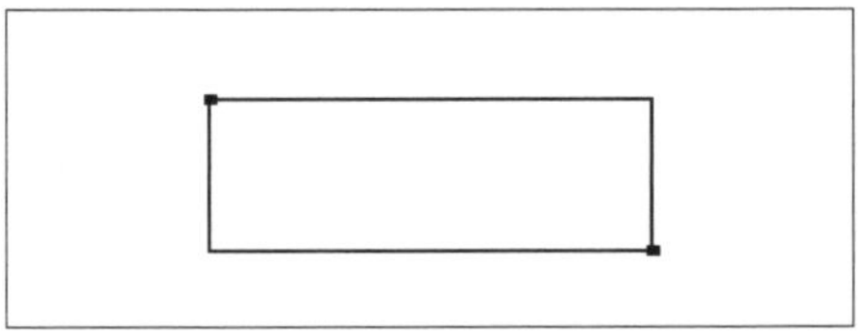

クロックメニュー　左1　線・矩形

関連109 サイズを指定して長方形を作図するには ▶ P.81

109

サンプル　お役立ち度 ★★★

Q サイズを指定して長方形を作図するには

A ［寸法］に数値を入力します

サイズを指定して長方形を作図するには、［□］コマンドを実行し、［寸法］に「X方向の長さ,Y方向の長さ」を入力します。四角形の中心点にカーソルが表示され、配置したいところでクリック（点がある場合は右クリック）し、そのままの位置でクリックします。

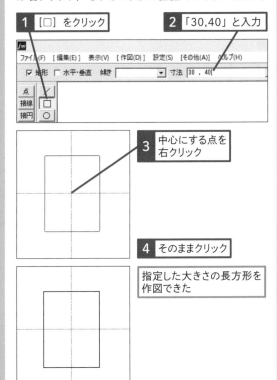

1 ［□］をクリック

2 「30,40」と入力

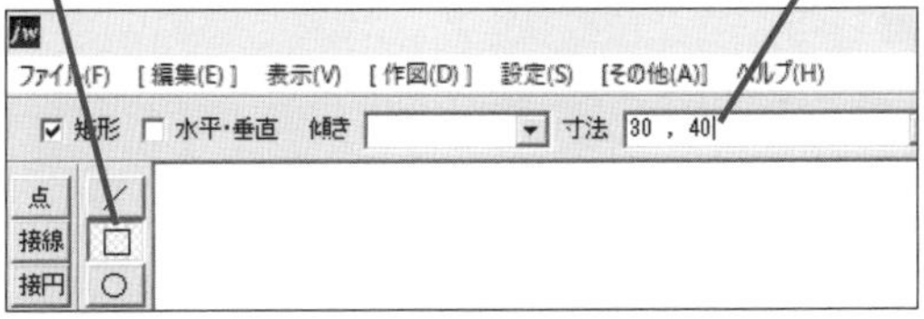

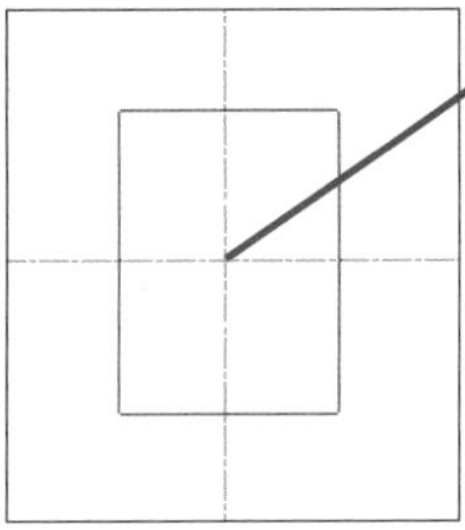

3 中心にする点を右クリック

4 そのままクリック

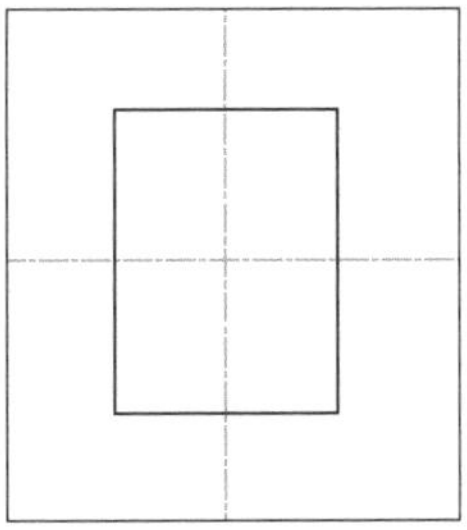

指定した大きさの長方形を作図できた

役立つ豆知識

寸法を素早く入力するには

Jw_cadでは、上記の寸法入力「X方向の長さ,Y方向の長さ」の「,」を「..」に置き換えることができます。「.」はテンキーにあるので、テンキーを使用している場合は素早く入力できます。

110

サンプル　お役立ち度 ★★★

Q 長方形の基準点を選択して作図するには

A 基準点を右クリックします

［□］コマンドを実行し、［寸法］を入力します。このワザの練習用ファイルでは四角形の中心点にカーソルが表示されるので、右クリック(線の場合はクリック）し、次に赤いガイドを動かして、配置したい位置でクリックします。基点は下記のように9つから選択できます。

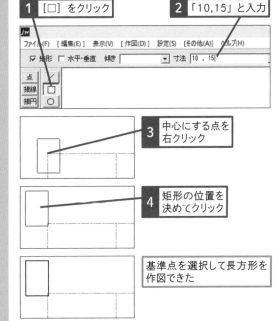

1 ［□］をクリック

2 「10,15」と入力

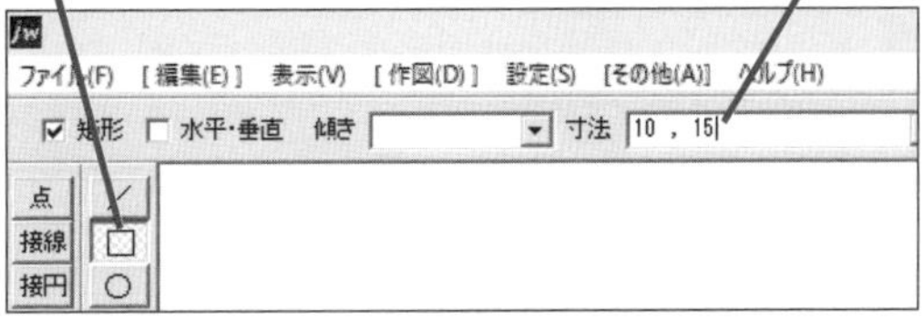

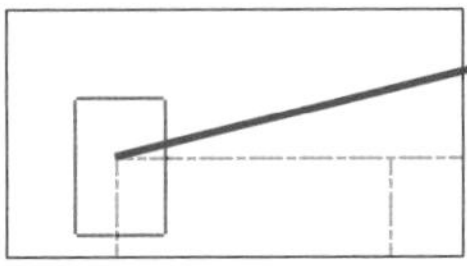

3 中心にする点を右クリック

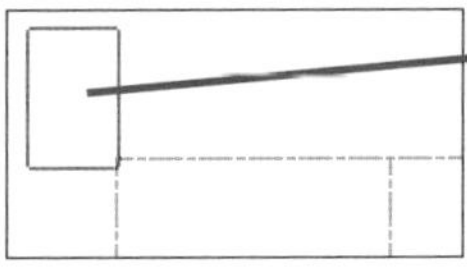

4 矩形の位置を決めてクリック

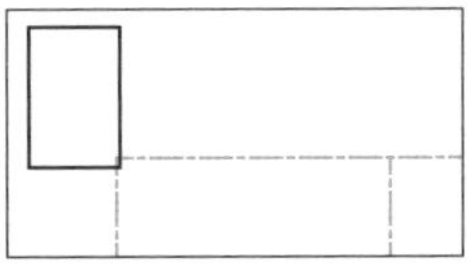

基準点を選択して長方形を作図できた

基点は以下の9箇所を設定できる

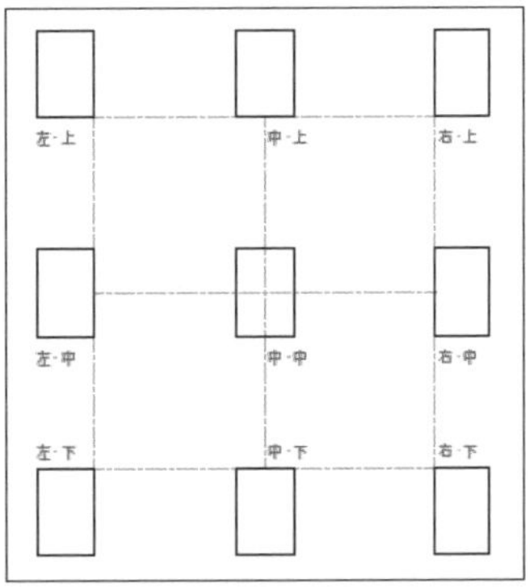

111

サンプル　お役立ち度 ★★★

Q 正方形を作図するには

A 寸法の数値を1つだけ入力します

[□] コマンドを実行し、[寸法] に同じ数値を「,」で区切って入力しますが、1つの数値だけを入力しても、縦横の長さが同じだと判断されます。[□] コマンドに限らず、XとYの数値を入力するコマンドでは、数値が1つだけのときはYの値もXと同じだと判断されます。

1 [□] をクリック
2 「50」と入力

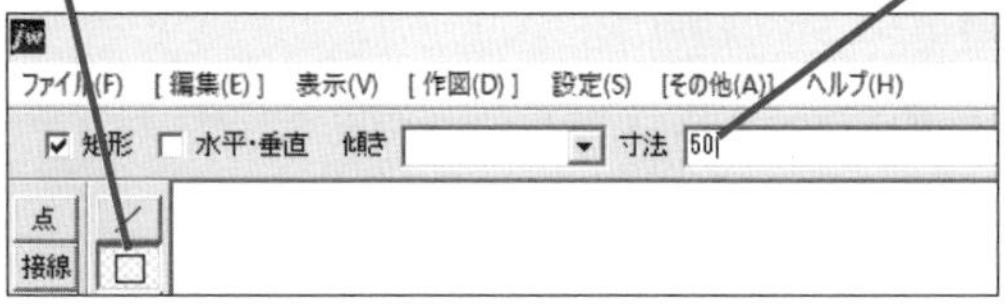

1辺が「50」の正方形として数値が補完される

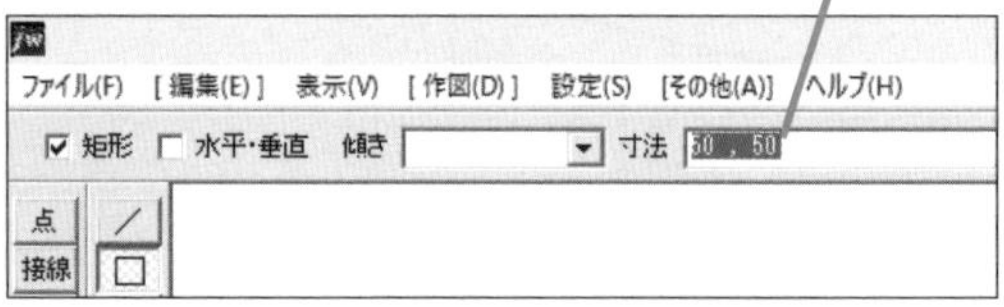

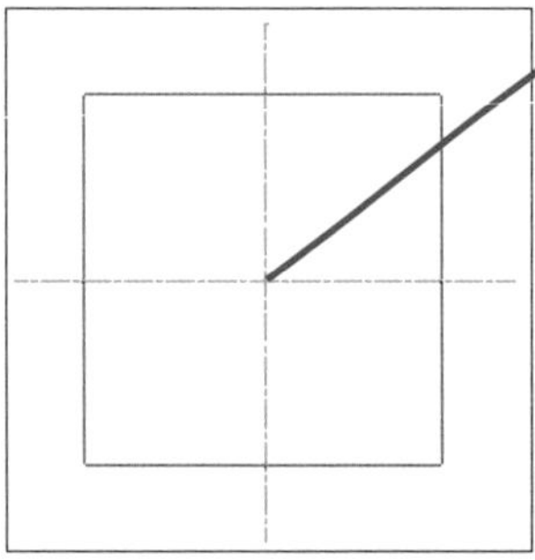

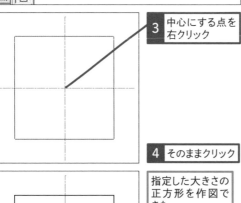

3 中心にする点を右クリック

4 そのままクリック

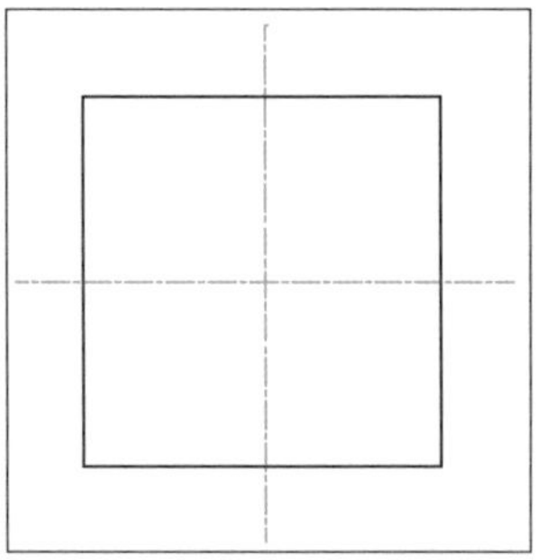

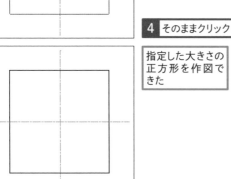

指定した大きさの正方形を作図できた

112

サンプル　お役立ち度 ★★★

Q 傾きを指定した長方形を作図するには

A [傾き] に数値を入力します

[□] コマンドを実行し、[寸法] で大きさを指定し、[傾き]欄に角度を入力します。以下の例では、[傾き]に「30」と入力したので、X軸に対して30°傾いた図形が作図されています。Jw_cadの角度の考え方については、ワザ069を参照してください。

1 [□] をクリック
2 「30」と入力

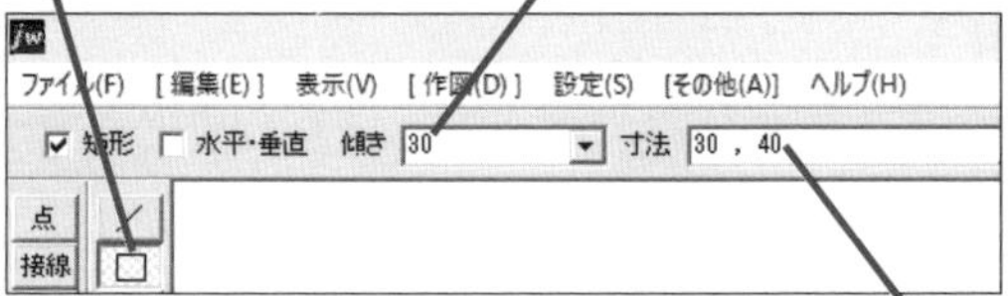

3 「30,40」と入力

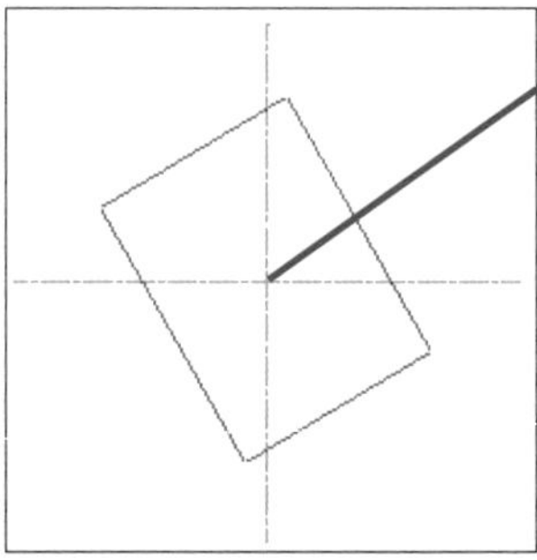

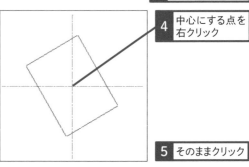

4 中心にする点を右クリック

5 そのままクリック

指定した傾きの長方形を作図できた

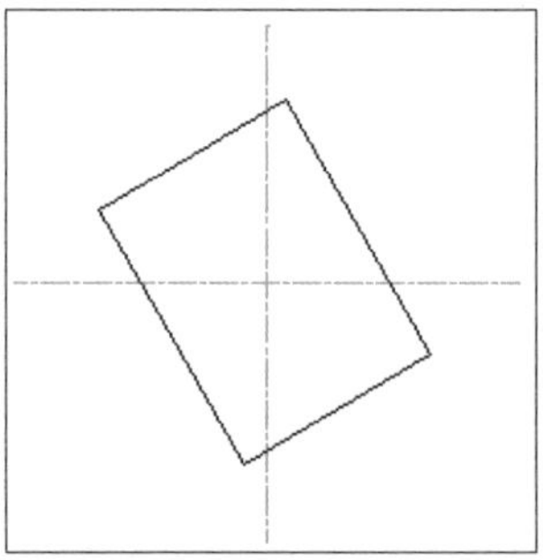

クロックメニュー　左1　線・矩形

関連 069 角度を指定して線分を引くには ▸ P.58

113

サンプル　お役立ち度 ★★★

Q 多重矩形を作図するには

A ［多重］に数値を入力します

矩形が多重に重なった図形を作図したい場合は、［□］コマンドを実行し、［寸法］を入力してからコントロールバーの［多重］に重なる数値を入力します。以下の例では［多重］に「4」と入力しているため、4重の四角形が作図できています。なお、線の間隔は中心点を基点にX、Y方向ともに等間隔です。

1 ［□］をクリック

2 「30,40」と入力

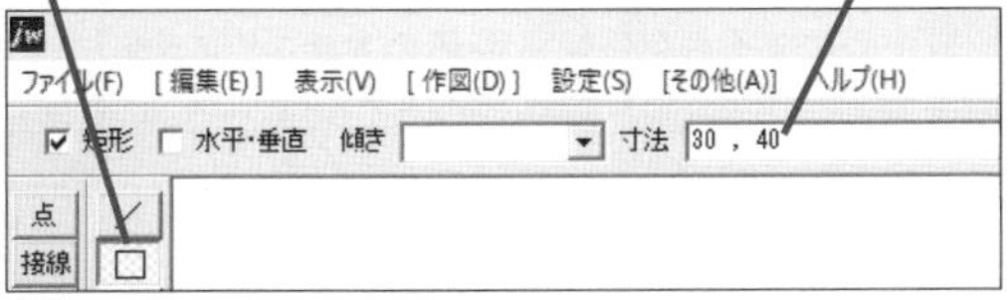

3 「4」と入力

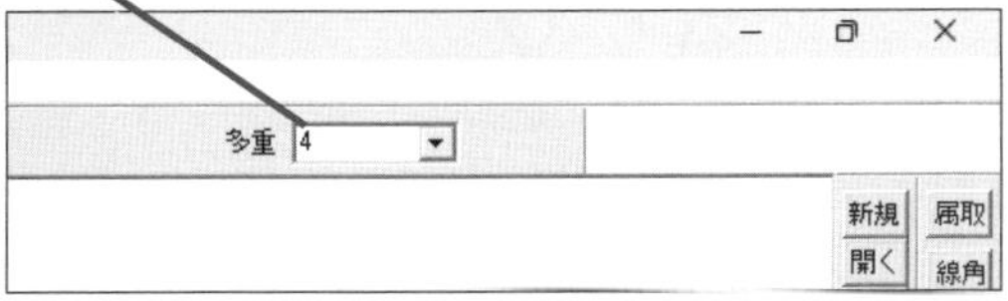

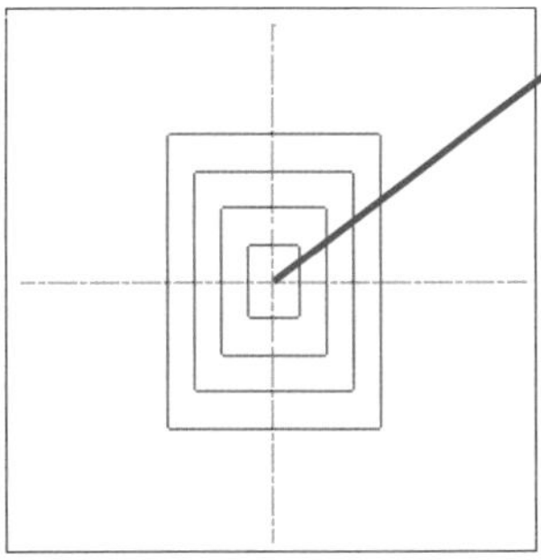

4 中心にする点を右クリック

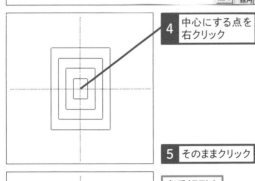

5 そのままクリック

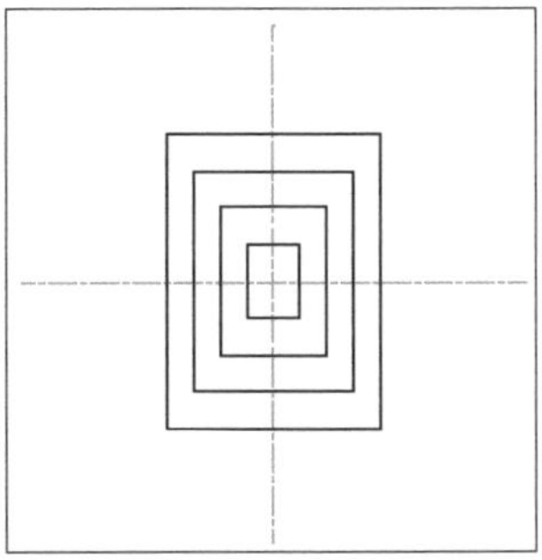

多重矩形を作図できた

114

サンプル　お役立ち度 ★★★

Q 3辺の寸法を指定して三角形を作図するには

A ［多角形］コマンドで2辺の寸法を指定します

ここでは底辺50を最長とする3：4：5の三角形を作図します。［多角形］コマンドを実行し、［2辺］を選択して［寸法］に「40，30」と入力します。続けて長さ50の直線の左端点を始点として右クリック、右端点を終点として右クリックし、作図する方向をクリックします。

1 ［多角形］をクリック

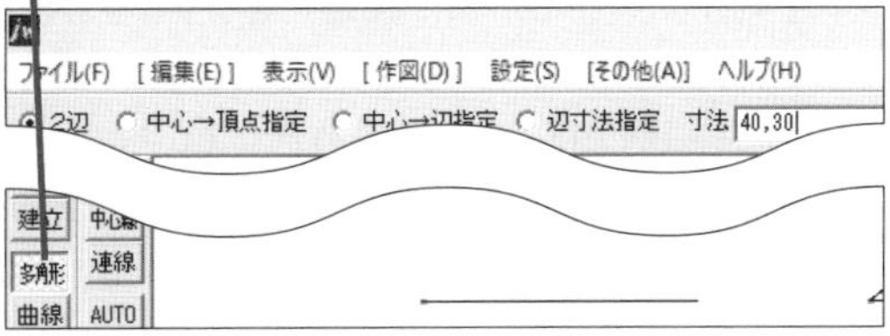

2 ［2辺］をクリック

3 「40,30」と入力

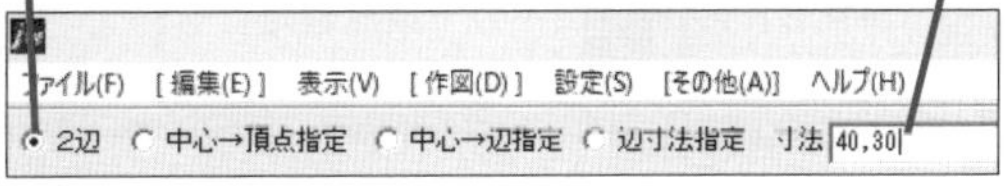

4 始点を右クリック

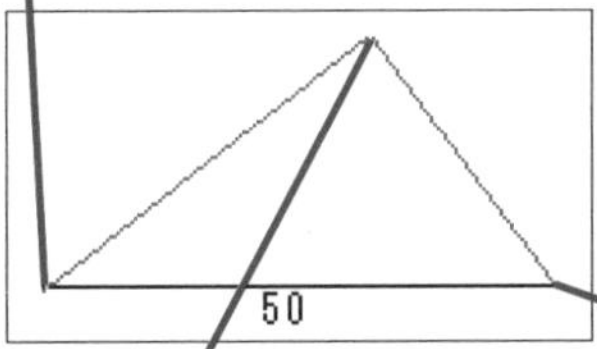

5 終点を右クリック

6 作図する方向をクリック

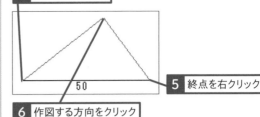

3辺の寸法を指定した三角形を作図できた

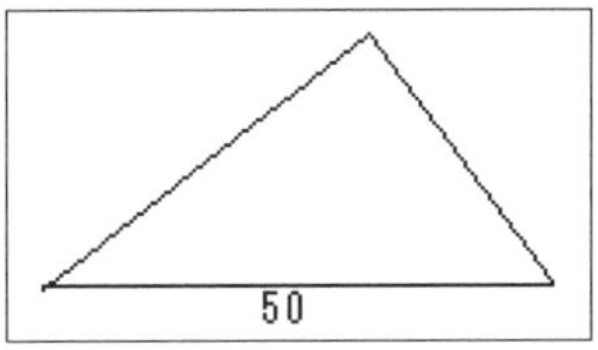

関連 115 任意寸法の多角形を作図するには ▸ P.84

多角形を作図するには

ここでは、四角形以外の多角形の作図方法などを、おもに[多角形] コマンドを使って解説します。

115

サンプル　お役立ち度 ★★★

Q 任意寸法の多角形を作図するには

A ［多角形］コマンドで［角数］を指定します

任意の寸法で多角形を作図するには、[多角形] コマンドを実行し、[中心→頂点指定] をクリックします。その際、[寸法] は空欄のままにし、[角数] を指定します。以下の例では、三角形を作図しているので「3」を入力しています。作図位置をクリック（点がある場合は右クリック）し、マウスを動かして、大きさや傾きを変えて、決まったところでクリックします。

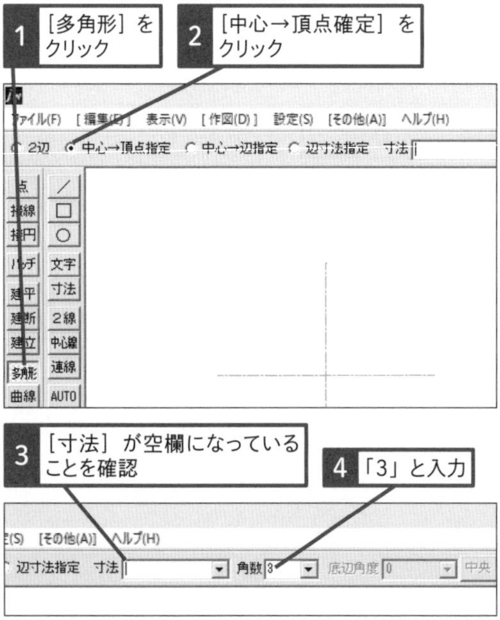

3 [寸法]が空欄になっている
ことを確認

4 「3」と入力

関連 108 任意の大きさの四角形を作図するには ▸ P.80

役立つ豆知識

[□] コマンドとどう違うの？

[□] コマンドは四角形（正方形・長方形）の作図に使います。[多角形] コマンドは正三角形から正方形も含めてあらゆる角の正多角形を作図することができます。

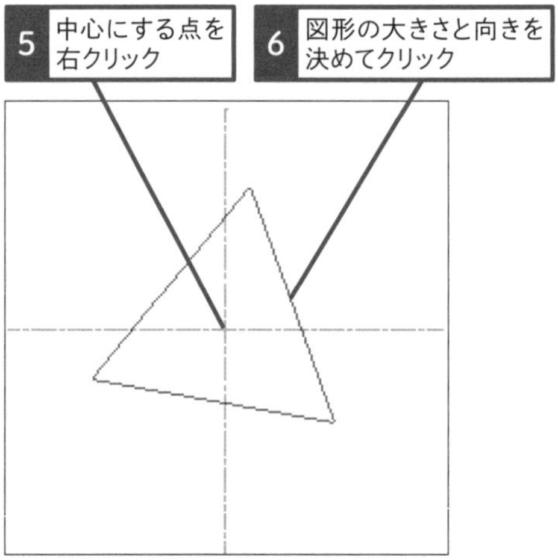

5 中心にする点を
右クリック

6 図形の大きさと向きを
決めてクリック

任意寸法の三角形を作図できた

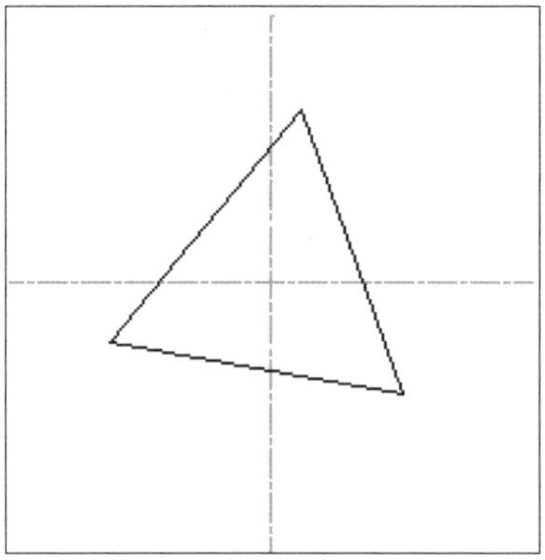

116

サンプル お役立ち度 ★★★

Q 辺の長さを指定して正多角形を作図するには

A ［辺寸法指定］を使います

辺の長さを指定して正多角形を作図する場合は、［多角形］コマンドを実行し、［辺寸法指定］を選択します。次に［寸法］と［角数］を指定して、辺の長さを指定した多角形を作図します。以下の例では、［寸法］に「20」、［角数］に「5」と入力して、1辺が20となる五角形を作図しています。

ワザ115を参考に［多角形］コマンドを実行しておく

1 ［辺寸法指定］をクリック

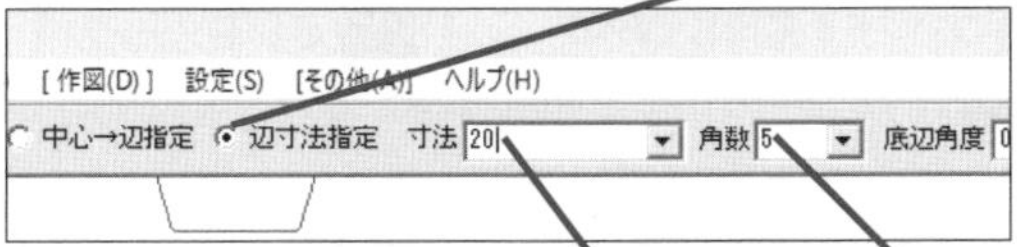

2 「20」と入力

3 「5」と入力

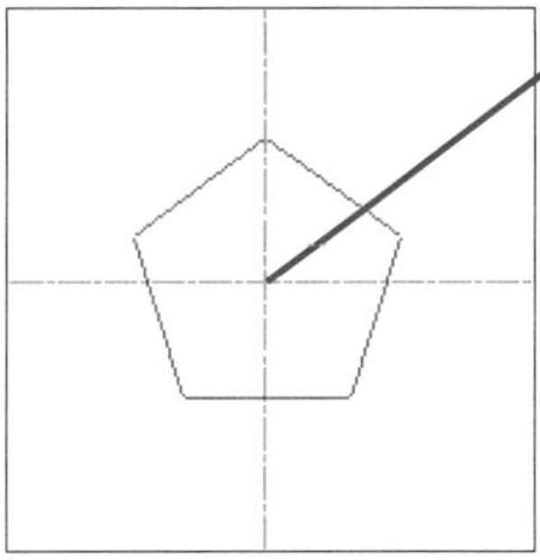

4 中心にする点を右クリック

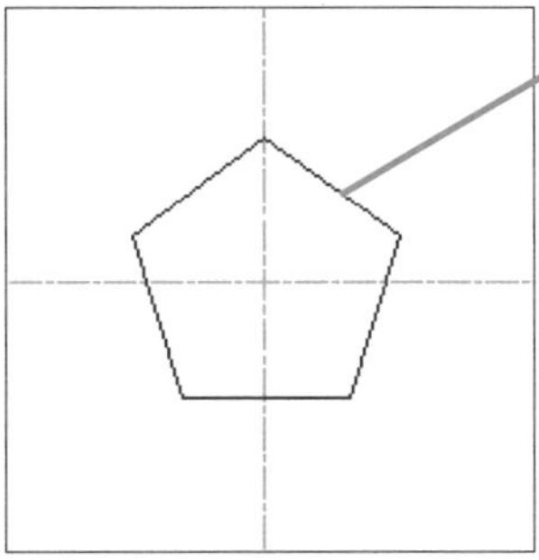

各辺が20になっている

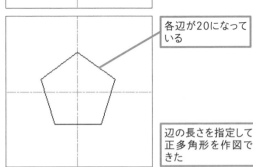

辺の長さを指定して正多角形を作図できた

関連 117 中心から頂点までの寸法を指定して作図するには ▸ P.85

117

サンプル お役立ち度 ★★★

Q 中心から頂点までの寸法を指定して作図するには

A ［中心→頂点指定］を使います

中心から頂点までの寸法を指定して多角形を作図するには、［多角形］コマンドを実行し、［中心→頂点指定］を選択します。次に［寸法］と［角数］を指定して、中心から頂点までの寸法を指定した多角形を作図します。以下の例では、［寸法］に「20」、［角数］に「5」と入力して、中心から頂点までの寸法が20となる五角形を作図しています。

ワザ115を参考に［多角形］コマンドを実行しておく

1 ［中心→頂点指定］をクリック

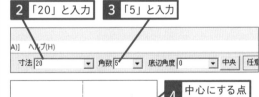

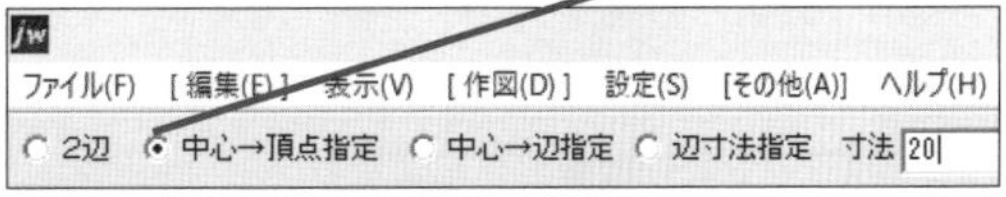

2 「20」と入力

3 「5」と入力

4 中心にする点を右クリック

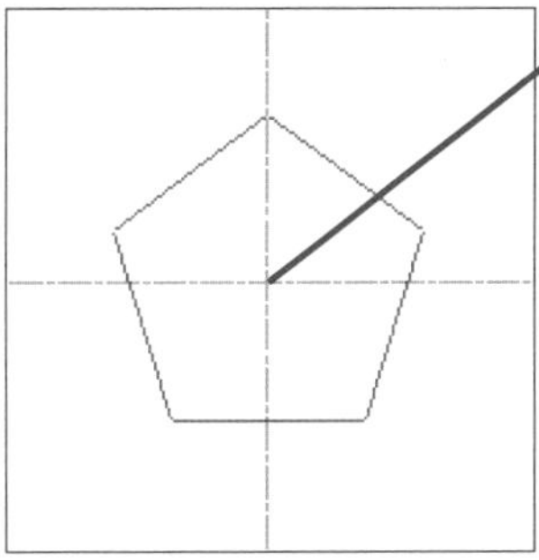

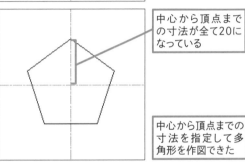

中心から頂点までの寸法が全て20になっている

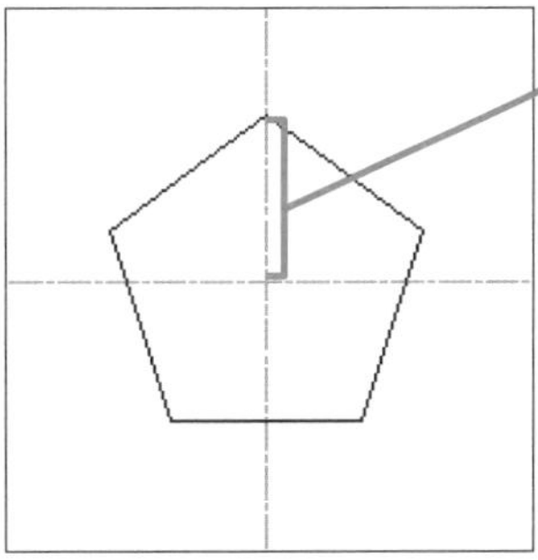

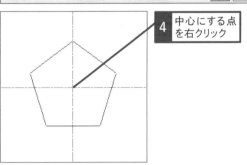

中心から頂点までの寸法を指定して多角形を作図できた

118

サンプル　お役立ち度 ★★★

Q 中心から辺までの寸法を指定して作図するには

A ［中心→辺指定］を使います

［多角形］コマンドを実行して［中心→辺指定］を選択し、［寸法］と［角数］を指定すると、中心から辺までの寸法を指定した多角形を作図できます。以下の例では、［寸法］に「20」、［角数］に「5」と入力して、中心から辺までの寸法が20となる五角形を作図しています。

ワザ115を参考に［多角形］コマンドを実行しておく

1 ［中心→辺指定］をクリック

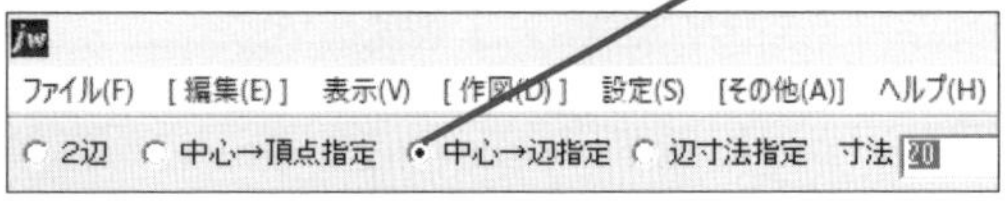

2 「20」と入力　3 「5」と入力

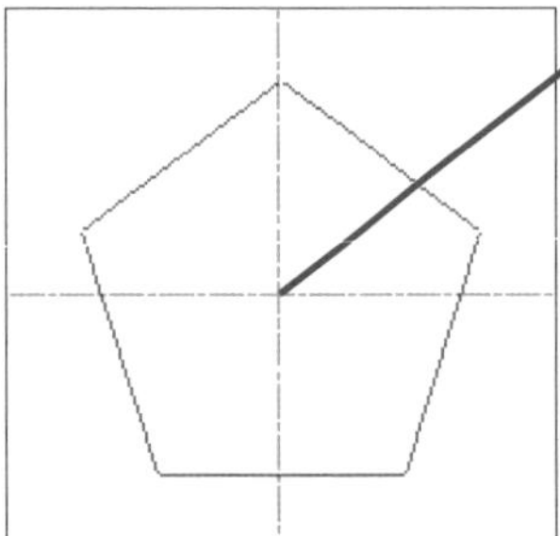

4 中心にする点を右クリック

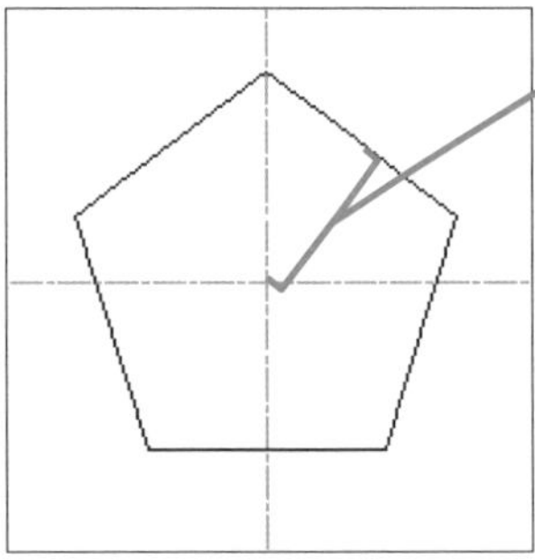

中心から各辺までが20になっている

中心から辺までの寸法を指定した正多角形を作図できた

119

サンプル　お役立ち度 ★★★

Q 円に内接する正多角形を作図するには

動画で見る

A ［中心→頂点指定］で円の中心点、円周の1/4点を取得します

円に内接する正多角形を作図する場合は、［多角形］コマンドを実行し、［中心→頂点指定］を選択します。次に［寸法］は空欄にし、［角数］を指定します。さらに円上を右方向に右ドラッグして円の中心点を取得し、続けて上方向に右ドラッグし円周の1/4点を取得して円に内接する正多角形を作図します。

ワザ115を参考に［多角形］コマンドを実行しておく

1 ［中心→頂点指定］をクリック

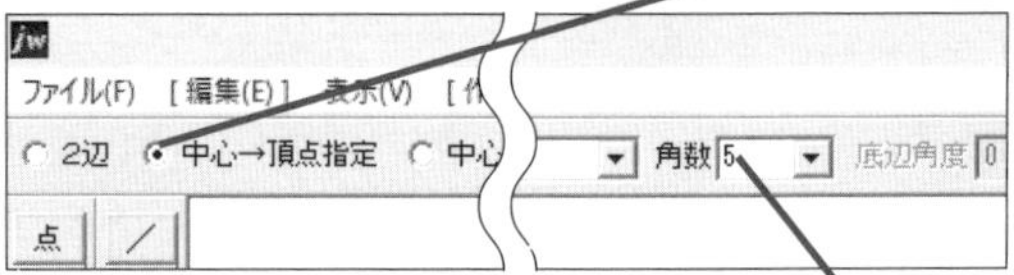

［寸法］を空欄にしておく

2 「5」と入力

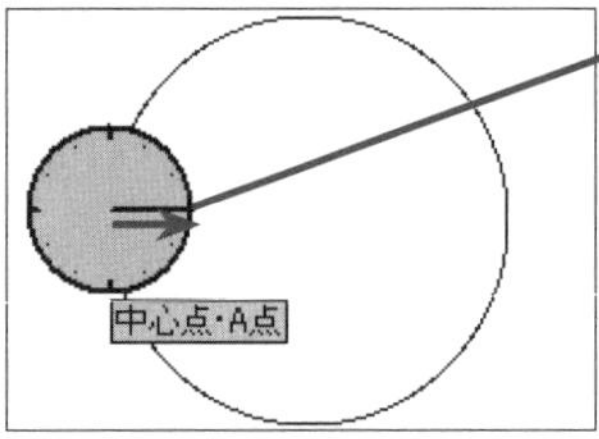

3 ここを右方向に右ボタンドラッグ

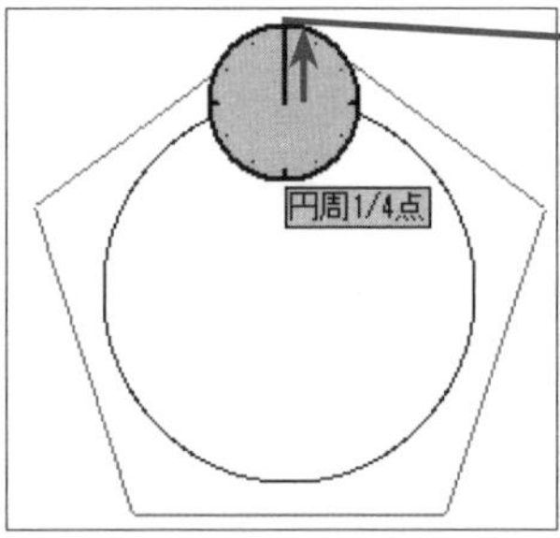

4 ここを上方向に右ボタンドラッグ

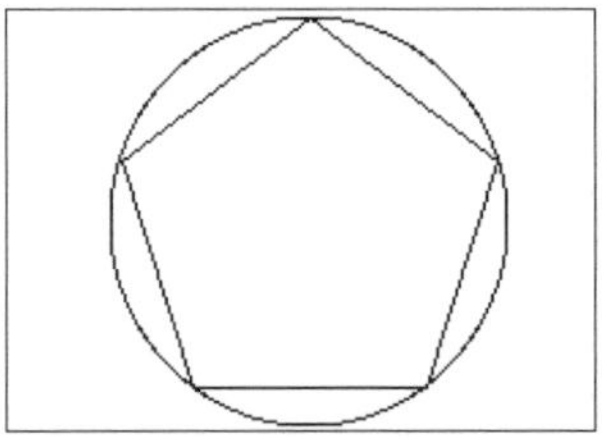

円に内接する正多角形を作図できた

120

サンプル　お役立ち度 ★★★

Q 円に外接する正多角形を作図するには

A ［中心→辺指定］で円の中心点、円周の1/4点を取得します

円に外接する正多角形を作図するには、［多角形］コマンドを実行し、［中心→辺指定］を選択します。［寸法］は空欄にし、［角数］を指定して正多角形の角の数を指定し、円上を右方向に右ドラッグして円の中心点を取得し、続けて上方向に右ドラッグして円周の1/4点を取得して作図します。

ワザ115を参考に［多角形］コマンドを実行しておく

1 ［中心→辺指定］をクリック

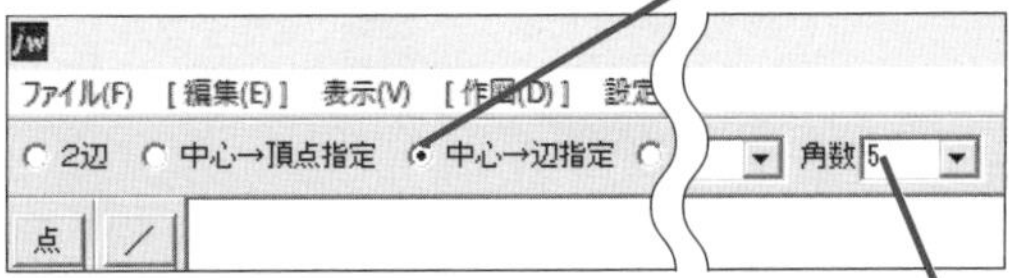

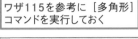

［寸法］を空欄にしておく

2 「5」と入力

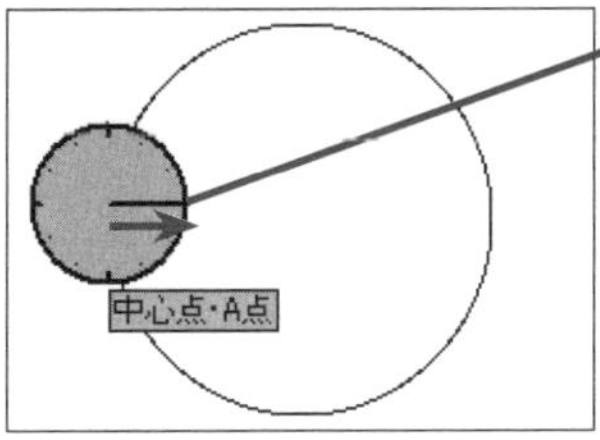

3 ここを右方向に右ボタンドラッグ

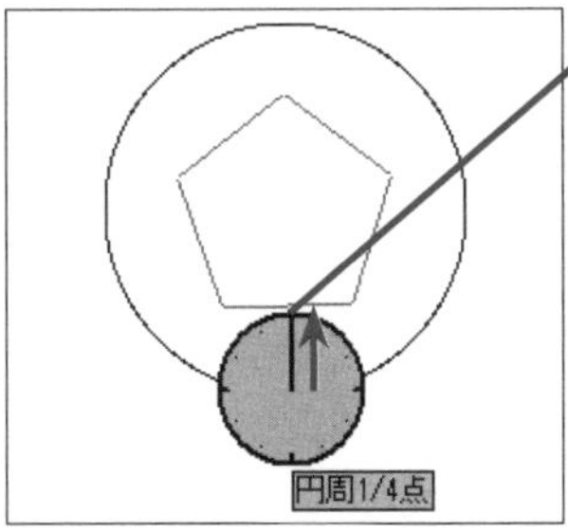

4 ここを上方向に右ボタンドラッグ

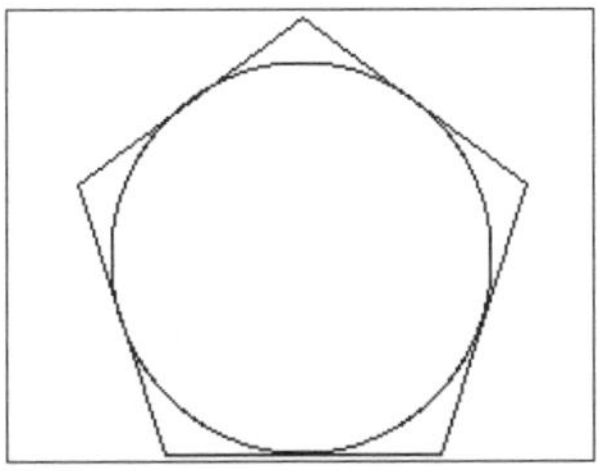

円に外接する正多角形を作図できた

121

サンプル　お役立ち度 ★★★

Q 基点を変更して正多角形を作図するには

A ［中央］をクリックして切り替えます

［多角形］コマンドを実行し、［寸法］と［角数］を指定して多角形を作図する場合、コントロールバーの［中央］を順にクリックすると多角形の基点が［頂点］→［辺］→［中央］と3通りに切り替わります。基点を変えて作図してみましょう。

ワザ115を参考に［多角形］コマンドを実行しておく

1 ［中心→頂点指定］をクリック

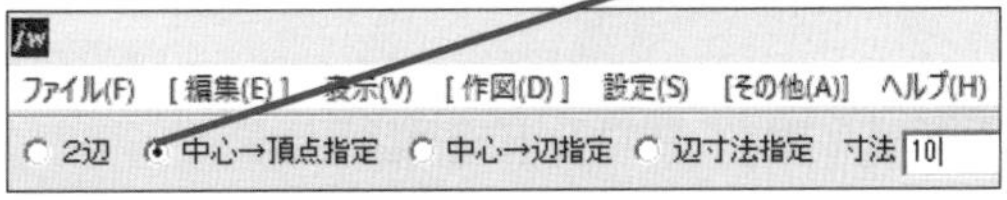

2 「10」と入力

3 「5」と入力

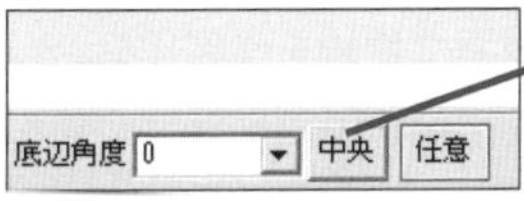

4 ［中央］になっていることを確認

5 中心にする点を右クリック

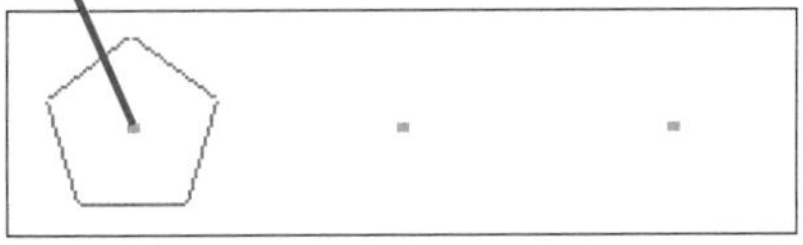

中央を基点にして多角形を作図できた

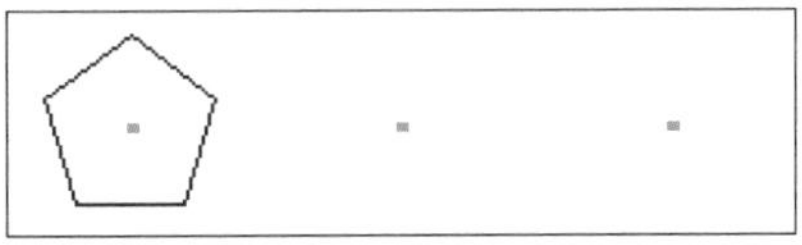

同様の手順で基点を変更すると［頂点］［辺］を基点に多角形を作図できる

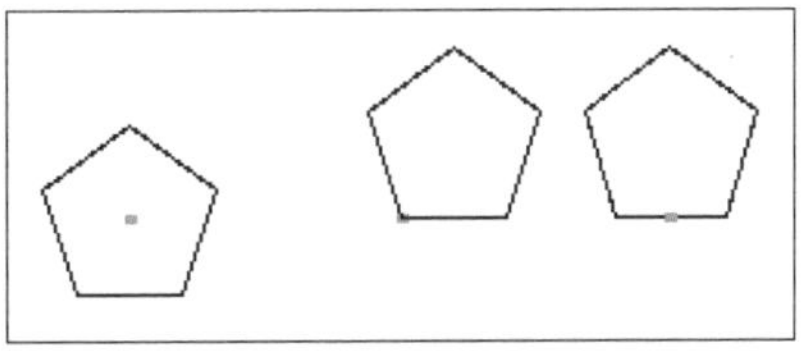

二重線を作図するには

[2線] コマンドを利用すると、指定した幅で一度に平行な線を引けます。ここでは、2本の平行な線を同時に作図する方法を、おもに「2線」コマンドを使って解説します。

122

サンプル　お役立ち度 ★★★

Q 指定した幅で2本の線分を引くには

動画で見る

A [2線] コマンドを実行します

[2線] コマンドで二重線を作図するには、芯になる基準線（直線）が必要です。なお、別の基準線をダブルクリックすると、同じ幅のまま別の基準線に対して二重線を作図できます。ここでの作図例は、基準線に対して両側とも「75」離れた二重線を作図しています。

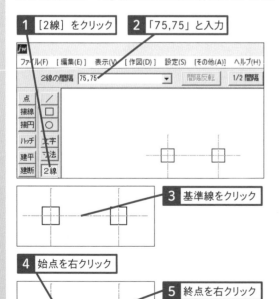

1 [2線] をクリック　2「75,75」と入力

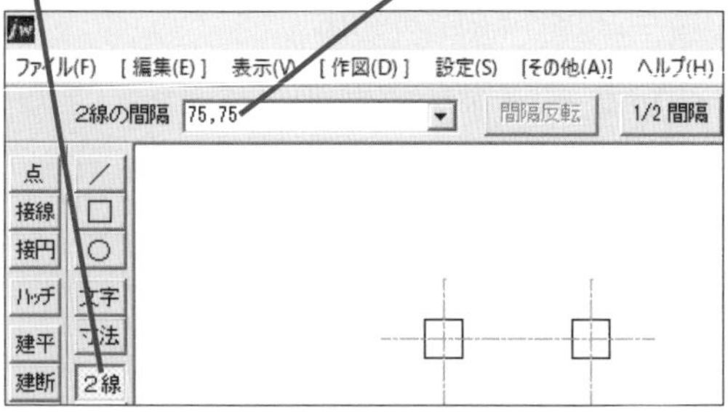

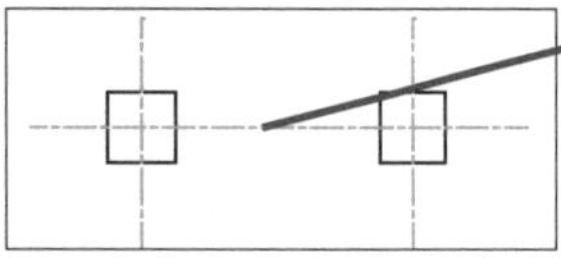

3 基準線をクリック

4 始点を右クリック

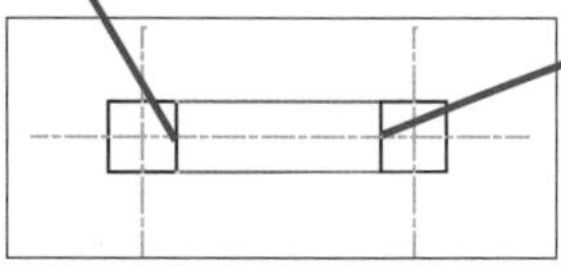

5 終点を右クリック

二重線を作図できた

●基準線を変更する

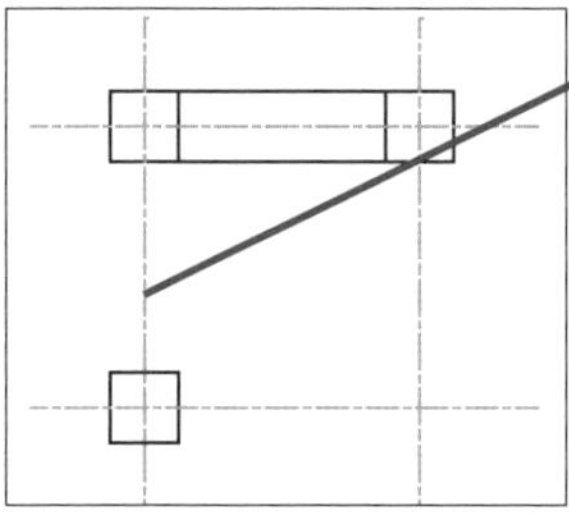

1 ここをダブルクリック

基準線を変更できた

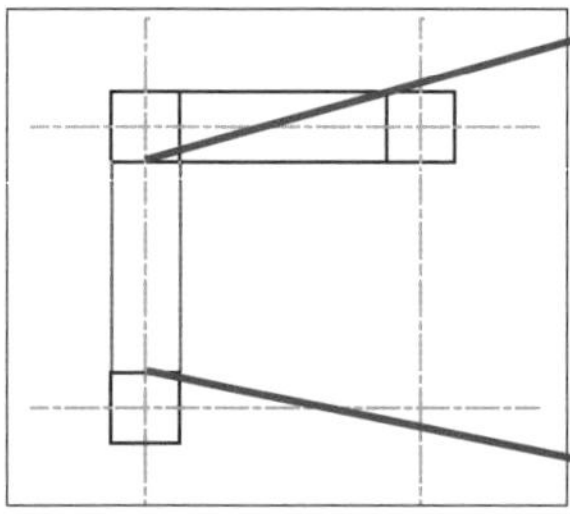

2 始点を右クリック

3 終点を右クリック

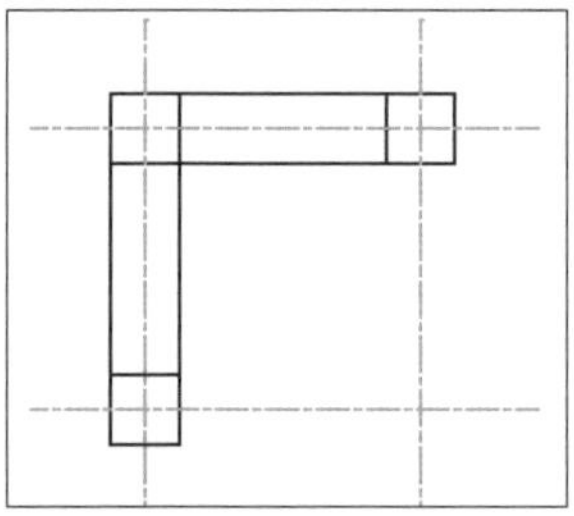

二重線を作図できた

クロックメニュー　左10+右　2線

関連123 芯がずれた二重線を引くには ▸ P.89

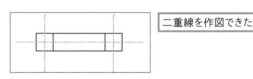

123

サンプル お役立ち度 ★★★

Q 芯がずれた二重線を引くには

A 数値を変更します

[2線] コマンドを実行し、[2線の間隔] に異なる数値を「,」で区切って入力すると、芯がずれた二重線を作図できます。どちらにずれるかは始点を指定するまで分からないので、逆になった場合は [間隔反転] ボタンで間隔を変更しましょう。

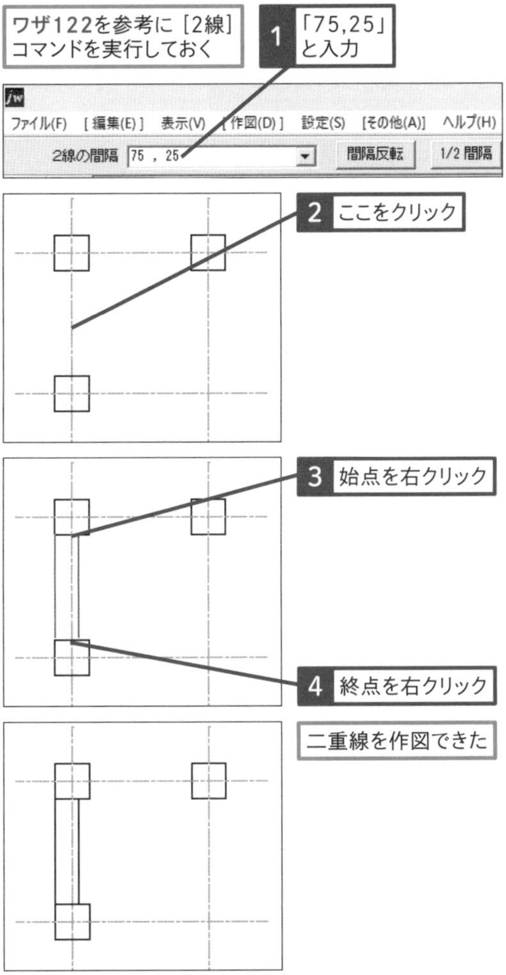

ワザ122を参考に [2線] コマンドを実行しておく
1 「75,25」と入力
ファイル(F) [編集(E)] 表示(V) [作図(D)] 設定(S) [その他(A)] ヘルプ(H)
2線の間隔 75 , 25
間隔反転
1/2 間隔
2 ここをクリック
3 始点を右クリック
4 終点を右クリック
二重線を作図できた

水平方向の二重線を作図するときはワザ122を参考に基準線を変更してから [間隔反転] をクリックする

124

サンプル お役立ち度 ★★★

Q 2本の線の間隔を2倍にするには

A [2倍間隔] を使用します

[2線] コマンドを実行し、コントロールバー [2線の間隔] に「,」で区切って数値を入力してから [2倍間隔] をクリックすると、入力した数値の2倍の間隔で二重線を作図できます。[2倍間隔] は、クリックするごとに表示されている数値が倍になります。

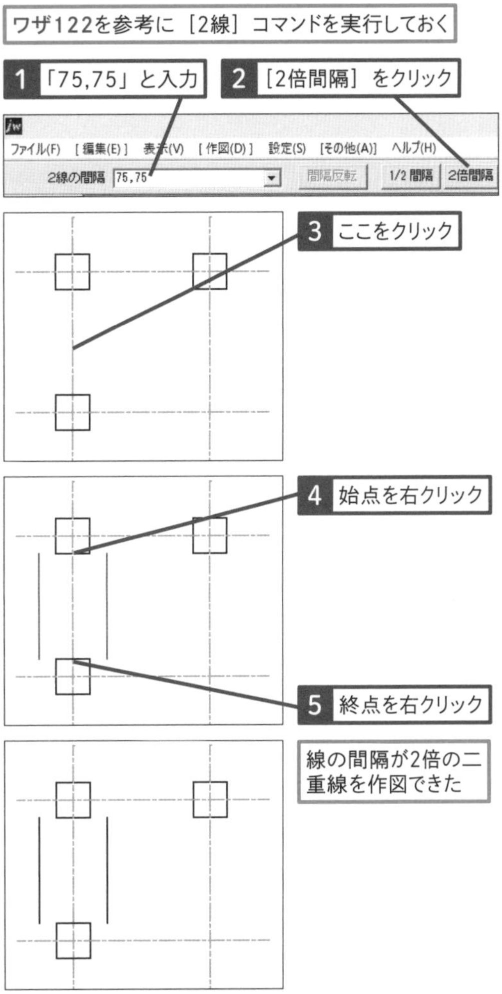

ワザ122を参考に [2線] コマンドを実行しておく
1 「75,75」と入力
2 [2倍間隔] をクリック
ファイル(F) [編集(E)] 表示(V) [作図(D)] 設定(S) [その他(A)] ヘルプ(H)
2線の間隔 75,75
間隔反転
1/2 間隔
2倍間隔
3 ここをクリック
4 始点を右クリック
5 終点を右クリック
線の間隔が2倍の二重線を作図できた

ワザ122を参考に基準線を変更して、水平方向の二重線も作図する

125

サンプル　お役立ち度 ★★★

Q 2本の線の間隔を1/2にするには

A ［1/2間隔］を使用します

［2線］コマンドを実行してから［2線の間隔］に「,」で区切って数値を入力し、［1/2間隔］をクリックすると、入力した数値の1/2倍の間隔で二重線が作図できます。［1/2間隔］は、クリックするごとに表示されている数値が半分になります。

ワザ122を参考に［2線］コマンドを実行しておく

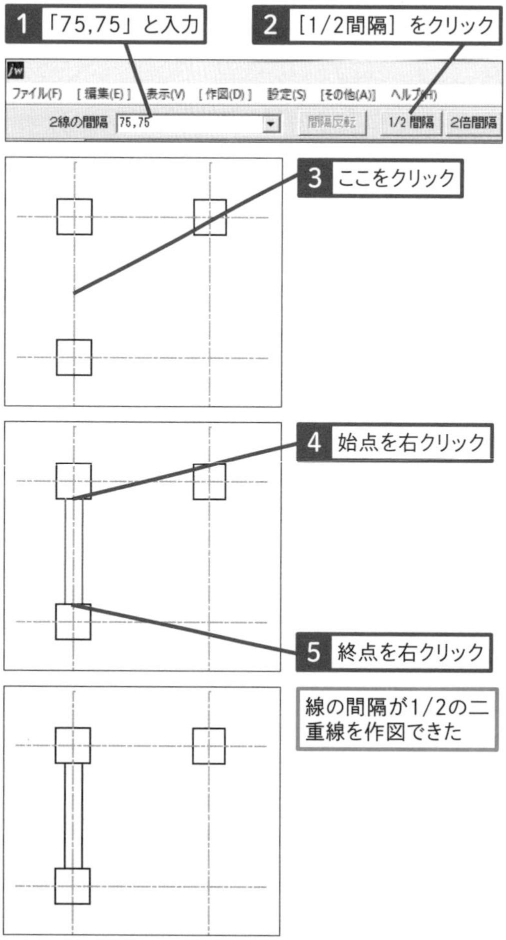
1 「75,75」と入力
2 ［1/2間隔］をクリック
ファイル(F) ［編集(E)］ 表示(V) ［作図(D)］ 設定(S) ［その他(A)］ ヘルプ(H)
2線の間隔 75,75
間隔反転
1/2 間隔
2倍間隔
3 ここをクリック
4 始点を右クリック
5 終点を右クリック
線の間隔が1/2の二重線を作図できた

ワザ122を参考に基準線を変更して、水平方向の二重線も作図する

126

サンプル　お役立ち度 ★★★

Q 端部を閉じて二重線を引くには

A ［留線］を使用します

端部を閉じた二重線を作図するには、まず［2線］コマンドを実行してから［2線の間隔］に「,」で区切って数値を入力します。次に［留線］にチェックマークを付け、［留線出］に出の数値を入力します。続けて基準線をクリックし、端部が閉じる始点を右クリックし、終点を右クリックします。

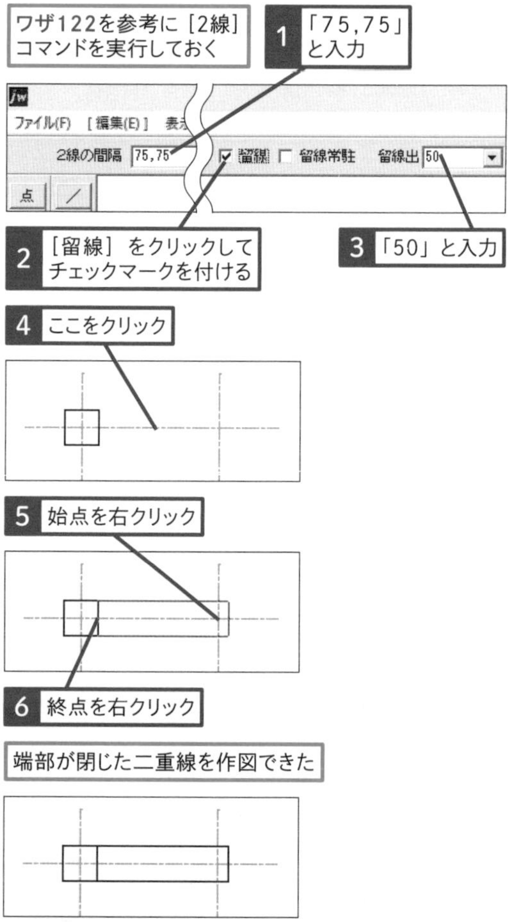
ワザ122を参考に［2線］コマンドを実行しておく
1 「75,75」と入力
ファイル(F) ［編集(E)］
2線の間隔 75,75
留線
留線常駐
留線出 50
2 ［留線］をクリックしてチェックマークを付ける
3 「50」と入力
4 ここをクリック
5 始点を右クリック
6 終点を右クリック
端部が閉じた二重線を作図できた

クロックメニュー　左10+右　2線

関連127 端部を突出させて二重線を引くには ▶P.91

127　サンプル　お役立ち度 ★★★

Q 端部を突出させて二重線を引くには

A ［留線常駐］を使用します

端部を突出させた二重線を作図するには、まず［2線］コマンドを実行して間隔を指定しておきます。次に［留線常駐］にチェックマークを付け、［留線出］に出の数値を入力します。続けて基準線をクリックし、始点、終点の順に右クリックすると端部の両側が突出した二重線を作図できます。

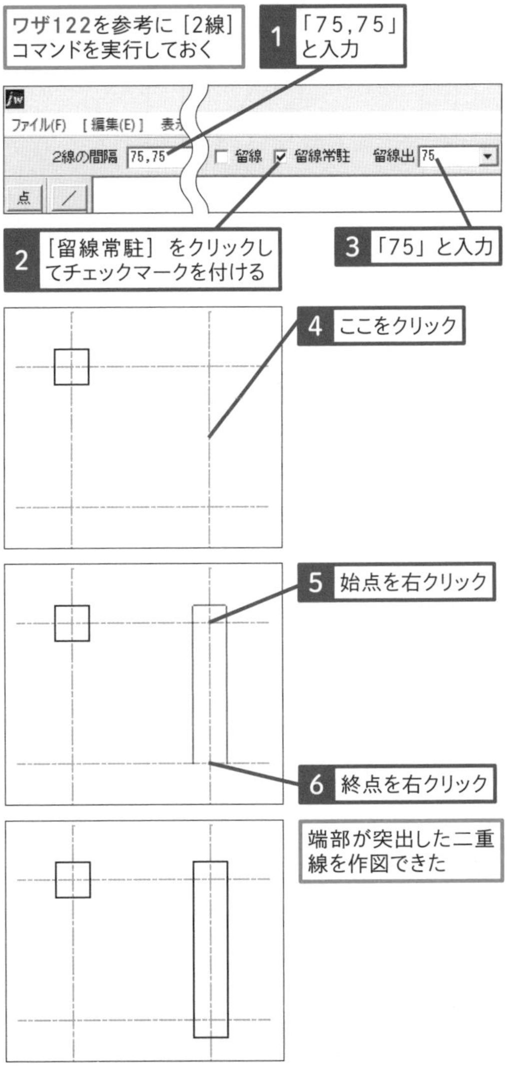

ワザ122を参考に［2線］コマンドを実行しておく
1 「75,75」と入力
ファイル(F)　[編集(E)]　表示
2線の間隔　75,75
留線
留線常駐
留線出　75
点
2 ［留線常駐］をクリックしてチェックマークを付ける
3 「75」と入力
4 ここをクリック
5 始点を右クリック
6 終点を右クリック
端部が突出した二重線を作図できた

128　サンプル　お役立ち度 ★★★

Q コーナーを作りながら二重線を引くには

A 基準線をダブルクリックします

コーナーを作りながら二重線を引くには、まず［2線］コマンドを実行して間隔を指定しておきます。次に基準線をクリックし、始点を右クリックしてから次の基準線をダブルクリックします。基準線を次々とダブルクリックして指定し、1周したところで終点を右クリックすると以下のように作図できます。

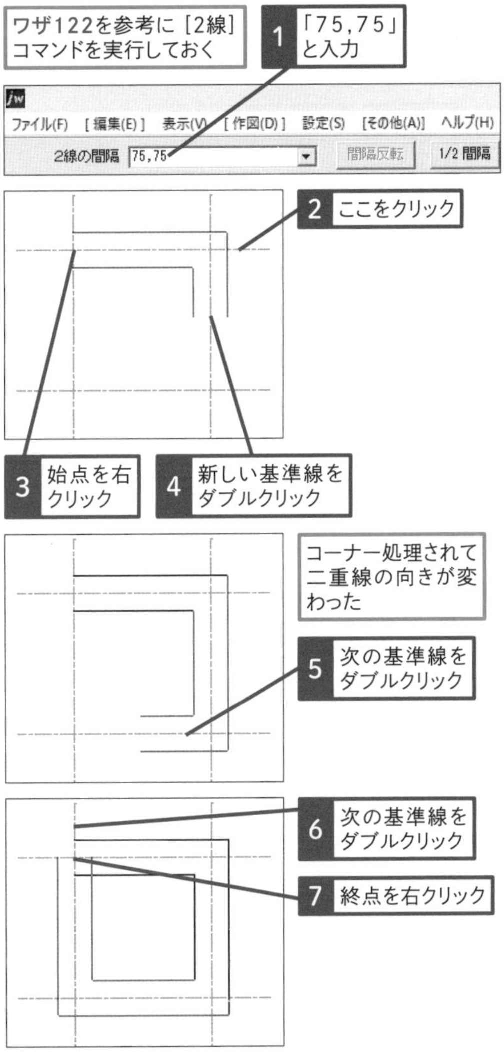

ワザ122を参考に［2線］コマンドを実行しておく
1 「75,75」と入力
ファイル(F)　[編集(E)]　表示(V)　[作図(D)]　設定(S)　[その他(A)]　ヘルプ(H)
2線の間隔　75,75
間隔反転
1/2 間隔
2 ここをクリック
3 始点を右クリック
4 新しい基準線をダブルクリック
コーナー処理されて二重線の向きが変わった
5 次の基準線をダブルクリック
6 次の基準線をダブルクリック
7 終点を右クリック

129

サンプル　お役立ち度 ★★★

Q 二重線で部屋を分割するには

A 右ダブルクリックで二重線をつなげます

[2線] コマンドで部屋の壁を繋げて分割するには、やや特殊な操作が必要になります。まず [2線] コマンドを実行して間隔を指定しておきます。次に基準線をクリックして、左側の二重線の内側の線を右ダブルクリックします。続けて、右の二重線の内側の線を右ダブルクリックすると、全てがつながった二重線が作図でき、建築の平面図のように部屋を2つに分割できます。

ワザ122を参考に [2線] コマンドを実行しておく

1 「75,75」と入力

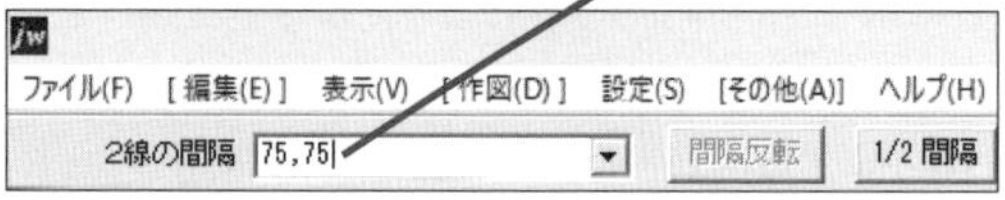

2 基準線をクリック

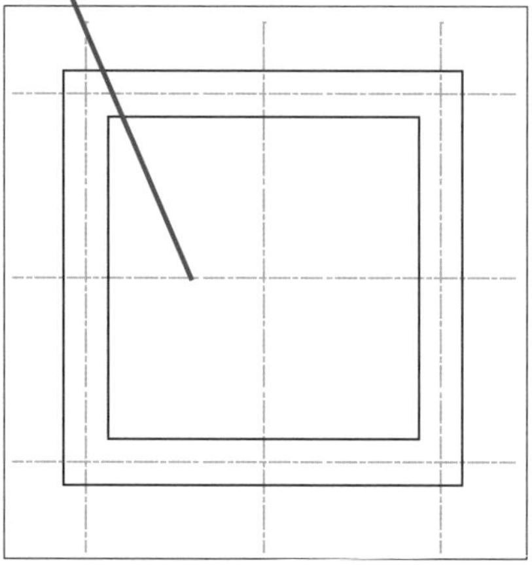

3 壁の内側の線を右ダブルクリック

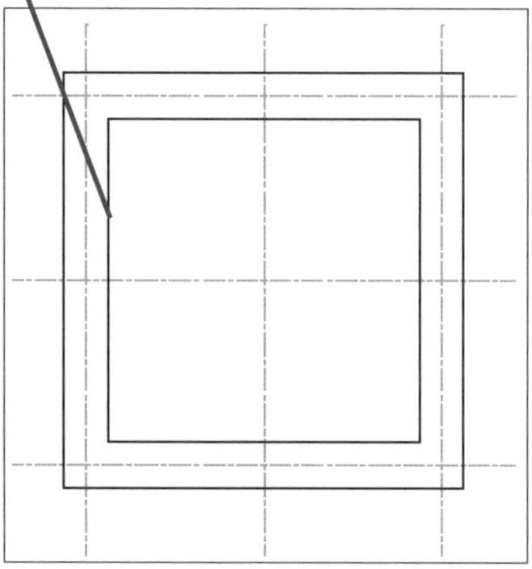

壁が分断されて赤いガイドが表示された

4 壁の内側の線を右ダブルクリック

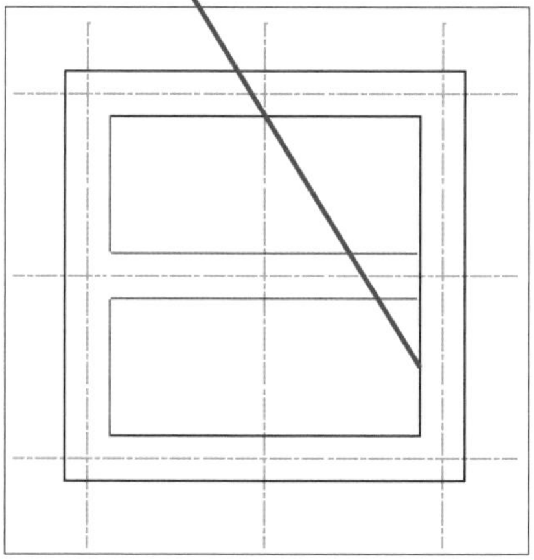

二重線で部屋を分割できた

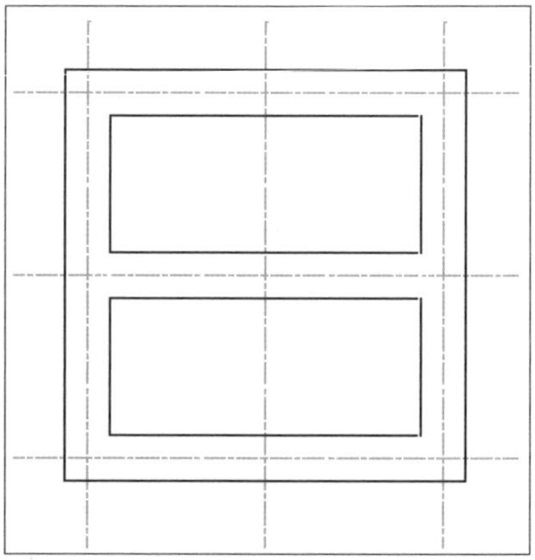

クロックメニュー　左10+右　2線

関連122 指定した幅で2本の線分を引くには ▸ P.88

中心線を作図するには

ここでは、[中心線] コマンドを使って、2つの点や線や図形などから等距離になる線を作図します。

130

サンプル　お役立ち度 ★★★

Q 2つの線分の間に中心線を引くには

A [中心線] コマンドを実行します

[中心線] コマンドで同じ長さの平行線に中心線を作図する場合、2つの線を順にクリックし、どちらかの左側の端点を始点として右クリックします。次にどちらかの右側の端点を終点として右クリックします。

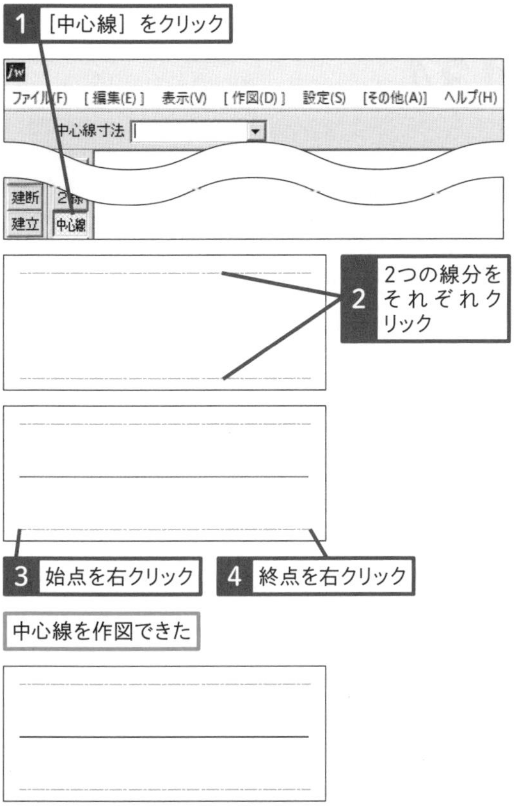

1 [中心線] をクリック
ファイル(F)
[編集(E)]
表示(V)
[作図(D)]
設定(S)
[その他(A)]
ヘルプ(H)
中心線寸法
建断
建立
中心線
2 2つの線分をそれぞれクリック
3 始点を右クリック
4 終点を右クリック
中心線を作図できた

131

サンプル　お役立ち度 ★★★

Q 線と点の中心線を引くには

A 線はクリック、点は右クリックで指定します

点と線に中心線を作図する場合、[中心線] コマンドを実行して点を右クリックし、線をクリックします。次に、線の左側の端点を始点として右クリックし、続けて右側の端点を終点として右クリックします。

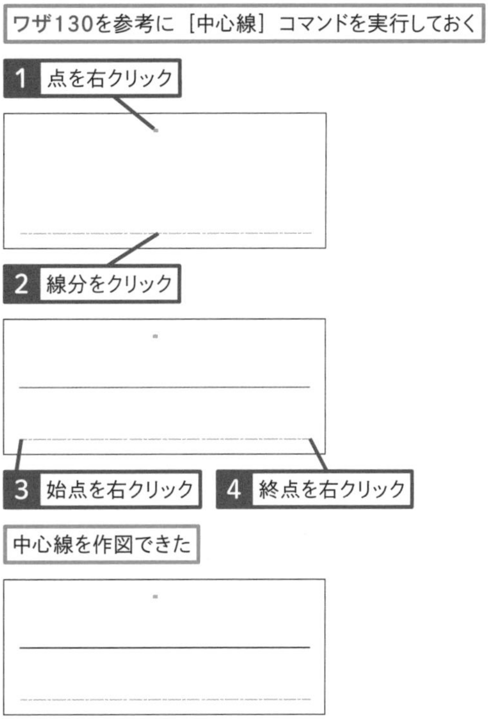

ワザ130を参考に [中心線] コマンドを実行しておく
1 点を右クリック
2 線分をクリック
3 始点を右クリック
4 終点を右クリック
中心線を作図できた

クロックメニュー　左9+右　中心線

132

サンプル　お役立ち度 ★★★

Q 2つの点の中心線を引くには

A 2つの点を右クリックで指定します

点と点の中心線を作図する場合は、[中心線] コマンドを実行してから、1つ目の点を右クリックし、2つ目の点を右クリックします。次に適当な位置で始点をクリックし、終点をクリックします。

ワザ130を参考に [中心線] コマンドを実行しておく

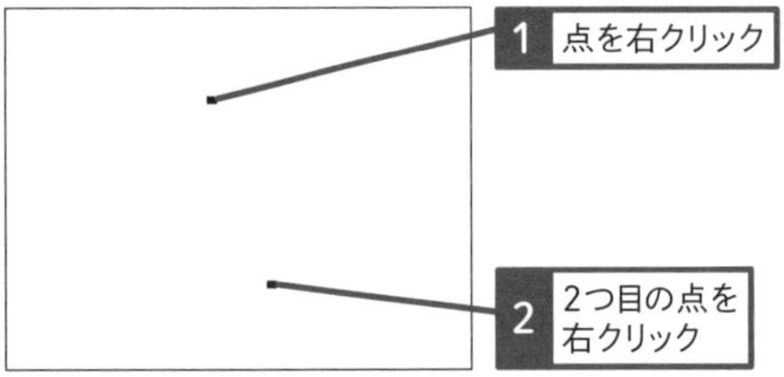

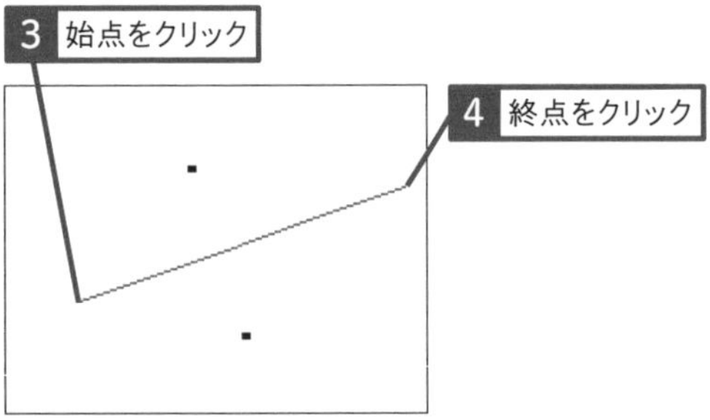

中心線を作図できた

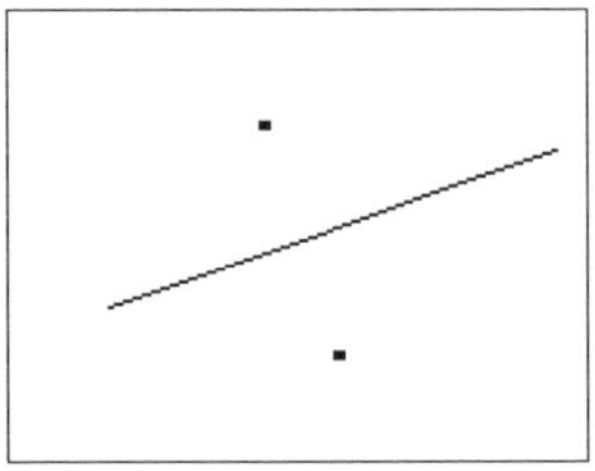

クロックメニュー　左9+右　中心線

関連 130 2つの線分の間に中心線を引くには ▸ P.93

133

サンプル　お役立ち度 ★★★

Q 角度の二等分線を引くには

A 線分の場合と同様に二等分線を作図できます

2つの線は平行である必要はなく、それぞれ角度が付いていても、その中間に線を作図できます。[中心線] コマンドを実行して線を順にクリックし、始点の角を右クリックしてから終点をクリックします。

ワザ130を参考に [中心線] コマンドを実行しておく

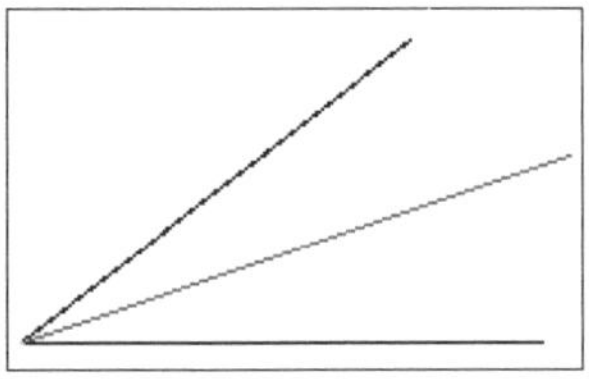

2つの線分をクリックしてから始点を右クリックすると角度の2等分線を作図できる

134

サンプル　お役立ち度 ★★★

Q 2つの円の中心線を引くには

A 円同士の近い位置の円周をクリックします

2つの円に中心線を作図する場合、[中心線] コマンドを実行してから、2つの円同士の近い位置の円周を順にクリックします。続けて、始点と終点を適当な位置でクリックして線を作図します。もし、2つの円の離れた円周をクリックした場合は図のようになりません。

ワザ130を参考に [中心線] コマンドを実行しておく

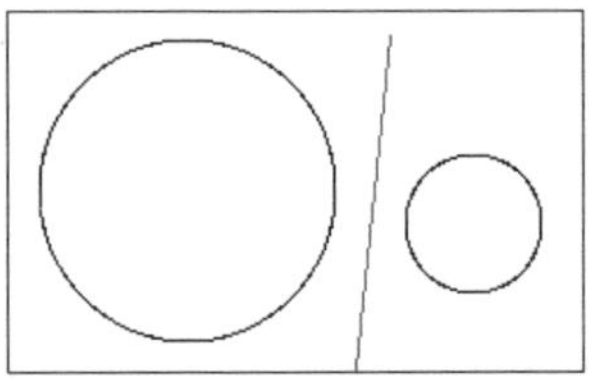

2つの円の近い位置をクリックしてから始点をクリックすると中心線を作図できる

曲線を引くには

Jw_cadの機能を使うと、さまざまな曲線を作図することができます。いずれも操作が特殊なので、本書の内容をよく読んで、順序を間違えずに実行しましょう。

135

サンプル　お役立ち度 ★★★

Q サイン曲線を引くには

A ［曲線］コマンドの［サイン曲線］を使います

サイン曲線とは「上下に規則正しい振幅を繰り返す曲線」のことです。Jw_cadでサイン曲線を作図するためには、［曲線］コマンドを実行し、コントロールバーの［サイン曲線］を選択してください。操作手順はやや複雑なので、以下を参考に行ってください。

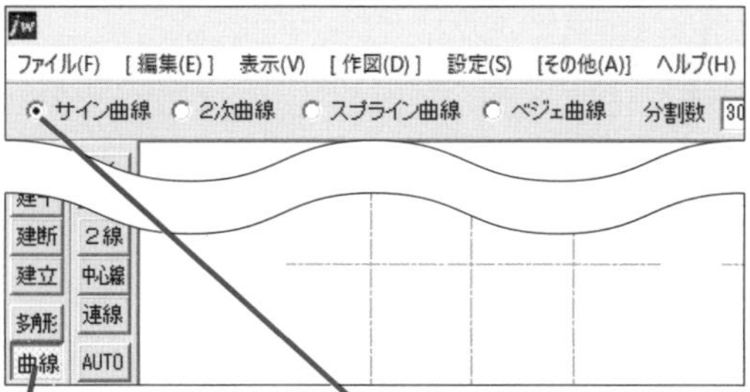

1 ［曲線］をクリック

2 ［サイン曲線］をクリック

3 「30」と入力

4 基準線をクリック

5 ここを右クリック

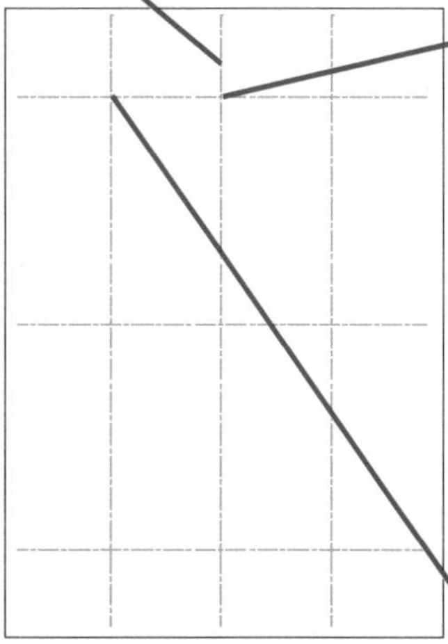

6 ここを右クリック

7 ここを右クリック

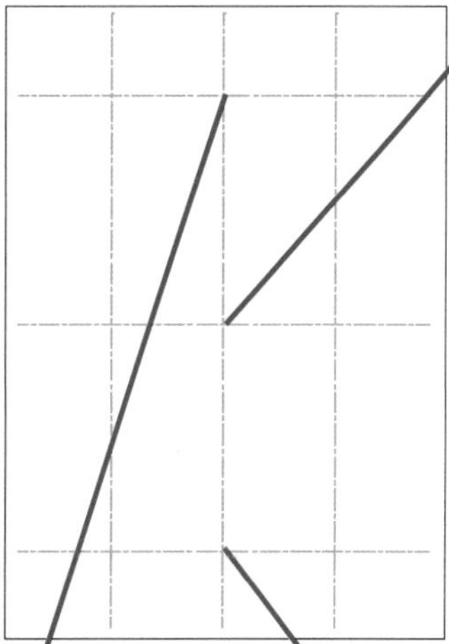

8 ここを右クリック

9 ここを右クリック

サイン曲線を作図できた

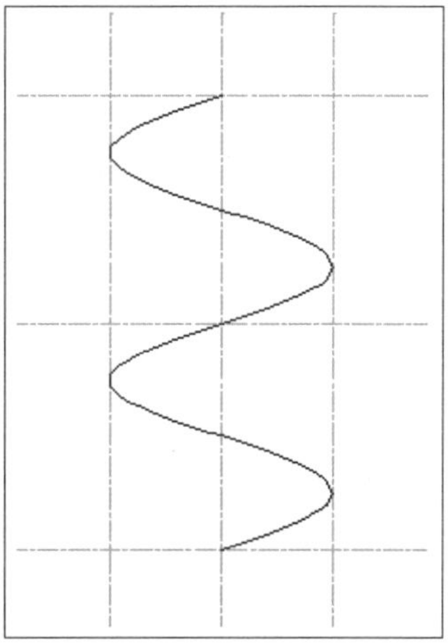

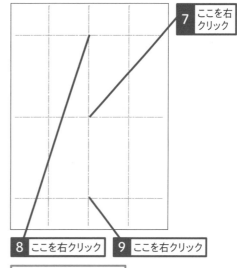

136

サンプル　お役立ち度 ★★★

Q 2次曲線を引くには

A ［2次曲線］で点を指定します

2次曲線とは「2つの定点（焦点）からの距離の和が一定（楕円、放物線）、差が一定（双曲線）の点が描く曲線」です。Jw_cadで2次曲線を作図するためには、［曲線］コマンドを実行し、コントロールバーの［2次曲線］を選択してください。操作手順は、以下の例を参考に行ってください。

ワザ135を参考に［曲線］コマンドを実行しておく

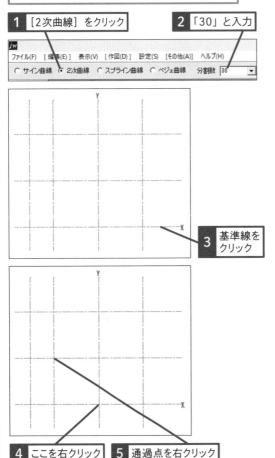

1 ［2次曲線］をクリック

2 「30」と入力

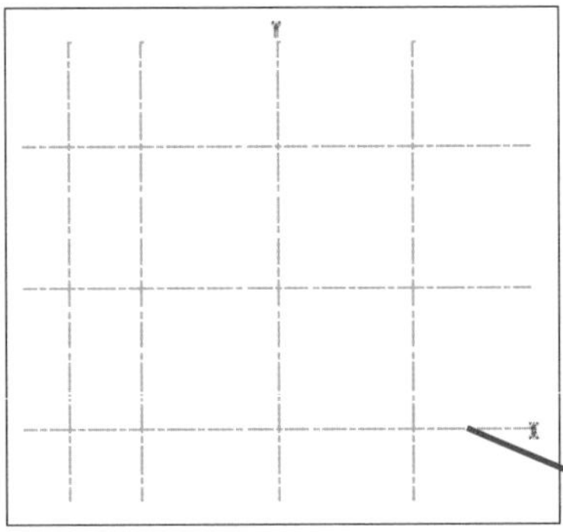

3 基準線をクリック

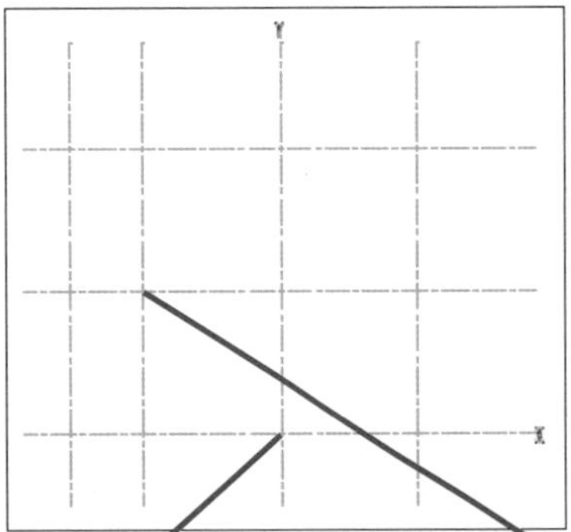

4 ここを右クリック

5 通過点を右クリック

6 始点をクリック

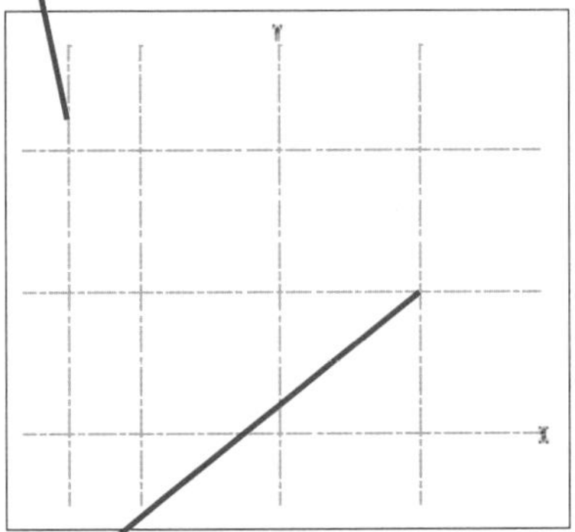

7 終点を右クリック

2次曲線を作図できた

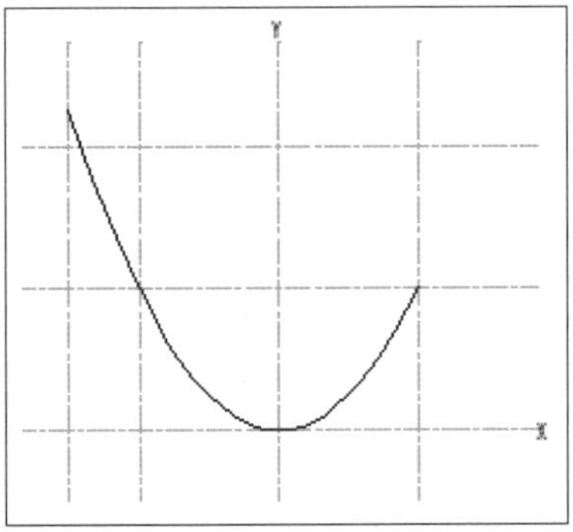

役立つ豆知識

Jw_cadで作図できる曲線の種類を教えて！

Jw_cadでは、「曲線」コマンドを実行すれば、ワザ135～138で紹介する「サイン曲線」「2次曲線」「スプライン曲線」「ベジェ曲線」の4種類の曲線を作図することができます。それぞれの特徴は、各ワザの冒頭に説明文がありますので、必要に応じて使い分けてください。

関連 137 スプライン曲線を引くには ▸ P.97

137

サンプル　お役立ち度 ★★★

Q スプライン曲線を引くには

A ［スプライン曲線］を使用して通過する点を指定します

スプライン曲線とは「指示したすべての点を通る滑らかな曲線」です。Jw_cadでスプライン曲線を作図するためには、［曲線］コマンドを実行し、コントロールバーの［スプライン曲線］を選択してください。操作手順は、以下の例を参考に行ってください。

ワザ135を参考に［曲線］コマンドを実行しておく

1 ［スプライン曲線］をクリック

2 「30」と入力

3 点を順に右クリック

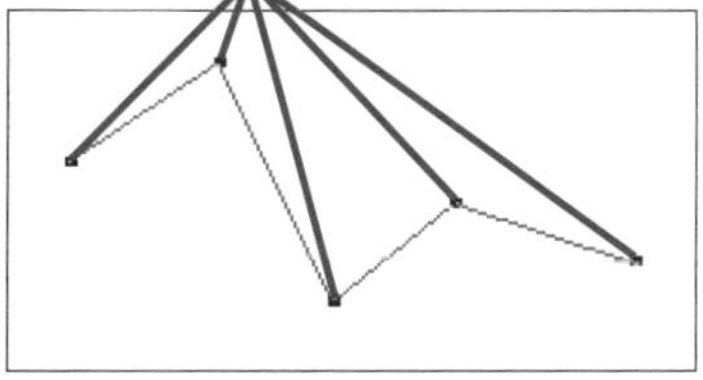

4 ［作図実行］をクリック

スプライン曲線が作図できた

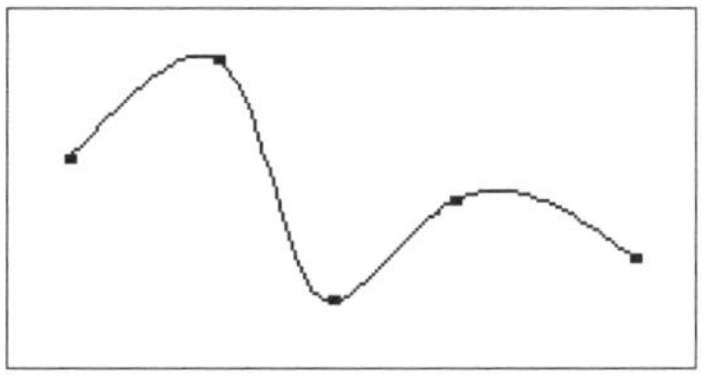

関連 136 2次曲線を引くには ► P.96

138

サンプル　お役立ち度 ★★★

Q ベジェ曲線を引くには

A ［ベジェ曲線］を実行して始点から終点までを指定します

ベジェ曲線とは「指示した始点と終点を滑らかに結ぶ曲線」です。Jw_cadでベジェ曲線を作図するためには、［曲線］コマンドを実行し、コントロールバーの［ベジェ曲線］を選択してください。操作手順は、以下の例を参考に行ってください。

ワザ135を参考に［曲線］コマンドを実行しておく

1 ［ベジェ曲線］をクリック

2 「30」と入力

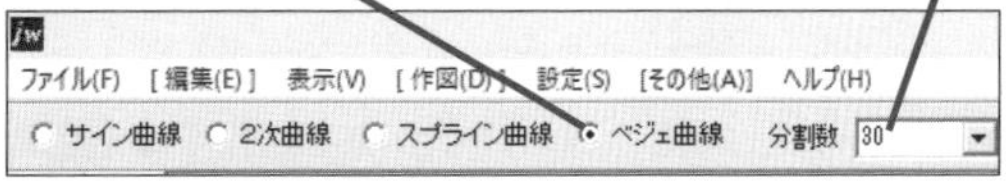

3 点を順に右クリック

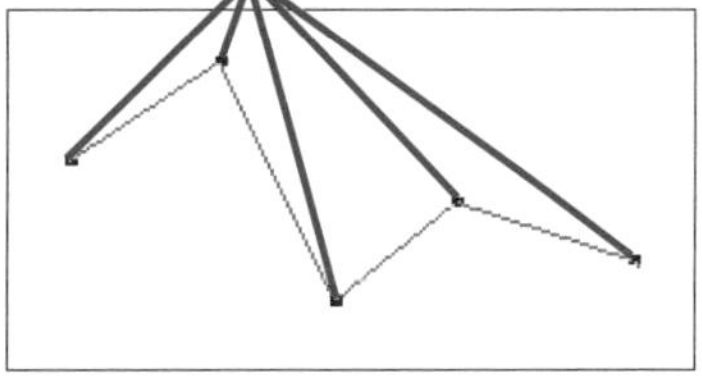

4 ［作図実行］をクリック

ベジェ曲線が作図できた

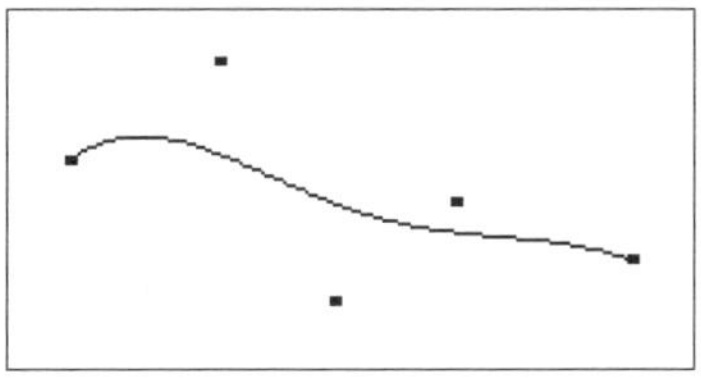

関連 136 2次曲線を引くには ► P.96

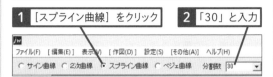

線属性を設定するには

Jw_cadで使用する「線」について、色や種類を［線属性］の画面でまとめて設定することができます。図面では線の色や種類によって内容の違いを表すので、設定方法を確認しましょう。

139

お役立ち度 ★★★

Q ［線属性］画面を表示するには

A ツールバーのアイコンをクリックします

Jw_cadでは、線の色と線の種類を「線属性」と呼んでいます。［線属性］コマンドは、デフォルト画面のツールバーに下の画像に示すように3つあり、どれをクリックしても、右のワザ140で紹介する［線属性］画面を表示します。

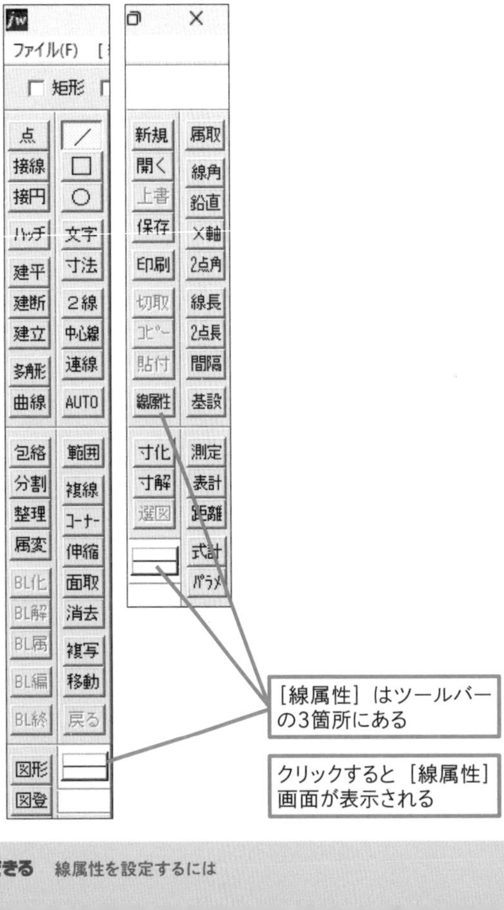

140

お役立ち度 ★★★

Q 線の色や種類を変更するには

A ［線属性］画面で設定します

ワザ139で紹介した[線属性] コマンドを実行すると、［線属性］画面が表示されます。画面左側で線の色を、画面右側で線の種類を変更できます。変更したい線色、線種をクリックし、［OK］をクリックすれば変更されます。

ワザ139を参考に［線属性］画面を表示しておく

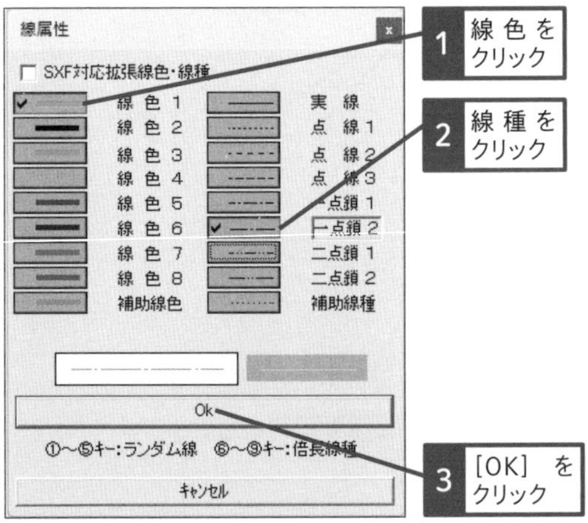

1 線色をクリック

2 線種をクリック

3 [OK]をクリック

書き込み線属性が変更された

ボタンが選択した線属性の表示に変わる

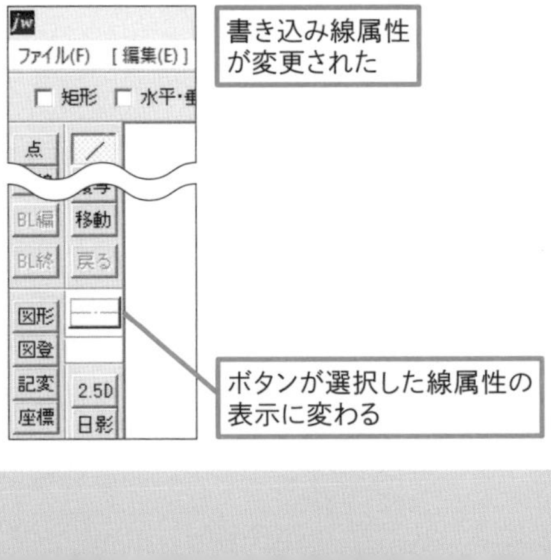

141

サンプル　お役立ち度 ★★★

Q Jw_cadで利用できる線種を教えて！

A 実線、破線などから選択できます

Jw_cadの標準線種には、実線、点線1，2，3、一点鎖線1，2、二点鎖線1，2、補助線種があります。破線を作図したい場合は、点線2または点線3を選びます。補助線種とは、画面上には見えますが、印刷をしたときには表示されない線です。

［線属性］画面の右側に表示されている線種を利用できる

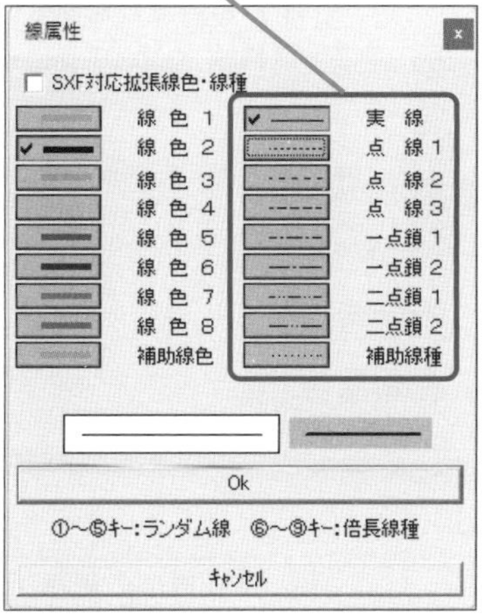

補助線種は画面上では点線のように表示されるが、印刷されない

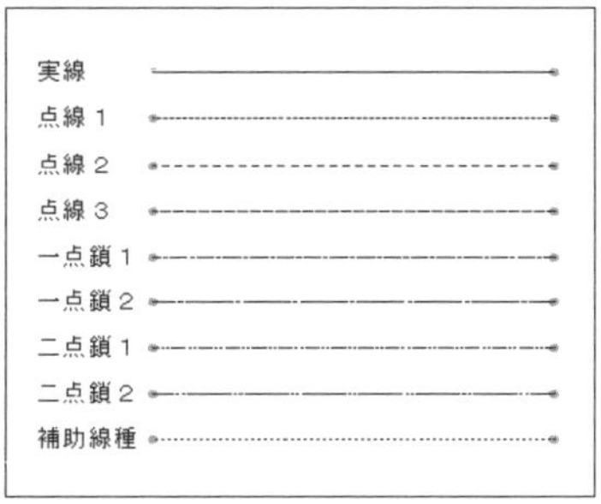

クロックメニュー　左1　線・矩形

関連 140 線の色や種類を変更するには ▶ P.98

142

お役立ち度 ★★★

Q 波線（ランダム線）を引くには

A 数字キーで線の種類を指定します

波線（ランダム線）とは、フリーハンドで作図したような波打った線です。キーボードの1～5を押すと、以下のようにピッチの違う5種類を設定できます。1キーが一番細かい波で、5キーが一番荒い波になります。図面を手書き風に表現するのに最適です。

ワザ139を参考に［線属性］画面を表示しておく

1 1キーを押す

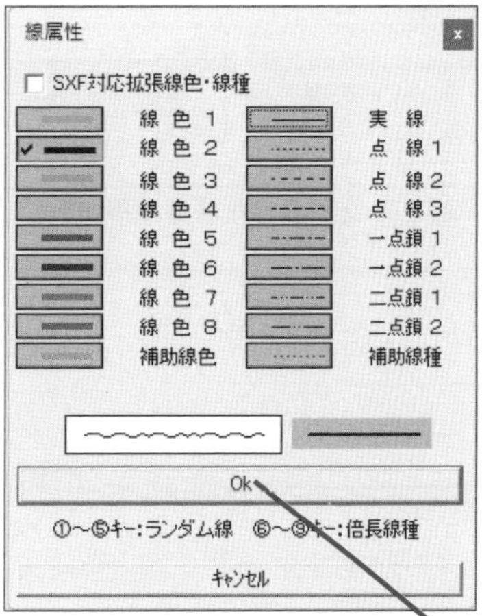

ランダム線が設定された

2 ［OK］をクリック

ワザ066を参考に線を引くと設定したランダム線を作図できる

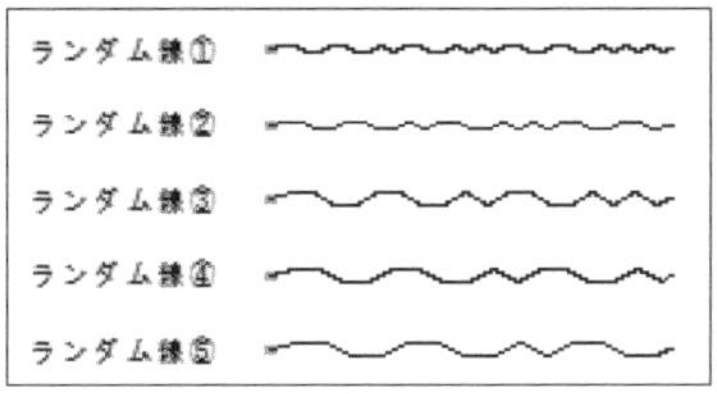

クロックメニュー　左1　線・矩形

関連 139 ［線属性］画面を表示するには ▶ P.98

143

サンプル　お役立ち度 ★★★

Q ［倍長線種］って何？

A 鎖線や点線の間隔を大きくしたものです

倍長線種とは、鎖線、点線のピッチ（間隔）を大きくしたものです。キーボードの⑥～⑨を押すと、以下のようにピッチの違う4種類を設定できます。⑥キーは一点鎖線、⑦キーは二点鎖線、⑧⑨キーは点線（破線）のピッチを大きくした線種です。

ワザ139を参考に［線属性］画面を表示しておく

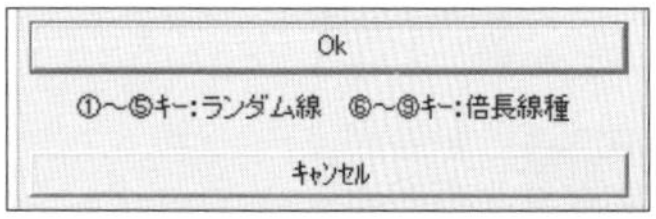

⑥～⑨キーを押すと倍長線種が設定できる

ワザ066を参考に線を引くと設定した倍長線種で作図できる

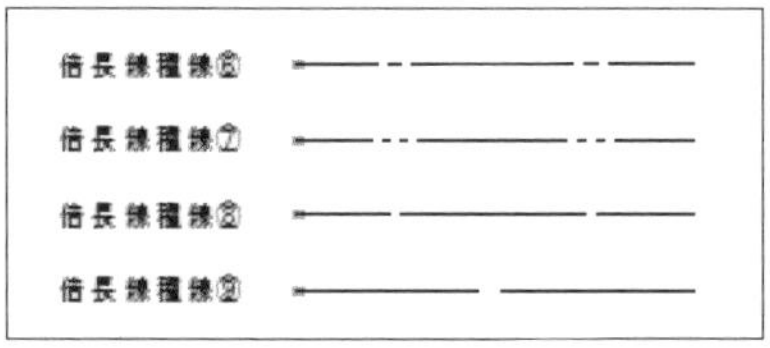

144

お役立ち度 ★★★

Q ［SXF対応拡張線色·線種］って何？

A CADデータに共通する線色・線種の形式です

SXFとは、異なるCAD間での正確な図面データ交換のために、国土交通省の主導により開発された中間ファイル形式です。SXF形式には電子納品のためのp21形式と関係者間でのCADデータ交換のためのsfc形式があります。SXF形式で定義されている線色・線種に対応したものが「SXF対応拡張線色·線種」ということになります。

145

お役立ち度 ★★★

Q SXF対応拡張線色・線種を設定するには

A ［線属性］画面の表示を変更します

［線属性］画面の［SXF対応拡張線色·線種］にチェックマークを付けると新たに別の［線属性］画面が表示され、SXF図面に対応したSXF対応拡張線色・線種を扱えます。ただし、SXF線種の線幅は「線一本ずつ」の設定になります。標準線種のようにまとめての設定はできません。

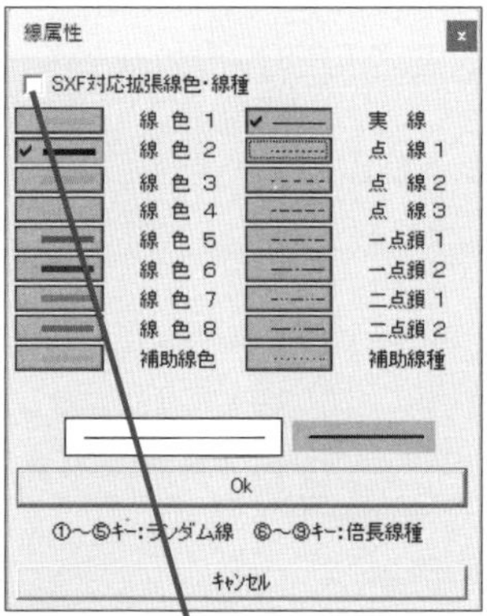

ワザ139を参考に［線属性］画面を表示しておく

1 ここをクリック

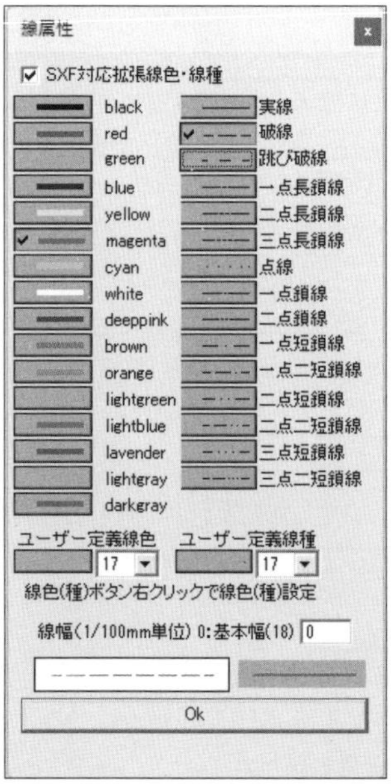

SXF対応の線色、線種が表示された

線色と線種をクリックして［OK］をクリックして設定する

SXF線色を設定すると線幅の指定ができなくなる

146

サンプル　お役立ち度 ★★★

Q 作図済みの線種や色に線属性を切り替えるには

A ［属取］で属性を取得し、［属変］で変更します

図面の他の線から線種や色を取得するには、まず［属取］コマンドを実行し、属性を取得したい線をクリックします。以下の例では四角形(線色3･点線2)をクリックします。次に［属変］コマンドを実行して円をクリックすると、円が四角形と同じ属性に変更されます。［属取］と［属変］をセットで使うと便利です。

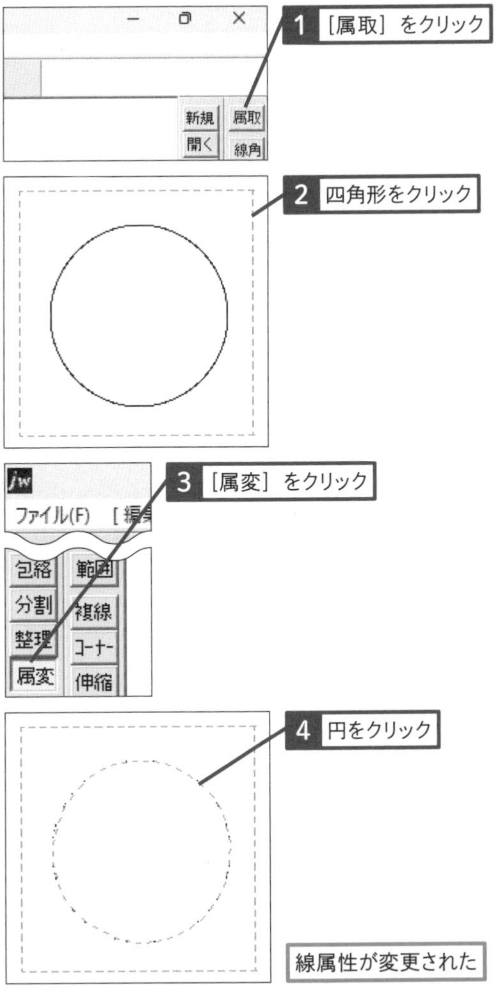

147

サンプル　お役立ち度 ★★★

Q 画面上の線分の長さを［寸法］に入力するには

A ［線長］コマンドで長さを取得します

図面の他の線と同じ長さの線を作図するには、［／］コマンドを実行して［水平・垂直］にチェックマークを付けておきます。次に［線長］コマンドを実行して長さを取得したい線分をクリックします。［寸法］に数値が入力されるので、そのまま線分を作図します。

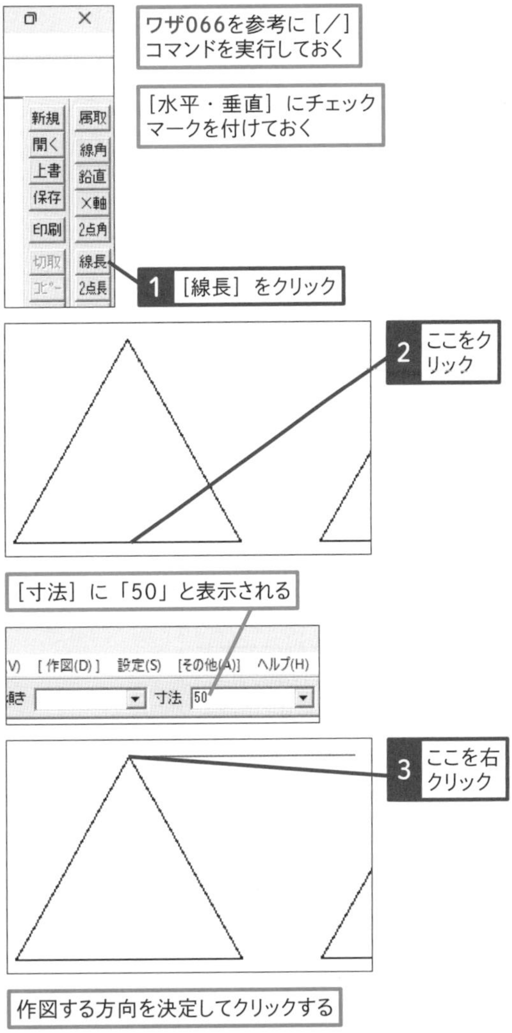

第7章 線や角を編集するには

線を伸縮するには

[伸縮] コマンドを利用すると、線分や円弧の端点を伸縮させて長さを調節できます。他の線の端点と同じ位置や、他の線との交点に合わせるときに使用します。

148

サンプル

お役立ち度 ★★★

Q 指定した位置まで線分を伸縮するには

[伸縮] コマンドを使うと線分を指定の位置まで伸縮できます。以下の例では、縦線をクリックし、交点を右クリックすれば、下の横線上まで縦線が伸びて止まります。また、上の横線をクリックし、交点を右クリックすれば、下の縦線上まで横線が縮んで止まります。

A [伸縮] コマンドを実行します

●線分を伸ばす

1 [伸縮] をクリック

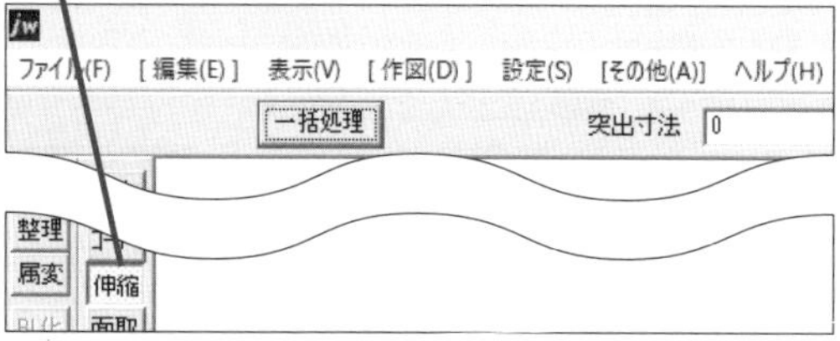

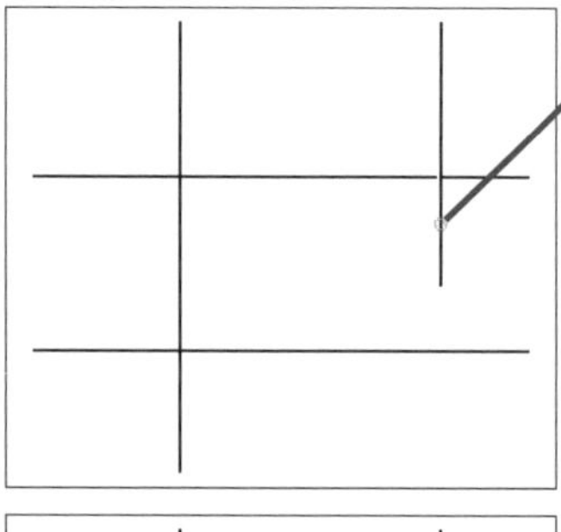

2 基準線をクリック

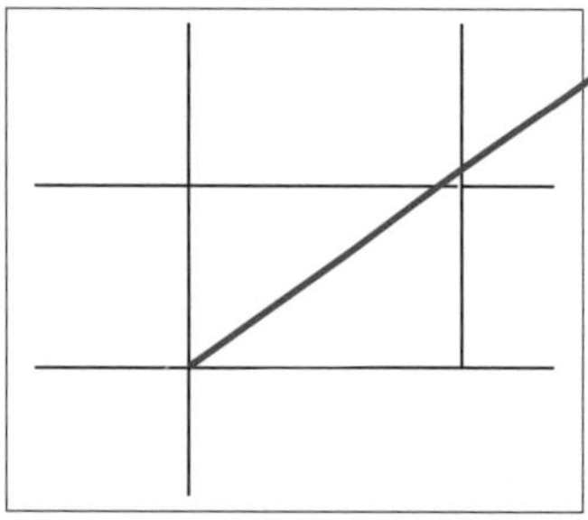

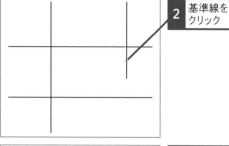

3 交点を右クリック

線分が伸びた

●線分を縮める

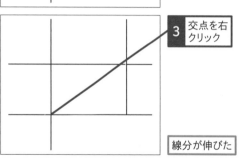

[伸縮] コマンドを実行しておく

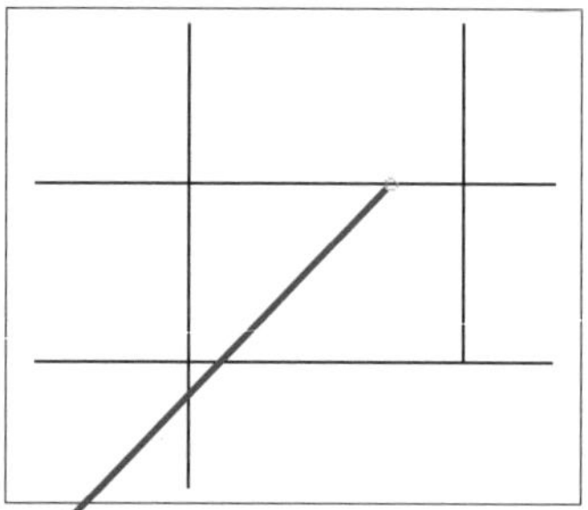

1 線分をクリック

2 交点を右クリック

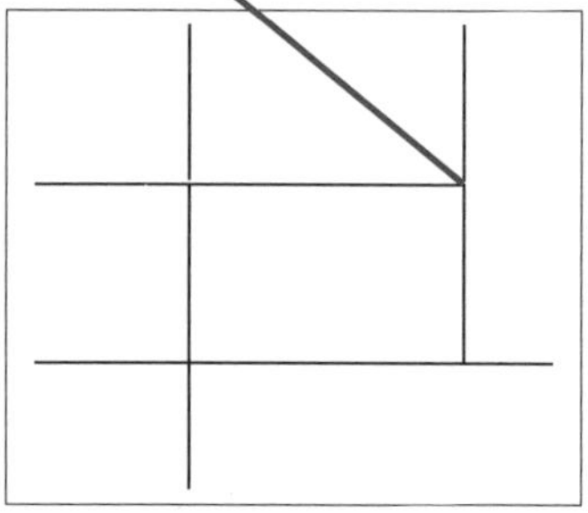

線分が縮んだ

149

サンプル　お役立ち度 ★★★

Q 基準線を指定して線分を伸縮するには

A 基準線を右ダブルクリックします

［伸縮］コマンドを使うと、画面上の線分や円・円弧を基準線に指定しておき、その線分まで複数の線分を伸縮することができます。以下の例では［伸縮］コマンドを実行し、基準線を右ダブルクリックしてから斜めの線を順にクリックすれば、基準線の位置で線が止まります。

ワザ148を参考に［伸縮］コマンドを実行しておく

1 基準線を右ダブルクリック

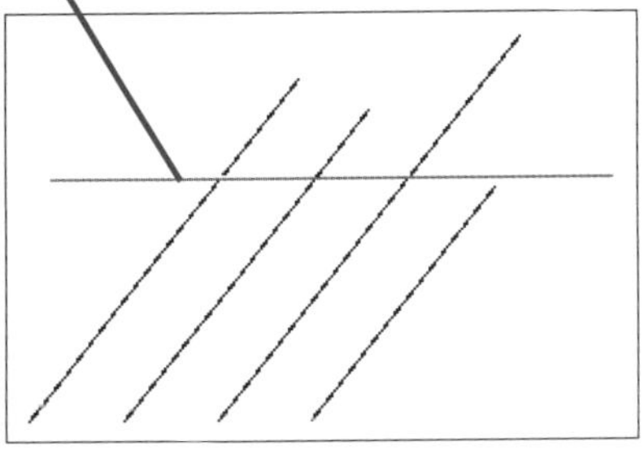

2 線分をクリック　　線分が縮んだ

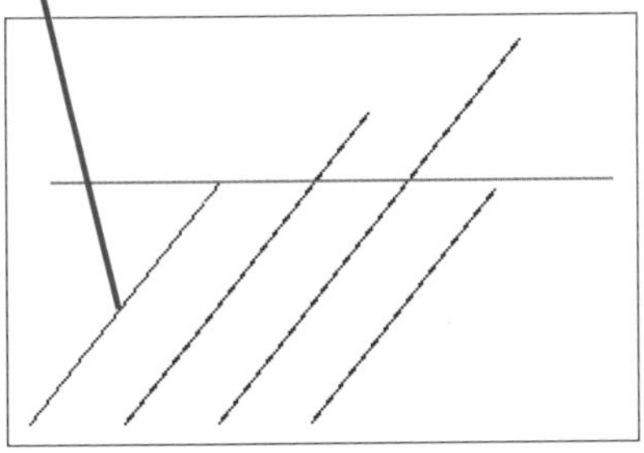

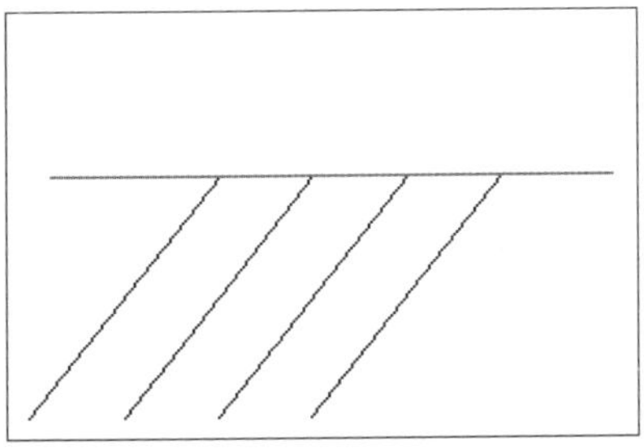

同様の手順でクリックして基準線にそろえる

150

サンプル　お役立ち度 ★★★

Q 基準線を指定して複数の線分を伸縮するには

動画で見る

A ［一括処理］を使用します

伸縮する線分が多い場合は、［伸縮］コマンドを実行してから、［一括処理］をクリックします。以下の例では、画面上の基準線をクリックして、両サイドの離れた2つの線分を順にクリックすると、赤い点線が表示されます。その点線に触れた線分が処理の対象になります。線分が選択できたことを確認し、［処理実行］をクリックします。

ワザ148を参考に［伸縮］コマンドを実行しておく

1 ［一括処理］をクリック

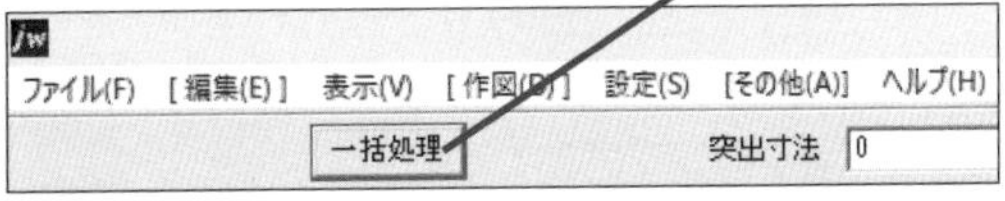

2 基準線をクリック

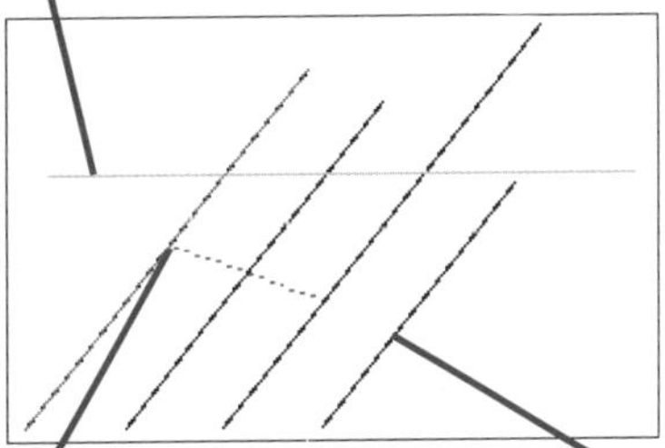

3 線分をクリック　　4 線分をクリック

伸縮する線分が選ばれた

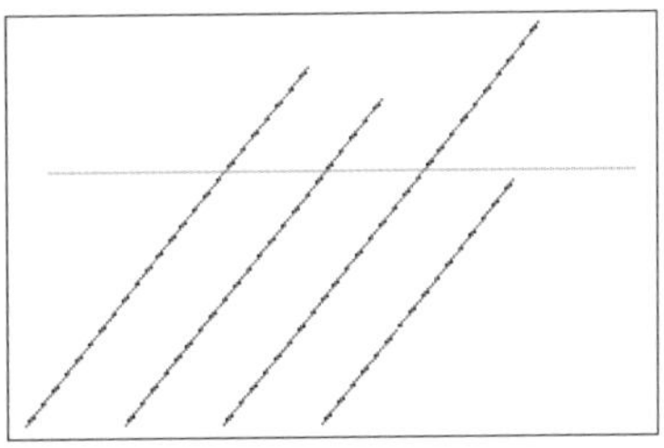

5 ［処理実行］をクリック　　基準線に合わせて線分が伸縮される

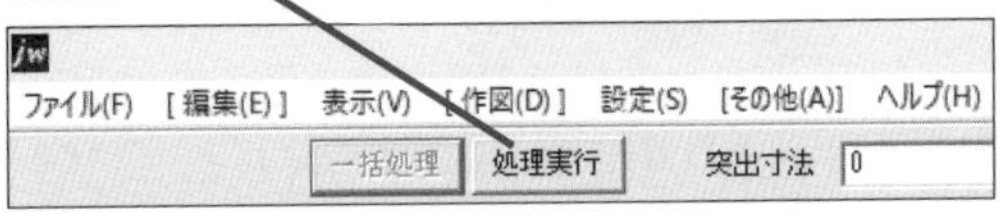

151

サンプル　お役立ち度 ★★★

Q 指定した数値で線分を伸縮するには

A ［突出寸法］を使います

［伸縮］コマンドで伸縮する際、指定した位置より一定の長さだけ伸ばすことができます。ここでは、基準線となる右の縦線から右へ12mmだけ突出させるように設定します。［突出寸法］に「12」と入力し、基準線を右ダブルクリックし、伸ばしたい線をクリックします。

ワザ148を参考に［伸縮］コマンドを実行しておく

1 「12」と入力

2 基準線を右ダブルクリック

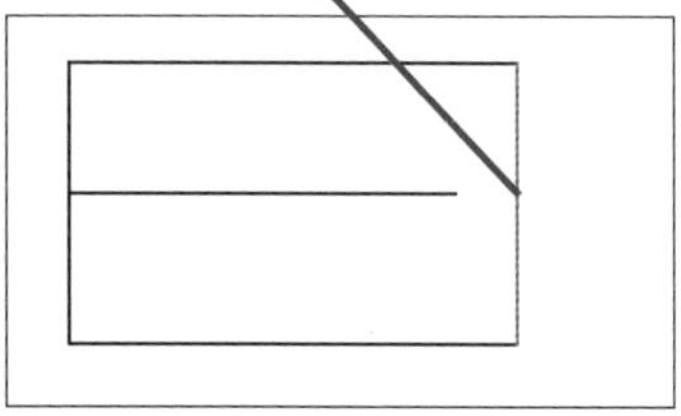

3 線分をクリック

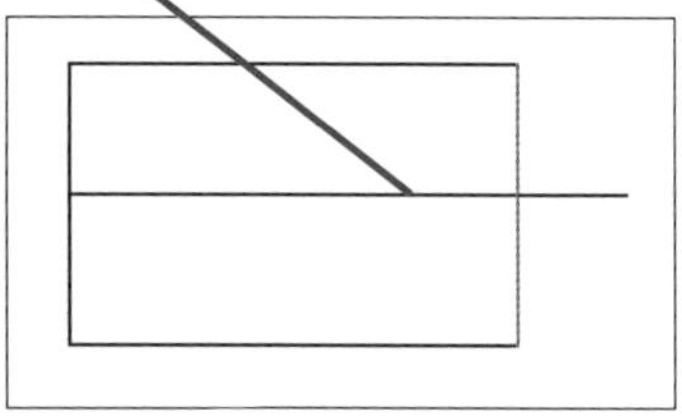

線分が基準線から12mm長く作図された

クロックメニュー　左8　伸縮

関連148 指定した位置まで線分を伸縮するには ▸P.102

152

サンプル　お役立ち度 ★★★

Q 指定した位置の少し手前まで線分を伸縮するには

A ［突出寸法］にマイナスの数値を入力します

［伸縮］コマンドで伸縮する際、指定した位置より一定の長さだけ短くすることができます。ここでは、寸法引出線を3mm短く設定します。［突出寸法］に「-3」と入力し、寸法引出線をクリックしてから寸法引出線の下の端点を右クリックします。

ワザ148を参考に［伸縮］コマンドを実行しておく

1 「-3」と入力

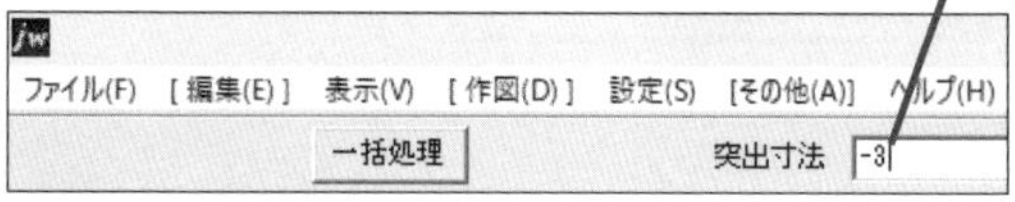

2 線分をクリック

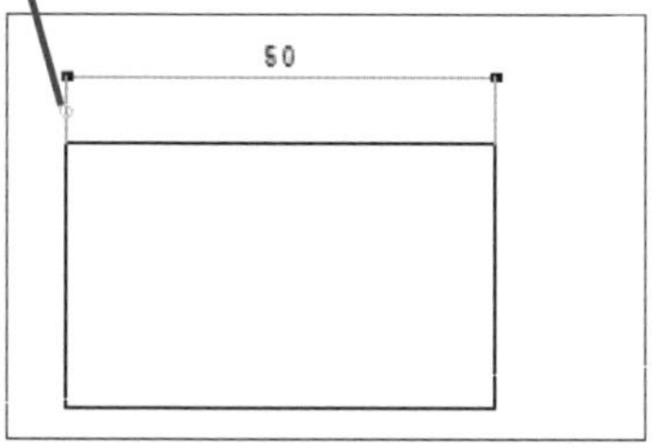

3 伸縮位置を右クリック

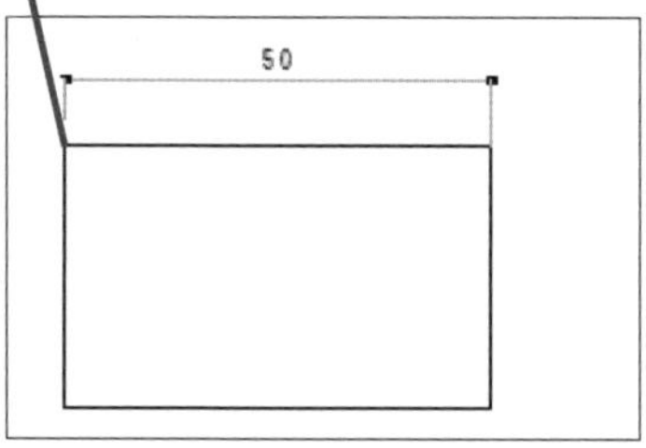

線分が基準線から3mm短く作図された

クロックメニュー　左8　伸縮

関連151 指定した数値で線分を伸縮するには ▸P.104

153 サンプル お役立ち度 ★★★

Q 線分を切断して伸縮するには

A 線上を右クリックします

線上を右クリックすれば、[伸縮] コマンドで一本に線を切断することができます。以下の例では、左側の縦線の中央の部分を2回に分けて切断しています。[伸縮] コマンドを実行して線上を右クリックすると、赤い点が表示されます。赤い点はその位置で線が切断されていることを表しています。縮めたい線上をクリックし、止める位置の交点を右クリックします。なお、2つの線に挟まれた部分を消去するときは、ワザ218で紹介する [消去] コマンドの [節間消し] も便利です。

ワザ148を参考に [伸縮] コマンドを実行しておく

1 切断する位置を右クリック

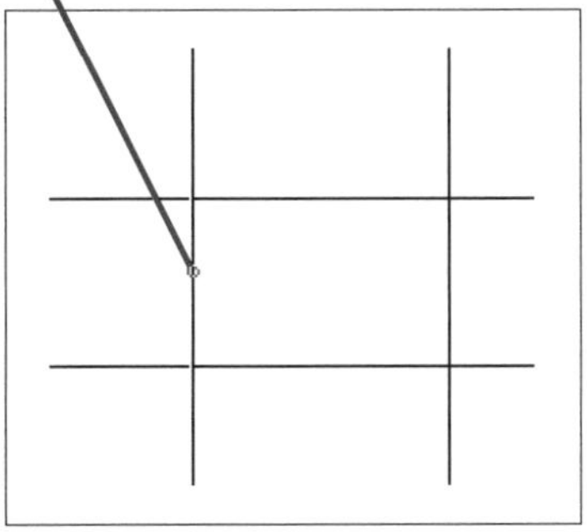

2 伸縮する線分をクリック

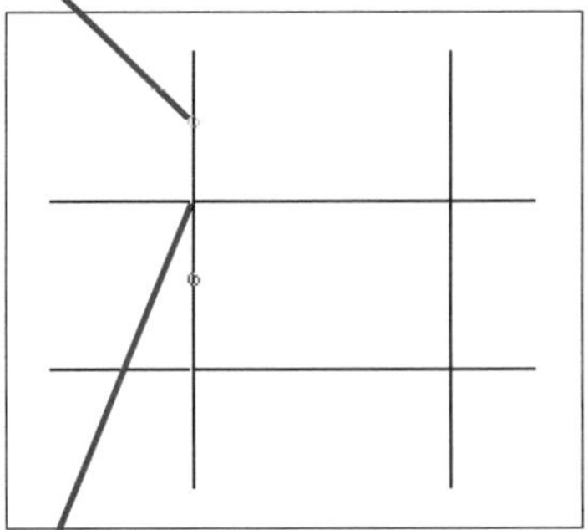

3 伸縮位置を右クリック

伸縮位置から上の線分が縮んだ

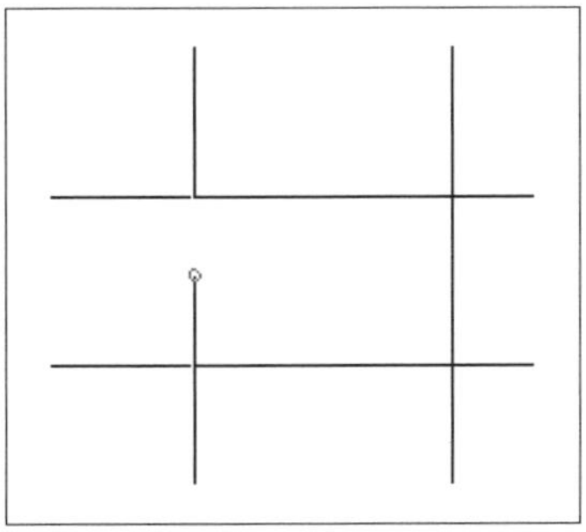

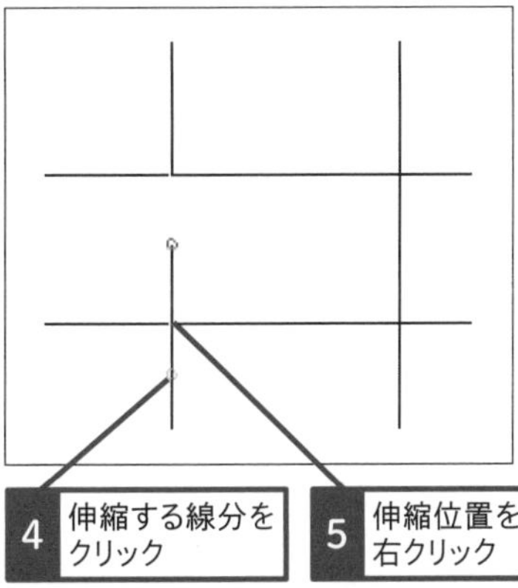

4 伸縮する線分をクリック

5 伸縮位置を右クリック

伸縮位置から下の線分が縮んだ

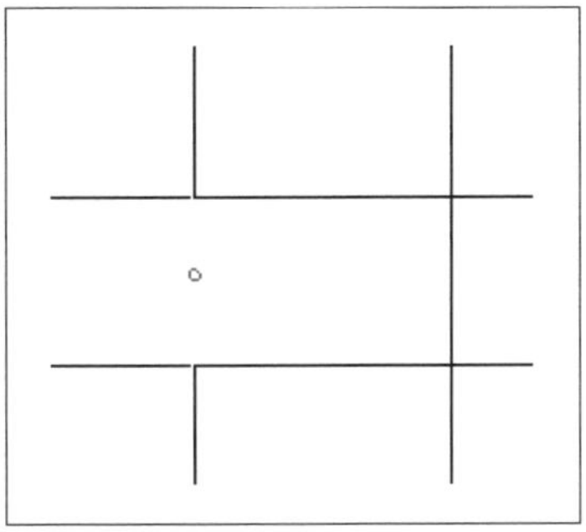

クロックメニュー 左8 伸縮

関連218 他の線に挟まれた範囲を消去するには ▸P.144

線を平行に複写するには

［複線］コマンドを利用すると、指定した線分から平行な線分を複写することができます。間隔を指定して連続複写する方法や、連続した線をまとめて複写する方法を覚えましょう。

154 サンプル お役立ち度 ★★★

Q 線分を平行に複写するには

A ［複線間隔］に数値を入力します

1 ［複線］をクリック

2 複写元の線分をクリック

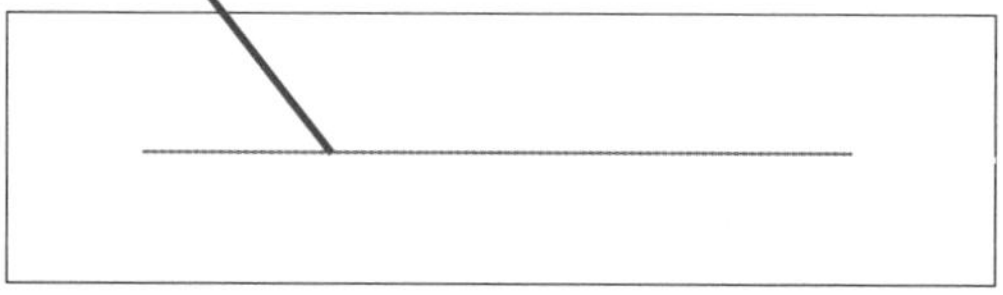

3 「10」と入力

線分を並行に複写するには、［複線］コマンドを実行してから複写元の線をクリックし、［複線間隔］に数値を入力して間隔を設定します。すると、赤い平行線がプレビュー表示されます。マウスを動かすと線も動きますので、複写したい位置でクリックして確定します。

線分が仮に配置された

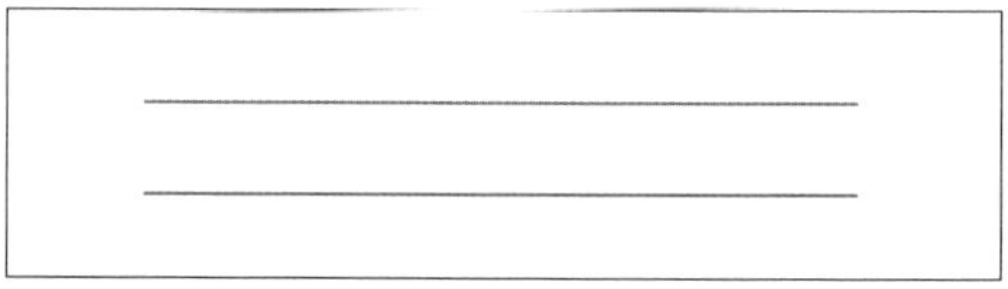

4 複写する方向をクリック

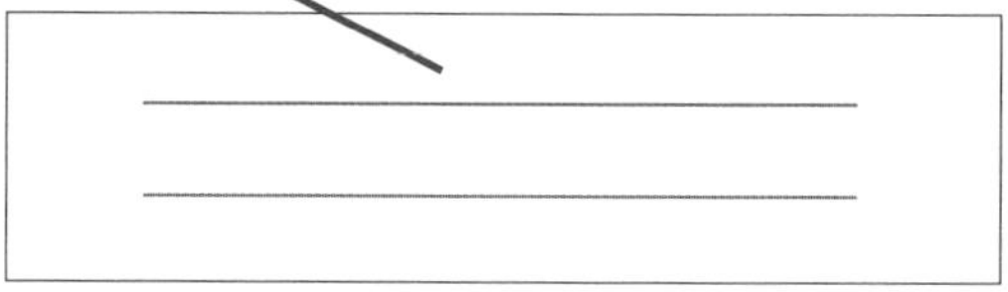

線分が平行に複写された

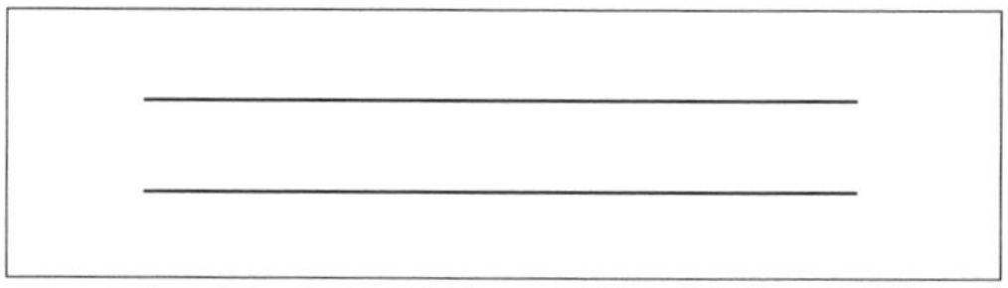

線分は書き込みレイヤーに書き込み線属性で作図される

クロックメニュー 左11 複線

関連155 同じ間隔で連続して複線を作るには ▸P.107

155

サンプル　お役立ち度 ★★★

Q 同じ間隔で連続して複線を作るには

A ［連続］をクリックします

同じ間隔で線を連続して複写する際、便利な操作方法があります。ワザ154の操作で線を複写した後、コントロールバーの［連続］をクリックすることで、何度も同じ操作をしなくても簡単に連続複写ができます。

ワザ154を参考に［複線間隔］を「910」にして垂直な線を対象に複線を作図しておく

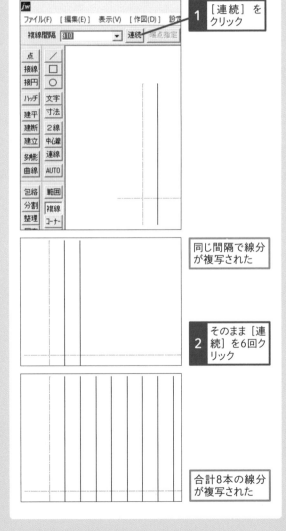

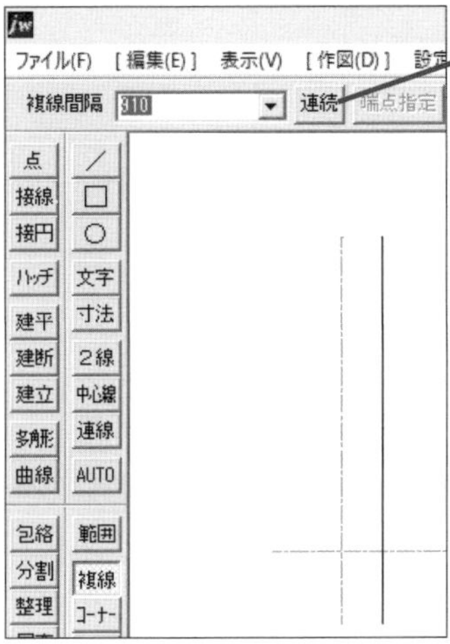

1 ［連続］をクリック

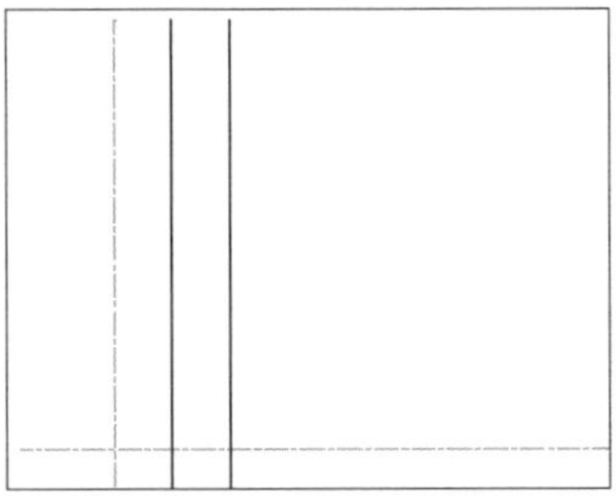

同じ間隔で線分が複写された

2 そのまま［連続］を6回クリック

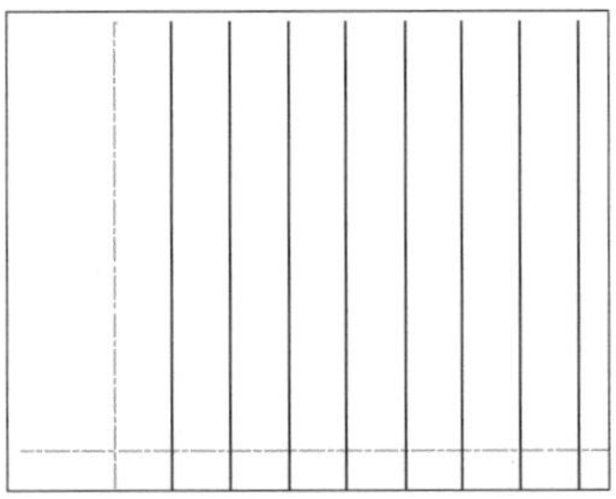

合計8本の線分が複写された

156

サンプル　お役立ち度 ★★★

Q 長さを変えて複線を作るには

A ［端点指定］を使用します

長さを変えて平行線を複写できます。ワザ154を参考に［複線］コマンドを実行し、［複線間隔］に数値を入力したあと［端点指定］をクリックします。これにより、端点を指定して任意の長さの複線を作図することができます。画面上で始点と終点を順にクリック（交点の場合は右クリック）し、作図を確定します。

ワザ154を参考に［複線間隔］を「2730」にして水平な線を対象に［複線］コマンドを実行しておく

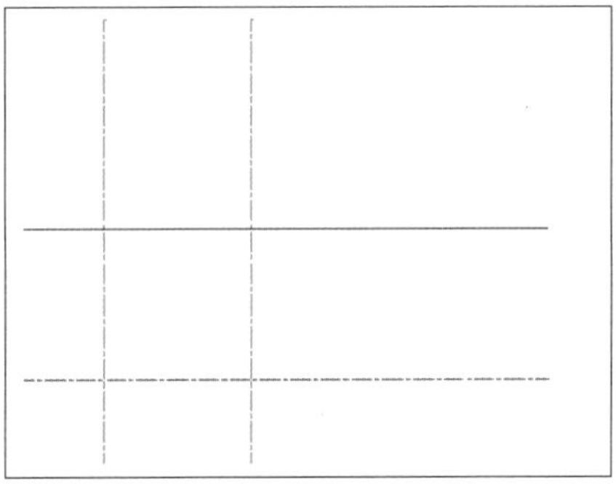

1 ［端点指定］をクリック

2 始点をクリック

3 終点をクリック

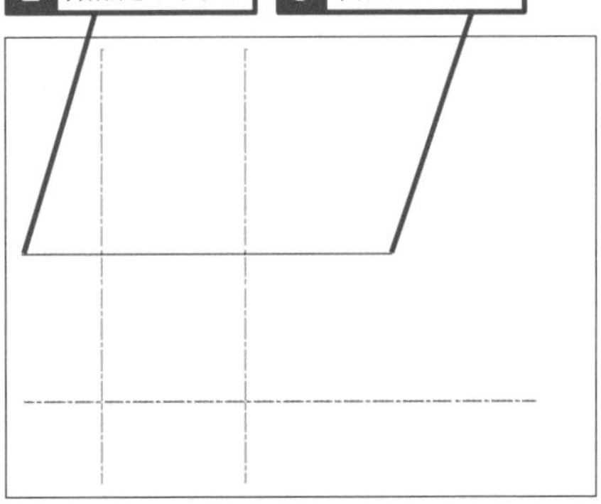

作図方向をクリックすると作図が確定する

157

サンプル　お役立ち度 ★★★

Q 連続した線からまとめて複線を作るには

A ［連続線選択］を使用します

［複線］コマンドを実行して線をクリックし、［連続線選択］をクリックすると、最初にクリックした線と端点が一致しているひとつながりの線も選択できます。［複線間隔］に数値を入力して間隔を設定し、マウスを動かすと線も動くので、複写したい位置でクリックして確定します。

ワザ154を参考に［複線］コマンドを実行しておく

1 ここをクリック

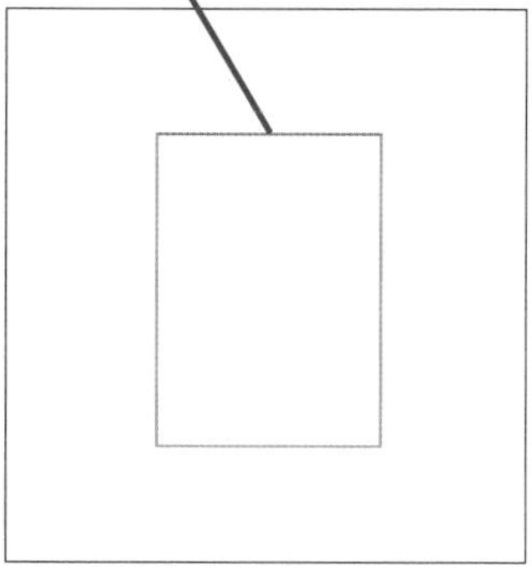

2 ［連続線選択］をクリック

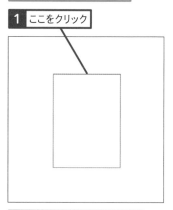

線分につながっている線が選択された

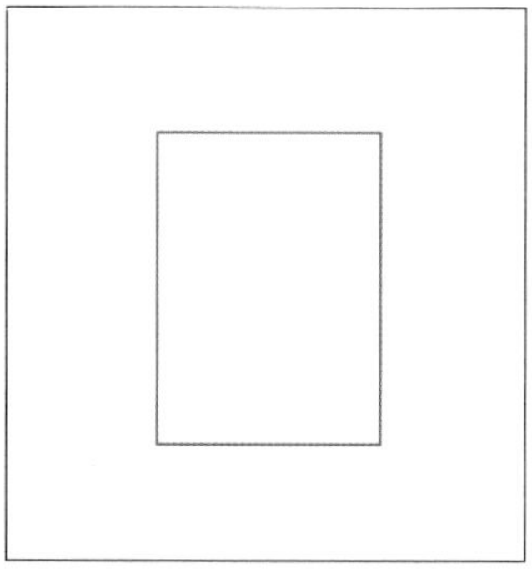

3 「5」と入力

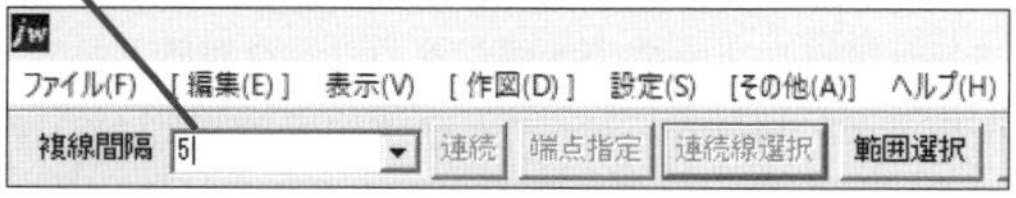

4 選択した範囲の外側をクリック

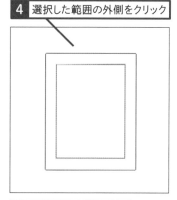

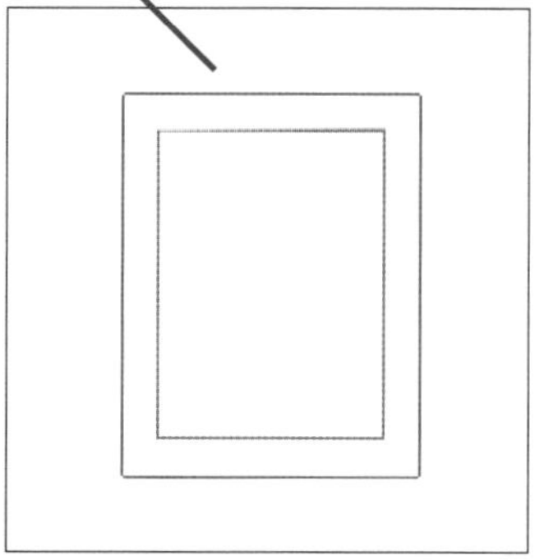

外側に複線が作図される

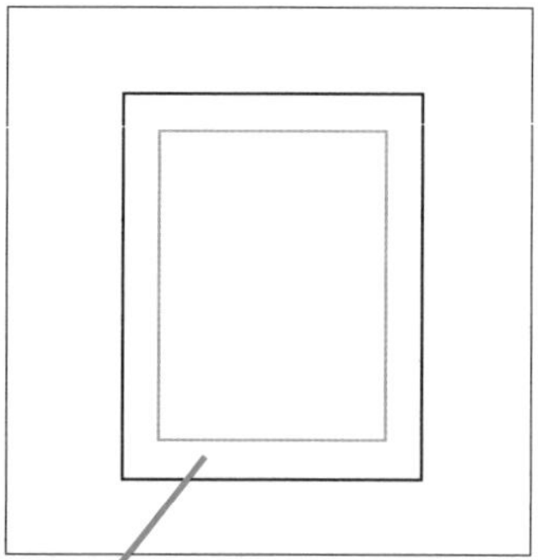

内側をクリックすると内側に複線が作図される

クロックメニュー　左11　複線

関連158 連続した線から両側に複線を作るには ►P.109

158

サンプル　お役立ち度 ★★★

Q 連続した線から両側に複線を作るには

A ［両側複線］を使用します

中心線を元に、同じ間隔で両側に線を複写することができます。ワザ157を参考に［連続線選択］を実行したあと、コントロールバーの［両側複線］をクリックします。建築図面でFIX窓を作図するのに便利な機能です。

ワザ157を参考に［連続線選択］コマンドを実行しておく

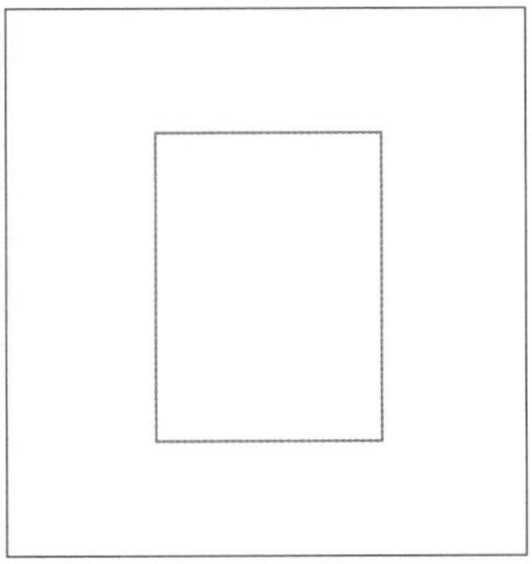

1 「3」と入力

2 ［両側複線］をクリック

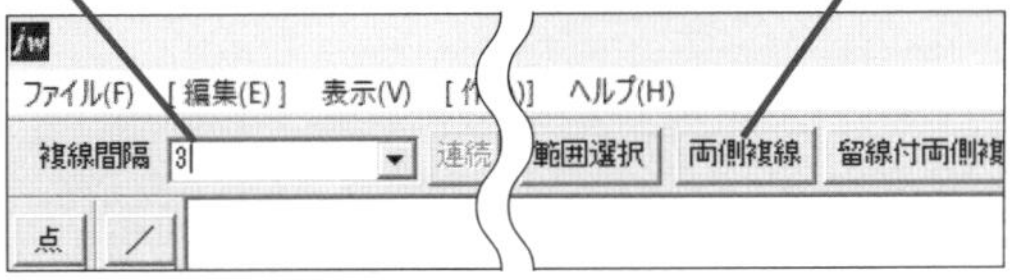

選択範囲の両側に複線が作図された

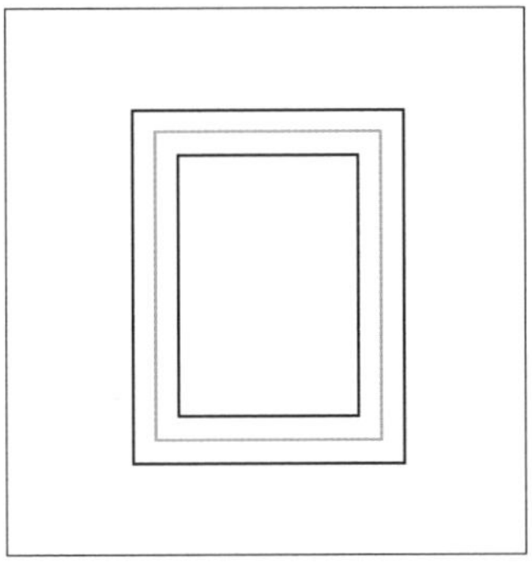

159

サンプル　お役立ち度 ★★★

Q 端部が閉じた両側複線にするには

A ［留線付両側複線］を使用します

端部が閉じた両側複線を作図することができます。ワザ154を参考に［複線］コマンドを実行して複線間隔を指定し、コントロールバーの［留線付両側複線］をクリックします。

ワザ154を参考に［複線］コマンドを実行しておく

1 複写元の線分をクリック

2 「75」と入力

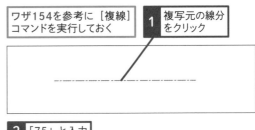

3 ［留線付両側複線］をクリック

端部が閉じた両側複線を作図できた

クロックメニュー　左11　複線

関連 157 連続した線からまとめて複線を作るには ▸ P.108

160

サンプル　お役立ち度 ★★★

Q 交差した線を両側複線にするには

A ［範囲選択］を使用します

交差した線を選択し、両側の平行線の交差部を包絡処理して複写できます。以下の例では、交差した線を［範囲選択］で選択し、［選択確定］をクリックします。次に［複線間隔］に数値を入力して間隔を設定し、［両側複線］をクリックします。

ワザ154を参考に［複線］コマンドを実行しておく

1 ［範囲選択］をクリック

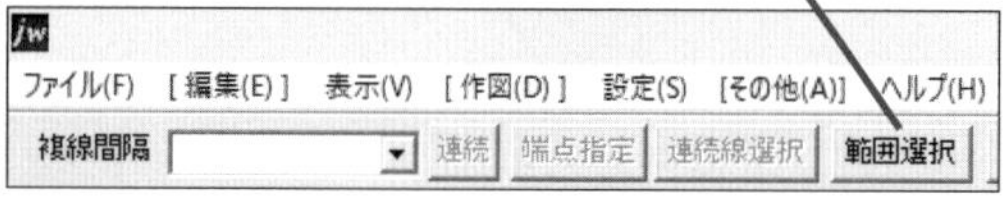

2 ここをクリック

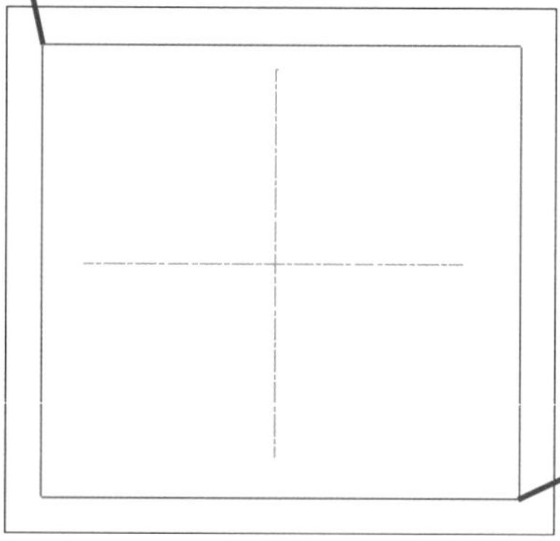

3 ここをクリック

範囲が選択された

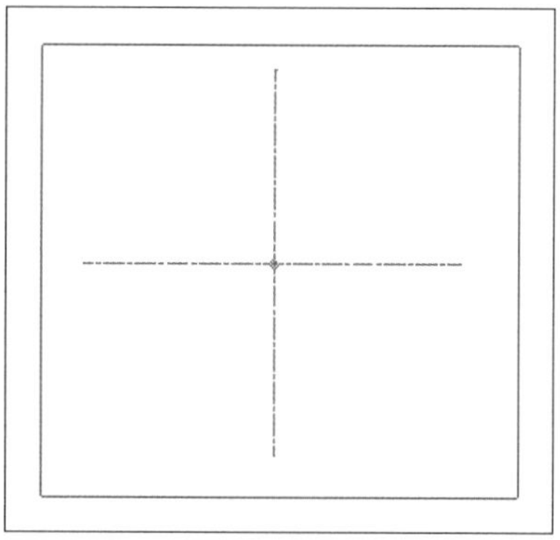

4 ［選択確定］をクリック

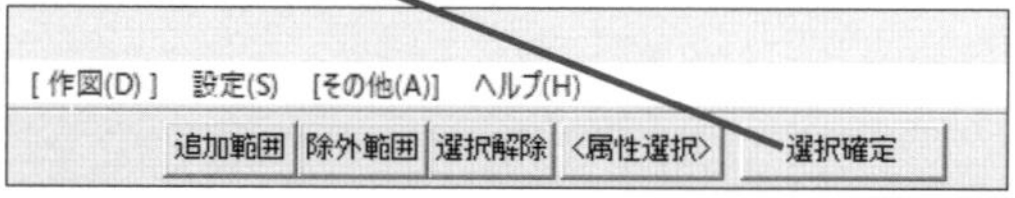

選択範囲が確定された

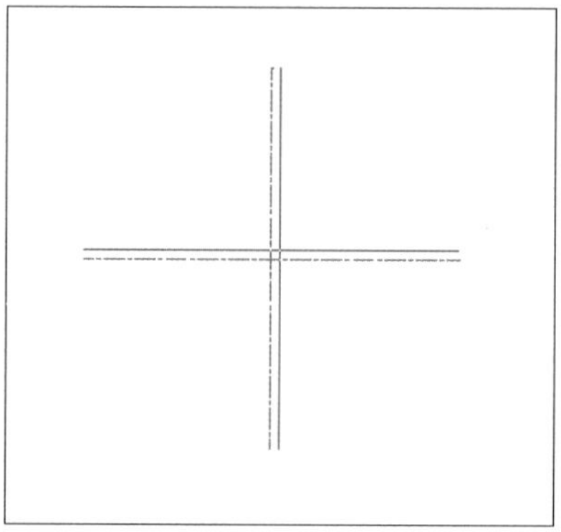

5 「75」と入力

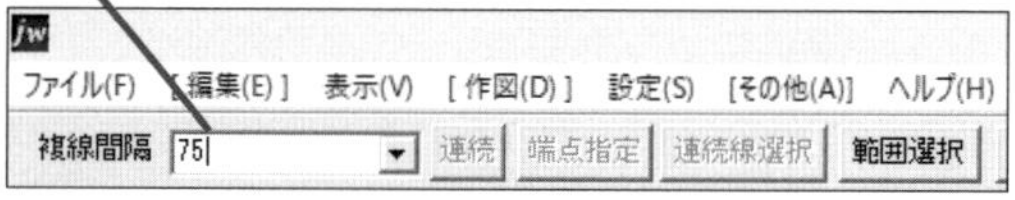

6 ［両側複線］をクリック

図形の両側に複線が作図された

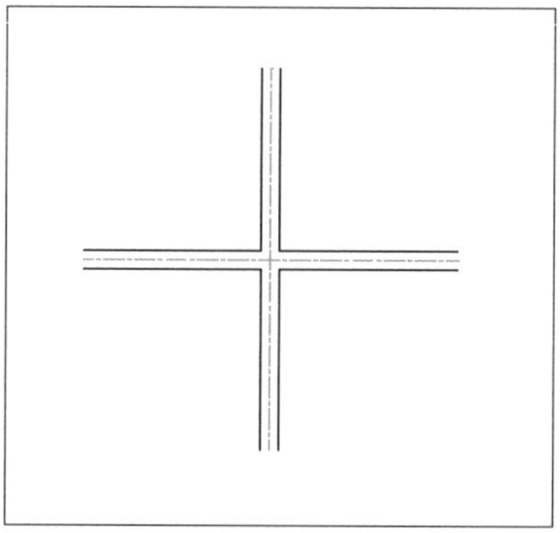

クロックメニュー　左11　複線

関連154　線分を平行に複写するには　▶P.106

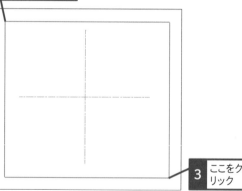

角を編集するには

［コーナー］コマンドおよび［面取］コマンドを利用すると、角度の違う線の角を編集することができます。ここではその方法を解説します。

161

サンプル　お役立ち度 ★★★

Q 2本の線分を伸縮して角を合わせるには

A ［コーナー］コマンドを実行します

［コーナー］コマンドを使うと、2つの線分を元に、それぞれの線分の端点を伸縮して、突出しない角を作ることができます。以下の例のように線が交差していても、離れていても、それぞれの線を順にクリックします。ただし、線が交差しているときは必ず残したい部分の線上をクリックするようにしてください。

●交差した線分の角を合わせる

1 ［コーナー］をクリック

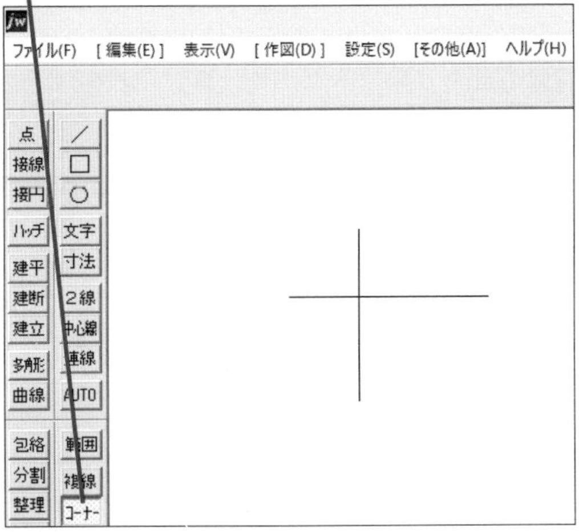

2 1本目の線分をクリック

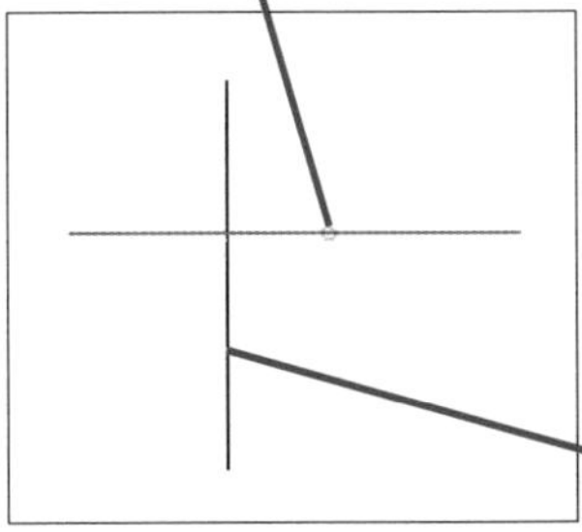

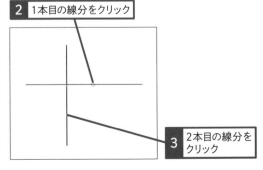

3 2本目の線分をクリック

コーナーが作成された

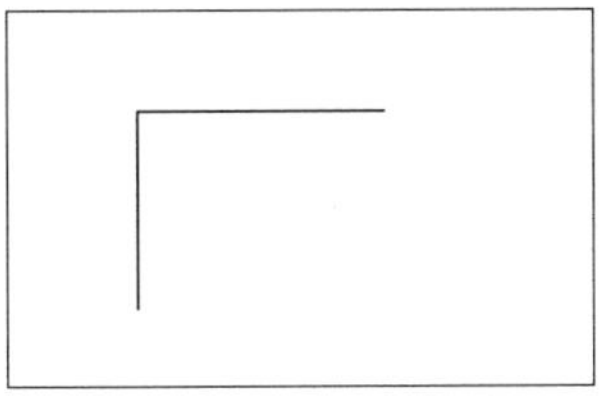

●交差していない線分の角を合わせる

1 1本目の線分をクリック

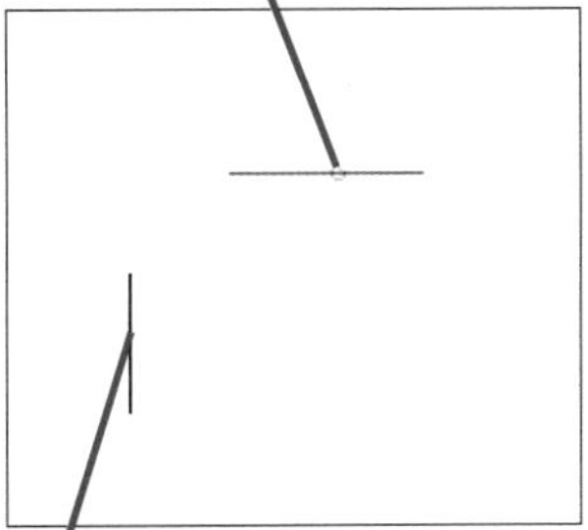

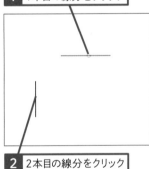

2 2本目の線分をクリック

コーナーが作成された

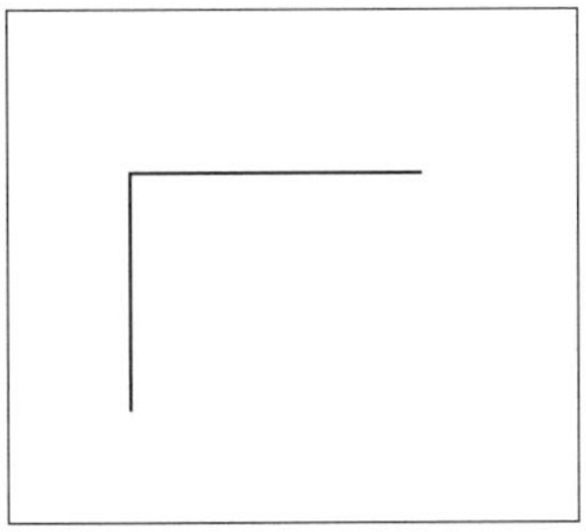

ショートカットキー　コーナー　V

162

サンプル　お役立ち度 ★★★

Q 線を切断してコーナー処理するには

A 線を右クリックします

線上を右クリックすれば、[コーナー] コマンドで線を切断して1本にすることができます。以下の例では、垂直な線上を右クリックしています。赤い点はその位置で線が切断されていることを表しています。次にワザ161を参考に、残したい線を順にクリックします。

ワザ161を参考に［コーナー］コマンドを実行しておく

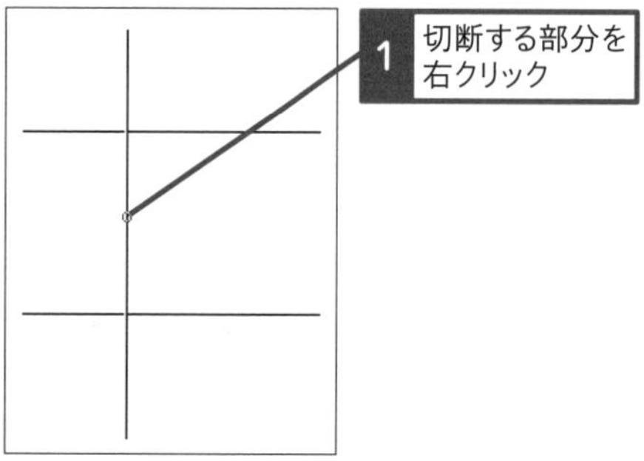

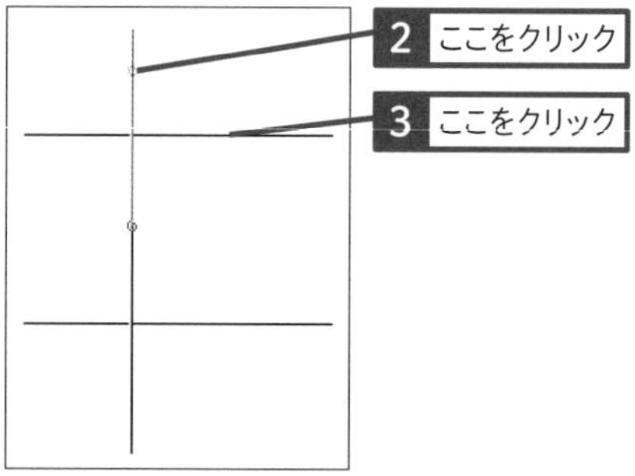

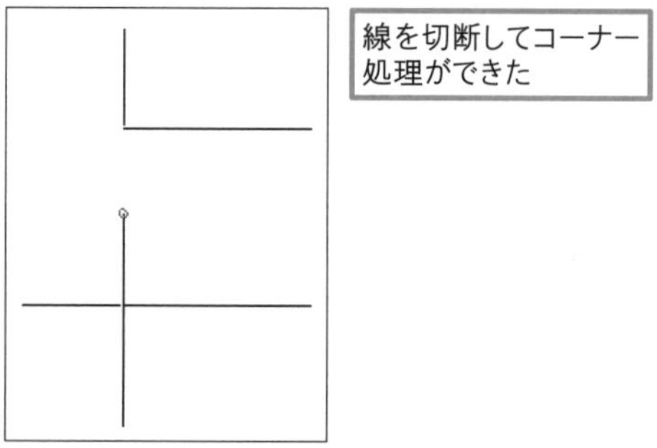

163

サンプル　お役立ち度 ★★★

Q 線の切断間隔を指定するには

A ［切断間隔］に数値を入力します

［コーナー］コマンドを実行してから、コントロールバー［切断間隔］に切断したい間隔を入力します。次に切断したい部分（ぴったり正確な点は選べない）の線上を右クリックします。

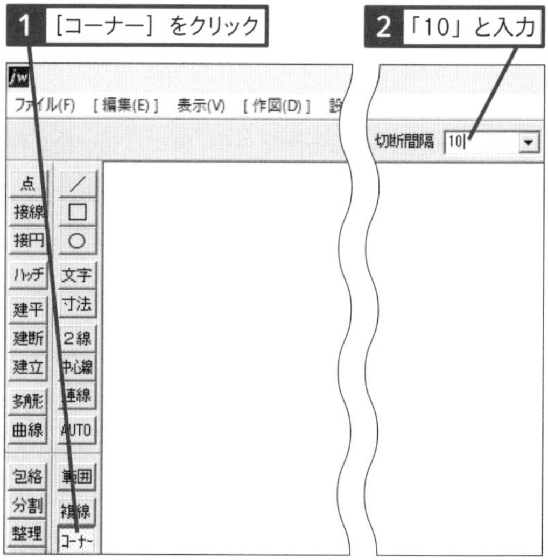

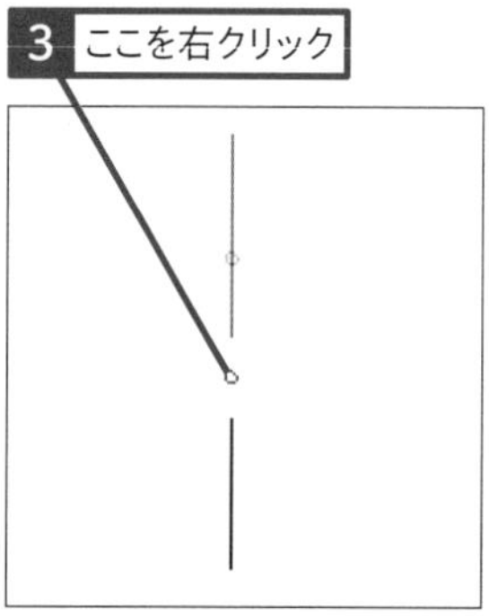

正確な点は選べない

ショートカットキー　コーナー
V

関連161　2本の線分を伸縮して角を合わせるには ▶P.111

164

サンプル お役立ち度 ★★★

Q コーナー処理で同一線上の離れた線を一本化するには

A 線分を順番にクリックします

同一線上にある離れた線を1本の線にするには、[コーナー] コマンドを使用します。[コーナー] コマンドを実行し、線を順にクリックすると1本の線でつながり、作図容量も少なくすることができます。

ワザ161を参考に［コーナー］コマンドを実行しておく

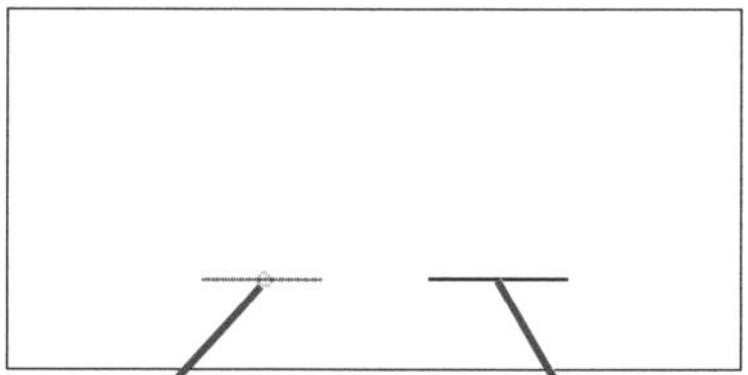

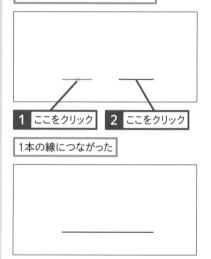

1 ここをクリック　2 ここをクリック

1本の線につながった

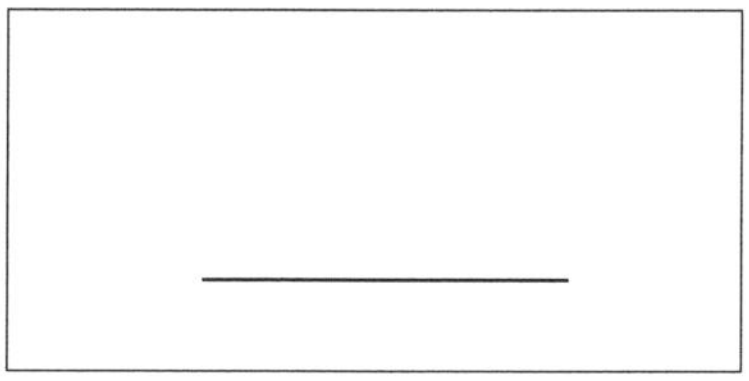

ショートカットキー　コーナー　V

関連161 2本の線分を伸縮して角を合わせるには ▸P.111

役立つ豆知識

それぞれの線を同じレイヤに配置しておく

ワザ164の操作は、2本の線が同一レイヤグループの同一レイヤで作図されている必要があります。また、レイヤ、レイヤグループが同じでも同一線色、同一線種でなければ1本の線になることはありません。

165

サンプル お役立ち度 ★★★

Q 角面で面取りするには

A ［面取］コマンドを実行します

角面の面取りをするには、[面取] コマンドを実行し、[角面(辺寸法)] をオンにします。次に[寸法] に「10」と入力し、線を順にクリックすると角の面取ができます。以下の例では、面取り部分を斜辺とする直角二等辺三角形の2辺が「10」となる、45°の切り取り面の長さになります。

1 ［面取］をクリック

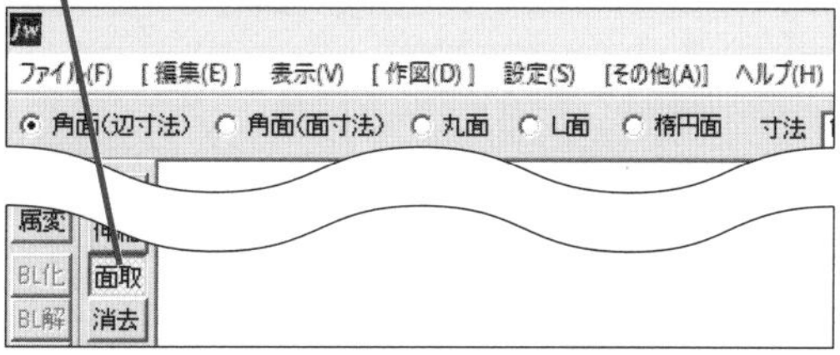

2 ［角面（辺寸法）］をクリック　3「10」と入力

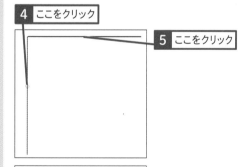

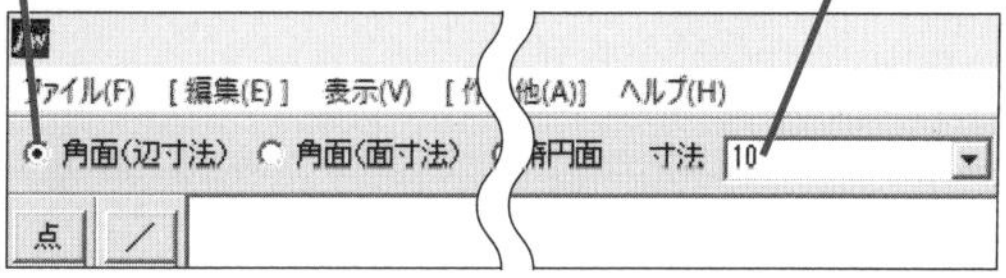

4 ここをクリック　5 ここをクリック

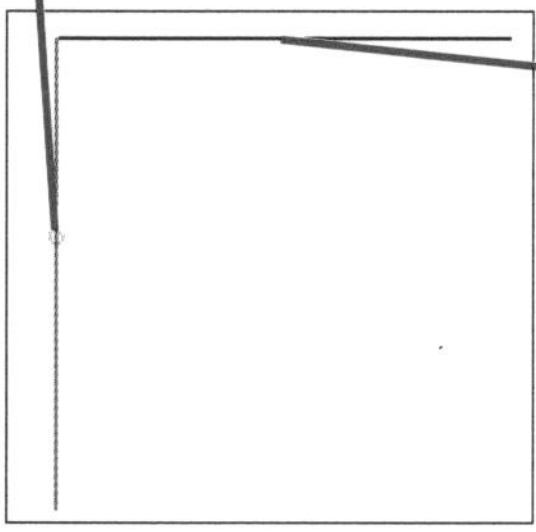

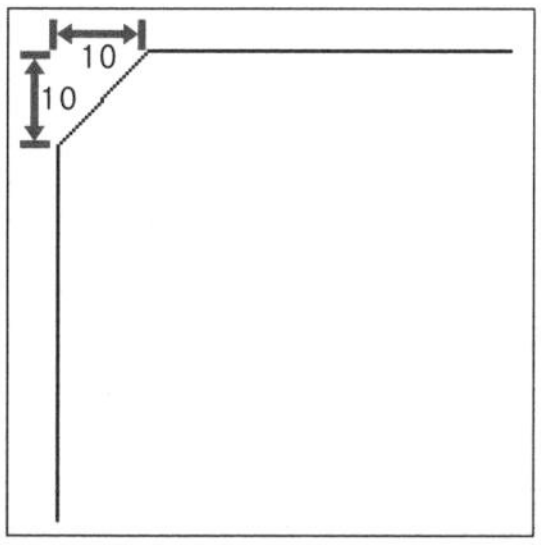

面取の作図ができた

166

サンプル　お役立ち度 ★★★

Q 面寸法を指定して面取りするには

A ［角面（面寸法）］を使用します

切り取り面の寸法を指定して面取りする場合は、［面取］コマンドを実行し、コントロールバー［角面（面寸法）］をオンにして、［寸法］に数値を入力します。以下の例では「10」と入力しています。線を順にクリックすると切り取り面の寸法「10」の面取ができます。

ワザ165を参考に［面取］コマンドを実行しておく

1 ［角面（面寸法）］をクリック

2 「10」と入力

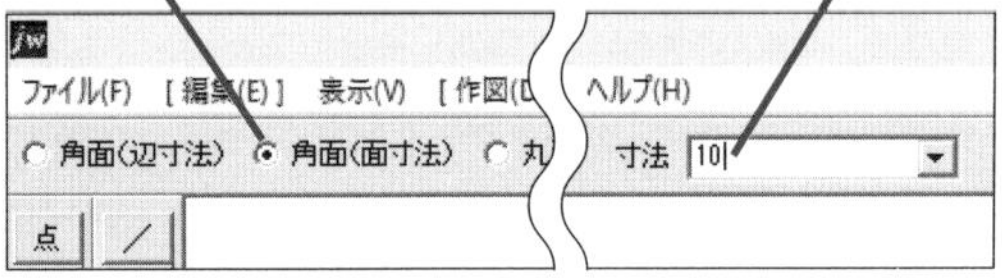

3 ここをクリック

4 ここをクリック

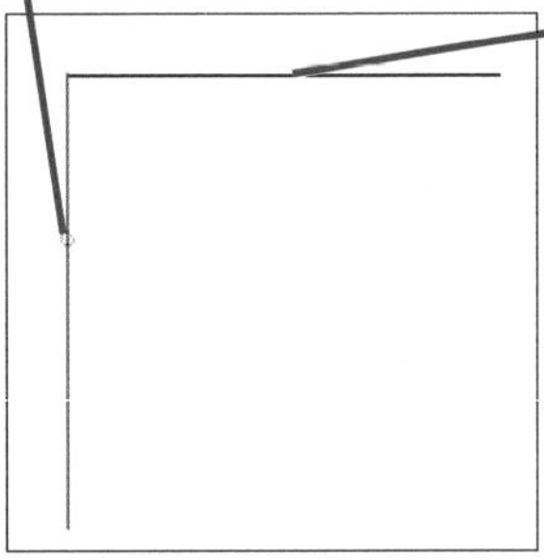

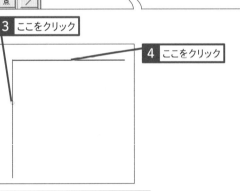

面寸法を指定して面取りができた

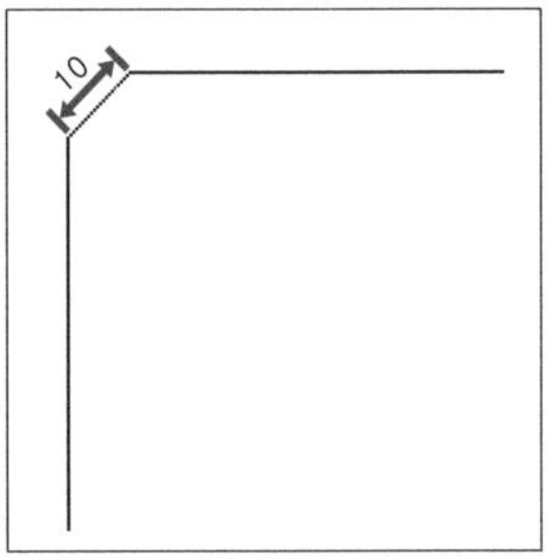

ショートカットキー　面取り　R

167

サンプル　お役立ち度 ★★★

Q 丸面で面取りするには

A ［丸面］を使用します

角を丸く面取りする場合は、［面取］コマンドを実行してから［丸面］をオンにして、［寸法］に数値を入力します。以下の例では「10」と入力して線を順にクリックし、半径「10」の丸面を作図しています。「-10」と入力した場合は凹んだ丸面が作図できます。

ワザ165を参考に［面取］コマンドを実行しておく

1 ［丸面］をクリック

2 「10」と入力

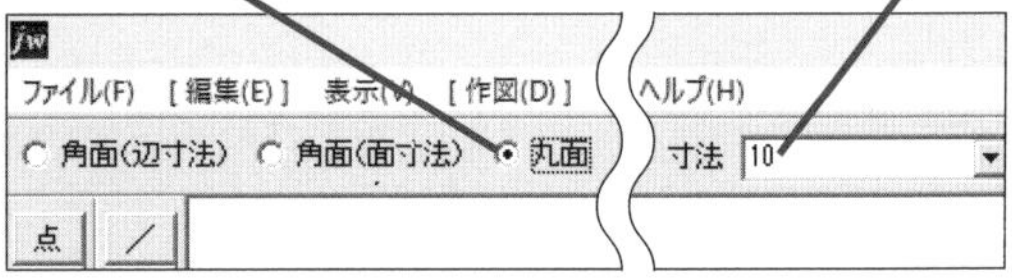

面取りを実行すると角が丸面になる

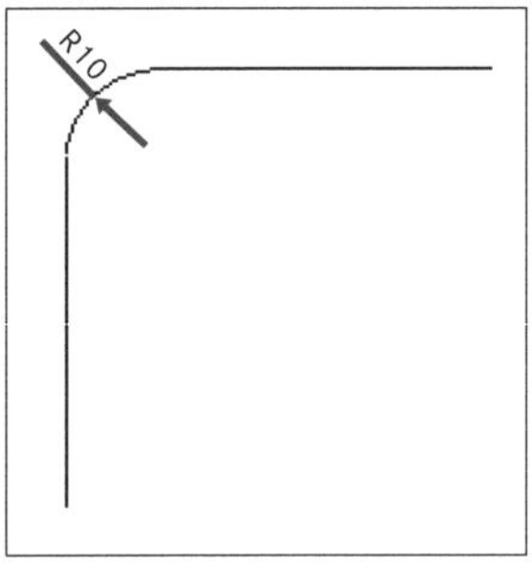

［寸法］を「-10」にすると凹んだ丸面を作図できる

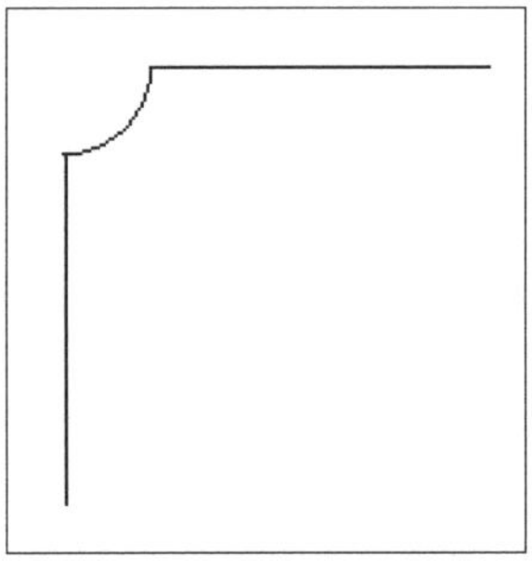

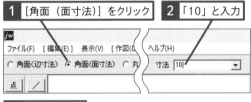

168

サンプル お役立ち度 ★★★

Q しゃくり面で面取りするには

A ［L面］を使用します

角を「しゃくり」面で面取りする場合は、［L面］をオンにして［寸法］に数値を入力します。ここでは「10,20」と入力し、線を順にクリックします。線をクリックする順番を変えることで、しゃくり面の形が変わります。

ワザ165を参考に［面取］コマンドを実行しておく

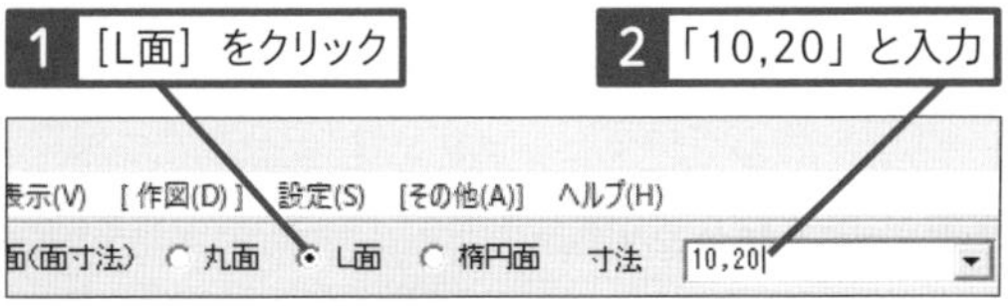

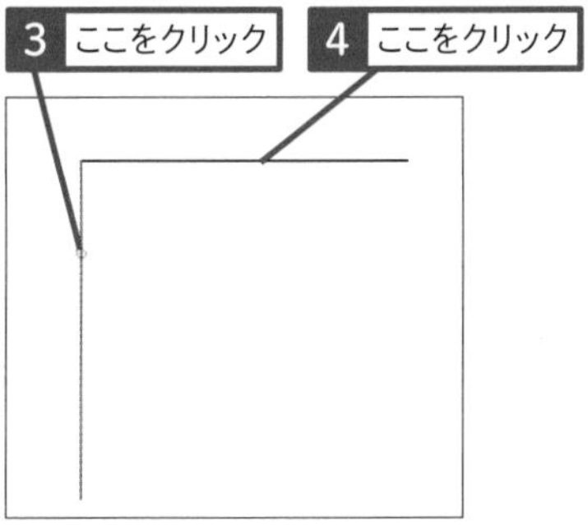

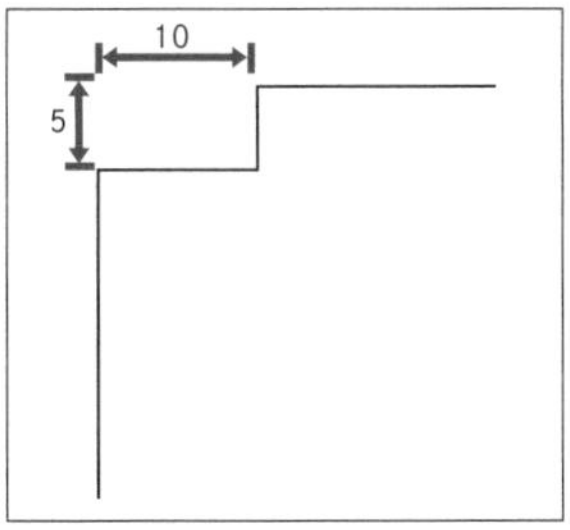

しゃくり面で面取りを作図できた

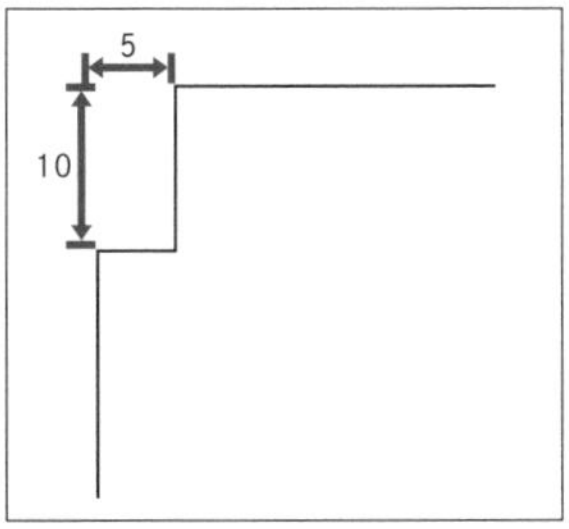

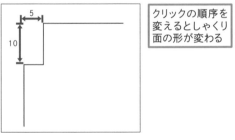

クリックの順序を変えるとしゃくり面の形が変わる

169

サンプル お役立ち度 ★★★

Q 緩やかに角度の違う2線を楕円面で面取りするには

A ［楕円面］を使用します

緩やかに角度の違う2線を楕円面で面取りする場合は、［楕円面］をオンにして［寸法］に数値を入力します。ここでは「10」と入力し、線を順にクリックします。角が楕円になり、緩やかなカーブが作図できます。

ワザ165を参考に［面取］コマンドを実行しておく

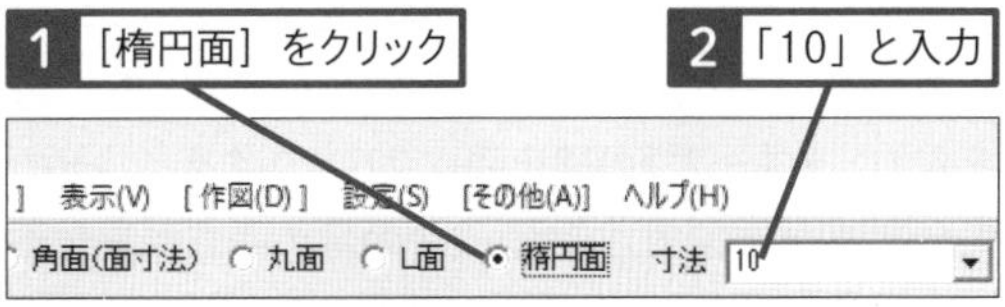

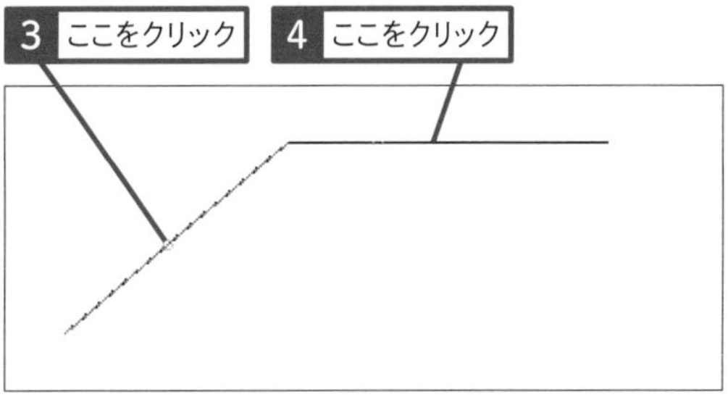

角度の違う2線を緩やかに面取りできた

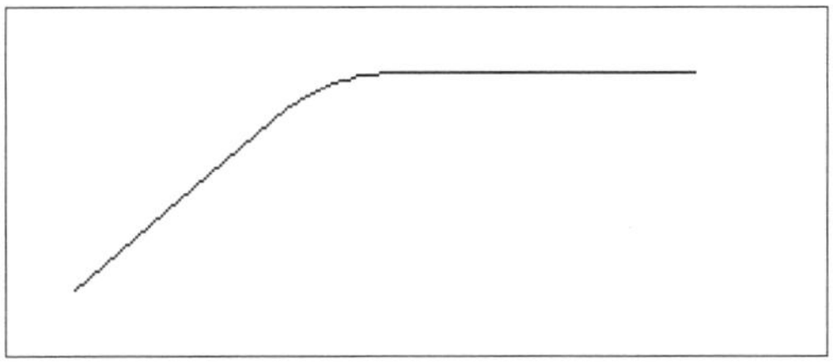

ショートカットキー 面取り
R

関連 165 角面で面取りするには ▶P.113

線や図形を分割するには

ここでは線や図形を分割する方法を説明します。［分割］コマンドを利用して、等間隔になるように線や点で分割したり、角度で等分割する方法などを解説します。

170

サンプル　お役立ち度 ★★★

Q 2つの線分の間に等間隔の線分を記入するには

動画で見る

A ［分割］コマンドを実行します

分割線を作図するには、［分割］をクリックして、［等距離分割］をオンにして［分割数］に分割したい数値を入力します。2つの線を順にクリックすると、その間に分割線が作図できます。2つの線の長さが異なる場合は、分割線もそれに合わせて短くなります。

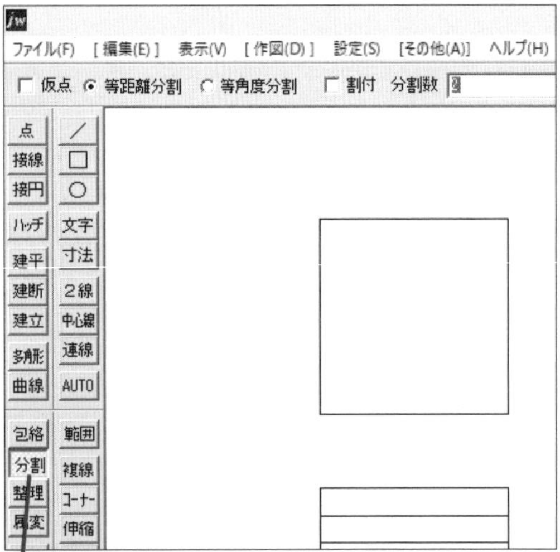

1 ［分割］をクリック

2 ［等距離分割］をクリック

3 「7」と入力

4 1本目の線分をクリック

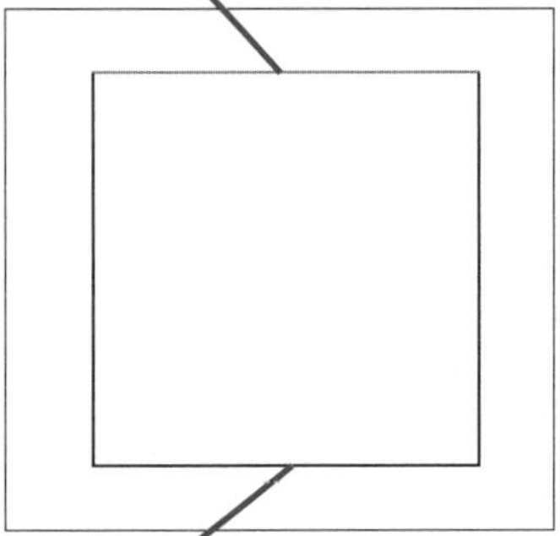

5 2本目の線分をクリック

等間隔で7本の線分を作図できた

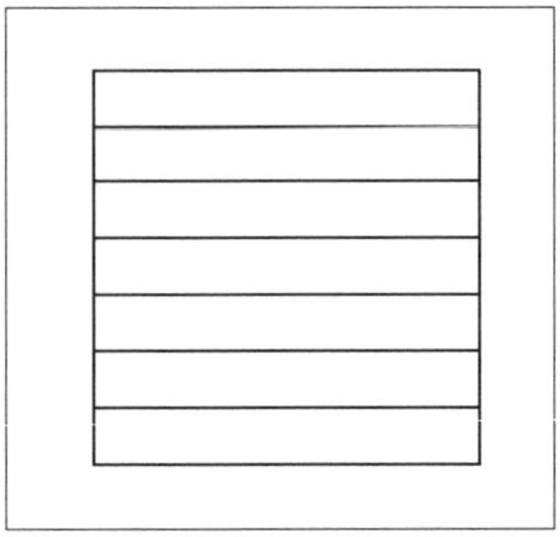

上下の線分の長さが異なる場合も同様に分割線を作図できる

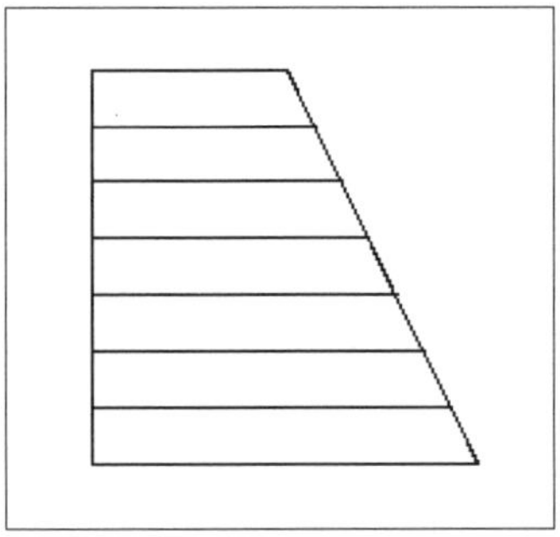

171

サンプル　お役立ち度 ★★★

Q 円（円弧）の間に分割線を作図するには

A 線分の場合と同様です

2つの円の間に分割線を作図する場合は、線分と同様に［分割］コマンドを実行してから［等距離分割］をオンにして［分割数］に分割したい数値を入力します。2つの円を順にクリックすれば、その間に分割線円が作図されます。円をクリックする順番は問いません。

ワザ170を参考に［分割］コマンドを実行しておく

1 ［等距離分割］をクリック

2 「3」と入力

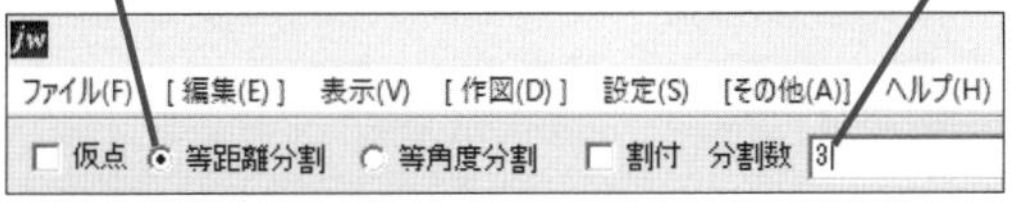

3 内側の円をクリック

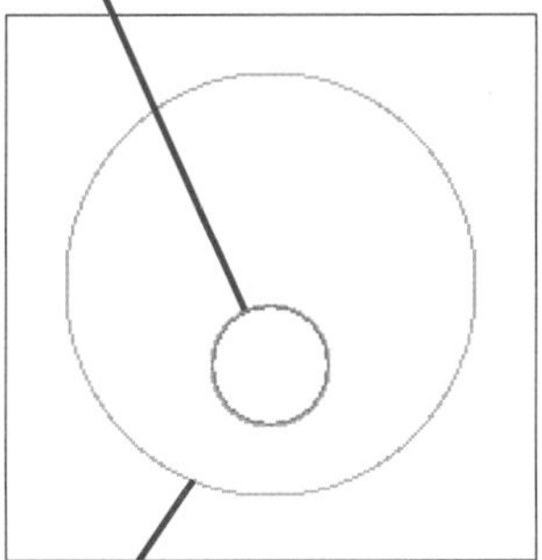

4 外側の円をクリック

円と円の間に分割線を作図できた

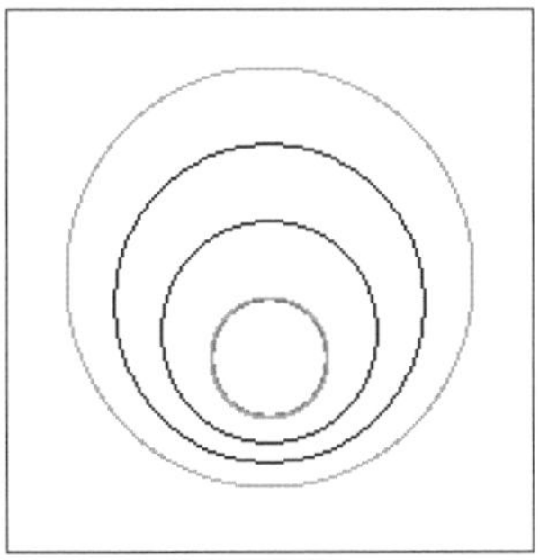

172

サンプル　お役立ち度 ★★★

Q 円（円弧）と点の間に分割線を作図するには

A 円をクリック、点を右クリックで指定します

円と点の間に分割線を作図する場合も、線分の場合と同様です。［分割］コマンドを実行してから［等距離分割］をオンにして［分割数］に分割したい数値を入力します。点を右クリックし、円をクリックすれば、その間に分割線円が作図されます。

ワザ170を参考に［分割］コマンドを実行しておく

1 ［等距離分割］をクリック

2 「3」と入力

3 点を右クリック

4 円をクリック

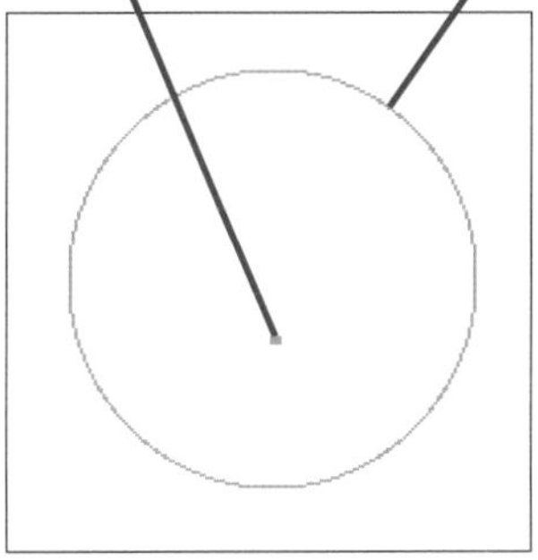

点と円の間に分割線を作図できた

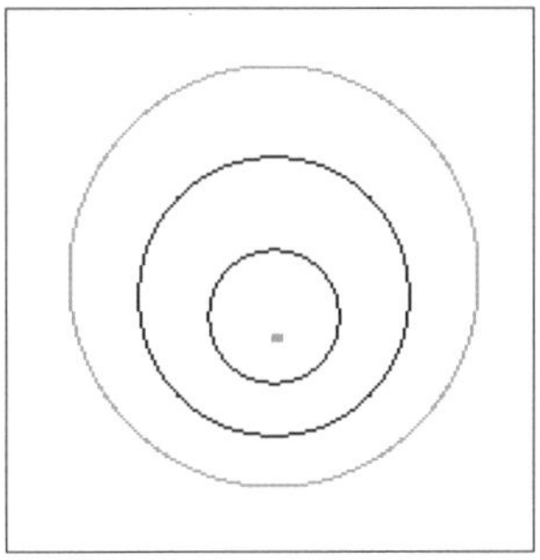

173

サンプル　お役立ち度 ★★★

Q 線（円弧）上に等距離分割点を作図するには

A 端点を右クリックで選択してから、線（円弧）をクリックします

1本の線（円弧）上を点で分割する場合、[分割] コマンドを実行してから [等距離分割] をオンにして [分割数] に分割したい数値を入力します。下の例では線（円弧）の始点を右クリックし、線（円弧）の終点を右クリックし、線（円弧）上をクリックします。

ワザ170を参考に［分割］コマンドを実行しておく

1 ［等距離分割］をクリック

2 「5」と入力

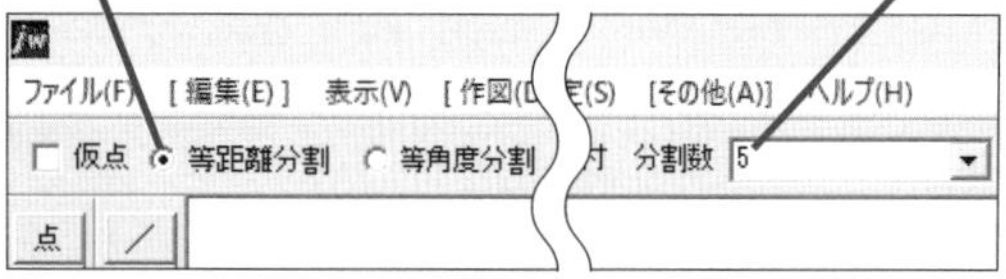

3 始点を右クリック

4 終点を右クリック

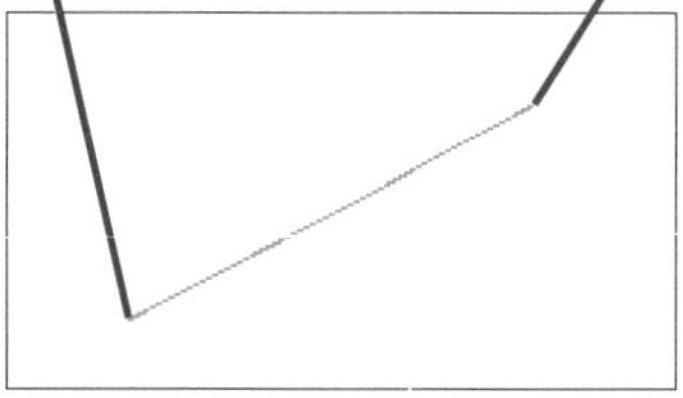

5 線をクリック

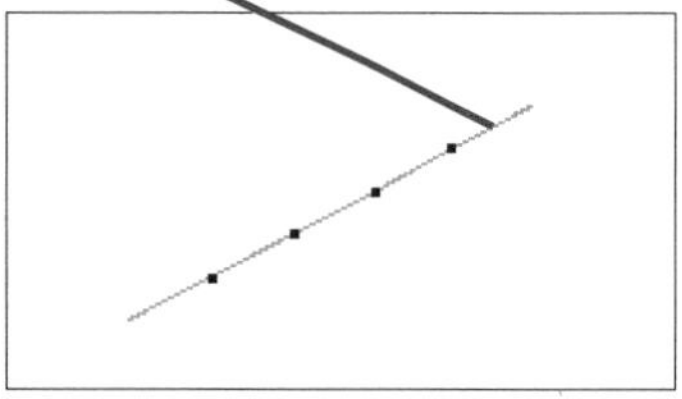

線上に等距離分割点を作図できた

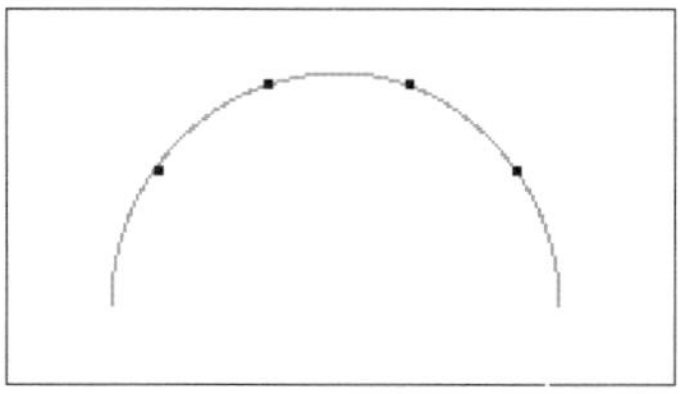

同様の手順で円弧の上にも等距離分割点を作図できる

174

サンプル　お役立ち度 ★★

Q 半楕円周を等角度分割して作図するには

A 円弧の場合と同様に操作します

半楕円周を等角度分割する場合、［分割］コマンドを実行してから［等距離分割］をオンにして［分割数］に分割したい数値を入力します。下の例では半楕円の始点を右クリックし、終点を右クリックし、半楕円周をクリックします。

ワザ170を参考に［分割］コマンドを実行しておく

1 ［等角度分割］をクリック

2 「5」と入力

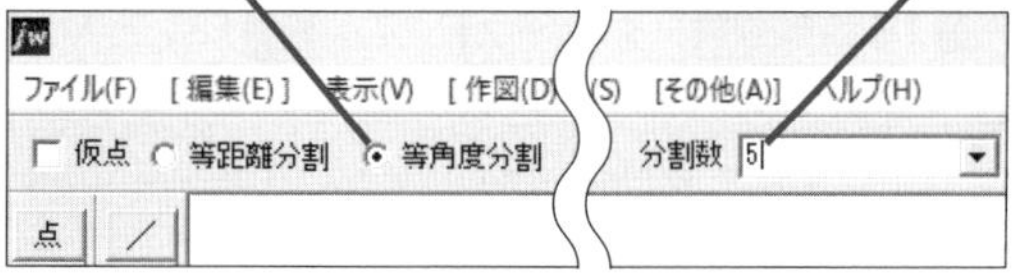

3 始点を右クリック

4 終点を右クリック

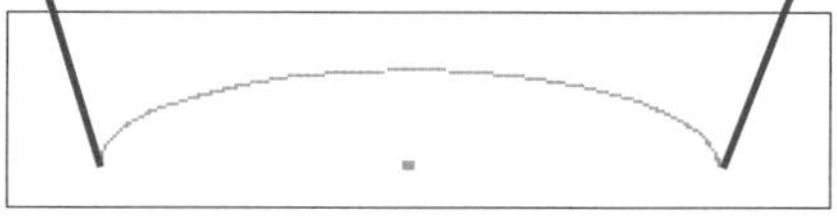

5 円弧をクリック

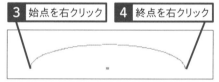

楕円周に等角度分割点を作図できた

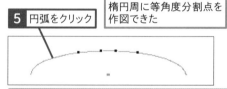

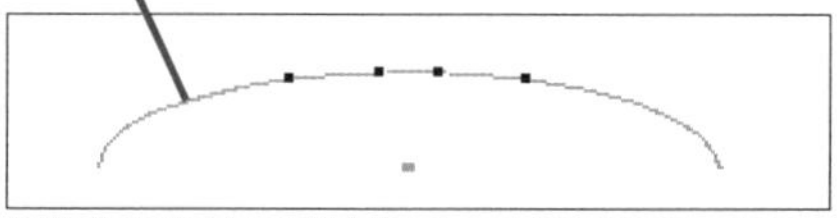

役立つ豆知識

楕円周の等角度分割

楕円周を当角度分割すると、円周を当距離で分割した場合と結果が大きく異なります。楕円周の当角度分割は以下のように直径を指定した数値で等分割しており、円周の長さは左右が対称になります。

楕円周を等角度に分割する場合、円周の長さは長径と短径で異なる

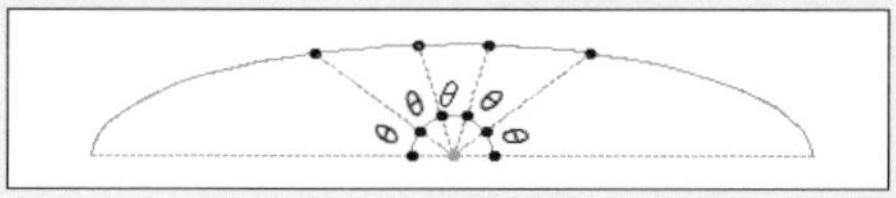

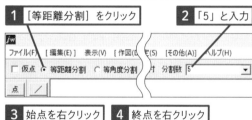

175

サンプル　お役立ち度 ★★★

Q 三角形の頂点と底辺の間に等間隔に線分を引くには

A 頂点と底辺をクリックで指定します

[分割] コマンドを実行してから [等距離分割] をオンにして [分割数] に分割したい数値を入力します。三角形の頂点を右クリックし、底辺の線をクリックすれば、その間に点と線に比例した長さの分割線が作図できます。

ワザ170を参考に [分割] コマンドを実行しておく

1 [等距離分割] をクリック

2 「5」と入力

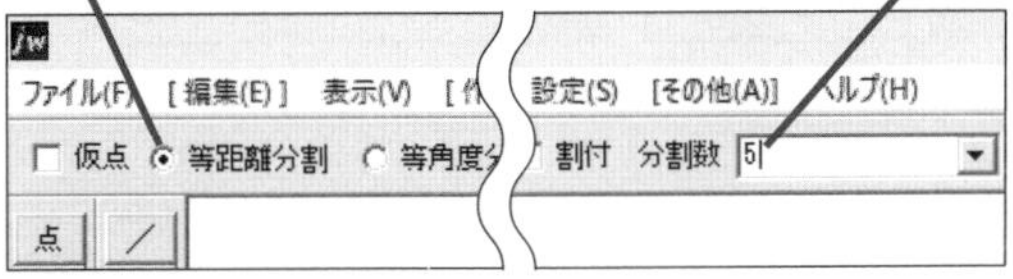

3 頂点を右クリック

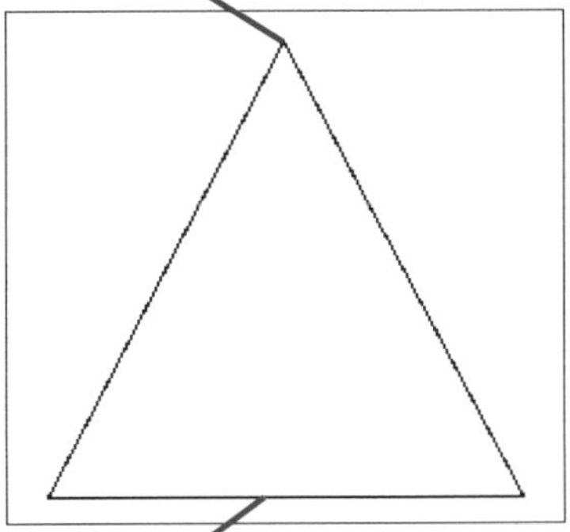

4 底辺をクリック

等間隔で5本の線分を作図できた

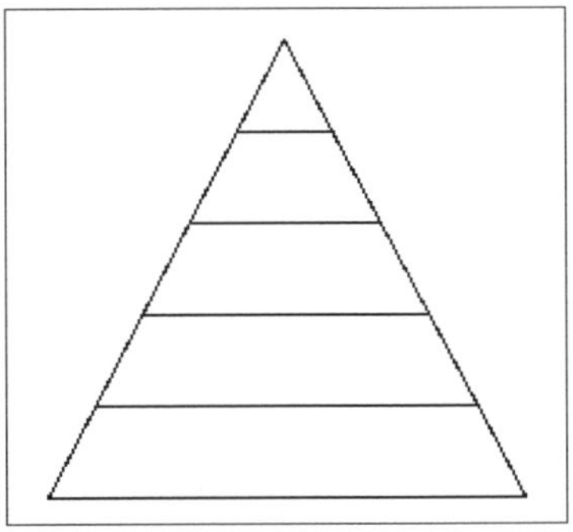

176

サンプル　お役立ち度 ★★★

Q 2つの線分の間に指定した間隔で線分を引くには

A [割付] を使用します

[分割] コマンドを実行してから [等距離分割] をオンにして [割付] にチェックマークを付け、[距離] に数値を入力します。以下の例では「10」と入力しています。線を順にクリックすると、最初にクリックした線から「10」の間隔で線が作図され、一番下が余りの幅になります。

ワザ170を参考に [分割] コマンドを実行しておく

1 [等距離分割] をクリック

2 [割付] をクリック

3 「10」と入力

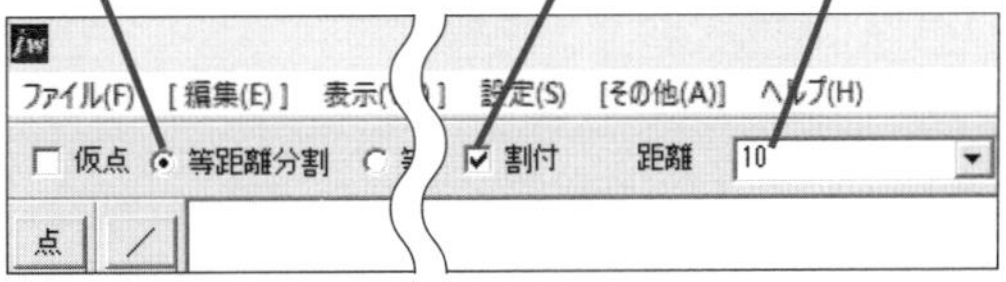

4 1本目の線分をクリック

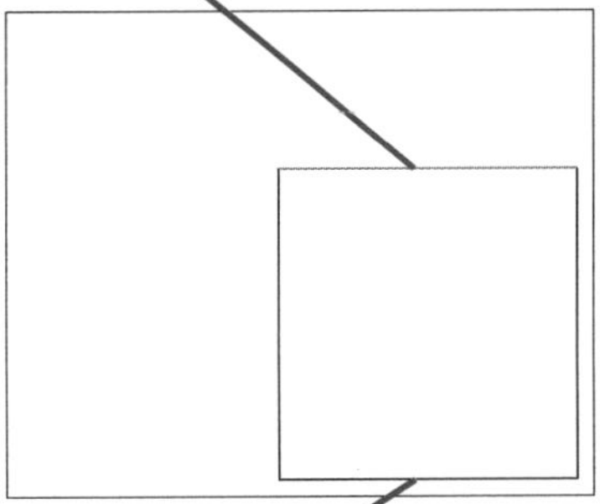

5 2本目の線分をクリック

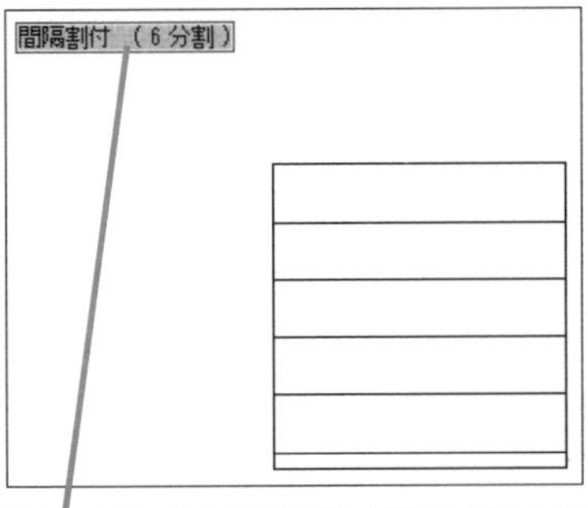

画面左上に [間隔割付] と分割数が表示された

指定した間隔で線分を作図できた

177

サンプル お役立ち度 ★★★

Q 端数を両側に振り分けて等距離分割するには

A ［振分］を使用します

［分割］コマンドを実行してから［等距離分割］をオンにして［割付］にチェックマークを付け、［距離］に数値を入力します。［振分］にチェックマークを付けると、両端を等間隔に振り分けた分割線を作図できます。

ワザ170を参考に［分割］コマンドを実行しておく

1 ［等距離分割］をクリック

2 ［割付］をクリックしてチェックマークを付ける

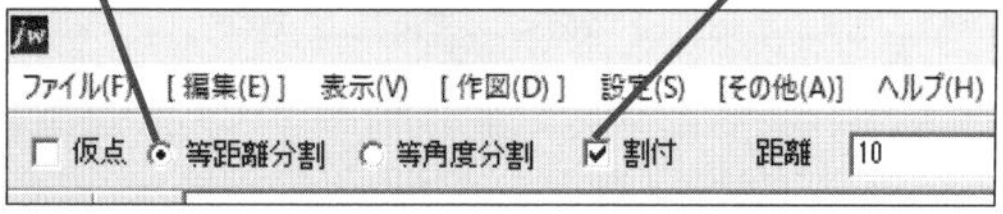

3 「10」と入力

4 ［振分］をクリック

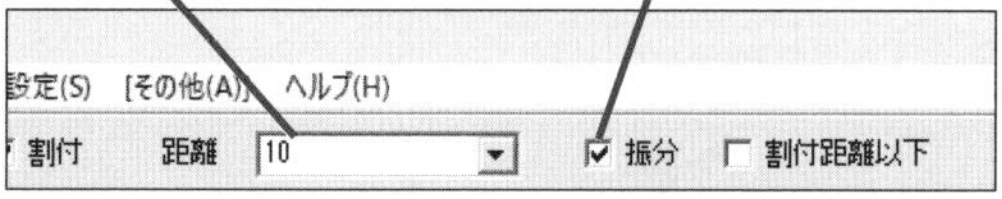

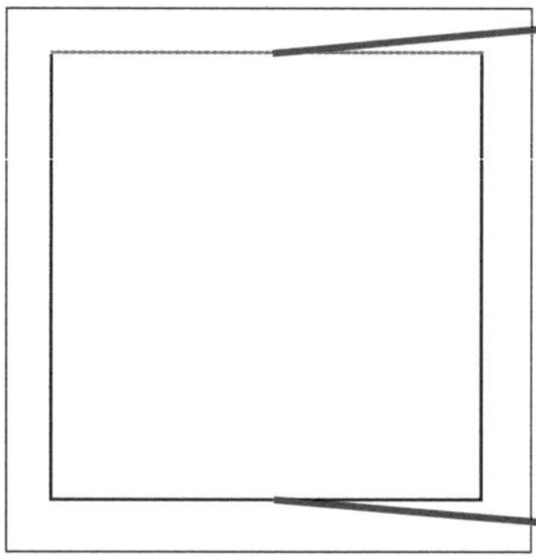

5 1本目の線分をクリック

6 2本目の線分をクリック

端数を両側に振り分けて等距離分割線を作図できた

178

サンプル お役立ち度 ★★★

Q 指定したピッチ以下の間隔で等間隔に分割するには

A ［割付距離以下］を使用します

［分割］コマンドを実行してから［等距離分割］をオンにして［割付］にチェックマークを付け、［距離］に数値を入力します。［割付距離以下］にチェックマークを付けて線を順にクリックすると、割付距離を調整して等間隔の分割線を作図できます。

ワザ170を参考に［分割］コマンドを実行しておく

1 ［等距離分割］をクリック

2 ［割付］をクリックしてチェックマークを付ける

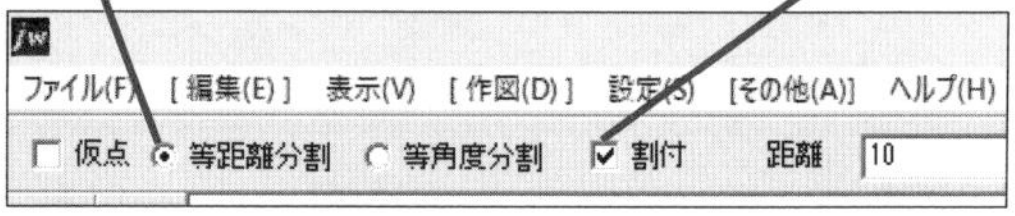

3 「10」と入力

4 ［割付距離以下］をクリックしてチェックマークを付ける

5 1本目の線分をクリック

6 2本目の線分をクリック

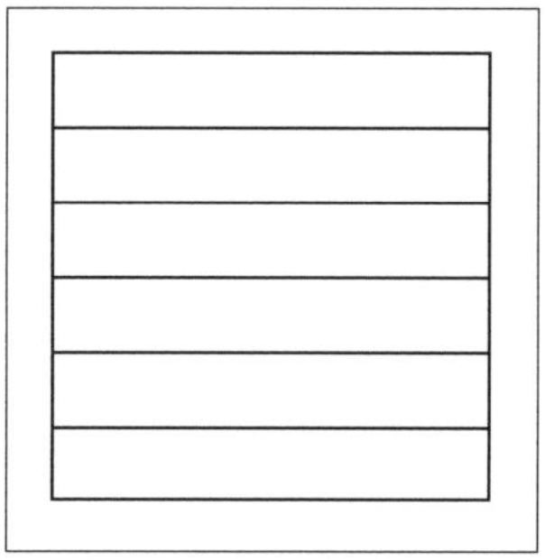

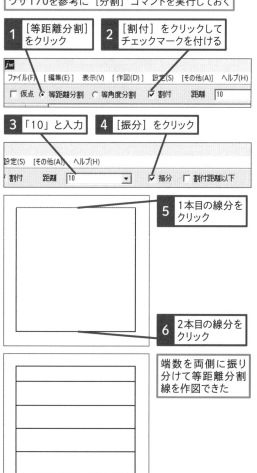

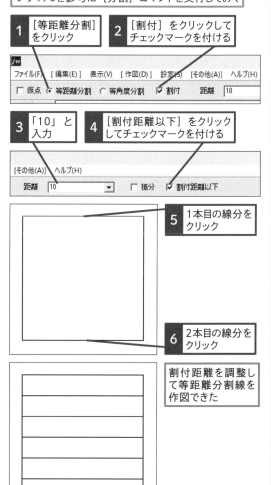

割付距離を調整して等距離分割線を作図できた

179

サンプル　お役立ち度 ★★★

Q 等距離分割と等角度分割の違いとは

A 分割された線の長さ、分割線の傾きに違いが出ます

「三角形の2辺の間を等距離分割する」操作と「三角形の角を等角度分割する」操作の違いは以下のようになります。見た目で、分割された線の長さが違うのは明らかですが、分割線の傾きも違います。

●三角形の2辺の間を等距離分割する

ワザ170を参考に［分割］コマンドを実行しておく

1 ［等距離分割］をクリック

2 「3」と入力

3 1本目の線分をクリック

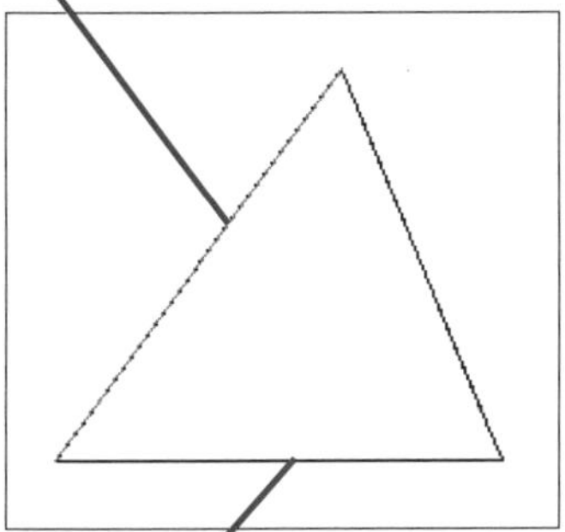

4 2本目の線分をクリック

線分の間が等距離で分割された

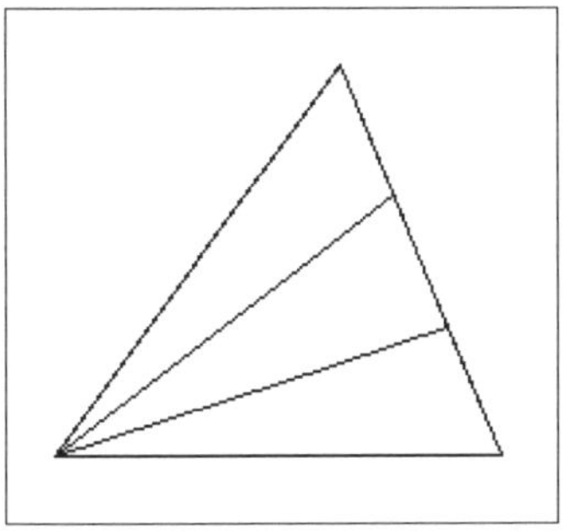

●三角形の角を等角度分割する

ワザ170を参考に［分割］コマンドを実行しておく

1 ［等角度分割］をクリック

2 「3」と入力

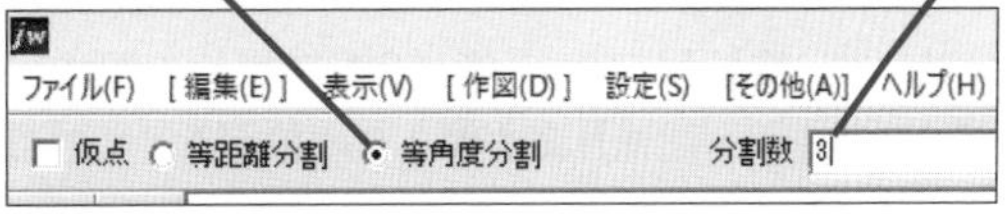

3 1本目の線分をクリック

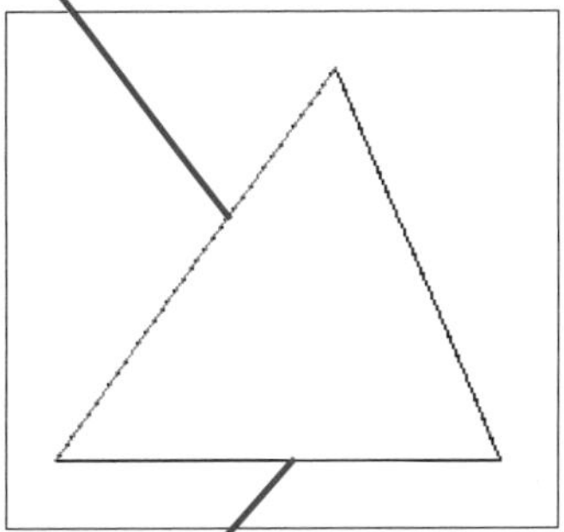

4 2本目の線分をクリック

角が等角度で分割された

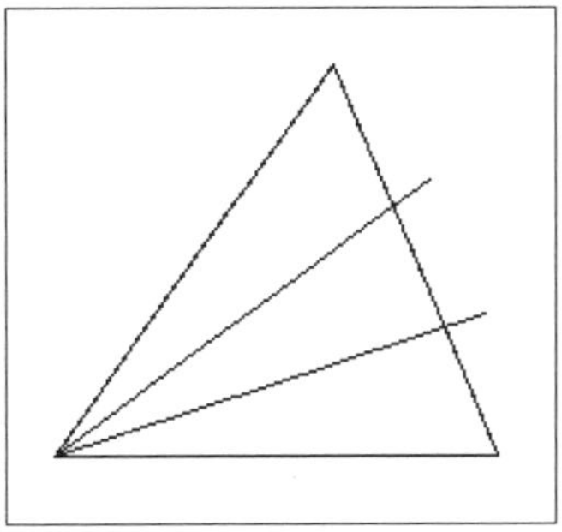

関連 173 線（円弧）上に等距離分割点を作図するには ▸P.118

関連 174 半楕円周を等角度分割して作図するには ▸P.118

180

サンプル　お役立ち度 ★★★

Q 2つの線分の間を逆分割するには

A ［逆分割］を使用します

［逆分割］を使うと、2つの線分の間に仮想直線を設定し、それが交差するように分割線を作図できます。以下の例では[分割]コマンドを実行してから[等距離分割］をオンにして［分割数］に数値を入力します。1本目の線をクリックしてから[逆分割]をクリックし、2本目の線をクリックすると、逆分割が実行できます。練習用ファイルでは2本の線分の間に交差する線を引いてありますが、この線がなくてもコマンドは実行可能です。

ワザ170を参考に［分割］コマンドを実行しておく

1 ［等距離分割］をクリック

2 「7」と入力

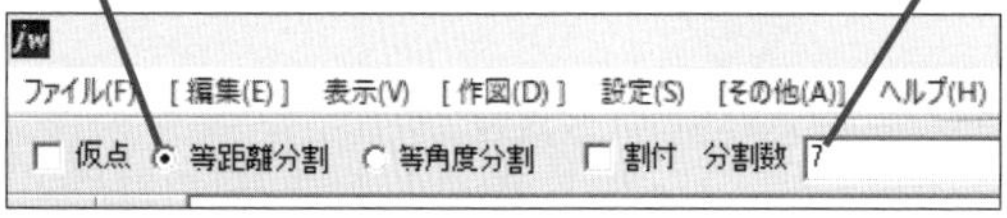

3 1本目の線分をクリック

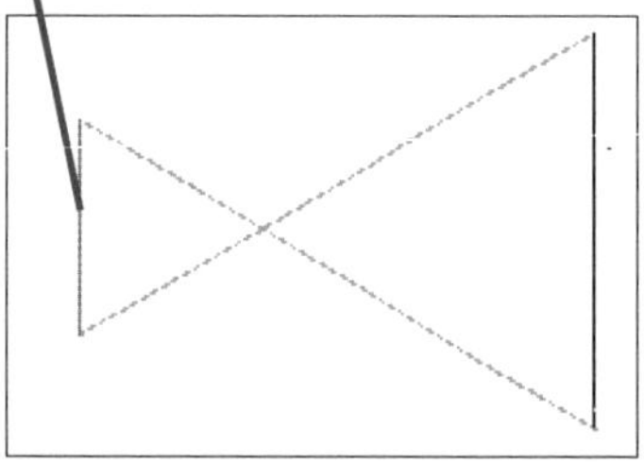

4 ［逆分割］をクリック

5 2本目の線分をクリック

逆分割が実行できた

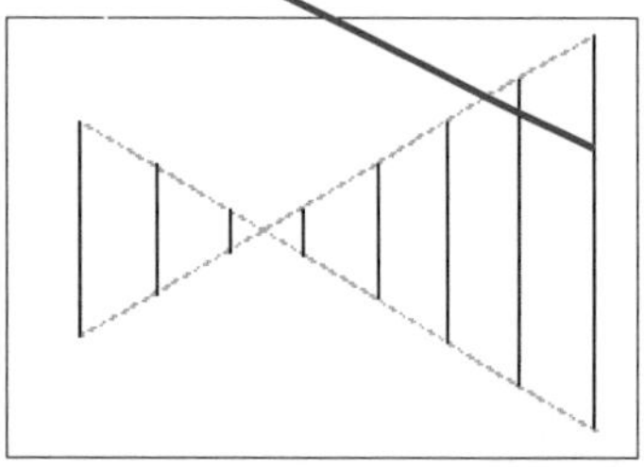

181

サンプル　お役立ち度 ★★★

Q 2つの線分の間を線長割合分割するには

A ［線長割合分割］を使用します

［線長割合分割］を使うと、線の長さに応じて分割する距離を変化させることができます。以下の例では［分割］コマンドを実行してから［等距離分割］をオンにして［分割数］に数値を入力します。1本目の線をクリックしてから［線長割合分割］をクリックし、2本目の線をクリックすると、線長割合分割が実行できます。逆分割と同様に、クリックした線以外の線はなくてもコマンドは実行できます。

ワザ170を参考に［分割］コマンドを実行しておく

1 ［等距離分割］をクリック

2 「7」と入力

3 1本目の線分をクリック

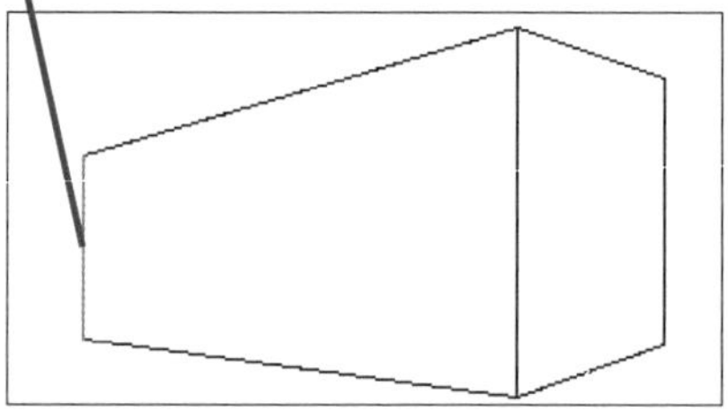

4 ［線長割合分割］をクリック

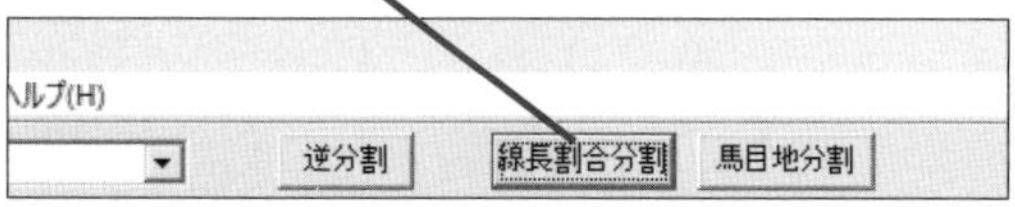

5 2本目の線分をクリック

線長割合分割が実行できた

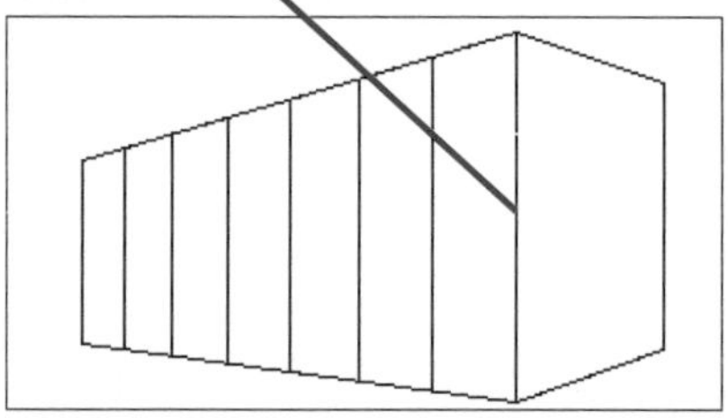

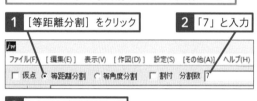

182

サンプル　お役立ち度 ★★★

Q 2つの線分の間を馬目地分割するには

A ［馬目地分割］を使用します

ハッチングで使う「馬目地」を使って、2つの線分の間を分割することができます。以下の例では［分割］コマンドを実行してから［等距離分割］をオンにして［分割数］に数値を入力します。1本目の線分をクリックしてから、［馬目地分割］をクリックして分割数を入力し、［OK］をクリックしてから2本目の線分をクリックします。この操作も、クリックする2線以外はなくてもコマンドを実行できます。

ワザ170を参考に［分割］コマンドを実行しておく

1 ［等距離分割］をクリック

2 「7」と入力

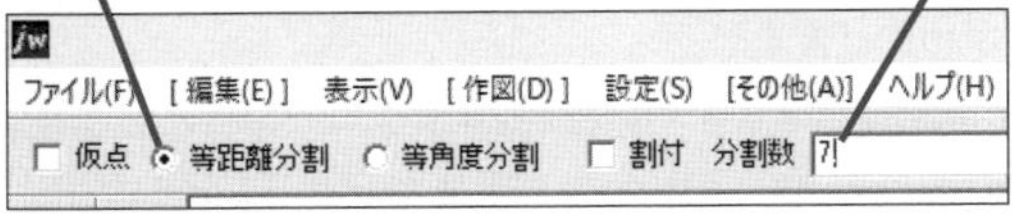

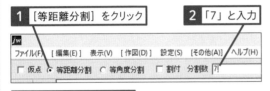

3 1本目の線分をクリック

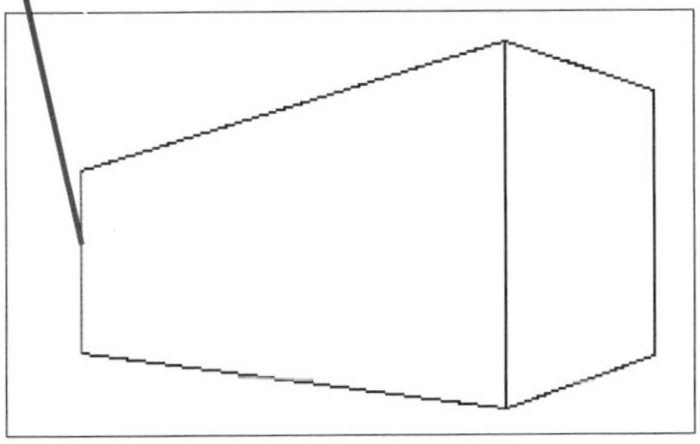

4 ［馬目地分割］をクリック

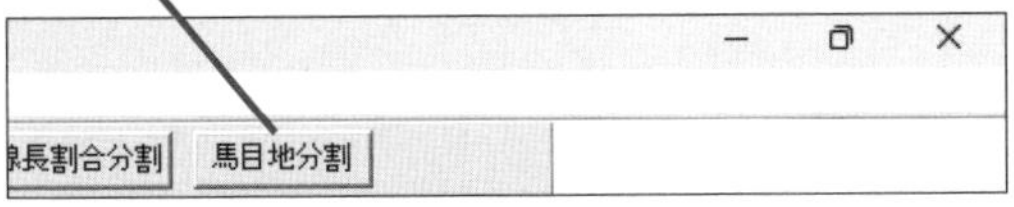

［数値入力］画面が表示された

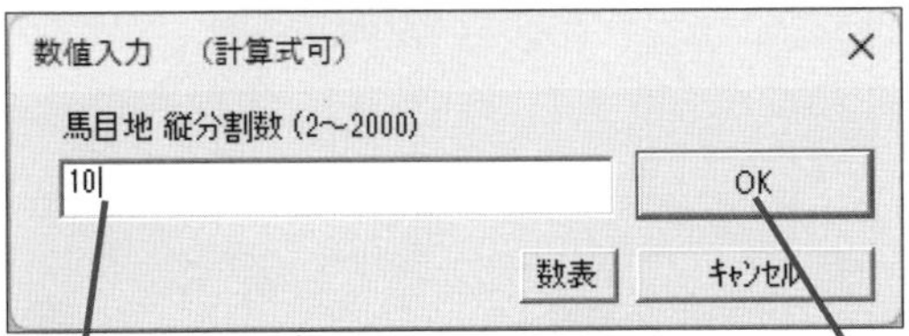

5 「10」と入力

6 ［OK］をクリック

7 2本目の線分をクリック

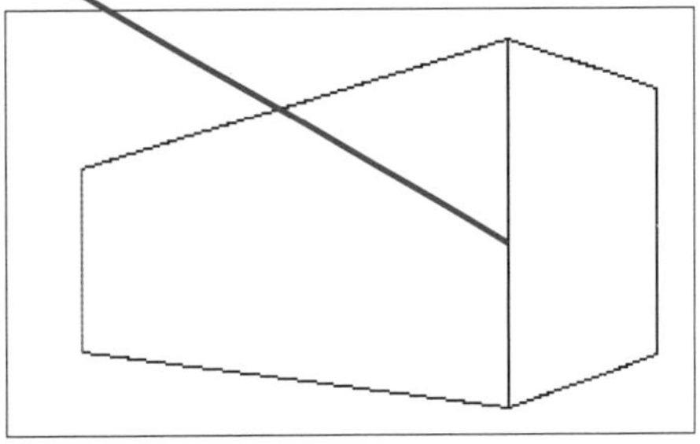

横7分割、縦10分割の馬目地を作図できた

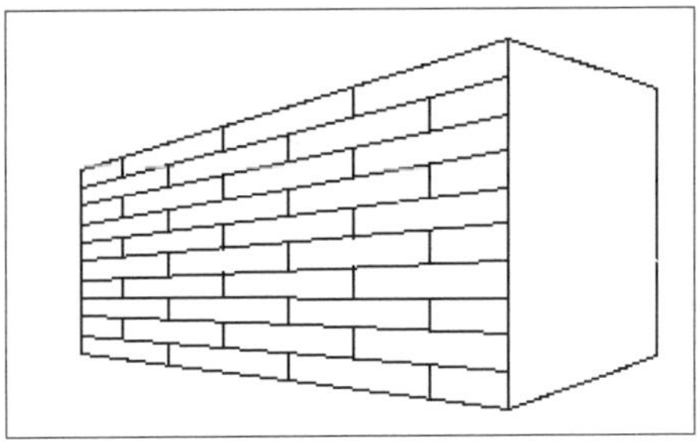

関連 170 2つの線分の間に等間隔の線分を記入するには ▸P.116

関連 181 2つの線分の間を線長割合分割するには ▸P.122

関連 252 レンガ模様を作図するには ▸P.164

第8章 レイヤの管理と図形の選択をするには

レイヤを管理するには

Jw_cadには、図形データを管理するための、レイヤおよびレイヤグループという機能があります。これらを使いこなすことで、効率的な作図やデータの管理ができるようになります。

183

お役立ち度 ★★★

Q レイヤ・レイヤグループって何？

A 図面を載せた「層」を意味しています

「レイヤ」（Layer）とは「層」の意味です。Jw_cadでは1つの図面の各要素を一定のルールに基づいてレイヤ分けし、描き分けます。複数の透明な用紙に図面の各要素を描き分けて、それを何層にも重ねて1枚の図面に見立てるイメージです。レイヤ分けは必須ではありませんが、作図に慣れてくるとレイヤ分けの重要性がわかります。

Jw_cadには「レイヤ」と「レイヤグループ」という2種類の機能があり、[0] から [F] まで16の「レイヤグループ」がそれぞれ [0] から [F] まで16の「レイヤ」をもっているので、合計256のレイヤに図面の各要素を分類することができます。レイヤ分けにより、図面の作図や編集時には必要な要素だけを抽出でき、作業効率が大きく向上します。

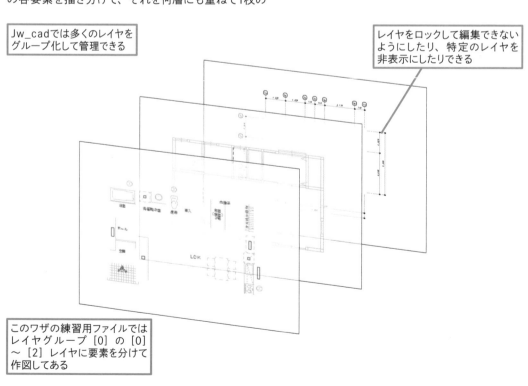

Jw_cadでは多くのレイヤをグループ化して管理できる

レイヤをロックして編集できないようにしたり、特定のレイヤを非表示にしたりできる

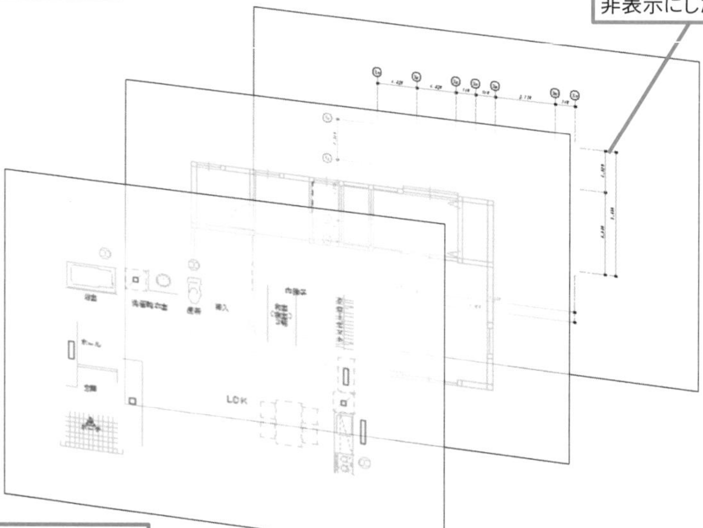

このワザの練習用ファイルではレイヤグループ [0] の [0] ～ [2] レイヤに要素を分けて作図してある

184

お役立ち度 ★★★

Q 書き込みレイヤ・レイヤグループを変更するには

A レイヤバーを操作します

レイヤバーの丸枠で囲まれた数字ボタンはレイヤ、四角枠で囲まれた数字ボタンはレイヤグループを示しています。赤色の枠が、作図ウィンドウで作業する書き込み対象のレイヤとレイヤグループです。レイヤやレイヤグループを切り替えるには、それぞれのボタンを右クリックします。現在の状態は、ステータスバーの右下で確認できます。[0-1] と表示されている場合、[0] レイヤグループの [1] レイヤが書き込み対象になっています。

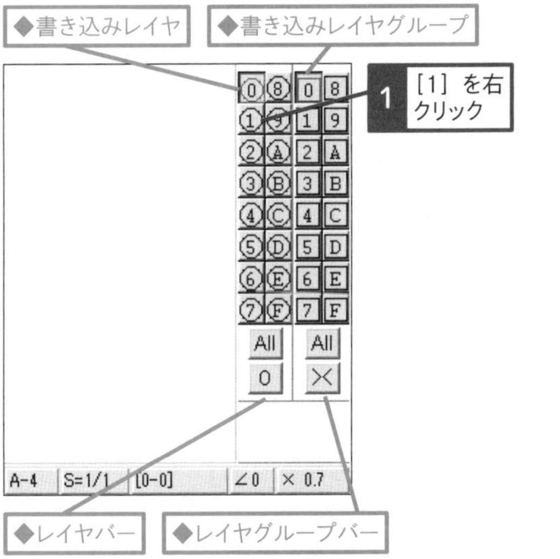

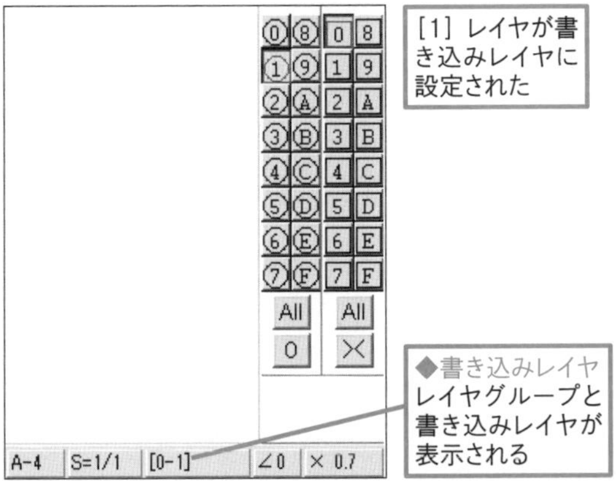

185

お役立ち度 ★★★

Q レイヤ・レイヤグループの状態を切り替えるには

A レイヤバーのボタンをクリックします

レイヤ（レイヤグループ）バーのボタンを順にクリックすると、表示が以下の表のように変わります。ただし、赤い枠が表示された書き込みレイヤ（レイヤグループ）はクリックしても変更されません。また、レイヤ（レイヤグループ）番号の上に表示されるピンクのバーはレイヤ（レイヤグループ）内のデータの有無とデータの種類を表しています。

●レイヤの状態の違い

ボタンの表示	レイヤの状態
	編集可能レイヤ。消去や移動ができる
	表示のみレイヤ。線が薄く表示され編集不可。印刷には影響しない
	非表示レイヤ。印刷されない

●レイヤにあるデータ

ボタンの表示	レイヤの状態
	図形のみが作図されているレイヤ
	文字のみが作図されているレイヤ
	図形と文字が両方作図されているレイヤ

関連 184 書き込みレイヤ・レイヤグループを変更するには ▸P.125

関連 186 書込みレイヤ以外のレイヤの状態を切り替えるには ▸P.126

186

お役立ち度 ★★★

Q 書込みレイヤ以外のレイヤの状態を切り替えるには

A レイヤバーの［All］ボタンをクリックします

書き込みレイヤだけを編集可能にして、それ以外のレイヤの状態を一度に変更するには、［レイヤ］バーの下にある［All］ボタンをクリックします。クリックするたびに、書き込みレイヤ以外のレイヤの状態に切り替わります。レイヤグループバーも同じ操作で切り替えることができます。

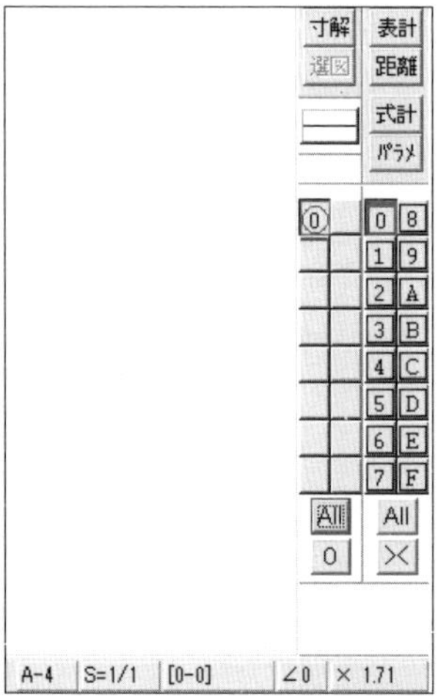

［All］をクリックすると、書き込みレイヤ以外の全てのレイヤが非表示になる

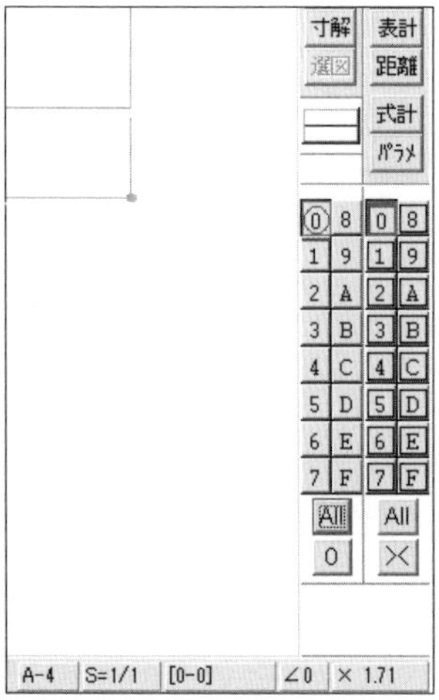

もう一度［All］をクリックすると編集できない状態になる

187

サンプル

お役立ち度 ★★★

Q レイヤ・レイヤグループを一覧表示するには

A 書き込みレイヤのボタンを右クリックします

レイヤバー・レイヤグループバーの書き込みレイヤのボタンを右クリックすると、レイヤおよびレイヤグループの使用状況を一覧表示できます。どのレイヤに何を作図しているかを確認するのに便利です。なお、ファイルの選択画面と同様に、1画面に表示するプレビューの数を変更したり、それぞれのウィンドウで両ボタンドラッグによるズームや画面移動をしたりすることができます。

1 書き込みレイヤを右クリック

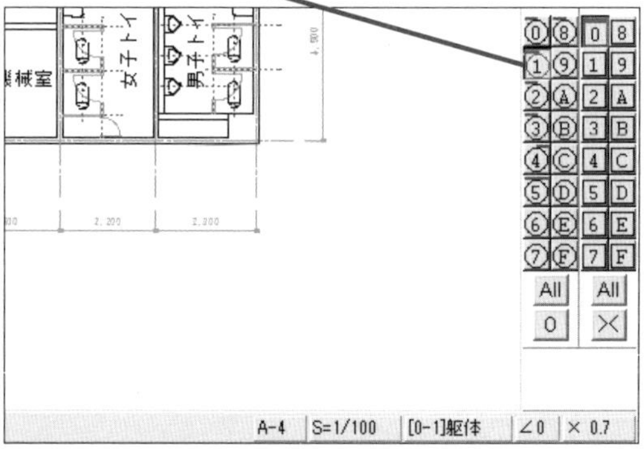

［レイヤ一覧］画面が表示された

1画面に表示するプレビューの数を変更できる

それぞれのウィンドウで両ボタンによるズームや画面移動ができる

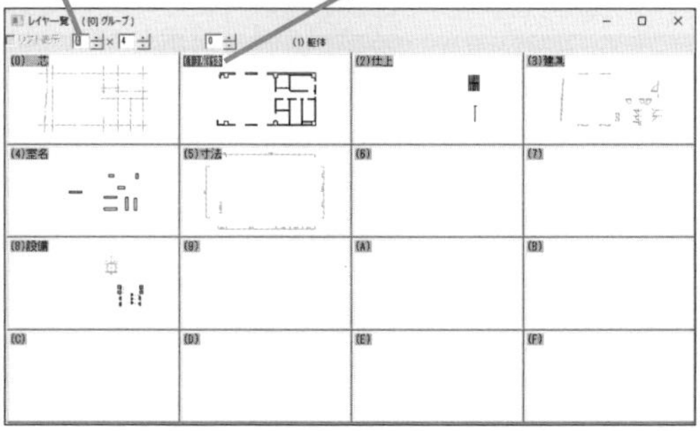

188

サンプル　お役立ち度 ★★★

Q レイヤ・レイヤグループに名前を付けるには

A レイヤ一覧を表示してレイヤの番号をクリックします

レイヤやレイヤグループの内容が一目でわかるように、名前を付けることができます。以下の例では、レイヤグループの一覧を表示してから［F］をクリックしています。するとレイヤグループ名を設定する画面が表示されるので、名前を入力して［OK］をクリックします。

ワザ187を参考に［レイヤ一覧］画面を表示しておく

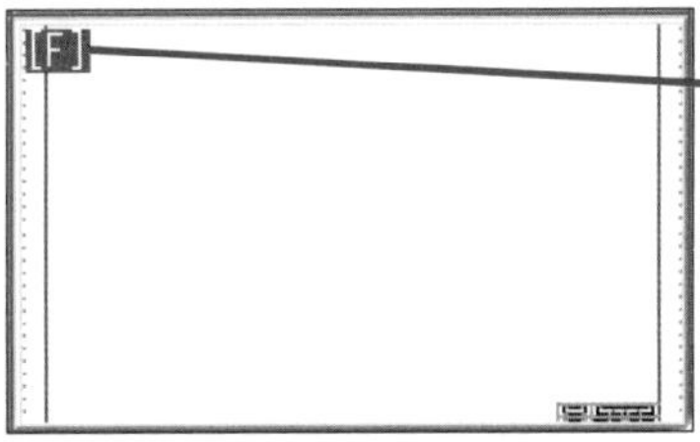

1 ［F］をクリック

［レイヤグループ名設定］画面が表示された

2 「用紙枠・表題欄」と入力

3 ［OK］をクリック

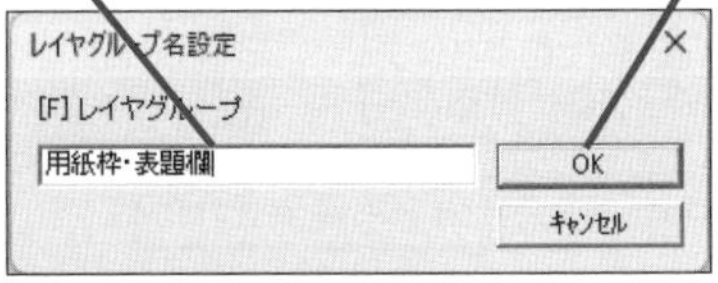

レイヤ名が設定された

ワザ189の設定をするとステータスバーの表示にも反映される

189

お役立ち度 ★★★

Q レイヤ・レイヤグループ名をステータスバーに表示するには

A ［レイヤ設定］画面で設定します

現在のレイヤ・レイヤグループ名をステータスバーに表示するには、メニューバーの［設定］をクリックし、［レイヤ］をクリックします。［レイヤ設定］画面が表示されるので、［レイヤグループ名をステータスバーに表示する］にチェックマークを付けて［OK］をクリックします。［レイヤ設定］画面は、ステータスバーのレイヤの表示をクリックしても表示することができます。

1 ［設定］をクリック

2 ［レイヤ］をクリック

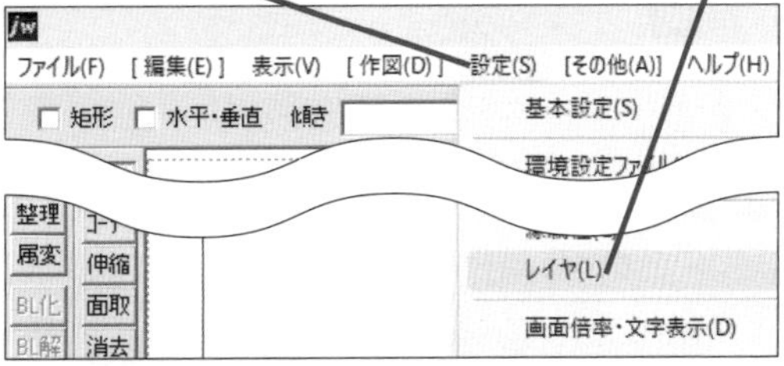

［レイヤ設定］画面が表示された

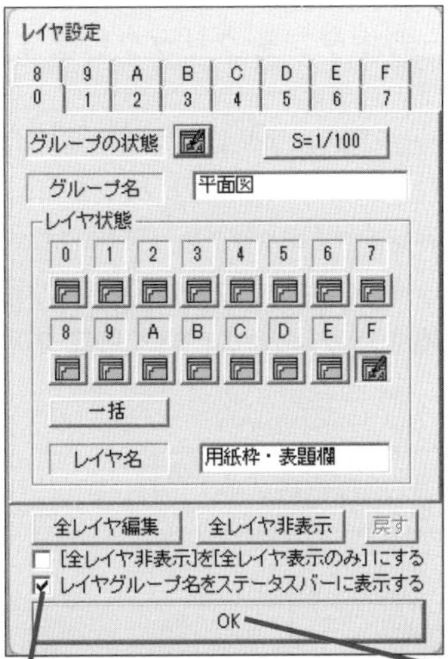

3 ここをクリックしてチェックマークを付ける

4 ［OK］をクリック

レイヤグループ名がステータスバーに表示される

190

お役立ち度 ★★★

Q レイヤに書き込みができないようにするには

A Ctrlキーを押しながらレイヤバーをクリックします

書き込みができないレイヤ（レイヤグループ）を「プロテクトレイヤ（レイヤグループ）」といい、以下の2種類があります。それぞれプロテクトを解除する場合は、Ctrlキーを押しながら対象となるレイヤ（レイヤグループ）のボタンをクリックします。

ボタンの表示	設定方法	レイヤの状態
（アイコン）	Ctrl+クリック	編集が不可能になっている
（アイコン）	Ctrl + Shift +クリック	表示状態の変更が不可能になっている

191

サンプル お役立ち度 ★★★

Q 書き込みレイヤに作図した図形や文字を確認するには

A レイヤバーのボタンをクリックします

書き込みレイヤ（レイヤグループ）になっているレイヤ（レイヤグループ）の図形や文字がどれかを確認するには、書き込みレイヤ（レイヤグループ）のボタンをクリックします。作図ウィンドウ上の図形や文字が赤色に変化し、書き込みレイヤの内容を確認できます。

書き込みレイヤをクリックするとレイヤ上の図形や文字が選択色で表示される

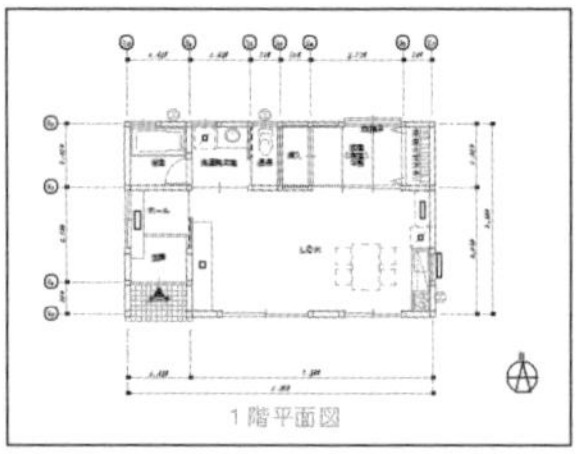

192

サンプル お役立ち度 ★★★

Q レイヤグループの縮尺に応じて文字サイズを変更するには

A ［文字サイズ変更］を使用します

図面の縮尺を変更したい場合は、ステータスバーをクリックして［縮尺・読取設定］画面を表示します。図面の縮尺は数値を入力することで変更できます。また、［文字サイズ変更］にチェックマークを付けると、図面に比例して文字の大きさも自動で変更できます。

1 ここをクリック

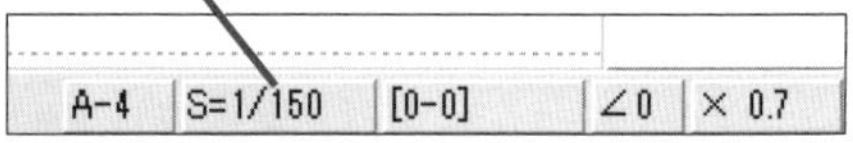

2 「100」と入力

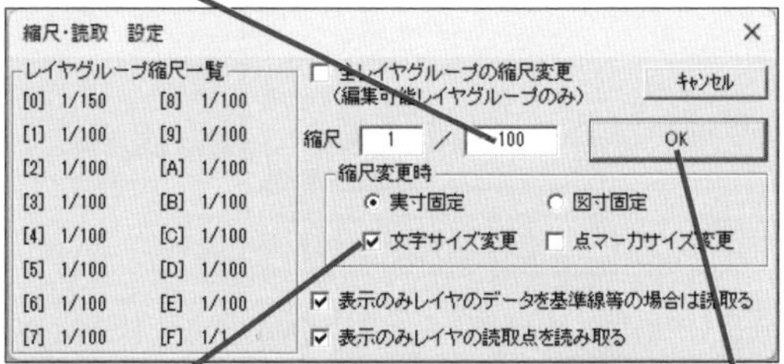

3 ［文字サイズ変更］をクリックしてチェックマークを付ける

4 ［OK］をクリック

縮尺の変更にあわせて文字サイズも変更された

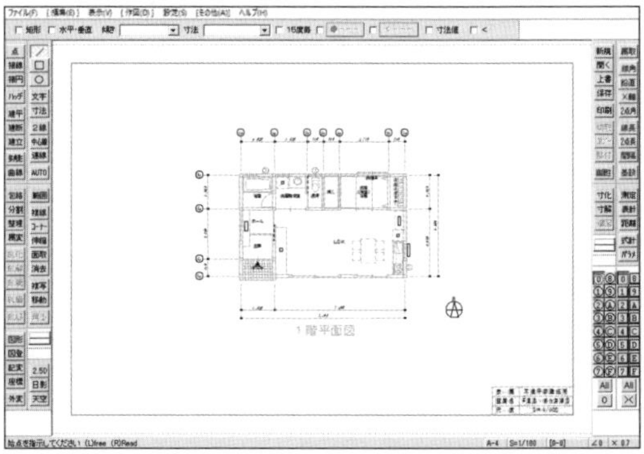

193

サンプル　お役立ち度 ★★★

Q 図や文字のサイズを変えずに縮尺を変更するには

A ［図寸固定］を使用します

図面の縮尺を変更しても図や文字のサイズはそのままにしたい場合は、［図寸固定］の機能を使います。［縮尺・読取設定］画面で［図寸固定］をオンにすると、図面の大きさはそのままで縮尺だけが変更されます。

1 ここをクリック

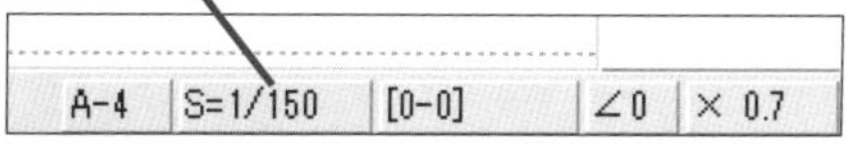

2 「100」と入力

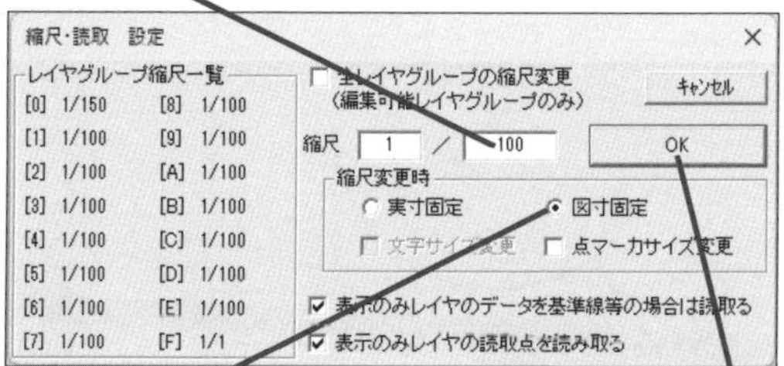

3 ［図寸固定］をクリック

4 ［OK］をクリック

縮尺が変わっても図や文字のサイズは変更されない

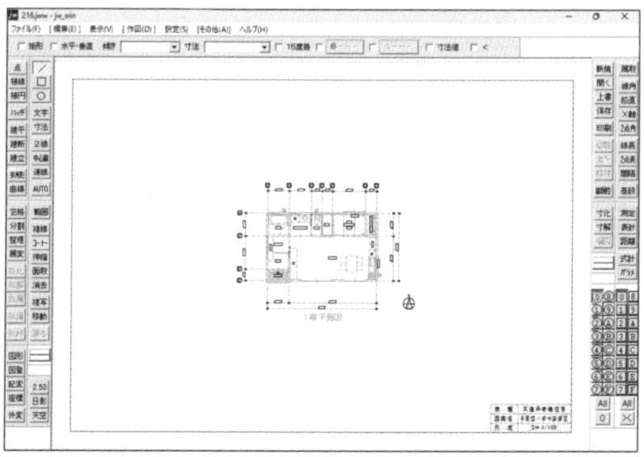

関連 192 レイヤグループの縮尺に応じて文字サイズを変更するには ▸ P.128

関連 194 1枚の図面の中で異なる尺度を使うには ▸ P.129

194

サンプル　お役立ち度 ★★★

Q 1枚の図面の中で異なる尺度を使うには

A レイヤグループを分けて表示します

［0］～［F］まで16あるレイヤグループは、それぞれで縮尺を設定できます。以下の例では［0］レイヤグループでは平面図（縮尺1/100）、［1］レイヤグループでは平面詳細図（縮尺1/50）、［F］レイヤグループでは図面枠・表題（縮尺1/1）で作図しています。

レイヤグループごとに尺度を設定できる

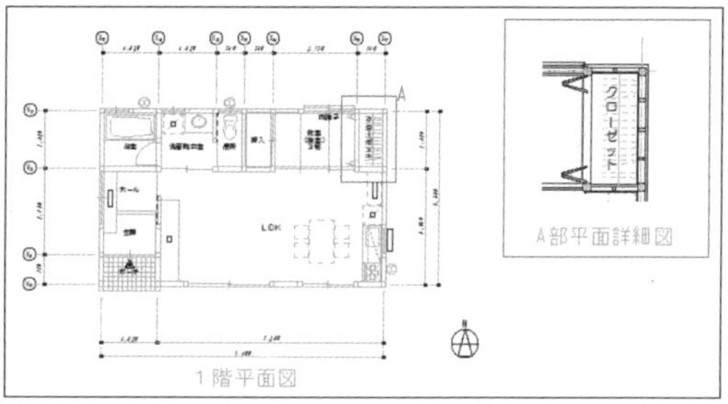

「1階平面図」はレイヤ［0］グループで1/100の尺度で作図されている

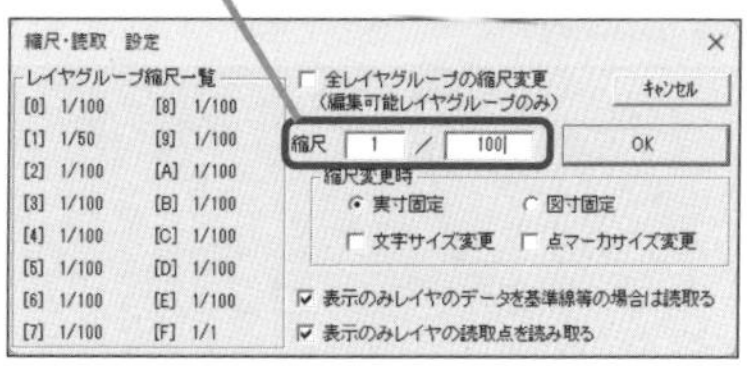

「A部平面詳細図」はレイヤ［1］グループで1/50の尺度で作図されている

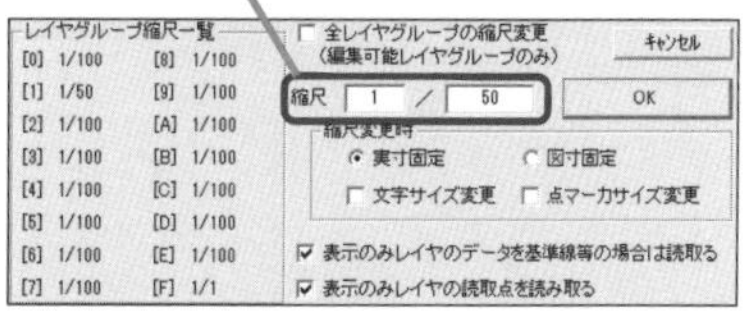

「図面枠・表題」はレイヤ［F］グループで1/1の尺度で作図されている

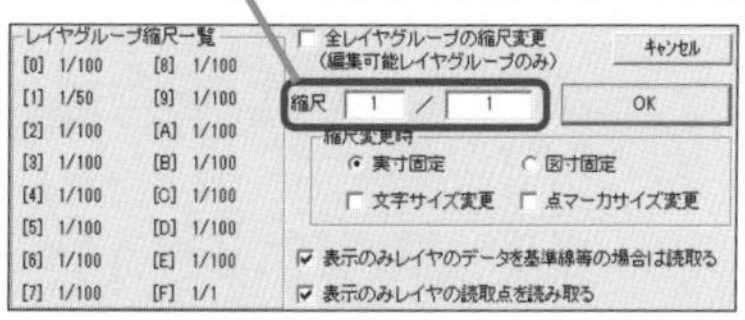

図形を選択するには

［範囲］コマンドを使えば、図形や文字を選択することができます。また、［<属性選択>］や［属性変更］を使えば、効率的な選択、作図が可能となります。

195 サンプル お役立ち度 ★★★

Q 線分や円弧を選択するには

A ［範囲］コマンドを実行します

1 ［範囲］をクリック

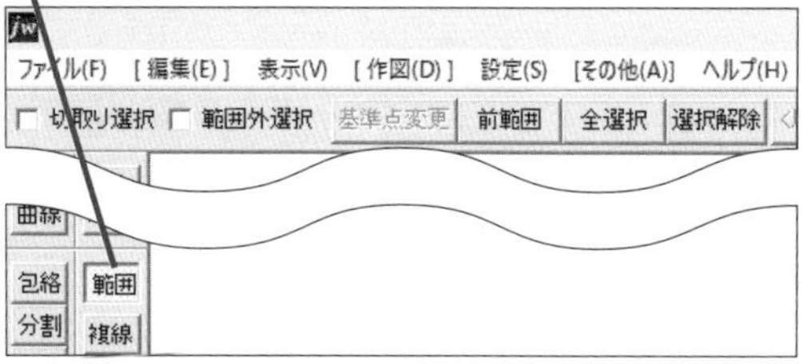

2 線分を右クリック

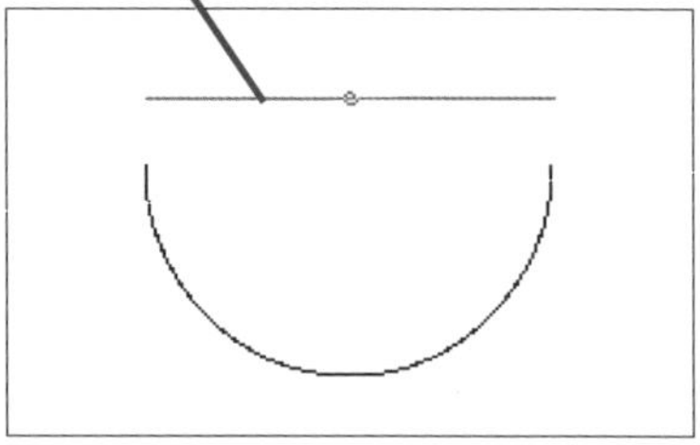

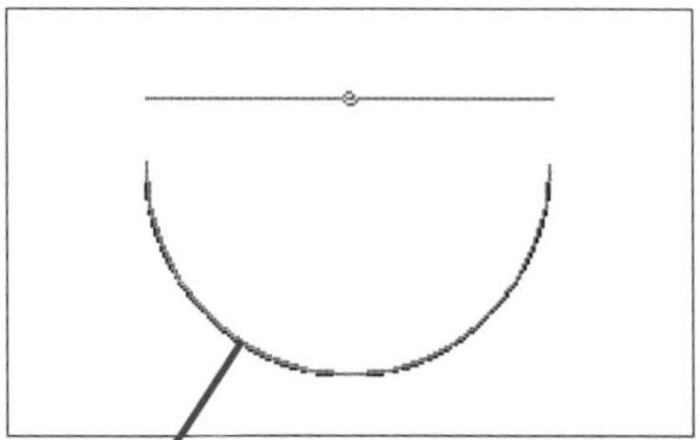

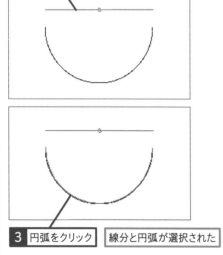

3 円弧をクリック　線分と円弧が選択された

線分や円を選択するには、［範囲］コマンドを実行し、対象を右クリックします。右クリックして選択すると、選択された対象がピンク色で表示されます。複数の線分や円弧を続けて選択したい場合は、最初に選択する対象を右クリックし、次に選択する対象はクリックして指定します。なお、文字の場合は常に右クリックして選択します。

●円弧から選択する

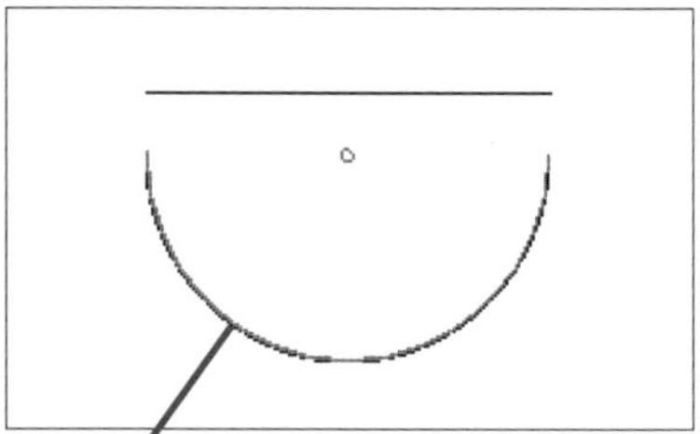

1 円弧を右クリック

2 線分をクリック

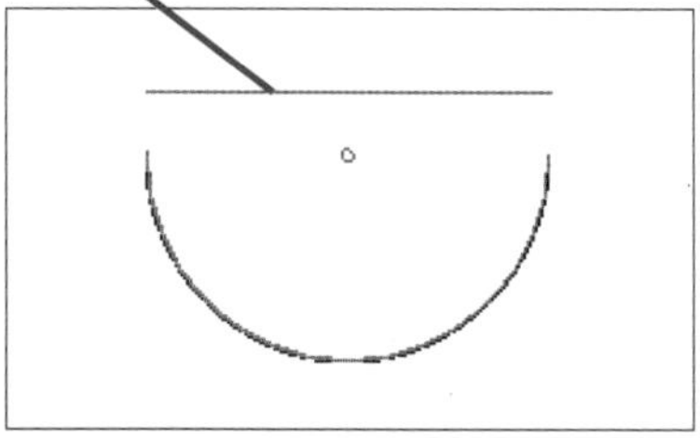

円弧と線分が選択された

クロックメニュー	左4　範囲選択
ショートカットキー	範囲選択 Y

関連196 円を選択するには ▸P.131

196

サンプル　お役立ち度 ★★★

Q 円を選択するには

A 円全体を囲むようにして選択します

円弧は右クリックで選択できましたが、円の場合、全体を囲む必要があります。なお、図形を囲んで選択するとステータスバーに［追加・除外図形指示］と表示されます。この状態で他の図形をクリックすると、追加選択ができます。再度クリックすると選択が解除されます。

ワザ195を参考に［範囲］コマンドを実行しておく

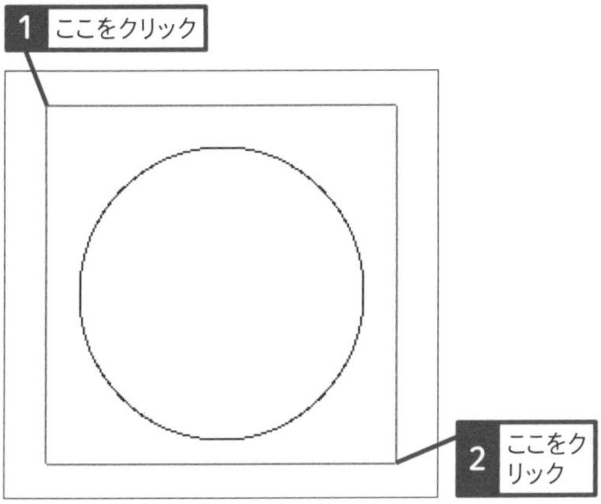

円を選択できた

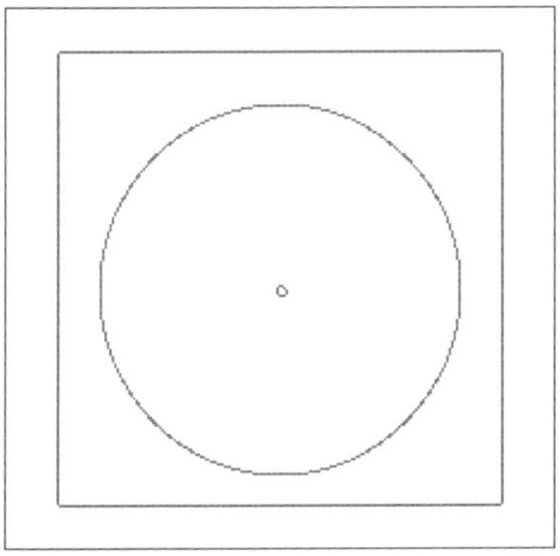

クロックメニュー　左4　範囲選択

ショートカットキー　範囲選択　Y

197

サンプル　お役立ち度 ★★★

Q 文字を選択するには

A 文字を囲んで右クリックします

文字を選択する場合、文字のない所を使い、全体を囲むようにして最後は右クリックで選択します。終点をクリックすると文字は選択されませんので注意してください。

ワザ195を参考に［範囲］コマンドを実行しておく

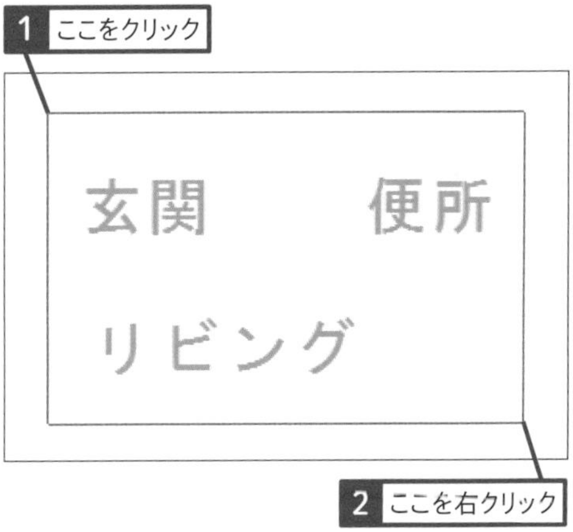

文字を選択できた

クロックメニュー　左4　範囲選択

ショートカットキー　範囲選択　Y

198

サンプル　お役立ち度 ★★★

Q 複数の図形を選択するには

A 選択したい図形全体を囲んで選択します

複数の図形をまとめて選択する場合は、[範囲] コマンドを実行して、選択したい図形を対角線上に囲みます。この際、選択枠が触れているだけの図形は選択されず、完全に囲まれた図形だけが選択されます。

ワザ195を参考に［範囲］コマンドを実行しておく

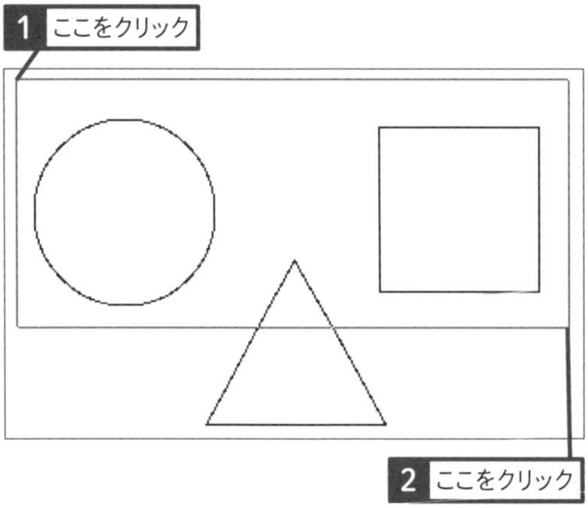

複数の図形を選択できた

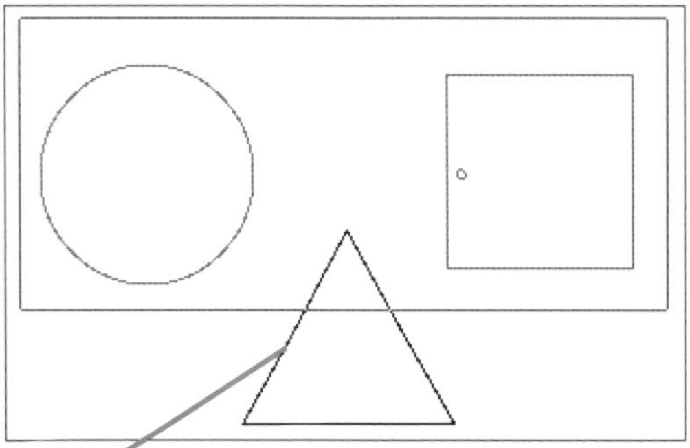

クロックメニュー　左4　範囲選択

ショートカットキー　範囲選択 Y

199

サンプル　お役立ち度 ★★★

Q 図形と文字をまとめて選択するには

動画で見る

A 全体を囲んで終点を右クリックします

図形と文字をまとめて選択したい場合は、複数の図形を選択するときと同様に［範囲］コマンドを実行して対象を対角線上に囲みます。終点を右クリックすることで、文字も選択されます。

ワザ195を参考に［範囲］コマンドを実行しておく

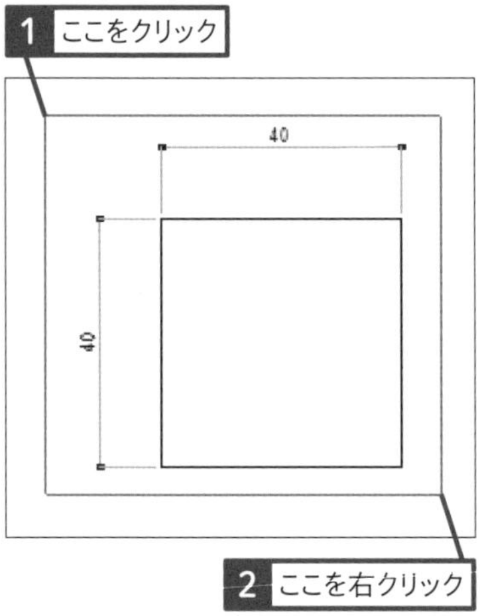

図形と寸法線、文字がまとめて選択された

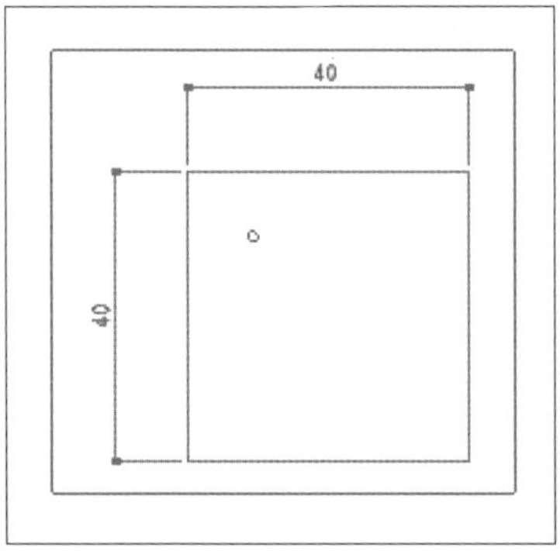

クロックメニュー　左4　範囲選択

ショートカットキー　範囲選択 Y

200

サンプル　お役立ち度 ★★★

Q 完全に囲めていない図形を選択するには

A 終点をダブルクリックします

下記のような場合、いちばん外側の三角形だけを選択したいとき、全体を選択範囲で囲むと円と四角形まで選択されてしまいます。そんなときは、[範囲] コマンドを実行して、三角形の一部を囲み、終点をダブルクリックします。こうすることで、ガイドに触れているだけの図形を選択できます。

ワザ195を参考に［範囲］コマンドを実行しておく

1 ここをクリック

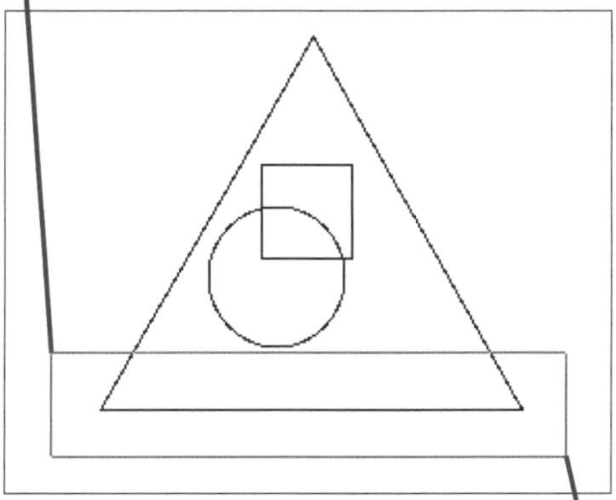

2 ここをダブルクリック

一部を囲んだ図形を選択できた

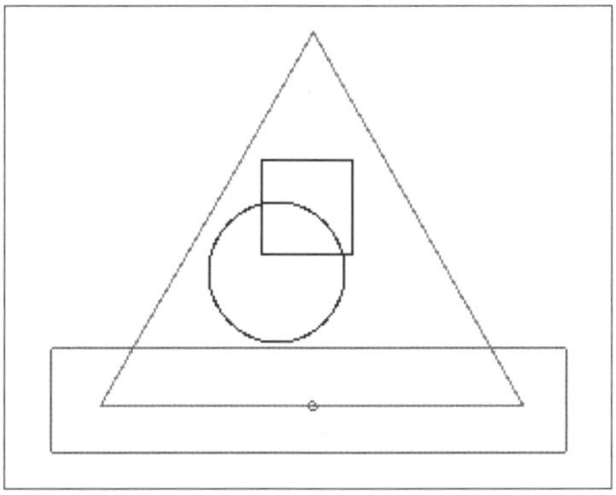

クロックメニュー　左4　範囲選択

201

サンプル　お役立ち度 ★★★

Q 図形や文字を全て選択するには

A ［全選択］を使用します

書き込みレイヤ・表示レイヤになっている画面上の図形や文字を全て選択するには、[範囲] コマンドを実行して[全選択] をクリックします。レイヤグループが異なる場合も選択されます。

ワザ195を参考に［範囲］コマンドを実行しておく

1 ［全選択］をクリック

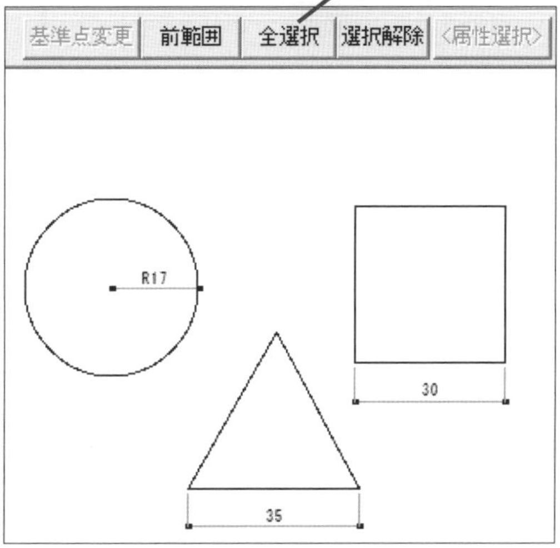

図形をや文字を全て選択できた

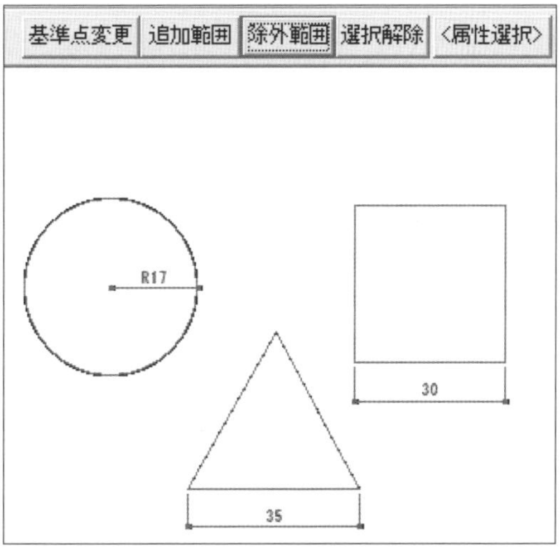

202

サンプル　お役立ち度 ★★★

Q 前回選択した図形をもう一度選択するには

A ［前範囲］を使用します

図形の選択を解除した後や別のコマンドを実行した後でも、直前に選択していた図形を再度選択することができます。［範囲］コマンドを実行し、コントロールバーの［前範囲］をクリックします。練習用ファイルの図形を選択してから他のコマンドを実行し、再度［範囲］コマンドを実行して試してみましょう。

ワザ195を参考に［範囲］コマンドを実行しておく

［前範囲］をクリックすると前回選択した図形や文字を再選択できる

203

お役立ち度 ★★★

Q 選択を全て解除するには

A ［選択解除］をクリックします

現在選択されている図形を全て選択解除するには、コントロールバーの［選択解除］をクリックします。解除方法は他にもいくつかあり、図形の選択後に［範囲］を再度クリックしてコマンドを再実行したり、別のコマンドを実行したりすると選択が解除されます。また、Yキーを押しても解除できます。

ワザ195を参考に［範囲］コマンドを実行しておく

［選択解除］をクリックすると選択を全て解除できる

204

サンプル　お役立ち度 ★★★

Q 線や文字を個別に追加選択するには

A クリックまたは右クリックで追加できます

［範囲］コマンドを実行して図形や文字を囲んで選択した後に、個別で線や円を追加選択したい場合はクリック、文字を選択したい場合は右クリックで追加選択できます。この操作は1度だけでなく、何度も追加で選択することができます。

ワザ195を参考に［範囲］コマンドを実行して左側の円を選択しておく

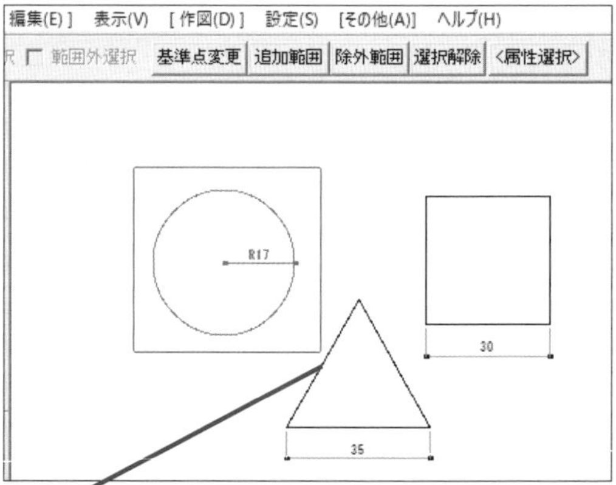

1 ここをクリック

線分が追加で選択された

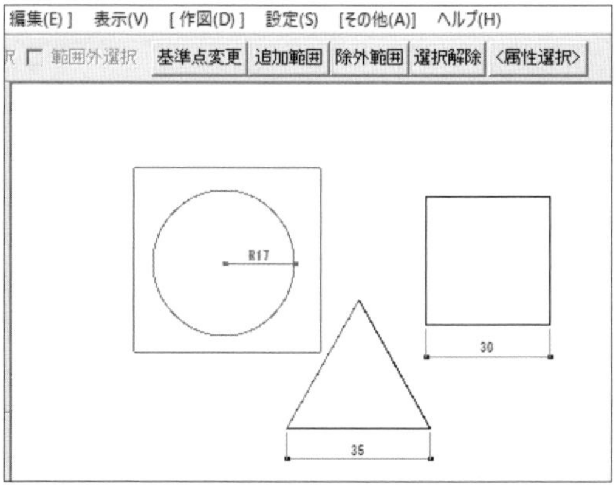

文字は右クリックで個別に追加選択できる

205

サンプル　お役立ち度 ★★★

Q 複数の図形をまとめて追加選択するには

A ［追加範囲］を使用します

［範囲］コマンドを実行して図形や文字を囲んで選択した後に、別の図形をクリックすると追加で選択できます。また［追加範囲］をクリックすると、画面の左上に「追加範囲」と表示され、図形や文字を囲むことでまとめて選択できます。

ワザ195を参考に［範囲］コマンドを実行して左側の円を選択しておく

1 ［追加範囲］をクリック

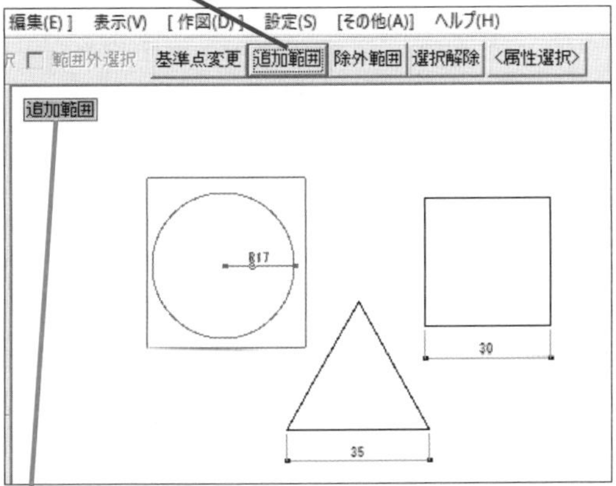

［追加範囲］と表示された

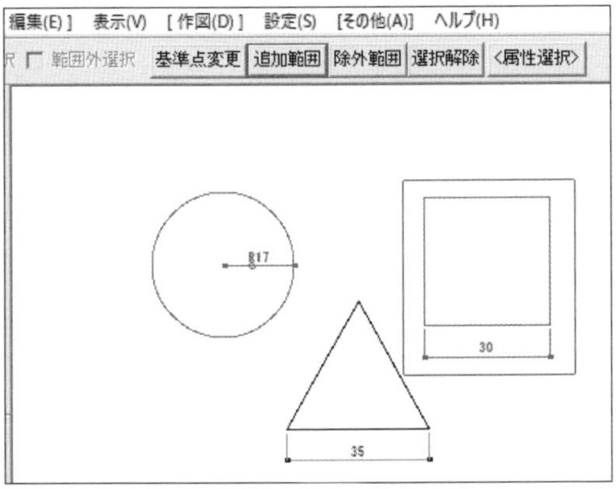

同様の手順で囲んだ範囲を追加選択できる

206

サンプル　お役立ち度 ★★★

Q 複数の図形から一部の図形を除外するには

A ［除外範囲］を実行します

複数の図形をまとめて選択した後、不要な図形を個別に除外したい場合は、線や円はクリック、文字は右クリックで除外できます。まとめて除外したいときは、［除外範囲］をクリックすると画面の左上に［除外範囲］と表示され、不要な図形を囲むと除外されます。

ワザ195を参考に［範囲］コマンドを実行して複数の図形を選択しておく

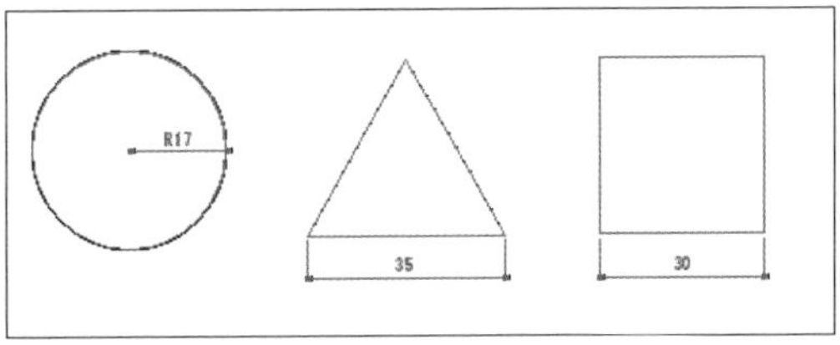

1 ［除外範囲］をクリック

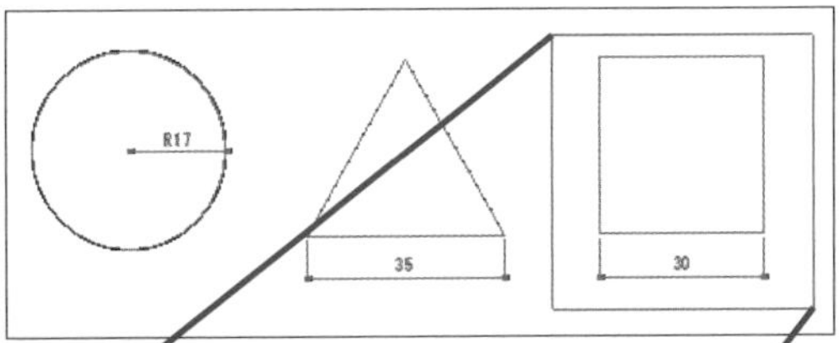

2 ここをクリック

3 ここを右クリック

指定した範囲が除外された

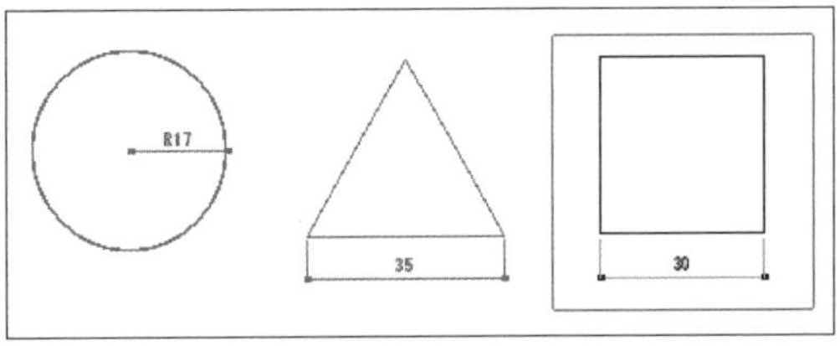

207

サンプル　お役立ち度 ★★★

Q ガイドで囲んだ内側の図形を選択するには

A ［切取り選択］を使用します

以下の例のように、外側から1番目と2番目の四角形を含めずに他の図形を選択したい場合は、［範囲］コマンドを実行して［切取り選択］をクリックしてチェックマークを付けます。次に、外側から2番目の四角形の左上角、右下角の順に右クリックします。この状態で選択されているので、［複写］コマンドを実行して右側に複写し、正しく選択されたか確認します。

ワザ195を参考に［範囲］コマンドを実行しておく

1 ［切取り選択］をクリックしてチェックマークを付ける

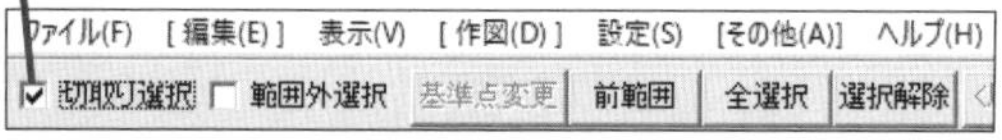

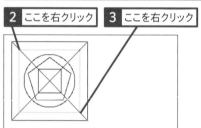

2 ここを右クリック　3 ここを右クリック

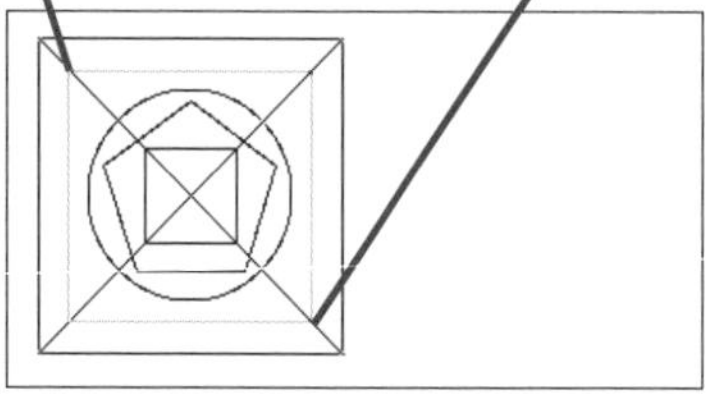

内側の図形が選択された

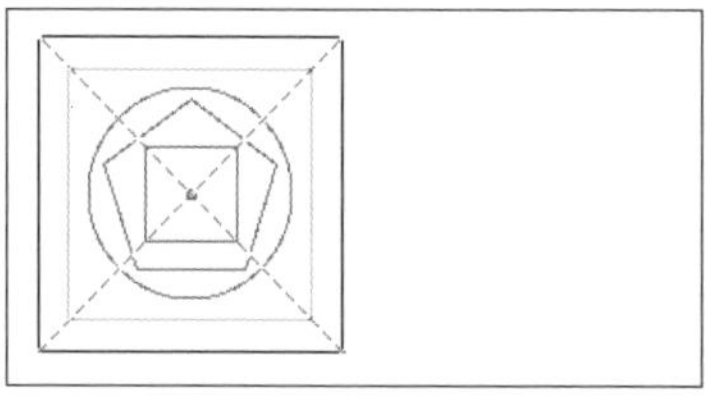

ワザ223を参考に［複写］を実行すると、選択した図形のみを複写できる

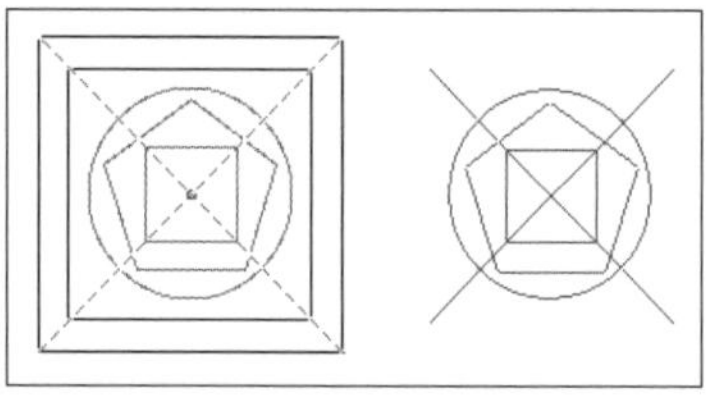

208

サンプル　お役立ち度 ★★★

Q ガイドで囲んだ外側の図形を選択するには

A ［範囲外選択］を使用します

以下の例のように、外側から2番目の四角形の中に含まれない図形を選択するには、［範囲外選択］を使用します。［範囲］コマンドを実行して［範囲外選択］をクリックしてチェックマークを付け、外側から2番目の四角形の左上角、右下角の順に右クリックします。この状態で外側から2番目の四角形の外側にある部分が選択されています。続けて［消去］コマンドを実行すると、選択した部分のみ消去されます。

ワザ195を参考に［範囲］コマンドを実行しておく

1 ［範囲外選択］をクリックしてチェックマークを付ける

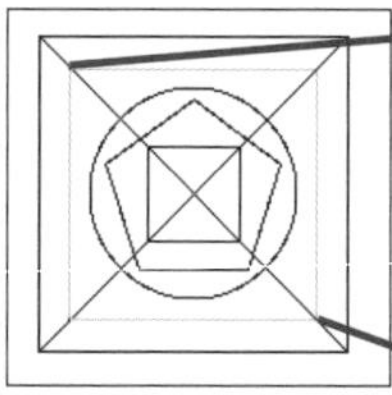

2 ここを右クリック

3 ここを右クリック

外側の四角形が選択された

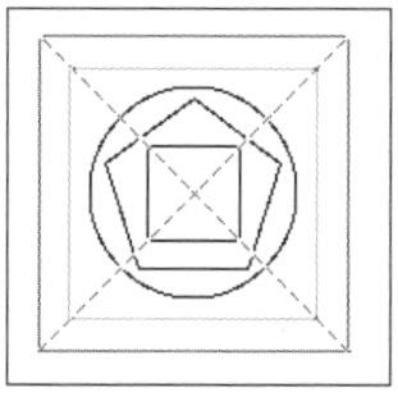

ワザ215を参考に［消去］を実行すると、外側の図形のみを消去できる

属性を使って選択するには

ここでは、コントロールバーの［<属性選択>］で同じ属性の図形などをまとめて選択したり、［属性変更］でまとめて属性を変更したりする方法を説明します。

209

サンプル　お役立ち度 ★★★

Q 特定の属性をもつ図形や文字をまとめて選択するには

A ［<属性選択>］を使います

［<属性選択>］を使うと、特定の属性をもつ図形や文字だけをまとめて選択することができます。以下の例では［範囲］コマンドを実行して全ての図形や文字を選択した状態で［<属性選択>］をクリックし、［文字指定］にチェックマークを付けて文字だけを選択しています。属性は他にも、ハッチングした箇所やソリッド図形、寸法などを指定することができます。

ワザ195を参考に［範囲］コマンドを実行して図形と文字を選択しておく

1 ［<属性選択>］をクリック

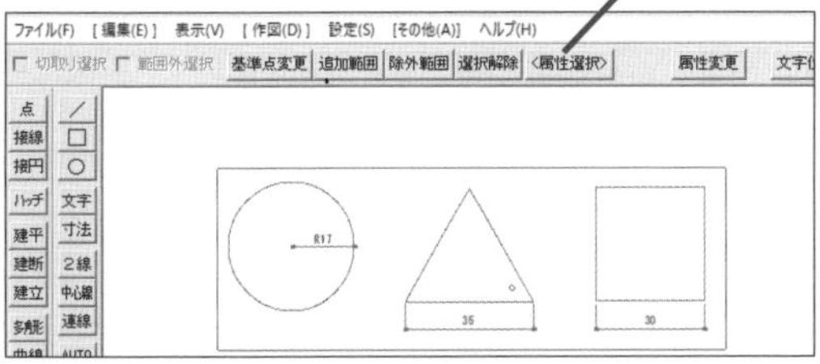

2 ［文字指定］をクリック

3 ［【指定属性選択】］をクリックしてチェックマークを付ける

4 ［OK］をクリック

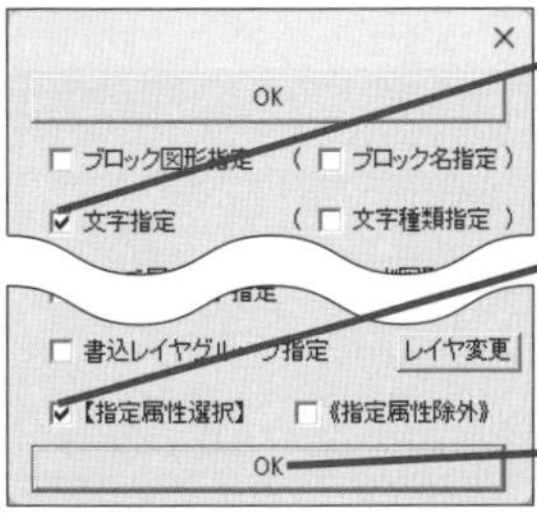

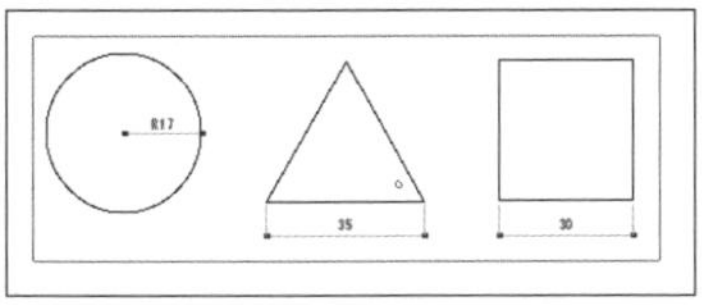

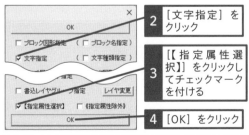

文字だけまとめて選択できた

210

サンプル　お役立ち度 ★★★

Q 図形や文字の線属性を個々に変更するには

A ［属変］コマンドを使用します

［属変］コマンドを使用すると、線属性や文字種をクリックだけで変更することができます。ワザ139を参考に線属性、ワザ271を参考に文字種を変更しておき、［属変］コマンドを実行します。［線種・文字種変更］にチェックマークを付けて、線や円を変更したい場合はクリック、文字を変更したい場合は右クリックします。

ワザ139とワザ271を参考に線属性と文字種を変更しておく

1 ［属変］をクリック

2 ［線種・文字種変更］をクリックしてチェックマークを付ける

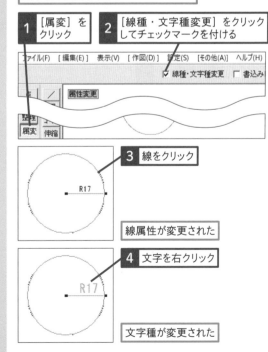

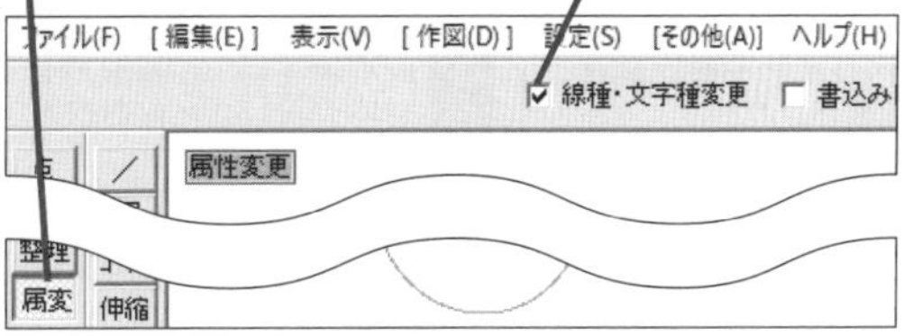

3 線をクリック

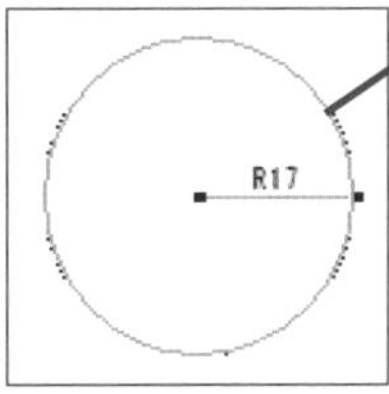

線属性が変更された

4 文字を右クリック

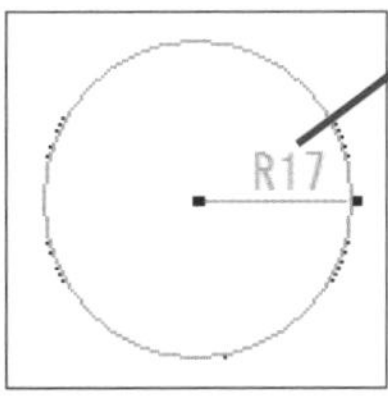

文字種が変更された

211

サンプル　お役立ち度 ★★★

Q 図形や文字を個々に書き込みレイヤに移動するには

A ［書込みレイヤ変更］を使用します

別のレイヤで作図した図形や文字を個々に書き込みレイヤに移動するには、［属変］コマンドを実行して［線種･文字種変更］をクリックし、［書込みレイヤに変更］をクリックしてチェックマークを付けます。線や円を変更したい場合はクリック、文字を変更したい場合は右ク

ワザ184を参考にレイヤ［1］を書き込みレイヤにしておく

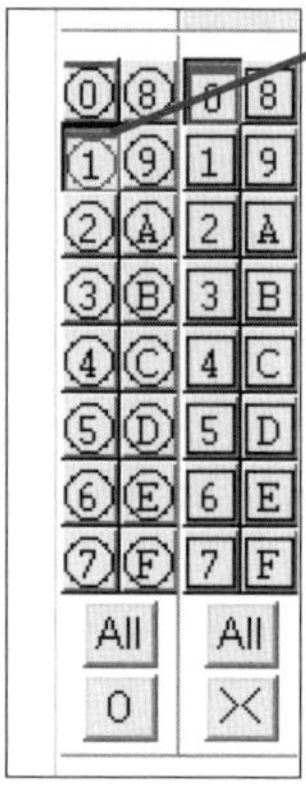

1 ここを右クリック

［レイヤ一覧］画面が表示された

2 レイヤ［1］に図形や文字がないことを確認

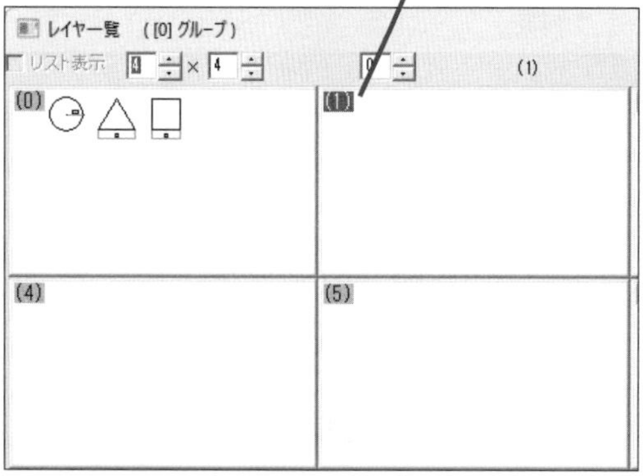

右上の［閉じる］をクリックして画面を閉じる

3 ［属変］をクリック

4 ［線種・文字種変更］をクリックしてチェックマークを付ける

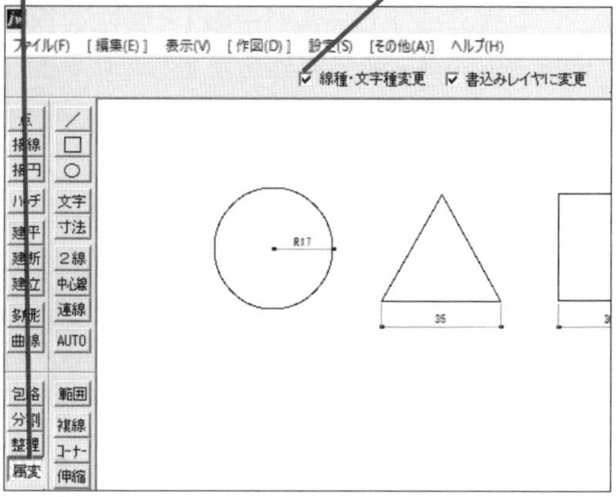

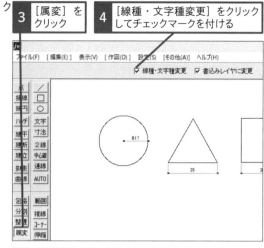

5 ［書込みレイヤに変更］をクリックしてチェックマークを付ける

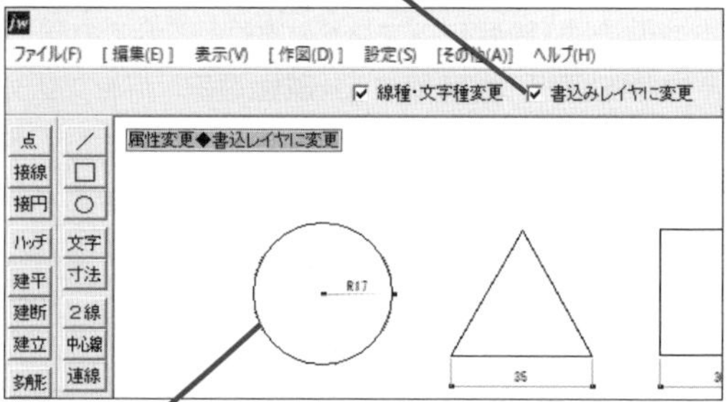

6 円をクリック

円が書き込みレイヤの［1］に移動した

［レイヤ一覧］画面を表示すると図形が移動したことを確認できる

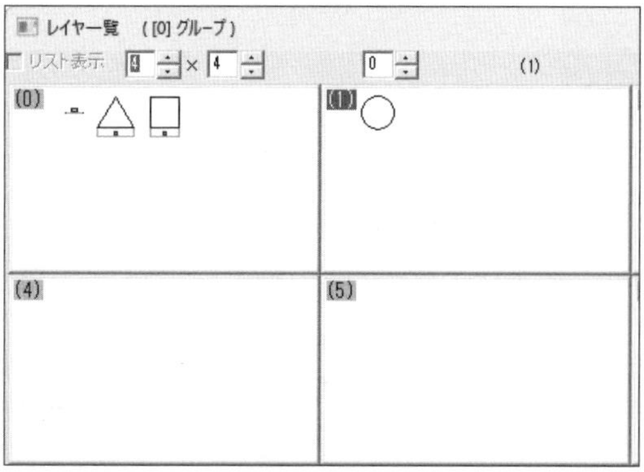

212

サンプル　お役立ち度 ★★★

Q 複数の図形を全て同じ色に変更するには

A ［属性変更］で線色を指定します

［<属性選択>］と［属性変更］を組み合わせて使うと、線色や線種を素早く変更することができます。以下の例では［<属性選択>］で［線色3］の図形を選択し、［属性変更］で［線色1］に変更しています。なお［<属性選択>］の画面で操作項目をクリックすると［線属性］の画面が表示されます。［線属性］の画面で設定を行ない、［OK］をクリックすると［<属性選択>］の画面に戻るので、そこで［OK］をクリックするとコマンドが確定します。

ワザ201を参考に図形をまとめて選択しておく

1 ［<属性選択>］をクリック

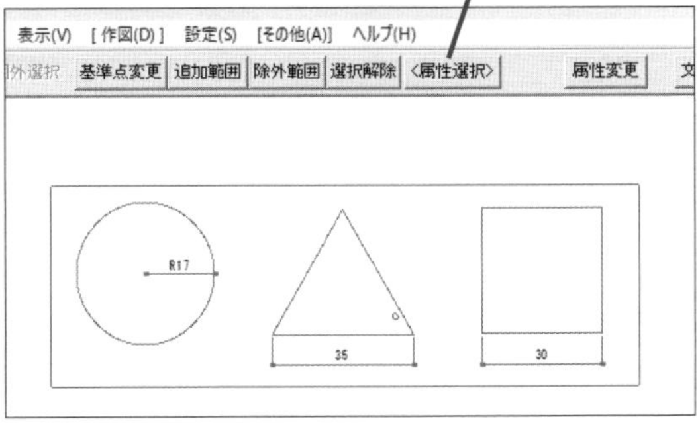

2 ［指定【線色】指定］をクリック

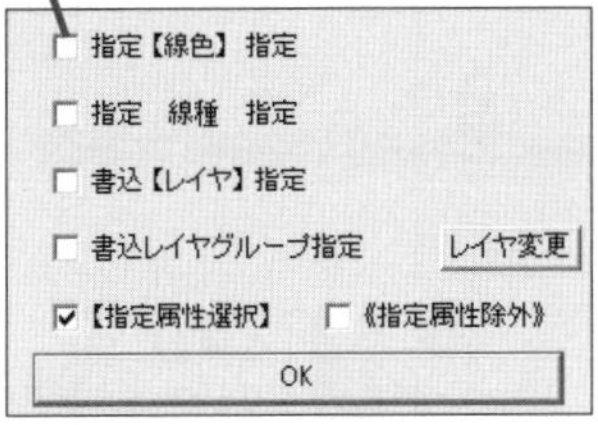

3 ［線色3］をクリック

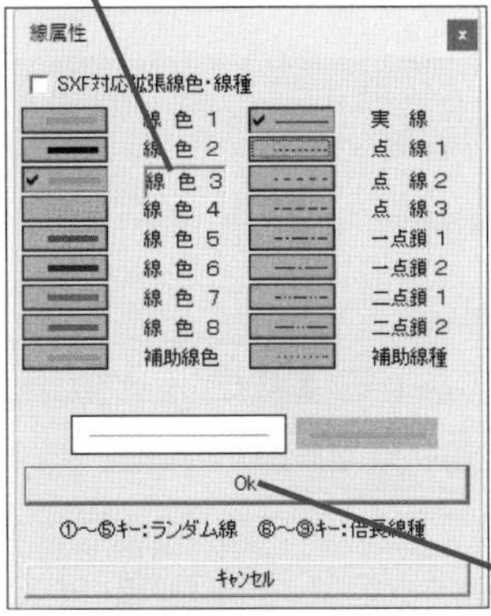

4 ［OK］をクリック

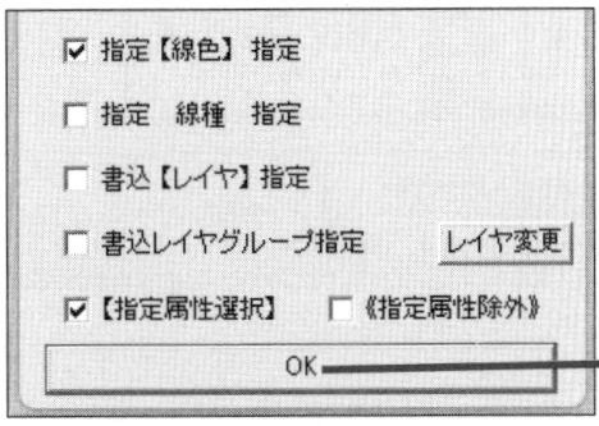

5 ［OK］をクリック

同じ線色の図形が選択された

6 ［属性変更］をクリック

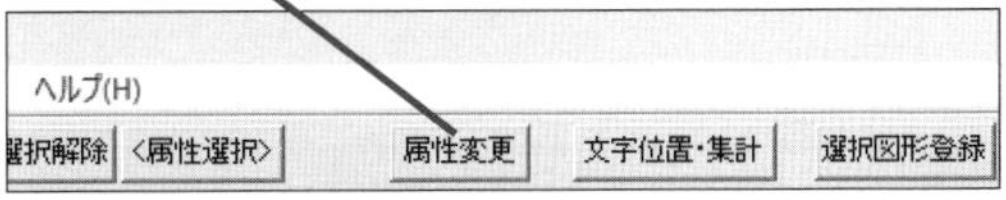

7 ［指定線色に変更］をクリック

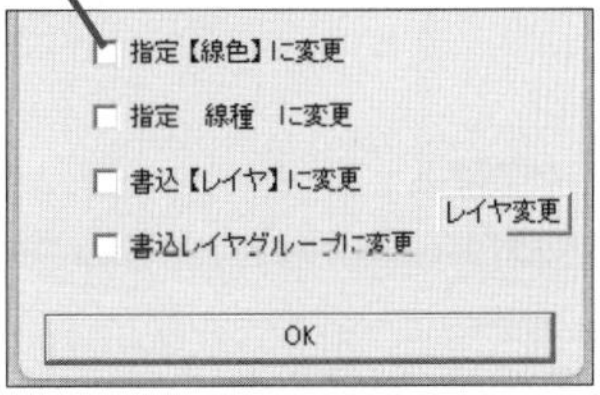

8 ［線色1］をクリック

9 ［OK］をクリック

元の画面で［OK］をクリックしておく

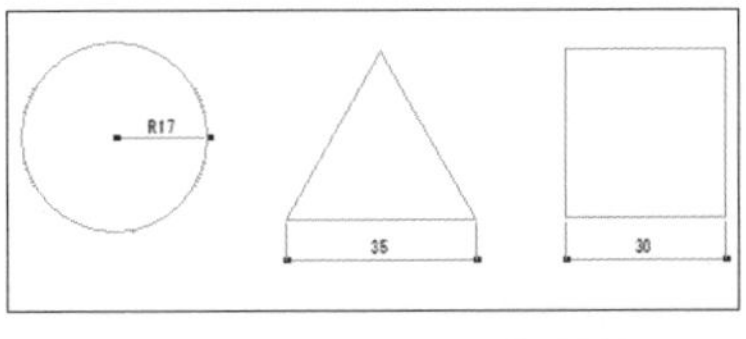

図形が同じ線色に変更された

213

サンプル　お役立ち度 ★★★

Q 複数の図形を同じ線種に変更するには

A ［属性変更］で線種を指定します

ワザ212と同様に、［<属性選択>］で選択した図形を［属性変更］で一括して変更します。以下の例では［線色3］で［実線］の図形を選択して、線種を［実線］から［点線2］に変更しています。なお［<属性選択>］で線種を指定して図形を選択することも可能です。また、線種を変更してから続けて線色を変更することも可能です。

ワザ201を参考に図形をまとめて選択しておく

1 ［属性選択］をクリック

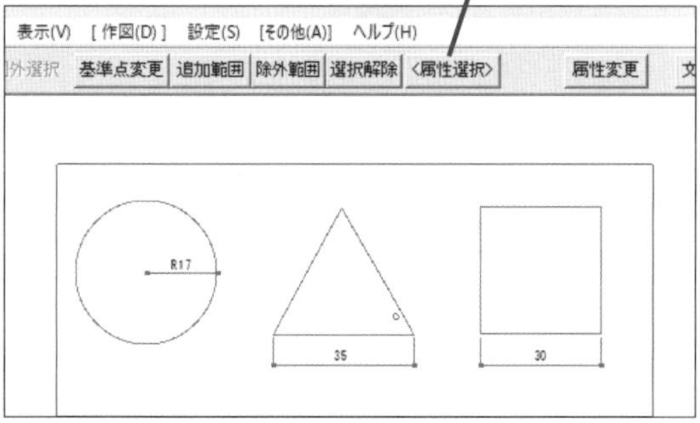

2 ［指定【線色】指定］をクリック

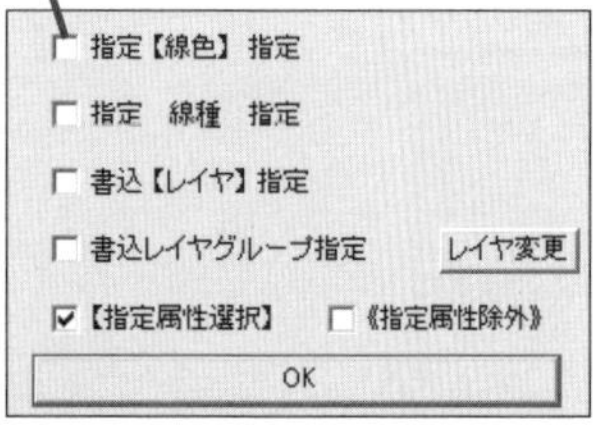

3 ［線色3］をクリック

4 ［OK］をクリック

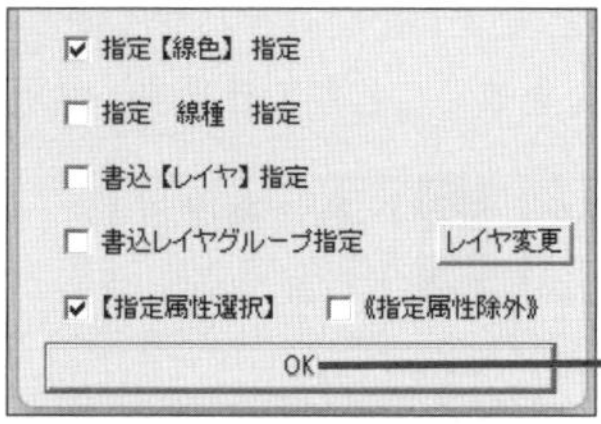

5 ［OK］をクリック

同じ線色の図形が選択された

6 ［属性変更］をクリック

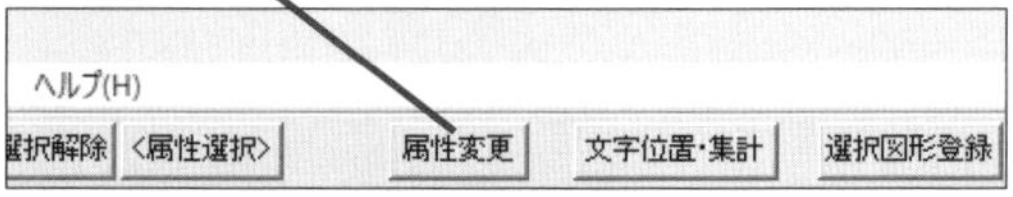

7 ［指定線種に変更］をクリック

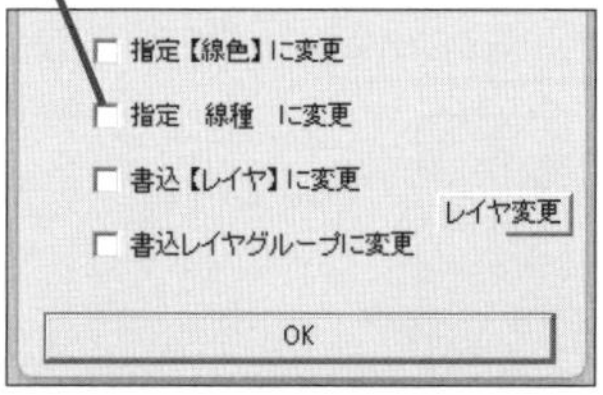

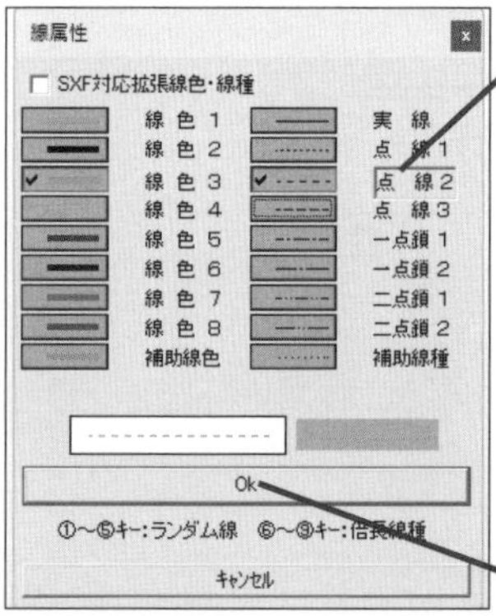

8 ［点線2］をクリック

9 ［OK］をクリック

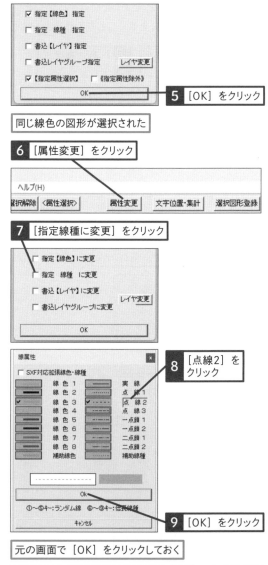

元の画面で［OK］をクリックしておく

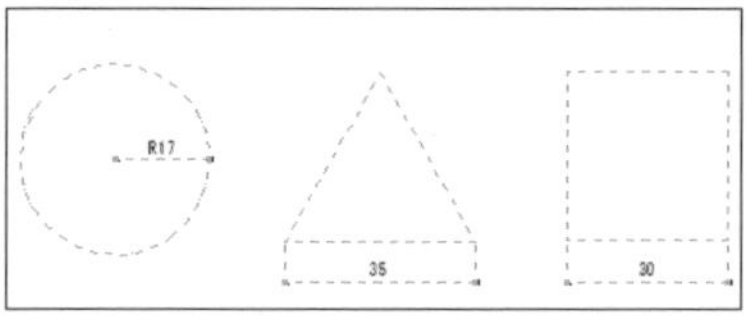

図形が同じ線種に変更された

クロックメニュー　左4　範囲選択

ショートカットキー　範囲選択　Y

214

サンプル　お役立ち度 ★★★

Q 複数の図形を違うレイヤに移動するには

A ［レイヤ変更］を使用します

［属性変更］の［レイヤ変更］を使うと、選択した図形をまとめて特定のレイヤに移動することができます。以下の例では選択した図形をまとめてレイヤ［1］に移動しています。移動後はレイヤバーを右クリックして確認できます。

ワザ212を参考に［線色3］の図形をまとめて選択しておく

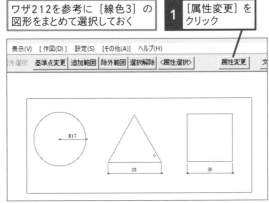

1 ［属性変更］をクリック

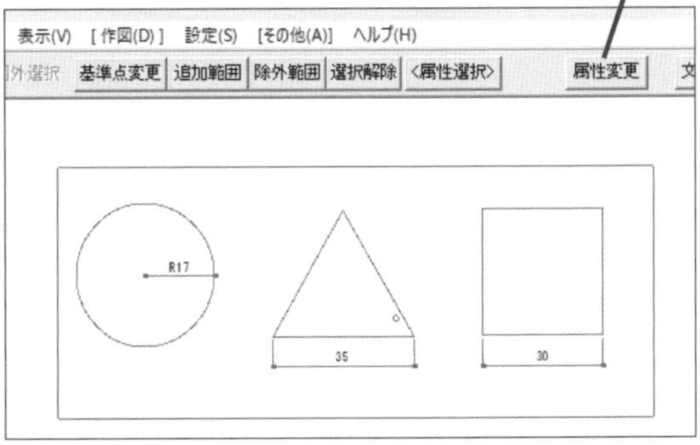

2 ［レイヤ変更］をクリック

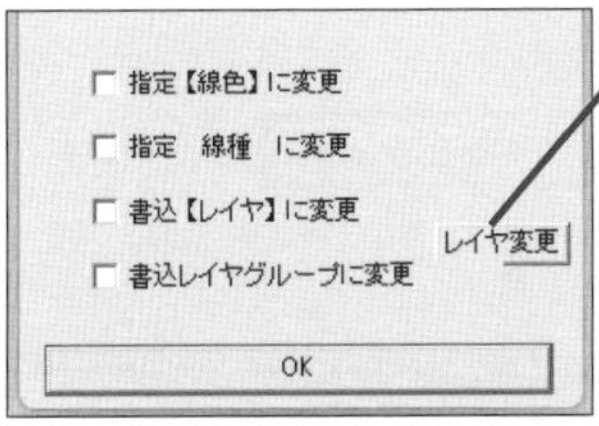

［レイヤ設定］画面が表示された

3 ［1］を右クリック

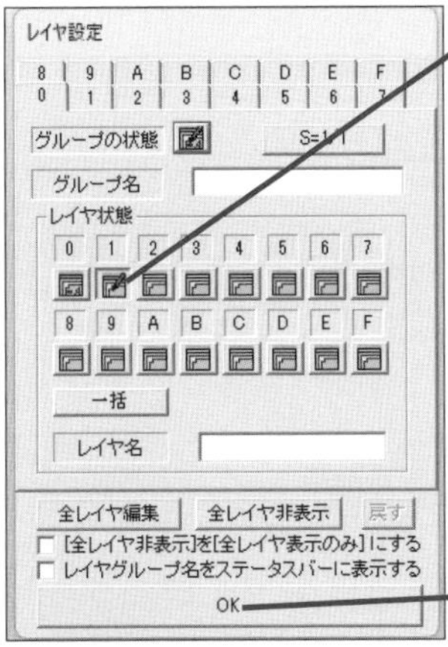

4 ［OK］をクリック

5 ［書込みレイヤに変更］をクリックしてチェックマークを付ける

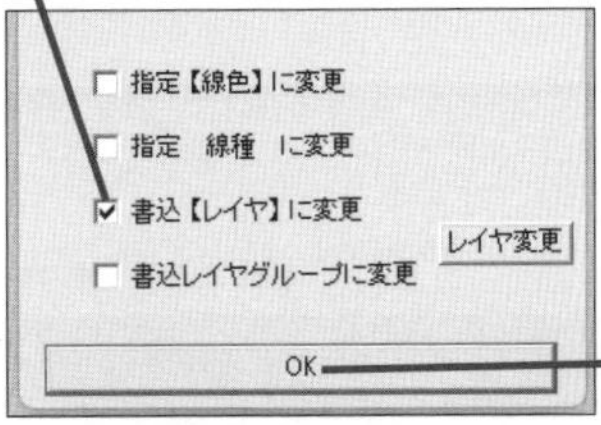

6 ［OK］をクリック

図形が書き込みレイヤに移動した

7 ［1］を右クリック

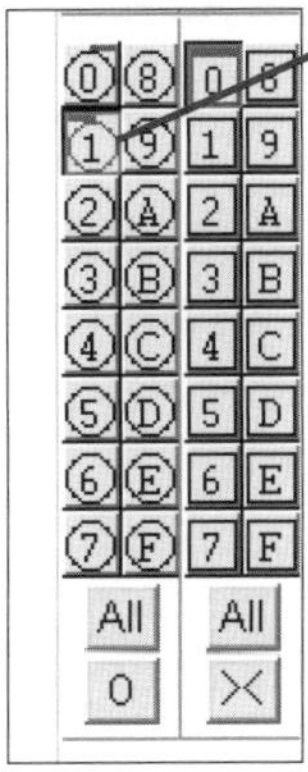

図形が書き込みレイヤの［1］に移動していることを確認する

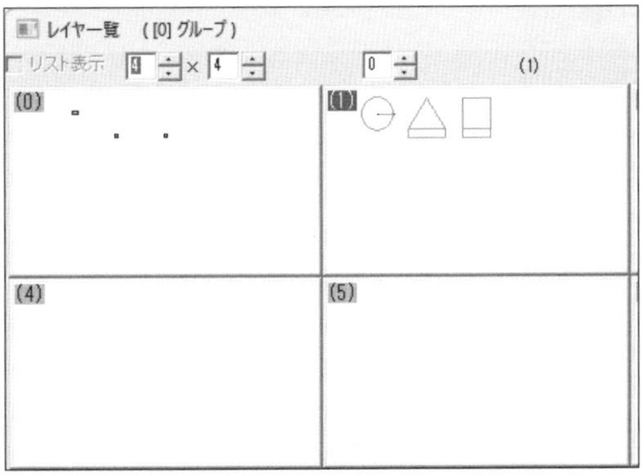

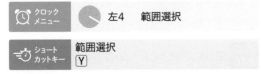

クロックメニュー　左4　範囲選択

ショートカットキー　範囲選択　Y

関連212 複数の図形を全て同じ色に変更するには ▶P.139

関連213 複数の図形を同じ線種に変更するには ▶P.140

第9章 図形の消去、移動、複写をするには

図形を消去するには

ここでは、[消去] コマンドおよび [包絡] コマンドを使って、図形や文字を消去する方法を説明します。

215 サンプル お役立ち度 ★★★

Q 図形や文字を消去するには

A [消去] コマンドを実行します

図形や文字を消去する方法はいくつかありますが、ここでは線や文字を1つずつ消去する方法を紹介します。[消去] コマンドを実行し、線や文字を右クリックします。円も同様に右クリックして消去します。

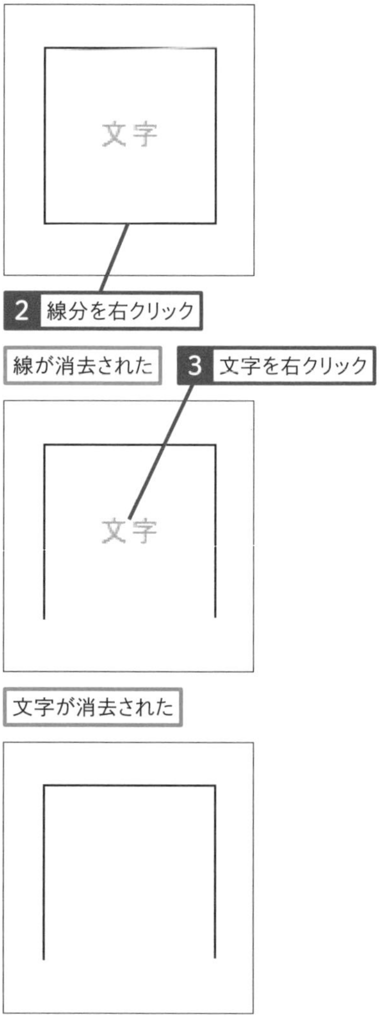

クロックメニュー 左10 消去

関連216 図形や文字をまとめて消去するには ▸P.143

216 サンプル お役立ち度 ★★★

Q 図形や文字をまとめて消去するには

A ［範囲］コマンドで対象を選択します

図形や文字をまとめて消去するには［範囲］コマンドを実行し、消去する図形や文字を選択してから、［消去］コマンドを実行します。なお、キーボードの Delete キーを押しても同様に消去できます。

ワザ195を参考に［範囲］コマンドを実行しておく

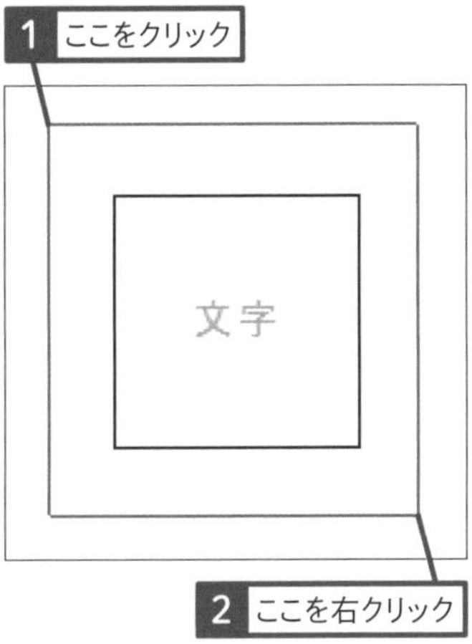

図形と文字が選択された

［消去］をクリックすると消去される

クロックメニュー 左10 消去

217 サンプル お役立ち度 ★★★

Q 線分の一部を消去するには

A 消去する部分を右クリックで指定します

［消去］コマンドを使って、線の一部分だけを消去することができます。以下の例では、選択しづらい線分を消去しています。まず消去したい線をクリックします。次に消去したい交点の始点を右クリックし、終点を右クリックします。交点を指定せずに任意の点で消去する場合は、操作3でクリックして消去します。

ワザ215を参考に［消去］コマンドを実行しておく

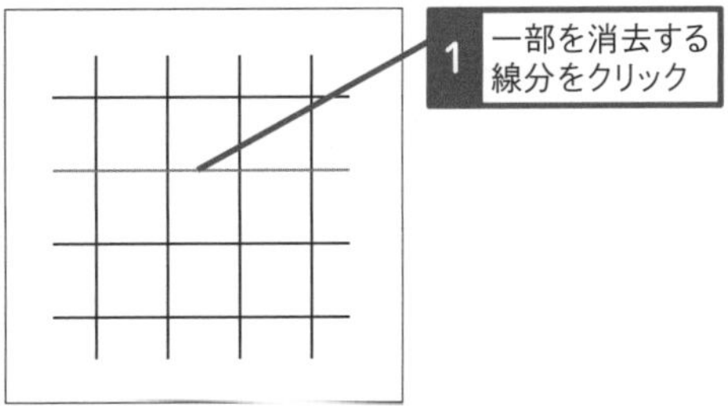

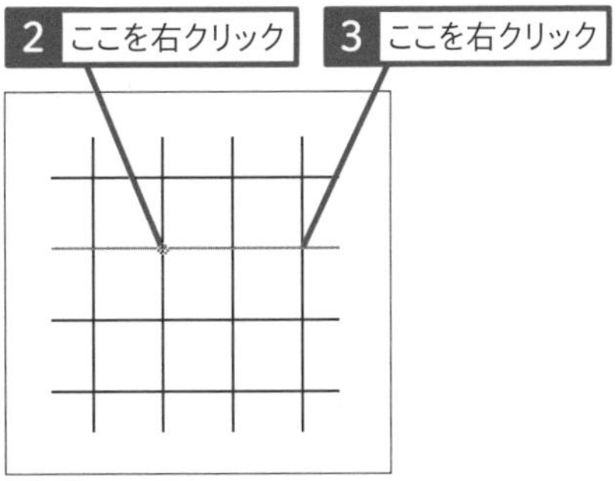

一部を消去できた

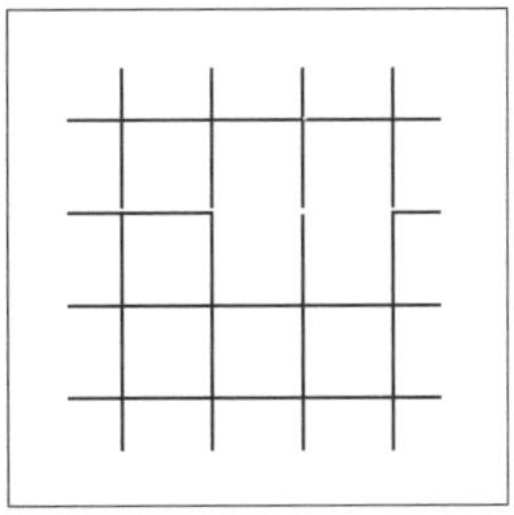

Jw_cadの基礎知識
基本操作と事前準備
基本的な線の作図と点の取得
円や接線、接円の作図
長方形や多角形の作図
さまざまな線の作図と属性の取得
線や角の編集
レイヤの管理と図形の編集
図形消去・移動・複写
変形と塗りつぶし
文字の記入と編集
寸法の記入
ファイルの挿入・出力
便利機能とトラブル解決

218

サンプル　お役立ち度 ★★★

Q 他の線に挟まれた範囲を消去するには

動画で見る

A ［節間消し］を使用します

［消去］コマンドを実行して［節間消し］にチェックマークを付けると、ワンクリックだけで線や点で挟まれた線を素早く消去することができます。操作が必要なくなったらチェックマークをはずしましょう。

ワザ215を参考に［消去］コマンドを実行しておく

1 ［節間消し］をクリックしてチェックマークをはずす

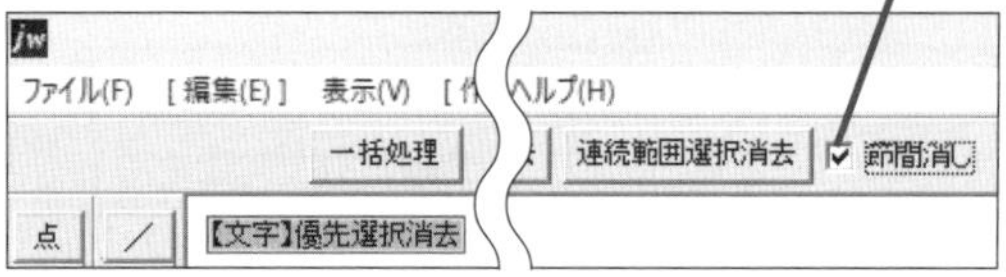

2 ここをクリック

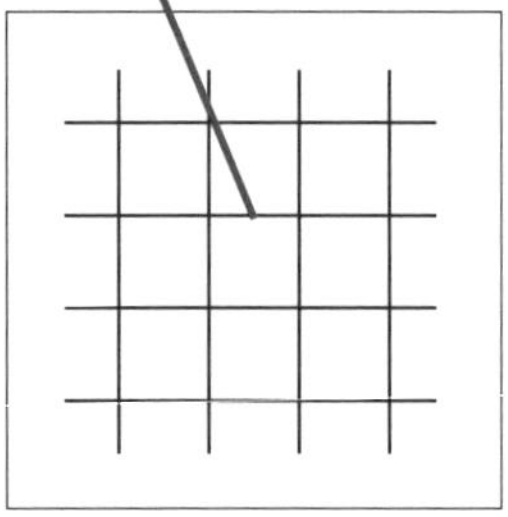

他の線に囲まれた範囲を消去できた

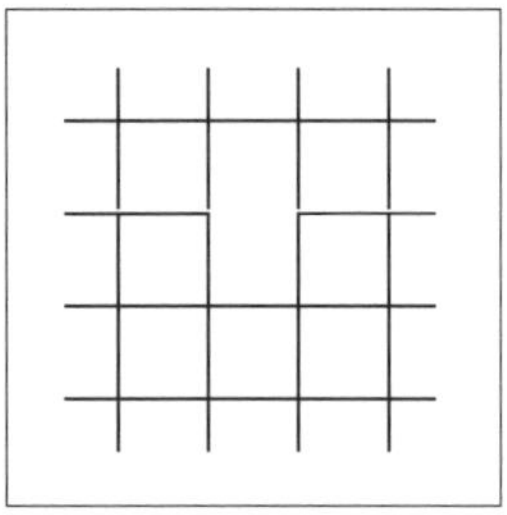

［節間消し］をクリックしてチェックマークをはずしておく

クロックメニュー　左10　消去

219

サンプル　お役立ち度 ★★★

Q 2つの線に挟まれた範囲をまとめて消去するには

A ［一括処理］を使用します

2つの線に挟まれた範囲の図形をまとめて消去するには、［消去］コマンドを実行し、［一括処理］をクリックします。まず消去する範囲を選択してから、消去する線分を指示します。なお、一括処理で消去できるのは線分のみです。

ワザ215を参考に［消去］コマンドを実行しておく

1 ［一括処理］をクリック

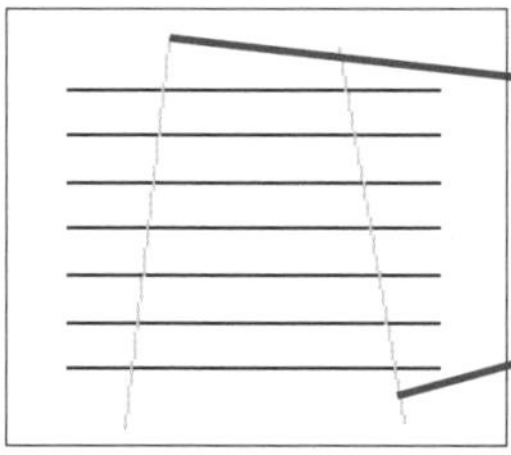

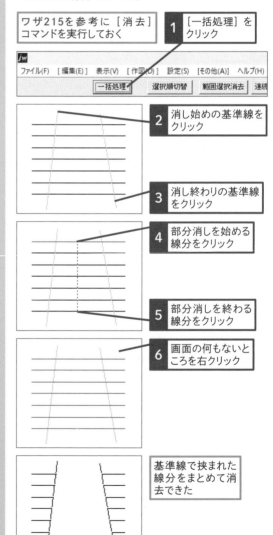

2 消し始めの基準線をクリック

3 消し終わりの基準線をクリック

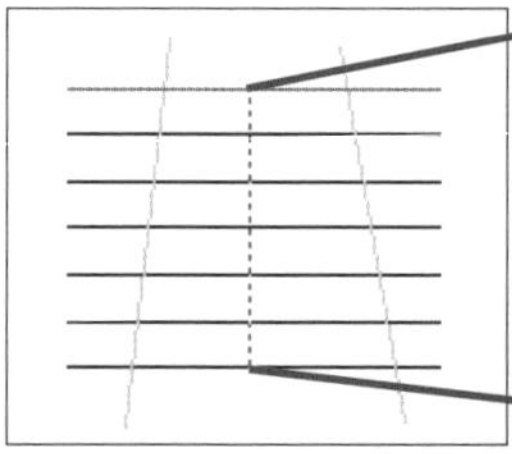

4 部分消しを始める線分をクリック

5 部分消しを終わる線分をクリック

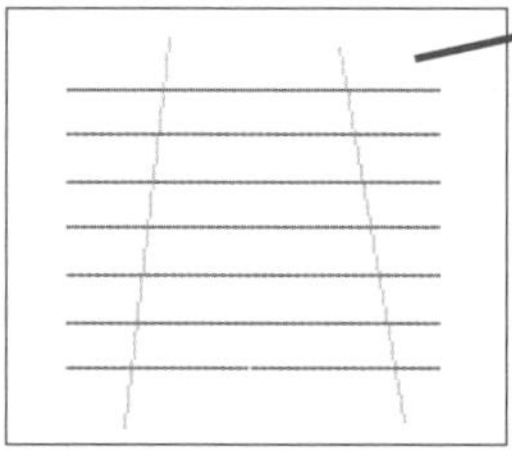

6 画面の何もないところを右クリック

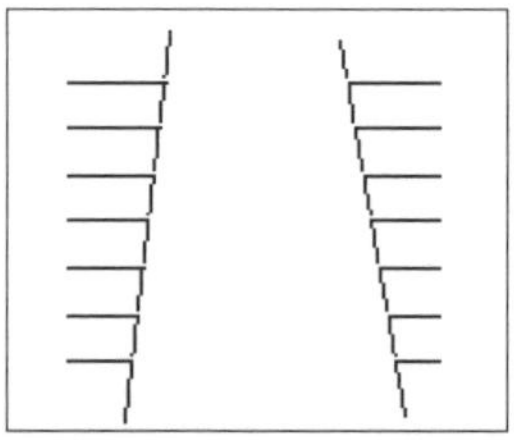

基準線で挟まれた線分をまとめて消去できた

220

サンプル　お役立ち度 ★★★

Q 消去する線分を囲まずに選択するには

A 始める線と終わる線を右クリックで指示します

複数の線をまとめて消去する場合、［範囲］コマンドを実行して囲んで選択するのではなく、［消去］コマンドだけで線を消去することができます。以下の例では［消去］コマンドの実行後に［一括処理］をクリックし、始める線を右クリックで指定しています。続けて終わる線をクリックまたは右クリックし、［処理実行］をクリックするか何もないところで右クリックします。

ワザ215を参考に［消去］コマンドを実行して［一括処理］をクリックしておく

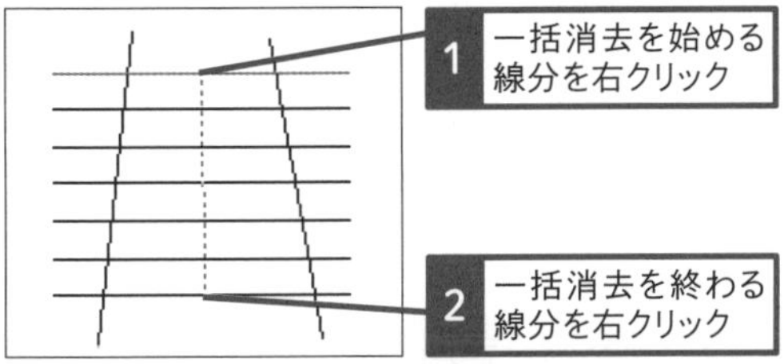

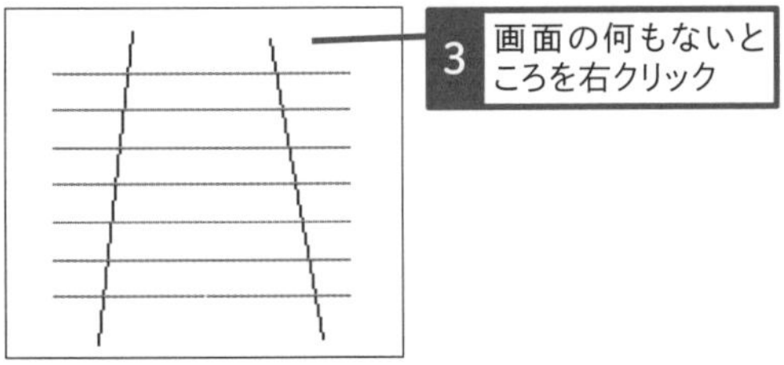

コントロールバーの［処理実行］をクリックしてもよい

線分をまとめて消去できた

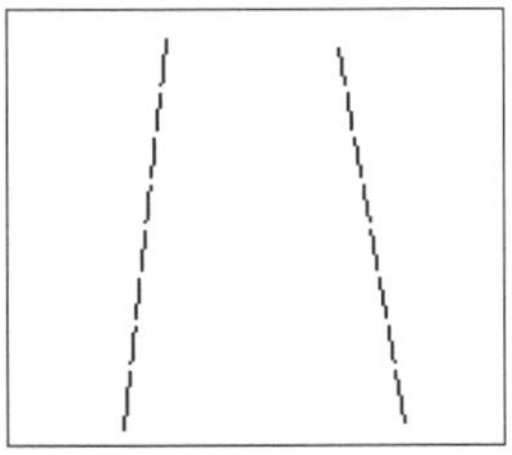

クロックメニュー　左10　消去

221

サンプル　お役立ち度 ★★★

Q 赤いガイドで切り取って線分を消去するには

A ［包絡］コマンドを使います

［包絡］コマンドを使うと、複数の処理を素早く実行することができます。以下の例では［包絡］コマンドを実行し、［実線］にチェックマークを付けて実線を対象にしています。さらに消去範囲の始点をクリックし、終点を右クリックすることで、選択窓の赤い矩形状の範囲だけ、指定した線種を消去できます。なお、［消去］コマンドを実行して［範囲選択消去］をクリックし、［切取り選択］にチェックマークを付けて消去する範囲を囲み、［選択確定］をクリックしても同様の処理ができます。

1 ［包絡］をクリック

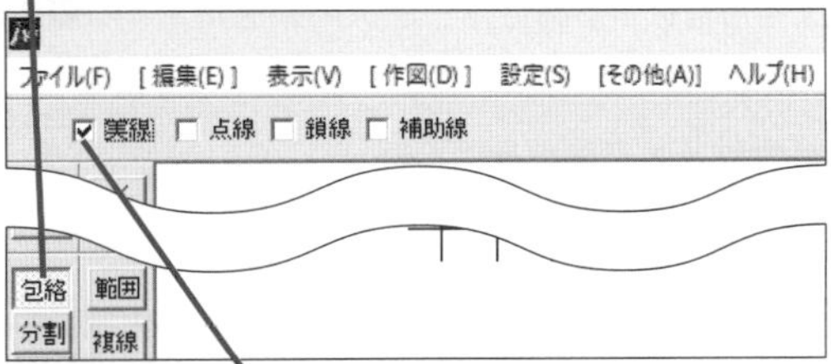

2 ［実線］をクリック

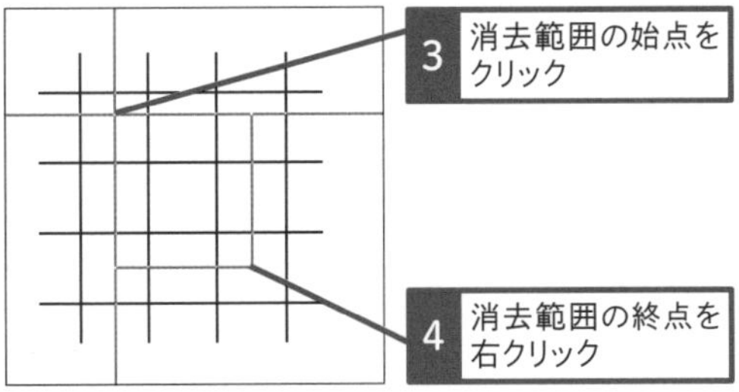

ガイドで囲んだ範囲を消去できた

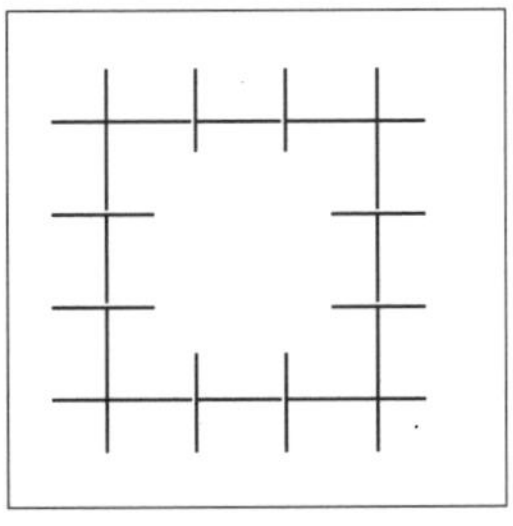

図形を選択するには

[移動]、[複写]、[範囲] コマンドを使って、図形や文字を移動したり、複写したり、拡大・縮小する方法などを紹介します。

222 サンプル お役立ち度 ★★★

Q 図形を移動するには

A [移動] コマンドを使用します

図形を移動する場合は、[移動] コマンドを実行して図形を選択します。以下の例では、[移動] コマンドを実行し、四角形の周りの始点をクリックし、対角線上に終点をクリックして選択します。次に [選択確定] をクリックし、移動したい場所でクリックします。なお、文字も選択する場合は、選択範囲を指定する際に終点を右クリックします。

●図形のみを移動するには

1 [移動] をクリック

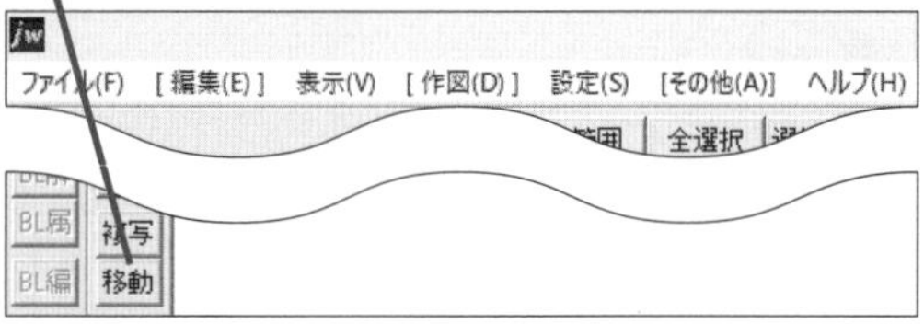

2 ここをクリック

3 ここをクリック

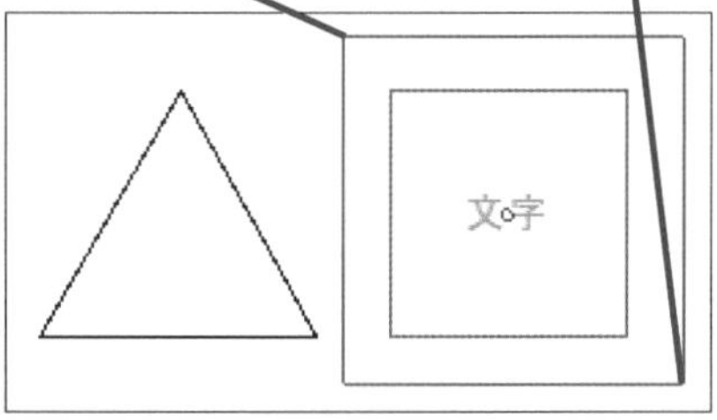

4 [選択確定] をクリック

図形を選択できた

5 移動したい場所をクリック

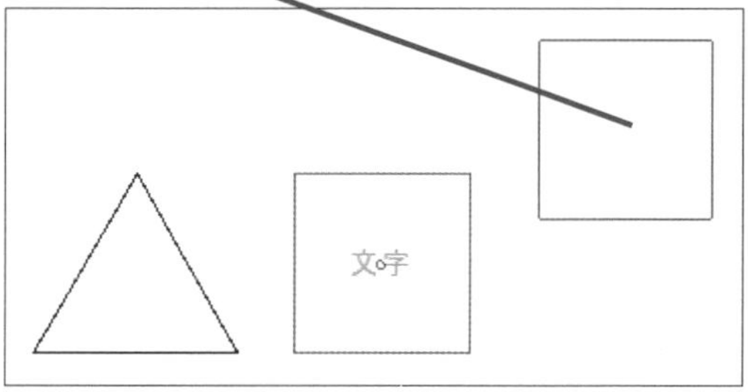

図形を移動できた

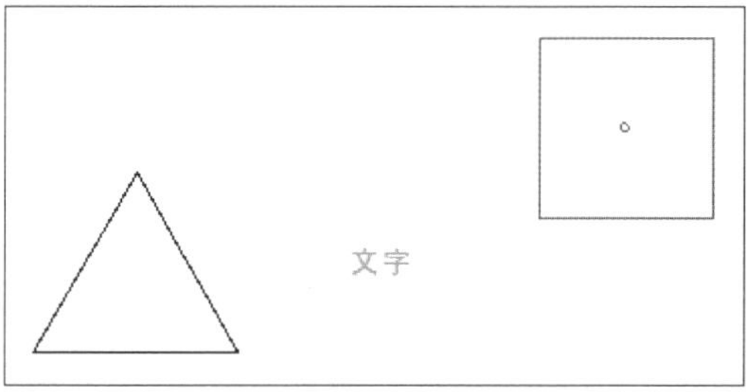

画面をクリックすると移動場所を変更できる

別のコマンドを実行すると [移動] コマンドが終了する

●図形と文字を移動するには

[移動] コマンドを実行しておく

1 ここをクリック

2 ここを右クリック

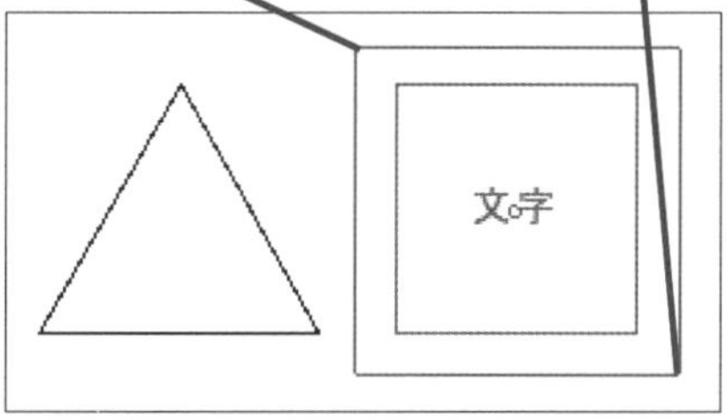

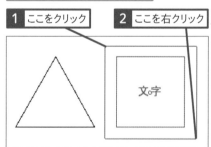

[選択確定] をクリックすると図形と文字をまとめて選択できる

223

サンプル　お役立ち度 ★★★

Q 図形を複写するには

A ［複写］コマンドを使用します

図形を複写するには［複写］コマンドを使用します。以下の例では四角形の周りの始点をクリックし、対角線上に終点をクリックして選択します。次に［選択確定］をクリックし、移動したい場所でクリックします。なお、文字も選択する場合は、選択範囲を指定する際に終点を右クリックします。これらの操作は図形を移動するときと同様です。

1 ［複写］をクリック

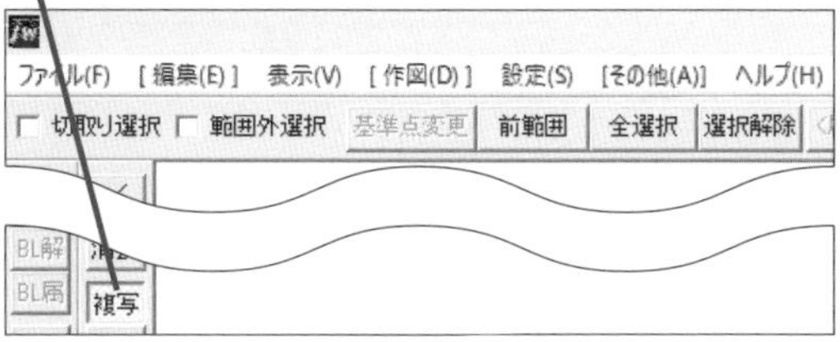

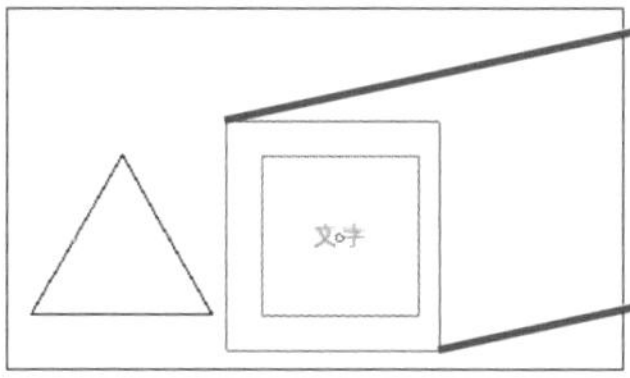

2 ここをクリック

3 ここをクリック

右クリックすると文字も選択できる

4 ［選択確定］をクリック

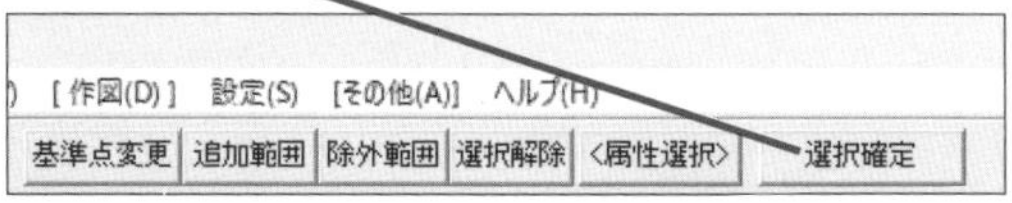

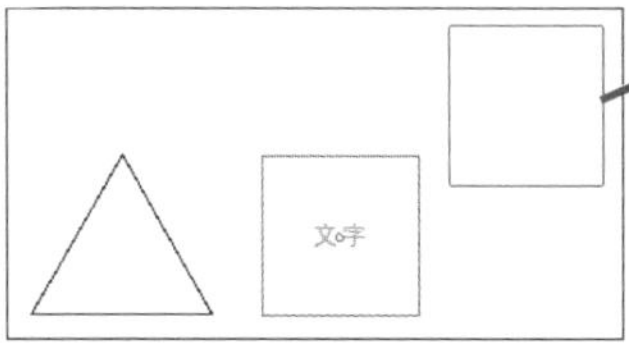

5 複写したい場所をクリック

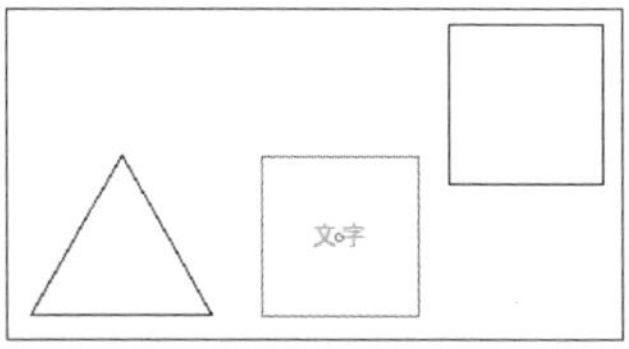

図形を複写できた

別のコマンドを実行すると［複写］コマンドが終了する

224

サンプル　お役立ち度 ★★★

Q ［範囲］コマンドを実行してから移動や複写をするには

A 続けて［移動］［複写］コマンドを実行します

［範囲］コマンドで図形を選択してから、［移動］や［複写］などのコマンドを実行することができます。以下の例では四角形を選択してから［基準点変更］を実行し、［移動］または［複写］コマンドを実行しています。なお［基準点変更］は行わなくても、［移動］や［複写］コマンドを実行することが可能です。また、［移動］コマンドに続けて［複写］コマンドを実行することもできます。

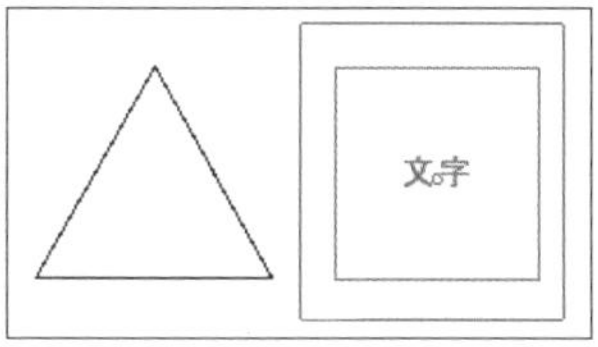

ワザ216を参考に図形と文字を選択しておく

1 ［基準点変更］をクリック

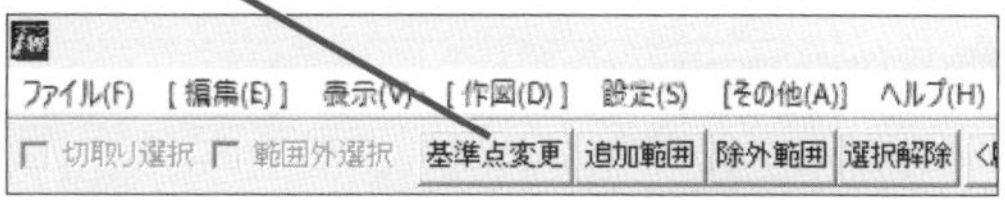

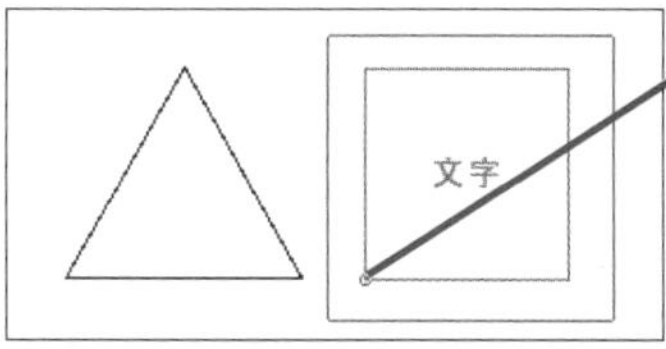

2 ここを右クリック

基準点を変更できた

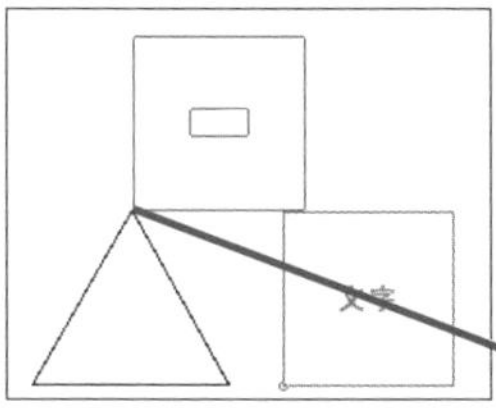

ワザ222を参考に［移動］コマンドを実行しておく

3 ここを右クリック

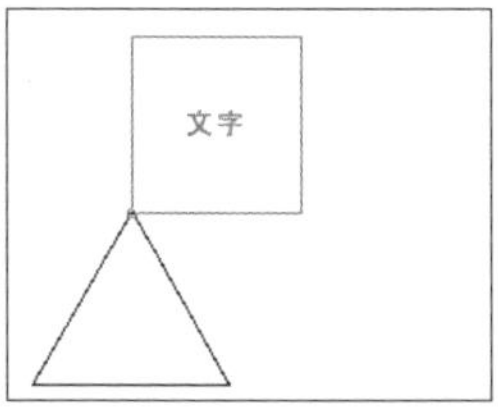

図形と文字が移動できた

225

サンプル　お役立ち度 ★★★

Q 方向を横に固定して図形を移動（複写）するには

A ［任意方向］をクリックして［X方向］にします

［移動］コマンドを実行して図形を選択し、コントロールバーの表示が［任意方向］のときは、自由な位置に移動できます。［任意方向］をクリックするか space キーを押すと、［X方向］［Y方向］［XY方向］の順に切り替わり、移動方向を固定できます。横に固定する場合は［X方向］にします。なお、［複写］コマンドでも同様の操作ができます。

ワザ222を参考に［移動］コマンドを実行して図形と文字を選択しておく

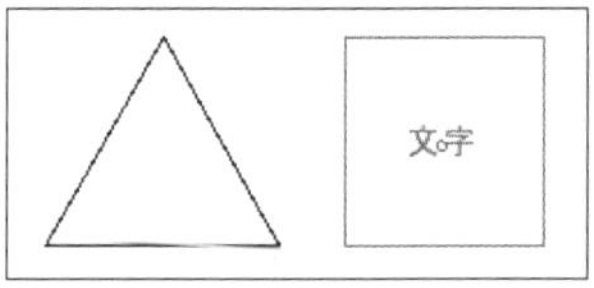

1 クリックして［X方向］を表示

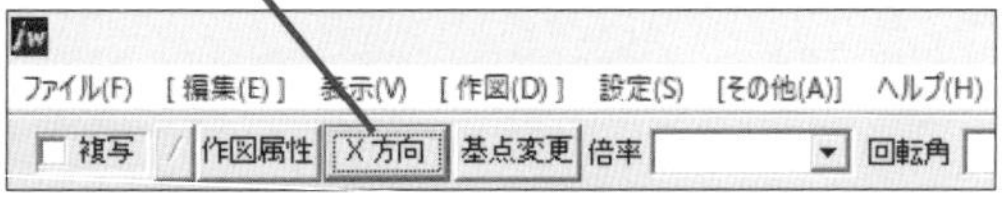

移動する方向が横方向に制限された

2 移動したい場所をクリック

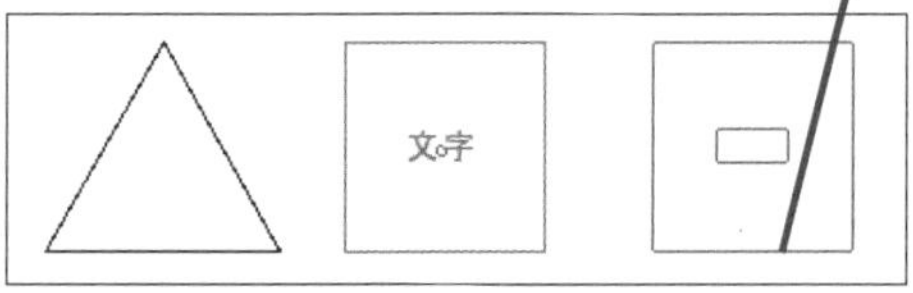

図形と文字を横方向に移動できた

同様の操作を［複写］コマンドでも行うことができる

226

サンプル　お役立ち度 ★★★

Q 方向を縦に固定して図形を移動（複写）するには

A ［任意方向］をクリックして［Y方向］にします

［移動］コマンドを実行して図形を選択し、［任意方向］をクリックするか space キーを押すと、移動方向を固定することができます。縦方向に固定する場合は［Y方向］を表示します。［複写］コマンドでも同様の操作ができます。また、［XY方向］にすると、移動方向を縦横のどちらかに固定できます。

ワザ222を参考に［移動］コマンドを実行して図形と文字を選択しておく

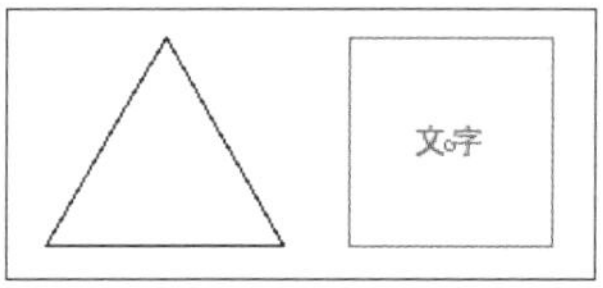

1 クリックして［Y方向］を表示

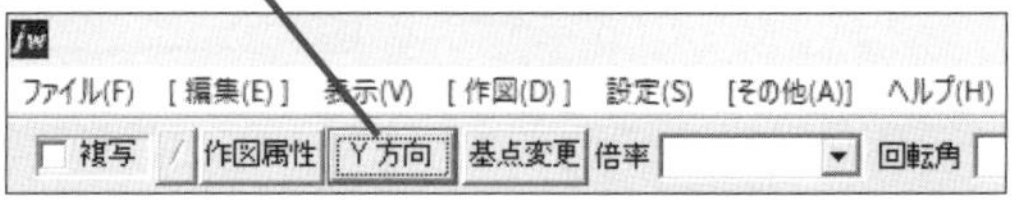

移動する方向が縦方向に制限された

2 移動したい場所をクリック

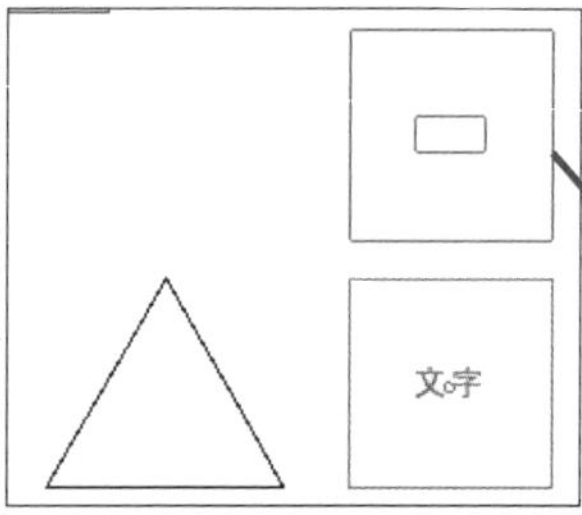

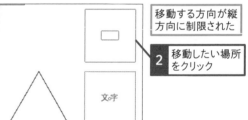

図形と文字を縦方向に移動できた

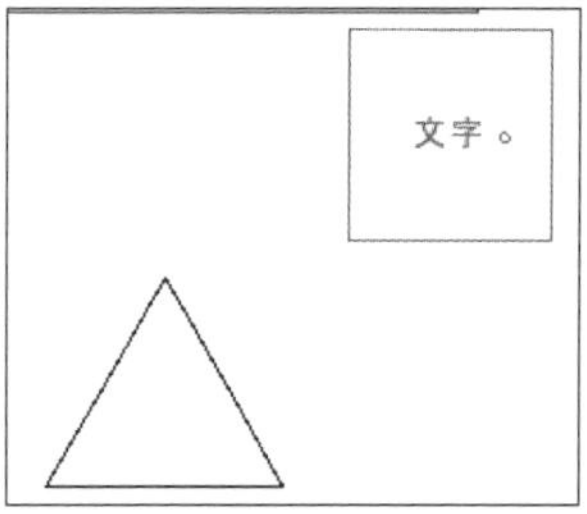

同様の操作を［複写］コマンドでも行うことができる

クロックメニュー　左7　複写・移動

227

サンプル　お役立ち度 ★★★

Q 基準点を変更して図形を移動（複写）するには

A ［基準点変更］をクリックします

［移動］コマンドを実行して図形などを選んでから、選択を確定する前に基準点を変更することができます。以下の例では基準点を図形の中央から左下に変更しています。なお基準点を変更した後に、改めて基準点を選択し直したい場合は、基準点を選択した後の画面で［基点変更］をクリックします。［複写］コマンドでも同様の操作ができます。

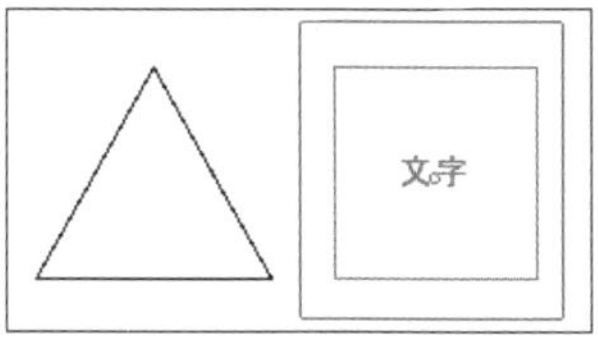

ワザ222を参考に［移動］コマンドを実行して図形と文字を選択しておく

1 ［基準点変更］をクリック

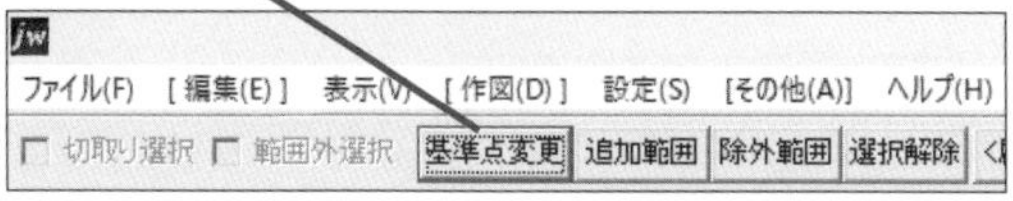

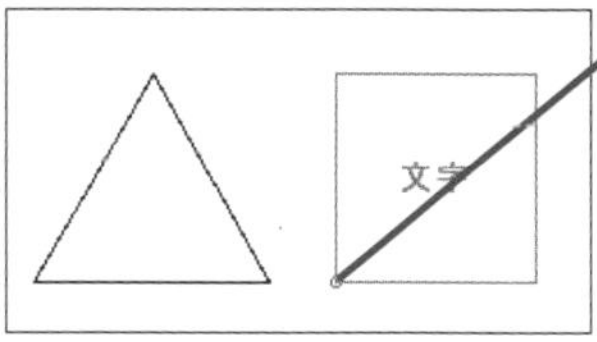

2 ここを右クリック

基準点を変更できた

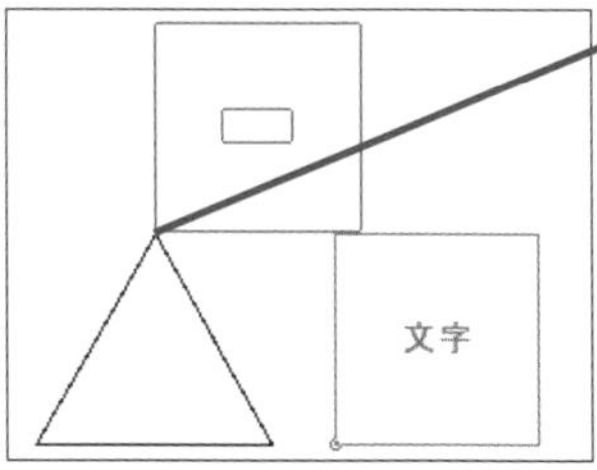

3 ここを右クリック

図形と文字が移動できた

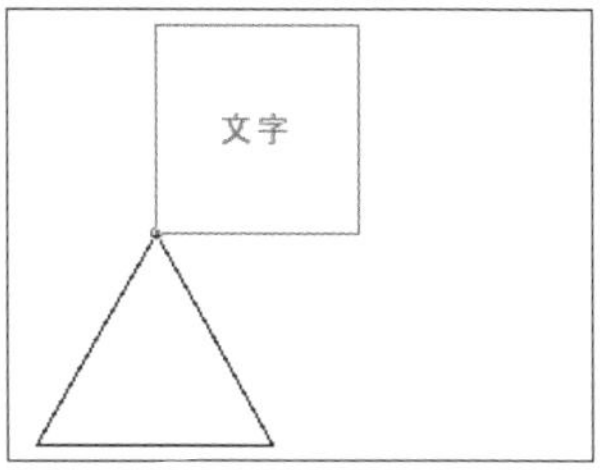

同様の操作を［複写］コマンドでも行うことができる

228

サンプル　お役立ち度 ★★★

Q 距離を指定して図形を移動（複写）するには

A ［数値位置］に数値を入力します

元の図形から移動先（複写先）までの距離を指定して移動（複写）するには、［数値位置］の右側に、基点から複写先までの距離を「,」で区切って入力します。入力は横（X）、縦（Y）の順です。以下の例では、元の図形から右へ40mm、上へ30mmの位置に移動（複写）しています。

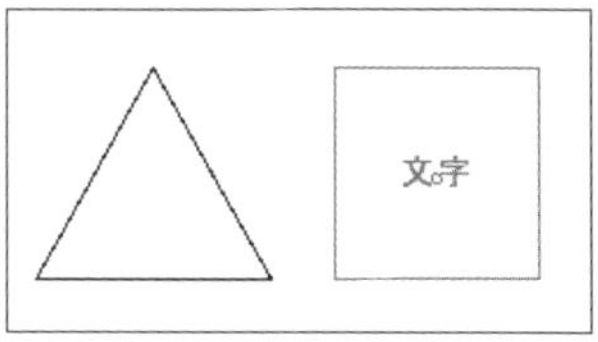

ワザ222を参考に［移動］コマンドを実行して図形と文字を選択しておく

1 「40,30」と入力

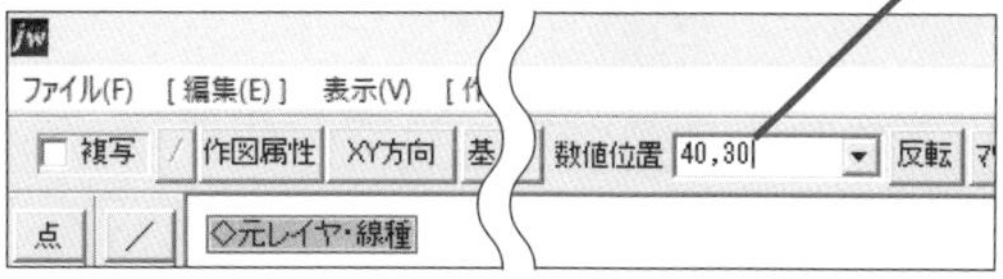

移動位置がプレビュー表示された

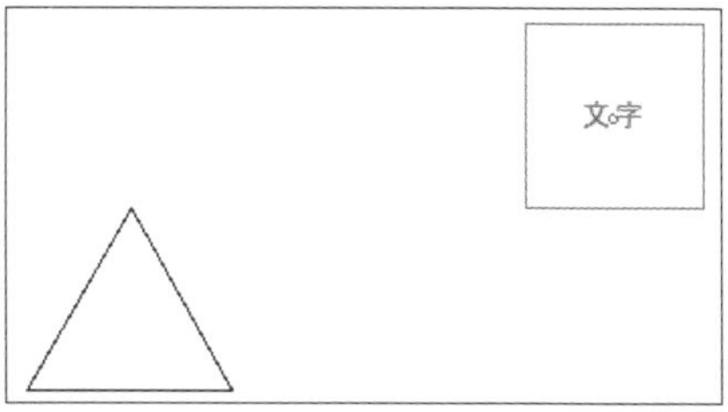

2 Enter キーを押す

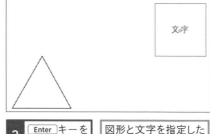

図形と文字を指定した位置に移動できた

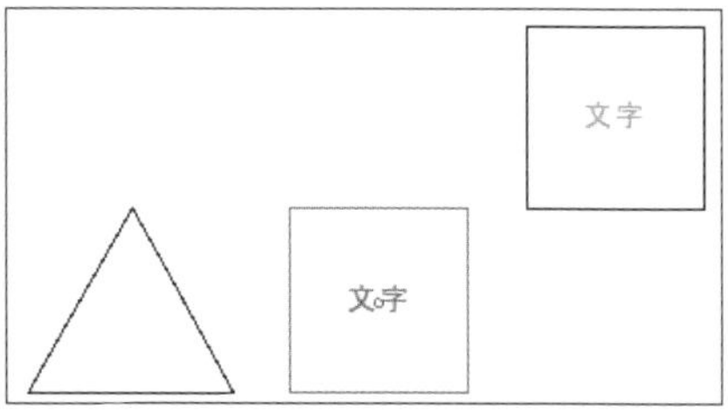

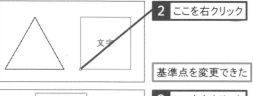

同様の操作を［複写］コマンドでも行うことができる

229

サンプル　お役立ち度 ★★★

Q 等距離で連続して図形を複写するには

A ［複写］コマンドの［連続］を使用します

［複写］コマンドで図形や文字を複写すると、元の位置からの距離と方向が記憶されます。複写の実行後に［連続］を必要なだけ続けてクリックすれば、同じ方向や同じ距離で続けて図形を複写できます。

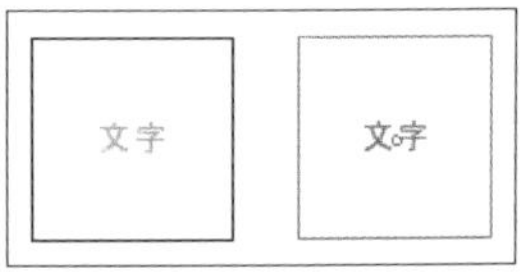

ワザ223を参考に［複写］コマンドを実行して図形と文字を選択しておく

1 「40,0」と入力

2 Enter キーを押す

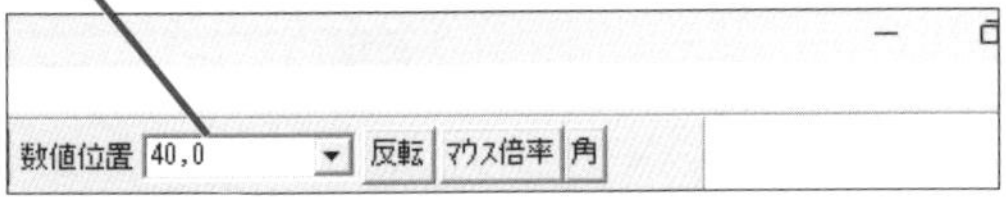

指定した位置に図形と文字が複写された

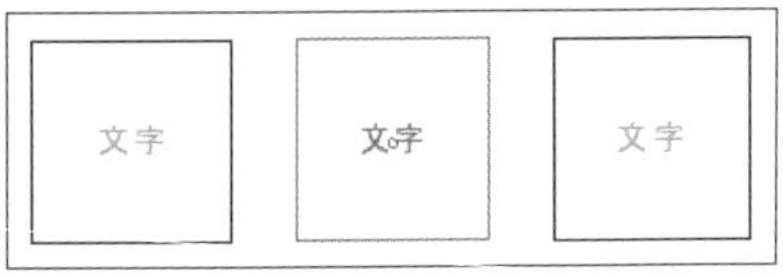

3 ［連続］を2回クリック

同じ間隔で図形と文字が複写された

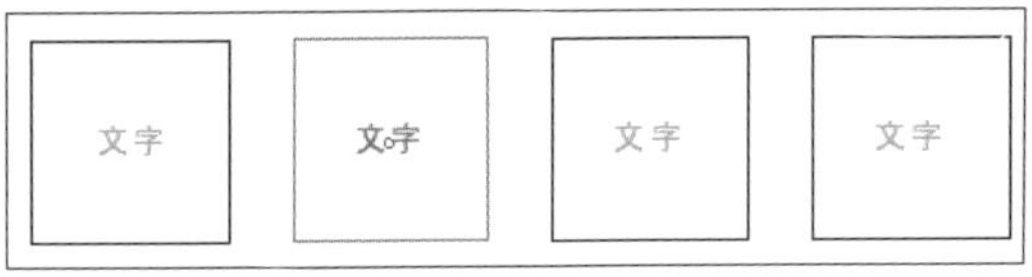

さらに［連続］をクリックすると図形と文字を複写できる

クロックメニュー　左7　複写・移動

230

サンプル　お役立ち度 ★★★

Q 図形を回転させるには

A ［移動］コマンドで［回転角］に角度を入力します

図形を回転移動させるには［移動］コマンドを実行し、［回転角］に角度を入力します。次に、中心点を右クリックして決定します。なお図形の基準点が中心になっていない場合は、ワザ227を参考に基準点を変更してから［回転角］に数値を入力します。

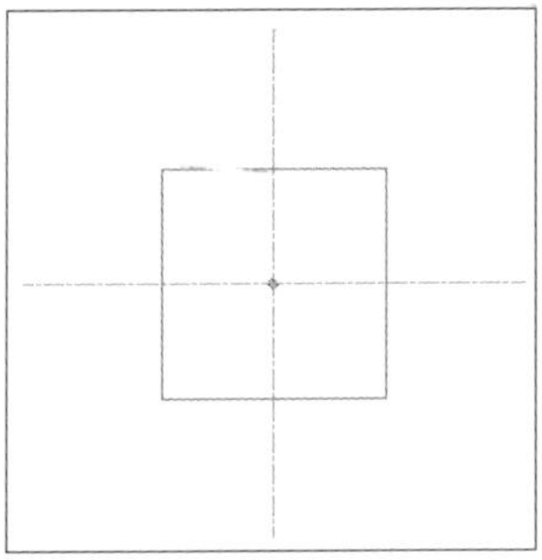

ワザ222を参考に［移動］コマンドを実行して図形を選択しておく

1 「15」と入力

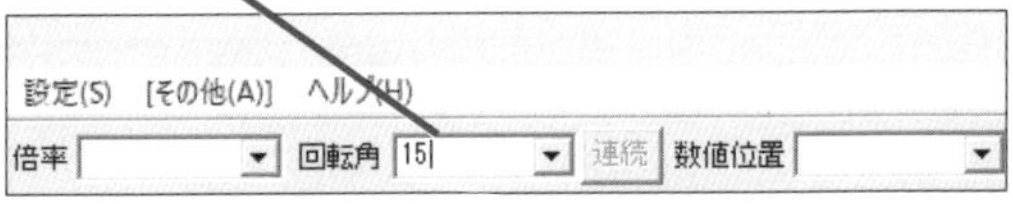

2 基準点を右クリック

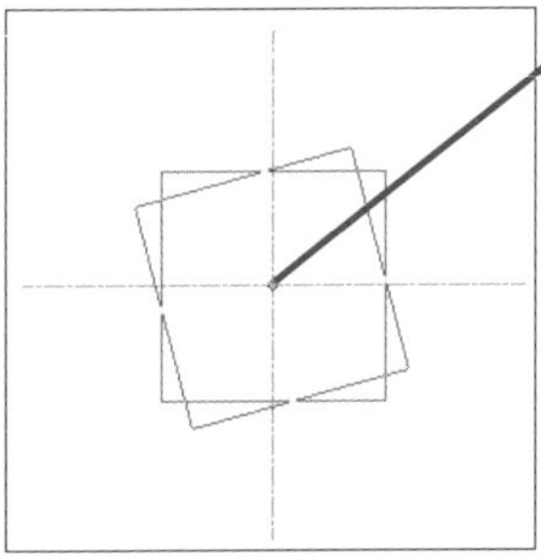

図形を回転できた

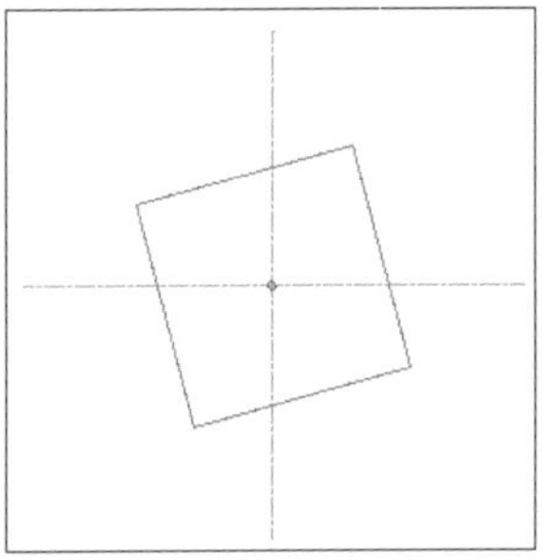

231

サンプル　お役立ち度 ★★★

Q 図形を回転させながら複写するには

A ［基点変更］で回転の基準点を指定します

図形を回転複写するには、まず［複写］コマンドを実行し、複写する図形を選択します。次に［基点変更］で回転の中心点を決め、［回転角］に数値を入力します。続けて回転の中心点を再度右クリックすると、図形が中心点を基準に回転して複写されます。

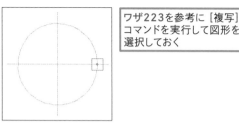

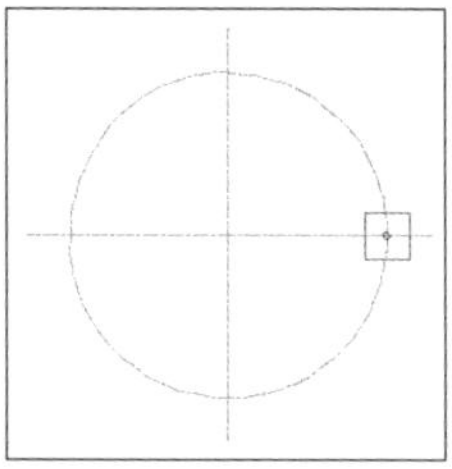

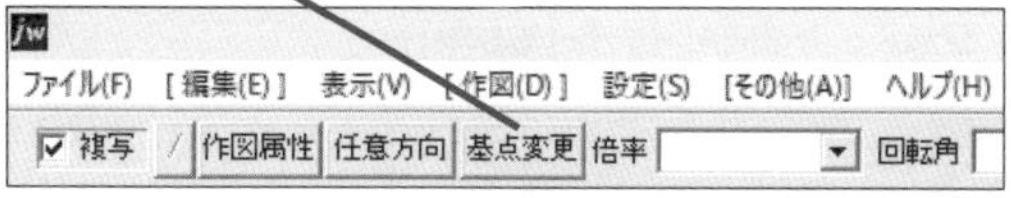

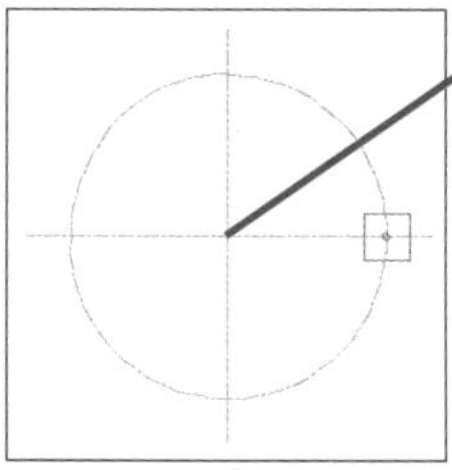

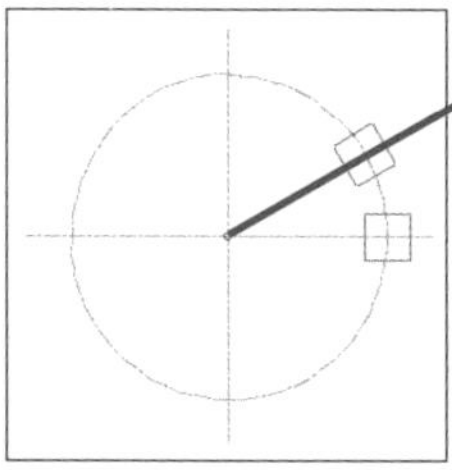

232

サンプル　お役立ち度 ★★★

Q 他の図形の傾きに合わせて回転するには

A ［線角］コマンドで角度を取得します

作図済の図形の傾きに合わせて図形を回転させるには、［線角］コマンドを実行して角度を取得します。以下の例では［移動］コマンドを実行して基準点を変更してから、［線角］コマンドで長方形の角度を取得しています。続けて移動先の基準点を右クリックし、長方形の角度に合わせて回転しています。

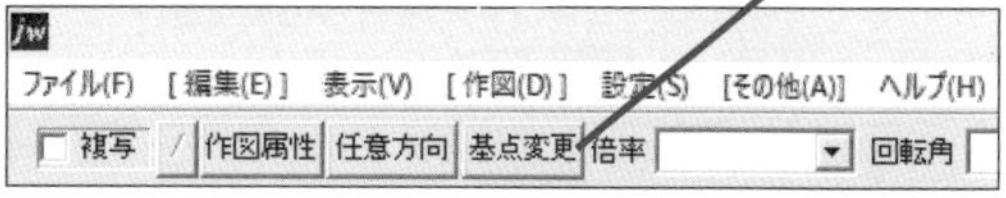

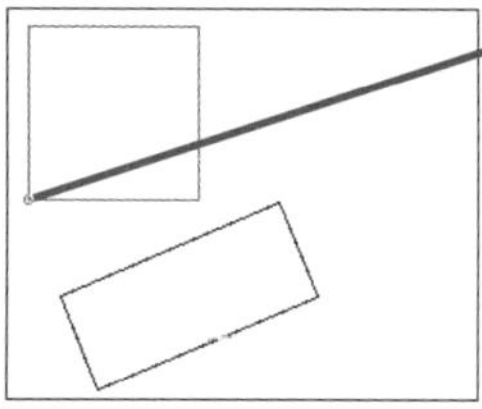

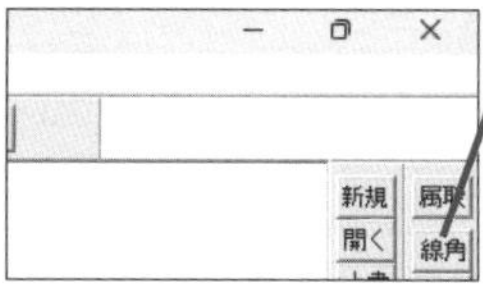

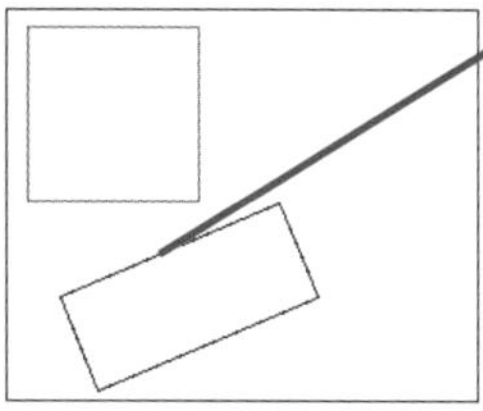

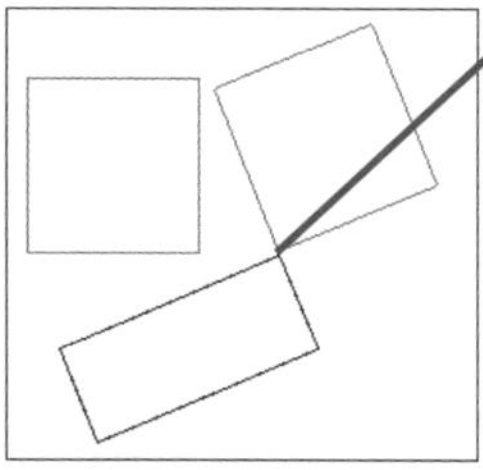

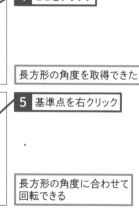

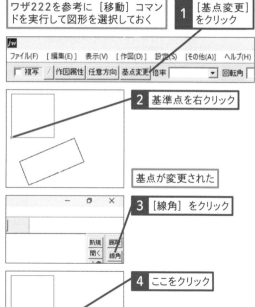

233

サンプル　お役立ち度 ★★★

Q 図形を拡大・縮小するには

A ［倍率］に数値を入力します

図形を拡大・縮小するには［移動］または［複写］コマンドの実行中に［倍率］に数値を入力します。以下の例では［複写］コマンドを実行して円を選択し、基準点を変更してから［倍率］に数値を入力しています。「60/40」と入力すると、自動で計算されて60÷40＝1.5倍に拡大された円を複写できます。同様に「20/40」と入力すると、2分の1に縮小された円を複写できます。

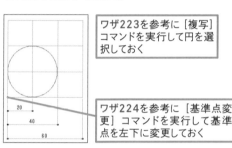

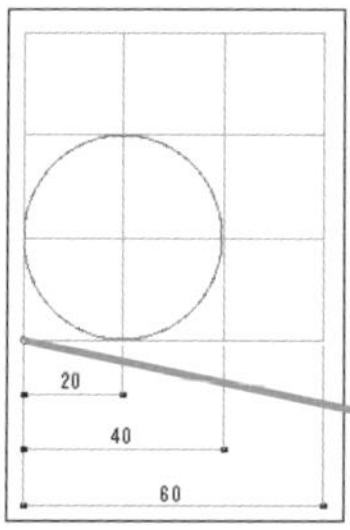

ワザ223を参考に［複写］コマンドを実行して円を選択しておく

ワザ224を参考に［基準点変更］コマンドを実行して基準点を左下に変更しておく

1 「60/40」と入力

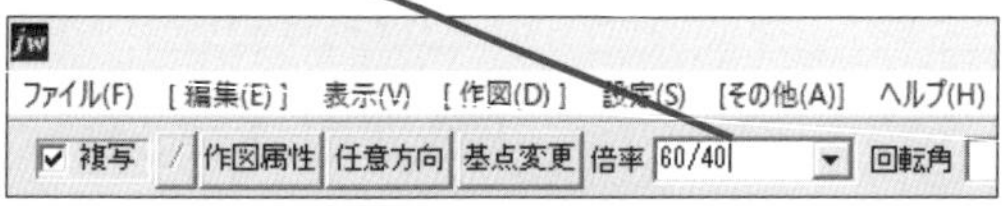

2 ここを右クリック

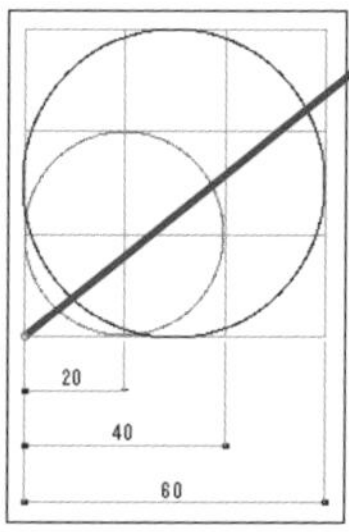

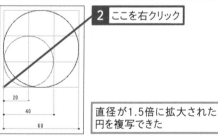

直径が1.5倍に拡大された円を複写できた

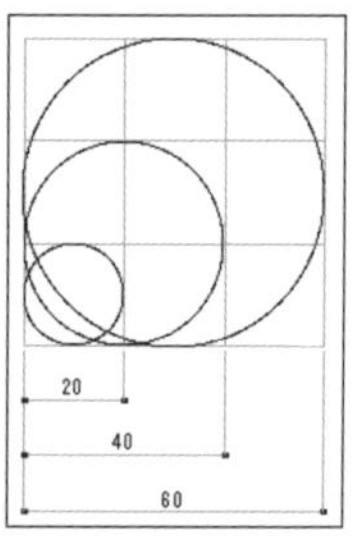

操作1で「20/40」と入力すると直径が1/2に縮小された円を複写できる

234

サンプル　お役立ち度 ★★★

Q 図形と文字を拡大・縮小するには

A ［作図属性設定］で設定します

図形と同時に文字も同じ倍率で拡大・縮小することができます。対象を選択した後に［作図属性］をクリックし、［文字も倍率］にチェックマークを付けます。以降の操作はワザ233を参考にしてください。

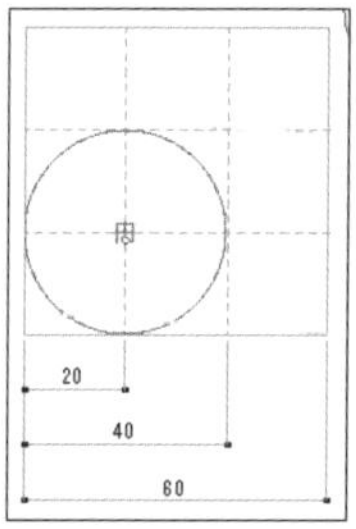

ワザ223を参考に［複写］コマンドを実行して円と文字を選択しておく

1 ［作図属性］をクリック

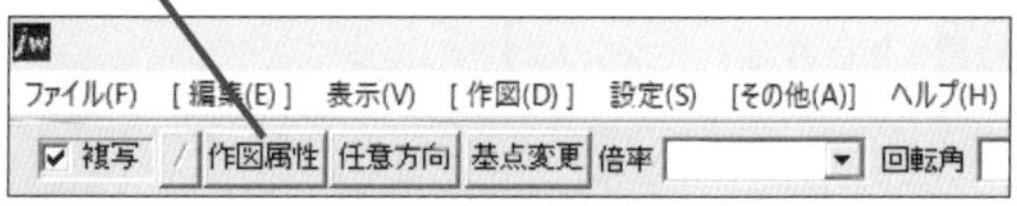

2 ［文字も倍率］をクリックしてチェックマークを付ける

3 ［OK］をクリック

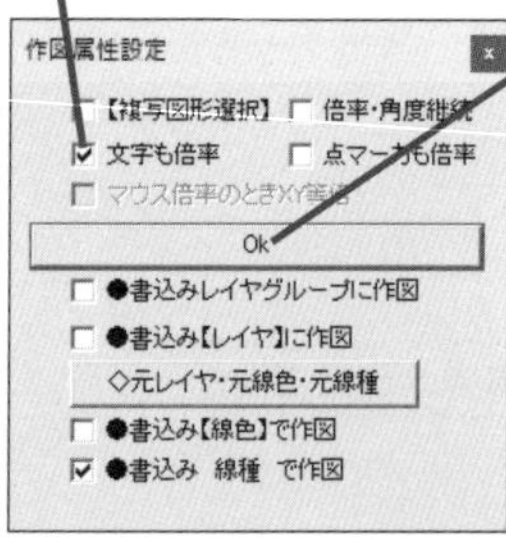

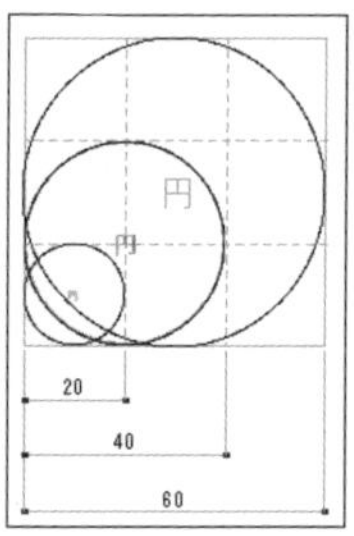

図形と文字が拡大・縮小できるようになる

235 サンプル お役立ち度 ★★★

Q 他の図形に合わせてサイズを変更するには

A ［マウス倍率］を使用します

他の図形に合わせてサイズを変更することができます。サイズを変更したい図形を選択してから基準点を変更し、［マウス倍率］をクリックします。続けて図形の長さを画面上で読み取り、変更後の長さを指定します。変更後の倍率がわからないときに便利です。

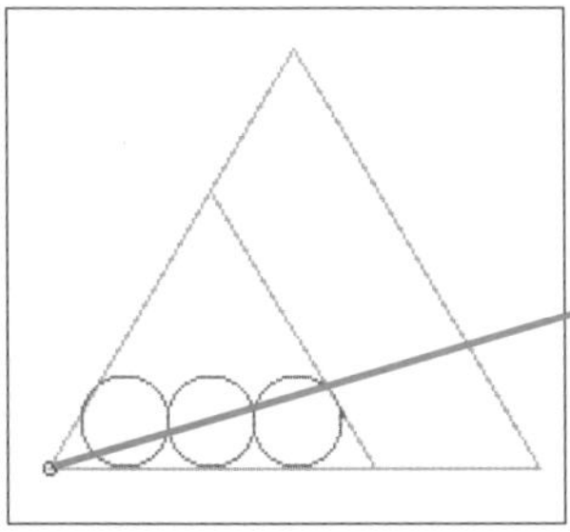

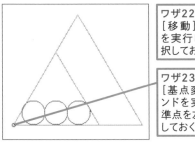

ワザ222を参考に［移動］コマンドを実行して円を選択しておく

ワザ231を参考に［基点変更］コマンドを実行して基準点を左下に変更しておく

1 ［マウス倍率］をクリック

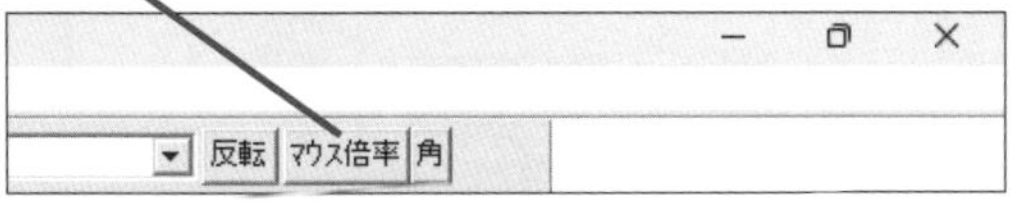

2 ここを右クリック

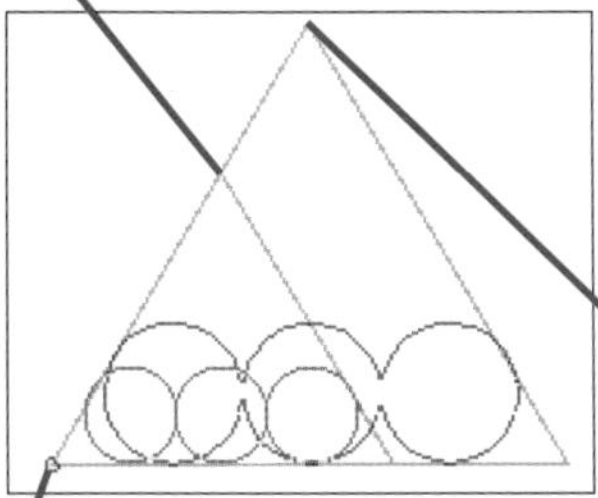

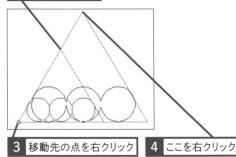

3 移動先の点を右クリック

4 ここを右クリック

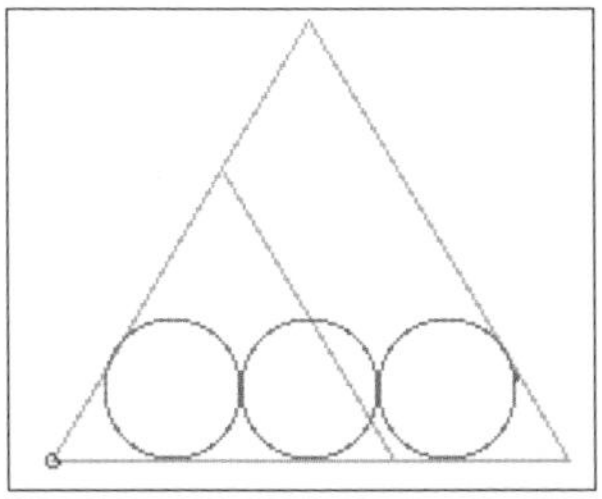

大きい三角形に内接するように3つの円が拡大された

236 サンプル お役立ち度 ★★★

Q 図形を基準線で反転させるには

A ［反転］を使用します

Jw_cadの［反転］を使うと、鏡に映したような像（鏡像）を作ることができます。［移動］または［複写］コマンドの実行中に［反転］をクリックし、基準線をクリックします。以下の例は［移動］コマンドの実行中のため、基準線を挟んで図形が反転して移動しています。

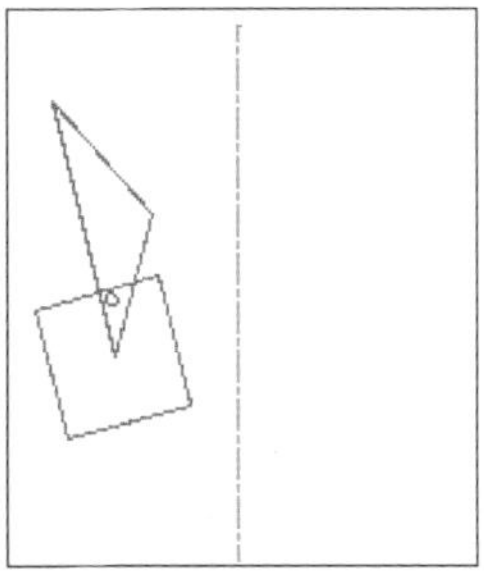

ワザ222を参考に［移動］コマンドを実行して図形を選択しておく

1 ［反転］をクリック

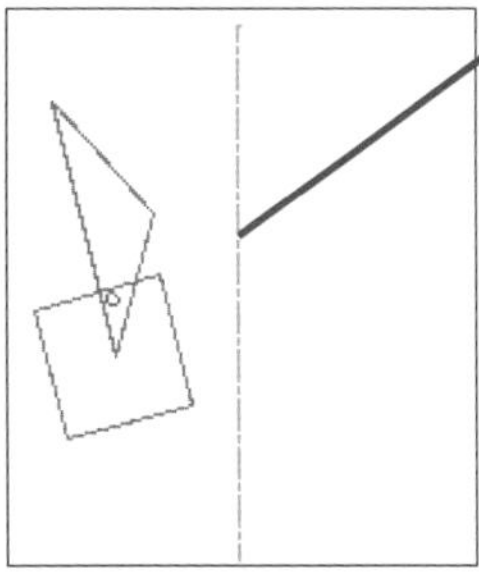

2 基準線をクリック

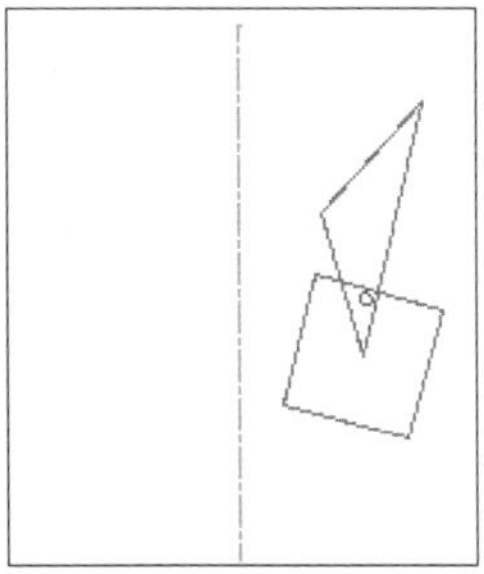

図形が反転して移動した

237

サンプル　お役立ち度 ★★★

Q 図形の反転方向を数値で指定するには

A [倍率] に負の数を入力します

図形を複写する際に [倍率] に負の数値を入力すると、特定の方向に反転して複写することができます。「-1,1」と入力すると左右 (X方向) が反転し、「1,-1」と入力すると上下 (Y方向) が反転します。[-1,-1] と入力すると上下左右が反転します。以下の例では平面図におけるドアの吊元、開く側を変更しています。

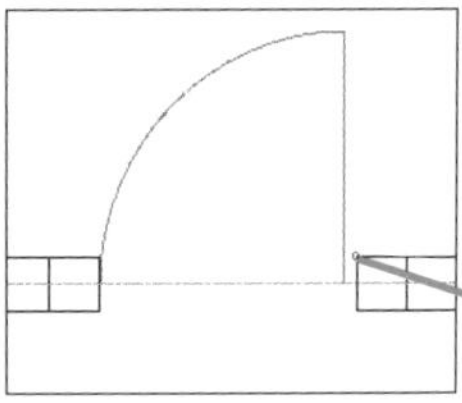

ワザ223を参考に [複写] コマンドを実行して図形を選択しておく

ワザ231を参考に [基点変更] コマンドを実行して基準点をここに変更しておく

1 「-1,-1」と入力

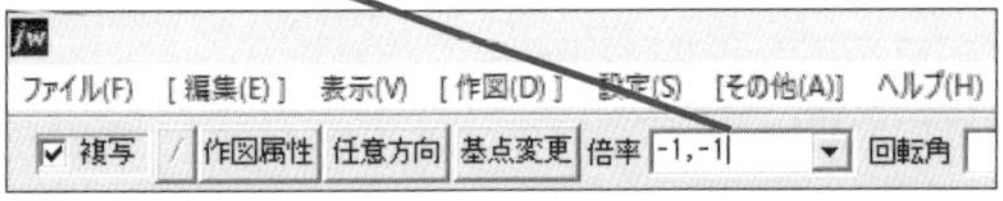

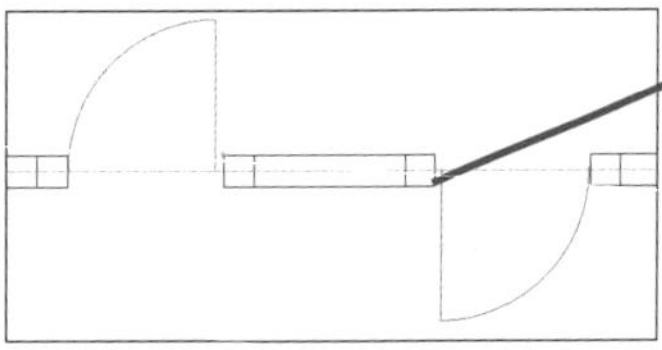

2 基準点を右クリック

ドアの開く側を変更できた

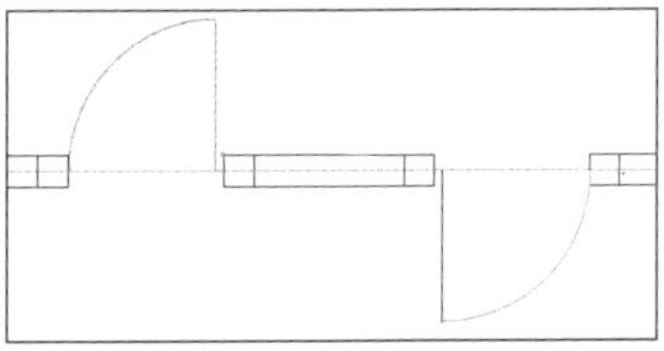

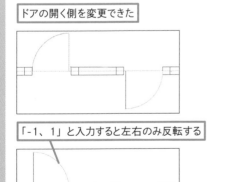

「-1、1」と入力すると左右のみ反転する

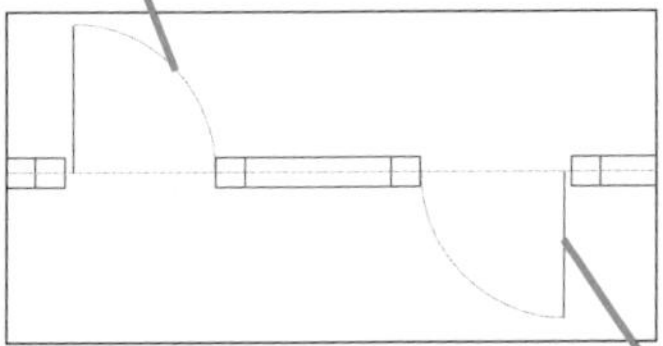

「1、-1」と入力すると上下のみ反転する

238

サンプル　お役立ち度 ★★★

Q 複写先のレイヤを書き込みレイヤにするには

A [●書込み【レイヤ】に作図] を使用します

[複写] コマンドで複写すると、元の図形と同じレイヤに複写されます。複写先を書き込みレイヤにする場合は、複写する図形を選択してから [作図属性] をクリックして [●書込み【レイヤ】に作図] にチェックマークを付けます。続けて複写を実行すると、書込みレイヤに複写できます。

ワザ223を参考に [複写] コマンドを実行して図形を選択しておく

1 [作図属性] をクリック

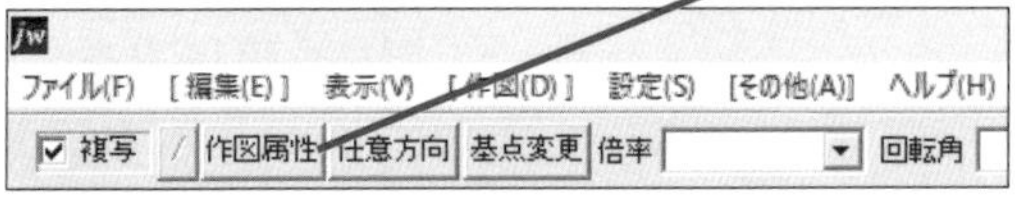

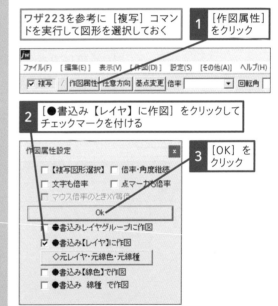

2 [●書込み【レイヤ】に作図] をクリックしてチェックマークを付ける

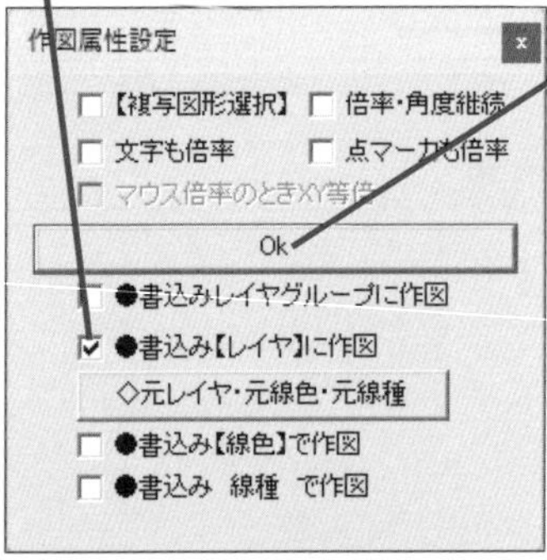

3 [OK] をクリック

複写先のレイヤを書き込みレイヤに設定できた

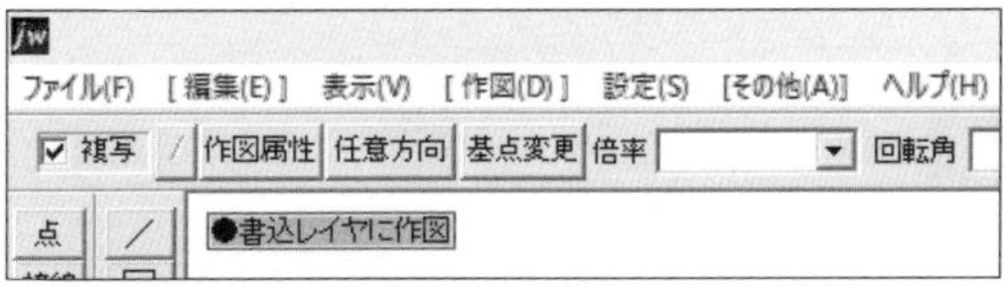

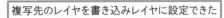

クロックメニュー　左7　複写・移動

関連 223 図形を複写するには ▸P.147

239

サンプル　お役立ち度 ★★★

Q 書き込み線属性にして図形を複写するには

A ［●書込み【線色】で作図］を使用します

［複写］コマンドで複写すると、元の図形と同じ線色、線種で複写されます。書き込み線色、線種に変更するには複写する図形を選択してから［作図属性］をクリックして［●書込み【線色】で作図］にチェックマークを付けます。続けて複写を実行すると、書き込み線色、線種で複写できます。

ワザ223を参考に［複写］コマンドを実行して図形を選択しておく

1 ［作図属性］をクリック

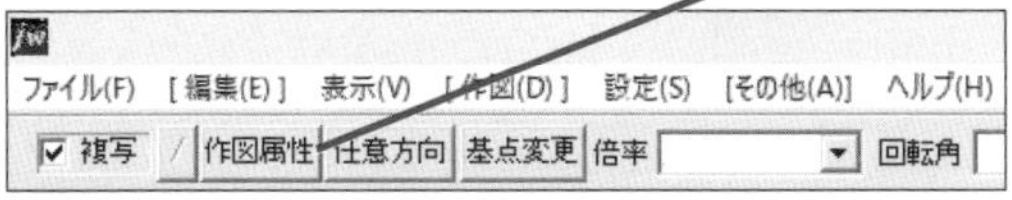

2 ［●書込み【線色】で作図］をクリックしてチェックマークを付ける

3 ［OK］をクリック

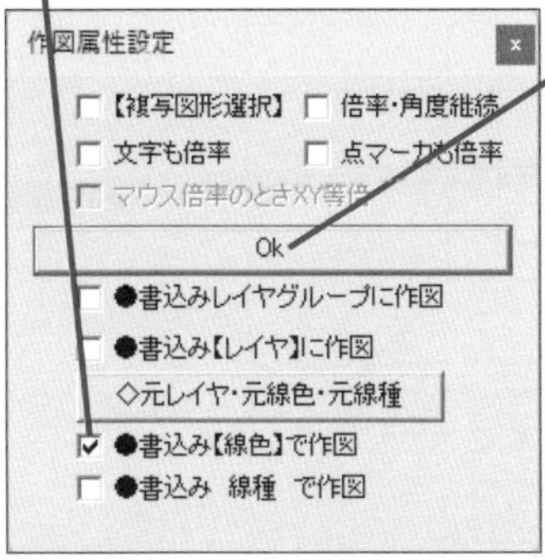

書込み線色で作図できるようになった

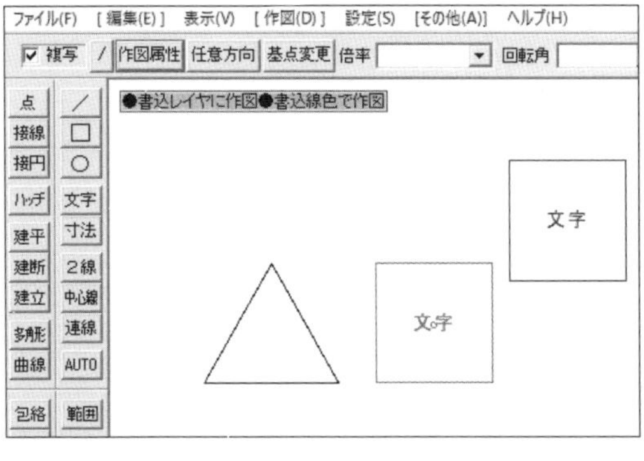

240

サンプル　お役立ち度 ★★☆

Q 他のファイルから図形をコピーするには

A タスクバーで画面を切り替えてコピーします

例えばAファイルの図形をBファイルにコピーしたいときは、Jw_cadで両方のファイルを同時に開き、Aファイルで図形を選択して［コピー］を実行します。次にBファイルを表示して［貼付］コマンドを実行すると、コピーした内容を貼り付けることができます。

練習用ファイルを2つとも開いておく

ワザ195を参考に［範囲］コマンドを実行して図形を選択し［コピー］をクリックしておく

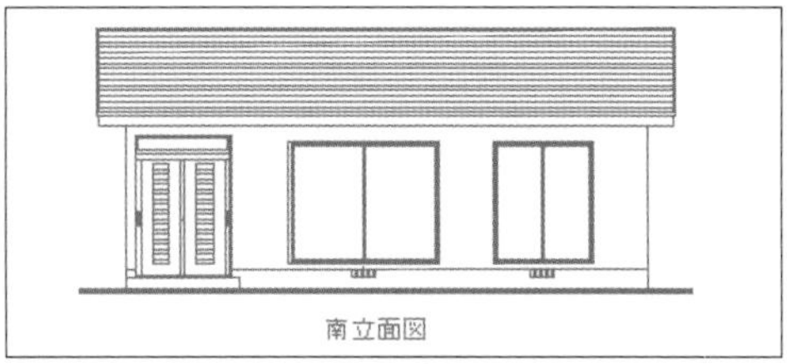

1 タスクバーのボタンにマウスポインターを合わせる

2 貼り付け先のファイルのサムネイルをクリック

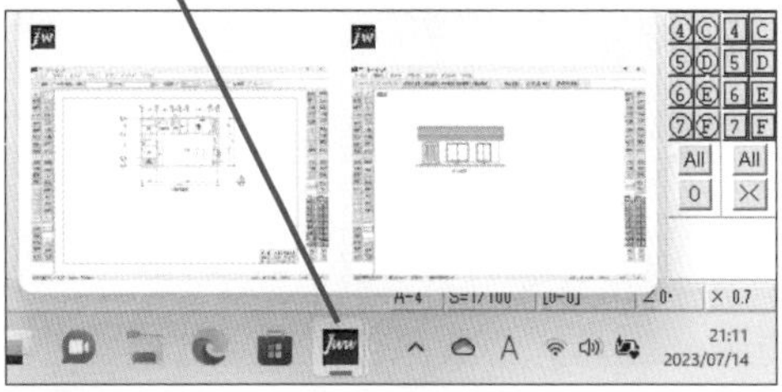

3 貼り付ける位置を右クリック

コピーした図形を貼り付けられる

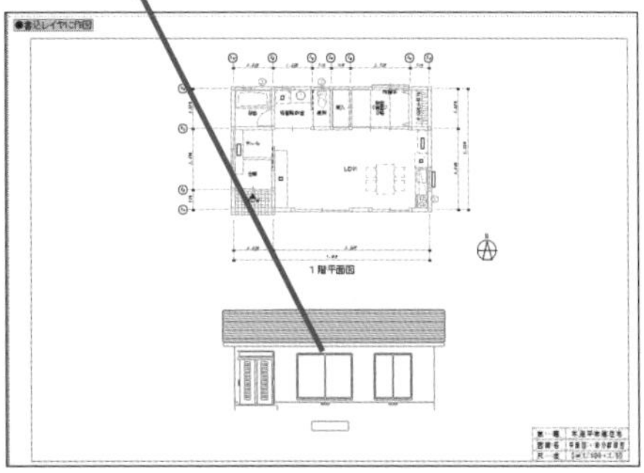

第10章 図形の変形、塗りつぶしをするには

図形を変形させるには

ここでは、[包絡] コマンドを使って、いろいろな線をまとめて整理する方法を説明します。

241

サンプル

お役立ち度 ★★★

Q 交差した線から壁や柱を簡単に作図するには

動画で見る

A [包絡] コマンドを実行します

[包絡] コマンドを使うと、同一属性（同じ線色・線種・レイヤ）の線同士を囲んだ範囲の線から、不要な部分を自動的に消去して外郭の状態にすることができます。複数の線があるときは、線種を選択して処理対象の線を選ぶことができ便利です。なお、包絡の処理ができるのは直線のみです。

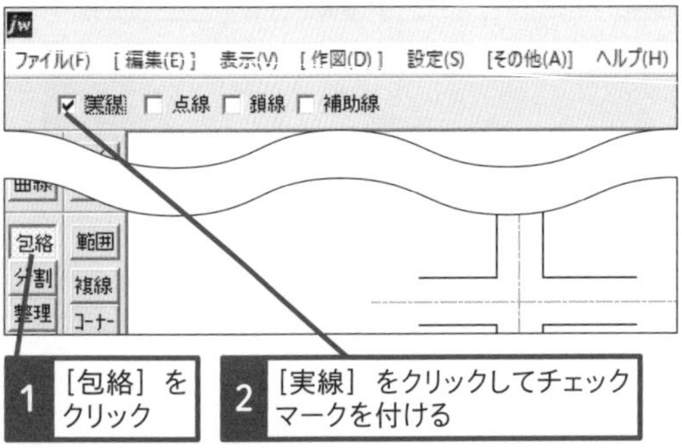

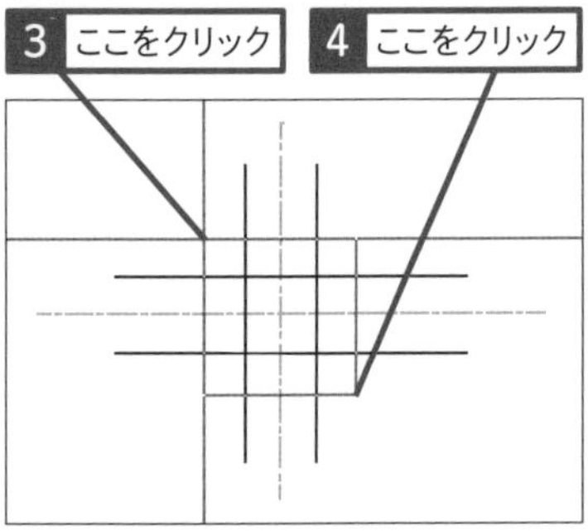

実線だけ包絡処理された

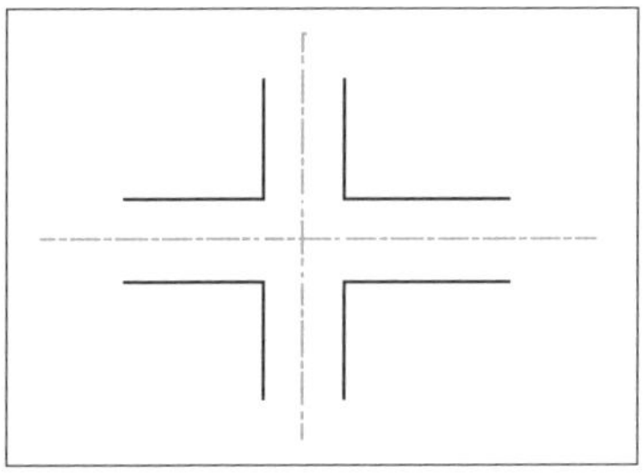

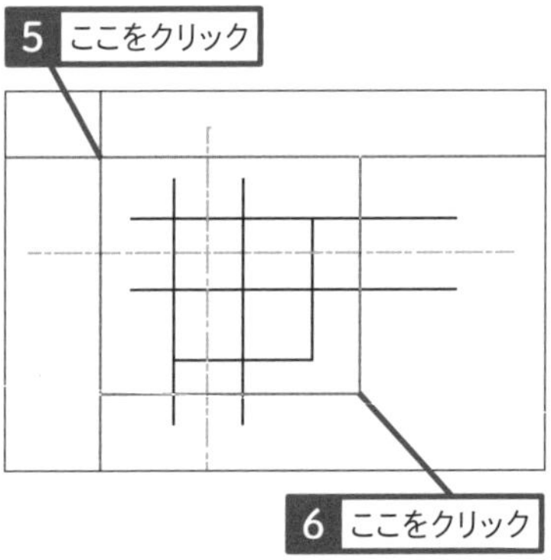

実線部分がつながった

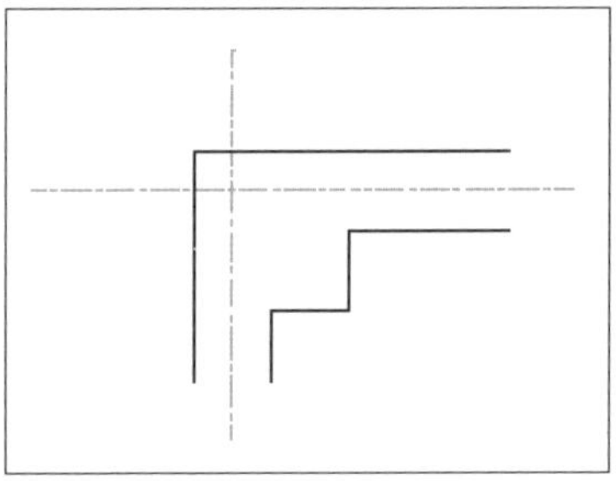

クロックメニュー　左3　包絡

242 サンプル お役立ち度 ★★★

Q 包絡範囲の指定方法を教えて！

A 端点を選択するかどうかで結果が異なります

[包絡] コマンドは囲むときの赤い枠内に、端点が入っているかいないかで結果が異なります。ここでは、ワザ241とは違う3つの例を紹介します。元の図は同じでも、囲み方の違いで結果が異なるのを確認しましょう。

ワザ241を参考に [包絡] コマンドを実行して [実線] にチェックマークを付けておく

●T字型に処理するには

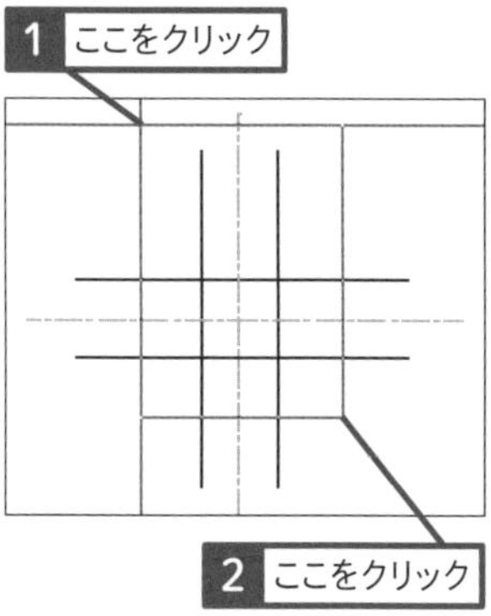

T字型に処理できた

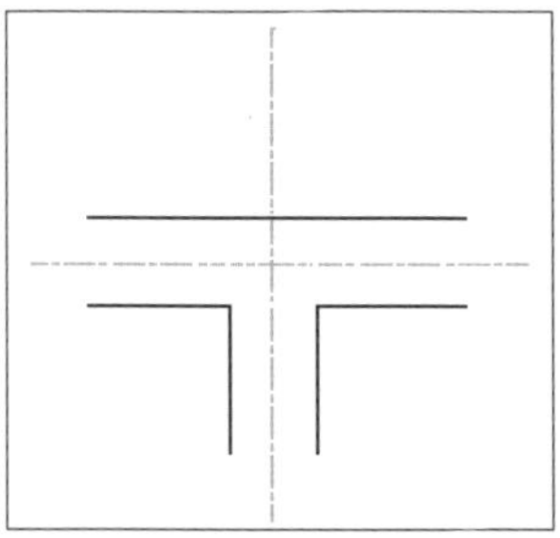

●L字型に処理するには

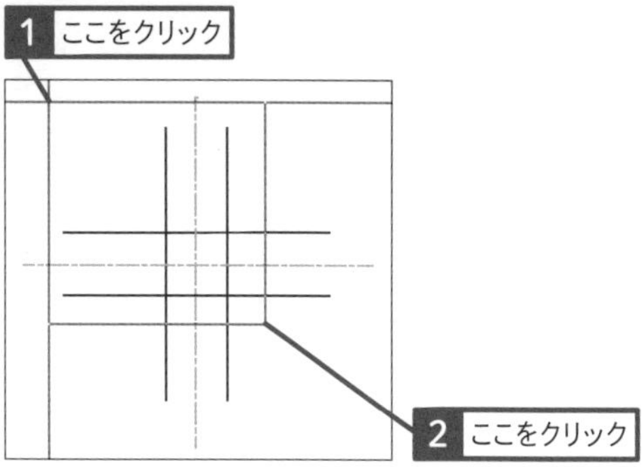

L字型に処理できた

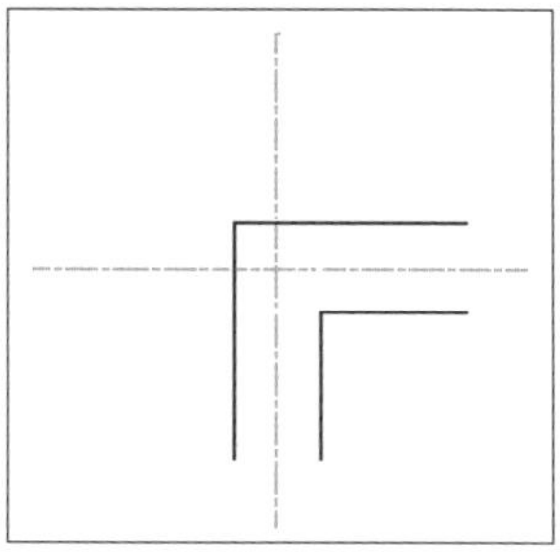

●柱の処理をするには

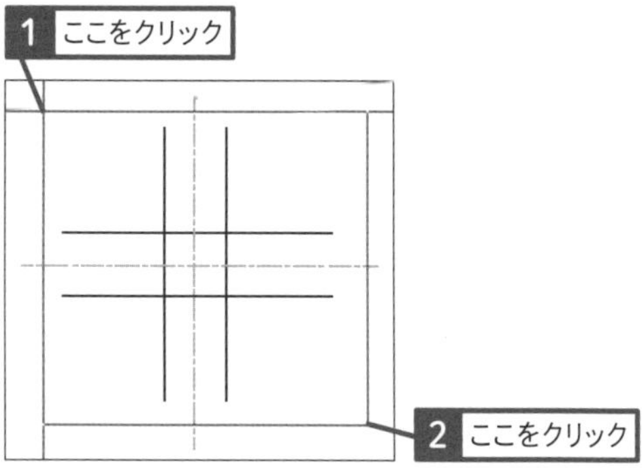

柱に処理できた

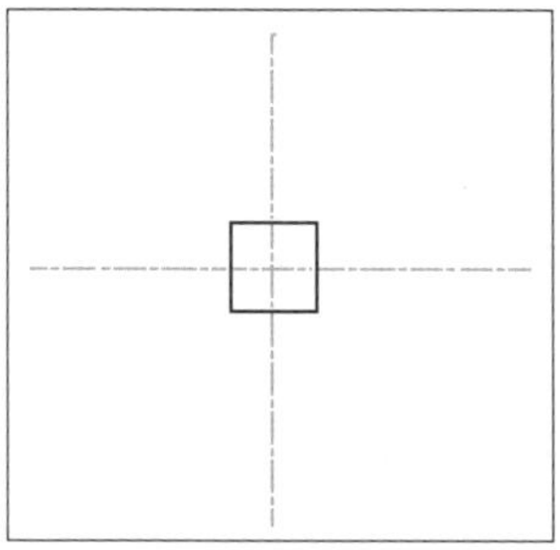

クロックメニュー 左3 包絡

ショートカットキー 包絡処理 Q

243

サンプル　お役立ち度 ★★★

Q 包絡範囲や中間部分を消去するには

A 終点のクリック方法を変更します

［包絡］コマンドで囲むときに、終点をどうクリックするかで、処理結果が変化します。以下の3つの例は、同じ図を元にしていますが、囲むときの終点の指示の仕方が異なります。最初の例は通常の包絡範囲で終点をクリックしています。2つ目は終点を右クリックしており、赤い枠の範囲が切り取られます。3つ目は Shift キーを押しながら終点をクリックしており、中間消去が実行されます。

ワザ241を参考に［包絡］コマンドを実行して［実線］にチェックマークを付けておく

●終点をクリックする

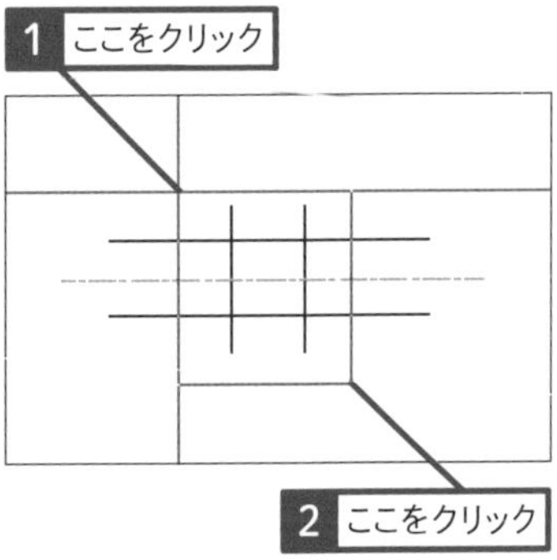

実線だけ包絡処理された

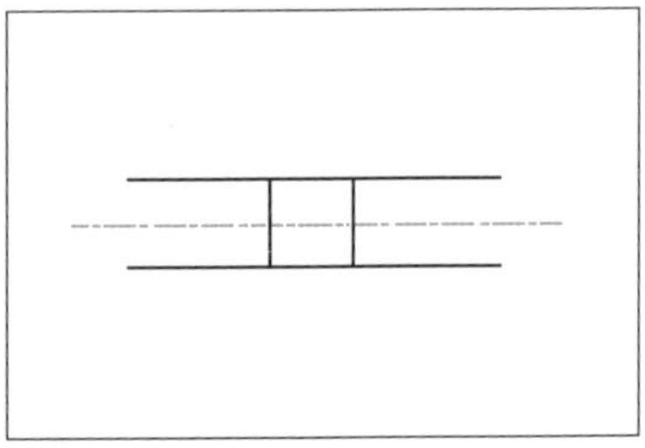

●終点を右クリックする

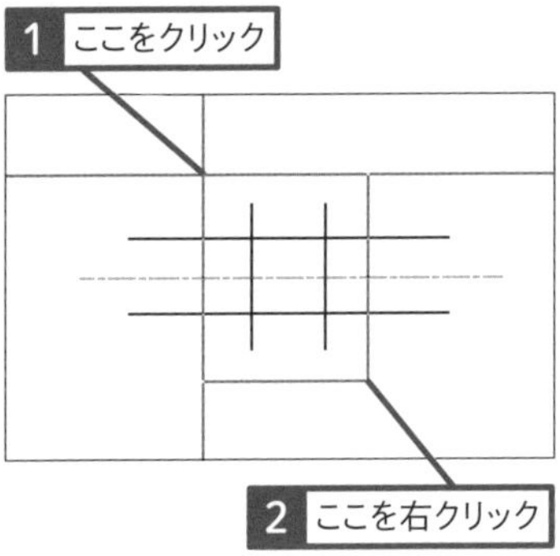

選択した範囲の線分を消去できた

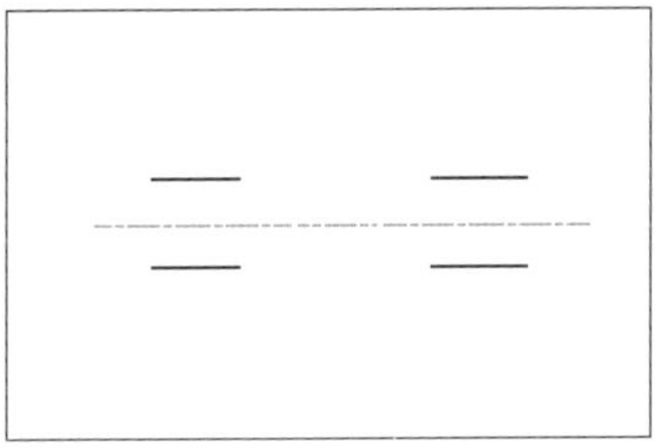

●終点を Shift キーを押しながらクリックする

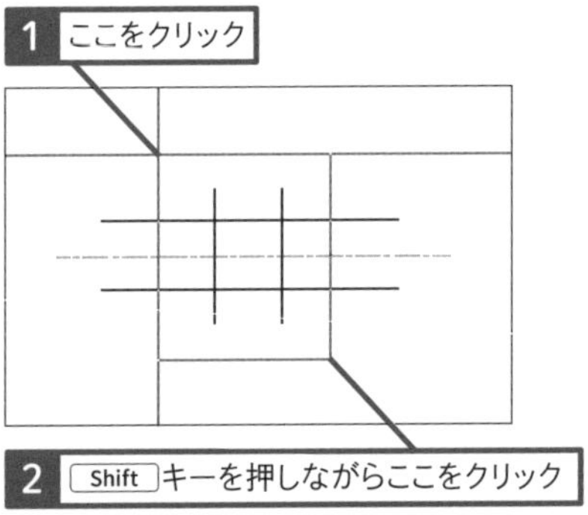

端点側の実線が消去された

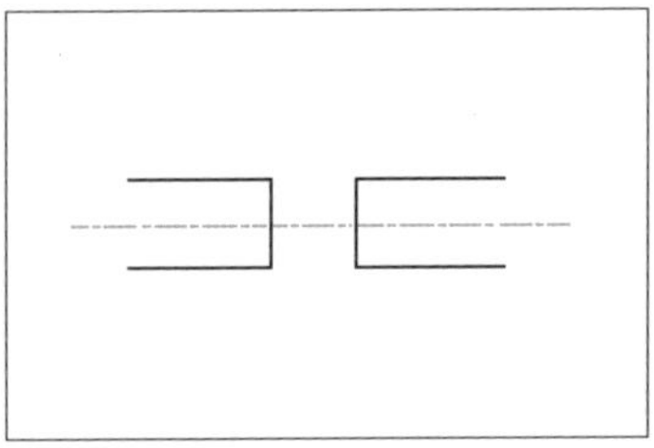

クロックメニュー　左3　包絡

ショートカットキー　包絡処理　Q

関連 244 線の端部を［包絡処理］コマンドで伸縮するには ▸P.159

244 サンプル お役立ち度 ★★★

Q 線の端部を［包絡処理］コマンドで伸縮するには

A コーナー処理や線の伸縮などができます

［包絡］コマンドを利用すれば、2つの線をコーナー処理したり、同一線上にある複数の線を1本の線に変換したりすることができます。また、複数の線を同じ位置に伸縮することもできます。以下の例から、［包絡］コマンドで指定する範囲を確認しましょう。

ワザ241を参考に［包絡］コマンドを実行して［実線］にチェックマークを付けておく

●コーナー処理をする

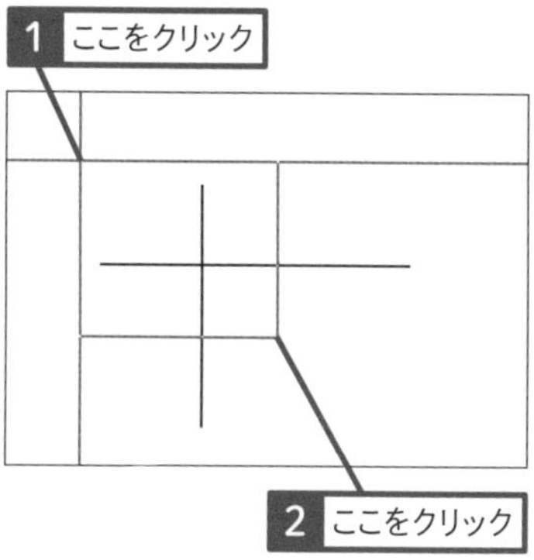

コーナー処理ができた

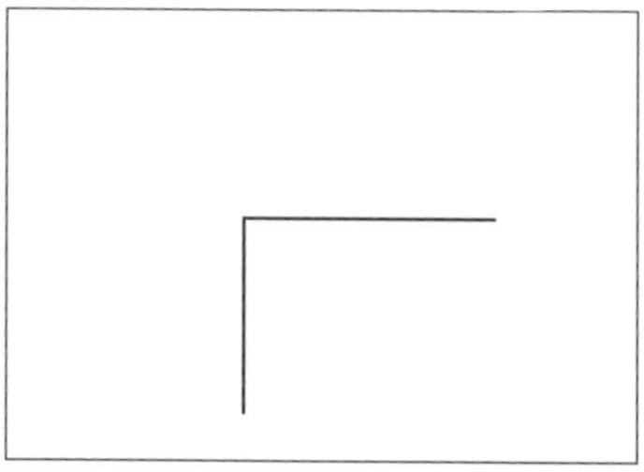

●1本の線に変換する

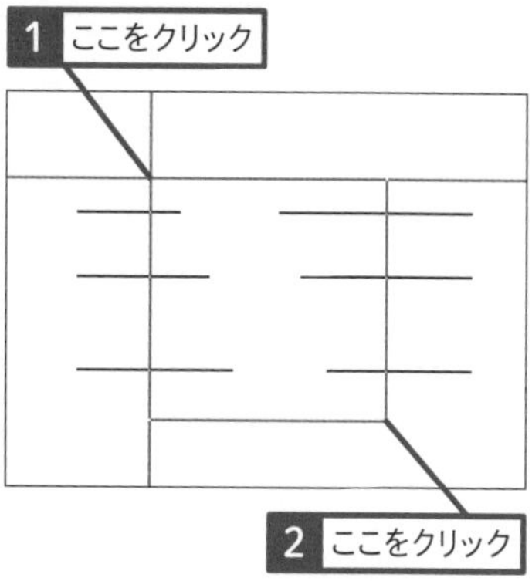

それぞれ線分に変換された

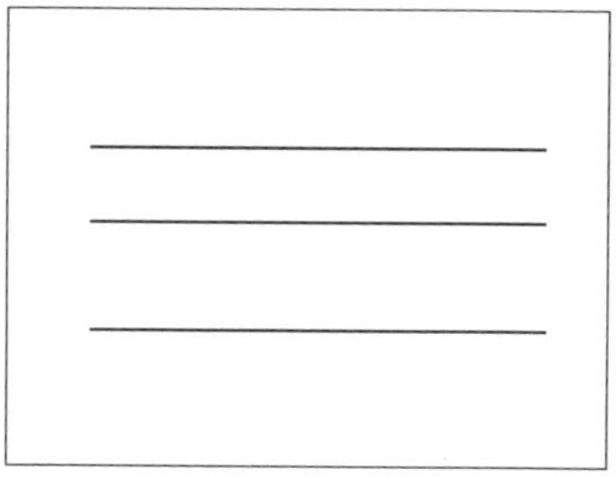

●線を伸縮する

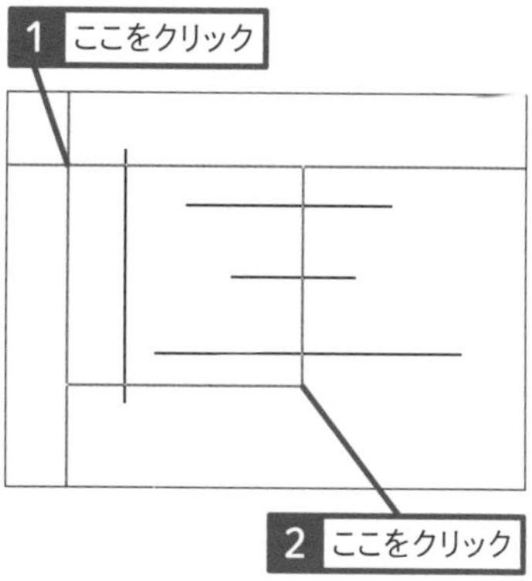

線分が基準線まで伸縮した

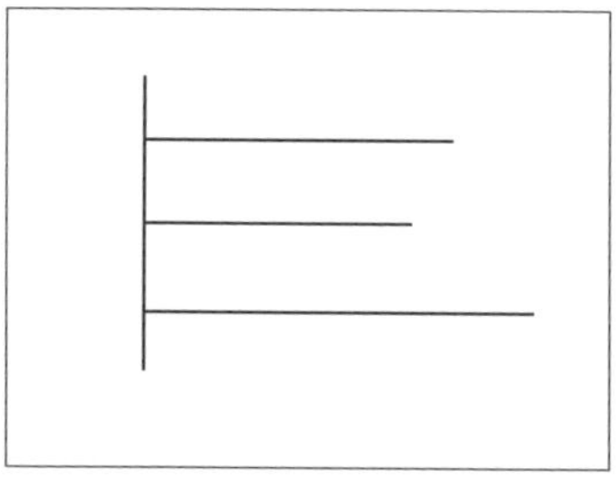

クロックメニュー　左3　包絡

ショートカットキー　包絡処理　Q

図形をパラメトリック変形するには

ここでは、[パラメ] コマンドを使って図形の一部分を伸ばしたり縮めたりして変形する方法を説明します。図面の修正作業で役に立つコマンドで、数値を指定して正確な変形もできます。

245

サンプル　お役立ち度 ★★★

Q 図面の一部を数値を指示して変形するには

A [パラメ] コマンドを実行します

[パラメ] コマンドは、図面の修正作業をする際、とても役に立つコマンドです。以下の例では平面図でRC造りの右2つの柱を、壁と一緒に右へ「1000」動かしています。

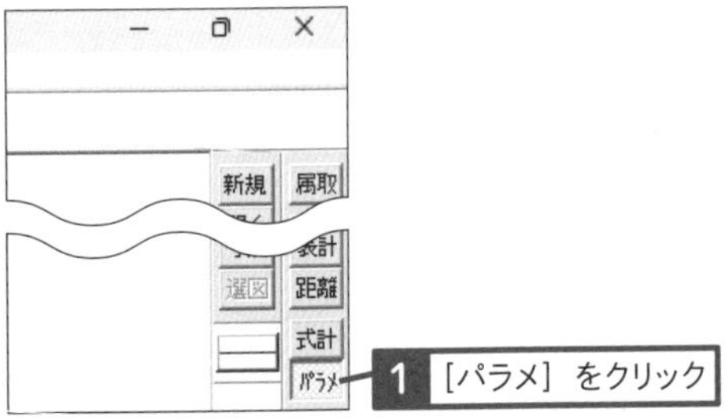

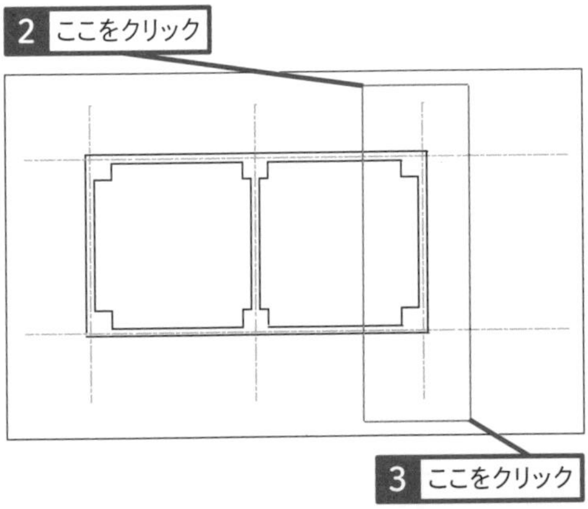

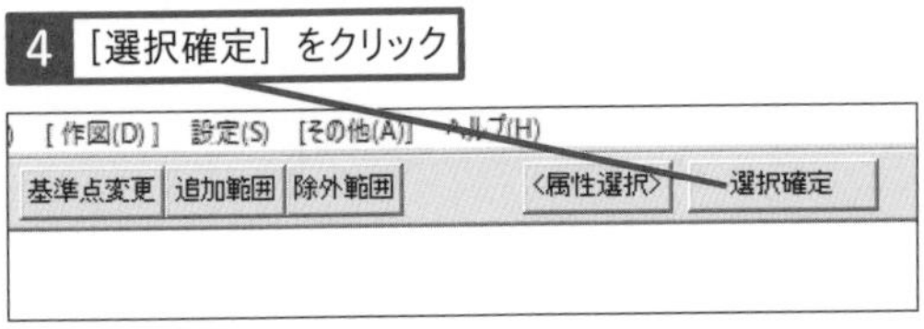

選択範囲が確定された

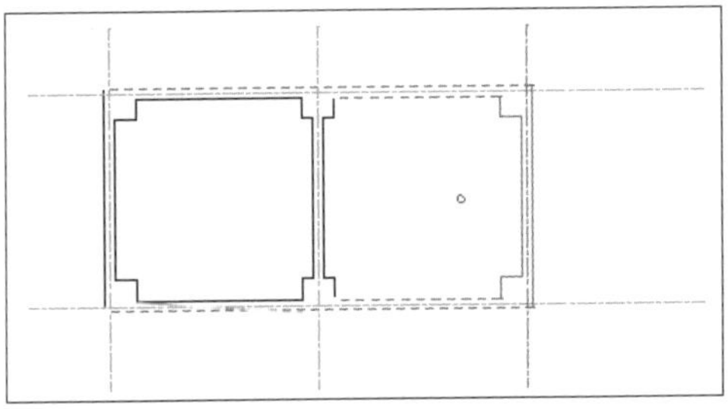

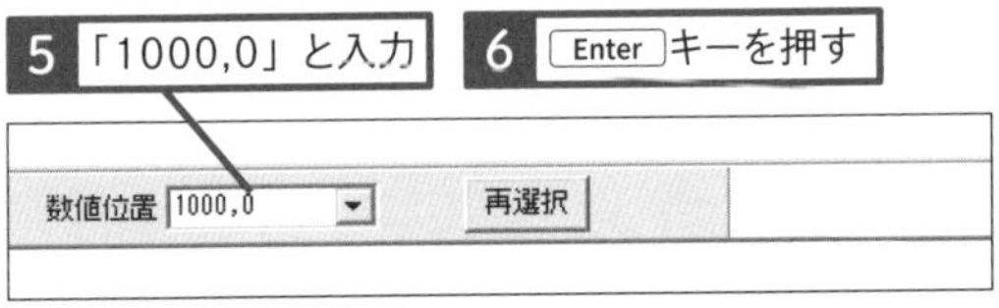

図形がパラメトリック変型した

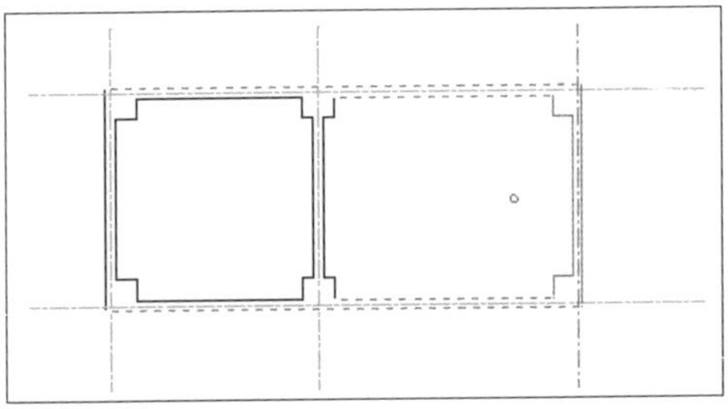

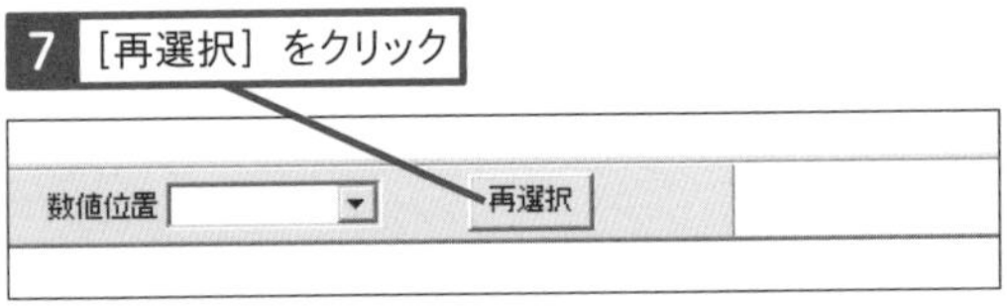

変形が確定した

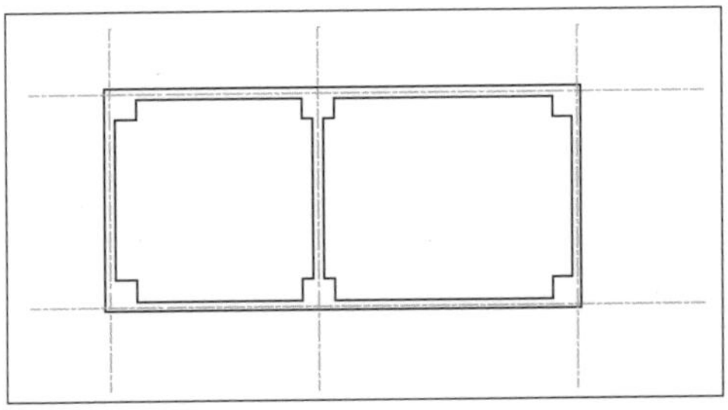

246

サンプル　お役立ち度 ★★★

Q 図面の一部を マウス指示で変形するには

A 基準点を右クリックして指示します

［パラメ］コマンドを実行した際に、図形が完全に囲まれている場合は形を変えずに移動することができます。以下の例では図形の下側の柱を選択して、［基準点変更］で基準点を変更しています。続けて新しい基準点を右クリックして、変形を確定しています。この場合は数値を入力する必要はありません。

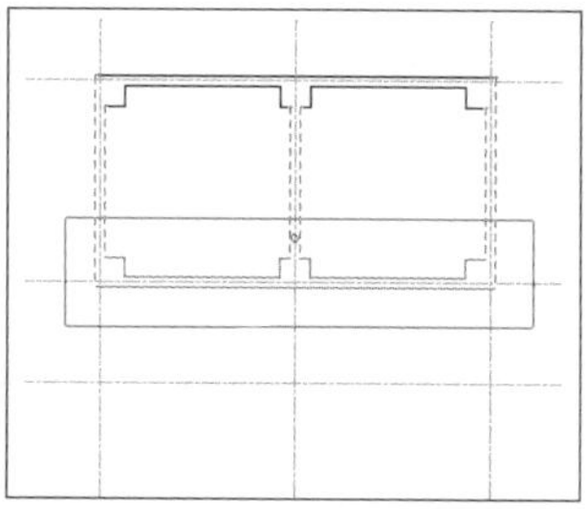

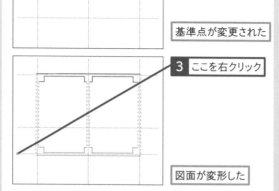

ワザ245を参考に［パラメ］コマンドを実行して下側の柱を選択しておく

1 ［基準点変更］をクリック

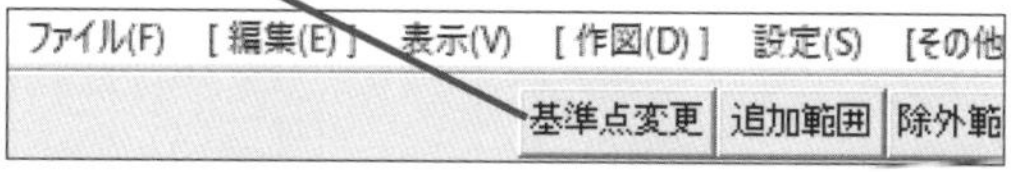

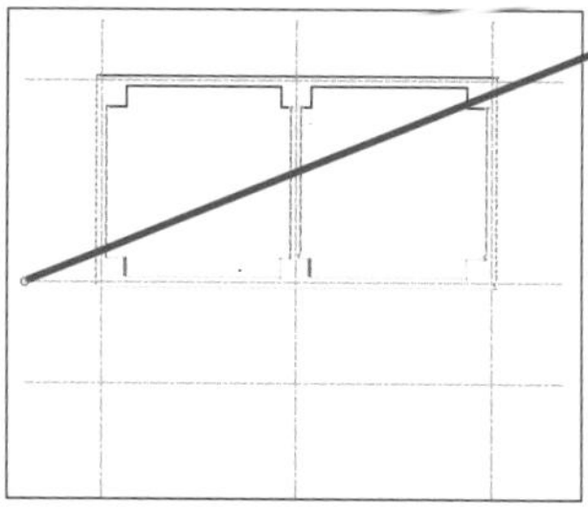

2 ここを右クリック

基準点が変更された

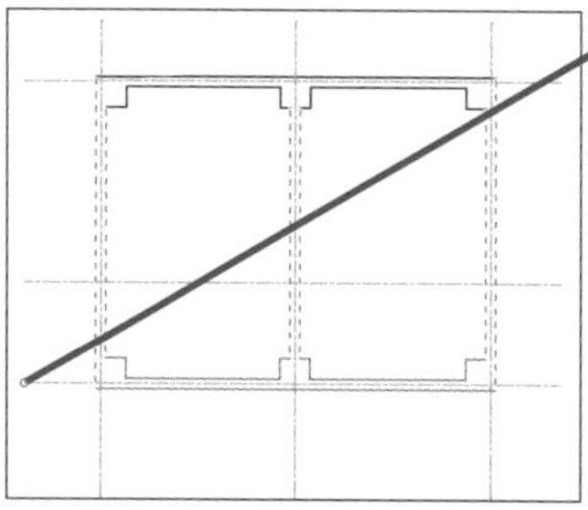

3 ここを右クリック

図面が変形した

［再選択］をクリックして変形を確定する

247

お役立ち度 ★★★

Q 方向を固定して変型するには

A ［X方向］［Y方向］などを指示します

［移動］［複写］コマンドなどと同様に、［パラメ］コマンドも変形させる方向を固定することができます。以下の例では基準点を指定してから［X方向］を表示して、変形の方向を横方向に固定しています。同様の手順で［Y方向］（縦方向）、［XY方向］（横または縦方向）に固定できます。

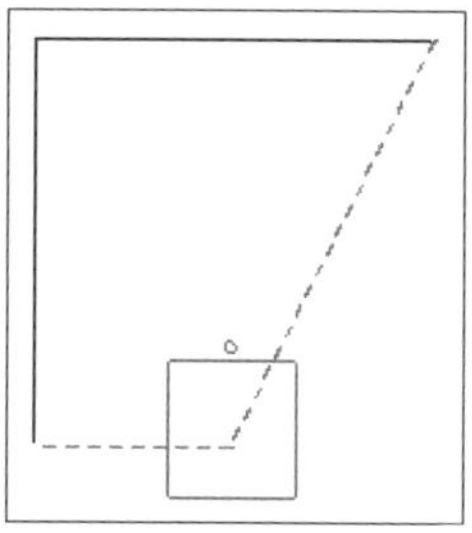

ワザ245を参考に［パラメ］コマンドを実行して右下の角を選択しておく

1 ［基準点変更］をクリック

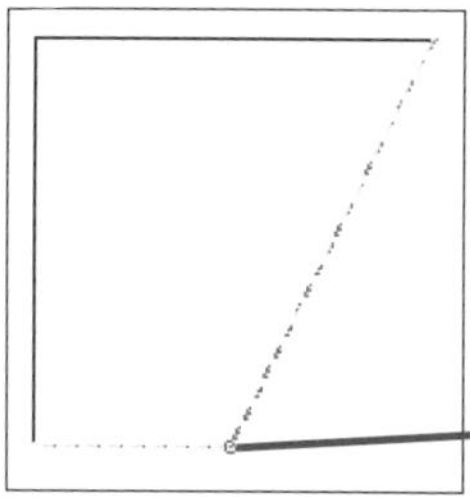

2 ここを右クリック

3 ここをクリックして［X方向］を表示

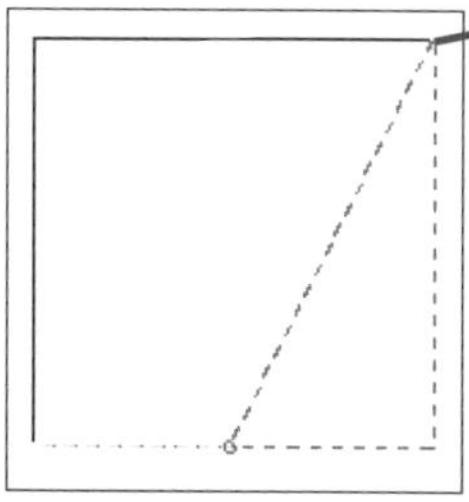

4 ここを右クリック

［再選択］をクリックして変形を確定する

ハッチを行うには

ここでは［ハッチ］コマンドを使って、図形を線でハッチして塗りつぶす方法を説明します。ハッチの種類や設定方法を確認しましょう。

248　サンプル　お役立ち度 ★★★

Q ハッチの種類を教えて！

A コントロールバーの表示を確認しましょう

［ハッチ］コマンドを実行するとコントロールバーにハッチ可能な種類が表示されます。ハッチは全部で4種類あり、図形を使用することもできます。また、それぞれ角度やピッチ、線の間隔などの調整ができます。

●［ハッチ］コマンドを実行する

1 ［ハッチ］をクリック

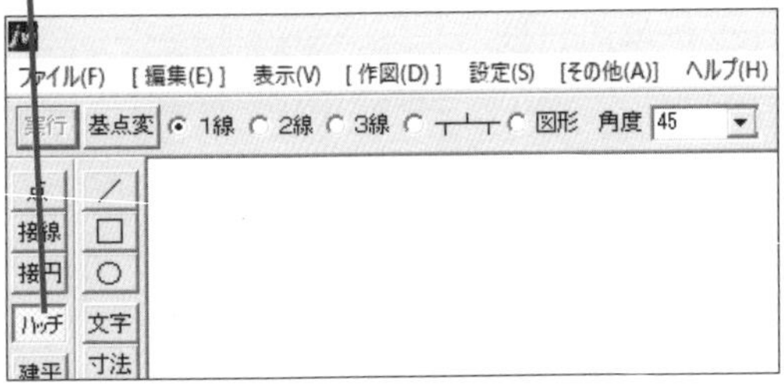

●ハッチの種類

ハッチングパターンを選択できる

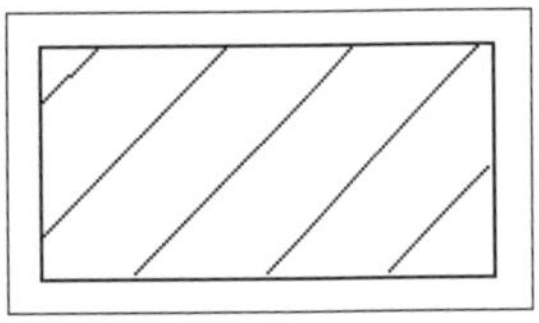

◆1線

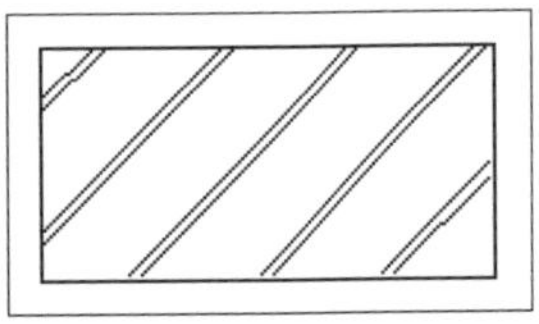

◆2線

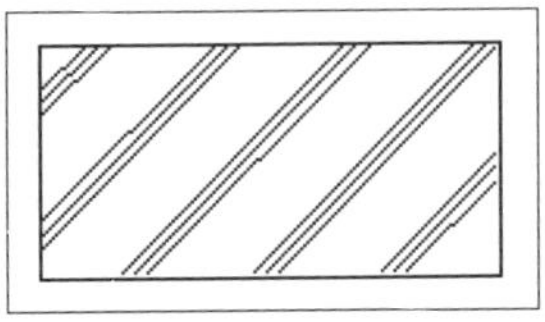

◆3線

◆馬目地

●角度、ピッチ、線間隔

ハッチングパターンの詳細を設定できる

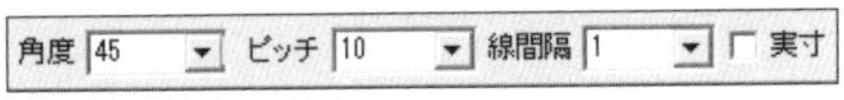

◆ピッチ

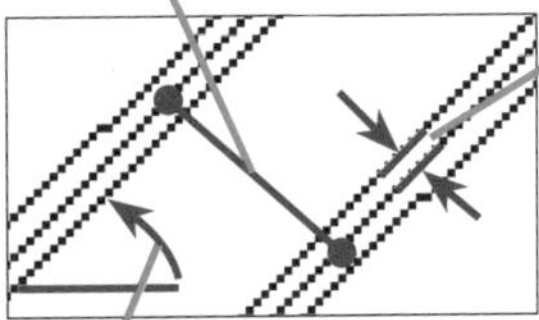

◆線間隔

◆角度

●その他のコマンド

◆基点変
ハッチングパターンの開始点を指定

◆実寸
縮尺に対して実寸で設定

◆クリアー
選択中の作図範囲を解除

◆範囲選択
範囲を選択する

249

サンプル　お役立ち度 ★★★

Q ［1線］で化粧材の断面模様を作図するには

A ［1線］で［角度］と［ピッチ］を指定して作図します

木造の平面詳細図を作図する場合、化粧柱は45°の斜線で表現するのが一般的です。この場合は［ハッチ］コマンドの［1線］を使うのが便利です。以下の例では角度「45」、ピッチ「2」を入力して作図しています。

ワザ248を参考に［ハッチ］コマンドを実行しておく

1 ［1線］をクリック

2 「45」と入力

3 「2」と入力

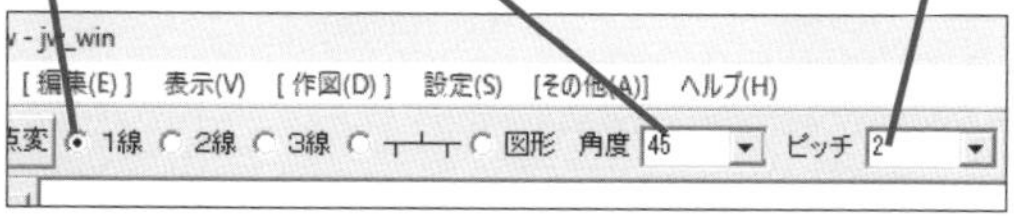

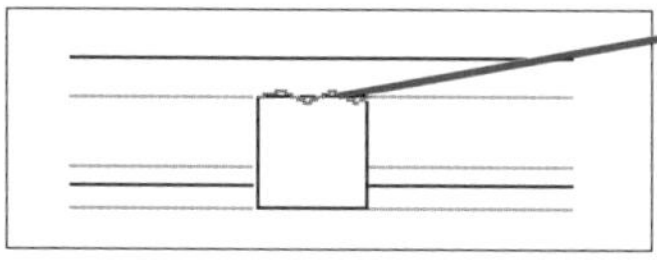

4 ここをクリック

5 他の線分を時計回りにクリック

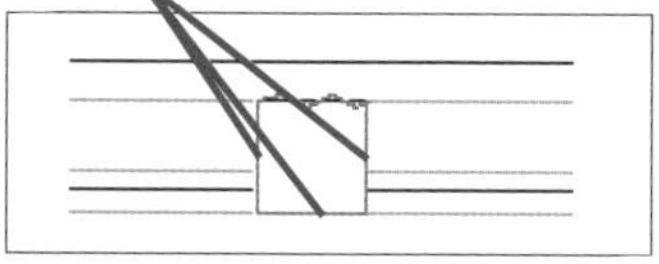

6 最初の線分をクリック

選択範囲が確定した

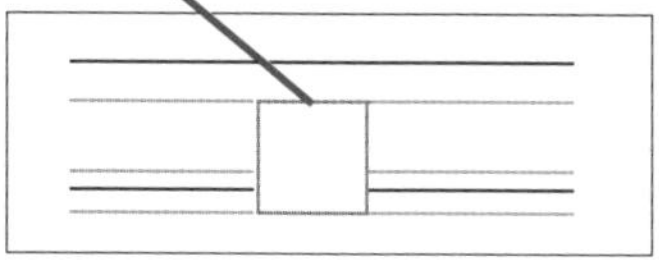

7 ［実行］をクリック

ハッチが実行された

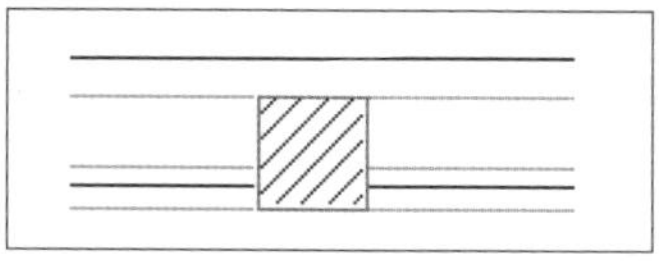

［クリアー］をクリックするとハッチが確定する

250

サンプル　お役立ち度 ★★★

Q ［2線］で軽量材の模様を作図するには

A ［2線］で［角度］と［ピッチ］を指定して作図します

鉄骨造の詳細図を作図する場合、ALC（軽量気泡コンクリート）は45°の2斜線で表現するのが一般的です。この場合、［ハッチ］コマンドの［2線］を使うのが便利です。以下の例では角度「45」、ピッチ「10」、線間隔「1」を入力して作図しています。

ワザ249を参考に［ハッチ］コマンドを実行して図形を選択しておく

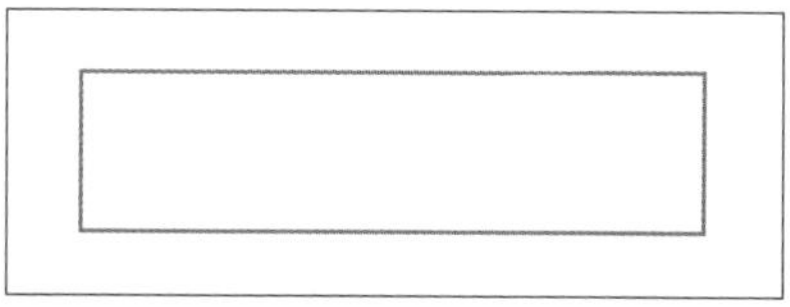

1 ［2線］をクリック

2 「45」と入力

3 「10」と入力

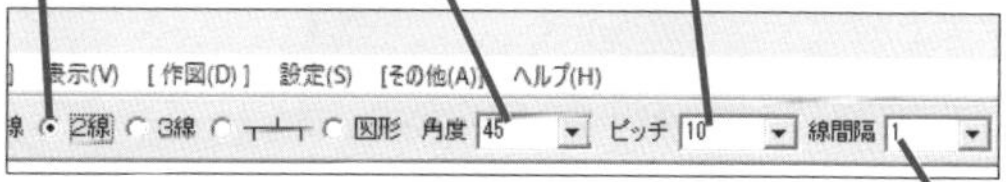

4 「1」と入力

5 ［実行］をクリック

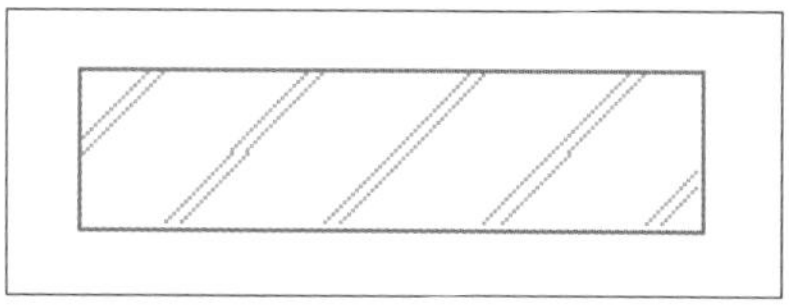

ハッチが実行された

6 ［クリアー］をクリック

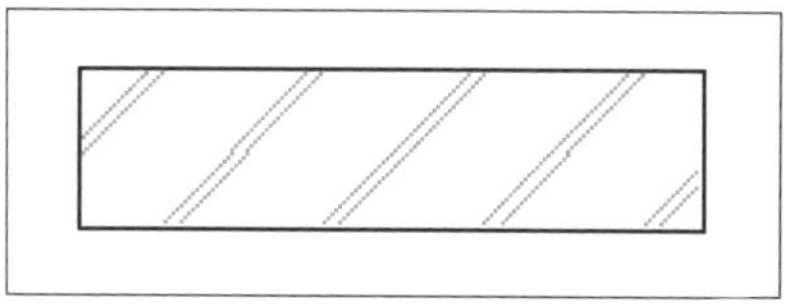

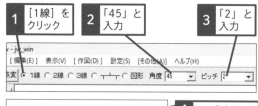

ハッチが確定した

251

サンプル　お役立ち度 ★★★

Q ［3線］で鉄筋コンクリートの模様を作図するには

A ［3線］で［角度］と［ピッチ］を指定して作図します

鉄筋コンクリート造の詳細図を作図する場合、鉄筋コンクリートは45°の3斜線で表現するのが一般的です。この場合、［ハッチ］コマンドの［3線］を使うのが便利です。以下の例では角度「45」、ピッチ「10」、線間隔「1」を入力して作図しています。

ワザ249を参考に［ハッチ］コマンドを実行して図形を選択しておく

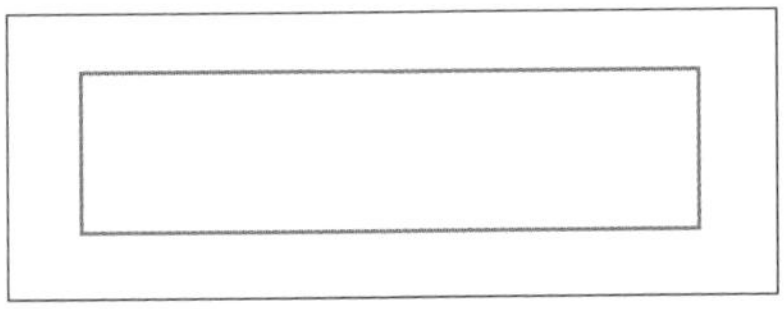

1 ［3線］をクリック
2 「45」と入力
3 「10」と入力

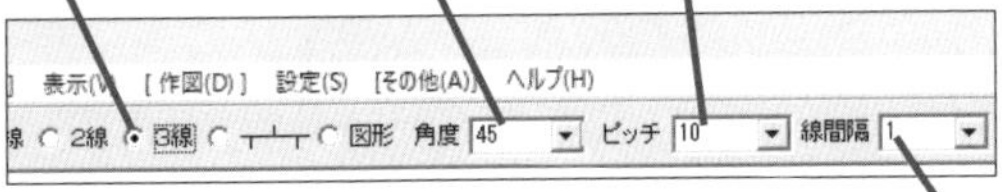

4 「1」と入力

5 ［実行］をクリック

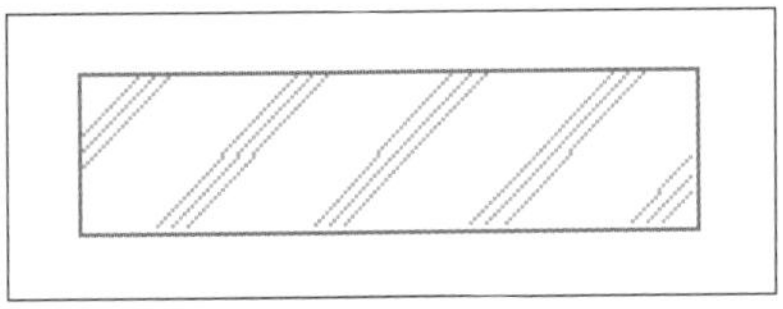

ハッチが実行された

6 ［クリアー］をクリック

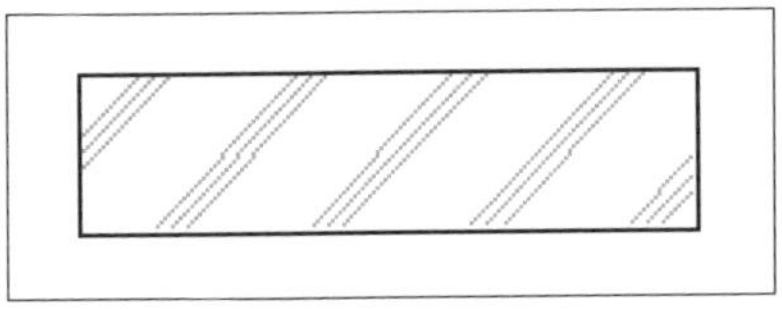

ハッチが確定した

252

サンプル　お役立ち度 ★★★

Q レンガ模様を作図するには

A ［ハッチ］コマンドの馬目地を選択します

縦方向の目地が互い違いに並んだ馬目地を作図する場合、［ハッチ］コマンドの「┬┴」で作図できます。以下の例では、縦ピッチ「5」で横ピッチ「10」のレンガを積み重ねたような模様を作図しています。

ワザ249を参考に［ハッチ］コマンドを実行して図形を選択しておく

1 ここをクリック
2 「0」と入力
3 「5」と入力
4 「10」と入力

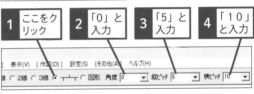

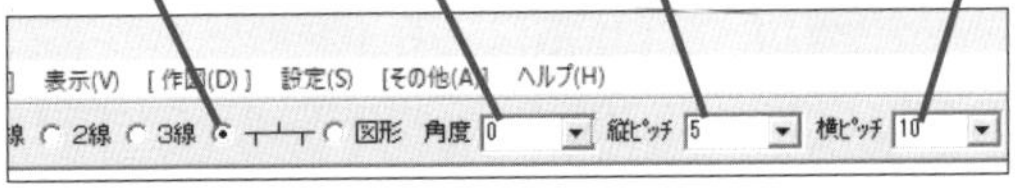

5 ［実行］をクリック

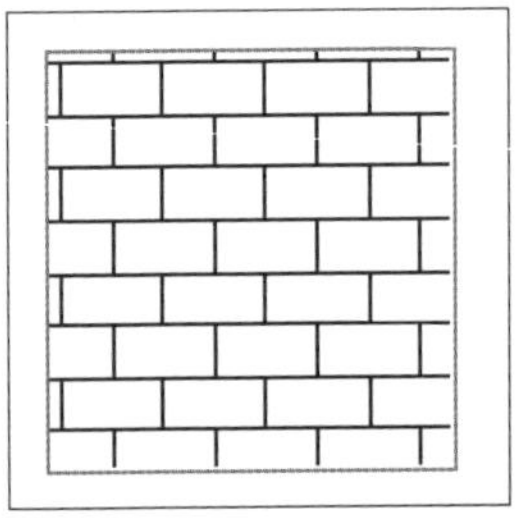

ハッチが実行された

6 ［クリアー］をクリック

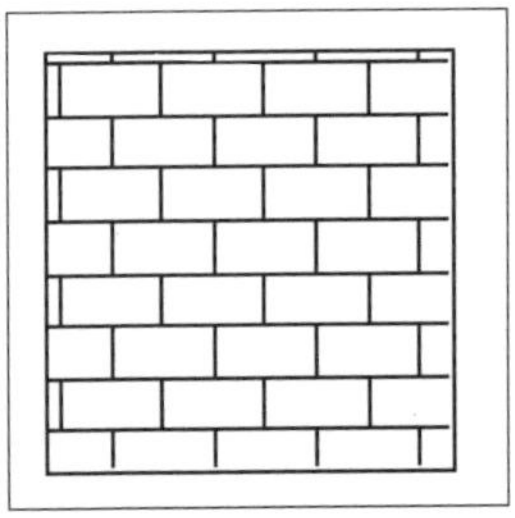

ハッチが確定した

クロックメニュー　左7+右　ハッチ

253

サンプル　お役立ち度 ★★★

Q ハッチの基点を変更するには

A ［実行］の前に［基点変］をクリックします

［ハッチ］コマンドを確定するには［実行］をクリックしますが、その前に［基点変］をクリックするとハッチの開始位置を変更することができます。図形内の指定位置をクリックまたは右クリックすると、ハッチの開始位置が変わり、全体の模様が変更されます。以下の例は馬目地を基点変更して作図しています。ワザ252の結果と比較して、違いを確認しましょう。

ワザ252を参考にレンガ模様の作図を設定しておく

1 ［基点変］をクリック

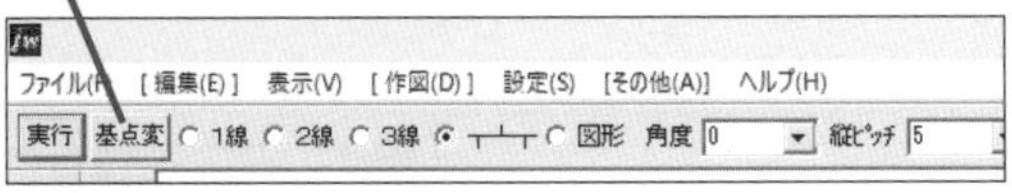

2 基準点を右クリック

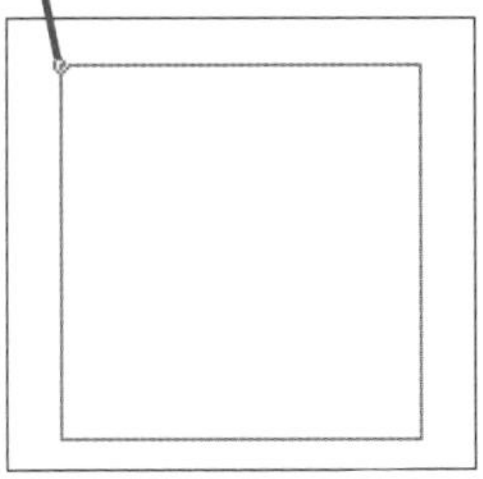

3 ［実行］をクリック

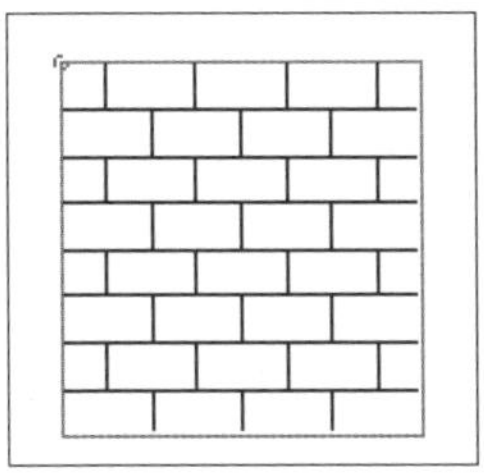

ハッチが実行された

4 ［クリアー］をクリック

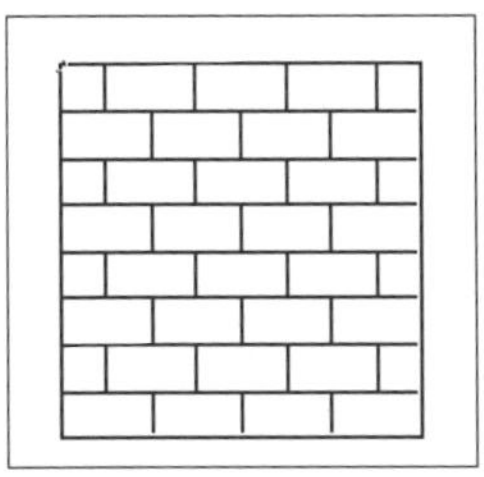

ハッチが確定した

254

サンプル　お役立ち度 ★★★

Q 格子状の模様を描くには

動画で見る

A 縦横2回のハッチを実行します

格子状の模様を［ハッチ］コマンドで作図するには、同じ範囲で縦横2回のハッチを実行します。［クリアー］ボタンをクリックするまでは、同じ範囲にハッチできます。以下の例では、［1線］を使い、角度「0」、ピッチ「5」と角度「90」、ピッチ「10」のハッチを実行しています。

ワザ253を参考に［ハッチ］コマンドを実行して図形を選択し、基点を左上に変更しておく

1 ［1線］をクリック

2 「0」と入力

3 「5」と入力

4 ［実行］をクリック

ハッチが実行された

5 「90」と入力

6 「10」と入力

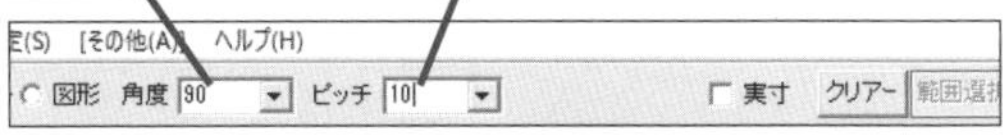

7 ［実行］をクリック

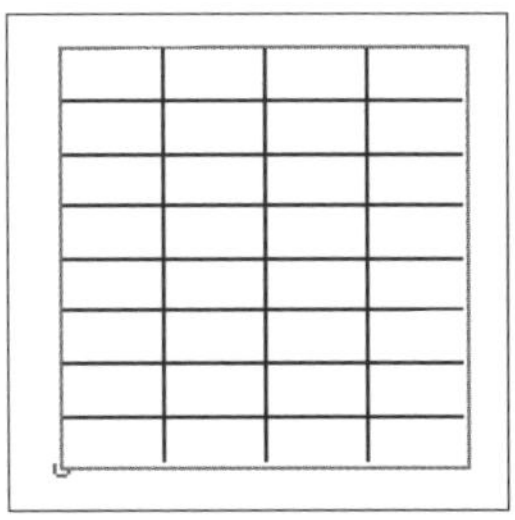

ハッチが実行された

［クリアー］をクリックするとハッチが確定する

255

サンプル　お役立ち度 ★★★

Q ハッチ範囲を［範囲選択］で指定して作図するには

A ［ハッチ］コマンドの実行中に［範囲選択］をクリックします

［ハッチ］コマンドを実行してから各種の設定を行い、［範囲選択］をクリックしてハッチを行う図形を選択することができます。選択後は［選択確定］をクリックし、［実行］をクリックします。

ワザ248を参考に［ハッチ］コマンドを実行しておく

1 ［1線］をクリック
2 「45」と入力
3 「5」と入力

4 ［範囲選択］をクリック

5 ここをクリック

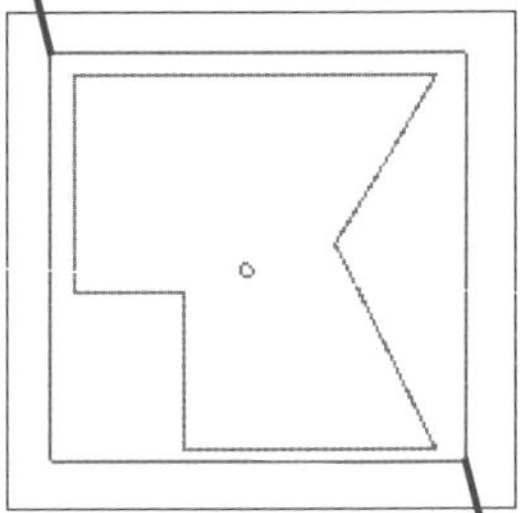

6 ここをクリック

7 ［選択確定］をクリック

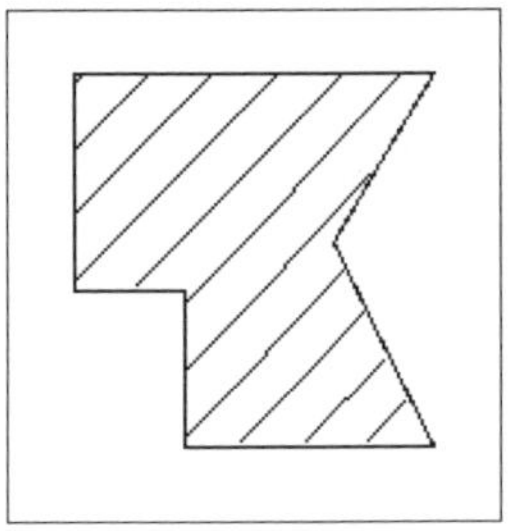

選択範囲が確定できた

続けて［実行］をクリックしてハッチを実行する

256

サンプル　お役立ち度 ★★★

Q ［図形］ハッチで網掛け模様を作図するには

A ［選択図形登録］を使用します

網掛け模様を作図するには、まずハッチ用の図形を選択します。以下の例では［ハッチ］コマンドを実行してから［範囲選択］をクリックして右側の図形を選択し、［選択図形登録］をクリックします。次に［図形］のラジオボタンをオンにして数値を入力し、［実行］をクリックしてハッチを実行します。

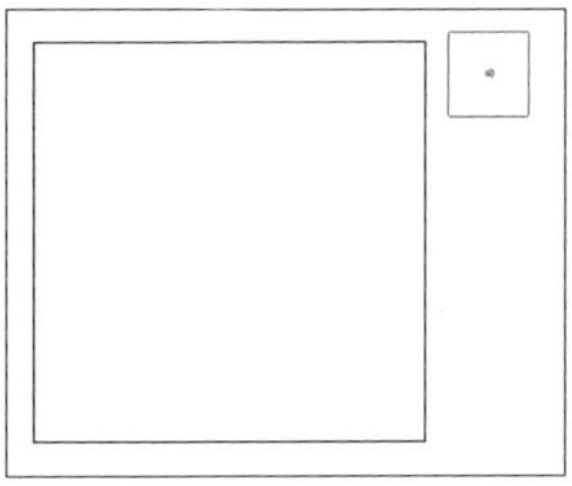

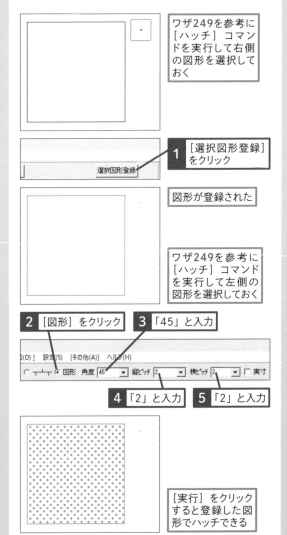

ワザ249を参考に［ハッチ］コマンドを実行して右側の図形を選択しておく

1 ［選択図形登録］をクリック

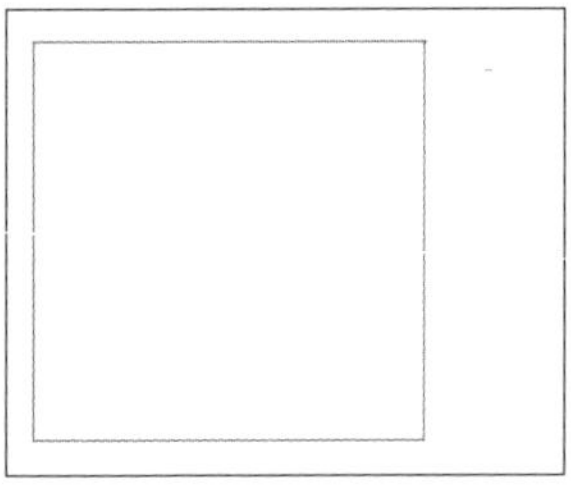

図形が登録された

ワザ249を参考に［ハッチ］コマンドを実行して左側の図形を選択しておく

2 ［図形］をクリック
3 「45」と入力

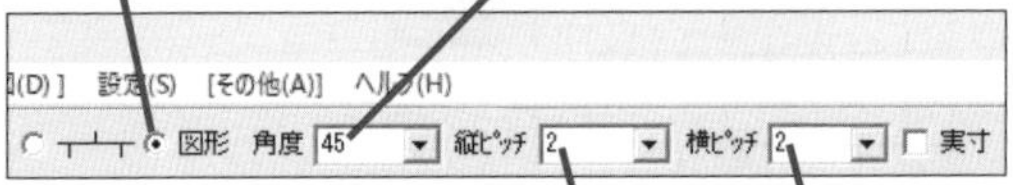

4 「2」と入力
5 「2」と入力

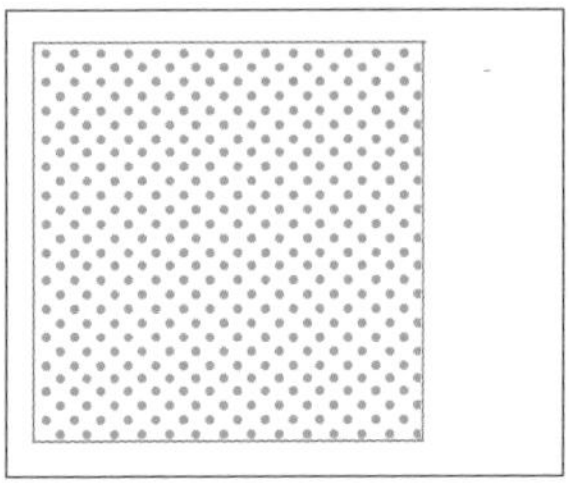

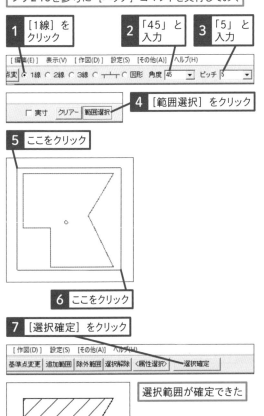

［実行］をクリックすると登録した図形でハッチできる

257 サンプル お役立ち度 ★★★

Q ［範囲］コマンドでハッチ線の範囲を指定するには

A 図形を選択してから［ハッチ］コマンドを実行します

［範囲］コマンドで図形を選択してから、［ハッチ］コマンドを実行することができます。［範囲］コマンドで図形を選択し、［ハッチ］コマンドを実行して各種設定を行います。数値の入力が終わったら［実行］をクリックするとハッチが実行されます。

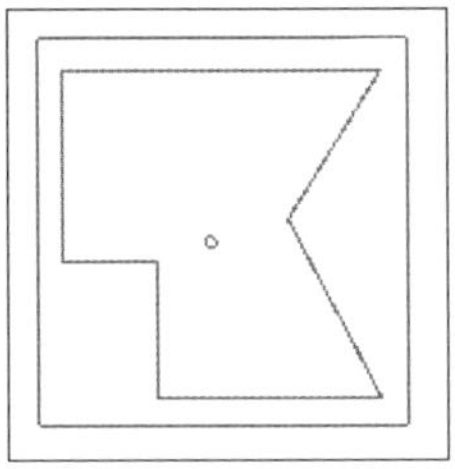

ワザ195を参考に［範囲］コマンドを実行して図形を選択しておく

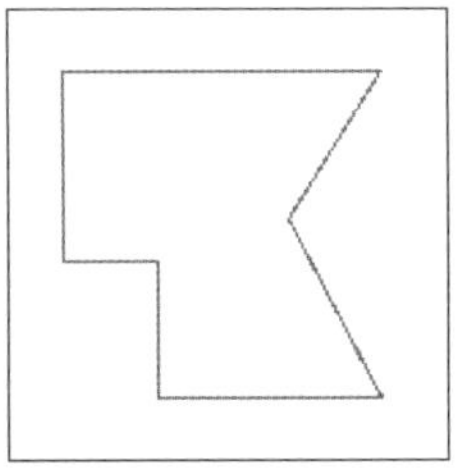

1 ［ハッチ］をクリック

2 ［1線］をクリック

3 「45」と入力

4 「5」と入力

5 ［実行］をクリック

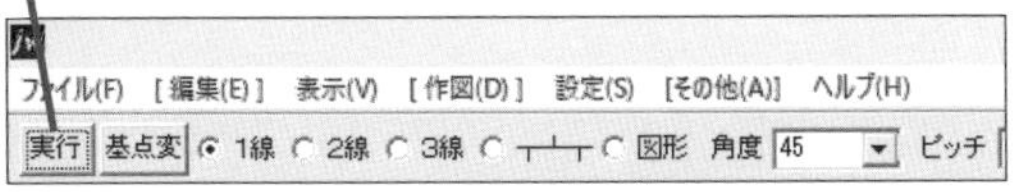

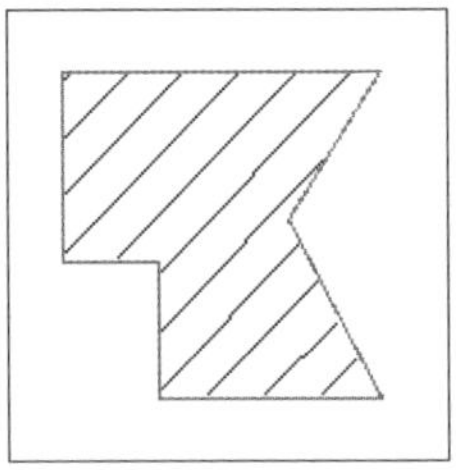

ハッチが実行された

258 サンプル お役立ち度 ★★★

Q ハッチしない場所を指定するには

A 除外する部分を選択します

ハッチしない場所を指定するには、全体を選択してから除外する場所を続けて選択します。以下の例では、外側の図形を選択してから内側の図形を選択し、除外しています。ハッチを実行すると内側の図形の中はハッチされません。

ワザ248を参考に［ハッチ］コマンドを実行しておく

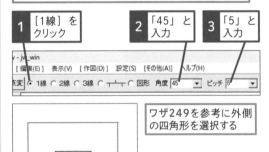

1 ［1線］をクリック

2 「45」と入力

3 「5」と入力

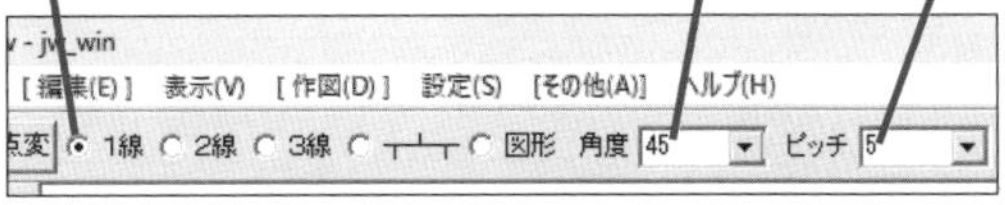

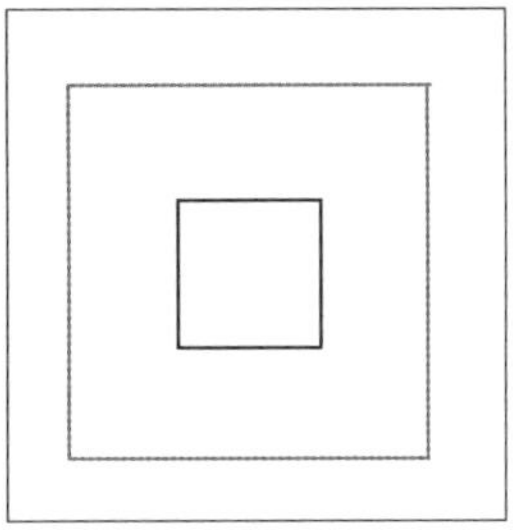

ワザ249を参考に外側の四角形を選択する

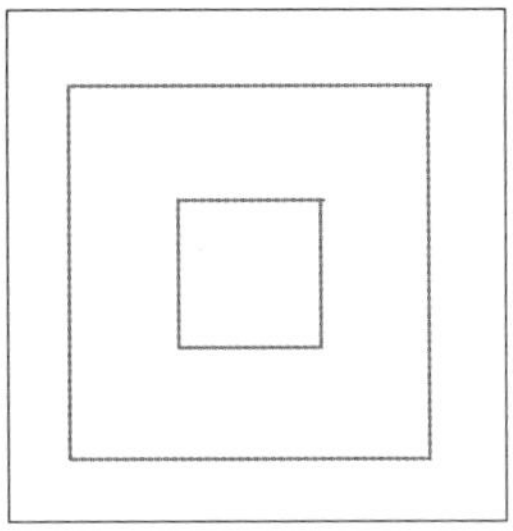

続けて内側の四角形を選択する

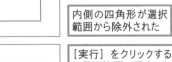

内側の四角形が選択範囲から除外された

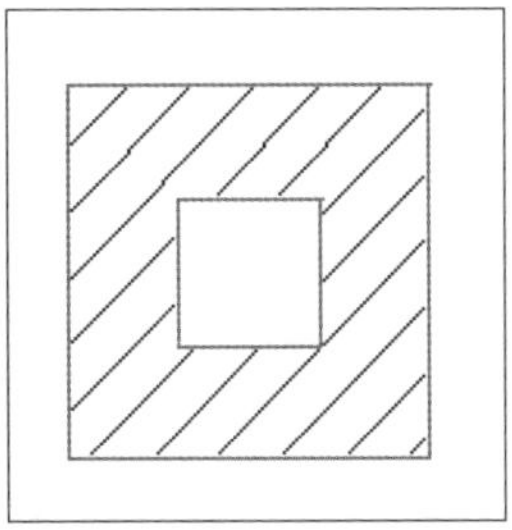

［実行］をクリックすると選択範囲で囲まれた部分にハッチが実行される

ソリッド図形で塗りつぶしを行うには

Jw_cadでは、塗りつぶし部分を「ソリッド（図形）」と呼びます。ここでは、［□］または［多角形］コマンドを使って、ソリッド図形を作図する方法を説明します。

259

サンプル　お役立ち度 ★★★

Q 「□」コマンドで長方形を塗りつぶすには

動画で見る

A ［ソリッド］にチェックマークを付けます

長方形や正方形の図形を塗りつぶすときは、［□］コマンドを実行して［ソリッド］を使用します。以下の例では［ソリッド］にチェックマークを付けてから［任意色］を選択し、［色の設定］画面を表示して塗りつぶしの色を指定しています。続けて塗りつぶしたい図形を対角線上で選択して、指定した色で塗りつぶしています。

1 ［□］をクリック

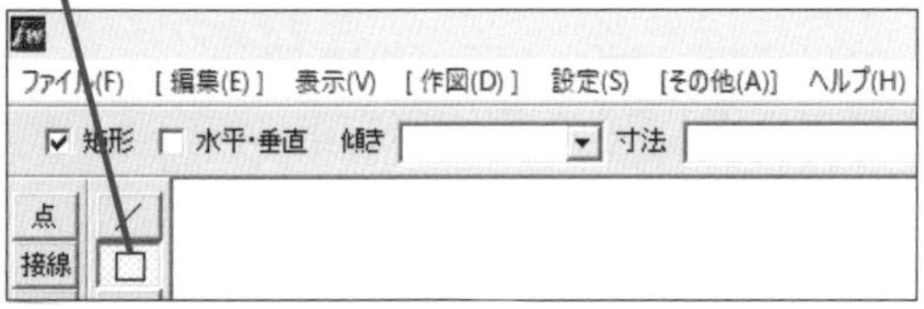

2 ［ソリッド］をクリック

3 ［任意色］をクリックしてチェックマークを付ける

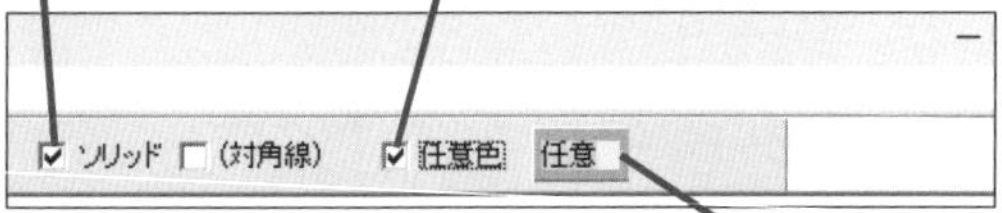

4 ここをクリック

［色の設定］画面が表示された

5 ここをクリック

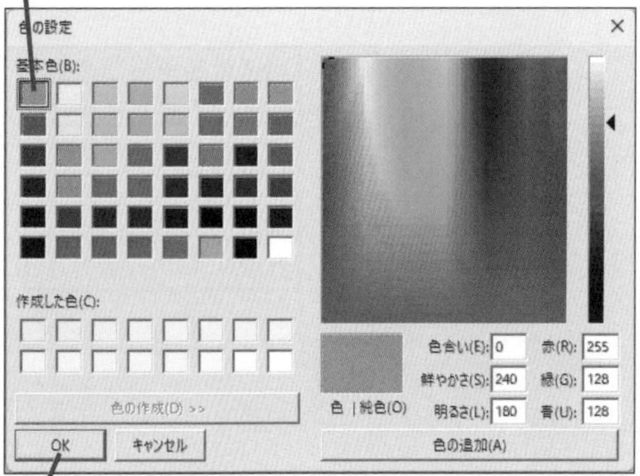

6 ［OK］をクリック

7 ここを右クリック

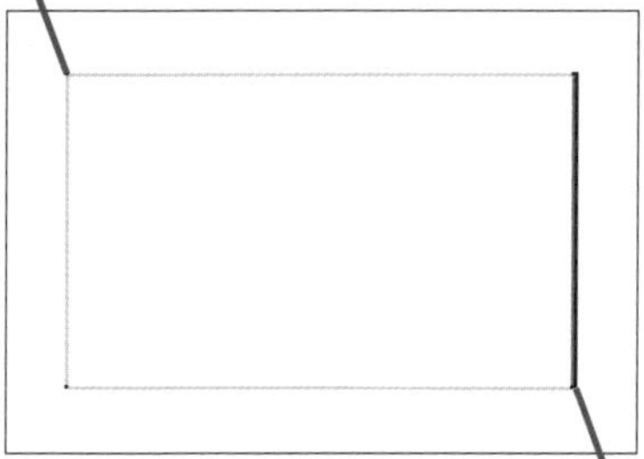

8 ここを右クリック

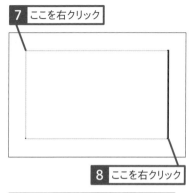

図形が指定した色で塗りつぶされた

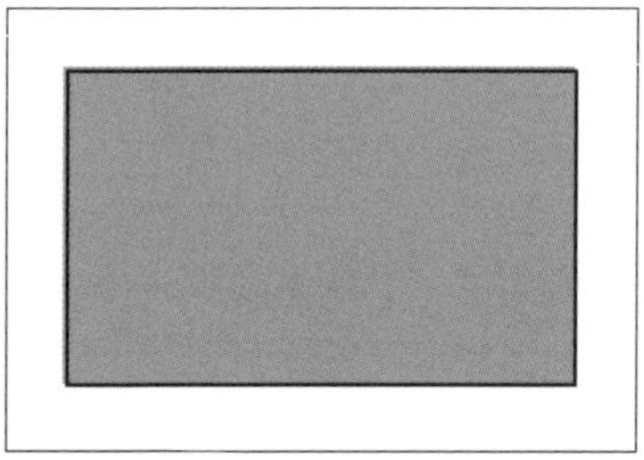

クロックメニュー　左1+右　■矩形

ショートカットキー　矩形　B

関連 260 ［多角形］コマンドで任意の形状を塗りつぶすには ▸P.169

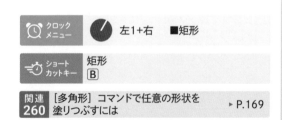

260

サンプル　お役立ち度 ★★★

Q ［多角形］コマンドで任意の形状を塗りつぶすには

A ［曲線属性化］を使用します

長方形や正方形以外の形状を塗りつぶすには［多角形］コマンドを使用します。［多角形］コマンドの実行中に［任意］をクリックし、［ソリッド図形］にチェックマークを付けます。次に、ワザ259同様の操作で色を選択し、ソリッド図形が一つにつながるように［曲線属性化］にチェックマークを付けます。続けて、多角形の各点を右クリックしてから［作図］をクリックすると、多角形の内側が塗りつぶされます。

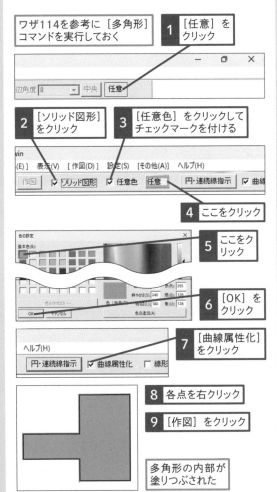

ワザ114を参考に［多角形］コマンドを実行しておく

1 ［任意］をクリック

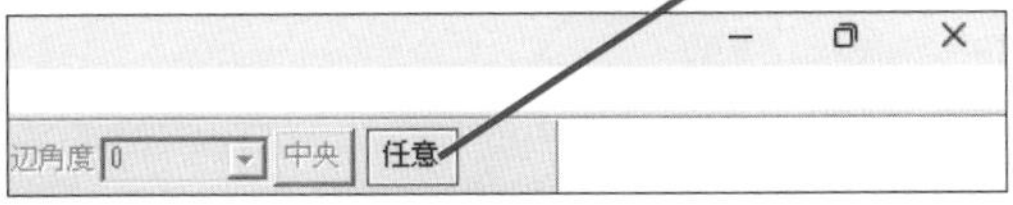

2 ［ソリッド図形］をクリック

3 ［任意色］をクリックしてチェックマークを付ける

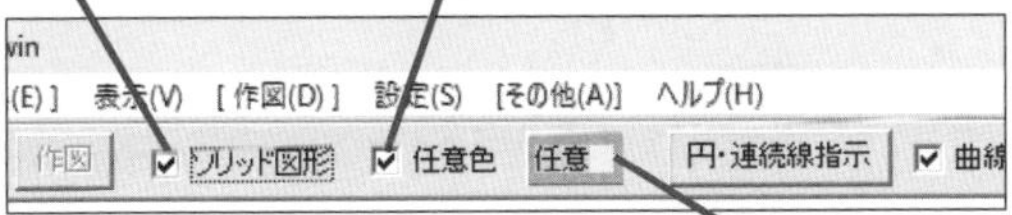

4 ここをクリック

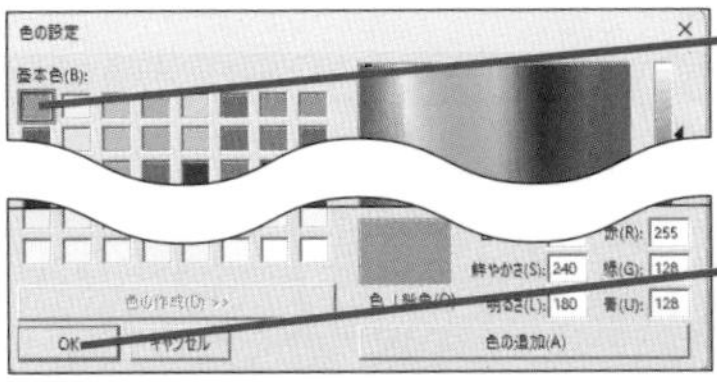

5 ここをクリック

6 ［OK］をクリック

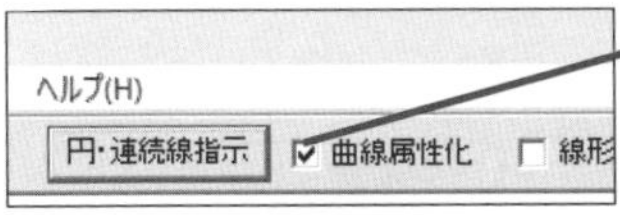

7 ［曲線属性化］をクリック

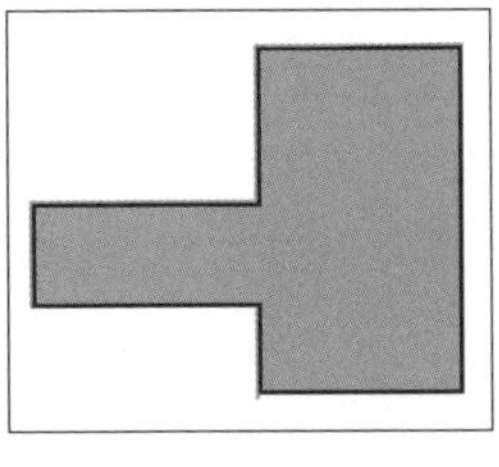

8 各点を右クリック

9 ［作図］をクリック

多角形の内部が塗りつぶされた

261

サンプル　お役立ち度 ★★★

Q ［多角形］コマンドで円や閉じた図形を塗りつぶすには

A ［円・連続線指示］を使用します

円を塗りつぶす場合は、［多角形］コマンドを実行して塗りつぶしの色を選択した後で、［曲線属性化］にチェックマークを付けて［円・連続線指示］をクリックします。続けて円の線上をクリックすると、円の内部が塗りつぶされます。閉じた図形の場合は、同様の操作で塗りつぶすことができます。

ワザ260を参考に［多角形］コマンドを実行し、任意色を選択しておく

1 ［曲線属性化］をクリックしてチェックマークを付ける

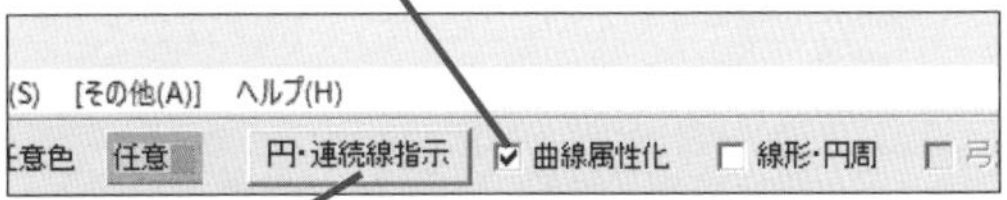

2 ［円・連続線指示］をクリック

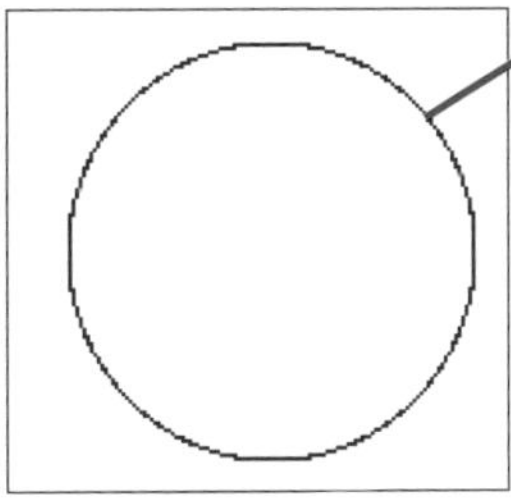

3 線上をクリック

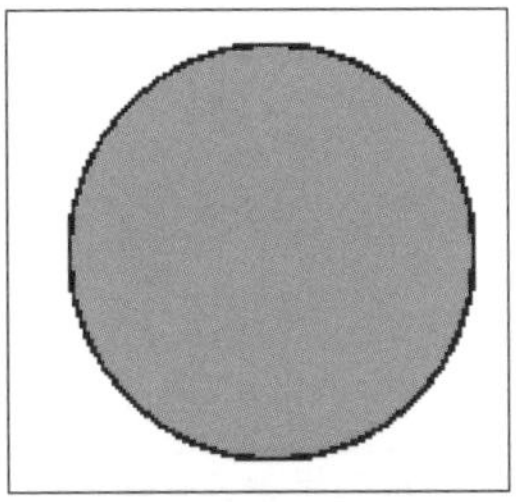

円の内部が塗りつぶされた

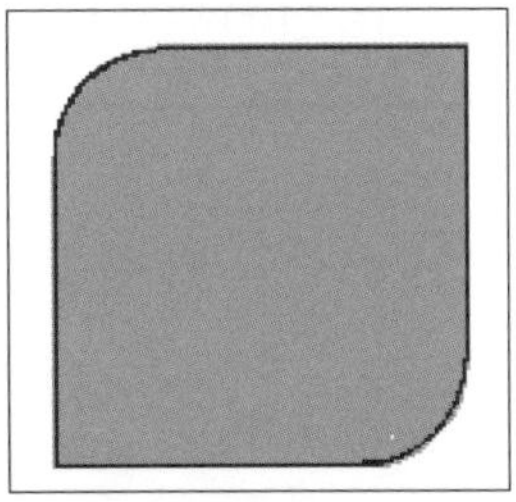

同様の手順で多角形の内部も塗りつぶすことができる

262

サンプル　お役立ち度 ★★★

Q 円や閉じた図形の線を消して塗りつぶすには

A 円や図形の線上を右クリックします

円の線を消して塗りつぶす場合は、ワザ261と同様の操作で［円・連続線指示］をクリックした後に、円の線上を右クリックします。閉じた図形でも同様に、線を右クリックすると線を消して塗りつぶすことができます。

ワザ260を参考に［多角形］コマンドを実行し、任意色を選択しておく

1 ［曲線属性化］をクリックしてチェックマークを付ける

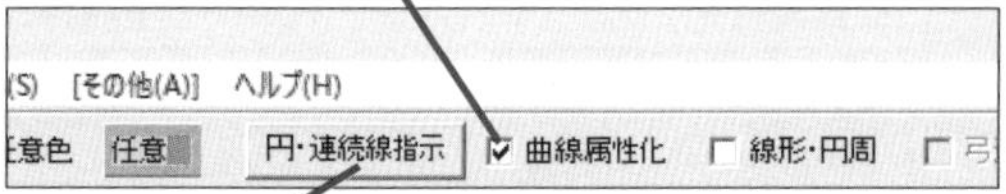

2 ［円・連続線指示］をクリック

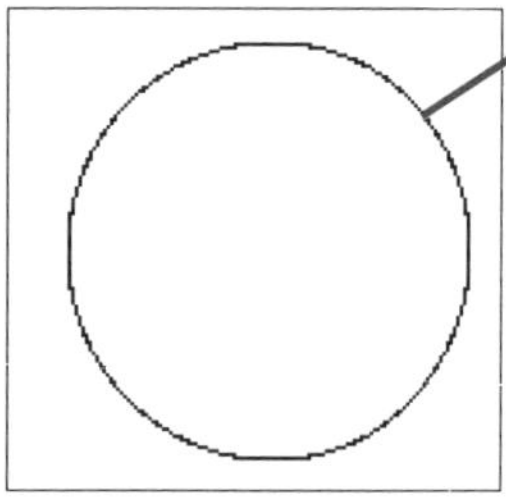

3 線上を右クリック

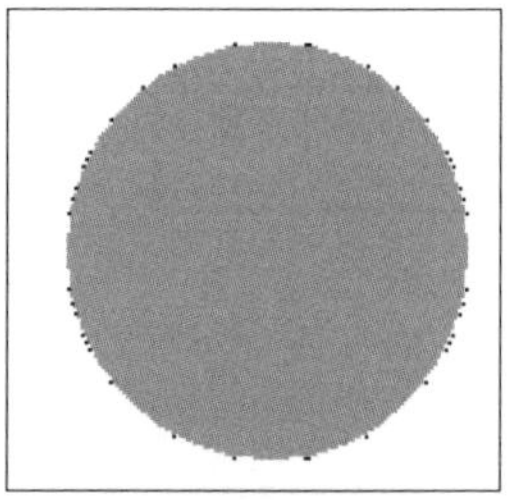

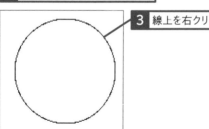

円の内部が塗りつぶされ、線が消えた

同様の手順で多角形の内部も塗りつぶして線を消すことができる

263

サンプル　お役立ち度 ★★★

Q 円環ソリッドで塗りつぶした円を中抜きするには

A 中抜きする円の半径を指定します

円の内側を除いて円環状に塗りつぶす場合は、円環ソリッド図形を使います。以下の例では［円・連続線指示］を右クリックし、外周円の線上をクリックして円環メソッドの数値入力画面を表示しています。内側の円の半径を入力して［OK］をクリックすると、円を中抜きして塗りつぶすことができます。

ワザ260を参考に［多角形］コマンドを実行し、任意色を選択しておく

1 ［曲線属性化］をクリックしてチェックマークを付ける

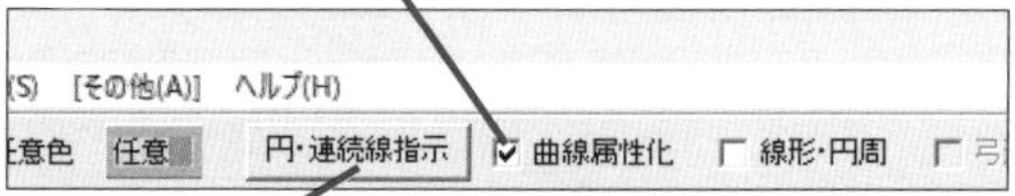

2 ［円・連続線指示］を右クリック

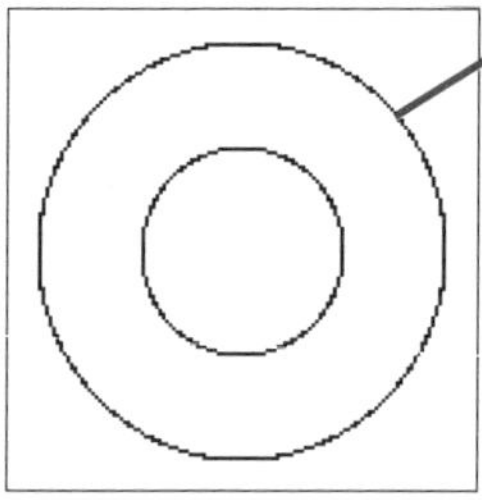

3 線上をクリック

4 「100」と入力　5 ［OK］をクリック

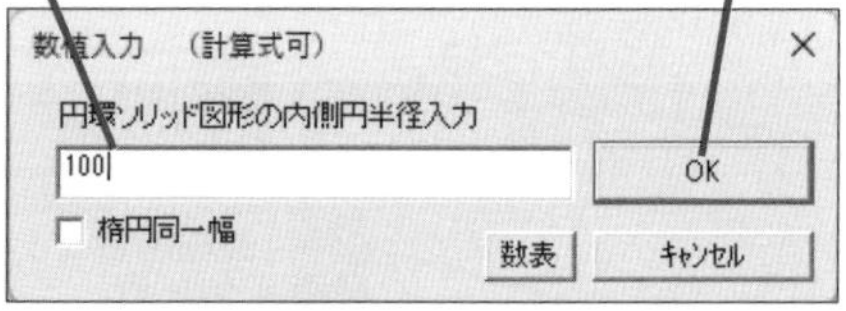

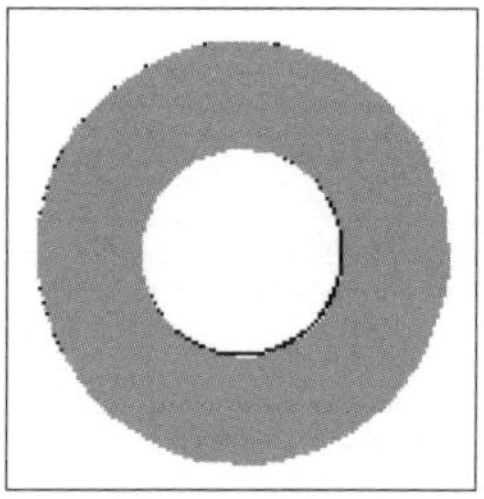

円を中抜きして塗りつぶすことができた

264 サンプル お役立ち度 ★★★

Q 塗りつぶした色を変更するには

A ［多角形］コマンドを使用します

［□］や［多角形］コマンドで作図したソリッド図形の色を変更するには、［多角形］コマンドを使います。［任意色］で変更後の色を選んだ後、Shiftキーを押しながらソリッド図形をクリックすると、任意色に変わります。

ワザ260を参考に［多角形］コマンドを実行し、任意色を選択しておく

1 Shiftキーを押しながら色を変更する図形をクリック

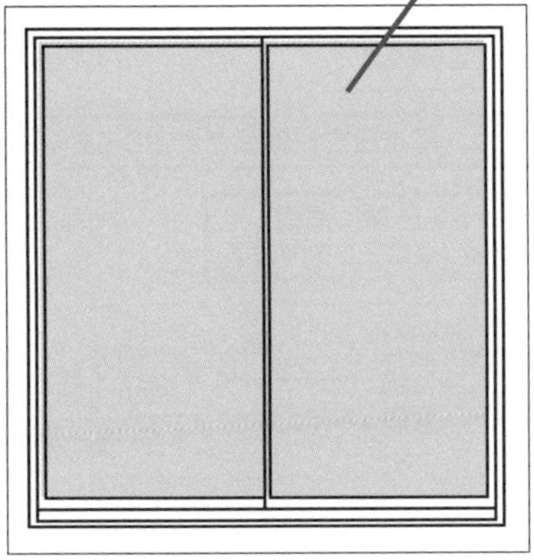

任意色で塗りつぶされた

265 サンプル お役立ち度 ★★★

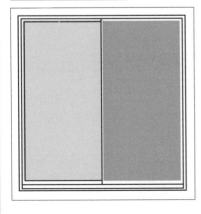

Q 他の図形の色で塗りつぶしを実行するには

A Shiftキー+右クリックで色を取得します

ソリッド図形の色を取得するにはShiftキーを押しながら右クリックします。［多角形］コマンドを実行して［ソリッド図形］にチェックマークを付け、Shiftキーを押しながら色を取得したいソリッド図形を右クリックします。色の取得が正しく行われると、画面の左上に［色取得］と表示され、［任意］ボタンの表示色が変わります。続けて、色を変えたい図形をShiftキーを押しながらクリックします。

ワザ260を参考に［多角形］コマンドを実行して［任意］をクリックしておく

1 Shiftキーを押しながら取得する色を右クリック

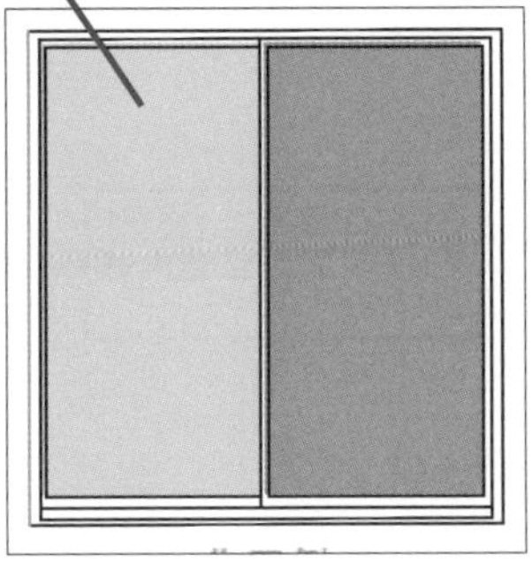

任意色がクリックした図形の色に変化した

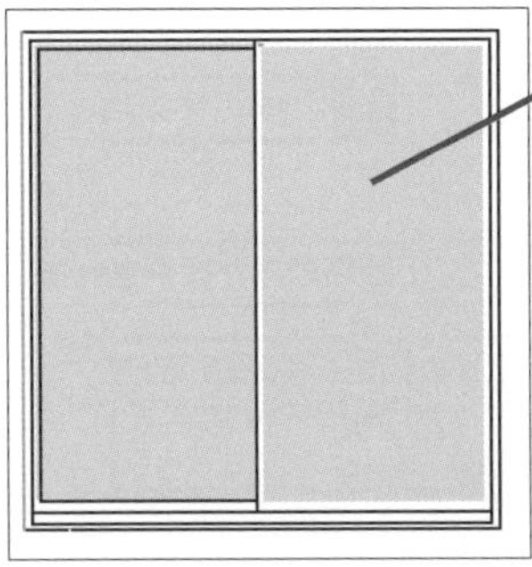

2 Shiftキーを押しながらクリック

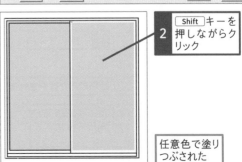

任意色で塗りつぶされた

266

サンプル お役立ち度 ★★★

Q ソリッド図形を消去するには

A ［消去］コマンドを実行して右クリックします

ソリッド図形を個別に消去するには、［消去］コマンドを実行し、ソリッド図形を個々に右クリックします。まとめて消去したいときは、［範囲］コマンドで図形全体を選択後、［<属性選択>］をクリックし、［ソリッド図形指定］にチェックマークを付けてから、［消去］コマンドを実行します。

●個別に消去する

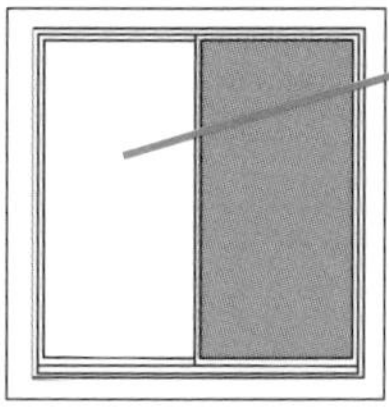

右クリックするとソリッドを消去できる

●まとめて消去する

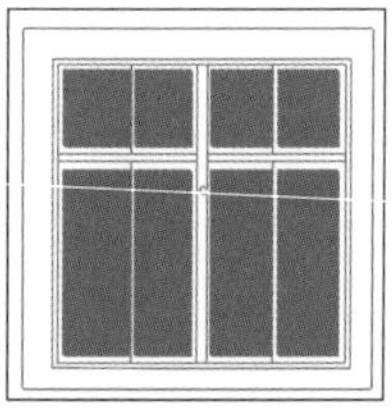

ワザ195を参考に［範囲］コマンドで図形全体を選択しておく

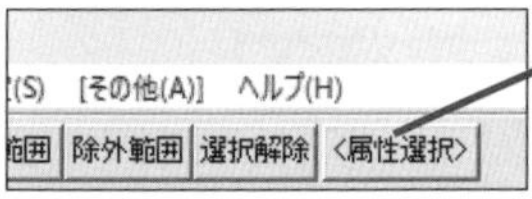

1 ［<属性選択>］をクリック

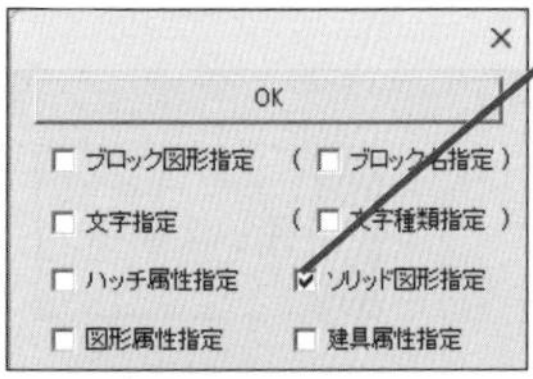

2 ［ソリッド図形指定］をクリックしてチェックマークを付ける

3 ［OK］をクリック

ソリッド図形のみが選択された

［消去］をクリックするとソリッド図形のみ消去される

267

サンプル お役立ち度 ★★★

Q ソリッド図形の表示順序を線や図形より先にするには

A ［基本設定］の［一般（1）］で設定します

ソリッド図形の表示順序を線や図形より先にするには、［基本設定］画面を表示して［一般（1）］の［画像・ソリッドを最初に描画］をクリックしてチェックマークを付けます。これにより、ソリッド図形が線や図形よりも上に表示されるようになります。

図形の後ろにソリッド図形が隠れている

ワザ030を参考に［基本設定］画面を表示しておく

1 ［画像・ソリッドを最初に描画］をクリックしてチェックマークを付ける

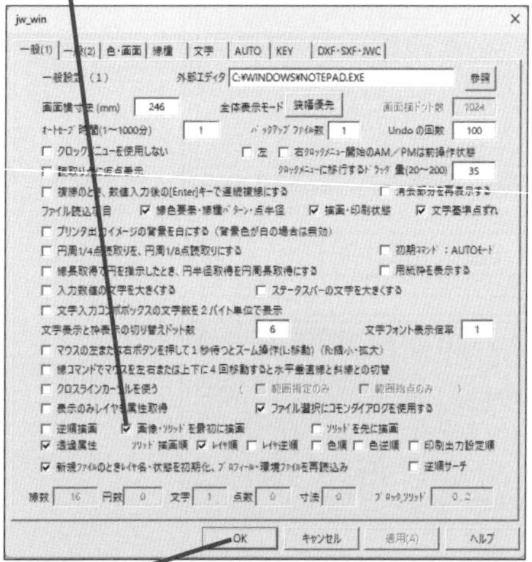

2 ［OK］をクリック

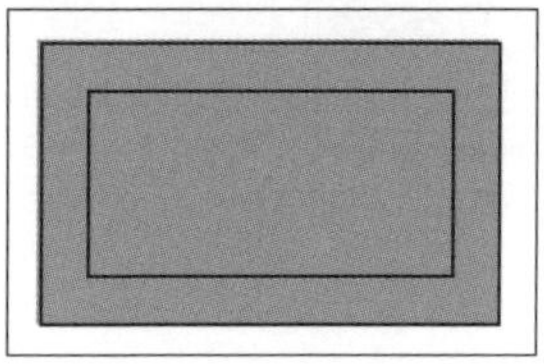

ソリッド図形が優先的に表示された

268

サンプル　お役立ち度 ★★★

Q ソリッド図形の表示順序をレイヤで変更するには

A ［基本設定］の［一般（1）］で2箇所設定します

ワザ267の操作でソリッド図形を優先的に表示する設定にした際に、［レイヤ順］にもチェックマークを付けると、ソリッド図形がレイヤ順に表示されるようになります。この場合、レイヤは数字の大きなものほど上に表示されます。

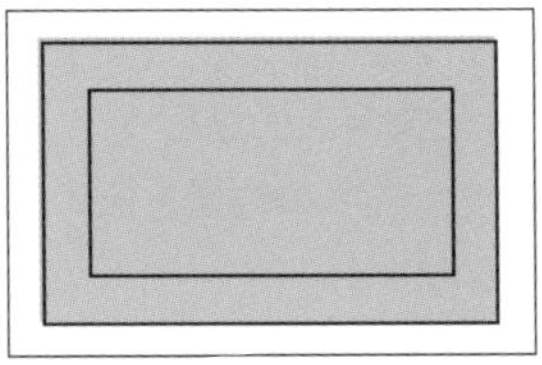

［1］レイヤのソリッド図形が［0］レイヤのソリッド図形に隠れている

ワザ030を参考に［基本設定］画面を表示しておく

1 ［画像・ソリッドを最初に描画］をクリックしてチェックマークを付ける

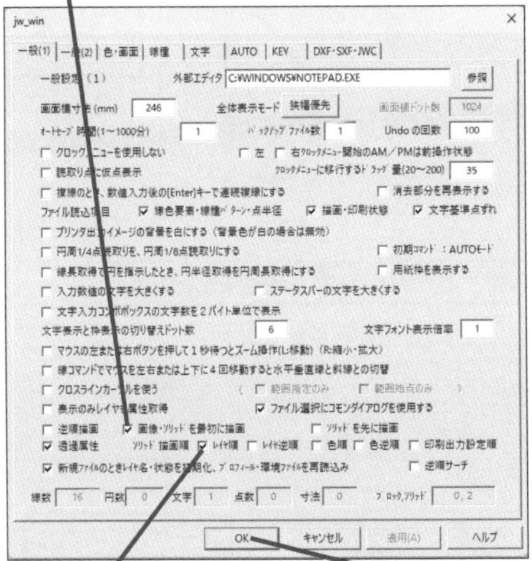

2 ［レイヤ順］をクリックしてチェックマークを付ける

3 ［OK］をクリック

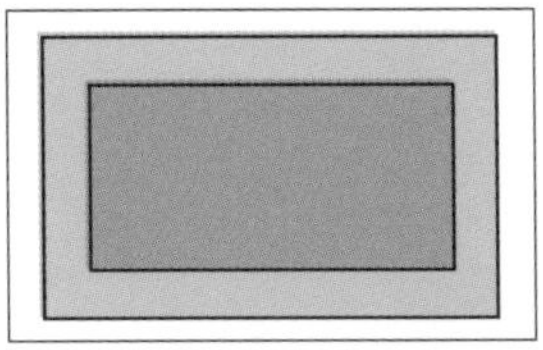

レイヤの順にソリッド図形が表示された

269

お役立ち度 ★★★

Q ［色の設定］の基本色にない色を作成するには

A 色をクリックして選ぶか、数値で指定できます

［色の設定］の基本色にない色を作成するには、［色の設定］画面の右側にある色彩のエリアをクリックして色合いと明るさを選択できます。また、各種の数値を入力して色を指定することもできます。

ワザ259を参考に［色の設定］画面を表示しておく

1 クリックして色合いを選択

2 クリックして明るさを選択

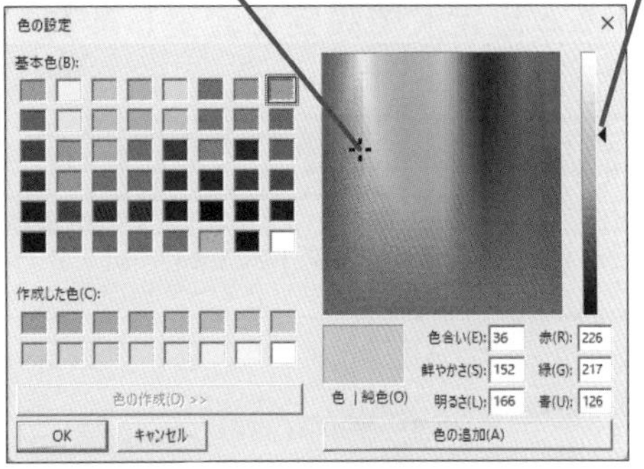

数値を入力して色を作成することもできる

3 ［色の追加］をクリック

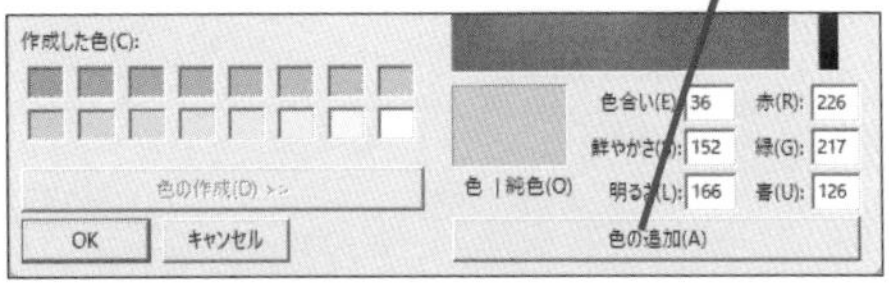

［作成した色］に追加された

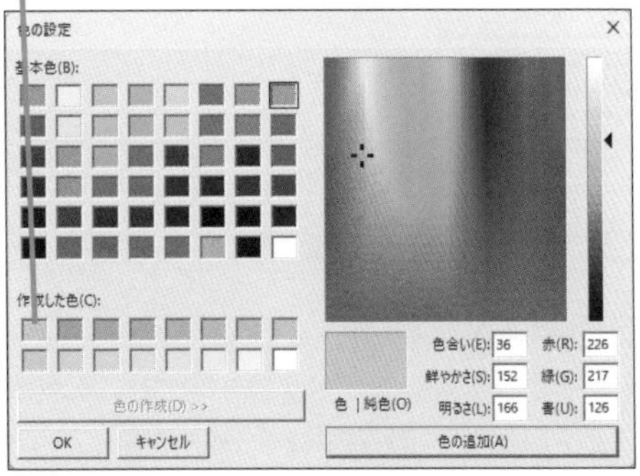

第11章 文字を記入するには

図面に文字を記入するには

ここでは、[文字] コマンドを使って、図面に文字を記入する方法を説明します。Jw_cadでは文字は図形や線、寸法などとも異なる操作をするので、しっかりと確認しておきましょう。

270 サンプル お役立ち度 ★★★

Q 文字の位置を決めてから文字を入力するには

A [基本設定] で設定を変更します

[文字] コマンドで文字を入力するとき、初期状態では文字を入力した後に文字の位置を決めますが、[基本設定] 画面で変更することができます。[基本設定] 画面を表示してから [一般(2)] をクリックし、[文字コマンドのとき文字位置指定後に文字入力を行う。] にチェックマークを付けることで、文字の位置を決めてから文字を入力できるようになります。

ワザ030を参考に基本設定の画面を表示しておく

1 [一般 (2)] をクリック

2 [文字コマンドのとき文字位置指定後に文字入力を行う。] をクリックしてチェックマークを付ける

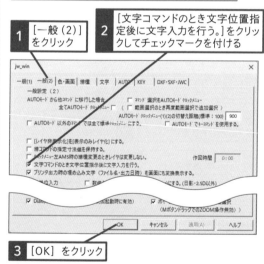

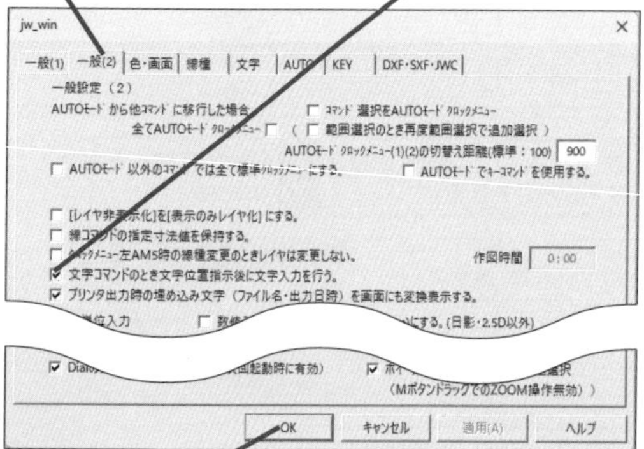

3 [OK] をクリック

4 [文字] をクリック

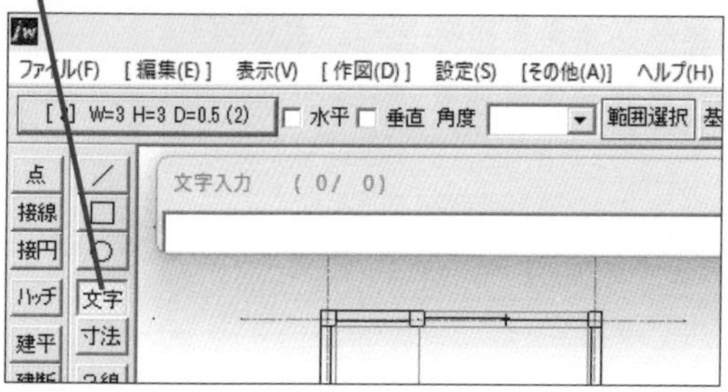

5 ここをクリック

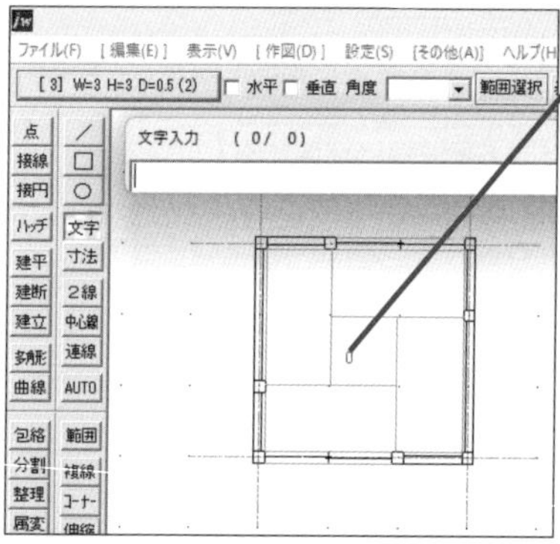

文字入力画面に文字が入力できるようになった

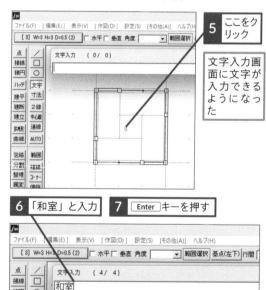

6 「和室」と入力

7 Enter キーを押す

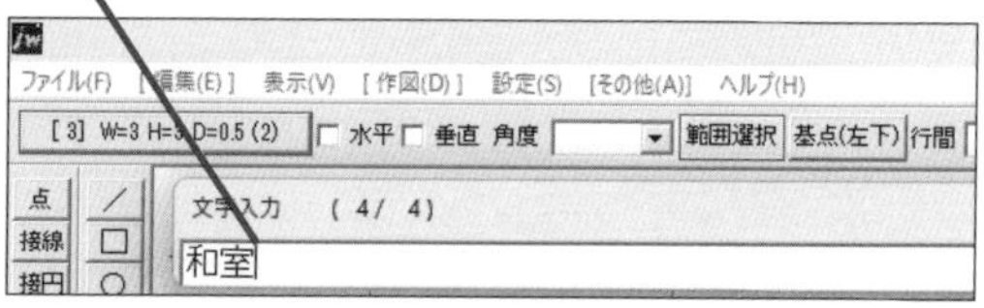

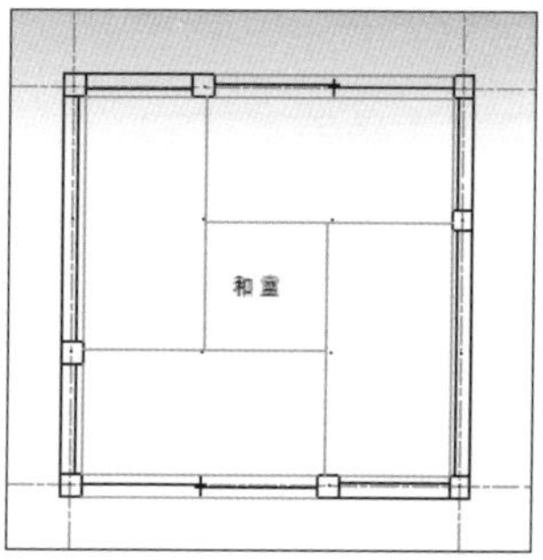

文字が入力された

271

サンプル　お役立ち度 ★★★

Q 書込み文字種を選択して文字を記入するには

動画で見る

A ［書込み文字種変更］画面で選択します

［文字］コマンドの実行中に、文字の種類や色を素早く変更することができます。コントロールバーの文字種などが表示されているボタンをクリックして［書込み文字種変更］画面を表示し、フォントの種類と文字の書式を選びます。文字の書式は幅、高さ、間隔、文字色などを文字種［1］～［10］から選ぶか、数値を入力して任意に設定できます。入力した文字は、1行分がひと固まりになった文字列として扱われます。

ワザ270を参考に［文字］コマンドを実行しておく

1 ここをクリック

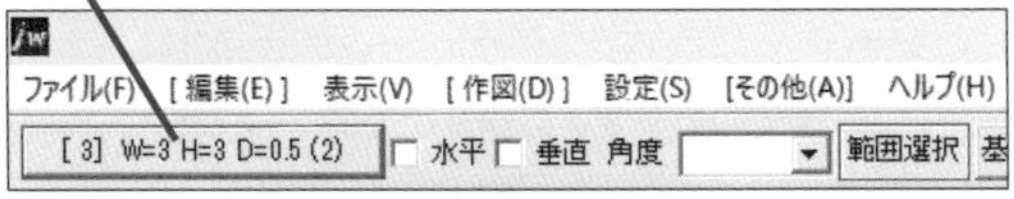

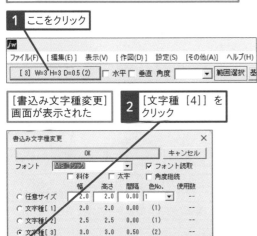

［書込み文字種変更］画面が表示された

2 ［文字種［4］］をクリック

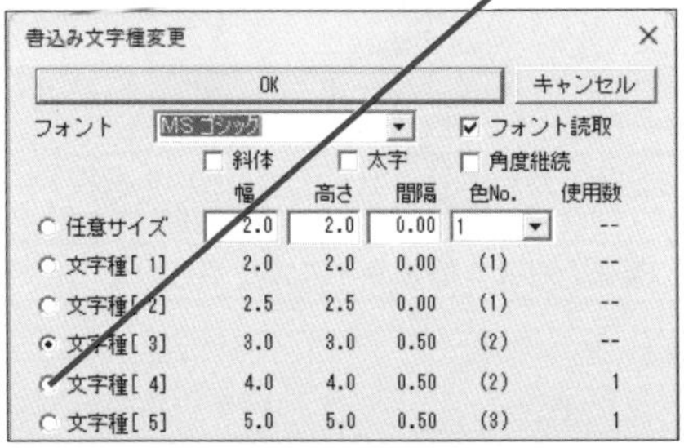

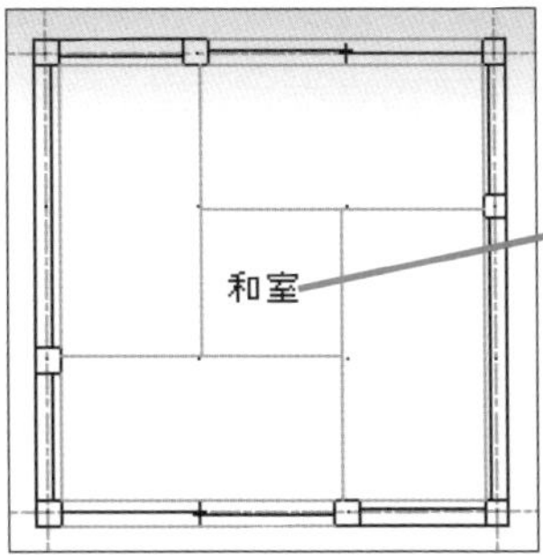

文字種［4］が選択され、そのまま画面が閉じる

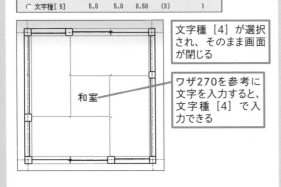

ワザ270を参考に文字を入力すると、文字種［4］で入力できる

272

サンプル　お役立ち度 ★★★

Q 書込みフォントを変更するには

A 入力前と入力後のそれぞれで変更できます

フォントの種類は入力前と入力後のどちらの場合も変更が可能で、それぞれ方法が異なります。入力前の場合は［書込み文字種変更］画面の［フォント］の「▼」をクリックして、一覧から使いたいフォントを選びます。入力後は［文字入力］画面の右側の「▼」をクリックして、同様にフォントの一覧から選びます。

ワザ270を参考に［文字］コマンドを実行しておく

●入力前に変更する

ワザ271を参考に［書込み文字種変更］画面を表示しておく

1 ここをクリック

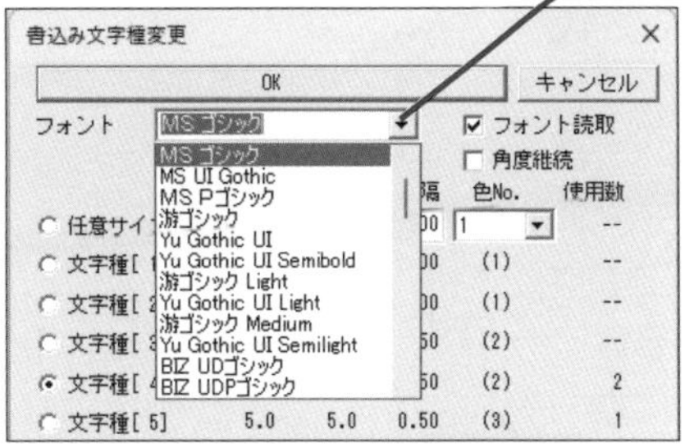

一覧からフォントの種類を選択できる

●入力後に変更する

1 ここをクリック

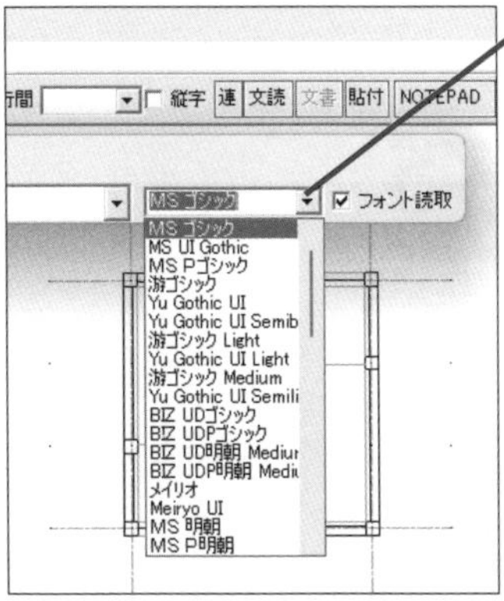

一覧からフォントの種類を選択できる

273

サンプル　お役立ち度 ★★★

Q 書込み文字を斜体や太字にするには

A ［書込み文字種変更］で設定できます

［書込み文字種変更］画面で設定することで、文字を斜体や太字に変更できます。斜体と太字はそれぞれ設定できる他、同時に使用することもできます。

ワザ271を参考に［書込み文字種変更］画面を表示しておく

ここをクリックしてチェックマークを付けると斜体、太字、斜体+太字に変更できる

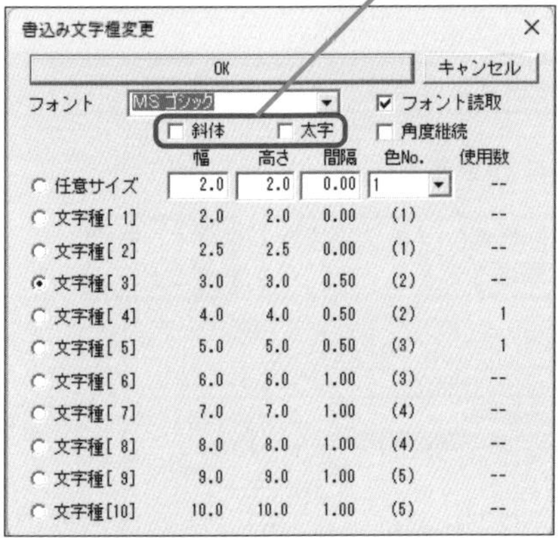

●通常の書体

●斜体

●太字

274

サンプル　お役立ち度 ★★★

Q 任意サイズの文字を設定するには

A ［任意サイズ］で数値を指定します

［書込み文字種変更］画面で文字の幅、高さ、間隔、色を任意に設定することできます。［任意サイズ］をクリックしてラジオボタンをオンにし、各項目に数値を入力して設定します。色については「▾」をクリックして番号から選びます。

ワザ271を参考に［書込み文字種変更］画面を表示しておく

1 ［任意サイズ］をクリック

2 「4」と入力

3 「6」と入力

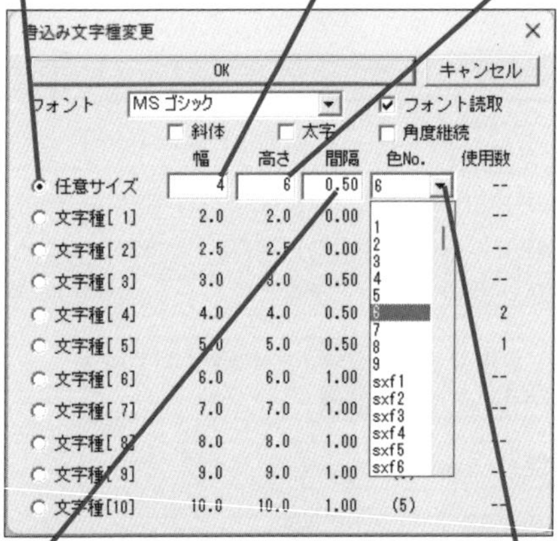

4 「0.50」と入力

5 クリックして［6］を選択

6 ［OK］をクリック

任意サイズの文字を設定できた

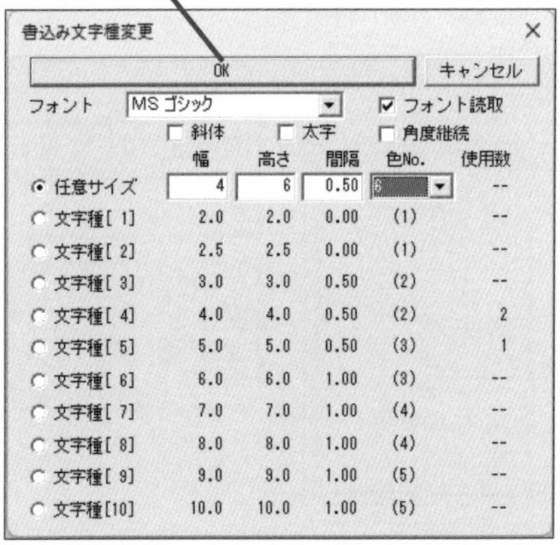

275 サンプル お役立ち度 ★★★

Q 基本設定で文字種の設定を変更するには

A ［文字］タブで個別に設定できます

文字種の設定を変更するには、［基本設定］画面の［文字］で行います。文字の種類は［文字種1］から［文字種10］までの10個があり、それぞれ文字のサイズや色を変更すると、［書込み文字種変更］画面に反映されます。

ワザ030を参考に基本設定の画面を表示しておく

1 ［文字］をクリック

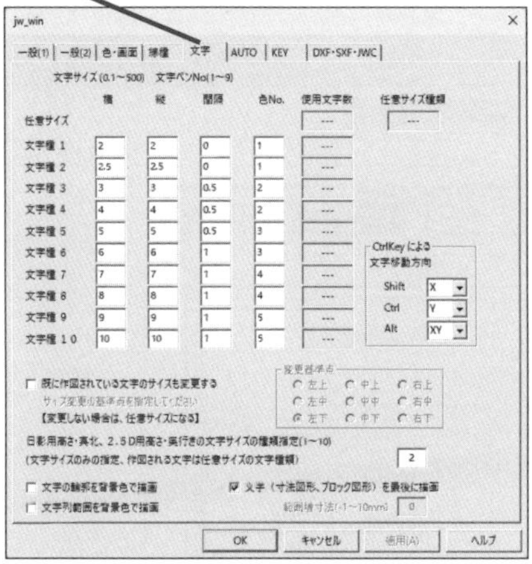

文字種1～10を個別に設定できる

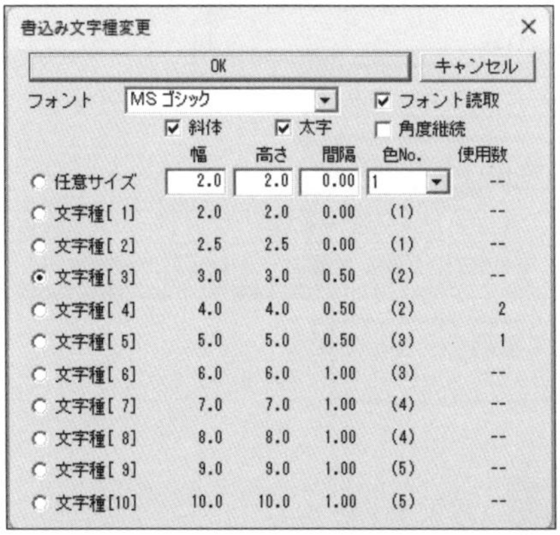

設定結果は［書込み文字種変更］画面に反映される

276 サンプル お役立ち度 ★★★

Q 文字列の輪郭や背景を変更するには

A ［基本設定］の［文字］で設定します

文字列の輪郭や背景を変更するには、［基本設定］画面の［文字］で行います。［文字の輪郭を背景色で描画］にチェックマークを付けると白抜き文字になり、［文字列範囲を背景色で描画］にチェックマークを付けると文字列の範囲を背景色で描画できます。

ワザ275を参考に基本設定の画面を表示して［文字］タブをクリックしておく

ここをクリックすると文字の輪郭や背景を変更できる

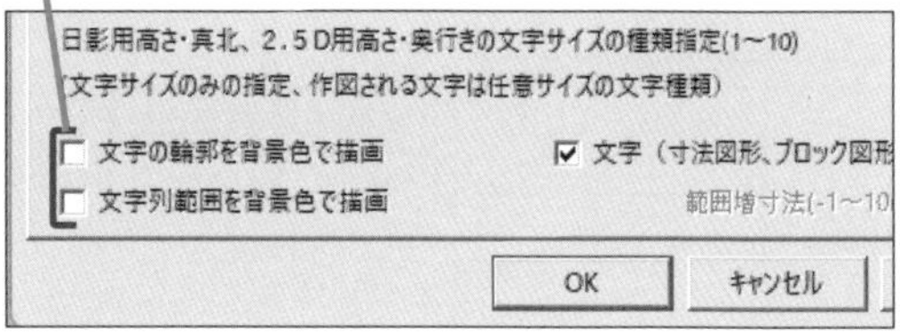

●文字の輪郭を背景色で描画

文字に背景色で縁取りができる

●文字列範囲を背景色で描画

文字列の範囲を背景色で描画できる

クロックメニュー 左12 文字

277 サンプル お役立ち度 ★★★

Q 文字列を個別に消去するには

A ［消去］で文字を右クリックします

文字列を個別に消去するには、［消去］コマンドを実行し、個々の文字列を右クリックします。これは線や円を個別に消去するときと同じです。

ワザ215を参考に［消去］コマンドを実行しておく

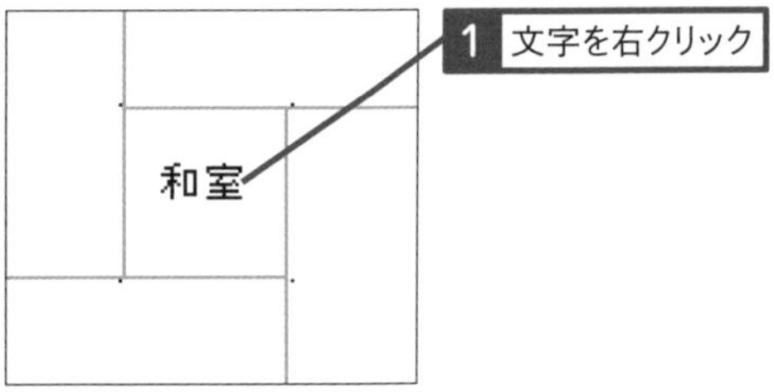

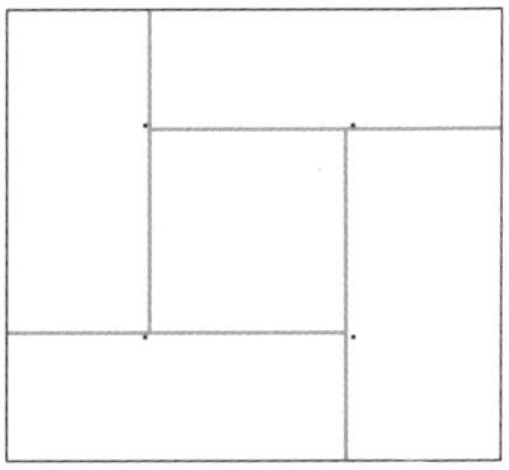

ステップアップ

［【文字】優先選択消去］とは

［消去］コマンドの［選択順切替］をクリックすると、画面左上に［【文字】優先選択消去］と表示され、「文字」「実点」「線・円・曲線・ブロック図形・ソリッド図形」の順番で優先消去される状態となります。もう一度［選択順消去］をクリックすると画面上に［線等優先選択消去］と表示され、初期状態に戻ります。

［選択順切替］をクリックすると選択順を変更できる

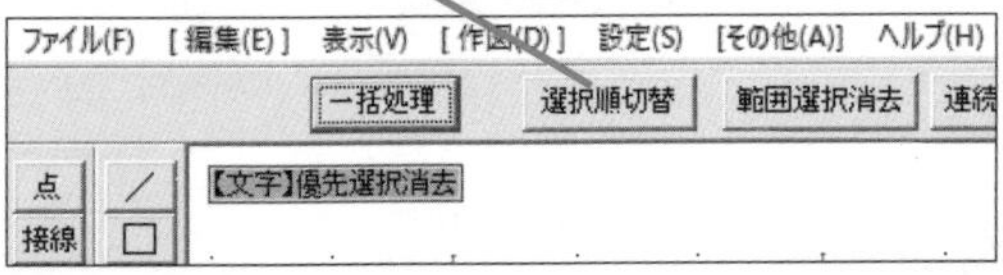

278 サンプル お役立ち度 ★★★

Q 文字列をまとめて消去するには

A ［範囲選択消去］で選択します

文字列をまとめて消去するには［消去］コマンドを実行して［範囲選択消去］をクリックします。続けて文字を囲み、［選択確定］をクリックして消去します。他にも［範囲］コマンドを実行し、文字を囲んでから［消去］コマンドを実行する方法もあります。

ワザ215を参考に［消去］コマンドを実行しておく

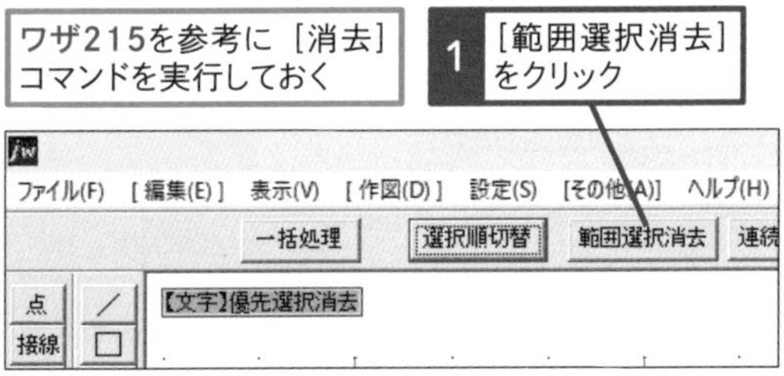

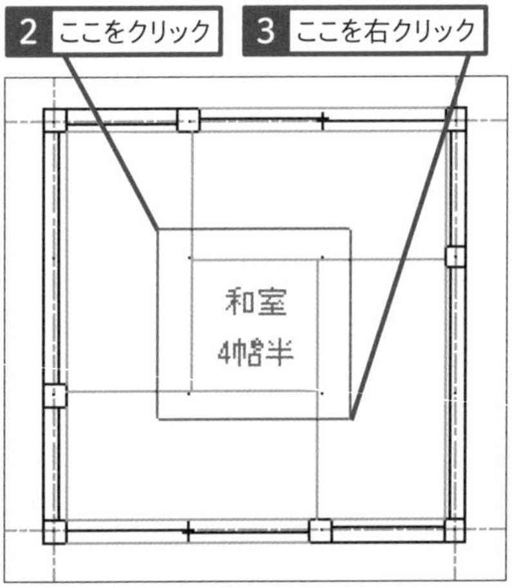

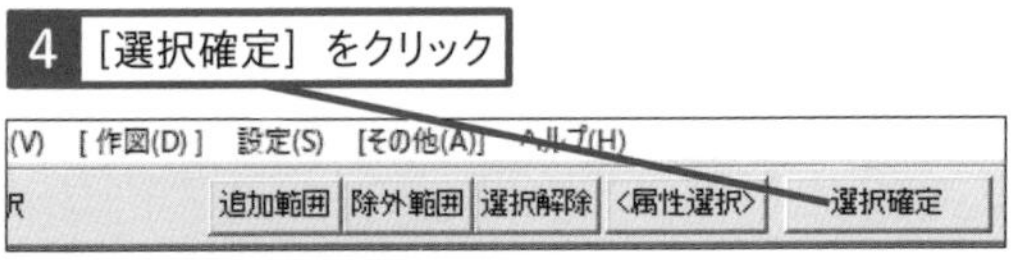

選択した文字列を一括して消去できる

クロックメニュー 左10 消去

関連 277 文字列を個別に消去するには ▸ P.178

279

サンプル　お役立ち度 ★★★

Q 文字の基点位置を変更するには

A コントロールバーで基点を表示しているボタンをクリックします

[文字] コマンドを実行し、コントロールバー [基点(左下)] をクリックすると、[文字基点設定] 画面が表示されます。この画面で、文字の基点を9箇所から選択できます。基点の位置は以下を参考にしてください。

ワザ270を参考に [文字] コマンドを実行しておく

1 ここをクリック

[文字基点設定] 画面が表示された

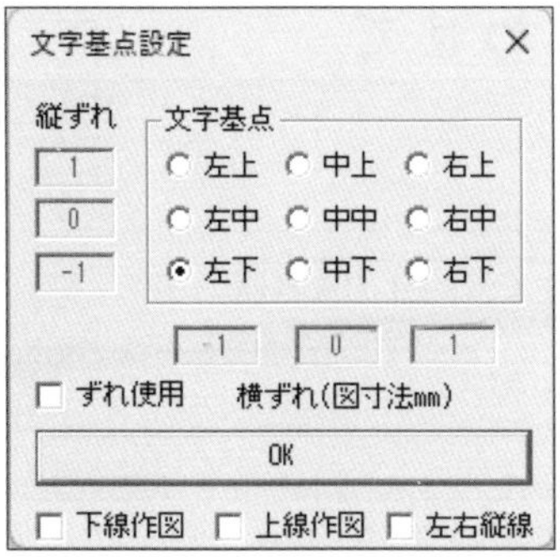

[文字基点] で基点の位置を変更できる

●文字基点の位置

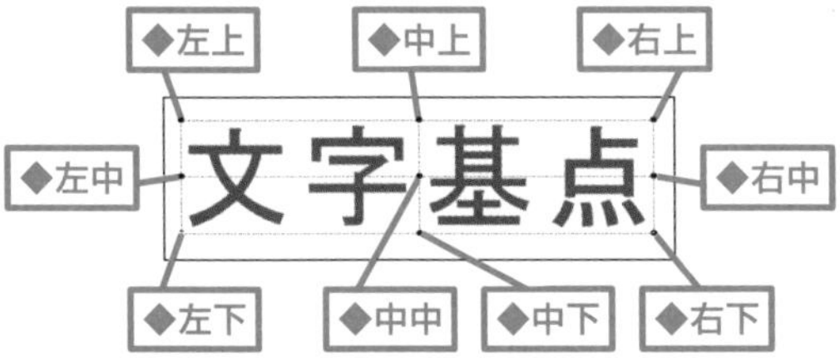

クロックメニュー　左12　文字

280

サンプル　お役立ち度 ★★★

Q 基点と文字の間隔を空けて記入するには

A [ずれ使用] を使います

ワザ279を参考に、[文字基点設定] 画面を表示して、[ずれ使用] にチェックマークを付けます。以下の例では、横ずれ「-2」、縦ずれ「-2」と入力しています。[文字] コマンドを実行すると基点から「2, 2」離れた位置に文字の基点が移動して文字が記入されます。

ワザ279を参考に [文字基点設定] 画面を表示しておく

基点から文字が「-2」ずつずれるように設定されている

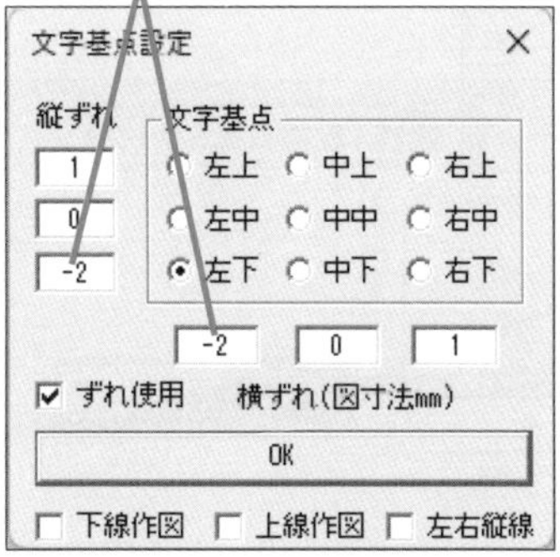

マウスカーソルをこの位置に合わせると、基点から文字が「2」ずつずれていることがわかる

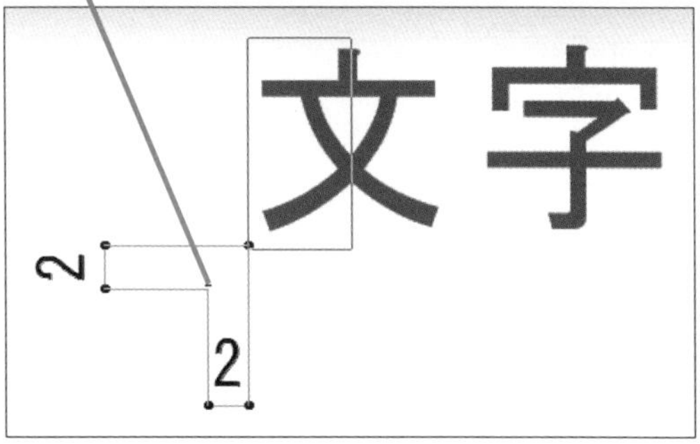

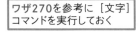

クロックメニュー　左12　文字

281

サンプル　お役立ち度 ★★★

Q 斜線に沿った文字を記入するには

A ［線角］で角度を取得します

斜線に沿った文字を記入するには、［文字］コマンドを実行してから［線角］コマンドを実行し、斜線をクリックします。文字を配置する場所のプレビューが斜線と同じ角度になるので、クリックして文字を配置する位置を決定します。

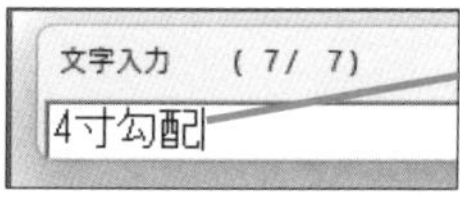

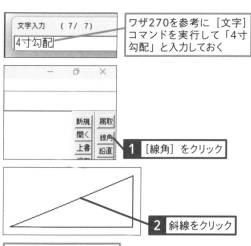

ワザ270を参考に［文字］コマンドを実行して「4寸勾配」と入力しておく

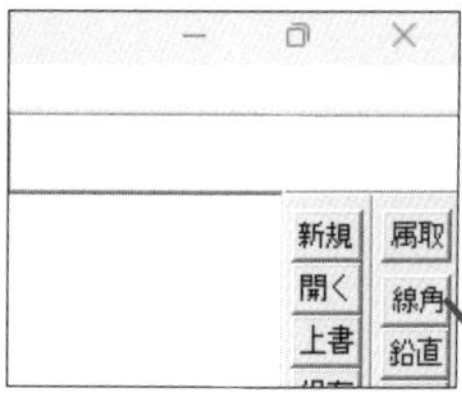

1 ［線角］をクリック

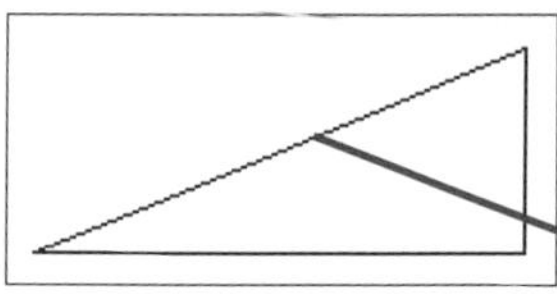

2 斜線をクリック

斜線の角度を取得できた

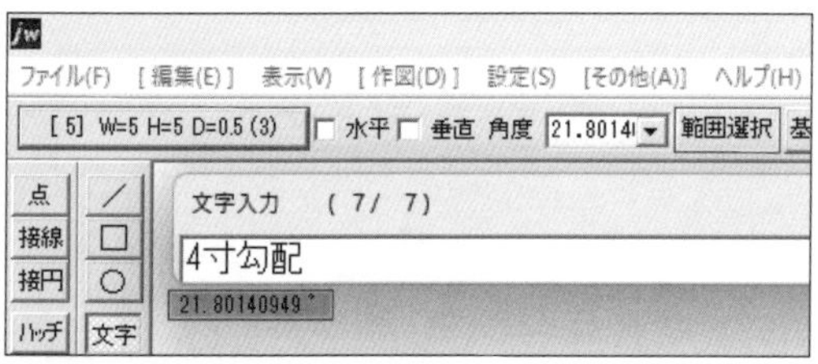

3 文字を配置する位置をクリック

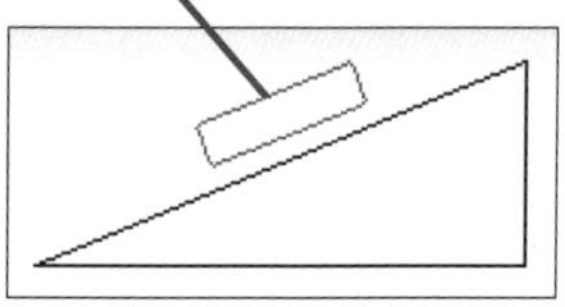

斜線の角度に合わせて文字を配置できる

クロックメニュー　右4+左　線角度

282

サンプル　お役立ち度 ★★★

Q 行間を指定して文字を記入するには

A ［行間］に数値を入力します

［文字］コマンドを実行して［行間］に数値を入力すると、指定した間隔で改行して文字を入力できます。なお、改行した文字は1行ごとに分離されるため、前後の行はつながらないことに注意しましょう。

ワザ270を参考に［文字］コマンドを実行して「行間を合わせて」と入力しておく

1 「5」と入力

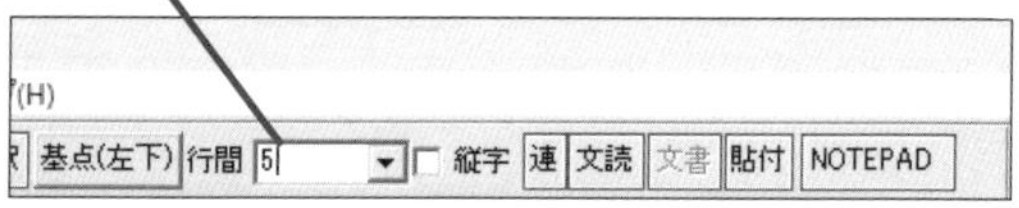

2 ここを右クリック

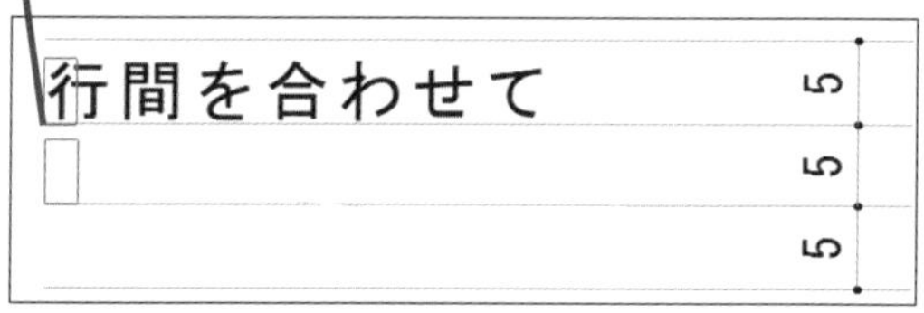

3 続けて「文字を入力する」と入力

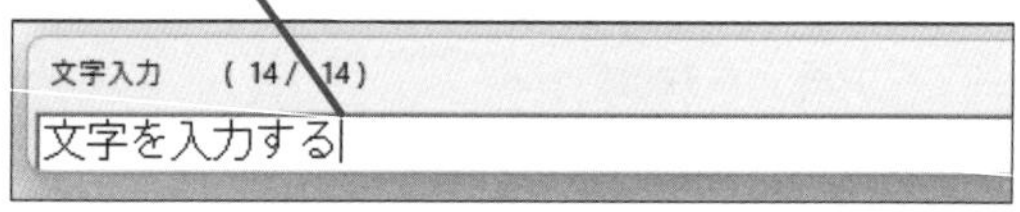

次の行にプレビュー表示された

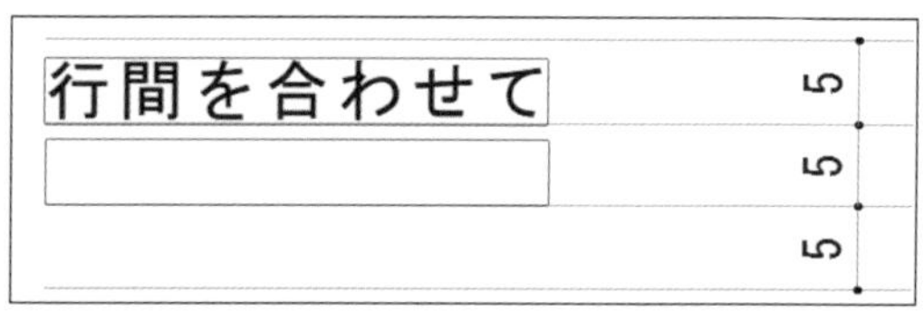

4 Enter キーを押す

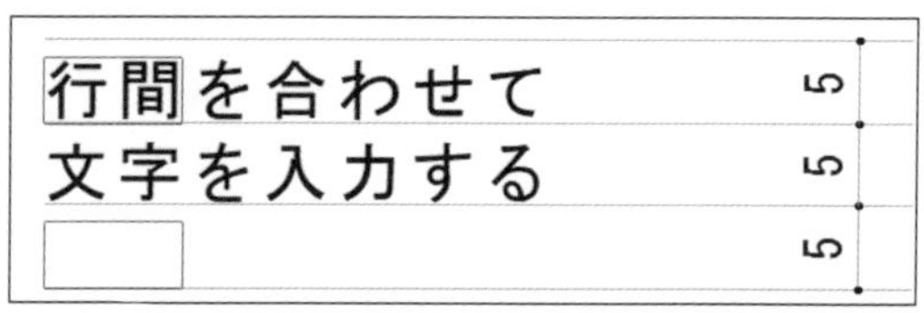

入力が確定した　同様の手順で「方法」と入力する

283

サンプル お役立ち度 ★★★

Q 縦書きの文字を記入するには

A ［縦字］と［垂直］をクリックします

文字を縦書きにするには［文字］コマンドを実行し、［縦字］にチェックマークを付けてから文字を入力します。［垂直］にもチェックマークを付けると、文字は縦方向に記入されます。なお、［縦字］や［垂直］の設定は自動でオフにはならないので手動で解除しましょう。

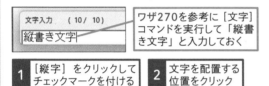

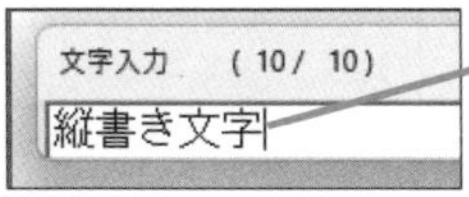

ワザ270を参考に［文字］コマンドを実行して「縦書き文字」と入力しておく

1 ［縦字］をクリックしてチェックマークを付ける

2 文字を配置する位置をクリック

横方向に縦の文字が入力される

ワザ270を参考に［文字］コマンドを実行して「縦書き文字」と入力しておく

3 ［垂直］をクリックしてチェックマークを付ける

4 文字を配置する位置をクリック

縦方向に縦の文字が入力される

クロックメニュー 左12 文字

284

サンプル お役立ち度 ★★★

Q 図面に記入した文字を修正するには

A ［文字］コマンドを実行して対象をクリックします

文字を修正するには［文字］コマンドを実行し、修正する文字をクリックします。すると文字の内容が［文字変更・移動］に読み込まれるので、修正して Enter キーを押します。なお、修正の必要がない文字をクリックしてしまったときは、そのまま Enter キーを押すと解除されます。

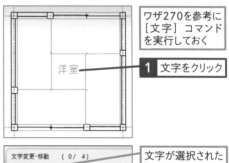

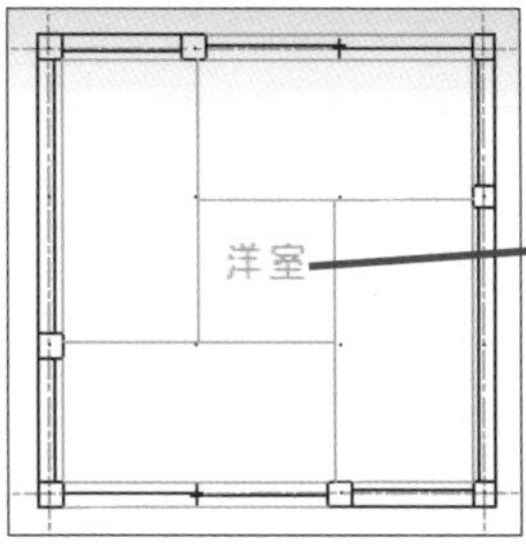

ワザ270を参考に［文字］コマンドを実行しておく

1 文字をクリック

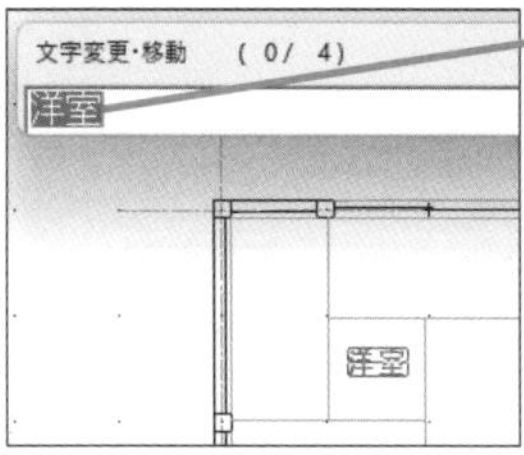

文字が選択された

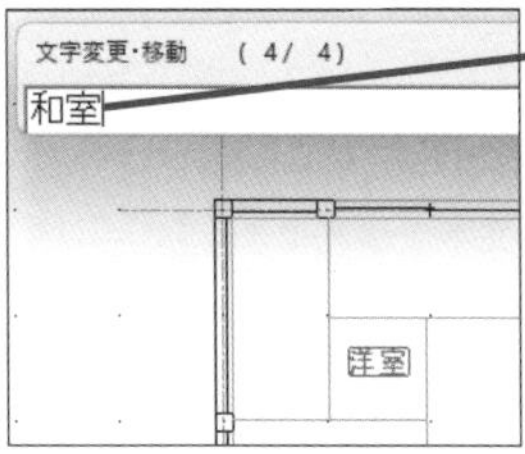

2 「和室」と入力

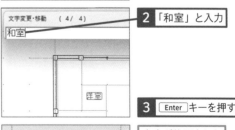

3 Enter キーを押す

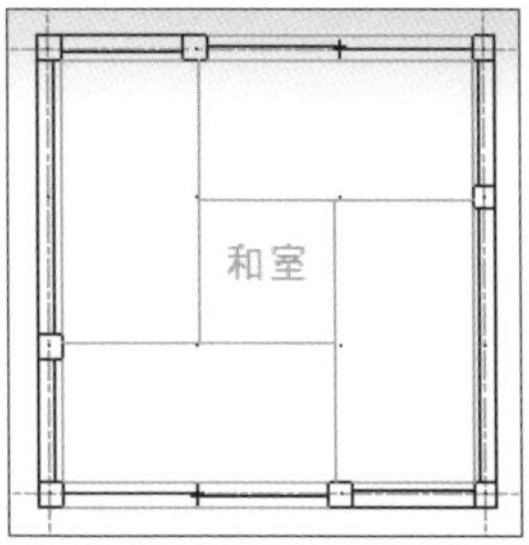

文字が修正された

285

サンプル　お役立ち度 ★★★

Q 文字を移動するには

A 文字を選択してクリックで移動します

［文字］コマンドを実行して、移動したい文字をクリックすると文字の位置を変更することができます。また、コントロールバーの基点が表示されているボタンをクリックすると、基点を変更することができます。また、図形などと同様に移動する方向を横方向、縦方向、縦横のいずれかの方向に限定することもできます。

ワザ270を参考に［文字］コマンドを実行して「和室」の文字を選択しておく

1 ここをクリック

2 ［中中］をクリック

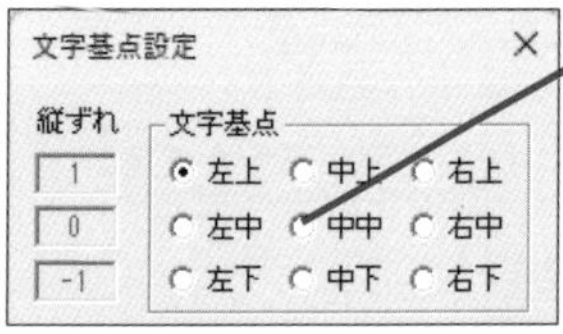

3 移動する目盛りの基準点をクリック

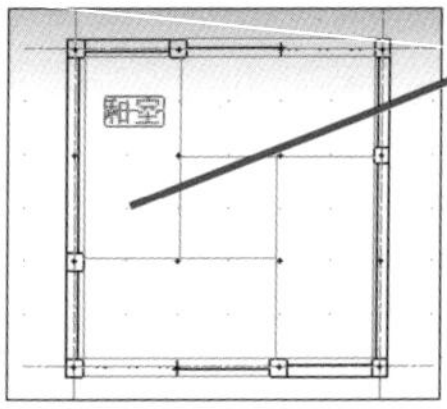

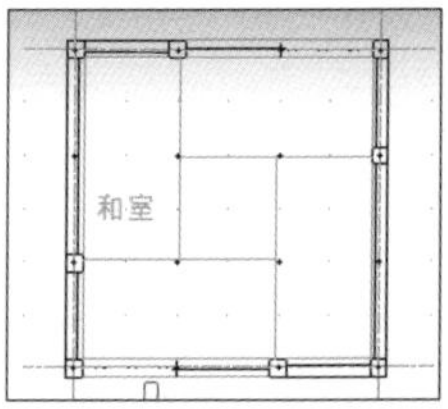

文字を移動できた

［任意方向］をクリックすると表示が変わり、移動方向を限定できる

286

サンプル　お役立ち度 ★★★

Q 文字を複写するには

A 文字を右クリックで選択して複写できます

［文字］コマンドを実行して、文字を右クリックで選択した後、基準点などを右クリックして複写できます。移動する場合と同様に、基準点の変更や複写方向の制限などが可能です。

ワザ270を参考に［文字］コマンドを実行して「和室」の文字を右クリックで選択しておく

ワザ279を参考に文字基点を［中中］にしておく

1 移動する目盛りの基準点を右クリック

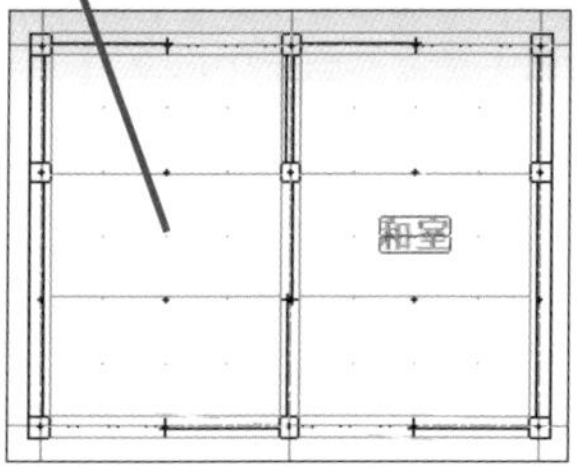

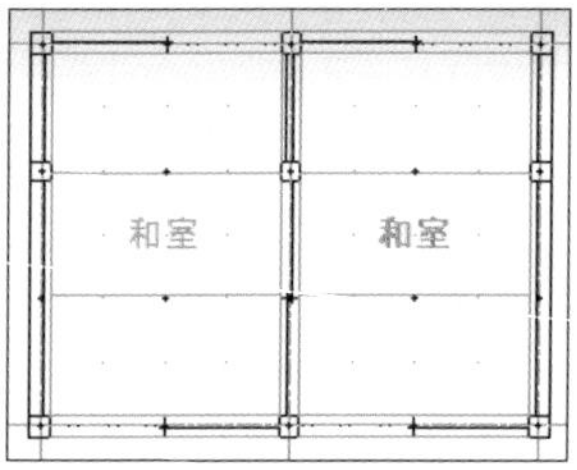

文字を複写できた

役立つ豆知識

文字位置を指定後に文字入力を行う場合は

ワザ270で紹介した［基本設定］画面の［一般(2)］で［文字コマンドのとき文字位置指示後に文字入力を行う。］にチェックマークを付けている場合は、文字の移動や複写の操作がやや変更されます。文字を移動するときは Shift キー＋クリック、複写するときは Shift キー＋右クリックで文字を選択します。

287

サンプル お役立ち度 ★★★

Q 文字列を移動して揃えるには

A 文字基点を使います

文字基点を使うと、複数の文字列を正確に揃えることができます。以下の例ではそれぞれの文字基点が［左下］になっている状態で、文字列の移動方向を横方向に制限して操作しています。先頭の文字基点を右クリックすることで、位置を正確に合わせています。

ワザ279を参考に［文字］コマンドを実行して文字基点が［左下］になっていることを確認しておく

［移動して］をクリックして選択しておく

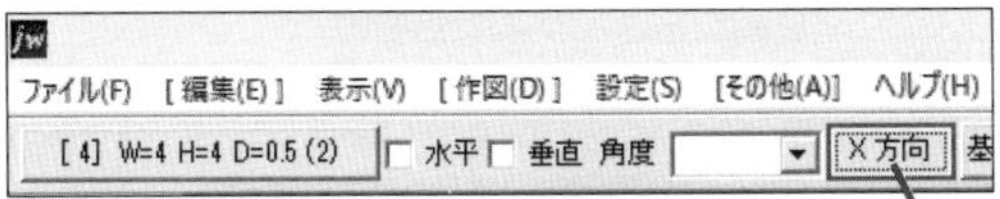

1 ここをクリックして［X方向］を表示

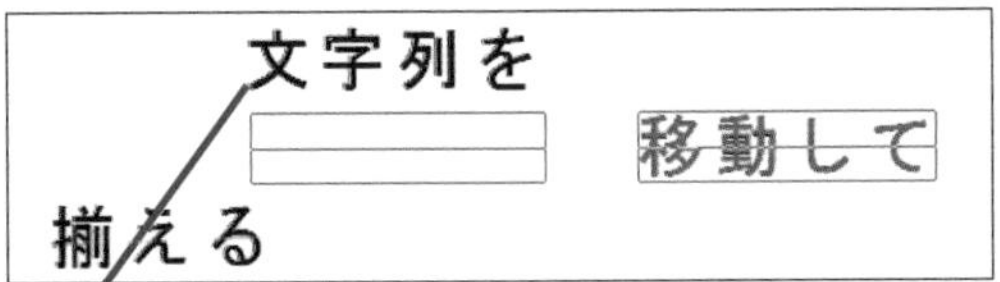

2 ここを右クリック

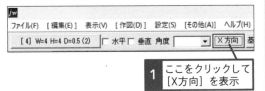

2行目と1行目の文字列が揃った

同様の手順で3行目の文字列も揃える

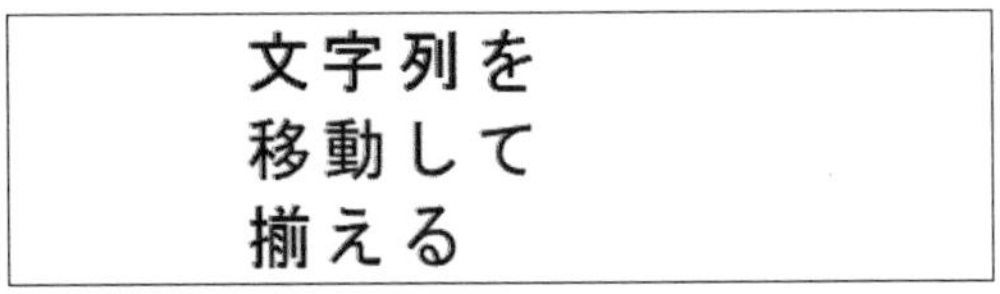

文字列を選択後に Shift キーを押しながら操作すると、移動方向が横方向に限定される

288

サンプル お役立ち度 ★★★

Q 文字列の書式をまとめて変更するには

A ［属性変更］で設定します

［範囲］コマンドで図面全体を選択してから、［属性変更］をクリックして文字列の書式を変更することが出来ます。以下の例では図面に含まれるすべての文字列を［文字種［2］］に変更し、文字基点を［中中］にしています。

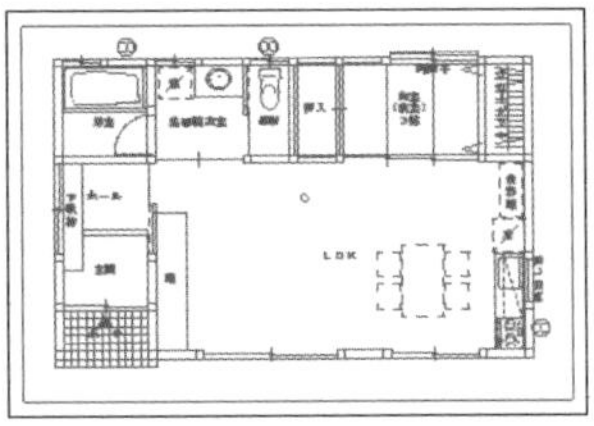

ワザ195を参考に［範囲］コマンドを実行して図面全体を選んでおく

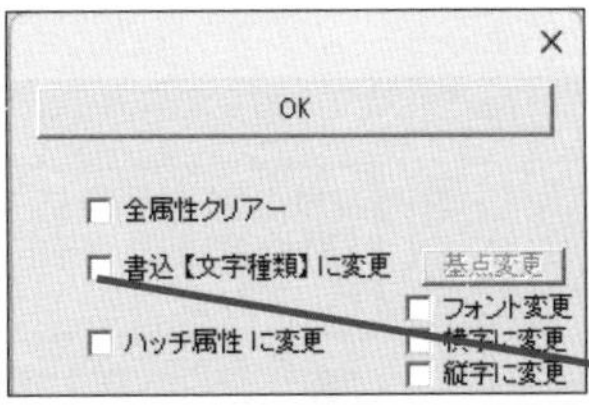

ワザ146を参考に［属性変更］をクリック

1 ［書込【文字種類】に変更］をクリック

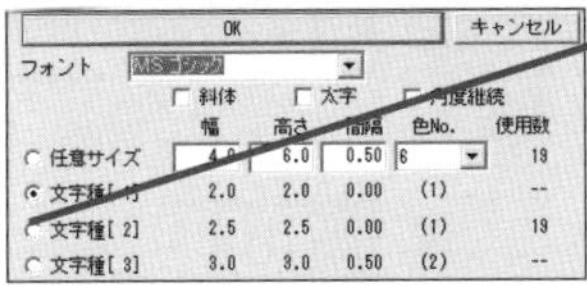

2 ［文字種［2］］をクリック

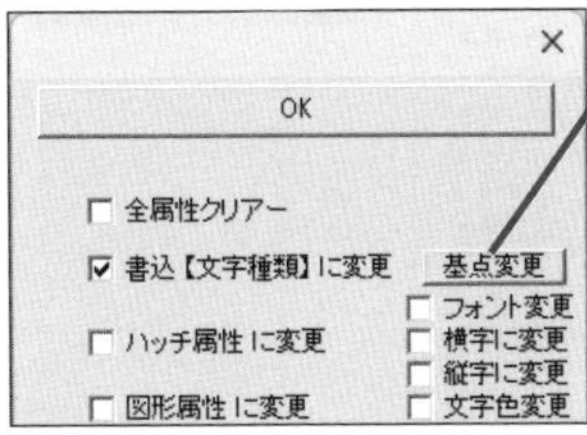

3 ［基点変更］をクリック

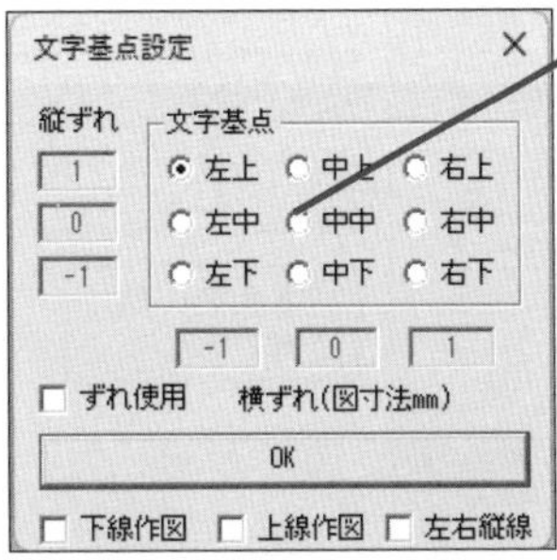

4 ［中中］をクリック

［属性変更］の画面が表示されるので［OK］をクリックし、設定を確定する

289 サンプル お役立ち度 ★★★

Q 文字列の色をまとめて変更するには

A ［属性変更］画面で［文字色変更］をクリックします

［範囲］コマンドで図面全体を選択してから、［属性変更］をクリックして［文字色変更］をクリックすると、図面の文字を一括で変更することができます。文字色は［線属性］画面で線色を選んで変更します。文字色の設定後は［属性設定］画面に戻るので、［OK］をクリックして確定します。

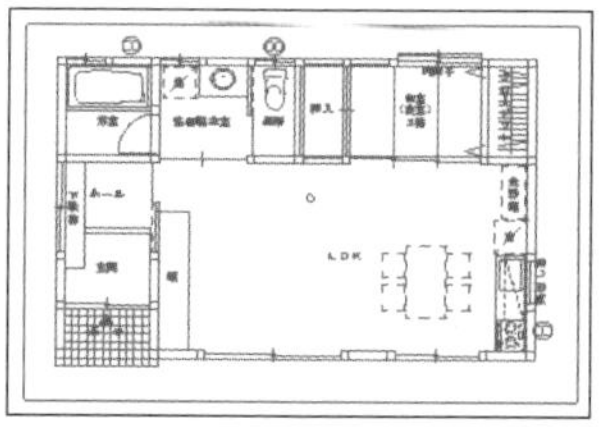

ワザ195を参考に［範囲］コマンドで図面全体を選んでおく

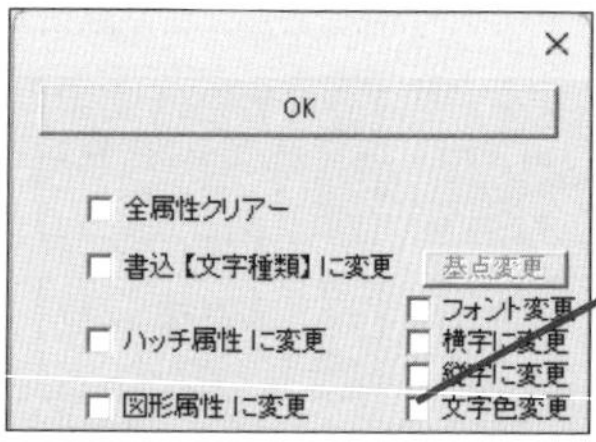

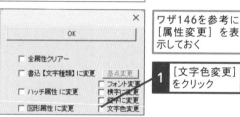

ワザ146を参考に［属性変更］を表示しておく

1 ［文字色変更］をクリック

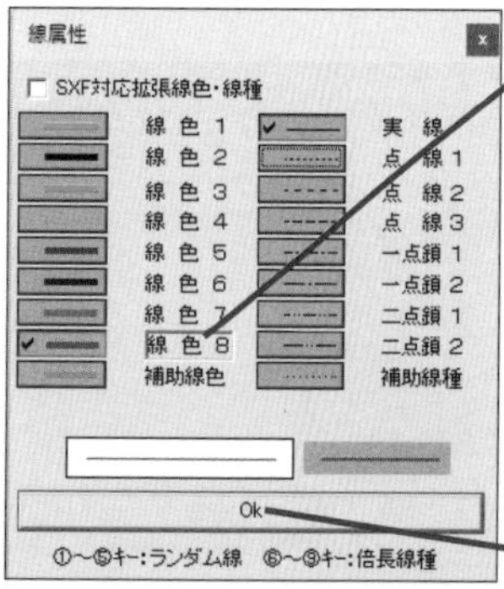

2 ［線色8］をクリック

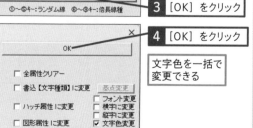

3 ［OK］をクリック

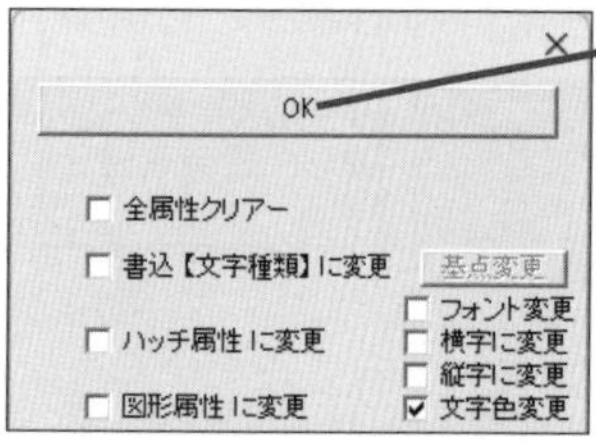

4 ［OK］をクリック

文字色を一括で変更できる

290 サンプル お役立ち度 ★★★

Q 一度入力した文字列を再度入力するには

A ［文字入力］画面で一覧から選べます

［文字］コマンドを実行して表示される［文字入力］の「▼」をクリックすると、画面上にある文字が一覧で表示されます。該当する文字があれば、クリックしてそのまま使用できます。

ワザ270を参考に［文字］コマンドを実行しておく

1 ここをクリック

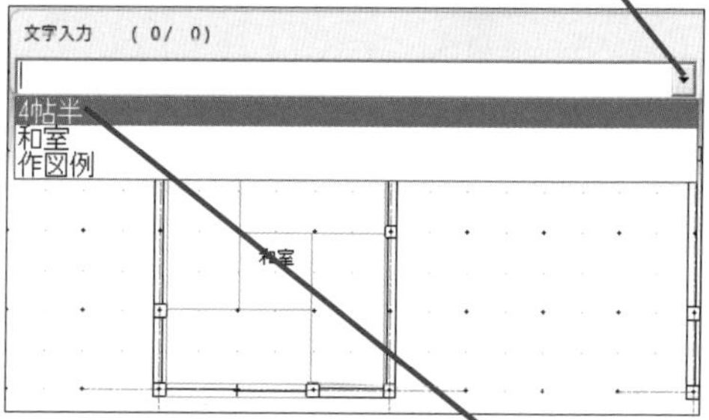

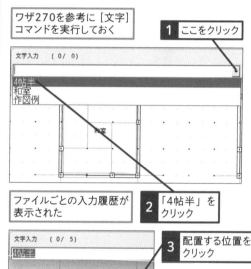

ファイルごとの入力履歴が表示された

2 「4帖半」をクリック

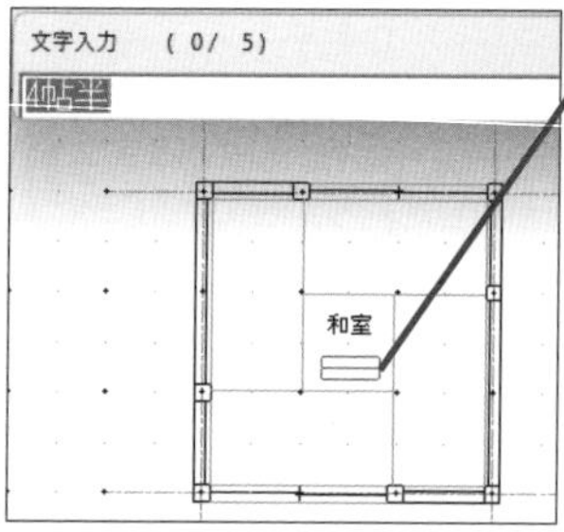

3 配置する位置をクリック

入力履歴を使って入力できた

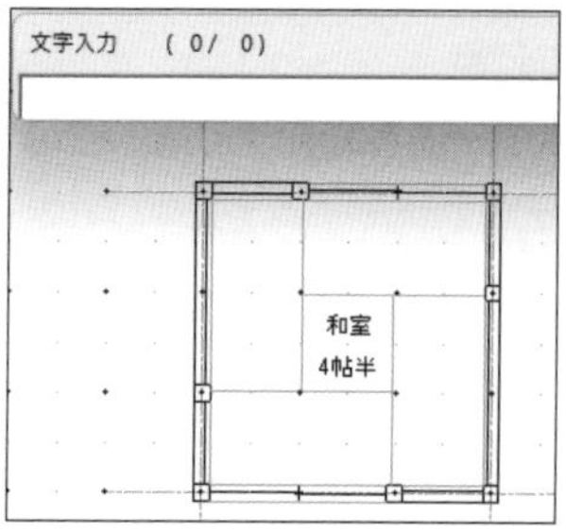

291

サンプル　お役立ち度 ★★★

Q 既存の文字列の書式を取得して文字を入力するには

A 文字をクリックすると自動で変更されます

［文字］コマンドを実行して任意の文字をクリックすると、クリックした文字の書式を取得することができます。以下の例では［出入口］の文字種［7］を書込み文字種として取得しています。なお［文字］コマンドを実行してから［属取］コマンドを実行し、書式を取得したい文字をクリックしても、文字種を変更できます。

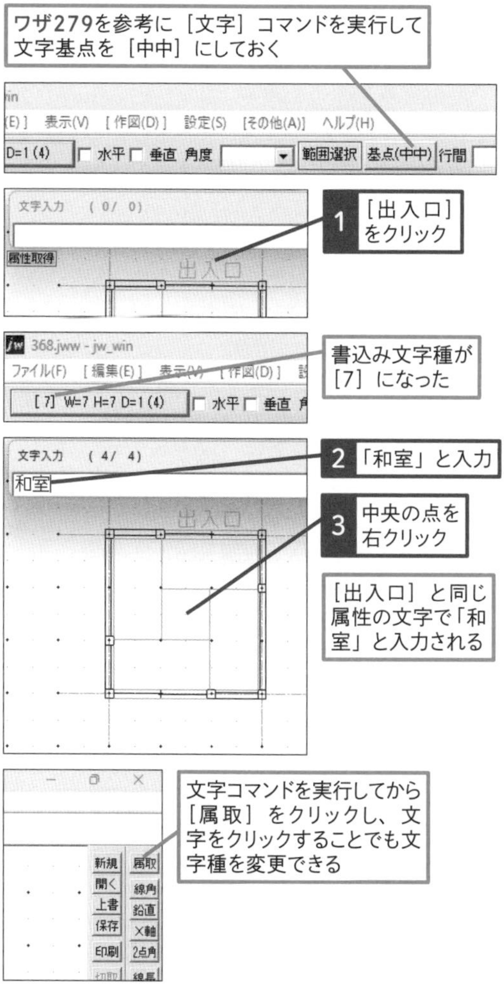
ワザ279を参考に［文字］コマンドを実行して文字基点を［中中］にしておく
1 ［出入口］をクリック
出入口
書込み文字種が［7］になった
2 「和室」と入力
和室
3 中央の点を右クリック
［出入口］と同じ属性の文字で「和室」と入力される
文字コマンドを実行してから［属取］をクリックし、文字をクリックすることでも文字種を変更できる

292

サンプル　お役立ち度 ★★★

Q 文字列を連結するには

A コントロールバーの［連］をクリックします

2つの文字列を1つに連結するには、［文字］コマンドを実行して文字基点を［中中］にしておき、［連］をクリックします。続けて前に配置する文字列の後ろと、後ろに配置する文字列の前側をクリックして連結します。

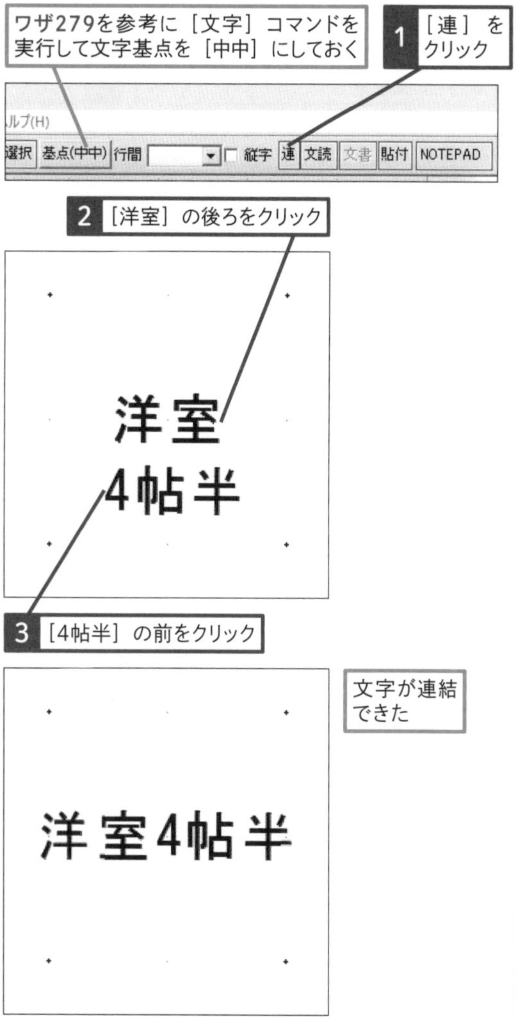
ワザ279を参考に［文字］コマンドを実行して文字基点を［中中］にしておく
1 ［連］をクリック
2 ［洋室］の後ろをクリック
洋室
4帖半
3 ［4帖半］の前をクリック
文字が連結できた
洋室4帖半

293

サンプル　お役立ち度 ★★★

Q 文字列を切断するには

A ［連］を実行して右クリックします

1つの文字列を2つに切断するには、［文字］コマンドを実行してコントロールバーの［連］をクリックします。続けて、文字列の切断したい部分を右クリックすると、切断した箇所の前に赤の実線、後ろに赤の点線がアンダーラインとして引かれます。切断後は文字列をダブルクリックして選択し、移動することができます。

ワザ279を参考に［文字］コマンドを実行して文字基点を［中中］にしておく

1 ［連］をクリック

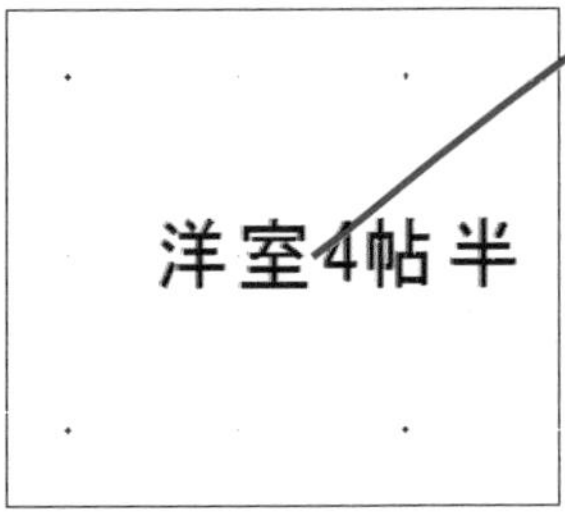

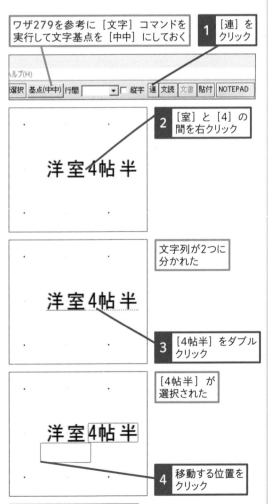

2 ［室］と［4］の間を右クリック

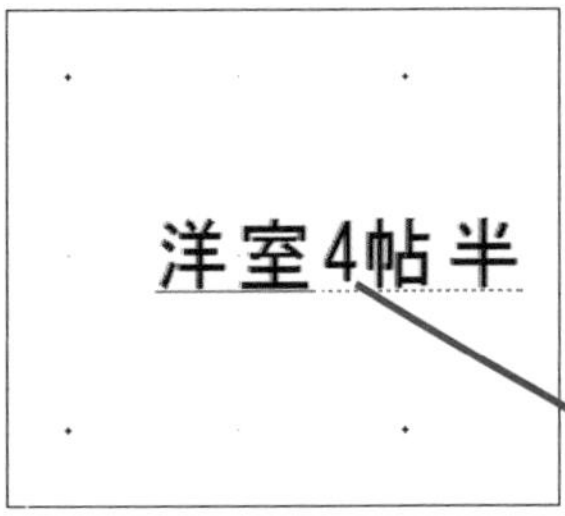

文字列が2つに分かれた

3 ［4帖半］をダブルクリック

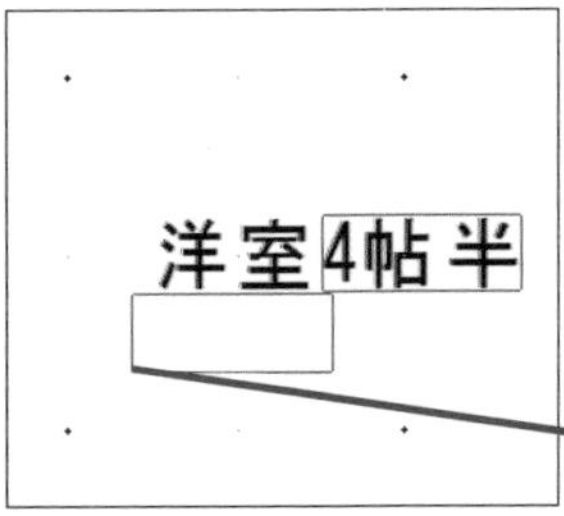

［4帖半］が選択された

4 移動する位置をクリック

［4帖半］を下に移動できる

294

サンプル　お役立ち度 ★★★

Q 文字列に下線や上線、囲い線を表示するには

A ［文字基点設定］画面で設定します

［文字］コマンドを実行し、［文字基点設定］画面を表示して文字の下線や上線、囲み線などを設定することができます。設定方法は以下を参考にしてください。

ワザ279を参考に［文字］コマンドを実行して文字基点を［中中］にしておく

1 「下線」と入力

2 ここをクリック

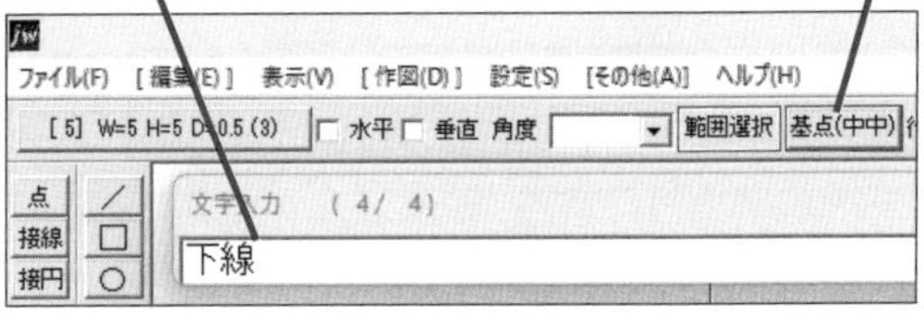

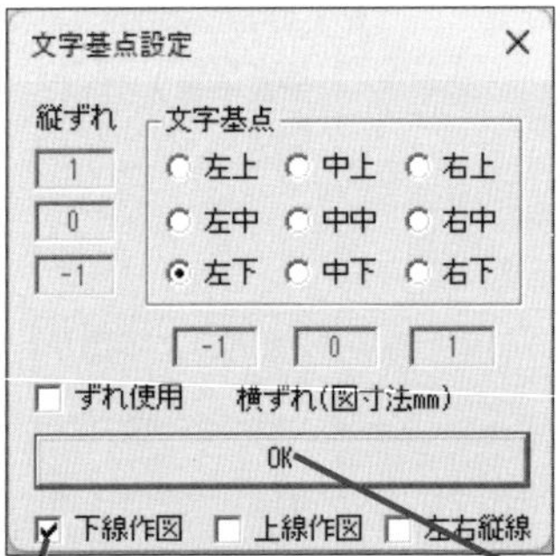

3 ［下線作図］をクリック

4 ［OK］をクリック

5 基準点を右クリック

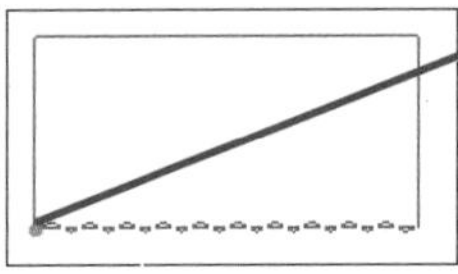

文字に下線が付いた

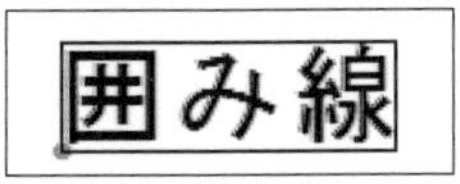

同様の手順で［上線作図］にチェックマークを付けると上線、3種類ともチェックマークを付けると囲み線を描写できる

295 サンプル お役立ち度 ★★★

Q 複数の同じ文字をまとめて置換するには

A [NOTEPAD] を使用します

[文字] コマンドの[NOTEPAD] を使用すると、Windowsに標準でインストールされている[メモ帳] を使って文字列の編集ができます。[文字] コマンドを実行して文字列を選択し、[NOTEPAD] をクリックすると[メモ帳] が起動します。[メモ帳] 上で文字の置換を行い、保存するとその結果が図面上にも反映されます。

ワザ270を参考に[文字] コマンドを実行しておく

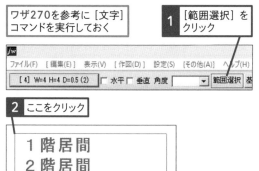

1 [範囲選択] をクリック

2 ここをクリック

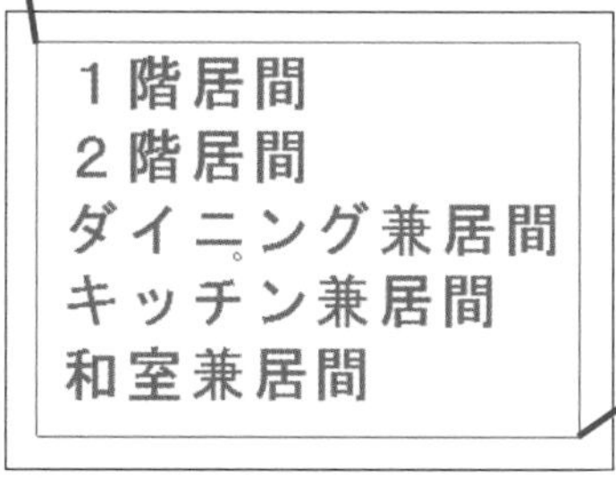

3 ここをクリック

4 [選択確定] をクリック

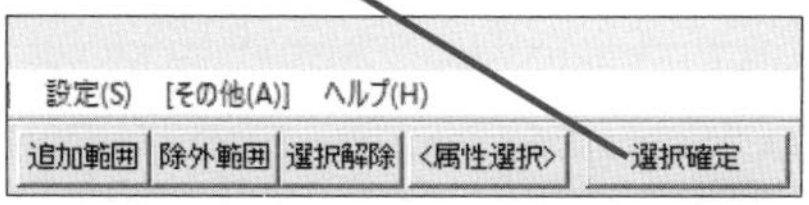

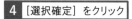

5 [NOTEPAD] をクリック

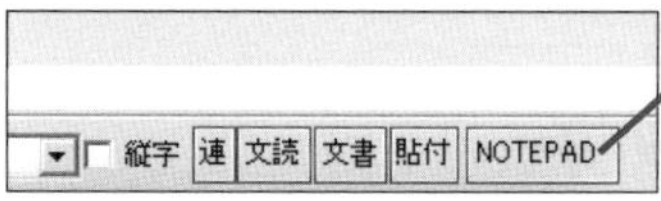

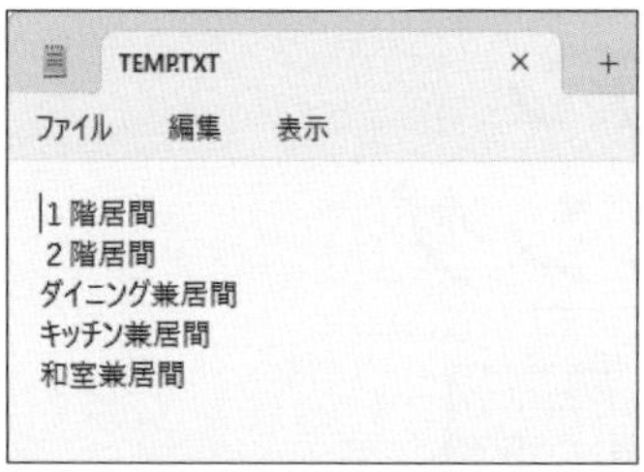

[メモ帳] が起動して文字の内容が表示された

6 [編集] をクリック

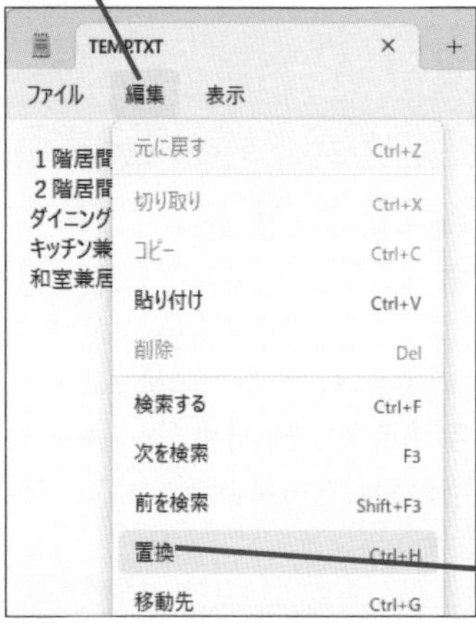

7 [置換] をクリック

8 「居間」と入力

9 「リビング」と入力

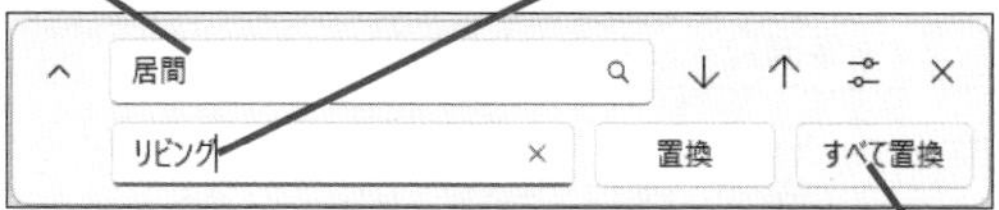

10 [すべて置換] をクリック

「居間」が「リビング」に置換された

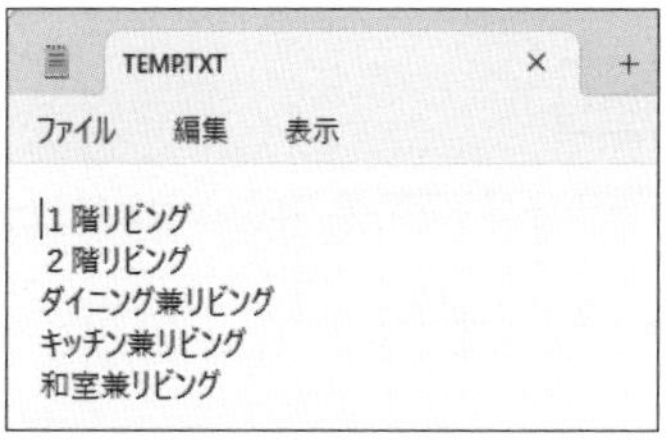

11 [ファイル] をクリック

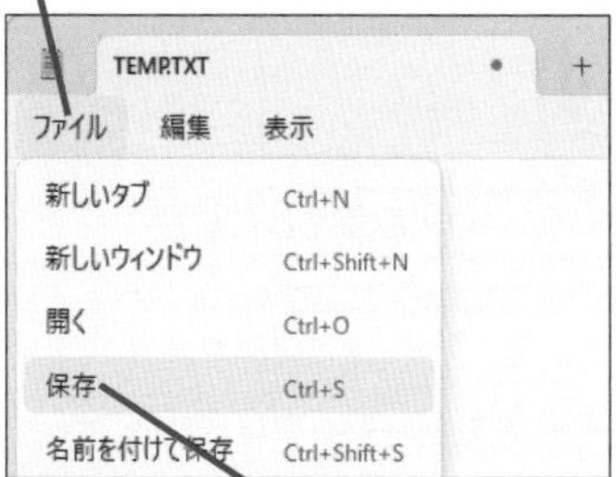

12 [保存] をクリック

保存内容が図面の文字列にも反映される

クロックメニュー 左12 文字

296

サンプル　お役立ち度 ★★★

Q 文字列を均等割付するには

A 文字列の後ろに「・」を追加します

文字を均等割付する場合は、文字列の後ろに「・」を入力します。文字が不足している分「・」を入力すると、文字と文字の間に空白が表示されて、バランスよく配置されます。

ワザ279を参考に［文字］コマンドを実行して文字基点を［中中］にしておく

1 「均等割付・」と入力

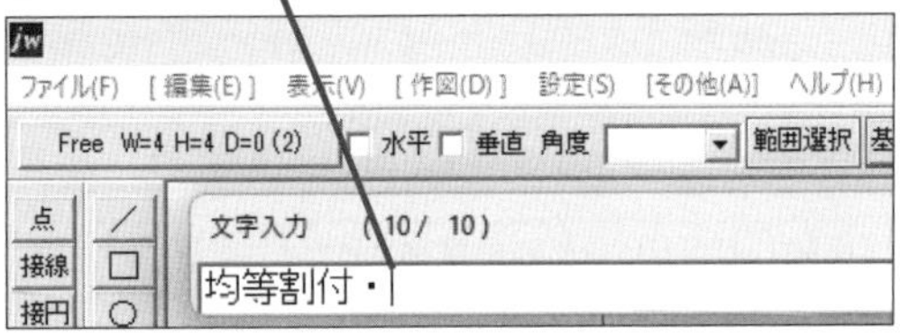

2 基準点を右クリック

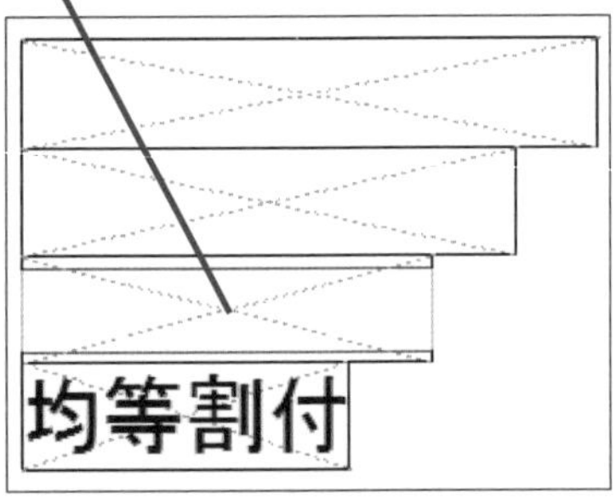

文字が枠線の中にバランスよく配置された

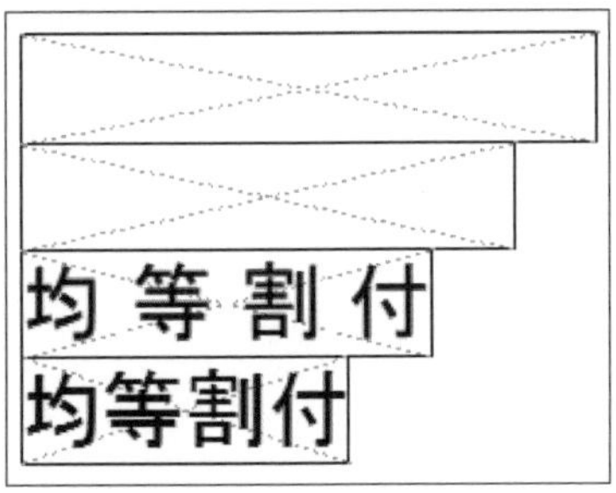

文字列の後の「・」を増やすと不足分の文字を補足して割付できる

297

サンプル　お役立ち度 ★★★

Q 文字列を均等縮小するには

A 文字列の後ろに「^」と数字を入力します

文字列をスペースに合わせて均等に縮小する場合は、文字列の後ろに「^」と入力し、減らしたい文字数の分だけ数字を入力します。以下の例では、「キッチン」の後ろに「＾2」を追加して文字1つ分を縮小して均等割り付けしています。また、「＾4」と入力すると文字2つ分縮小して均等割り付けできます。

ワザ279を参考に［文字］コマンドを実行して文字基点を［中中］にしておく

1 ［キッチン］をクリック

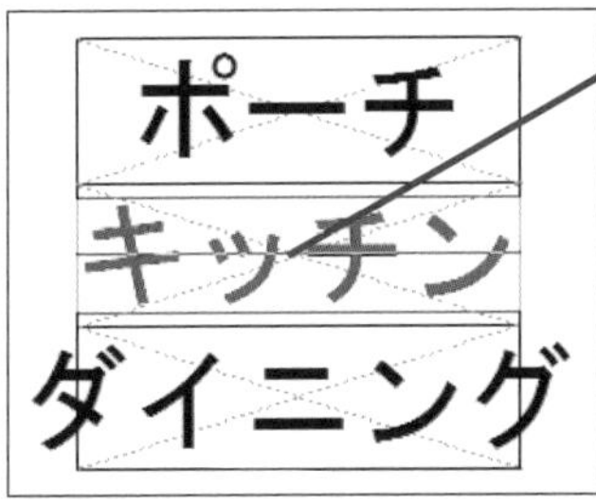

2 「キッチン^2」と入力　3 Enter キーを押す

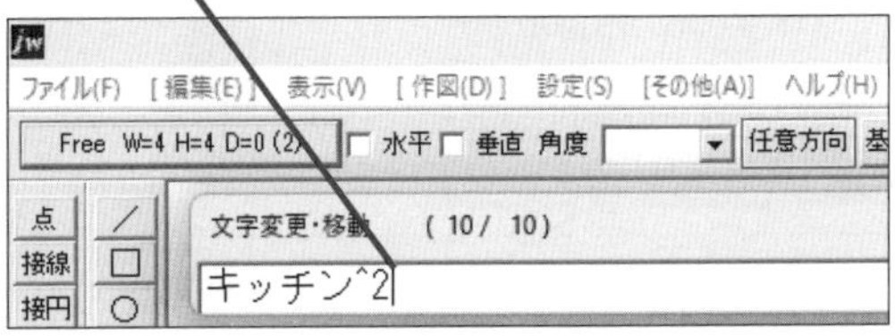

「キッチン」の文字の横幅が「ポーチ」と揃えられた

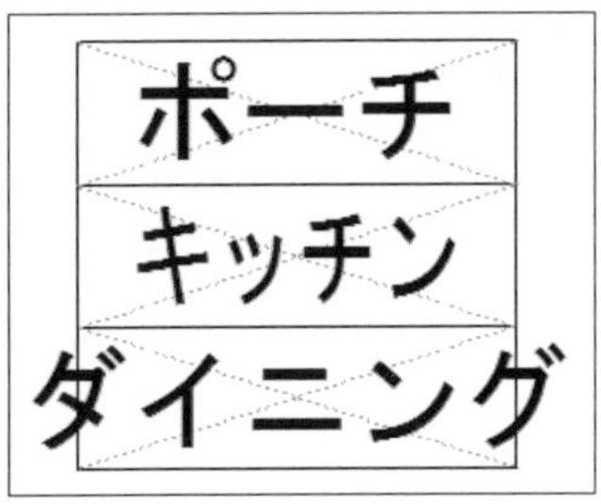

「^」の後に入力した数字で文字数を減らして割付できる

298

サンプル　お役立ち度 ★★★

Q Jw_cad独自の特殊文字を入力するには

A 「^」の前後に特定の文字を入力します

Jw_cadには特有の記入方法で表現できる特殊文字があります。たとえば「m^3」は「m^u3」と入力することで表現できます。この場合の「u」は「up（上）」を表していて、「^u3」は「上付文字の3」という意味になります。また、○や□の中に文字を入れたり、文字を重ねたりして表現することが可能です。

ワザ279を参考に［文字］コマンドを実行して文字基点を［左下］にしておく

1 「100m^u3」と入力

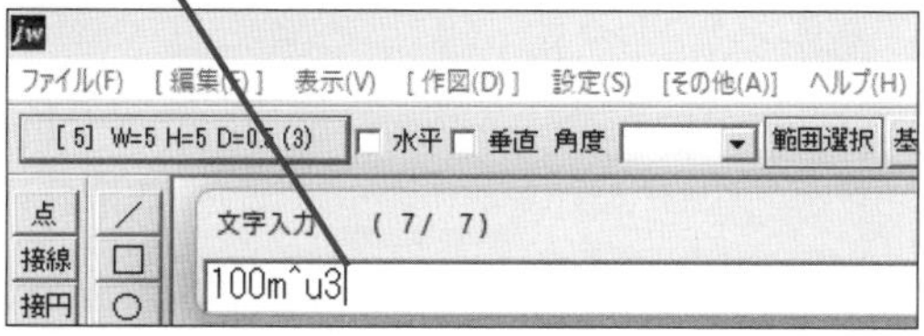

2 基準点を右クリック

「$100m^3$」と入力できた

クロックメニュー　左12　文字

ショートカットキー　文字　A

役立つ豆知識

テキストファイルの文字コードに注意しよう

特殊文字に使われる文字や数値は半角が基本ですが、特殊文字の前に置く文字は全角でも問題ありません。また「○」（全角）は「○(漢数字)」と「○(記号)」など環境によって種類が異なりますが、どちらも使用できます。

●特殊記号の入力例

表示	種別	入力例	表示例
^d	下付文字	X^d0	
^c	中付文字	Y^c5	
○^o	丸中央重ね文字	○^oア	
○^w	丸半角2文字中央重ね文字	○^w19	
□^o	四角中央重ね文字	□^o1	
□^w	四角半角2文字中央重ね文字	□^w22	
^b	重ね文字（重ね少）	P^bL	
^B	重ね文字（重ね中）	P^BL	
^n	重ね文字（重ね大）	P^nL	

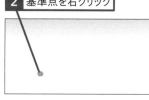

［文字］コマンドで表示のように入力すると、図面上に特殊な文字を記入できる

関連364 Jw_cadの埋め込み文字とは ▸P.228

関連365 ファイル名を印刷時に表示するには ▸P.228

299

サンプル　お役立ち度 ★★★

Q テキストファイルから文字を読み込むには

A ［文読］をクリックします

「文字」コマンドを実行し、コントロールバーの［文読］をクリックすると、テキストファイルの内容をそのまま読み込むことができます。このとき、テキストファイルの内容は全て読み込まれるため、［メモ帳］などを使って文章を編集し、そのまま読み込んでも問題がないように準備しておきます。

ワザ279を参考に［文字］コマンドを実行して文字基点を［左下］にしておく

1 ［文読］をクリック

ルプ(H)
選択
基点(左下)
行間
縦字
連
文読
文書
貼付
NOTEPAD

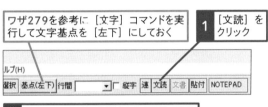

2 テキストファイルを保存した場所に移動

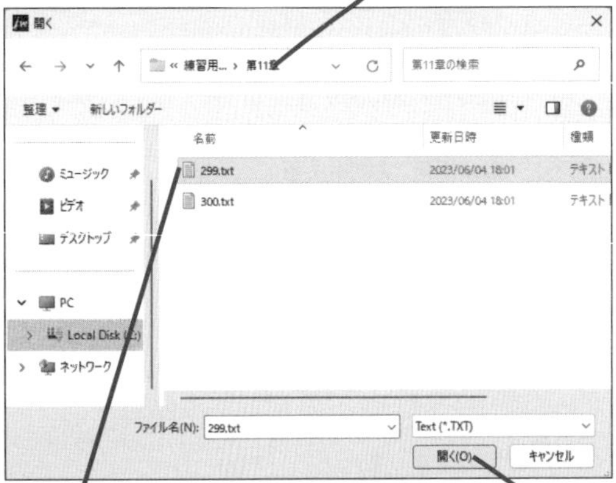
開く
整理
新しいフォルダー
名前
更新日時
種類
ミュージック
ビデオ
デスクトップ
PC
Local Disk
ネットワーク
299.txt
300.txt
2023/06/04 18:01
ファイル名(N):
Text (*.TXT)
開く(O)
キャンセル

3 テキストファイルをクリック

4 ［開く］をクリック

5 基準点を右クリック

＜設計主旨＞

役立つ豆知識

テキストファイルの文字コードに注意しよう

Jw_cadに読み込むテキストデータは、文字コードを［ANSI］にしておく必要があります。初期状態では［UTF-8］になっており、この状態のファイルを読み込むと文字化けしてしまいます。文字コードの設定方法は以下の手順を参考にしてください。

1 ［ファイル］をクリック

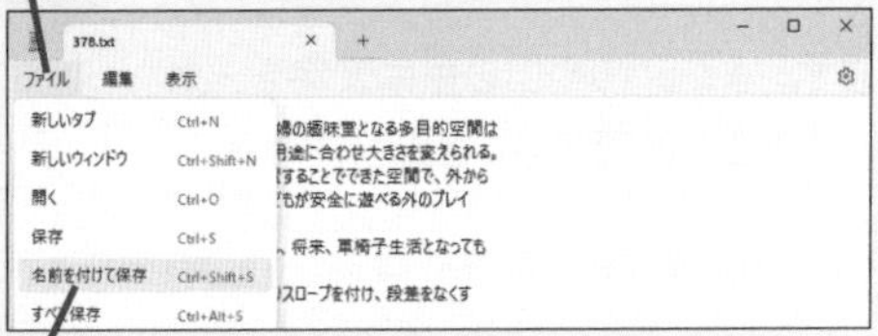
378.txt
ファイル
編集
表示
新しいタブ
新しいウィンドウ
開く
保存
名前を付けて保存
すべて保存

2 ［名前を付けて保存］をクリック

3 ここをクリック

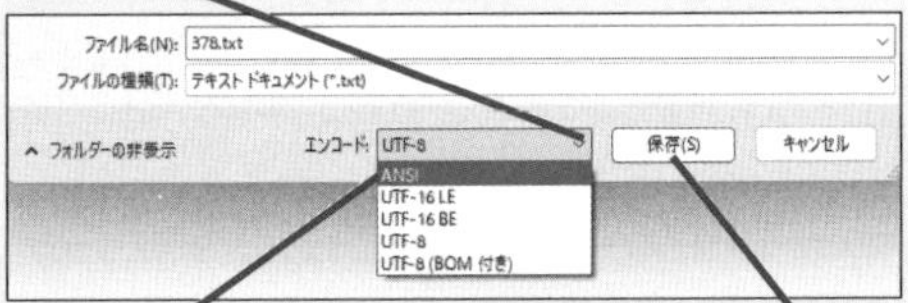
ファイル名(N): 378.txt
ファイルの種類(T): テキスト ドキュメント (*.txt)
フォルダーの非表示
エンコード: UTF-8
ANSI
UTF-16 LE
UTF-16 BE
UTF-8
UTF-8 (BOM 付き)
保存(S)
キャンセル

4 ［ANSI］をクリック

5 ［保存］をクリック

テキストファイルの内容が図面にそのまま引用された

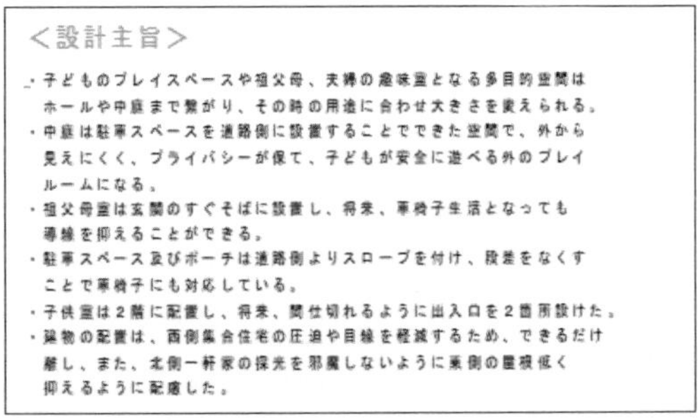
＜設計主旨＞
・子どものプレイスペースや祖父母、夫婦の趣味室となる多目的空間は
ホールや中庭まで繋がり、その時の用途に合わせ大きさを変えられる。
・中庭は駐車スペースを道路側に設置することでできた空間で、外から
見えにくく、プライバシーが保て、子どもが安全に遊べる外のプレイ
ルームになる。
・祖父母室は玄関のすぐそばに設置し、将来、車椅子生活となっても
導線を抑えることができる。
・駐車スペース及びポーチは道路側よりスロープを付け、段差をなくす
ことで車椅子にも対応している。
・子供室は2階に配置し、将来、間仕切れるように出入口を2箇所設けた。
・建物の配置は、西側集合住宅の圧迫や目線を軽減するため、できるだけ
離し、また、北側一軒家の採光を邪魔しないように東側の屋根を低く
抑えるように配慮した。

テキストファイルの文字コードは［ANSI］にする必要がある

300

サンプル　お役立ち度 ★★★

Q 文字列をテキストファイルで保存するには

A ［文書］をクリックします

図面上に記入した文字列を、選択してテキストファイルとして保存することができます。［文字］コマンドを実行して保存したい文字要素を選択し、コントロールバーの［文書］をクリックしてテキスト形式で保存します。数行に及ぶ長い文章を保存したいときに便利です。

ワザ270を参考に［文字］コマンドを実行しておく

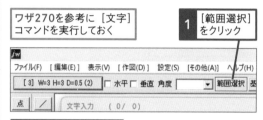

1 ［範囲選択］をクリック

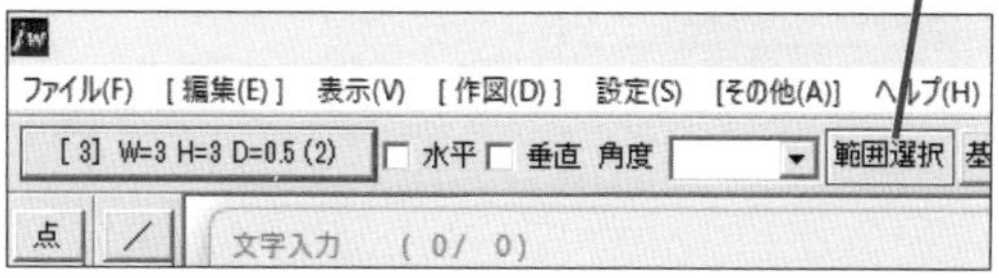

2 ［全選択］をクリック

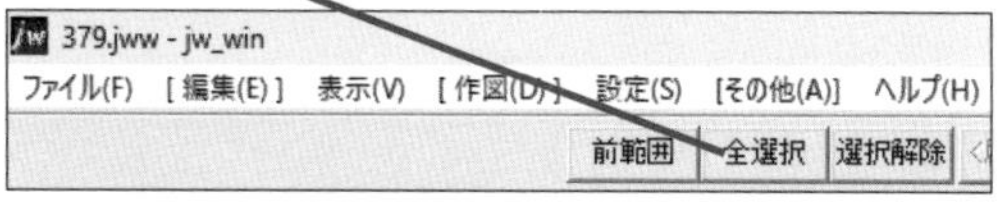

文字要素が全て選択できた

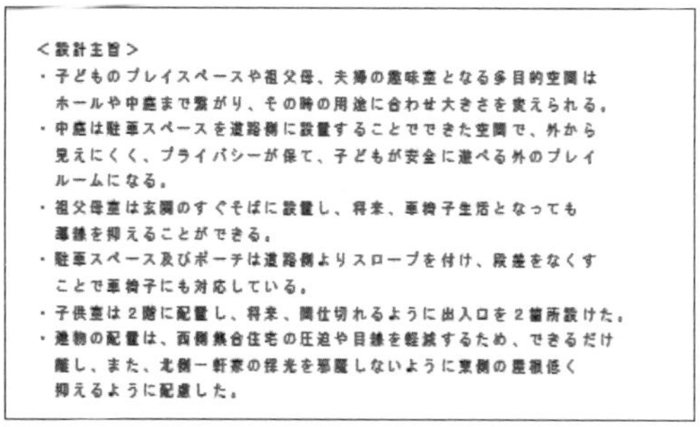
<設計主旨>
・子どものプレイスペースや祖父母、夫婦の趣味室となる多目的空間は
　ホールや中庭まで繋がり、その時の用途に合わせ大きさを変えられる。
・中庭は駐車スペースを道路側に設置することでできた空間で、外から
　見えにくく、プライバシーが保て、子どもが安全に遊べる外のプレイ
　ルームになる。
・祖父母室は玄関のすぐそばに設置し、将来、車椅子生活となっても
　導線を抑えることができる。
・駐車スペース及びポーチは道路側よりスロープを付け、段差をなくす
　ことで車椅子にも対応している。
・子供室は２階に配置し、将来、間仕切れるように出入口を２箇所設けた。
・建物の配置は、西側集合住宅の圧迫や目線を軽減するため、できるだけ
　離し、また、北側一軒家の採光を邪魔しないように東側の屋根低く
　抑えるように配慮した。

3 ［選択確定］をクリック

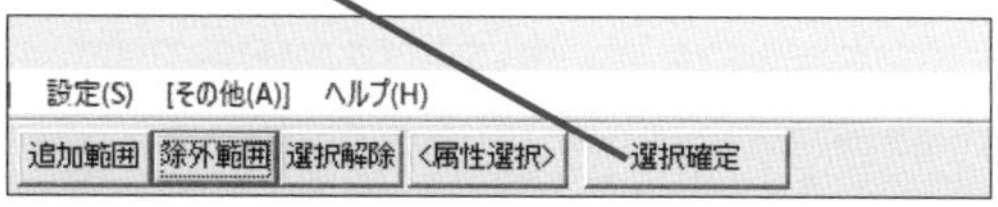

4 ［文書］をクリック

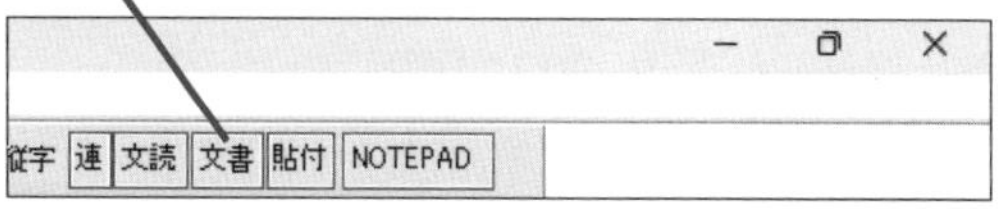

役立つ豆知識

保存形式はテキスト形式のみ

この機能を使う場合、保存できる形式はテキスト形式のみとなります。Word形式で保存したい場合は、保存したファイルをWordで開いて、別名で保存するときにWord形式を選ぶとよいでしょう。

ファイルを保存する画面が表示された

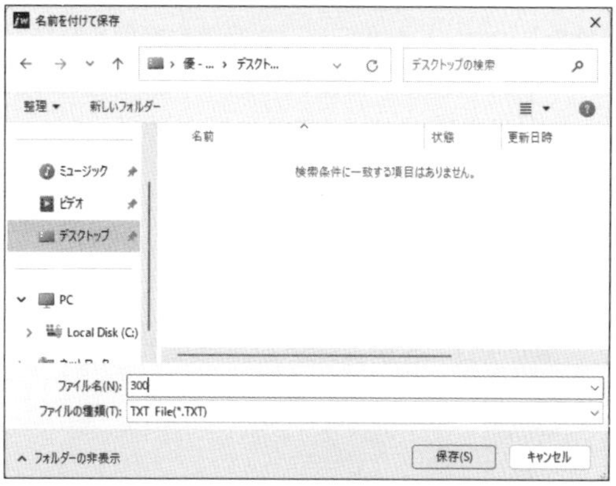

保存場所を選んで、ファイル名を付けて保存する

●保存したファイルを確認する

ファイルはテキスト形式で保存される

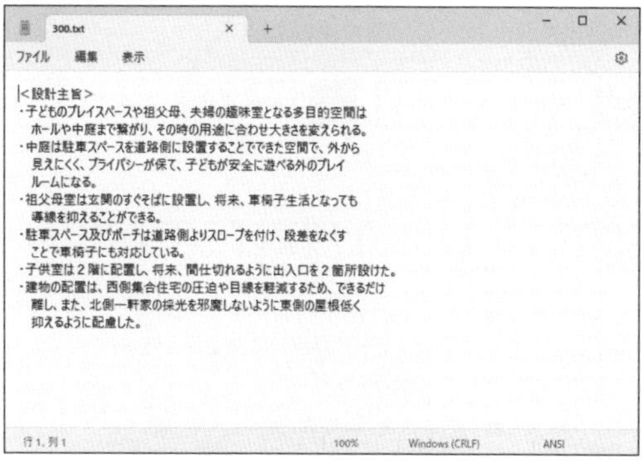

ワザ298で紹介した特殊文字などは入力内容が保存される

クロックメニュー　左12　文字

301

サンプル　お役立ち度 ★★☆

Q Wordの文字をコピーしてJw_cad上に貼り付けるには

A Wordを別ウィンドウで起動して文字をコピーします

Wordの文章をJw_cadにコピーしたいときは、Word上で文章をコピーしてから、画面を切り替えてJw_cadにそのまま貼り付けることができます。Jw_cadでは［文字］コマンドを実行し、文字種や行間を設定してから、貼り付けたい位置をクリック（基準点がある場合は右クリック）します。

WordとJw_cadを起動して、Wordで「301.docx」を表示しておく

1 ［ホーム］をクリック

2 ［編集］をクリック

自動保存
ファイル
ホーム
コメント
編集
共有
貼り付け
クリップボード
編集
アドイン
検索
置換
選択
すべて選択(A)
オブジェクトの選択(O)
類似した書式の文字列を選択（データなし）(S)
オブジェクトの選択と表示(P)

3 ［選択］をクリック

4 ［すべて選択］をクリック

文章を全て選択できた

5 ［コピー］をクリック

文章をコピーできた

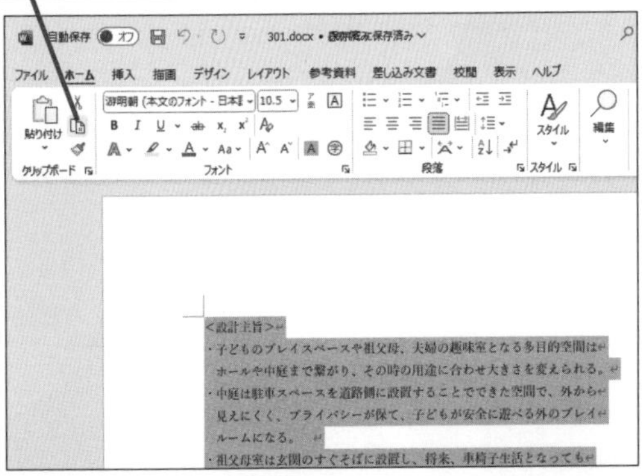
自動保存
301.docx
ファイル ホーム 挿入 描画 デザイン レイアウト 参考資料 差し込み文書 校閲 表示 ヘルプ
貼り付け
クリップボード
フォント
段落
スタイル
編集
<設計主旨>
・子どものプレイスペースや祖父母、夫婦の趣味室となる多目的空間は
ホールや中庭まで繋がり、その時の用途に合わせ大きさを変えられる。
・中庭は駐車スペースを道路側に設置することでできた空間で、外から
見えにくく、プライバシーが保て、子どもが安全に遊べる外のプレイ
ルームになる。
・祖父母室は玄関のすぐそばに設置し、将来、車椅子生活となっても

6 タスクバーのJw_cad8のアイコンをクリック

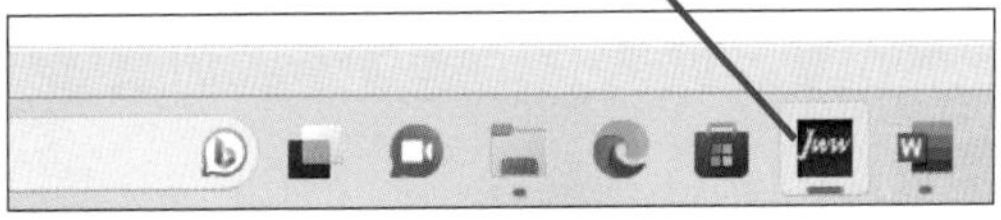

ワザ270を参考に［文字］コマンドを実行しておく

7 ［貼付］をクリック

プ(H)
択 基点(左下) 行間 5,0 縦字 連 文読 文書 貼付 NOTEPAD

8 クリックして［3］を選択

9 「5,0」と入力

ファイル(F) ［編集(E)］ 表示(V) A)］ ヘルプ(H)
［3］ W=3 H=3 D=0.5 (2) 範囲選択 基点(左下) 行間 5,0

10 基準点を右クリック

コピーした文書が貼り付けられた

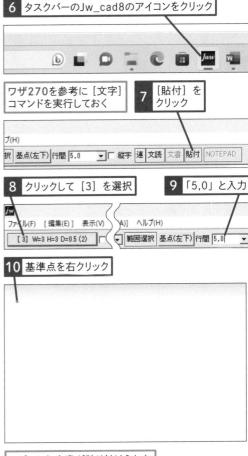

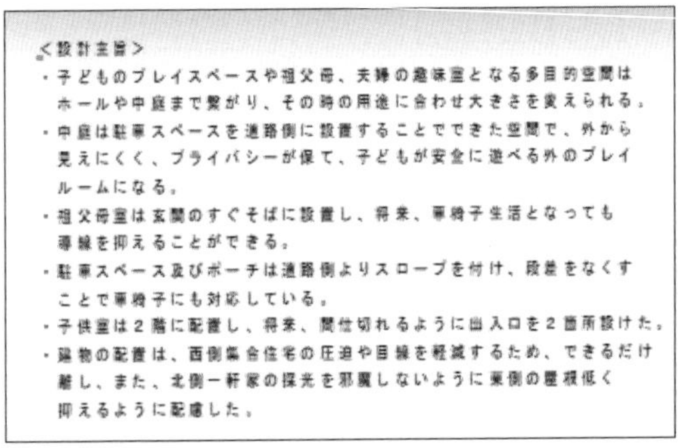
<設計主旨>
・子どものプレイスペースや祖父母、夫婦の趣味室となる多目的空間は
ホールや中庭まで繋がり、その時の用途に合わせ大きさを変えられる。
・中庭は駐車スペースを道路側に設置することでできた空間で、外から
見えにくく、プライバシーが保て、子どもが安全に遊べる外のプレイ
ルームになる。
・祖父母室は玄関のすぐそばに設置し、将来、車椅子生活となっても
導線を抑えることができる。
・駐車スペース及びポーチは道路側よりスロープを付け、段差をなくす
ことで車椅子にも対応している。
・子供室は2階に配置し、将来、間仕切れるように出入口を2箇所設けた。
・建物の配置は、西側集合住宅の圧迫や目線を軽減するため、できるだけ
離し、また、北側一軒家の採光を邪魔しないように東側の屋根低く
抑えるように配慮した。

クロックメニュー　左12　文字

ショートカットキー　文字 A

302 サンプル お役立ち度 ★★★

Q バラバラの文字列を整列して配置するには

A ［範囲］コマンドの［文字位置・集計］を使用します

画面上にバラバラに配置されている文字列を、整列して配置することができます。［範囲］コマンドを実行して整列したい文字列を選択し、コントロールバーの［文字位置・集計］をクリックします。続けて行間の数値を入力し、基準点を右クリックすると文字列が整列して配置されます。

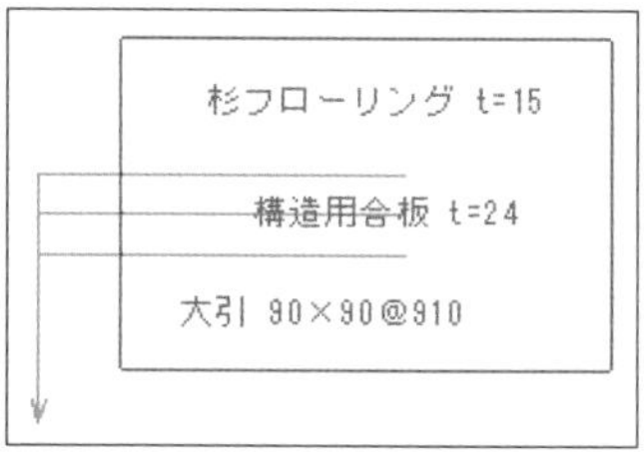

ワザ195を参考に［範囲］コマンドで文字列を選択しておく

1 ［文字位置・集計］をクリック

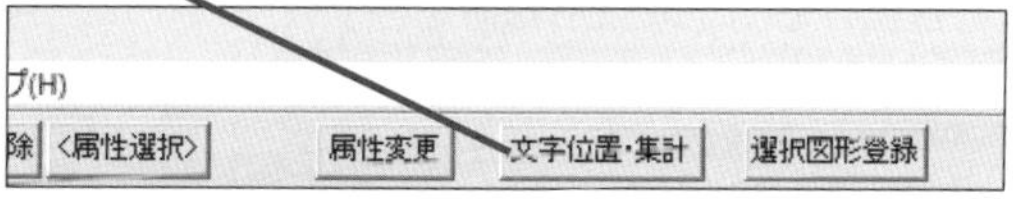

2 「5,0」と入力

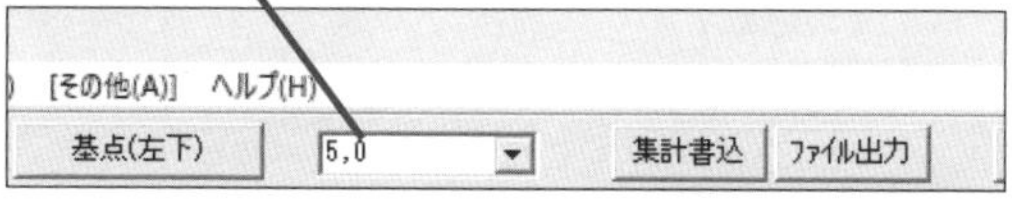

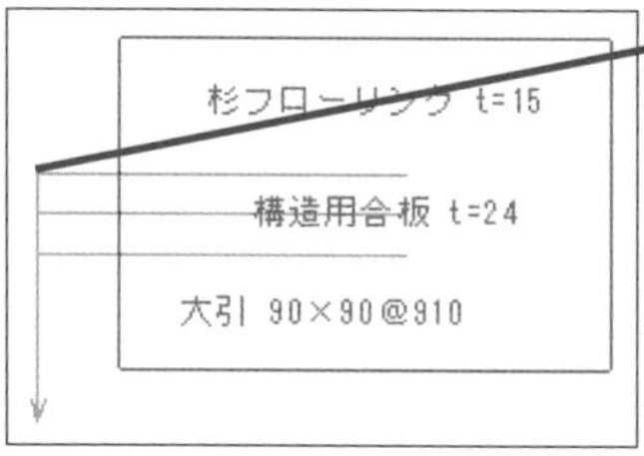

3 基準点を右クリック

文字が整列した

303 サンプル お役立ち度 ★★★

Q ［フォント読込］ってどう使うの？

A クリックした文字に書式を合わせるときに使用します

［文字］コマンドを実行して文字を選択する際に、［文字変更・移動］画面の［フォント読取］にチェックマークが付いていると、選択した文字の書式を読み取って書込み文字に設定します。このチェックマークをはずすと、クリックした文字に関わらず、［文字］コマンドを実行したときに設定した文字種が適用されます。コントロールバーの左上の表示を確認して、使い分けましょう。

ワザ270を参考に［文字］コマンドを実行して文字列を選択しておく

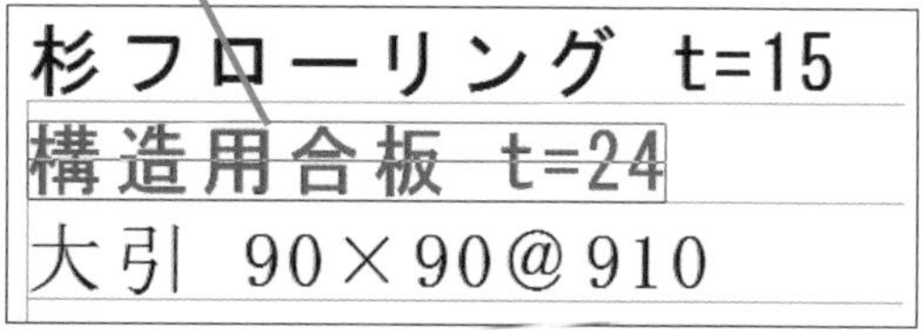

1 ［フォント読取］をクリックしてチェックマークを外す

2 Enter キーを押す

選択した文字が［MS明朝］に変更された

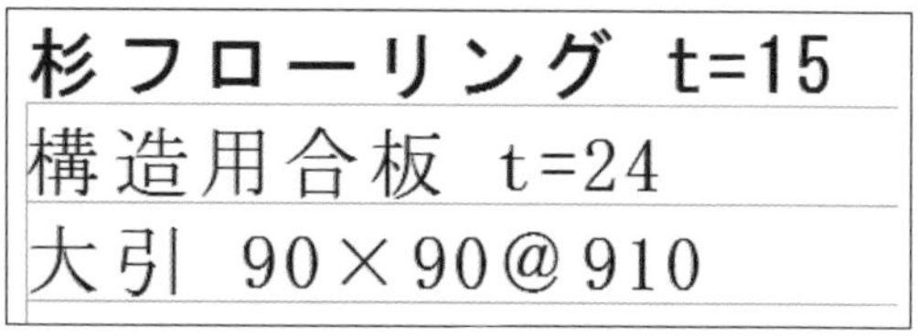

クロックメニュー 左12 文字

第12章 寸法を記入するには

図面に寸法を記入するには

ここでは、[寸法] コマンドを使って、いろいろな寸法線を作図する方法を説明します。寸法線は図形、文字とも異なる要素となりますので、特徴をしっかり把握しましょう。

304

お役立ち度 ★★★

Q [寸法] コマンドのコントロールバーを確認するには

A [寸法] コマンドを実行すると表示が変更されます

[寸法] コマンドを実行すると、コントロールバーの表示が変更されます。内容は操作しながら覚えていきましょう。また、[設定] をクリックすると [寸法設計] 画面が表示され、各種設定ができます。

●[寸法] コマンドを実行する

1 [寸法] をクリック

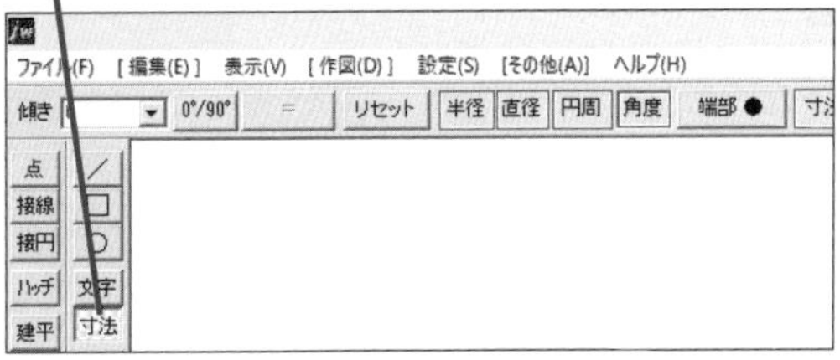

●コントロールバー左側の内容を確認する

寸法線の傾きを設定する（ワザ320）

引出線の種類を切り替える（ワザ306）

寸法線の作図を停止する（ワザ305）

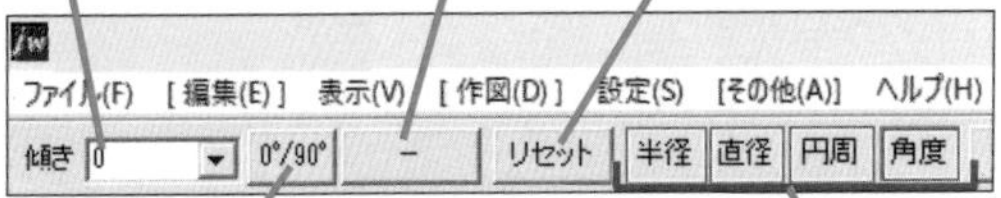

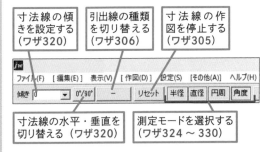

寸法線の水平・垂直を切り替える（ワザ320）

測定モードを選択する（ワザ324 ～ 330）

●コントロールバー右側の内容を確認する

寸法線の端部形状を設定する（ワザ310、313）

[寸法設定] 画面を表示する

累進寸法を作図する（ワザ331）

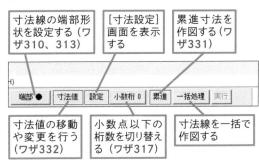

寸法値の移動や変更を行う（ワザ332）

小数点以下の桁数を切り替える（ワザ317）

寸法線を一括で作図する

●[寸法設定] 画面の内容を確認する

寸法線の形状について各種設定を行う

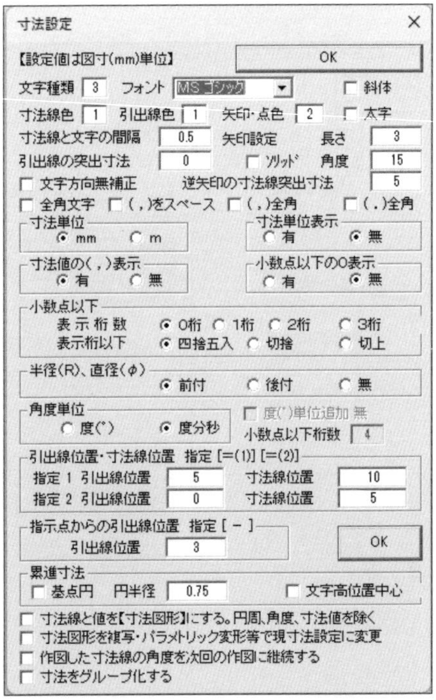

305

サンプル　お役立ち度 ★★★

Q 引出線の位置を画面上で指定して寸法記入するには

A [＝] を表示して引出線の位置をクリックします

[寸法] コマンドを実行すると、コントロールバーには初期状態で [＝] が表示されています。クリックすると [＝(1)] → [＝(2)] → [－] → [＝] の順に変更されます。引出線の位置を決めて寸法を作図する手順は以下の通りです。

ワザ304を参考に [寸法] コマンドを実行しておく

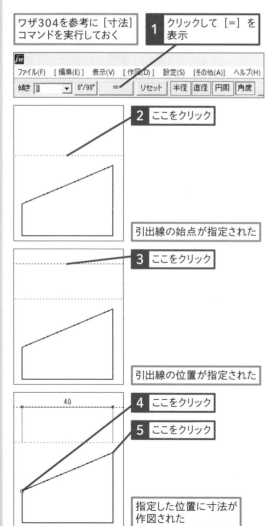

1 クリックして [＝] を表示

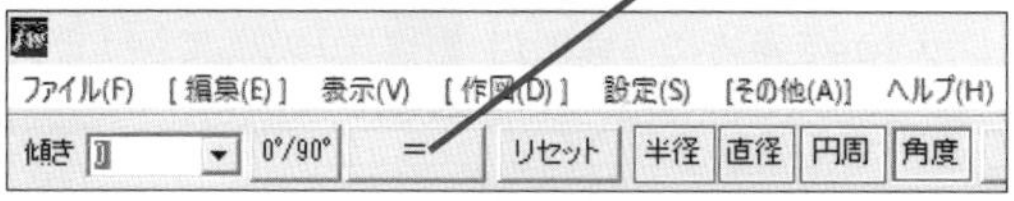

2 ここをクリック

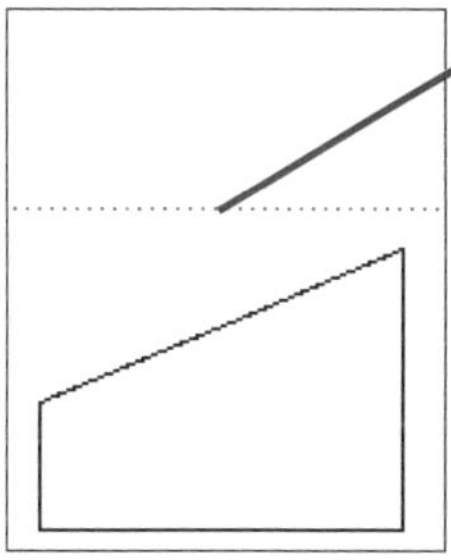

引出線の始点が指定された

3 ここをクリック

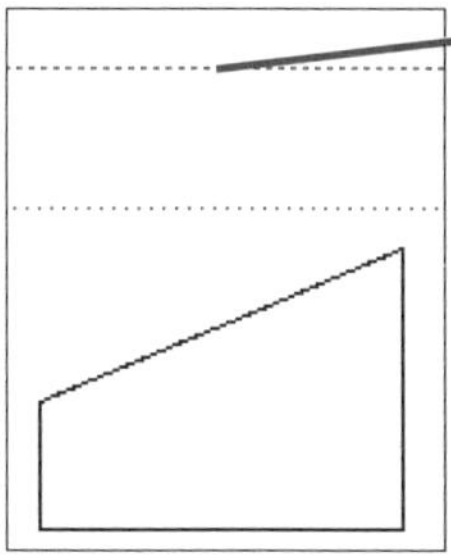

引出線の位置が指定された

4 ここをクリック

5 ここをクリック

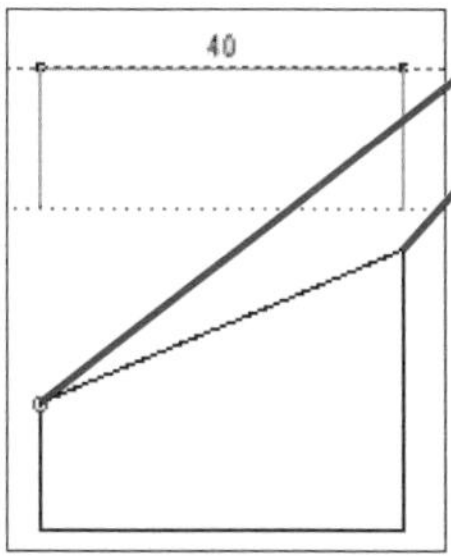

指定した位置に寸法が作図された

●続けて垂直方向の寸法を作図する

1 [リセット] をクリック

直前までの寸法線が確定された

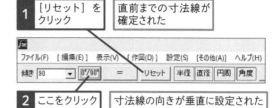

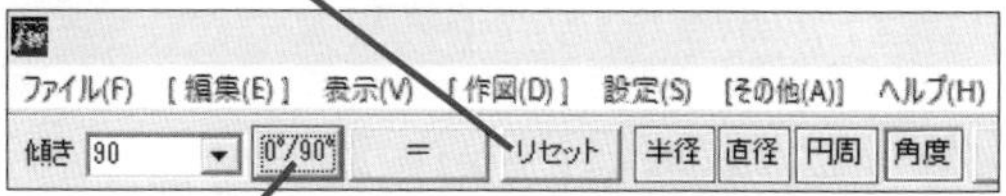

2 ここをクリック

寸法線の向きが垂直に設定された

3 ここをクリック

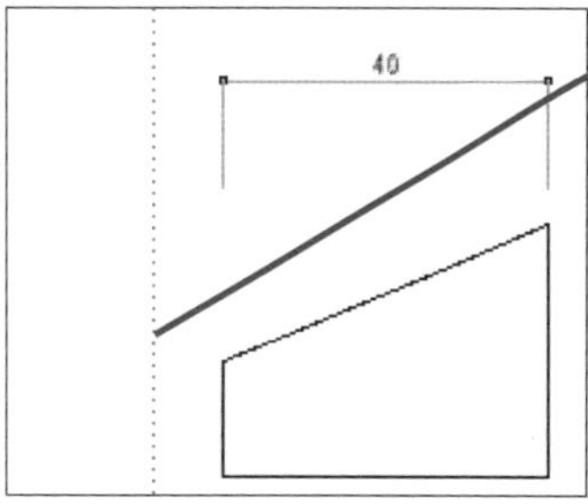

4 ここをクリック

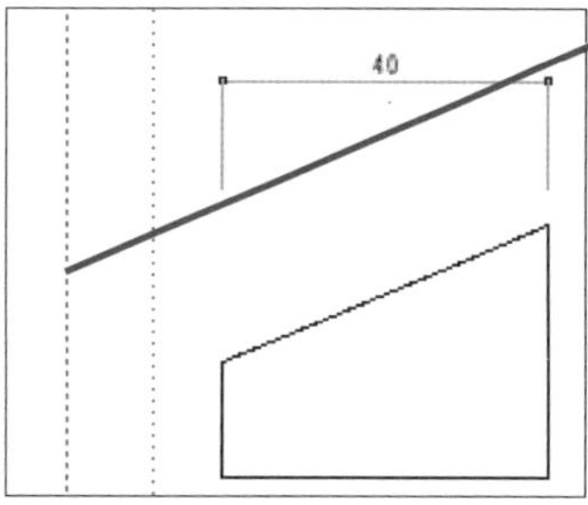

5 ここをクリック

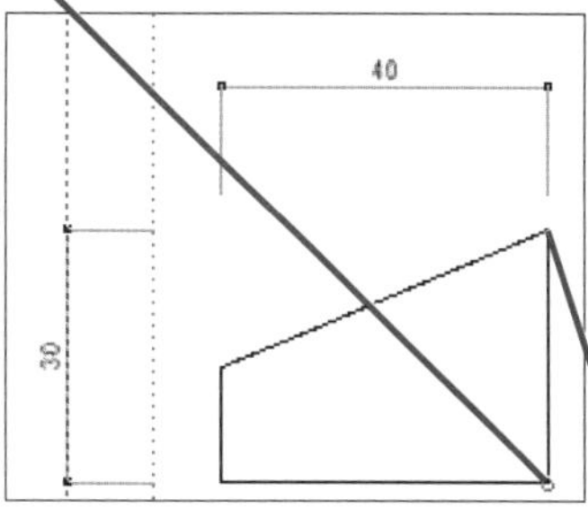

6 ここをクリック

7 [リセット] をクリック

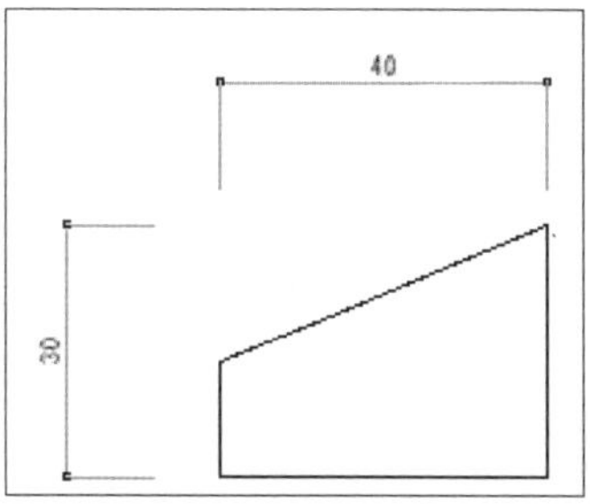

寸法が確定された

306

サンプル お役立ち度 ★★★

Q 寸法線の位置だけを指定して寸法記入するには

A [−] を表示して引出線の位置をクリックします

[寸法] コマンドを実行し、コントロールバーの [=] をクリックして [−] にします。続けて、寸法線の位置をクリックで指定し、寸法を作図します。なお、[寸法設定] 画面の [指示点からの引出線位置 [−]] の [引出線位置] に数値を入力すると、指示点から引出線までの距離を設定できます。

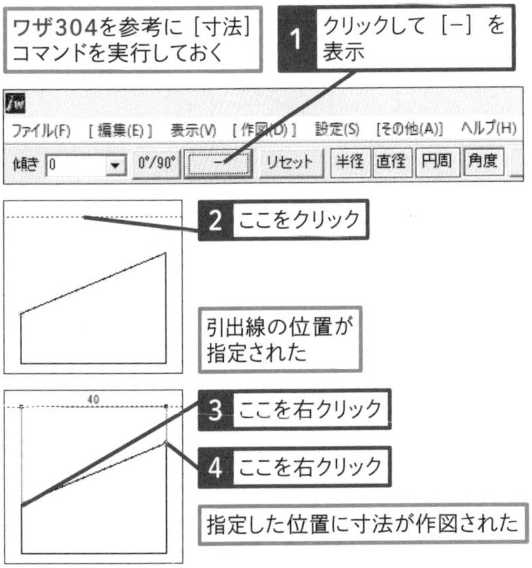

ワザ304を参考に [寸法] コマンドを実行しておく

1 クリックして [−] を表示

2 ここをクリック

引出線の位置が指定された

3 ここを右クリック

4 ここを右クリック

指定した位置に寸法が作図された

●引出線の始点の位置を変更する

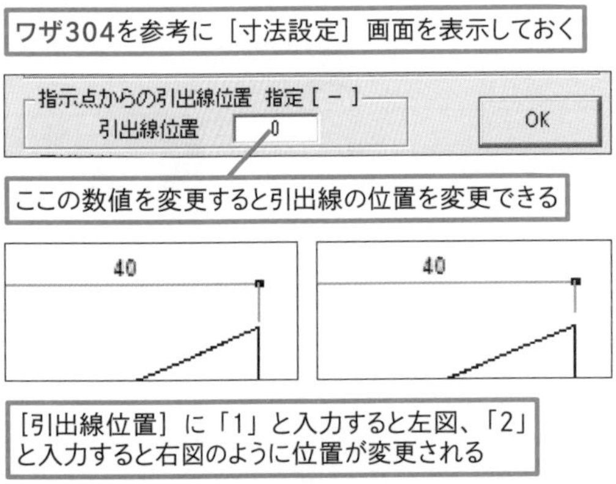

ワザ304を参考に [寸法設定] 画面を表示しておく

指示点からの引出線位置 指定 [−]
引出線位置　　　0　　　　　OK

ここの数値を変更すると引出線の位置を変更できる

[引出線位置] に「1」と入力すると左図、「2」と入力すると右図のように位置が変更される

307

サンプル お役立ち度 ★★★

Q 他の寸法線を基準にして寸法記入するには

A [=(1)] と [=(2)] に設定を登録します

[寸法] コマンドの [=(1)] と [=(2)] には、[寸法設定] 画面の [引出線位置・寸法線位置 指定 [=(1)] [=(2)]] で数値を入力しておくことができます。[=] や [−] 以外の寸法線の基準を設定しておくとよいでしょう。なお、寸法を作図する際に指示点を右クリックしたとき、向きが逆になった場合は再度右クリックしましょう。

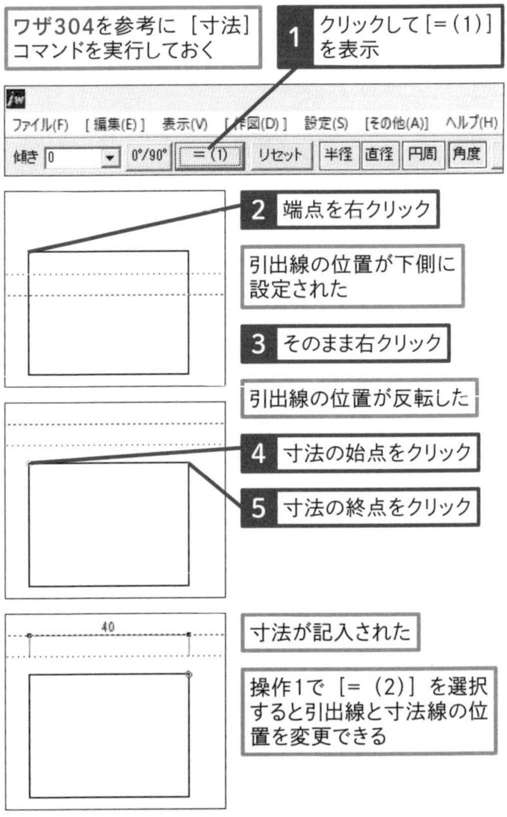

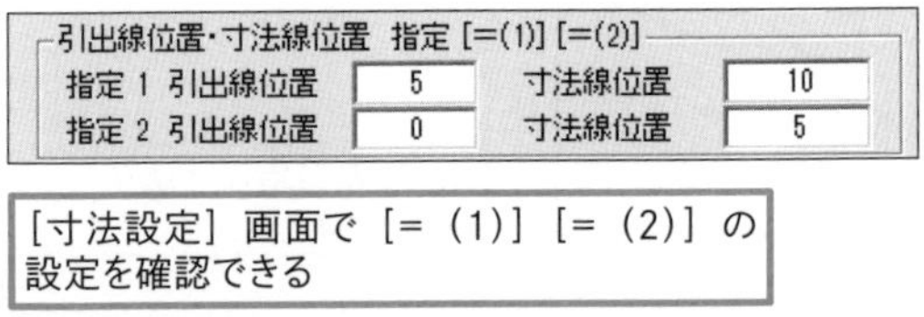

ワザ304を参考に [寸法] コマンドを実行しておく

1 クリックして [=(1)] を表示

2 端点を右クリック

引出線の位置が下側に設定された

3 そのまま右クリック

引出線の位置が反転した

4 寸法の始点をクリック

5 寸法の終点をクリック

寸法が記入された

操作1で [=(2)] を選択すると引出線と寸法線の位置を変更できる

引出線位置・寸法線位置 指定 [=(1)] [=(2)]

	引出線位置	寸法線位置
指定 1	5	10
指定 2	0	5

[寸法設定] 画面で [=(1)] [=(2)] の設定を確認できる

308

サンプル　お役立ち度 ★★★

Q 寸法線、引出線の色や太さなどを変更するには

A ［寸法設定］画面で変更します

［寸法設定］画面の、［寸法線色］［引出線色］［矢印・点色］には線色の数値を入力します。また、［－］を選択した際の指示点からの引出線位置について、［引出線位置］に数値を入力して設定できます。

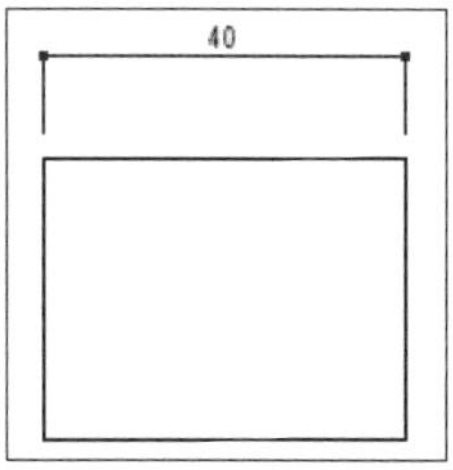

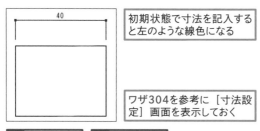

初期状態で寸法を記入すると左のような線色になる

ワザ304を参考に［寸法設定］画面を表示しておく

1「1」と入力　2「2」と入力

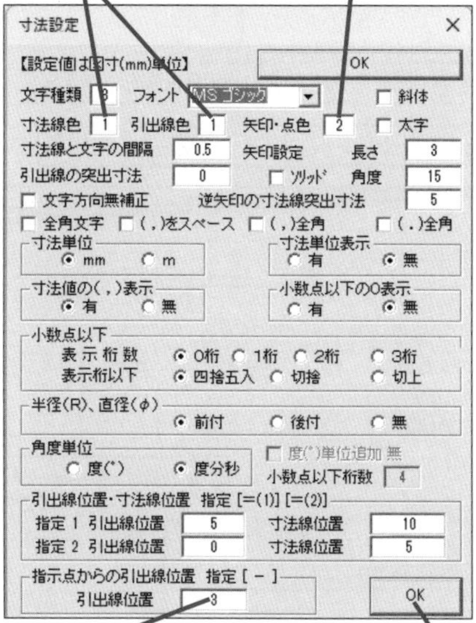

3「3」と入力　4［OK］をクリック

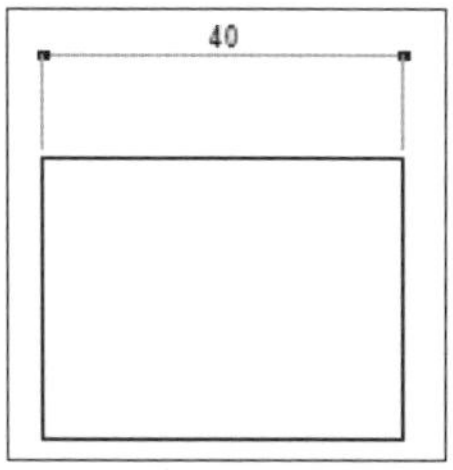

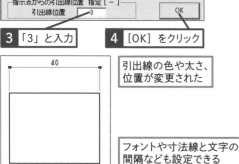

引出線の色や太さ、位置が変更された

フォントや寸法線と文字の間隔なども設定できる

309

サンプル　お役立ち度 ★★★

Q 引出線なしで寸法線を記入するには

動画で見る

A 基準線の上を右クリックします

建築図面で基準線があらかじめ作図されていて、引出線が必要ない場合は、コントロールバーで［－］を表示し、基準線の位置を指示してからその上を右クリックして寸法を作図します。これにより、引出線を作図せずに寸法線を記入することができます。

ワザ304を参考に［寸法］コマンドを実行しておく

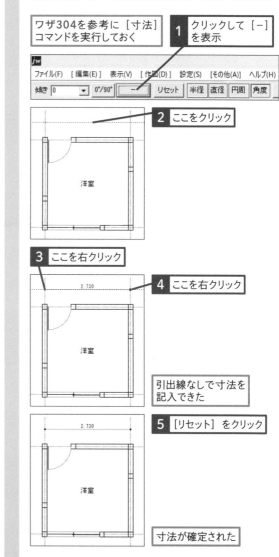

1 クリックして［－］を表示

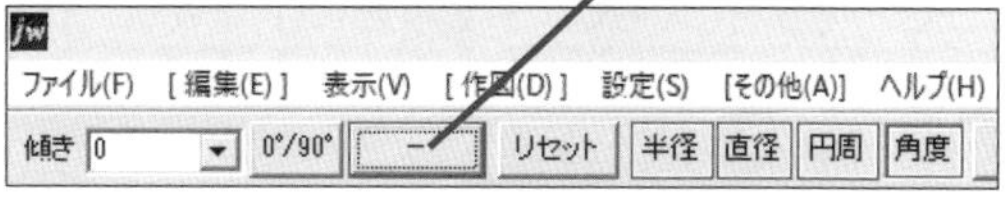

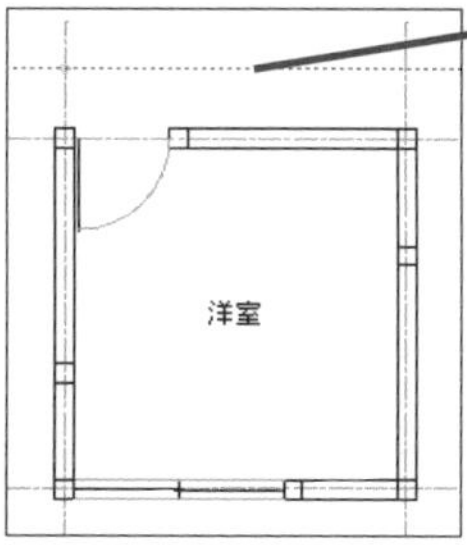

2 ここをクリック

3 ここを右クリック

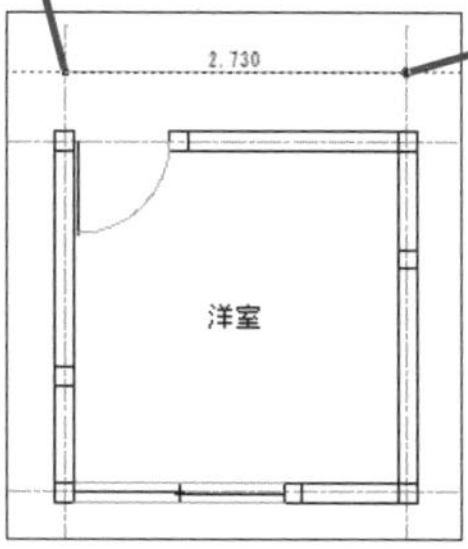

4 ここを右クリック

引出線なしで寸法を記入できた

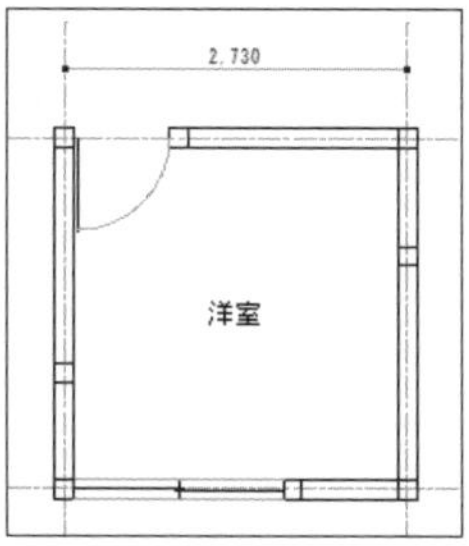

5［リセット］をクリック

寸法が確定された

310

サンプル　お役立ち度 ★★★

Q 寸法端末を矢印にするには

A ［端部－>］を表示します

寸法の端末の記号は初期状態では「●」になっていますが、コントロールバーの［端部●］をクリックすると［端部－>］［端部－<］［端部●］と順に変更されます。ここでは［端部－>］を表示して、［寸法線色］［引出線色］［矢印・点色］を全て「1」にして寸法線を作図します。

ワザ304を参考に［寸法］コマンドを実行しておく

1 クリックして［端部－>］を表示

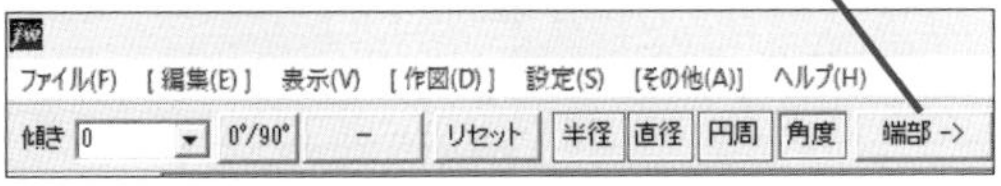

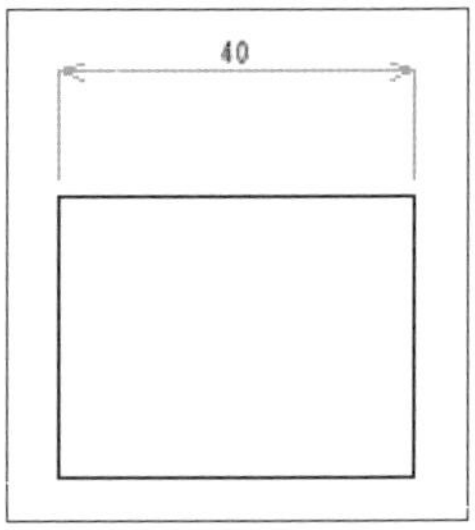

寸法を作図すると引出線の端部が矢印になる

●矢印の大きさを変更する

ワザ304を参考に［寸法設定］画面を表示しておく

1 「1」と入力

2 ［OK］をクリック

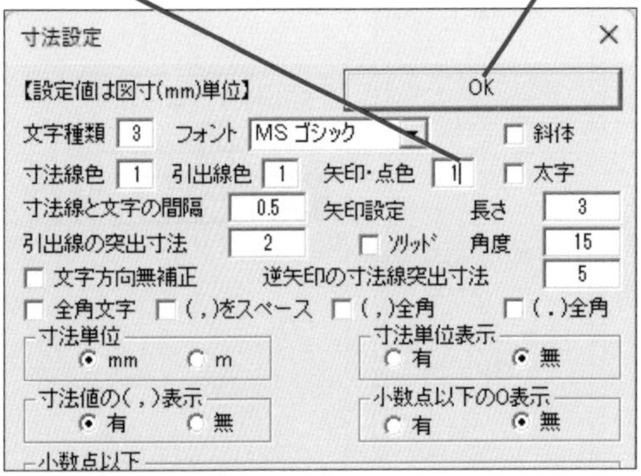

改めて寸法を作図すると矢印の大きさが変更される

311

サンプル　お役立ち度 ★★★

Q 寸法端末の矢印を塗りつぶすには

A ［ソリッド］にチェックマークを付けます

寸法端末の矢印を塗りつぶして作図するには、［寸法設定］画面で［ソリッド］チェックマークを付けます。建築図面の寸法端末は「●」を使うのが一般的ですが、土木図面では「矢印塗りつぶし」が一般的なのでぜひ活用しましょう。

練習用ファイルを開いた状態で寸法を記入すると矢印の先端は開いている

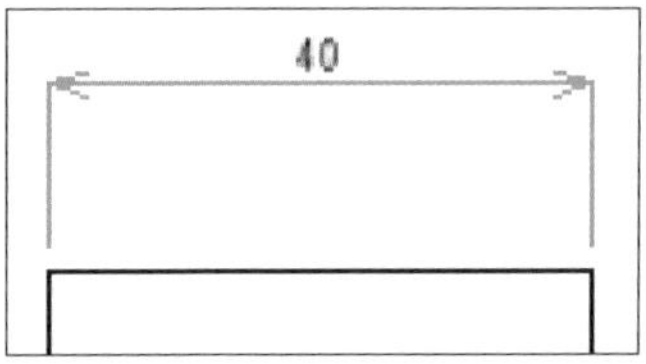

ワザ304を参考に［寸法設定］画面を表示しておく

1 ［ソリッド］をクリックしてチェックマークを付ける

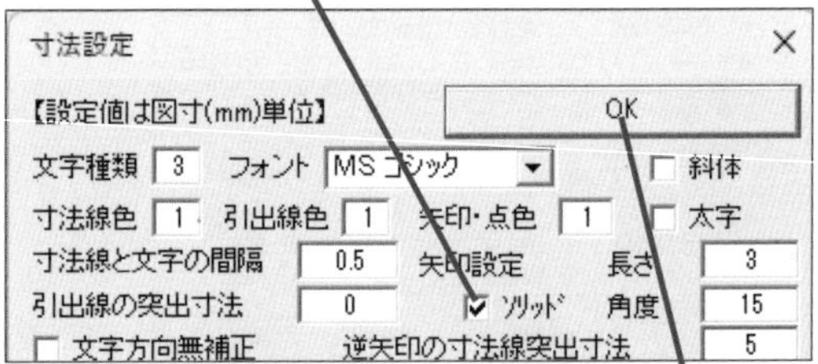

2 ［OK］をクリック

改めて寸法を作図すると矢印の先端が塗りつぶされた状態になる

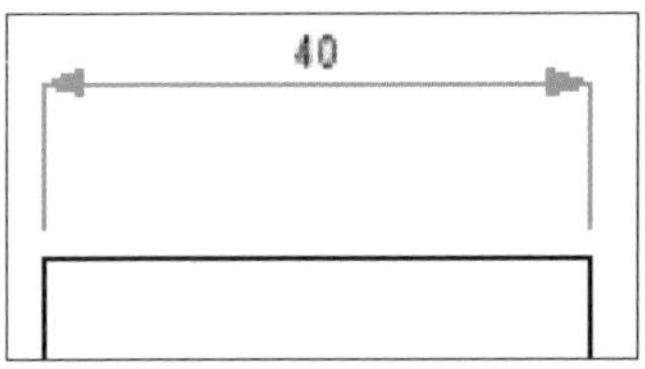

クロックメニュー　左11+右　寸法

312

サンプル　お役立ち度 ★★★

Q 引出線の突出寸法を設定するには

A ［寸法設定］画面で変更します

引出線を寸法線から突き出して作図することができます。［寸法設定］画面を表示し、［引出線の突出寸法］に数値を入力すると、設定を変更できます。以下の例では「2」と入力して、寸法線の上に引出線が突き出るように変更しています。

練習用ファイルを開いた状態で寸法を記入すると引出線は以下のようになる

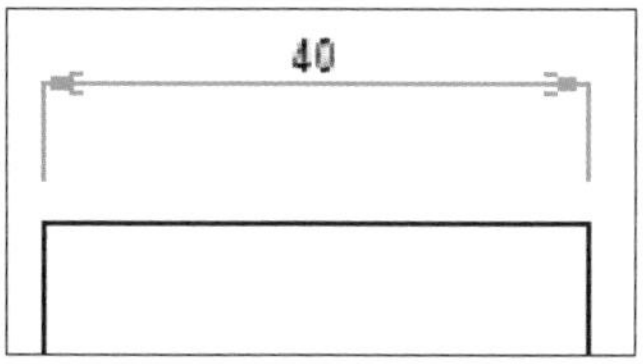

ワザ304を参考に［寸法設定］画面を表示しておく

1 「2」と入力

2 ［OK］をクリック

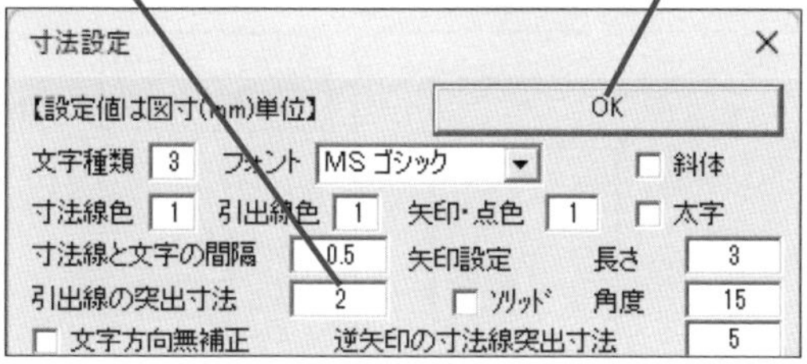

改めて寸法を作図すると引出線の突出寸法が変更される

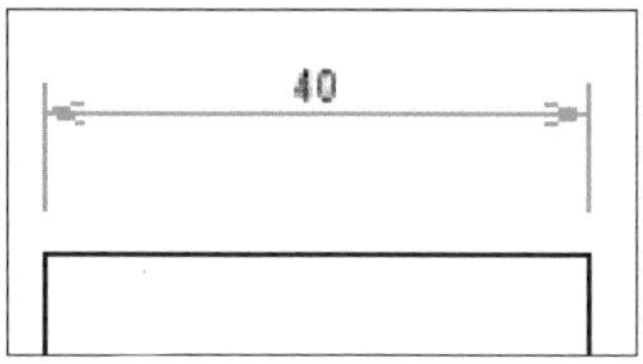

クロックメニュー　左11+右　寸法

ショートカットキー　寸法 S

313

サンプル　お役立ち度 ★★★

Q 外側に引く逆矢印の寸法線を設定するには

A ［端部－<］を表示します

幅の狭い部分の寸法を作図する際に、逆矢印で寸法記入することがあります。その場合は、コントロールバーで［端部－<］を表示して作図します。なお、操作8と操作9は図形の外側を先に右クリックします。順序を間違えないように注意しましょう。

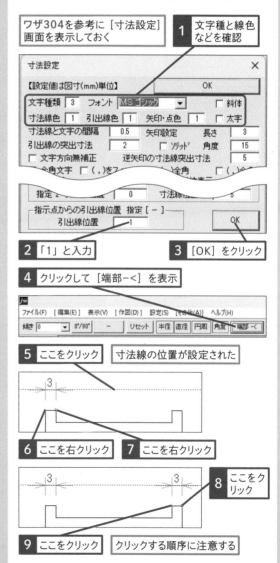

ワザ304を参考に［寸法設定］画面を表示しておく

1 文字種と線色などを確認

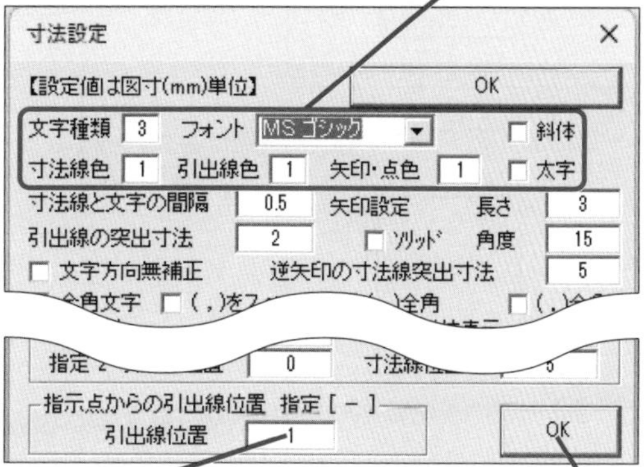

2 「1」と入力

3 ［OK］をクリック

4 クリックして［端部－<］を表示

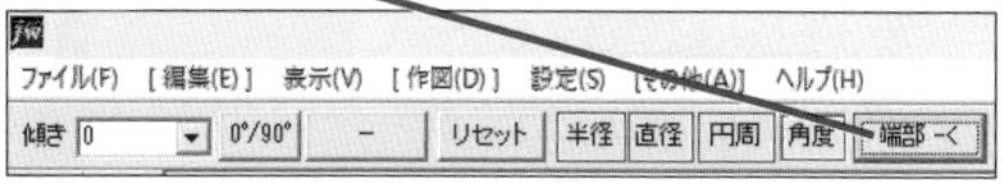

5 ここをクリック

寸法線の位置が設定された

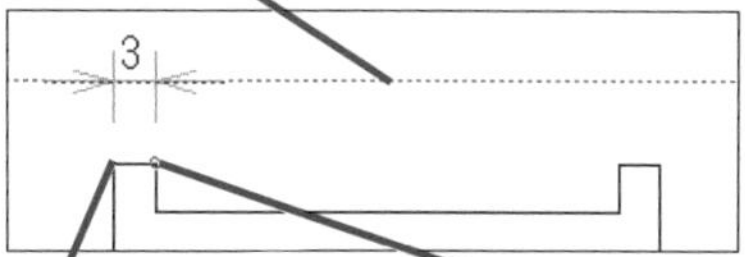

6 ここを右クリック

7 ここを右クリック

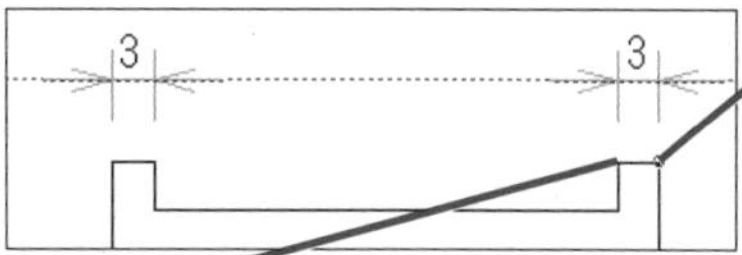

8 ここをクリック

9 ここをクリック

クリックする順序に注意する

314

サンプル お役立ち度 ★★★

Q 矢印の向きを変えて寸法記入するには

A 端部の形とクリックの順序に注意しましょう

［寸法］コマンドの［端部－>］［端部－<］は、右クリックする順番で矢印の向きが変わります。以下の例を参考に、組み合わせを覚えておきましょう。

●端部［－>］の場合

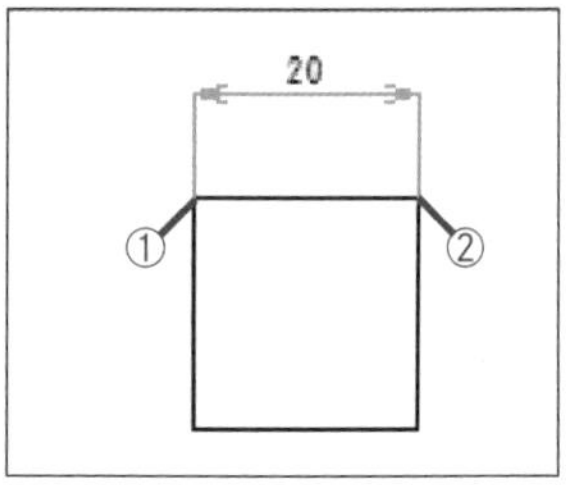

①左、②右の順に右クリック

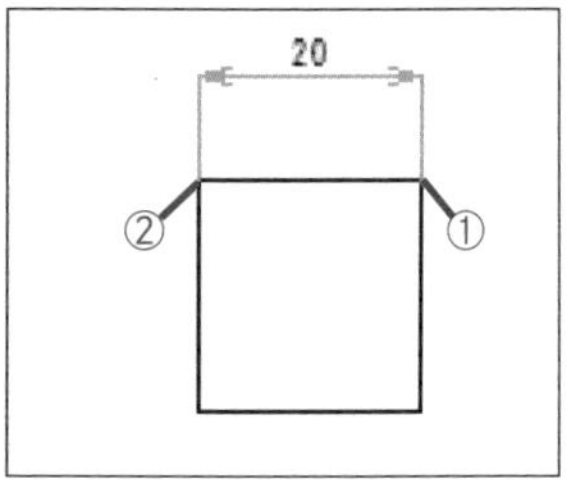

①右、②左の順に右クリック

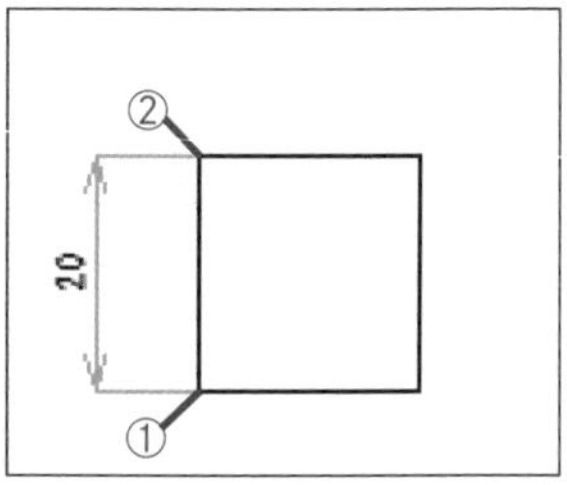

①下、②上の順に右クリック

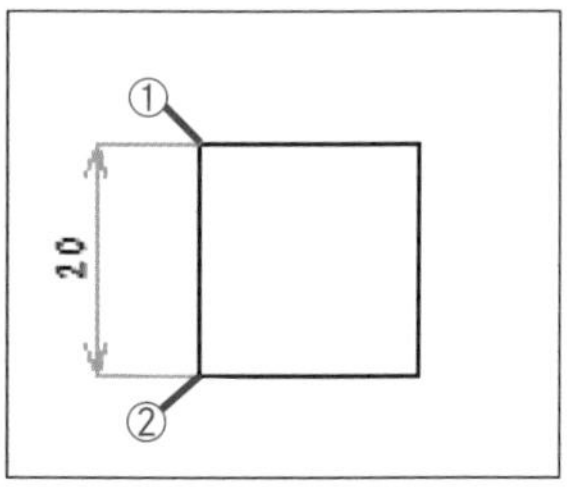

①上、②下の順に右クリック

●端部［－<］の場合

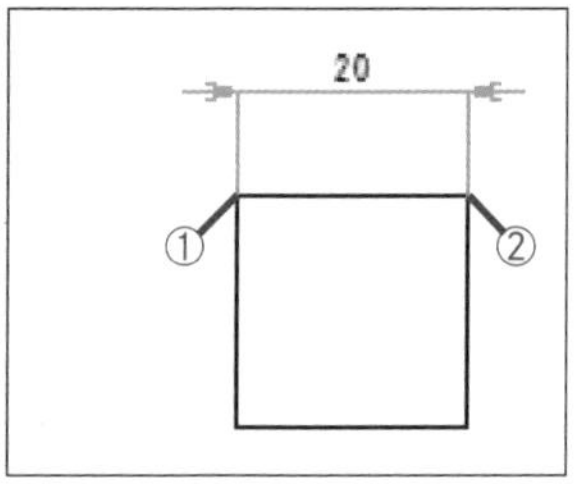

①左、②右の順に右クリック

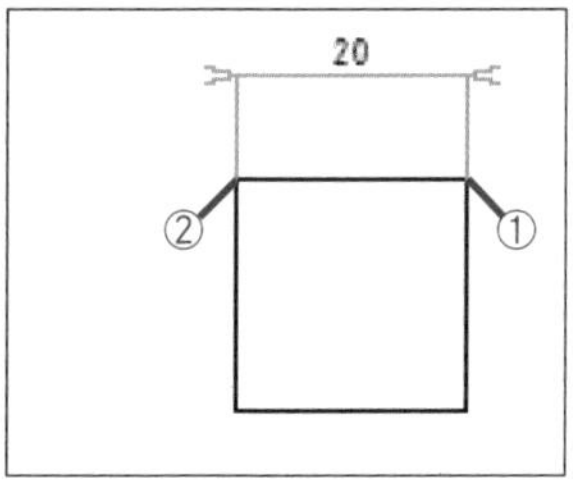

①右、②左の順に右クリック

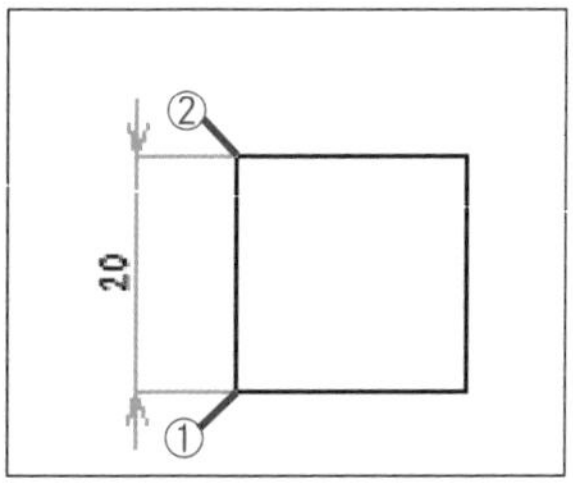

①下、②上の順に右クリック

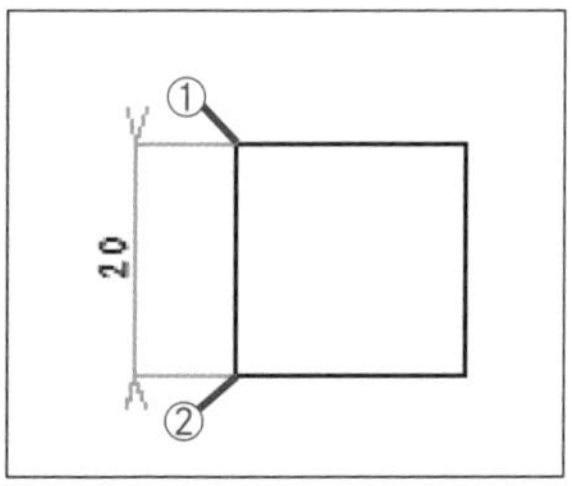

①上、②下の順に右クリック

クロックメニュー　左11+右　寸法

ショートカットキー　寸法 S

関連 310 寸法端末を矢印にするには ▶P.198
関連 311 寸法端末の矢印を塗りつぶすには ▶P.198

315

サンプル　お役立ち度 ★★★

Q 寸法値の単位を設定するには

A 「mm」と「m」を切り替えられます

JIS規格では、寸法の基準単位はミリメートルとし、単位記号は表示しません。Jw_cadでは、数値の後に「mm」を付けたり、メートル単位の「m」を付けて寸法を記入できます。［寸法設定］画面の［寸法単位］で単位を切り替え、［寸法単位表示］の［有］をクリックすると寸法がメートル単位に変更され、単位記号が表示されます。なお、寸法の表示が自動で変わるわけではないので、単位を変更してから再度、寸法を作図する必要があります。

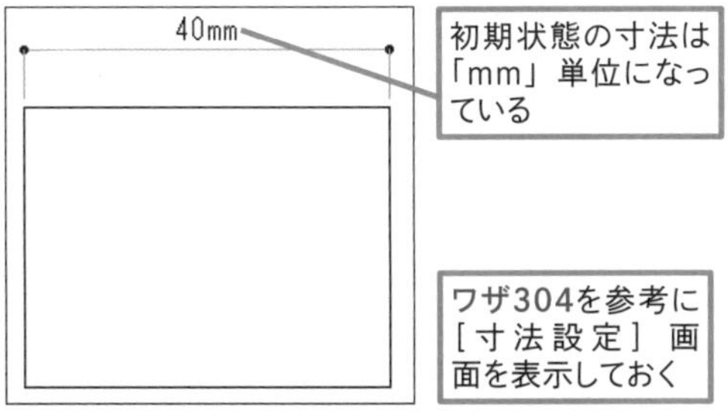

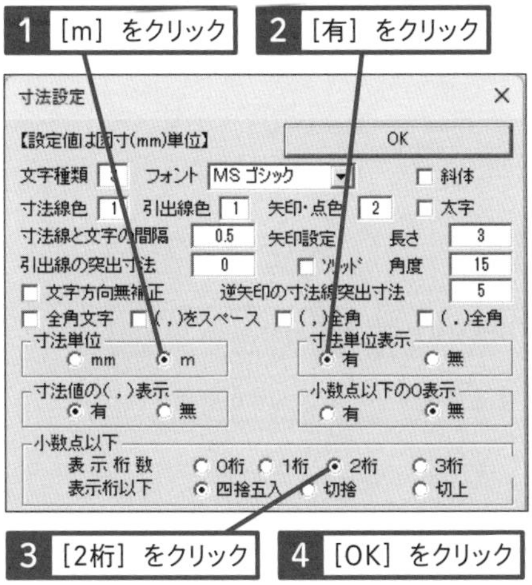

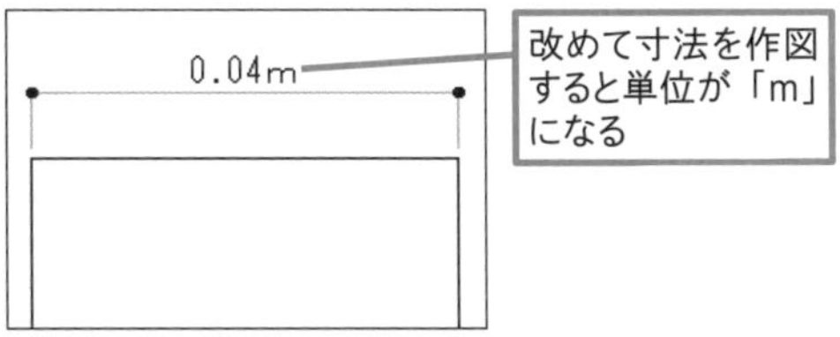

316

サンプル　お役立ち度 ★★★

Q 寸法値の桁区切りを設定するには

A ［寸法値の（,）表示］を［有］にします

寸法値に3桁区切りのカンマを自動的に付けることができます。［寸法設定］画面を表示して［寸法値の（,）表示］を［有］にします。設定後に改めて寸法を作成すると、桁区切りが適用されます。

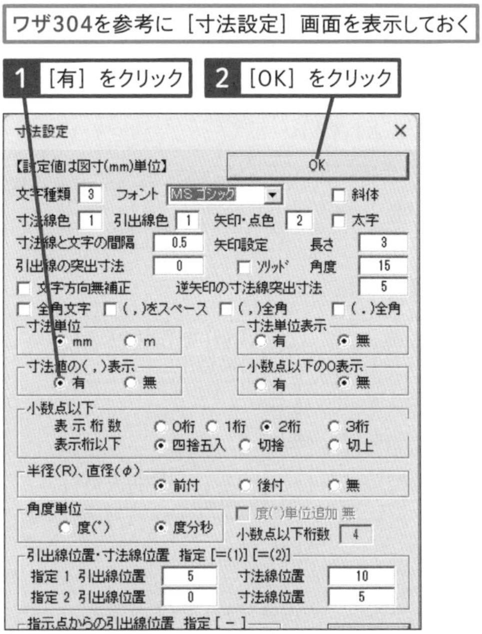

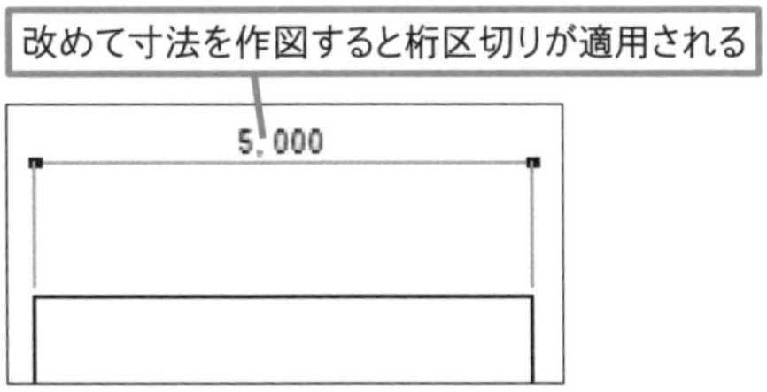

317

サンプル　お役立ち度 ★★★

Q 寸法値の小数点以下の桁数を変更するには

A ［小数点以下］の表示桁数を選択できます

寸法値の小数点以下の数値は、［寸法設定］画面の［小数点以下］の項目で設定できます。また、表示桁数以下を［四捨五入］［切捨］［切上］のどれにするかも設定できます。

ワザ304を参考に［寸法設定］画面を表示しておく

ここをクリックすると小数点以下の表示桁数を変更できる

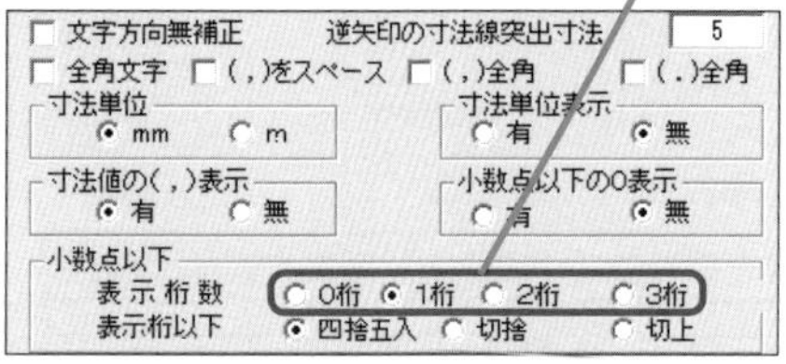

ここをクリックして小数点以下の表示桁数を切り替えることもできる

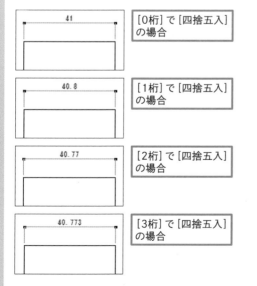

●寸法値を比較する

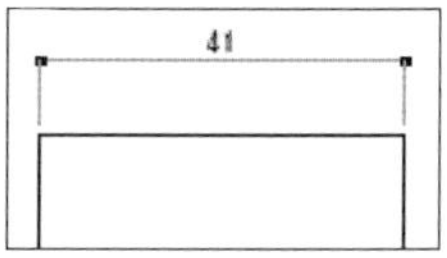

［0桁］で［四捨五入］の場合

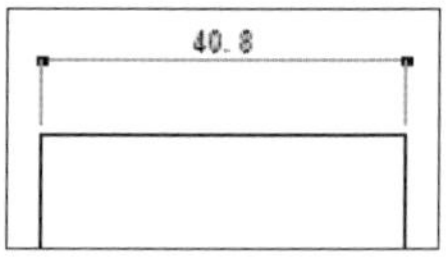

［1桁］で［四捨五入］の場合

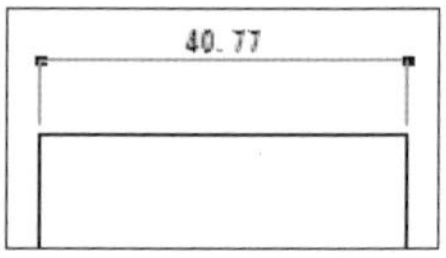

［2桁］で［四捨五入］の場合

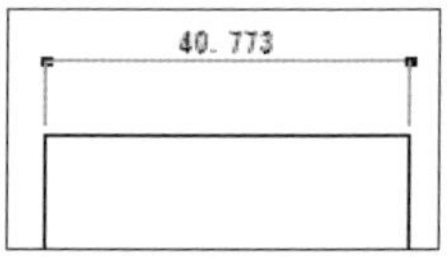

［3桁］で［四捨五入］の場合

318

サンプル　お役立ち度 ★★★

Q 小数点以下の数値が「0」のときの設定は？

A ［小数点以下の0表示］で有無を設定できます

小数点以下の数値が「0」のときの設定は、［寸法設定］画面の［小数点以下の0表示］で表示の有無を設定できます。なお、表示する場合の桁数はワザ317で設定した表示桁数が適用されます。

初期状態の寸法値は桁区切りがない

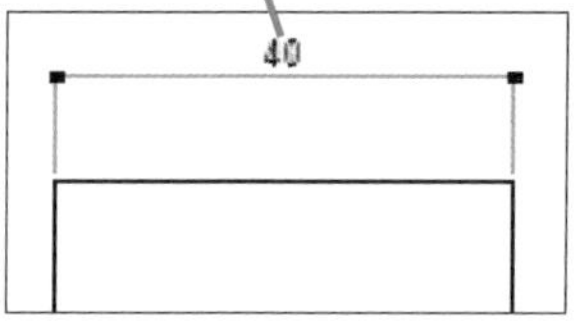

ワザ304を参考に［寸法設定］画面を表示しておく

1 ［有］をクリック

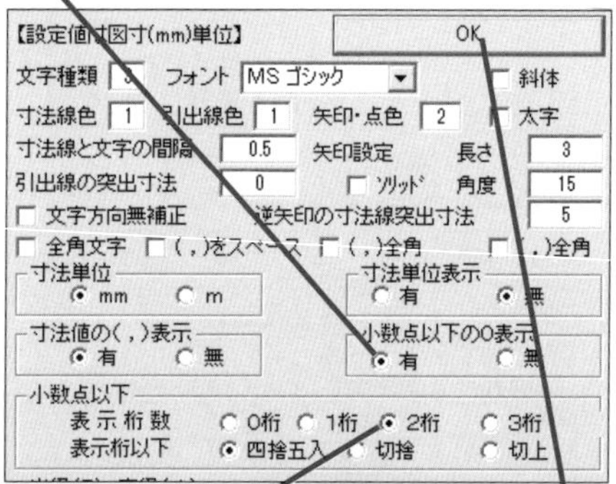

2 ［2桁］をクリック

3 ［OK］をクリック

改めて寸法を作図すると桁区切りが適用される

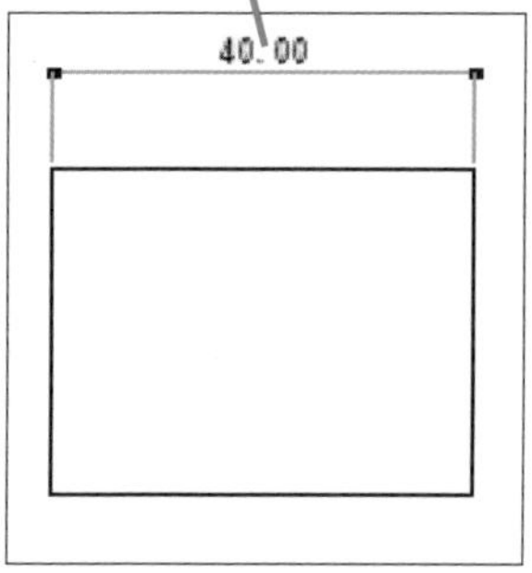

319

お役立ち度 ★★★

Q 寸法値の小数点以下の桁数を素早く変更するには

A コントロールバーのボタンを使います

小数点以下の数値は、コントロールバーの［小数桁0］をクリックして切り替えることができます。初期状態では［小数桁0］が表示されており、クリックすると［小数桁1］［小数桁2］［小数桁3］［小数桁0］と切り替わります。

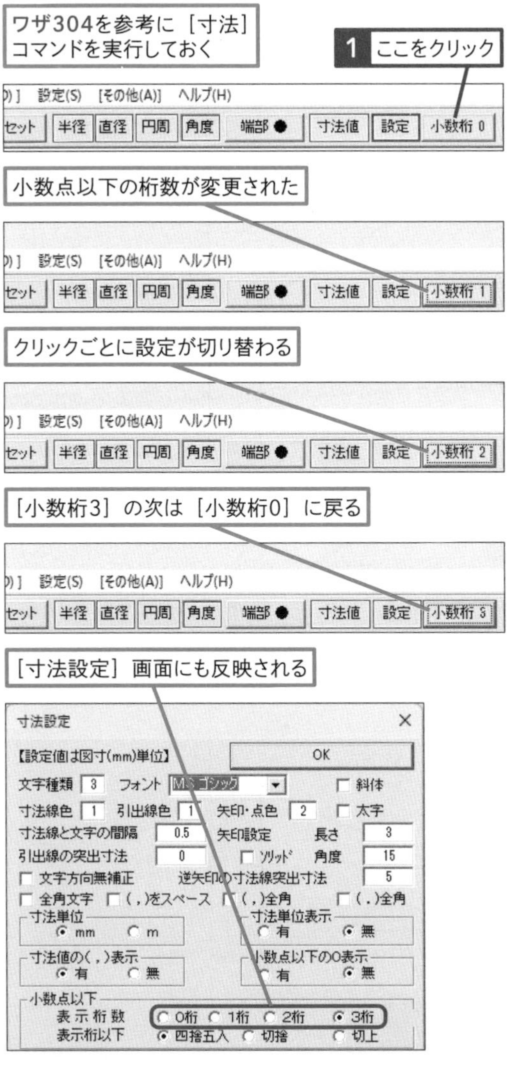

ワザ304を参考に［寸法］コマンドを実行しておく
1 ここをクリック
小数桁 0
小数点以下の桁数が変更された
小数桁 1
クリックごとに設定が切り替わる
小数桁 2
［小数桁3］の次は［小数桁0］に戻る
小数桁 3
［寸法設定］画面にも反映される
寸法設定
【設定値は図寸(mm)単位】
OK
小数点以下
表示桁数
0桁
1桁
2桁
3桁

320

サンプル お役立ち度 ★★★

Q 引出線を斜めに引き出して記入するには

A ［引出角0］をクリックして数値を切り替えます

寸法補助線を斜めに引き出すには、［引出角0］をクリックして表示を切り替えます。初期状態では［引出角0］が表示されており、クリックすると［30°］［45°］［-45°］［-30°］［引出角0］の順に表示が切り替わります。以下の例では［傾き］に「90」と入力して寸法線の向きを垂直方向に変更し、［引出角0］を［-30°］に変更して引出線を斜めにして寸法線を作図しています。

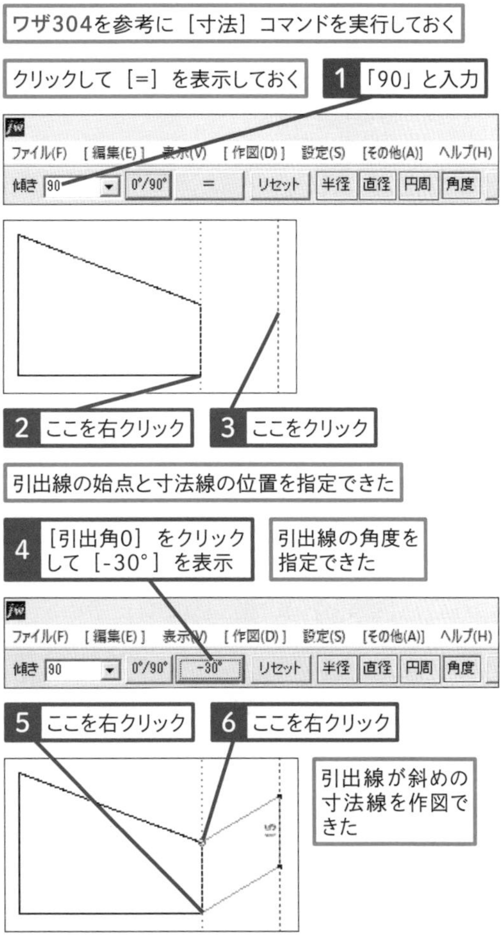

ワザ304を参考に［寸法］コマンドを実行しておく
クリックして［=］を表示しておく
1 「90」と入力
2 ここを右クリック
3 ここをクリック
引出線の始点と寸法線の位置を指定できた
4 ［引出角0］をクリックして［-30°］を表示
引出線の角度を指定できた
5 ここを右クリック
6 ここを右クリック
引出線が斜めの寸法線を作図できた

321

サンプル　お役立ち度 ★★★

Q 斜距離を寸法記入するには

A ［線角］で斜辺の角度を取得します

斜線方向に寸法を作図する場合は、［寸法］コマンドの実行中に［線角］コマンドを実行して斜辺の角度を取得します。続けて寸法線を作図すると、斜辺の寸法が入力できます。なお角度がわかっている場合は［寸法］コマンドを実行してから［傾き］に角度の数値を入力しても、同様の操作ができます。

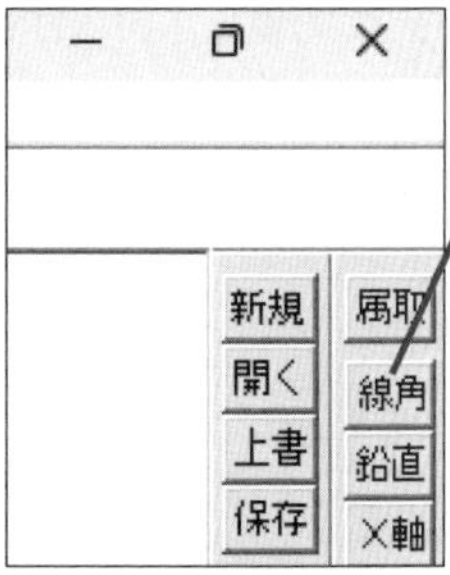

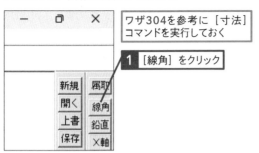

ワザ304を参考に［寸法］コマンドを実行しておく

1 ［線角］をクリック

2 斜辺をクリック

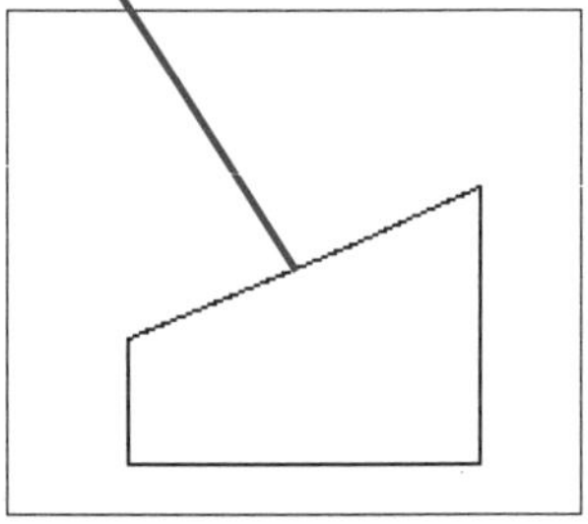

斜辺の角度が取得された

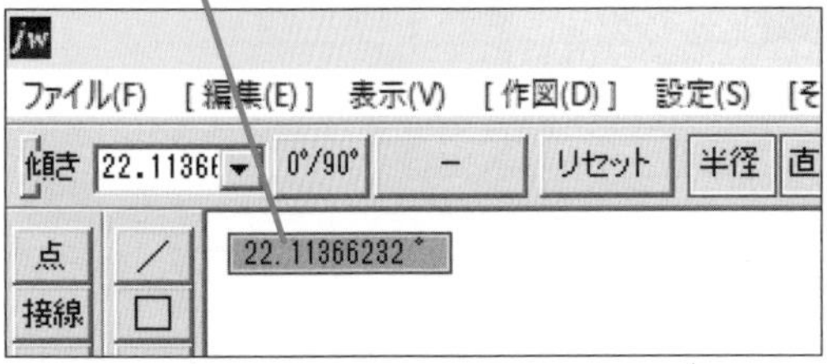

続けて寸法コマンドを実行する

3 ここをクリック　基準線が作図された

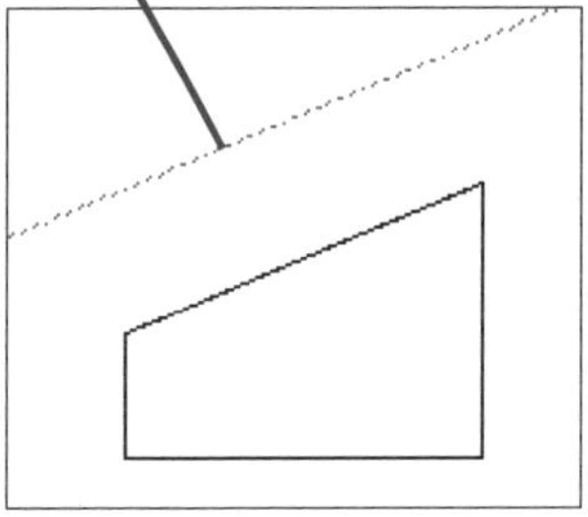

4 ここを右クリック

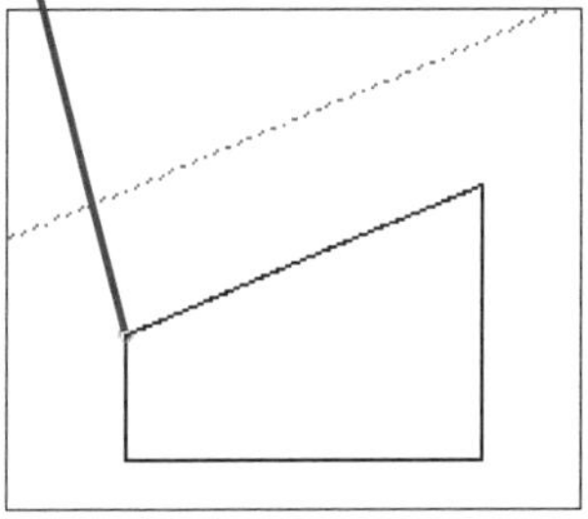

5 ここを右クリック　寸法が作図された

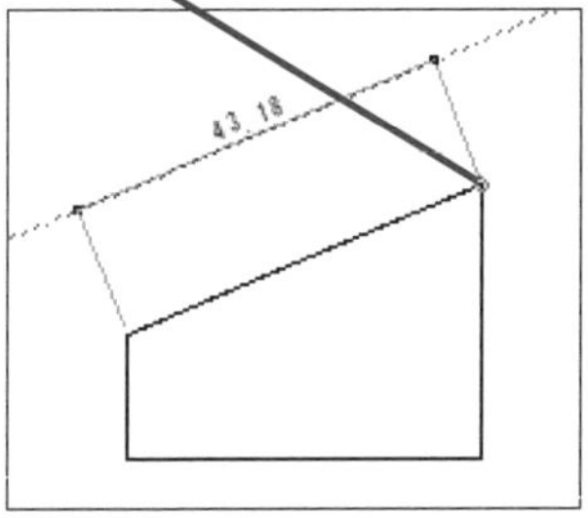

6 ［リセット］をクリック

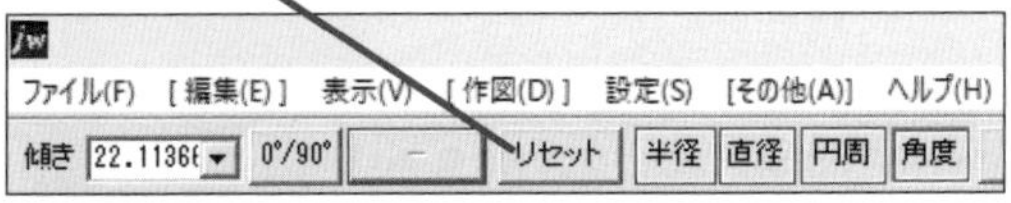

寸法が確定した

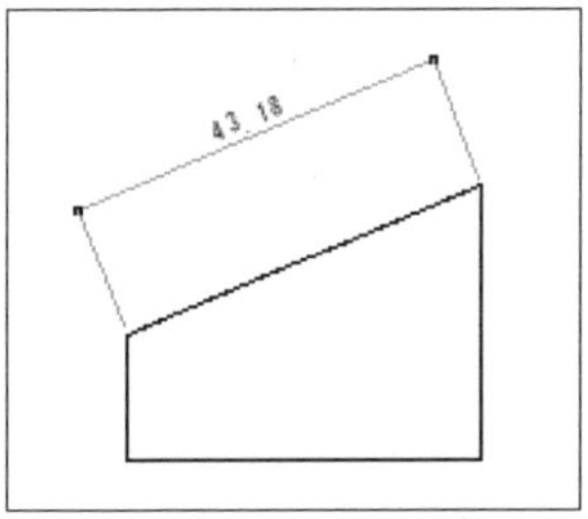

クロックメニュー　左11+右　寸法

ショートカットキー　寸法 S

322

サンプル　お役立ち度 ★★★

Q 直列寸法を記入するには

A ［リセット］をクリックするまで連続で作図できます

［寸法］コマンドで同一線上に寸法を作図する場合は、［リセット］をクリックするまで続けて作図できます。以下の例では、3箇所の寸法を続けて作図しています。

ワザ305を参考に1つ目の寸法を記入しておく

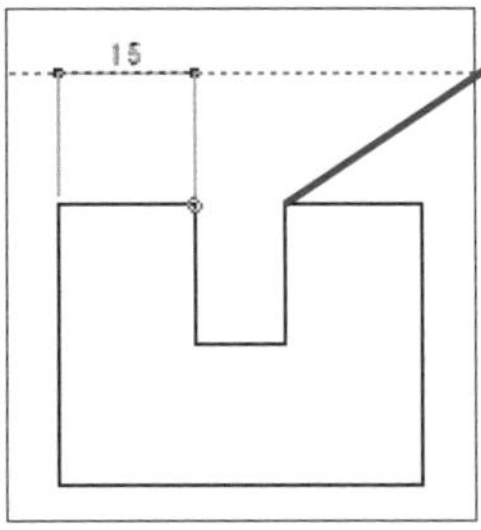

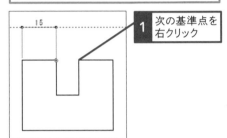

1 次の基準点を右クリック

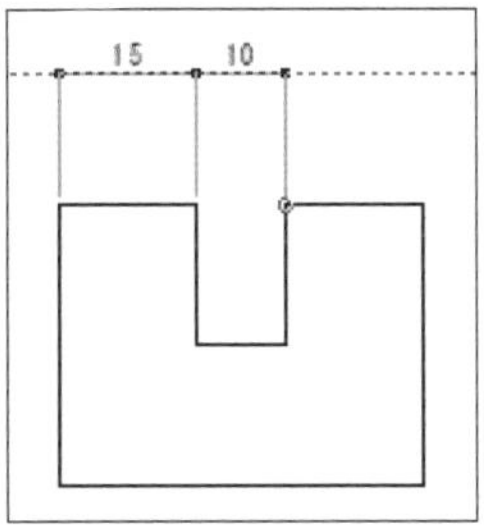

直列寸法が記入された

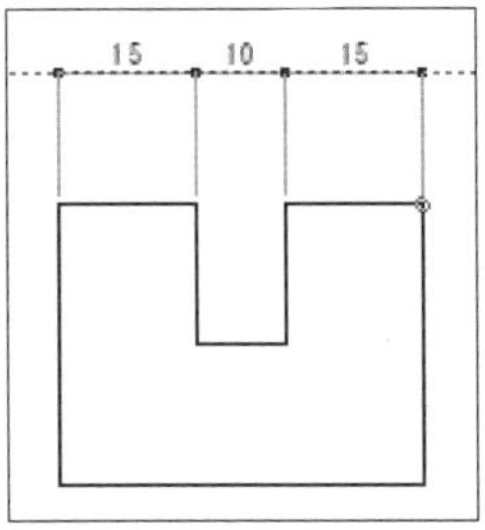

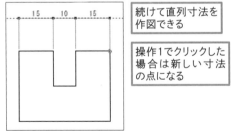

続けて直列寸法を作図できる

操作1でクリックした場合は新しい寸法の点になる

寸法の作図が終わったら［リセット］をクリックして確定する

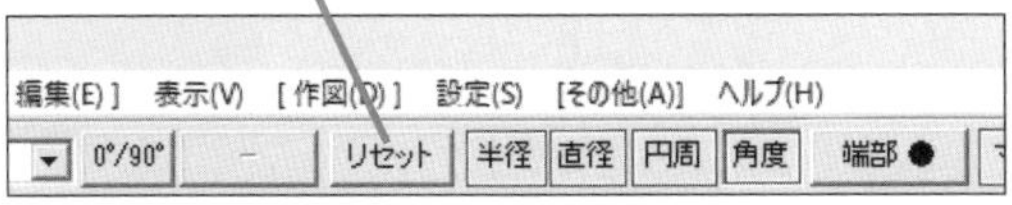

323

サンプル　お役立ち度 ★★★

Q 直列寸法で寸法記入しないところをつくるには

A ［戻る］コマンドで取り消します

同一線上に寸法を作図するとき、寸法を記入しないところを作る場合は、一度寸法を作図してから［戻る］コマンドを使って操作を取り消します。続けて、寸法を記入したい部分の始点をクリックして寸法を作図すると、操作を取り消した部分を空白のままで直列寸法を作図できます。

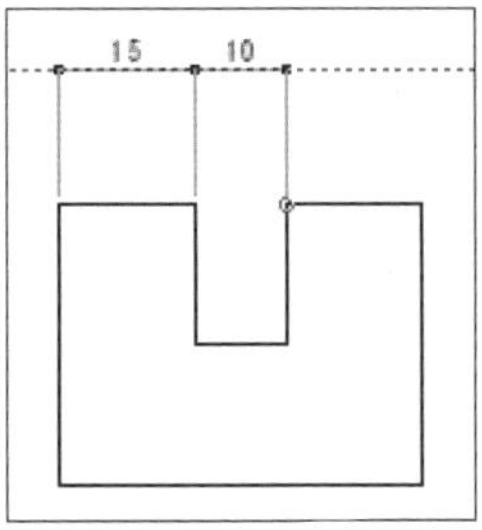

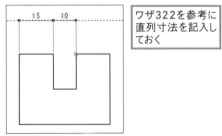

ワザ322を参考に直列寸法を記入しておく

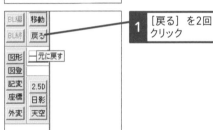

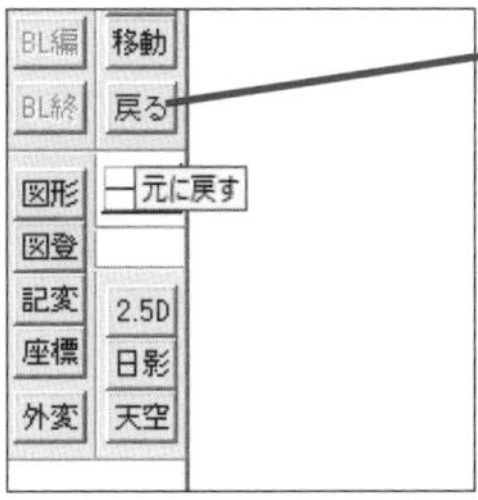

1 ［戻る］を2回クリック

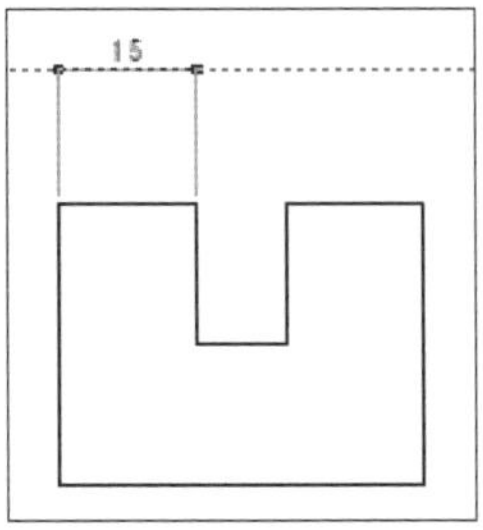

操作が戻った

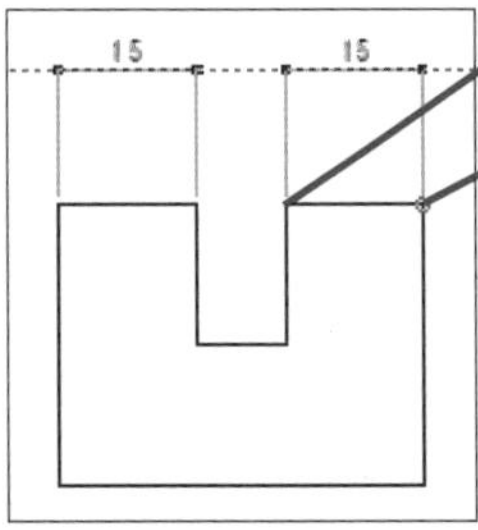

2 ここをクリック

3 ここをクリック

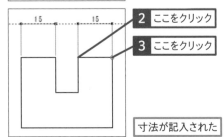

寸法が記入された

324

サンプル　お役立ち度 ★★★

Q 半径寸法を記入するには

A ［半径］をクリックします

円や円弧の半径寸法を作図するには、［寸法］コマンドを実行して［半径］をクリックします。次に円をクリックするか右クリックするかで、寸法線の位置が異なります。なお、寸法補助記号「R」の位置は［寸法設定］画面の設定で変わります。詳しくはワザ326を参照してください。

ワザ304を参考に［寸法］コマンドを実行して端部を［->］にしておく

1 「45」と入力

2 ［半径］をクリック

3 円をクリック

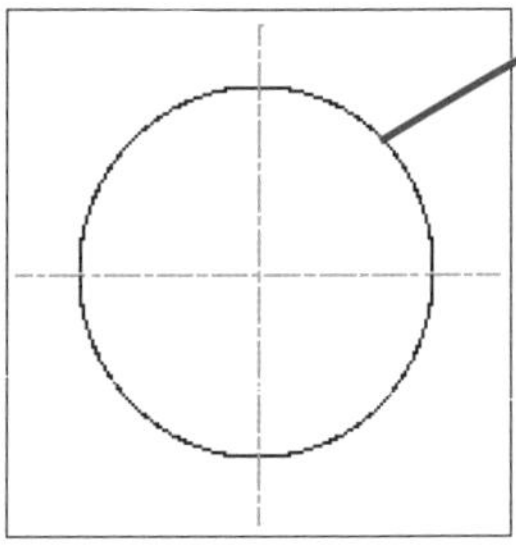

半径寸法が作図された

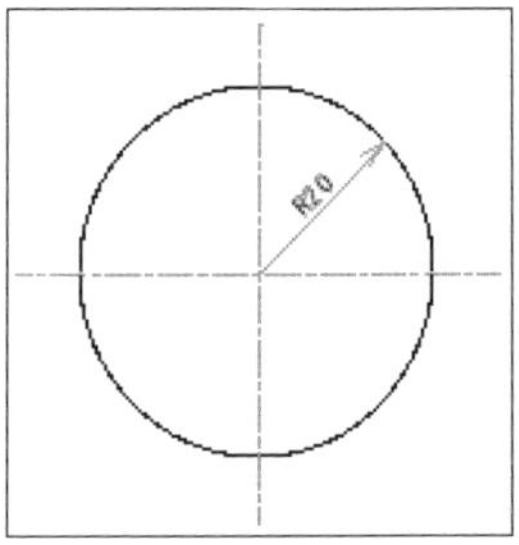

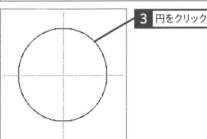

操作3で円を右クリックすると円の外側に半径寸法が作図される

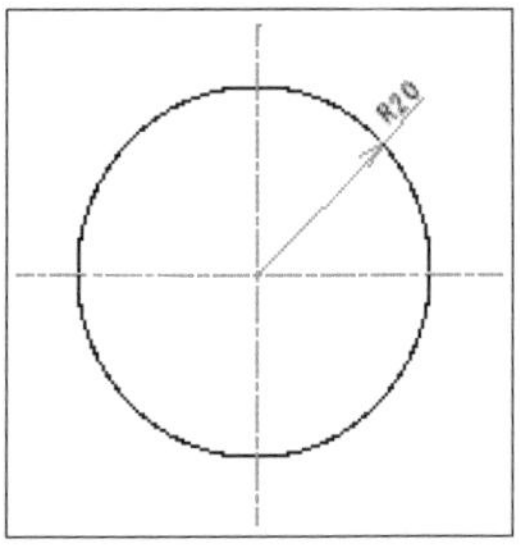

325

サンプル　お役立ち度 ★★★

Q 直径寸法を記入するには

A ［直径］をクリックします

円や円弧の直径寸法を作図するには、［寸法］コマンドを実行して［直径］をクリックします。半径の場合と同様に、円をクリックするか右クリックするかで、寸法線の位置が異なります。なお、寸法補助記号「φ」の位置は［寸法設定］画面の設定で変わります。詳しくはワザ326を参照してください。

ワザ304を参考に［寸法］コマンドを実行して端部を［->］にしておく

1 「45」と入力

2 ［直径］をクリック

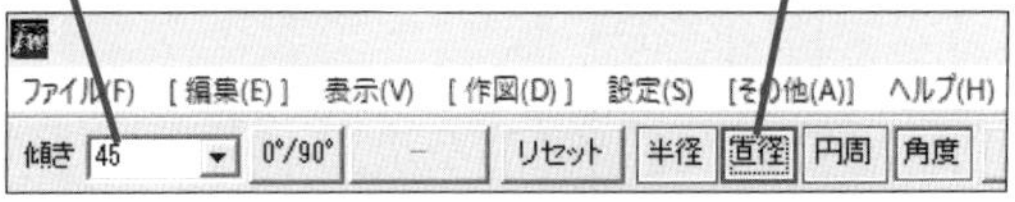

3 円をクリック

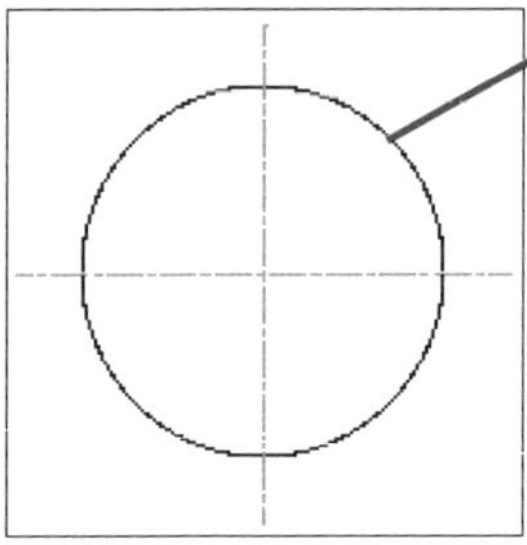

直径寸法が作図された

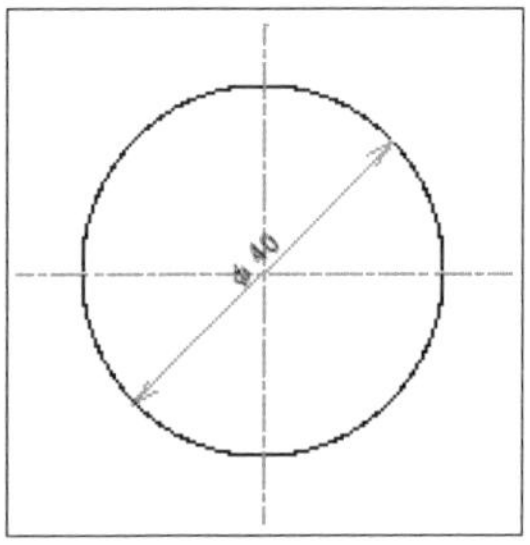

操作3で円を右クリックすると円の外側に直径寸法が作図される

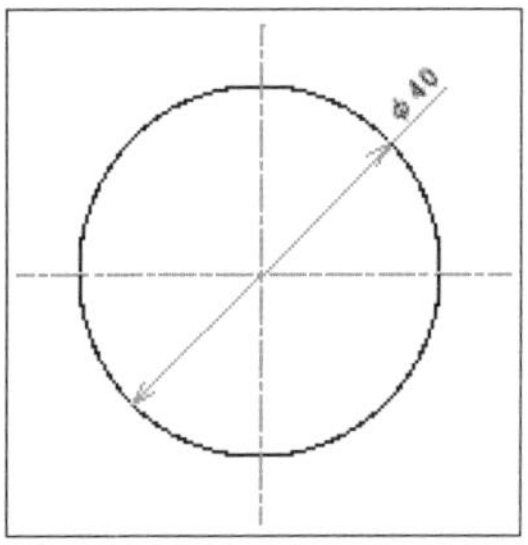

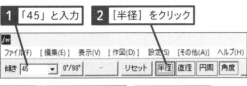

Q 半径や直径を表す寸法補助記号を変更するには

A ［寸法設定］画面で［前付］［後付］［無］から選択できます

半径（R）や直径（φ）の寸法補助記号は、［寸法］コマンドで［設定］をクリックして表示される［寸法設定］画面で設定できます。［半径（R）、直径（φ）］の項目で［前付］［後付］をクリックすると、記号を数値の前後どちらにするかを指定できます。［無］をクリックすると記号が非表示になります。

ワザ304を参考に［寸法設定］画面を表示しておく

1 ［前付］をクリック

2 ［OK］をクリック

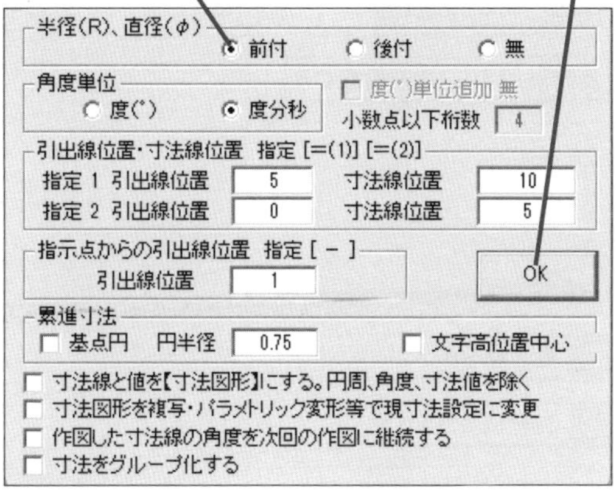

3 「45」と入力

4 ［直径］をクリック

5 円をクリック

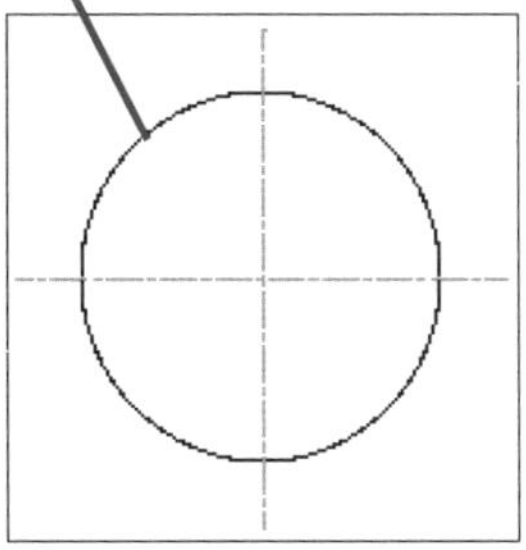

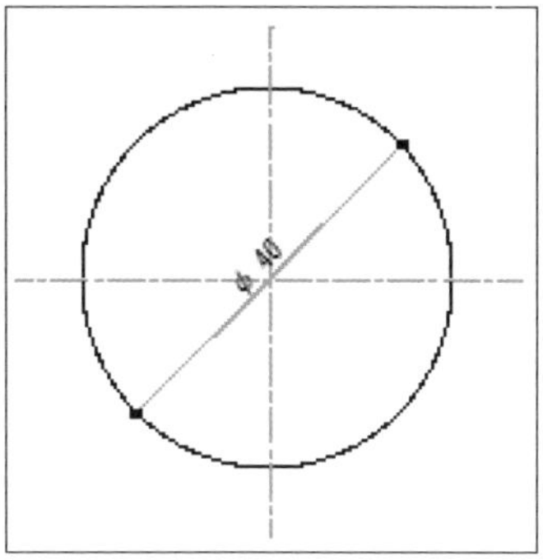

直径の寸法記号が数字の前に追加された

半径寸法を作図すると同様に半径の寸法記号が数字の前に追加される

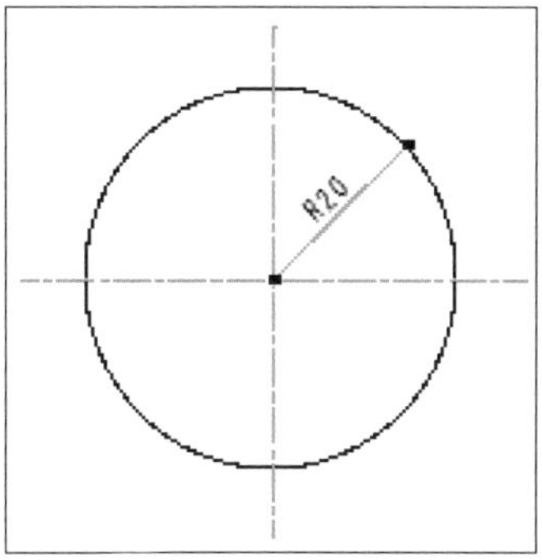

操作1で［後付］をクリックすると記号が数値の後に配置される

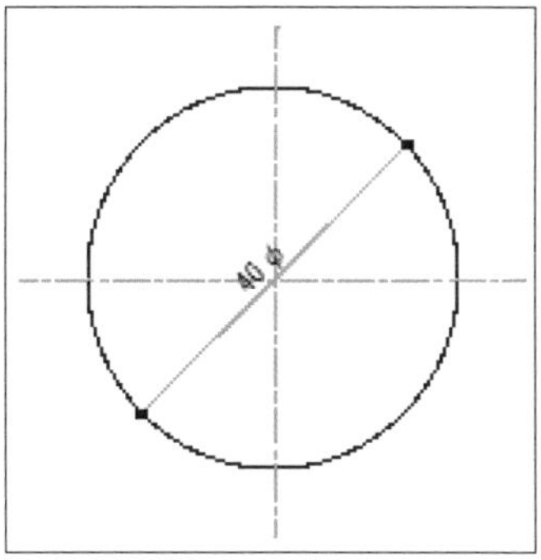

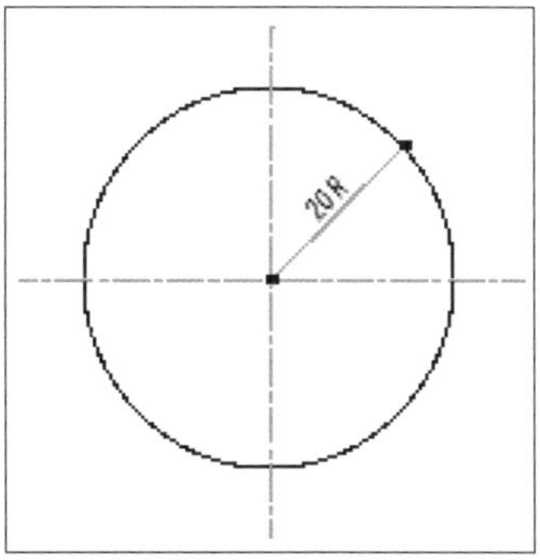

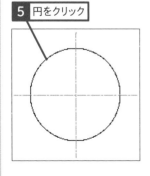

327

サンプル　お役立ち度 ★★★

Q 3つの点を指定して角度を記入するには

A ［角度］をクリックして3つの点をクリックします

角度寸法を作図するには［寸法］コマンドを実行し、コントロールバーの［角度］をクリックします。3つの点を指定して角度を記入する場合は、以下の通りに操作します。なお、3点は反時計回りの順にクリックします。時計回りの順にクリックした場合、逆の角度（315°）が記入されます。

ワザ304を参考に［寸法］コマンドを実行しておく

1 ［角度］をクリック

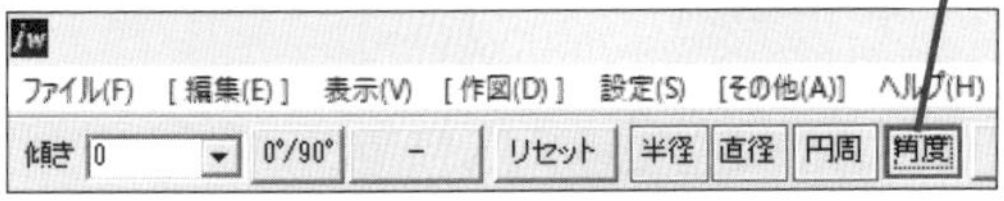

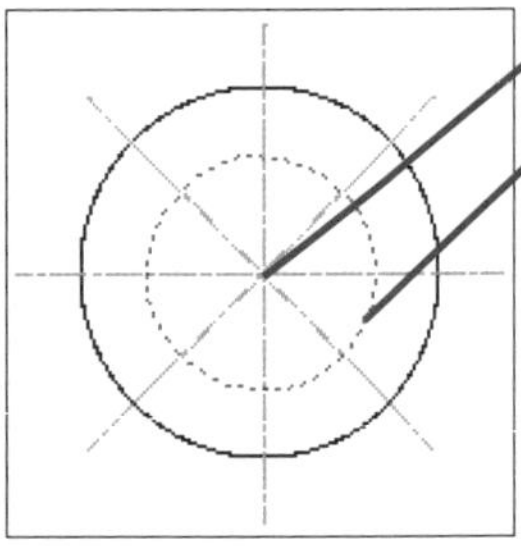

2 基準点を右クリック

3 ここをクリック

基準線が設定された

下から2点を指定する

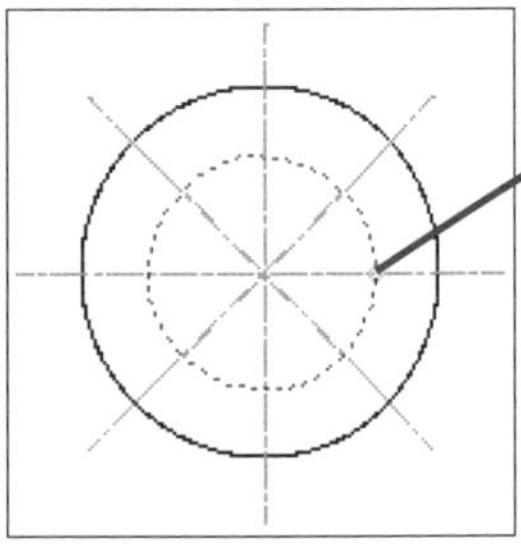

4 1点目を右クリック

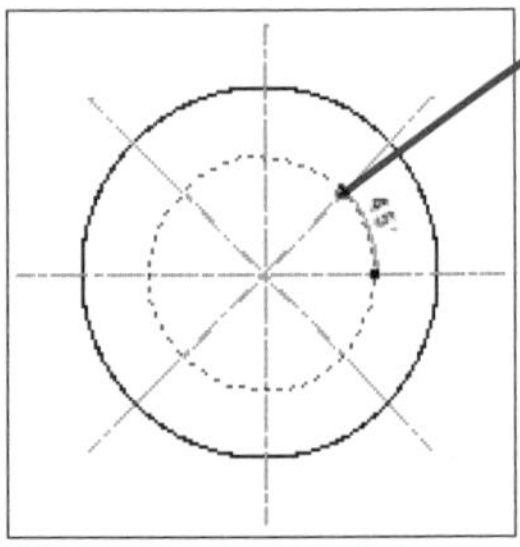

5 2点目を右クリック

角度寸法を作図できた

328

サンプル　お役立ち度 ★★★

Q 2つの線を指定して角度を記入するには

A 基準線をダブルクリック、角度が終わる線をクリックします

2つの線を指定して角度寸法を作図するには、［寸法］コマンドを実行して［角度］をクリックし、続けて角度が始まる線をダブルクリック、角度が終わる線をクリックで指定します。次に角度寸法を記入したい箇所をクリックします。

ワザ304を参考に［寸法］コマンドを実行しておく

1 ［角度］をクリック

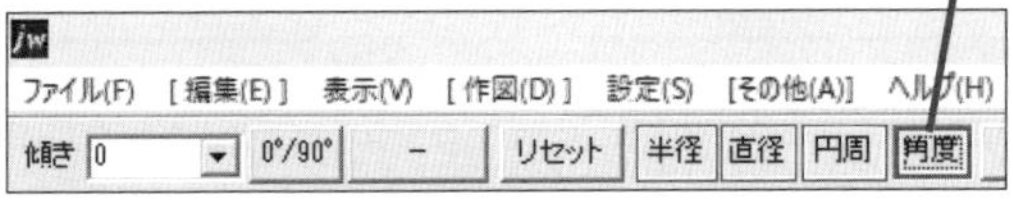

反時計回りに2辺を指定する

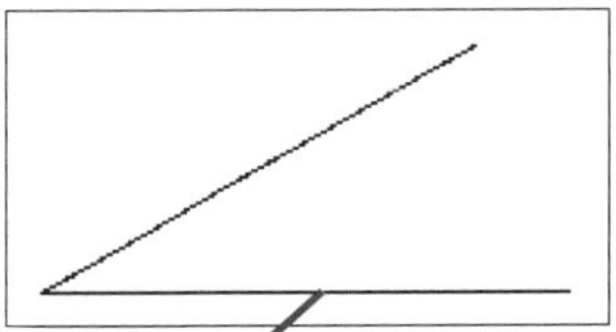

2 基準線をダブルクリック

3 2線目をクリック

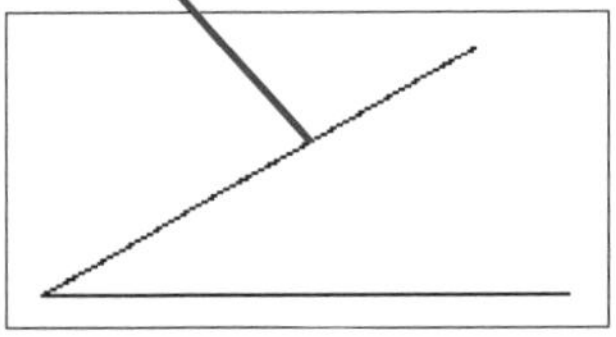

4 角度寸法を記入したい位置をクリック

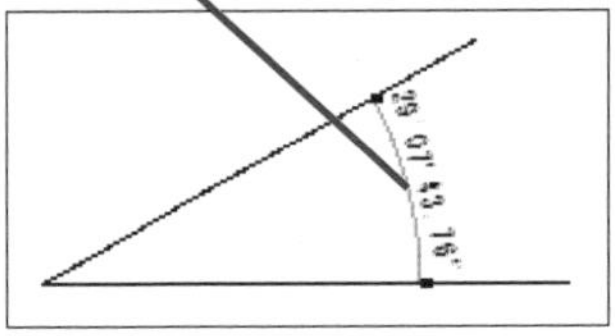

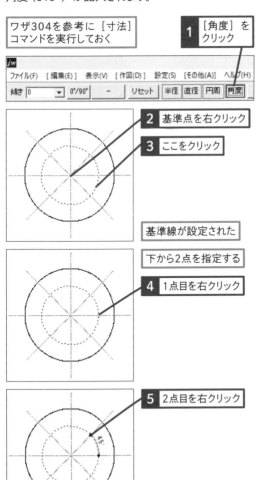

角度寸法を作図できた

329

サンプル　お役立ち度 ★★★

Q 角度寸法の寸法値を反転するには

A ［数値入力］画面で設定します

角度を記入する際に、寸法値の位置が逆になることがあります。その場合は［数値入力］画面を表示し、［±180° OK］をクリックします。すると寸法値が180°回転するので、クリックして適当な位置に移動します。

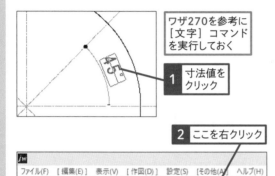

ワザ270を参考に［文字］コマンドを実行しておく

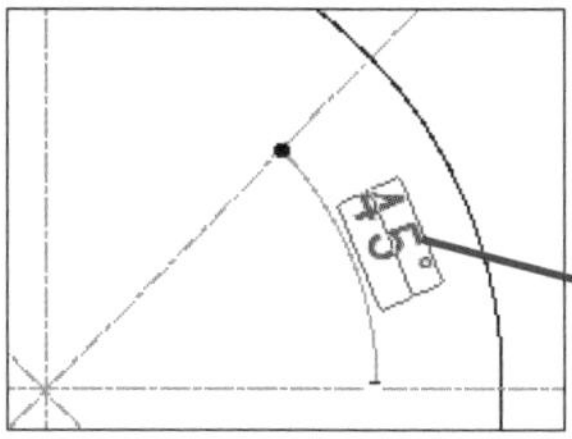

1 寸法値をクリック

2 ここを右クリック

［数値入力］画面が表示された

3 ［±180° OK］をクリック

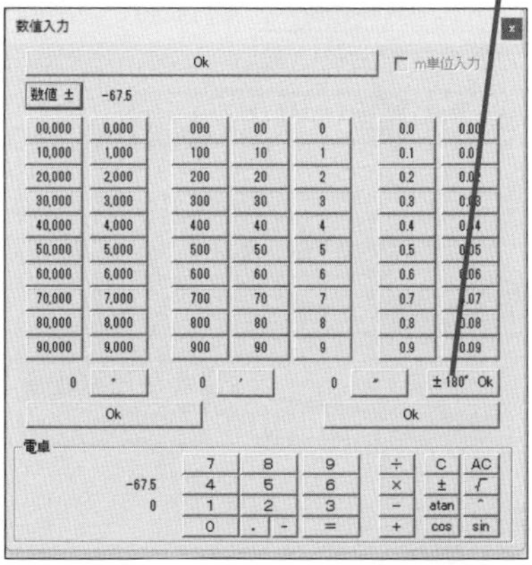

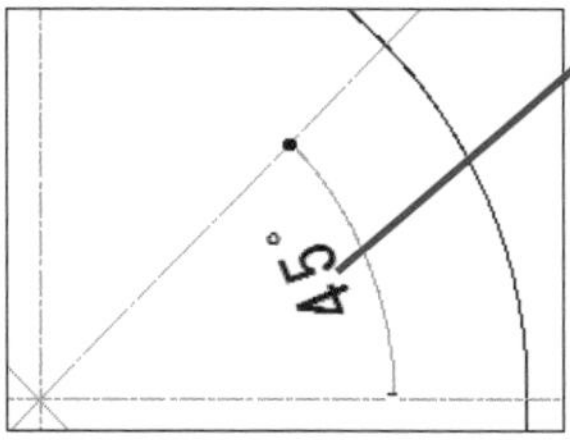

4 ここをクリック

寸法値が反転した

330

サンプル　お役立ち度 ★★★

Q 角度寸法の単位を設定するには

A ［寸法設定］画面で「°」と「度分秒」から選択できます

角度寸法の単位は、［寸法設定］画面の［角度単位］で［度(°)］または［度分秒］のどちらかを選択できます。［度(°)］を選択した場合、1度以下は小数で表示され、［小数点以下桁数］の数値で桁数が決まります。

初期状態では角度の表示は［度分秒］に設定されている

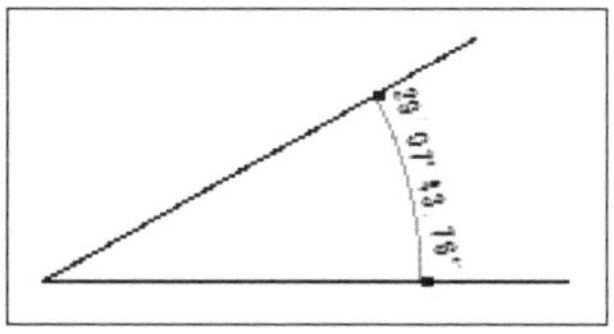

ワザ304を参考に［寸法設定］画面を表示しておく

1 ［度(°)］をクリック

2 ［OK］をクリック

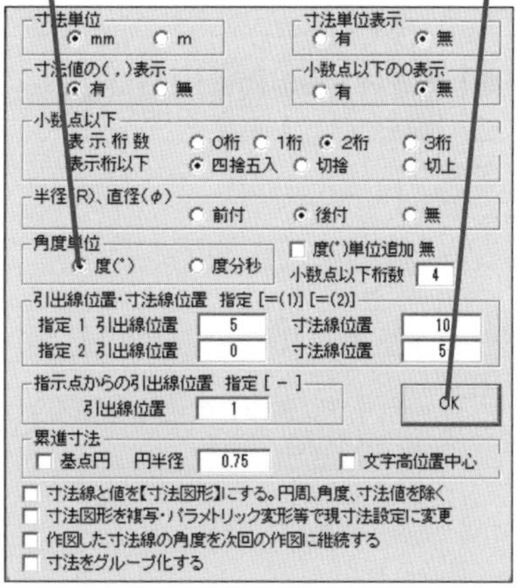

改めて寸法を作図すると角度が小数で表示される

1°以下は小数で表示され、［小数点以下桁数］の数値によって桁数が変更される

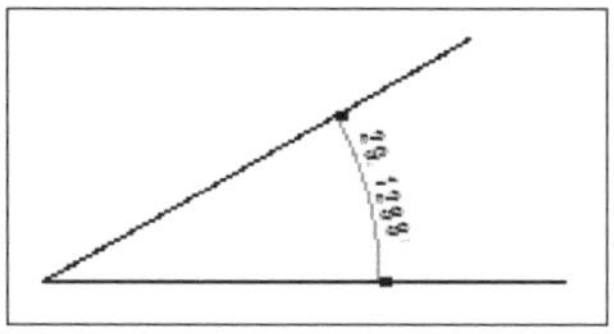

331

サンプル　お役立ち度 ★★★

Q 累進寸法を記入するには

A コントロールバーの［累進］をクリックします

累進寸法は［寸法］コマンドを実行し、コントロールバーの［累進］をクリックすると実行できます。なお累進寸法では始点に基点記号として円を記入します（基点円）。JIS規格では、起点記号の直径は文字高の0.8倍です。以下の例では寸法の最初を基点円にするため［寸法接点］画面で［基点円］を設定し、円の半径を「2」としています。続けて［累進］をクリックして累進寸法を作図しています。

ワザ304を参考に［寸法設定］画面を表示しておく

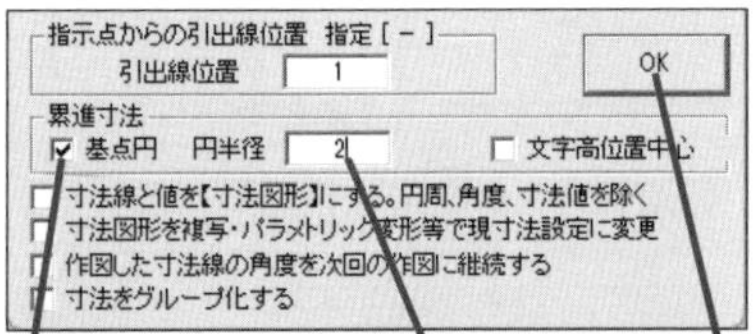

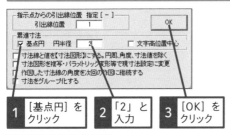

1 ［基点円］をクリック
2 「2」と入力
3 ［OK］をクリック
4 ［累進］をクリック

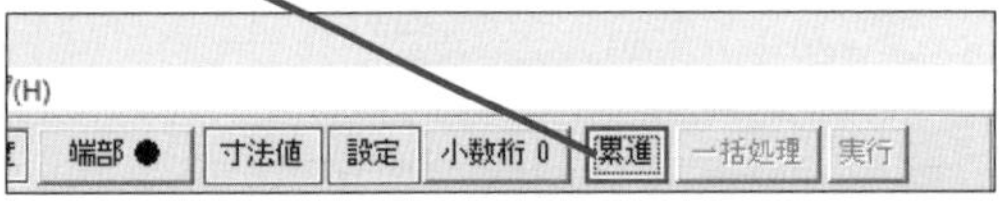

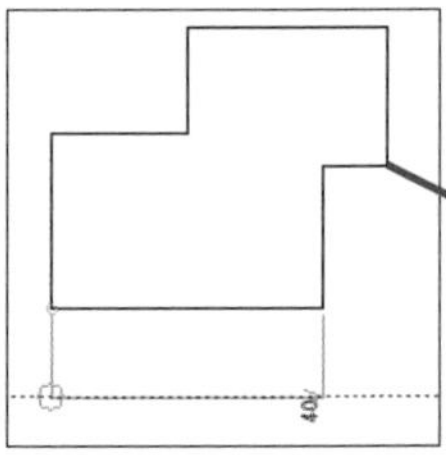

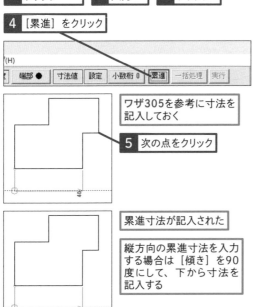

ワザ305を参考に寸法を記入しておく

5 次の点をクリック

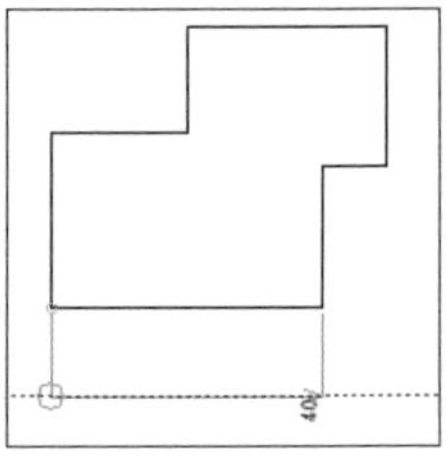

累進寸法が記入された

縦方向の累進寸法を入力する場合は［傾き］を90度にして、下から寸法を記入する

332

サンプル　お役立ち度 ★★★

Q 寸法値を書き換えるには

A コントロールバーの［寸法値］をクリックします

作図した寸法値は［文字］コマンドで内容を書き換えられますが、ここでは［寸法］コマンドで書き換える方法を紹介します。コントロールバーの［寸法値］をクリックし、書き換えたい寸法値を右ダブルクリックすると、寸法値を変更するための画面が表示されます。数値を入力して［OK］をクリックすると寸法値が変更されます。また、クロックメニューの［寸法値【変更】］を使うことで、素早く入力画面を表示できます。

ワザ304を参考に［寸法］コマンドを実行しておく

1 ［寸法値］をクリック

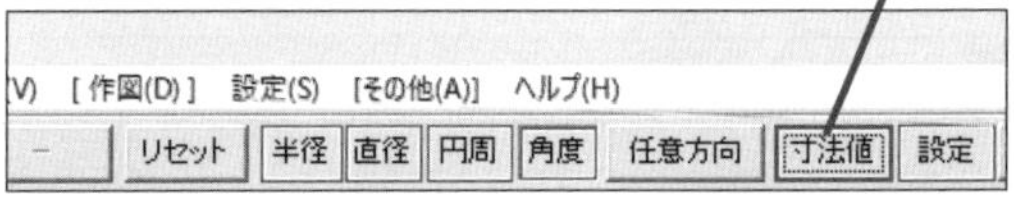

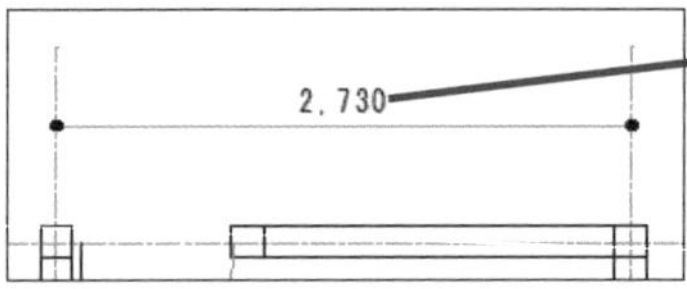

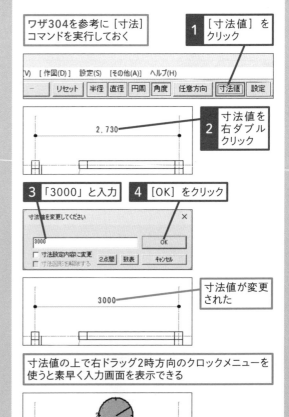

2 寸法値を右ダブルクリック

3 「3000」と入力
4 ［OK］をクリック

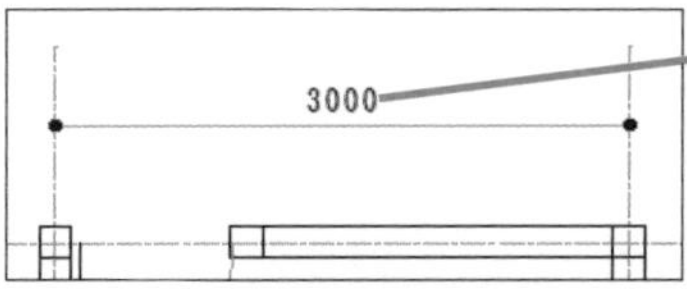

寸法値が変更された

寸法値の上で右ドラッグ2時方向のクロックメニューを使うと素早く入力画面を表示できる

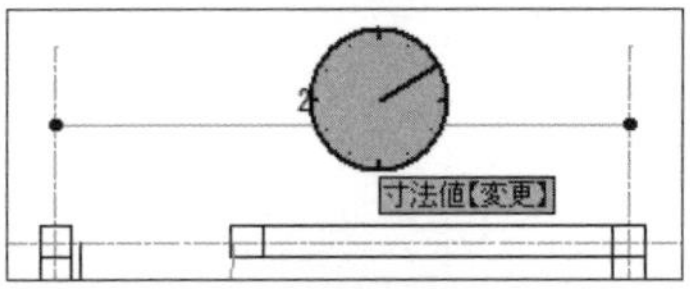

333　サンプル　お役立ち度 ★★★

Q 寸法値を移動するには

A ［寸法値］をクリックして寸法値を選択します

寸法値は［文字］コマンドで移動できますが、ここでは［寸法］コマンドで実行する方法を紹介します。コントロールバーの［寸法値］をクリックして、移動したい寸法値を右クリックします。このとき［任意方向］と表示されたボタンをクリックすると［-横-方向］［｜縦｜方向］［+横縦方向］の順に表示が切り替わり、移動方向を横、縦、横と縦のいずれかに制限できます。また、クロックメニューの［寸法値移動］を使うことで、寸法値を素早く移動できます。

ワザ304を参考に［寸法］コマンドを実行して［寸法値］をクリックしておく

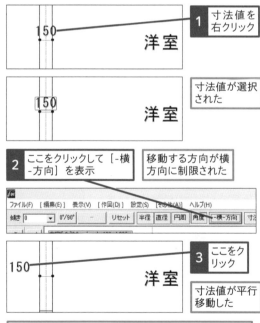

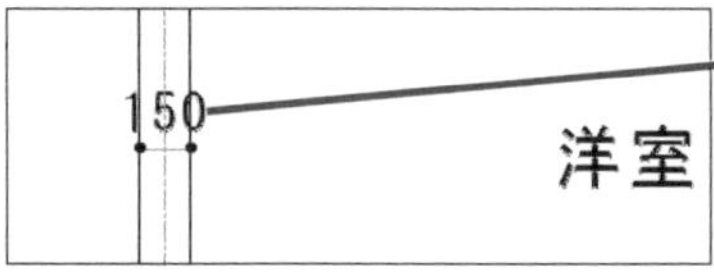

1 寸法値を右クリック

寸法値が選択された

2 ここをクリックして［-横-方向］を表示

移動する方向が横方向に制限された

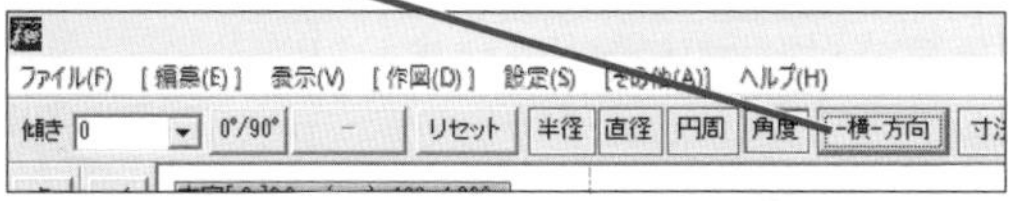

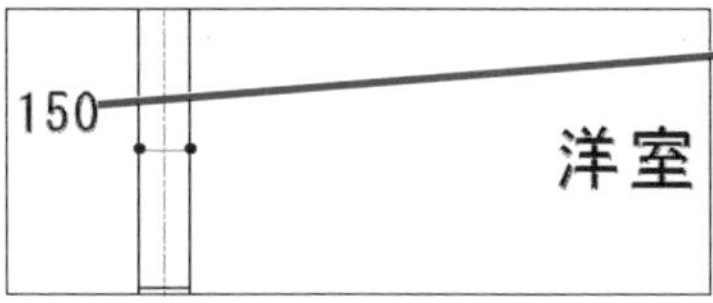

3 ここをクリック

寸法値が平行移動した

寸法値の上で右ドラッグ1時方向のクロックメニューを使うと寸法値を素早く移動できる

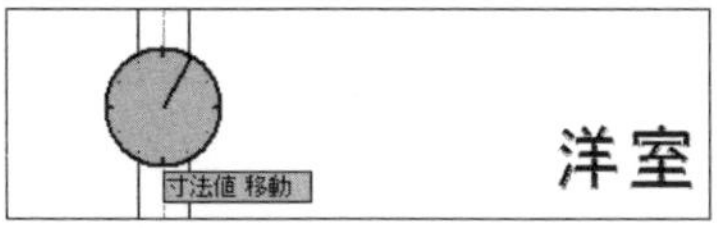

334　サンプル　お役立ち度 ★★★

Q 寸法図形とは

A 図形と寸法が連動します

寸法図形とは、図形の変化に応じて寸法値や寸法線が自動的に連動する図形のことを指します。以下の例では［パラメ］コマンドを実行して図形の右側を選択し、「10」伸長しています。結果、寸法値が連動して「40」から「50」へと「10」自動的に増えています。

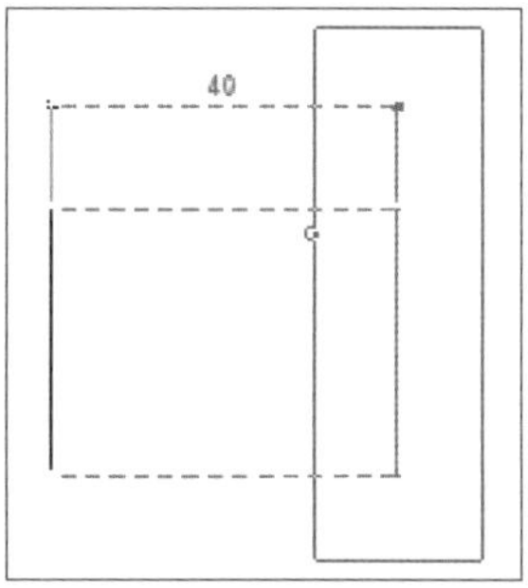

ワザ245を参考に［パラメ］コマンドを実行して図形の右側を選択しておく

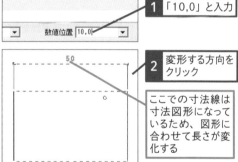

1 「10,0」と入力

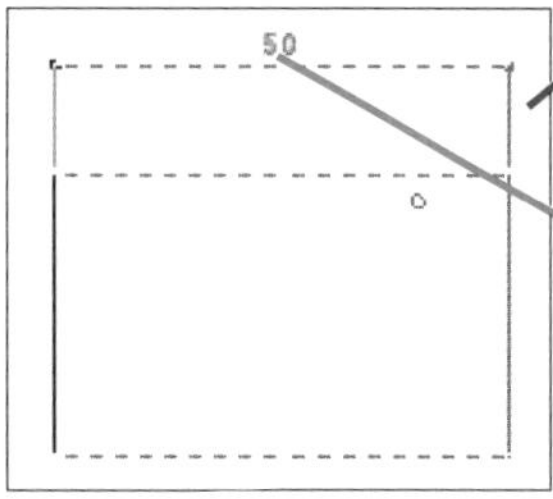

2 変形する方向をクリック

ここでの寸法線は寸法図形になっているため、図形に合わせて長さが変化する

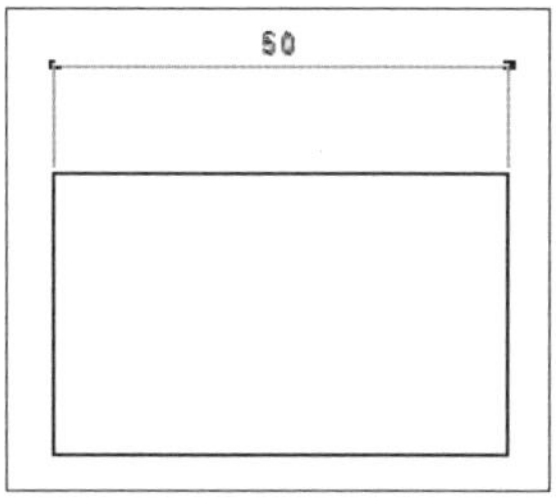

［再選択］をクリックして変型を確定する

寸法値も変化した

クロックメニュー　左11+右　寸法

335 サンプル お役立ち度 ★★★

Q 寸法図形で寸法線を作図するには

A ［寸法設定］画面で設定します

寸法図形の寸法線を作図する場合は、［寸法設定］画面で設定をしておく必要があります。ワザ304を参考に［寸法設定］画面を表示し、［寸法線と値を【寸法図形】にする。円周、角度、寸法値を除く］にチェックマークを付けておきます。以降は通常の図形と同様の手順で寸法線を作図できます。

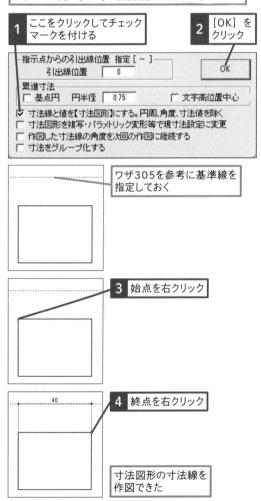

ワザ304を参考に［寸法設定］画面を表示しておく

1 ここをクリックしてチェックマークを付ける

2 ［OK］をクリック

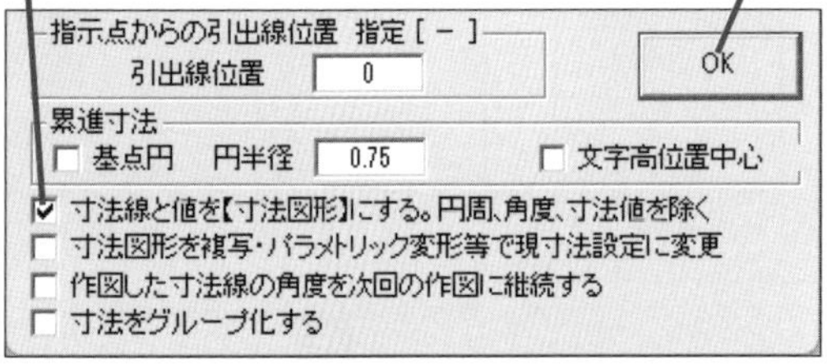

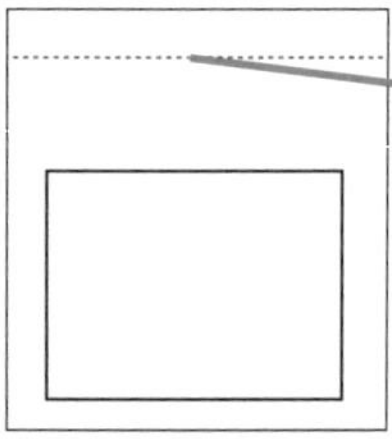

ワザ305を参考に基準線を指定しておく

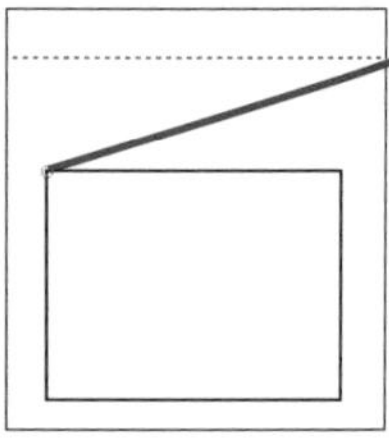

3 始点を右クリック

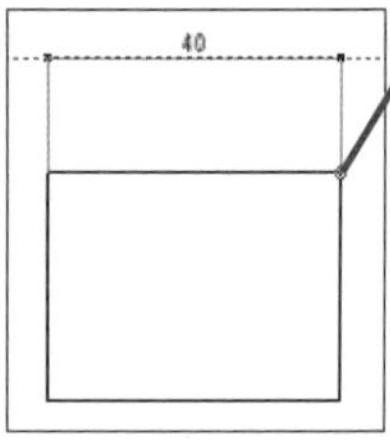

4 終点を右クリック

寸法図形の寸法線を作図できた

336 サンプル お役立ち度 ★★★

Q 寸法線を寸法図形にするには

A ［寸化］コマンドを実行します

寸法線を寸法図形にするには、［寸化］コマンドを実行します。寸法線をクリックしてから寸法値をクリックすると、画面左上に［寸法図形化］と表示されます。続けて寸法線または寸法値をクリックすると［寸法図形です］と表示され、寸法図形になったことを確認できます。

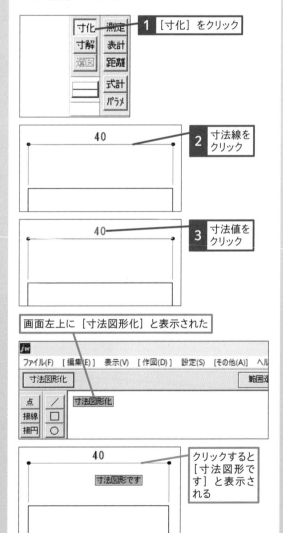

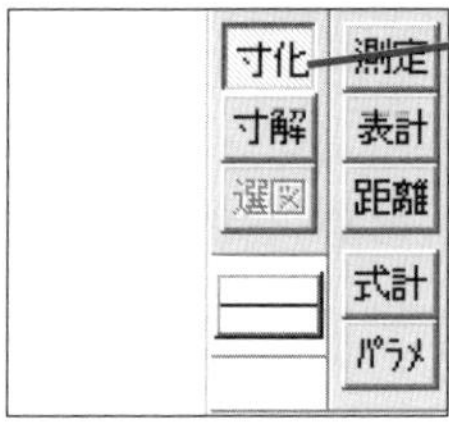

1 ［寸化］をクリック

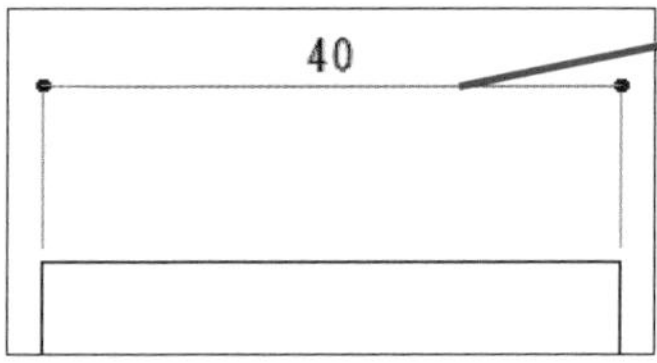

2 寸法線をクリック

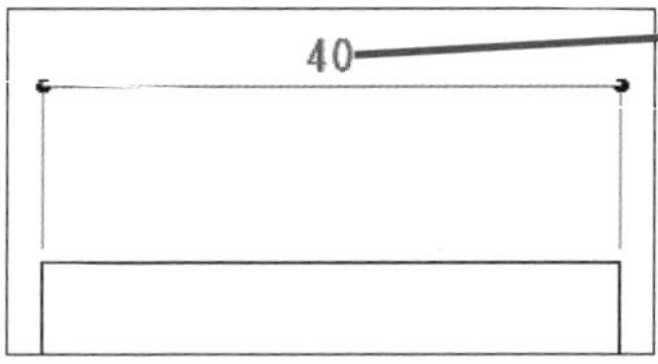

3 寸法値をクリック

画面左上に［寸法図形化］と表示された

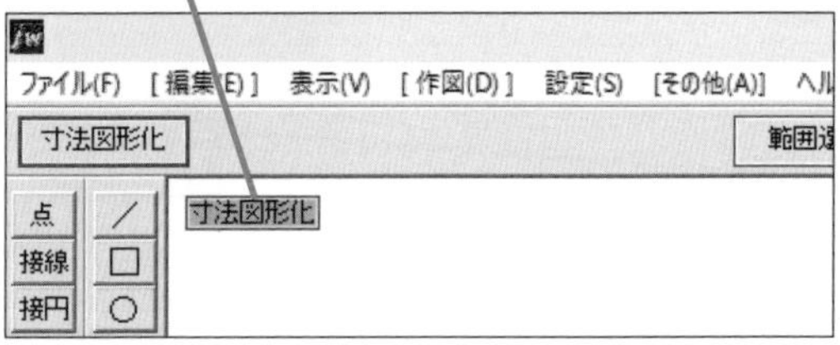

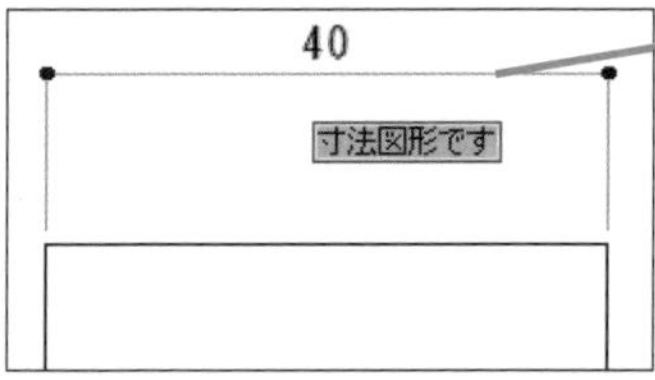

クリックすると［寸法図形です］と表示される

337

サンプル　お役立ち度 ★★★

Q 寸法図形の寸法値を移動するには

A コントロールバーの［寸法値］をクリックします

［寸法］コマンドの［寸法値］を使用すると、寸法図形の寸法値のみ移動できます。［寸法］コマンドの実行中にコントロールバーの［寸法値］をクリックし、寸法値を右クリックで選択して移動します。このとき［任意方向］と表示されたボタンをクリックすると、移動方向を制限できます。

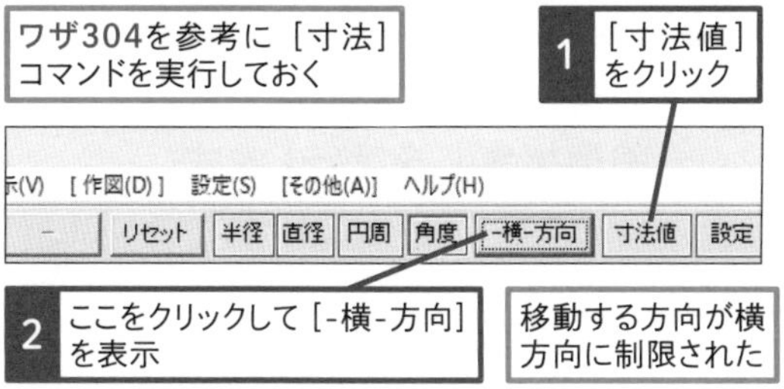

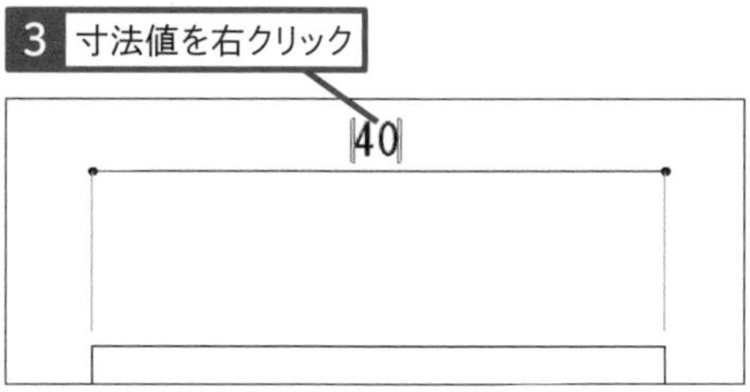

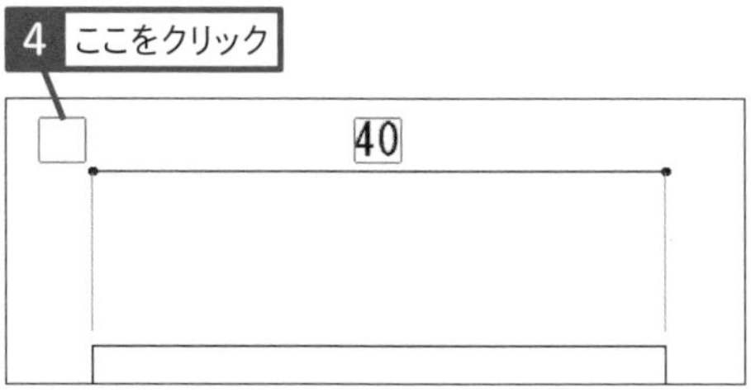

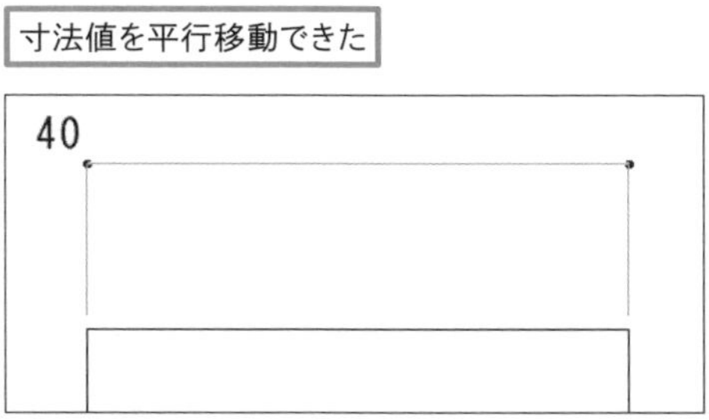

338

サンプル　お役立ち度 ★★★

Q 寸法図形を通常の寸法線に戻すには

A ［寸解］コマンドを実行します

［寸解］コマンドを実行して寸法図形の寸法線をクリックすると、寸法図形が解除されます。画面左上に［寸法図形解除］と表示されるので確認しましょう。寸法値をクリックしなくても、これで通常の寸法線に戻ります。

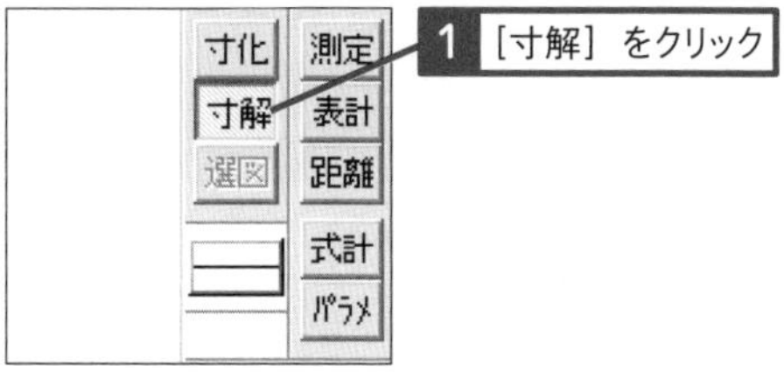

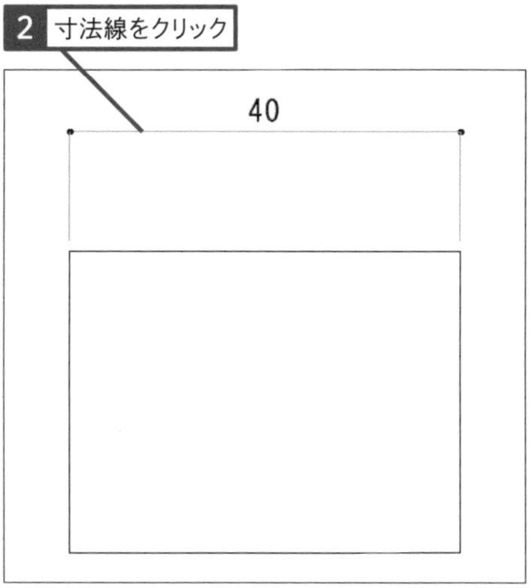

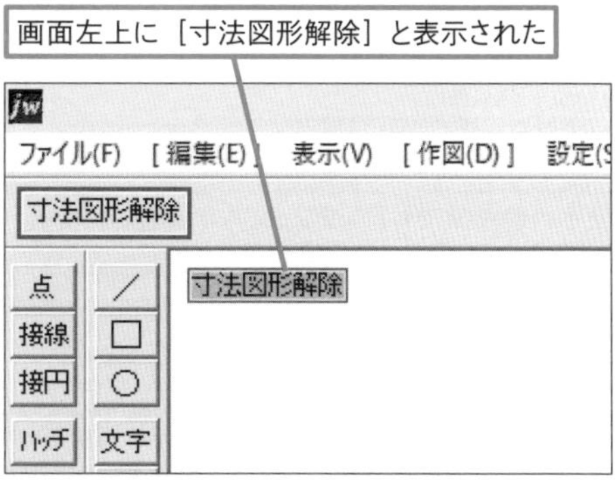

第13章 ファイルの挿入や出力

画像ファイルを挿入するには

ここでは、[画像編集] コマンドや [図形] コマンドを使って、図面上に写真などの画像や図形を挿入する方法を説明します。

339

サンプル　お役立ち度 ★★★

Q Jw_cadの画像表示の仕組みを教えて!

A 画像ファイルの場所を文字情報として保存しています

Jw_cadは図面上の画像ファイルの保存場所を文字情報として保存しており、それに基づいて画像ファイルにアクセスし、画像を画面に表示しています。この仕組みを外部参照と呼びます。画像ファイルの文字情報は [文字] コマンドを実行し、図面上の画像の左下をクリックすると確認できます。

1 [文字] をクリック
2 画像の下の部分をクリック

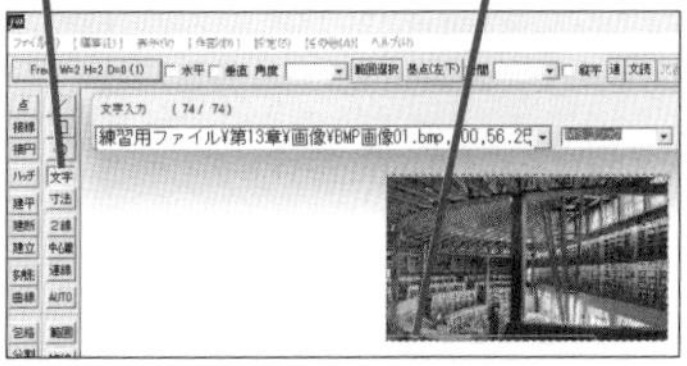

画像の詳細が表示された

●内容を確認する

画像表示の命令文であることを示している
画像ファイルが保存されている場所を示している

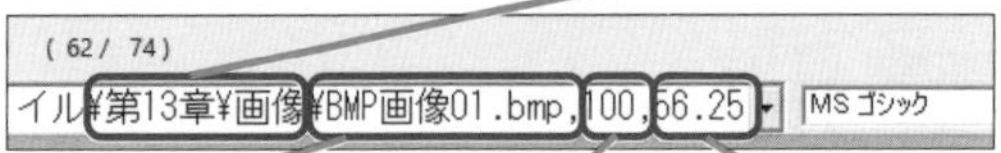

画像ファイルのファイル名
表示する画像の横サイズ
表示する画像の縦サイズ

340

サンプル　お役立ち度 ★★★

Q 画像を挿入するには

動画で見る

A [編集] メニューから [画像編集] を実行します

Jw_cadの図面にはBMP形式の画像ファイルを挿入できます。画像ファイルは別に用意し、図面ファイルに挿入してリンクさせます。画像ファイルをJw_cadのファイル (.jww) と同じフォルダー内に保存した場合、[相対パス] にチェックマークを付けて図面に挿入すると、Jw_cadのファイルと画像を同じフォルダーに保存する限り、常に画面上から参照できます。

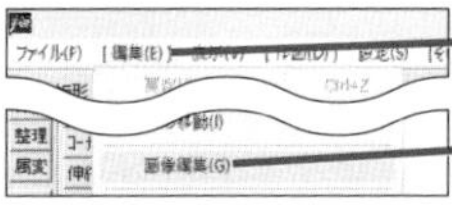

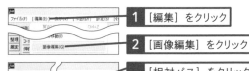

1 [編集] をクリック
2 [画像編集] をクリック

3 [相対パス] をクリックしてチェックマークを付ける
4 [画像挿入] をクリック

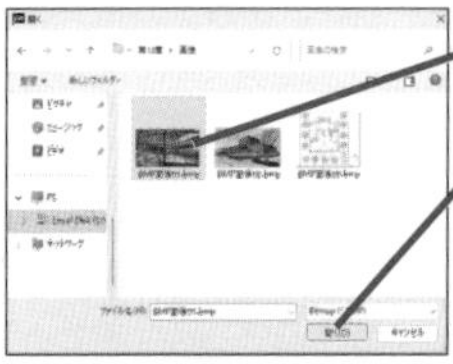

5 画像をクリック
6 [開く] をクリック

画像ファイルを図面にドラッグ&ドロップしても挿入できる

7 ここを右クリック

画像が挿入された

341

サンプル　お役立ち度 ★★★

Q JPEG画像を挿入するには

A 「Susie」用のプラグインを使用します

スマートフォンやデジタルカメラなどで撮影したJPEG形式の画像をJw_cadの図面に挿入したいときは、「Susie」用のプラグインをインストールします。以下のホームページからプラグインのファイルをダウンロードし、Cドライブの［jww］フォルダーにコピーします。

Webブラウザーで［Susieのだうんろーど］のページに移動しておく

▼ Susieのだうんろーど
https://www.digitalpad.co.jp/~takechin/download.html

1 ［JPEG plug-in］をクリックしてダウンロード

P.8を参考に圧縮ファイルを展開しておく

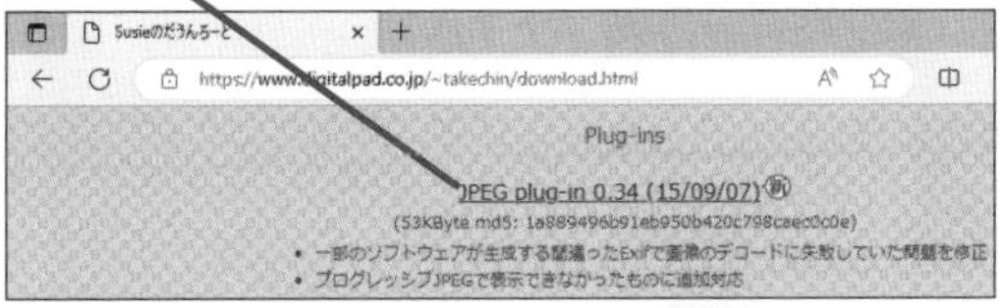

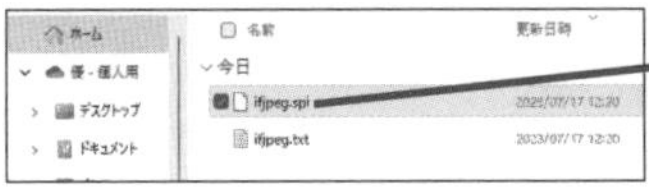

2 ［ifjpeg.spi］をクリックして選択

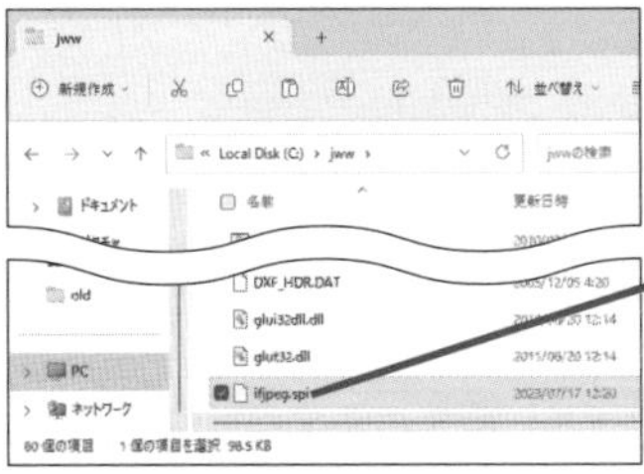

Jw_cad8をインストールしたフォルダーに移動する

3 Cドライブの［jww］フォルダーに移動

ワザ340を参考に［開く］画面を表示しておく

ここをクリックしてJPEG画像形式を選択し、表示することができる

342

サンプル　お役立ち度 ★★★

Q 挿入した画像が文字列になってしまった！

A ［文字］コマンドで画像の情報を変更します

Jw_cadのファイルと画像ファイルが同じ場所にない場合や、同じ場所にあってもワザ340の操作で［相対パス］にチェックマークを付けずに画像を挿入した場合は、Jw_cadのファイルを開いたときに画像が表示されず、文字列が表示されます。Jw_cadのファイルと画像ファイルが同じ場所にある場合は、以下のように［文字］コマンドで文字列を変更することで、画像を表示できます。同じ場所にない場合は、ワザ340を参考に画像を再度挿入しましょう。

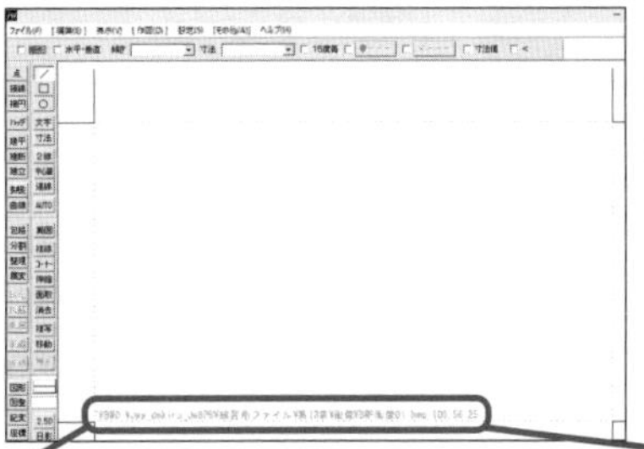

画像が表示されていない

文字情報を確認すると、保存されている場所の記述が間違っている

画像ファイルをJwwファイルと同じ場所に移動しておく

ワザ270を参考に［文字］コマンドを実行しておく

1 文字列をクリック

2 「D:」から「画像¥」の直前までの文字列を削除

3 Enter キーを押す

画像が表示された

画像を他の場所に保存する場合はワザ340の操作を再度実行する

343

サンプル　お役立ち度 ★★★

Q 画像を移動・複写するには

A ［文字］コマンドで文字の部分をクリックします

Jw_cadの図面上の画像は、実態は文字列なので［文字］や［移動］［複写］コマンドなどを使って変更できます。また［画像編集］コマンドの実行中も［移動］を使用できます。以下は［文字］コマンドを使った操作例です。

ワザ270を参考に［文字］コマンドを実行しておく

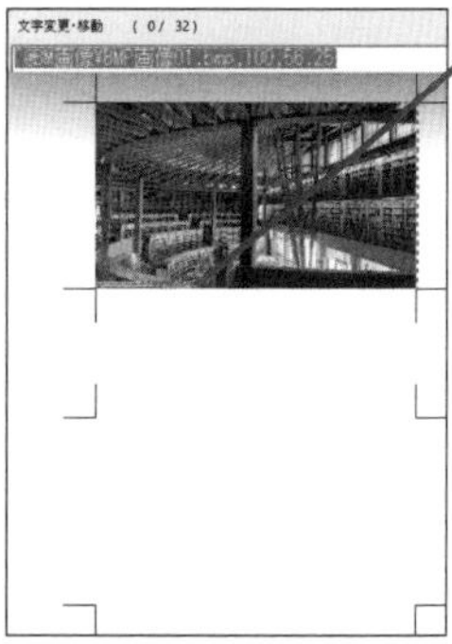

1 画像の下の部分をクリック

画像が選択された

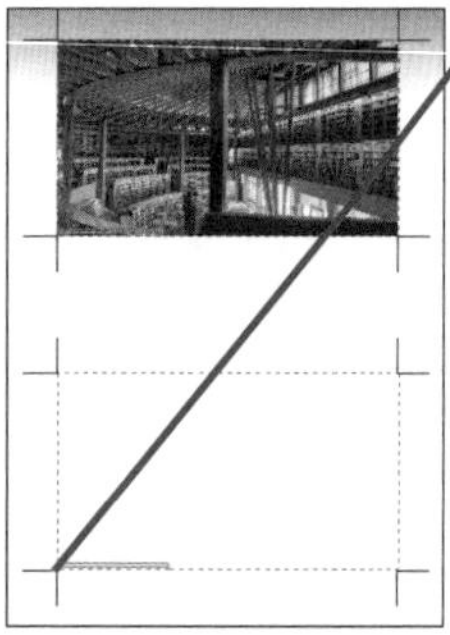

2 移動先を右クリック

画像が移動した

画像を選択する際に右クリックすると画像を複製できる

344

サンプル　お役立ち度 ★★★

Q 画像サイズを指定して変更するには

A 画像の文字情報の末尾を変更します

［文字］コマンドで画像の左下をクリックして表示される文字列のうち、末尾の2つの数値が画像のサイズを表しています。最後から2番目が横方向の長さ、最後が縦方向の長さを示します。［文字変更・移動］画面で数値を入力することで、画像のサイズを変更できます。なお変更できるのは横方向の長さだけで、縦方向の長さはそれに連動して変更されます。

ワザ270を参考に［文字］コマンドを実行しておく

1 画像の下の部分をクリック

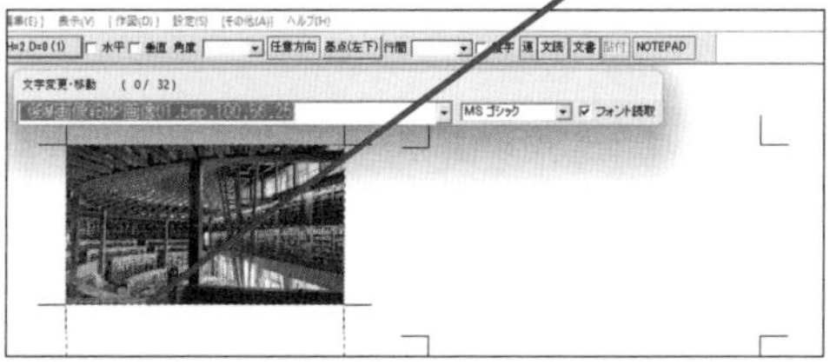

2 「100」を削除して「120」と入力

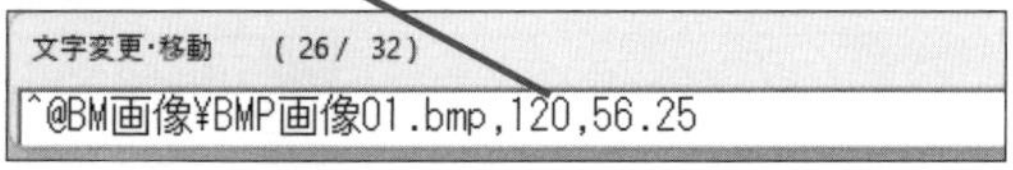

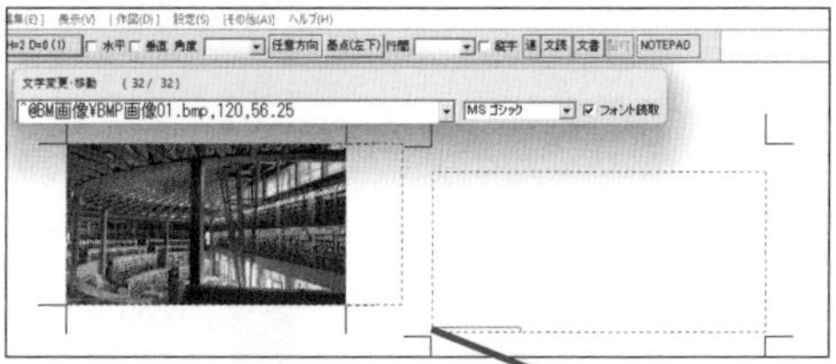

拡大した画像を移動する

3 移動先をクリック

画像が移動した

操作2で「50」と入力するとサイズを1/2に縮小できる

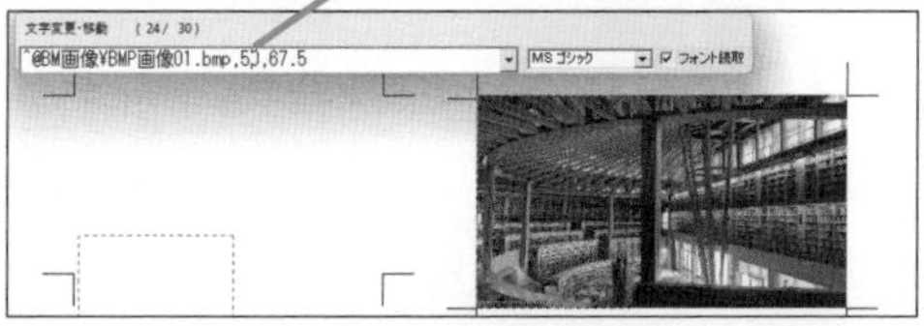

345

サンプル　お役立ち度 ★★★

Q 別の画像に変更するには

A 変更したい画像のファイル名を入力します

Jw_cadの図面上の画像を変更したい場合は、変更後の画像を変更前の画像と同じ場所に保存し、図面上で画像の文字情報を変更します。以下の例ではもともと図面に挿入されている「画像01.bmp」を「画像02.bmp」に変更するため、[文字] コマンドを実行して該当部分を変更しています。

ワザ270を参考に［文字］コマンドを実行しておく

1 画像の下の部分をクリック

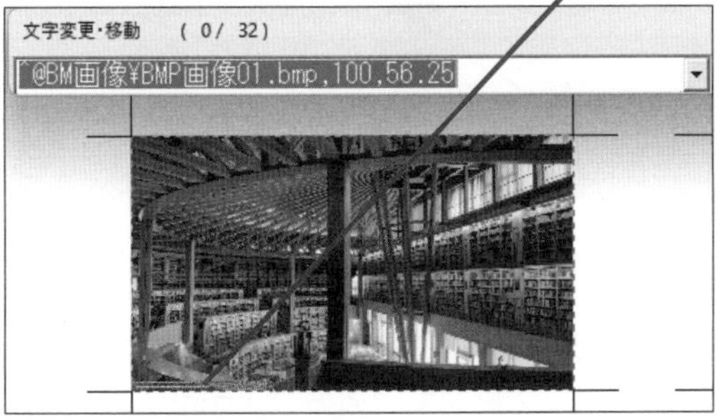

2 「1」を削除して「2」と入力

3 Enter キーを押す

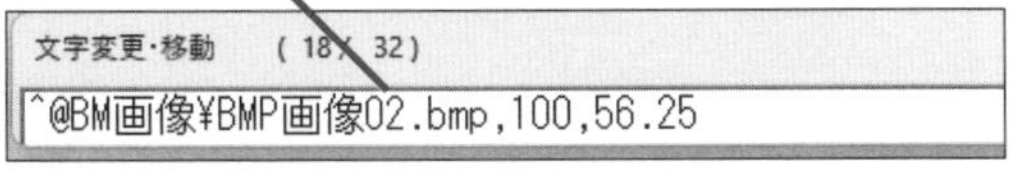

画像が変更された

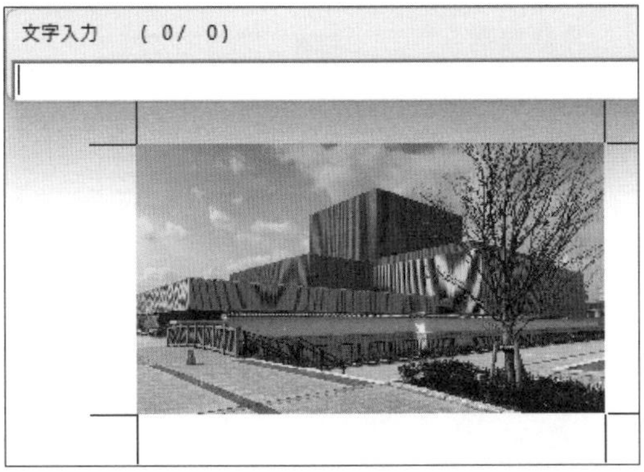

346

サンプル　お役立ち度 ★★★

Q 画像サイズを基準線に合わせて変更するには

A ［画像フィット］の機能を使います

Jw_cadの図面に挿入する画像を基準線に合わせたいときは、[画像フィット] の機能が便利です。以下の例では手描きの図面の基準線を、Jw_cadの図面の基準線に合うように画像を拡大して合わせています。手順は、画像ファイルの合わせたい範囲を指定し、続けてJw_cadのファイル上で合わせる範囲を指定します。以下の例ではJw_cadの基準線と画像ファイルの基準線がほぼ一致し、画像ファイルの基準線の外側の要素が、Jw_cadの基準線の外側に配置されています。

ワザ340を参考に［BMP画像03.bmp］を挿入しておく

1 ［画像フィット］をクリック

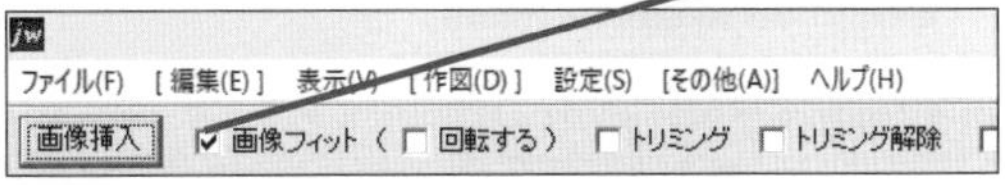

2 画像範囲の始点としてここをクリック

3 画像範囲の終点としてここをクリック

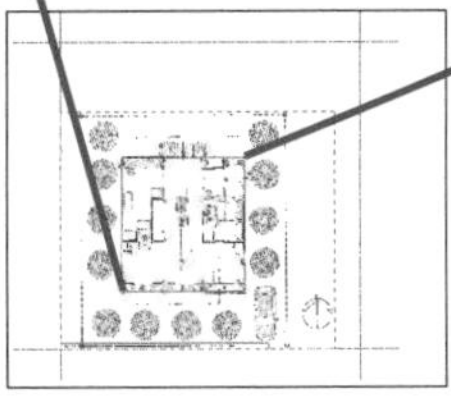

4 フィットさせる範囲の始点としてここを右クリック

5 フィットさせる範囲の終点としてここを右クリック

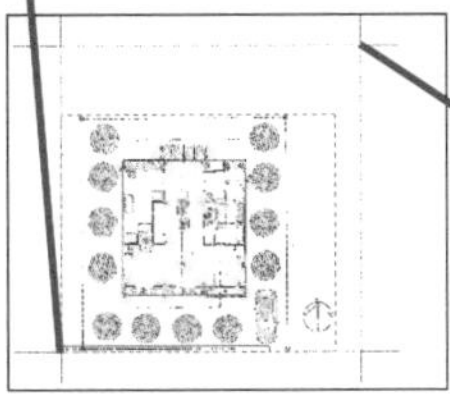

指定した画像の範囲が枠にフィットした

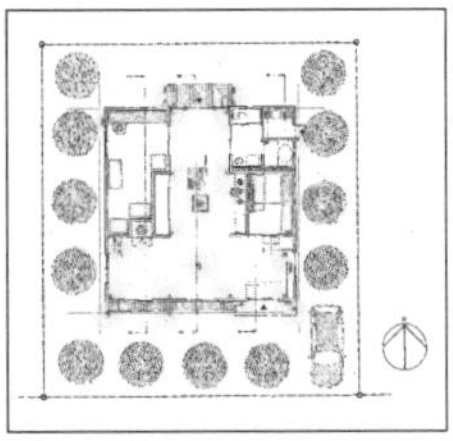

347

サンプル　お役立ち度 ★★★

Q ［移動］コマンドで画像を回転して移動するには

A ［回転角］に角度を入力します

画像を回転して移動するには、［移動］コマンドを実行して［回転角］に角度を入力します。以下の例では［移動］コマンドを実行してから基準点を変更し、［回転角］に角度を入力してから画像を移動しています。

ワザ222を参考に［移動］コマンドを実行しておく

1 ここをクリック　2 ここを右クリック

3 ［基準点変更］をクリック

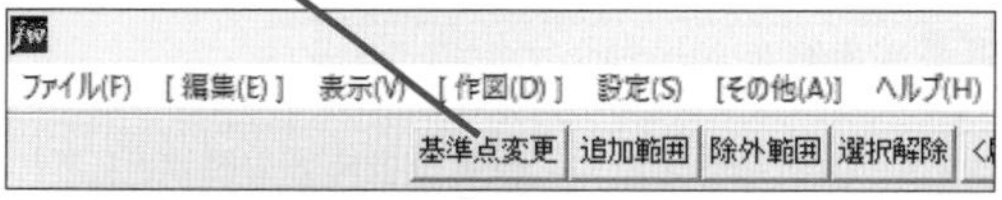

4 ここを右クリック

画像の基準点が変更された

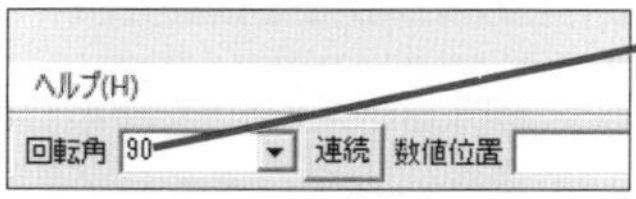

5 「90」と入力

6 ここを右クリック

画像が縦に回転して移動した

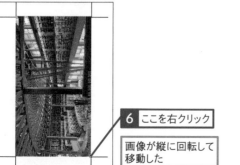

348

サンプル　お役立ち度 ★★★

Q ［画像フィット］で画像を回転するには

A ［回転する］にチェックマークを付けます

［画像フィット］の実行中に［回転する］を組み合わせて、画像を回転させながら指定した範囲にフィットさせることができます。以下の例ではフィット後に反時計回りに90度回転させるため、画像を左下→右上の対角線で選択した後、基準線を右下→左上の対角線で選択しています。

ワザ340を参考に［画像編集］を実行しておく

1 ［画像フィット］をクリック

2 ［回転する］をクリック

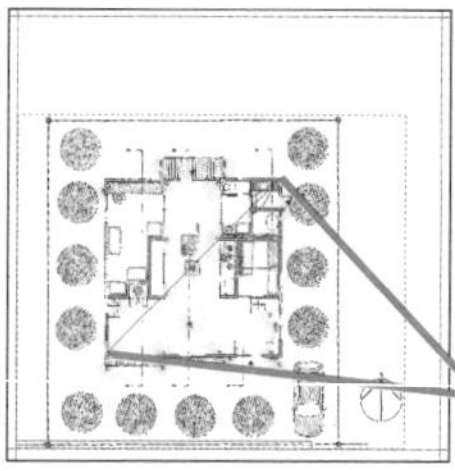

ワザ340を参考に［BMP画像03.bmp］を開いて左下→右上の対角線で画像範囲を指定しておく

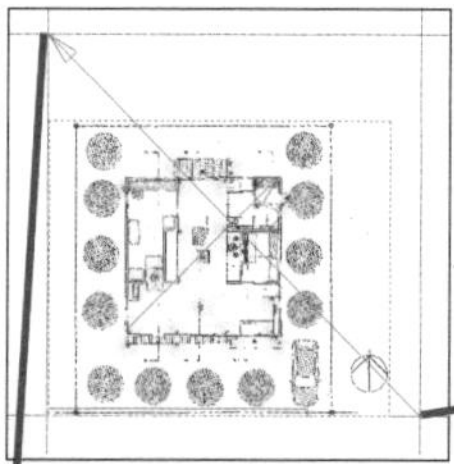

3 ここを右クリック

4 ここを右クリック

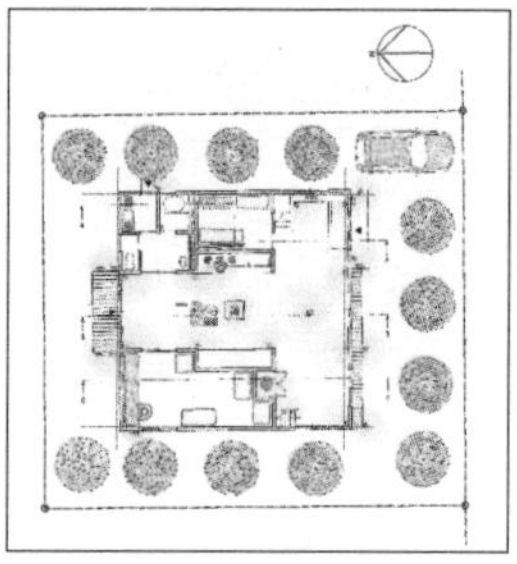

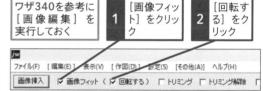

画像が回転して枠にフィットした

349

サンプル　お役立ち度 ★★★

Q 画像をトリミングするには

A ［トリミング］を使用します

［画像編集］コマンドの［トリミング］にチェックマークを付けると、トリミングする範囲を選択できます。また、トリミングを解除したい場合は、［トリミング解除］にチェックマークを付け、トリミングした画像をクリックすると解除できます。

ワザ340を参考に［画像編集］を実行しておく

1 ［トリミング］をクリックしてチェックマークを付ける

2 ここを右クリック

3 ここを右クリック

トリミングが実行された

基準点がない場合は任意の場所をクリックしてもトリミングを実行できる

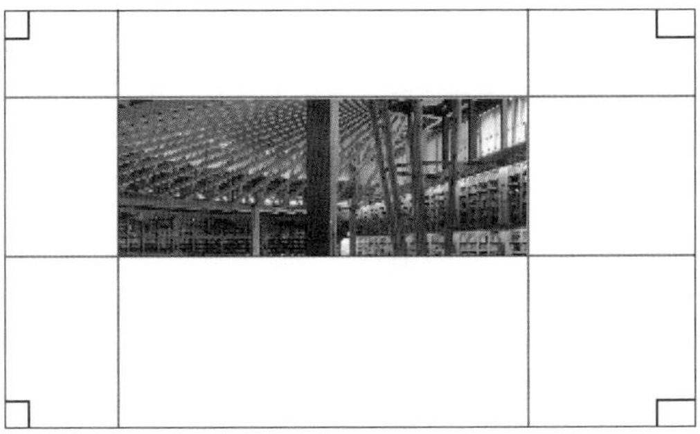

トリミングを解除する場合は、操作1で［トリミング解除］をクリックしてトリミングされた画像をクリックする

350

サンプル　お役立ち度 ★★★

Q 画像を消去するには

A ［消去］コマンドで文字情報を右クリックします

図面上の画像は、文字データなので、文字を消すときと同じ操作で消去できます。［消去］コマンドを実行し、画像の左下あたりを右クリックします。

1 ［消去］をクリック

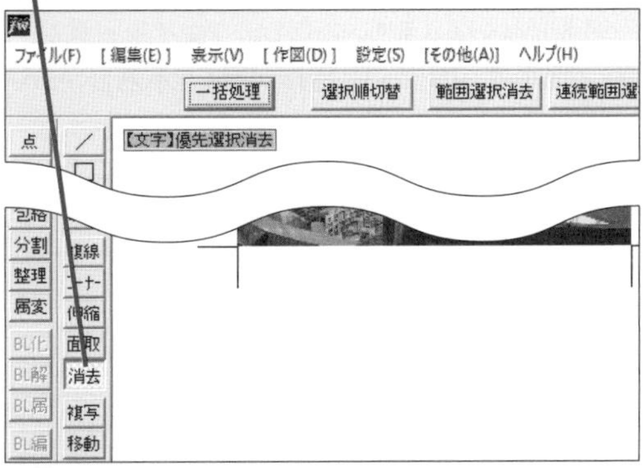

2 画像の左下を右クリック

画像が消去された

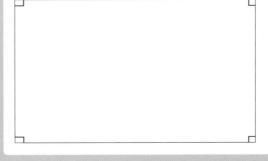

351

サンプル　お役立ち度 ★★★

Q 画像をファイルに埋め込むには

A ［画像同梱］を使用します

ワザ339でも紹介した通り、Jw_cadの図面上の画像は外部参照で読み込んでいます。Jw_cadのファイルに画像ファイルを含めて保存するには、［画像編集］の［画像同梱］をクリックします。この設定を行うと、Jw_cadのファイルに画像ファイルが含まれ、図面に使用している画像ファイルを別途用意する必要がなくなります。ただし、ファイル容量が大きくなるので、Jw_cadの動作が遅くなる場合があります。

ワザ340を参考に［画像編集］を実行しておく

1 ［画像同梱］をクリック

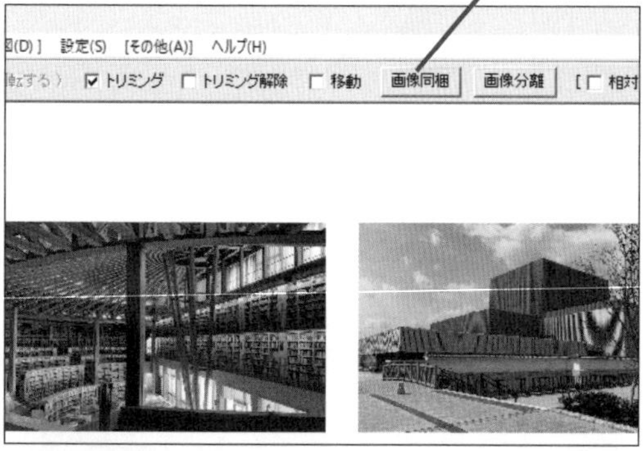

2 ［OK］をクリック

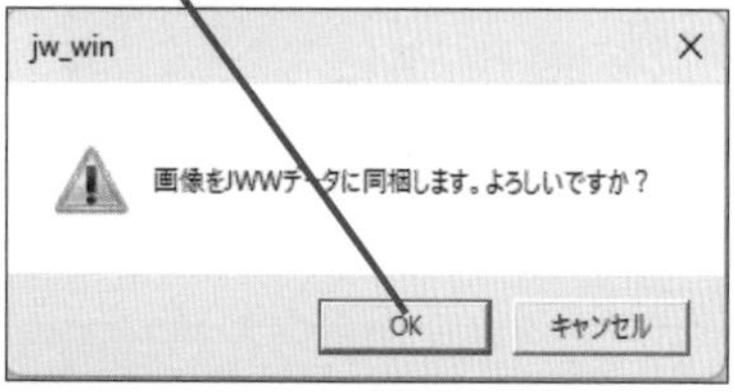

jw_win

⚠ 画像をJWWデータに同梱します。よろしいですか？

OK　キャンセル

3 ［OK］をクリック

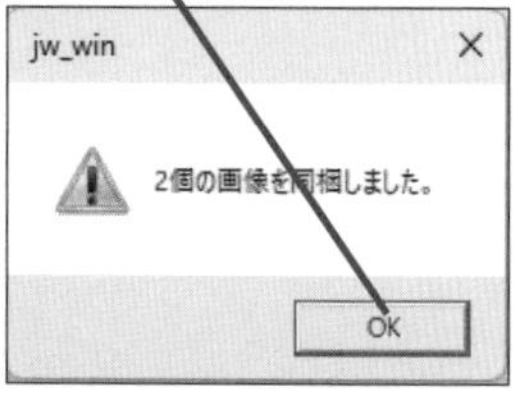

画像がJw_cadのファイルに埋め込まれた

jw_win

⚠ 2個の画像を同梱しました。

OK

352

サンプル　お役立ち度 ★★★

Q 埋め込まれた画像データを分離するには

A ［画像分離］を使用します

Jw_cadのファイルに同梱された画像は、［画像分離］を使用することでBMP形式のファイルとして書き出すことができます。書き出した画像ファイルは、Jw_cadのファイルと同じフォルダー内に作られた新しいフォルダーに保存されます。画像を分離すると、Jw_cadのファイル容量は小さくなります。

ワザ340を参考に［画像編集］を実行しておく

1 ［画像分離］をクリック

2 ［OK］をクリック

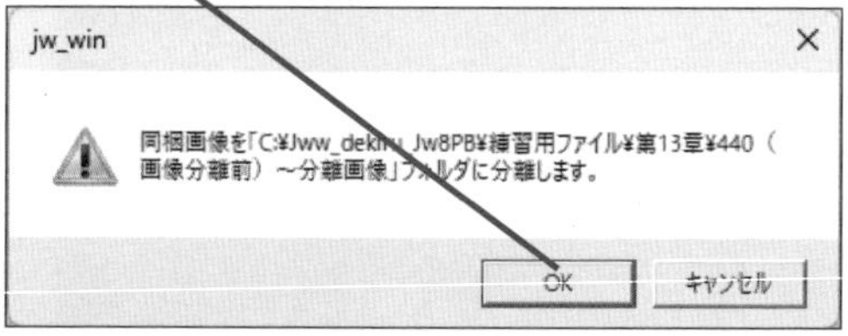

jw_win

⚠ 同梱画像を「C:¥Jww_dekiru_Jw8PB¥練習用ファイル¥第13章¥440（画像分離前）～分離画像」フォルダに分離します。

OK　キャンセル

3 ［OK］をクリック

jw_win

⚠ 2個の画像を分離しました。

OK

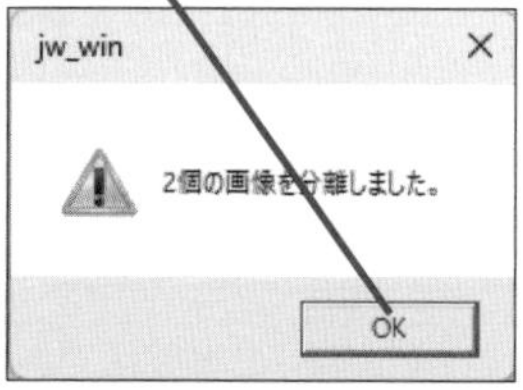

ファイルと同じ場所にフォルダーが作成され、画像が保存された

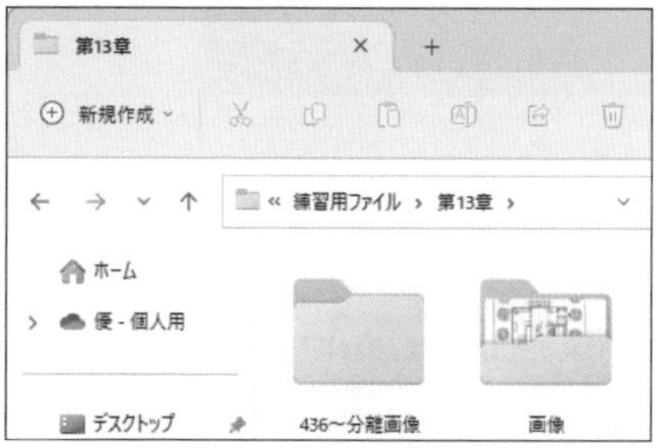

353

サンプル　お役立ち度 ★★★

Q Jw_cadに登録されている図形を挿入するには

A ［図形］コマンドを実行します

Jw_cad8にはあらかじめ登録されている図形があり、［jww］フォルダーに保存されています。［図形］コマンドを実行し、［ファイル選択］画面の［《図形01》建築1］などから選択できます。以下の例は［14洋便器］を選択し、作図属性を設定してから図面に挿入しています。

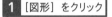

1 ［図形］をクリック

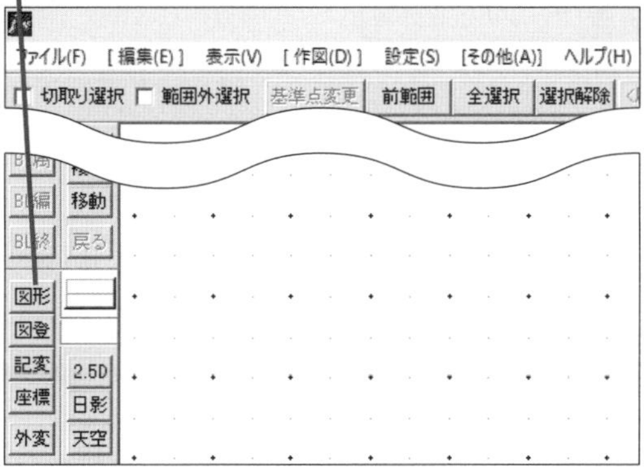

［ファイル選択］画面が表示された

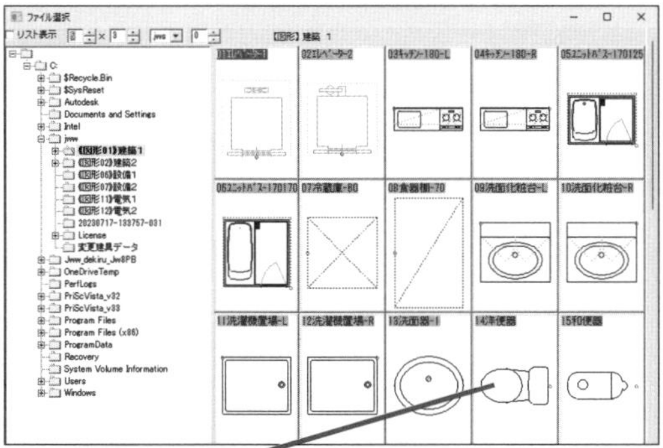

2 ［14洋便器］をダブルクリック

3 ［作図属性］をクリック

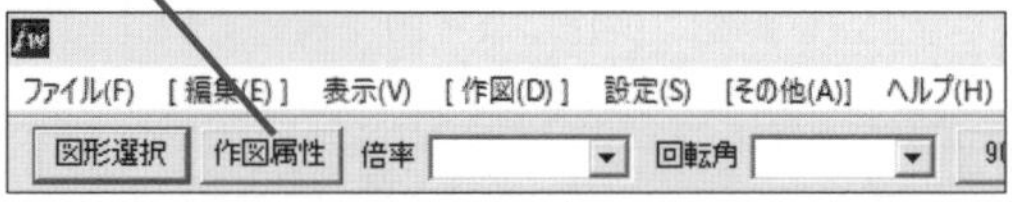

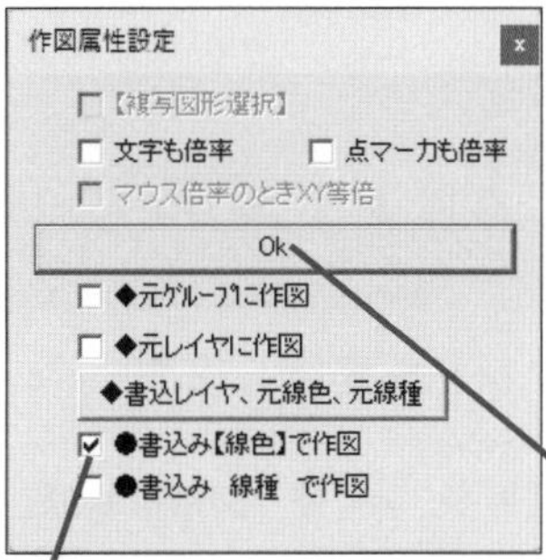

［作図属性設定］画面が表示された

4 ［●書込み【線色】で作図］をクリックしてチェックマークを付ける

5 ［OK］をクリック

6 「270」と入力

7 Enter キーを押す

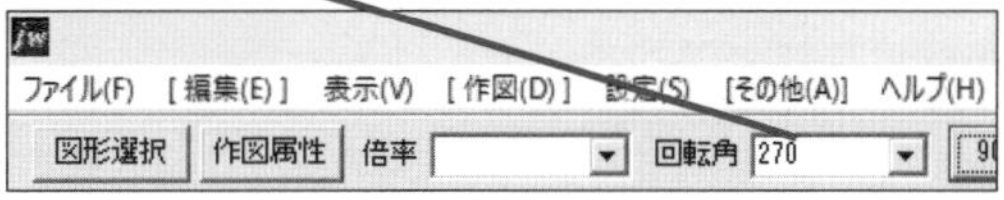

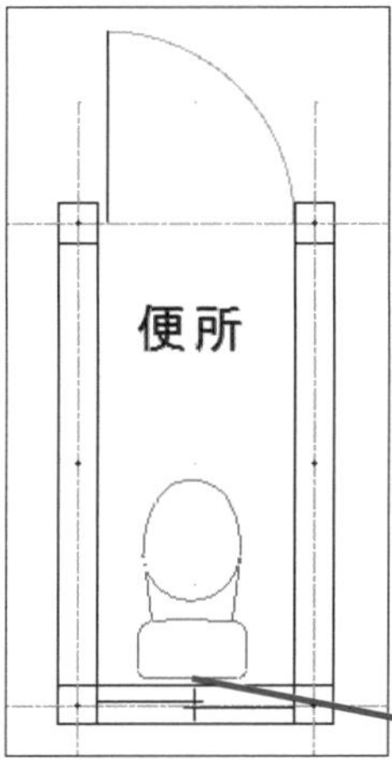

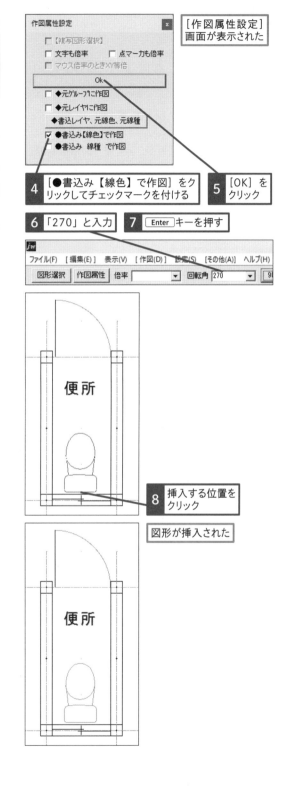

8 挿入する位置をクリック

図形が挿入された

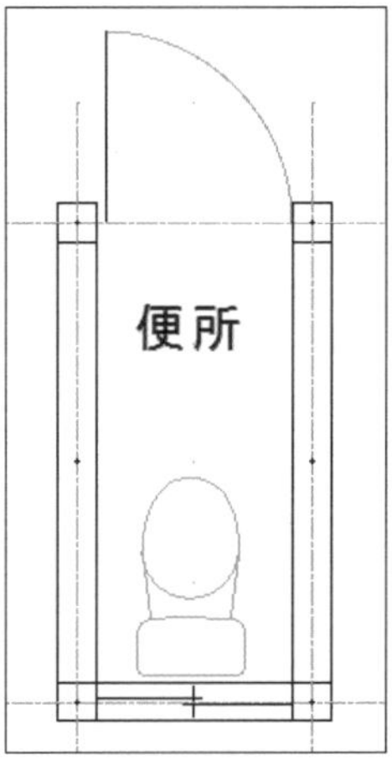

354

サンプル　お役立ち度 ★★★

Q 図形を登録するには

A ［図登］コマンドを実行します

Jw_cadで作図した図形や、よく使う図形は登録しておくと便利です。以下の例はテーブルと椅子のセットを［図登］コマンドで［《図形01》建築1］フォルダーに登録しています。なお、登録の際に新しいフォルダーを作ることもできます。

1 ［図登］をクリック

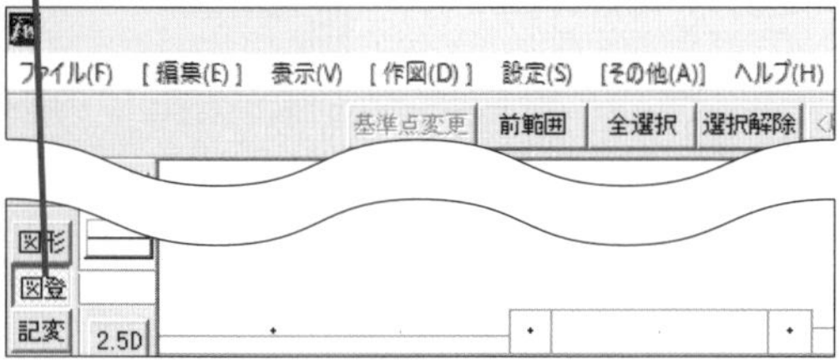

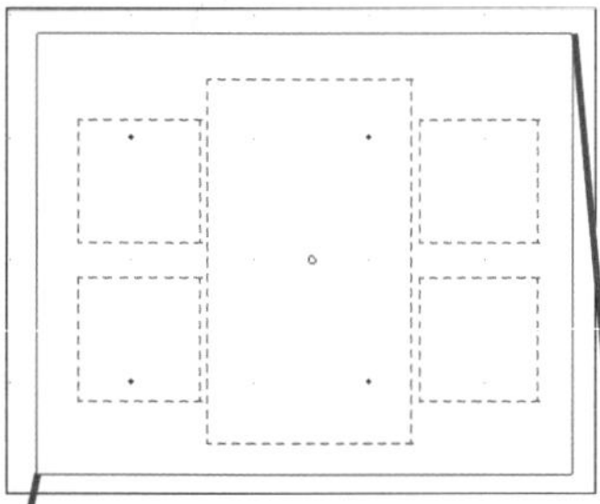

2 ここをクリック　3 ここをクリック

4 ［選択確定］をクリック

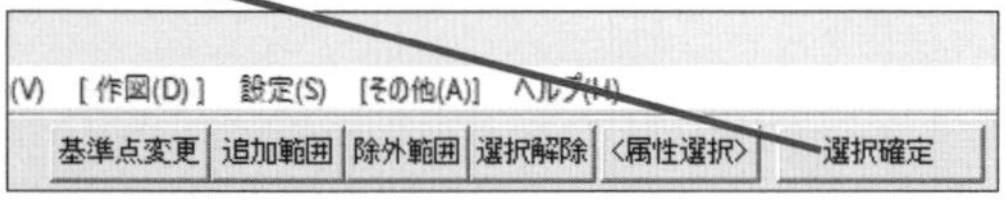

選択範囲が確定した

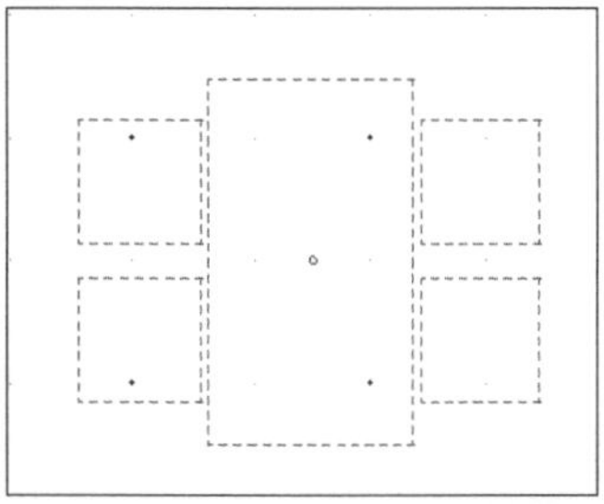

5 ［《図形登録》］をクリック

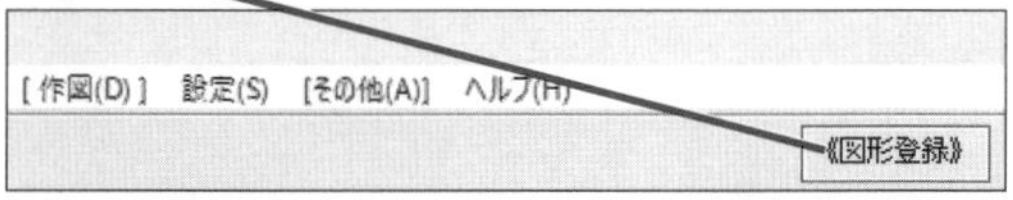

［ファイル選択］画面が表示された

6 ［新規］をクリック

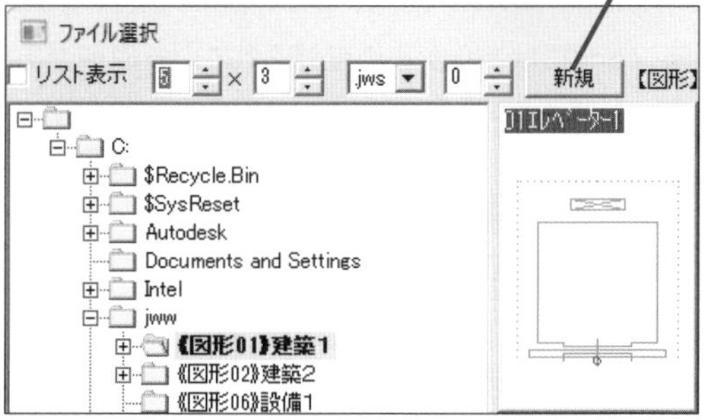

7 「テーブル」と入力

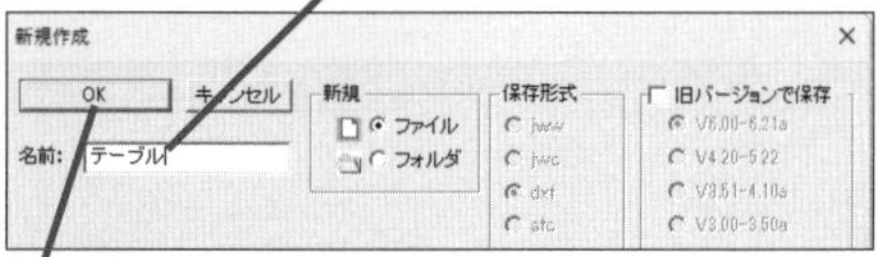

8 ［OK］をクリック

●登録した図形を確認する

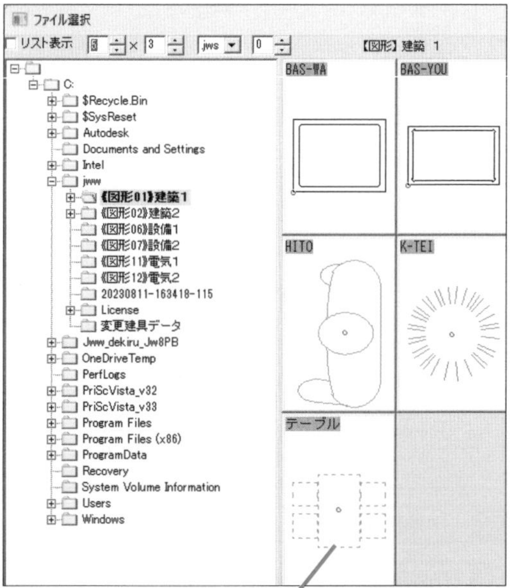

ワザ353を参考に［図形］コマンドを実行すると［ファイル選択］画面に表示される

他の図形ファイルと同様に図面に挿入できる

図面を印刷するには

ここでは、［印刷］コマンドを使って、図面などを印刷する方法を説明します。また、Jw_cad特有の埋め込み文字についても説明します。

355

お役立ち度 ★★★

Q 印刷の設定画面を教えて！

A ［印刷］コマンドを実行すると表示されます

［印刷］コマンドを実行するとWindowsの［プリンターの設定］画面が表示され、［OK］をクリックすると印刷の設定画面が表示されます。コントロールバーの要素を確認しておきましょう。使用方法については以降のワザで紹介します。

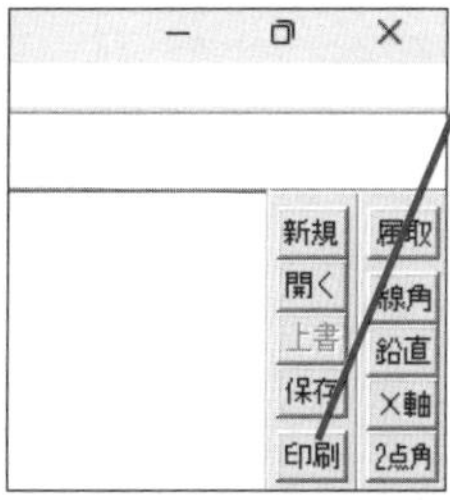

1 ［印刷］をクリック

［プリンターの設定］画面が表示された

2 ここをクリックしてプリンターを選択

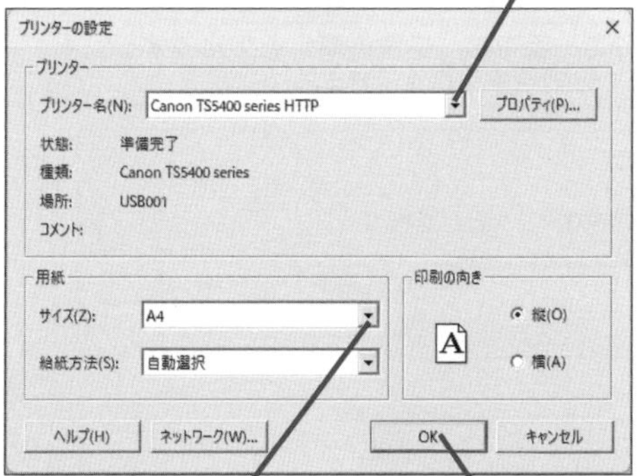

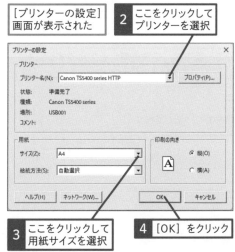

3 ここをクリックして用紙サイズを選択

4 ［OK］をクリック

印刷は実行されず、Jw_cadの画面に戻って設定を行う

●印刷の設定画面を確認する

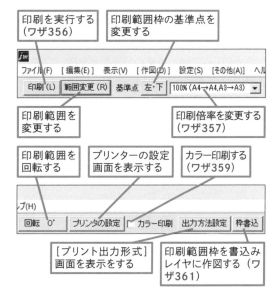

印刷を実行する（ワザ356）

印刷範囲枠の基準点を変更する

印刷範囲を変更する

印刷倍率を変更する（ワザ357）

印刷範囲を回転する

プリンターの設定画面を表示する

カラー印刷する（ワザ359）

［プリント出力形式］画面を表示をする

印刷範囲枠を書込みレイヤに作図する（ワザ361）

●［プリント出力形式］画面の内容を確認する

レイヤごとの印刷設定やファイルの連続印刷などの設定を行う

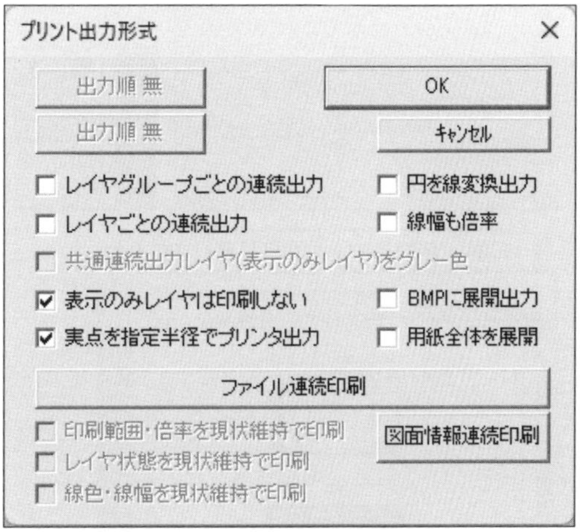

356

サンプル　お役立ち度 ★★★

Q 図面を印刷するには

A ［印刷］コマンドを実行してコントロールバーの［印刷］をクリックします

［印刷］コマンドを実行すると、まずWindowsの［プリンターの設定］画面が表示されます。ここでプリンターと印刷方向、用紙の設定などを行って［OK］をクリックすると、Jw_cadの画面に戻ります。コントロールバーの［印刷］をクリックするとすぐに印刷が実行されます。一般的なアプリケーションとは順序が異なるので注意しましょう。

1 ［印刷］をクリック

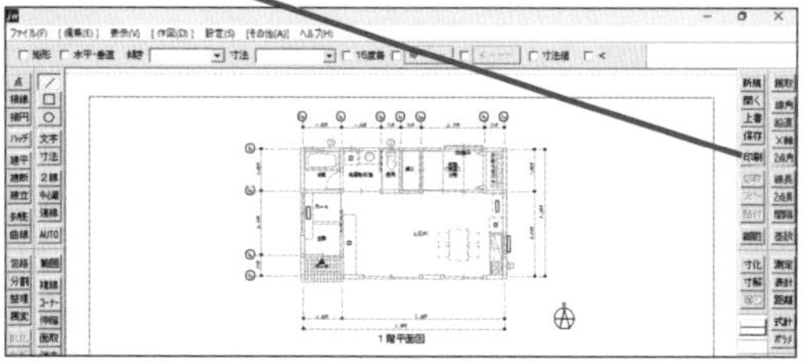

2 クリックしてプリンターを選択

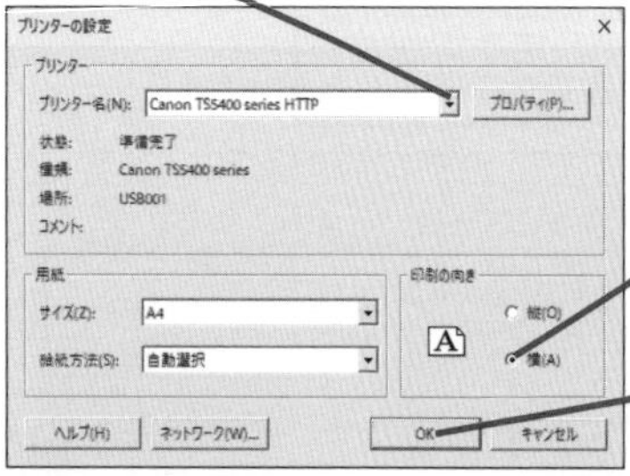

3 ［横］をクリック

4 ［OK］をクリック

5 ［印刷］をクリック

印刷が実行される

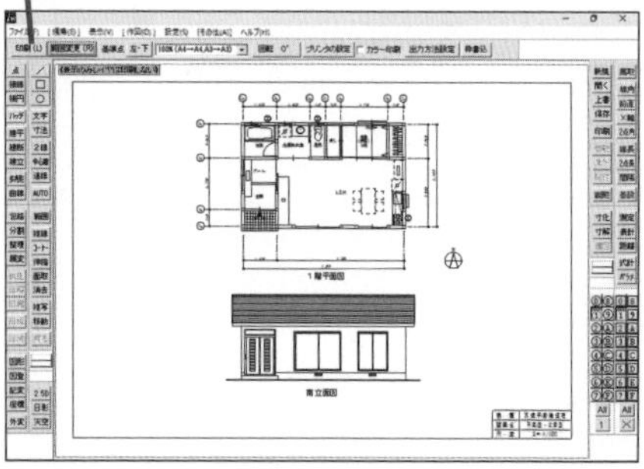

357

サンプル　お役立ち度 ★★★

Q 図面を縮小して印刷するには

A コントロールバーで印刷倍率を選びます

［印刷］コマンドを実行してから、コントロールバーで印刷倍率を選ぶことができます。図面の枠が用紙枠の中に収まるように調整しましょう。またメニューの一番下の［任意倍率］をクリックすると、数値で倍率を指定できます。

ワザ355を参考に［印刷］コマンドを実行しておく

1 ここをクリック

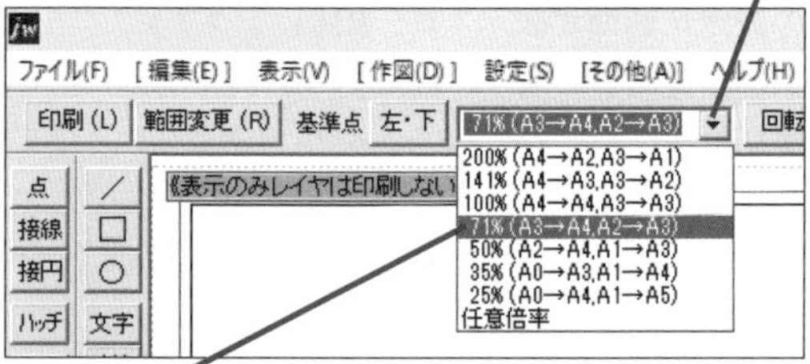

2 ［71%］をクリック

印刷倍率が変更された

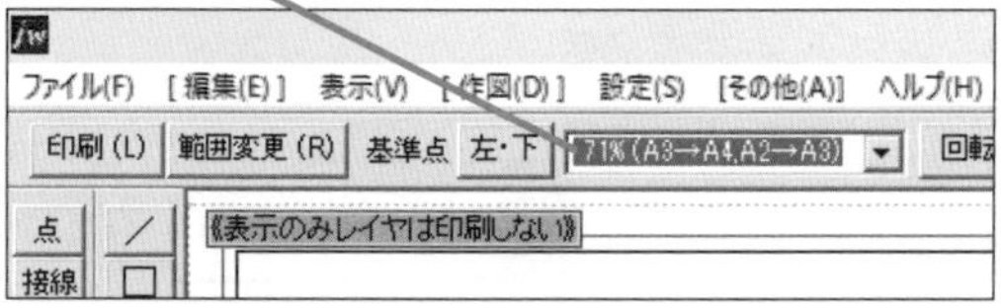

操作2で一番下の［任意倍率］をクリックすると、数値で印刷倍率を指定できる

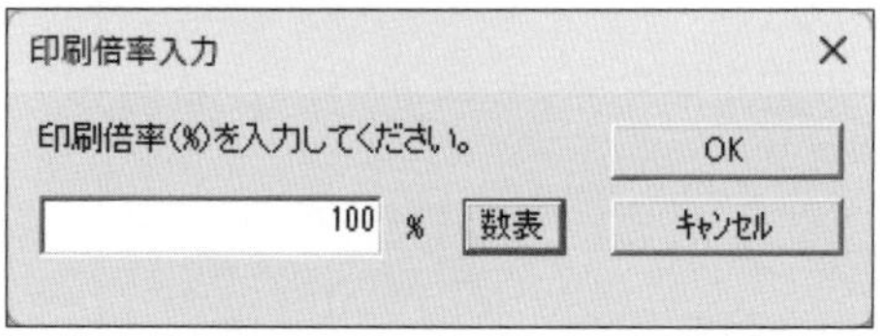

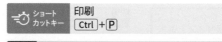

ショートカットキー　印刷
Ctrl＋P

関連 037 用紙サイズを設定するには ▸ P.43

358 サンプル お役立ち度 ★★★

Q 図面をPDFで出力するには

A ［Microsoft Print to PDF］を使用します

図面をPDF形式で保存するには、［印刷］コマンドを実行して［プリンターの設定］画面の［プリンター名］で［Microsoft Print to PDF］を選択します。印刷を実行するとPDFファイルを出力できるので、名前を付けて保存しましょう。なお他のPDF変換ソフトがインストールされている場合は、それを使用してPDF出力することもできます。

ワザ355を参考に［印刷］コマンドを実行しておく

1 クリックして［Microsoft Print to PDF］を表示

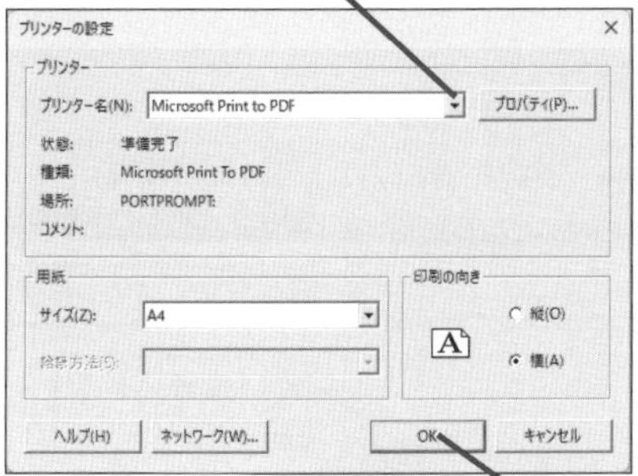

2 ［OK］をクリック

3 ［印刷］をクリック

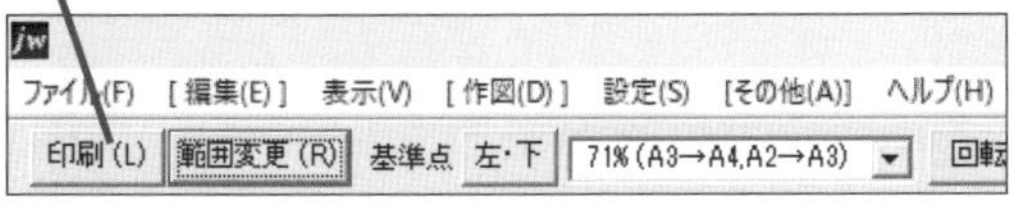

［印刷結果を名前を付けて保存］画面が表示された

名前を付けて保存するとPDF形式で保存される

359 サンプル お役立ち度 ★★★

Q カラー印刷とモノクロ印刷を切り替えるには

A ［カラー印刷］にチェックマークを付けます

［印刷］コマンドを実行し、コントロールバーの［カラー印刷］にチェックマークを付けると、カラーで印刷ができるようになります。このとき、画面も印刷時のカラーに変更されます。

ワザ355を参考に［印刷］コマンドを実行しておく

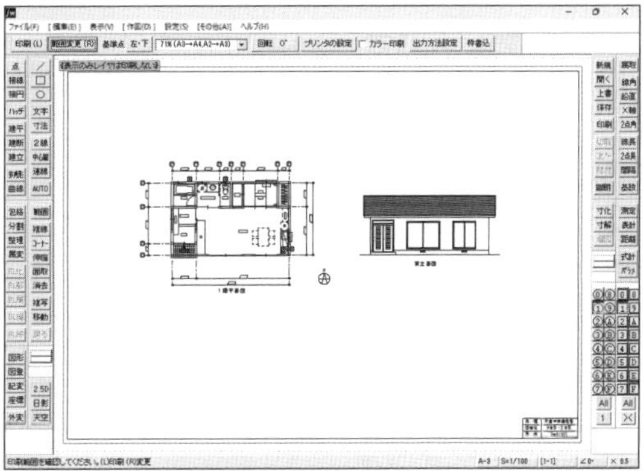

1 ［カラー印刷］をクリック

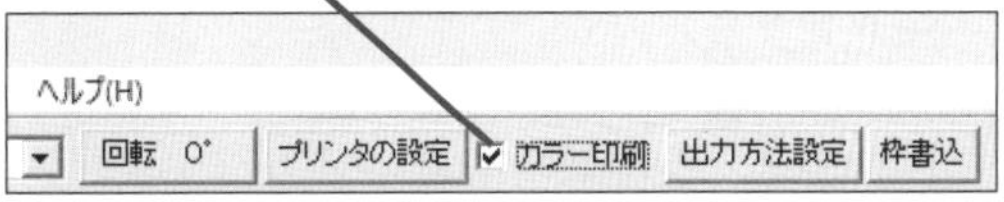

カラー印刷が設定された

図面がカラーで表示された

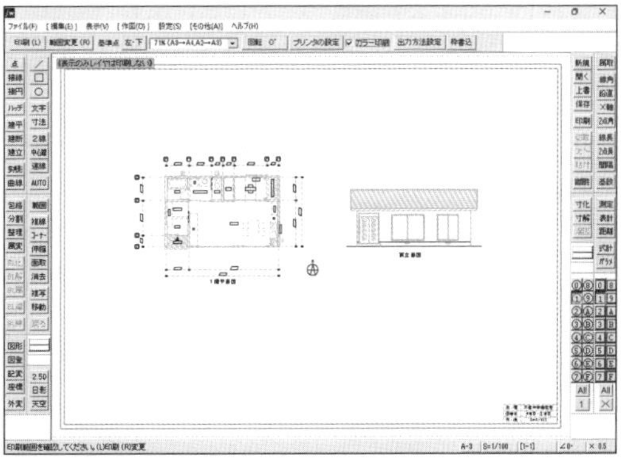

ショートカットキー 印刷
Ctrl+P

360

サンプル　お役立ち度 ★★★

Q 特定の色だけをカラーで印刷するには

A ［基本設定］の［色・編集］で指定します

カラー印刷を行う場合、特定の色だけをカラーにして、その他の色は黒にすることができます。［基本設定］の［色·画面］を表示して［プリンタ出力要素］の色を数値で指定しましょう。以下の例では［線色8］を赤、他の線色は全て黒に指定しています。設定してから［印刷］コマンドを実行すると、画面に印刷時のカラーが反映されます。

ワザ030を参考に基本設定の画面を表示しておく

1 ［色・画面］をクリック

2 「0」と入力

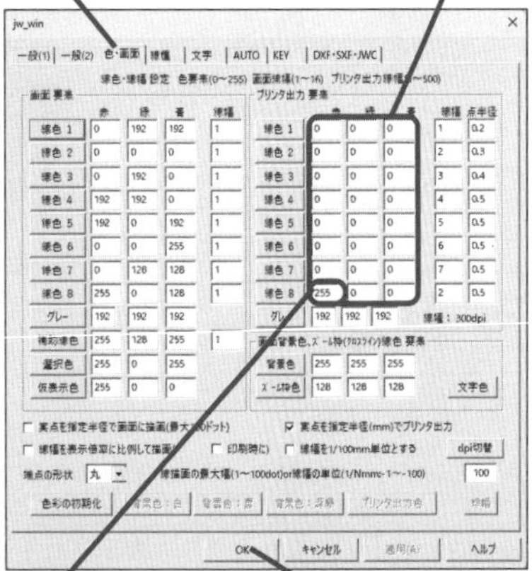

3 「255」と入力

4 ［OK］をクリック

線色8のみ赤で、他の線色は黒で印刷されるように設定された

［印刷］コマンドで色を確認できる

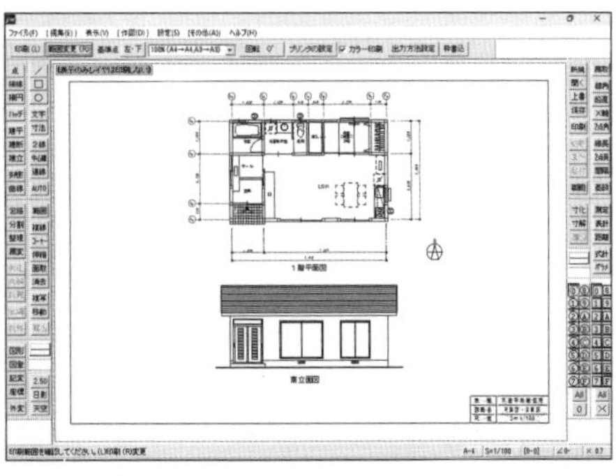

361

サンプル　お役立ち度 ★★★

Q 図面がはみ出ないように印刷範囲枠を作図するには

A ［枠書込］を使います

［印刷］コマンドを実行してプリンターを設定し、線属性を［補助線色］［補助線種］に設定してから［枠書込］を実行すると、図面に印刷範囲枠を書き込むことができます。この印刷範囲枠は指定したプリンターで印刷できる範囲を示しており、実際には印刷されません。

ワザ355を参考に［印刷］コマンドを実行しておく

ワザ139を参考に［線属性］画面を表示しておく

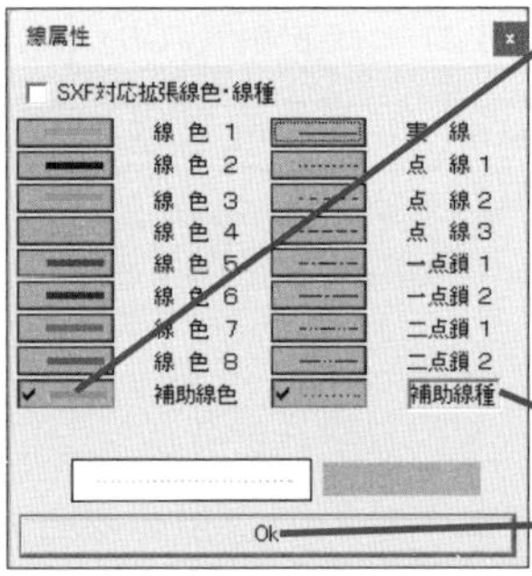

1 ［補助線色］をクリック

2 ［補助線種］をクリック

3 ［OK］をクリック

4 ［枠書込］をクリック

別のコマンドを実行して［印刷］コマンドを終了する

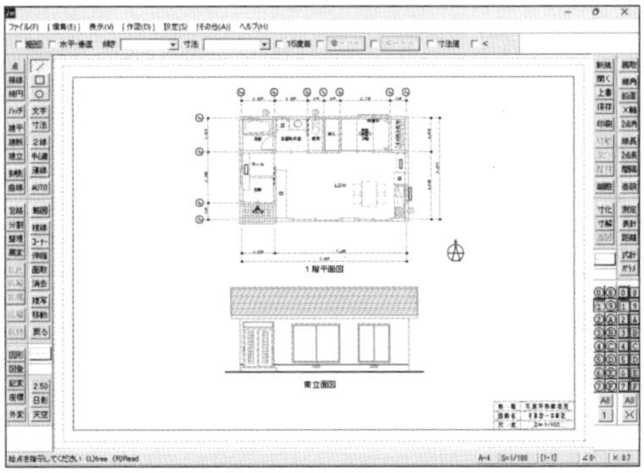

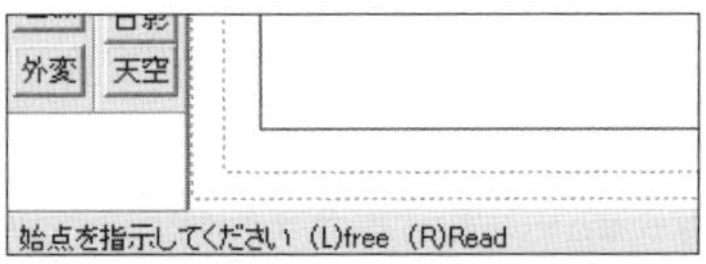

補助線色で印刷範囲枠が作図された

362

お役立ち度 ★★★

Q いろいろな出力方法を設定するには

A ［出力方法設定］で選択できます

Jw_cadではレイヤやレイヤグループ、円や線幅などを対象に印刷方法を設定できます。［印刷］コマンドの実行後にコントロールバーの［出力方法設定］をクリックすると、［プリント出力形式］画面が表示され、出力方法を設定できます。また、複数のファイルを一度に印刷することも可能です。詳しくはワザ363を参考にしてください。

ワザ355を参考に［印刷］コマンドを実行しておく

1 ［出力方法設定］をクリック

［プリント出力形式］画面が表示された

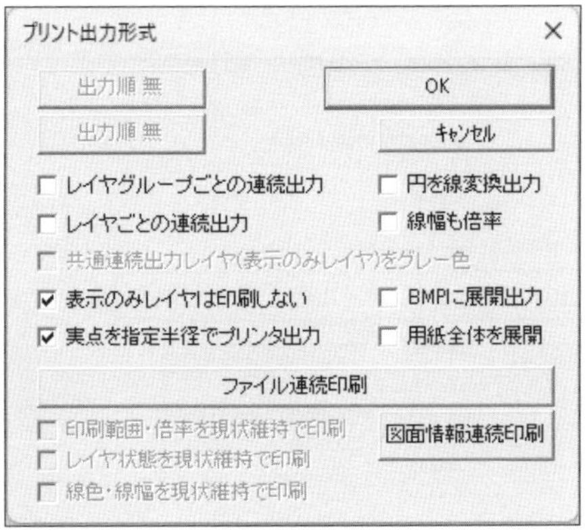

レイヤグループごとの出力や、ファイルの連続印刷などが設定できる

ショートカットキー 印刷 Ctrl+P

関連 063 数値を計算式で入力するには ▸ P.55

363

サンプル お役立ち度 ★★☆

Q 複数のファイルを連続で印刷するには

A ［ファイル連続印刷］を使います

ワザ355を参考に［プリント出力形式］画面を表示し、［ファイル連続印刷］をクリックします。［開く］画面が表示されるので、印刷するファイルを選択して［開く］をクリックします。再度［プリント出力形式］が表示されるので［OK］をクリックし、ワザ355を参考に印刷を実行します。

ワザ355を参考に［プリント出力形式］画面を表示しておく

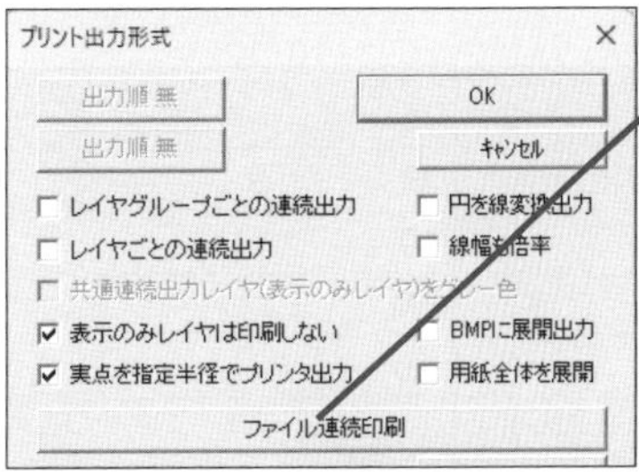

1 ［ファイル連続印刷］をクリック

［開く］画面が表示された

2 印刷するファイルを選択

3 ［選択確定］をクリック

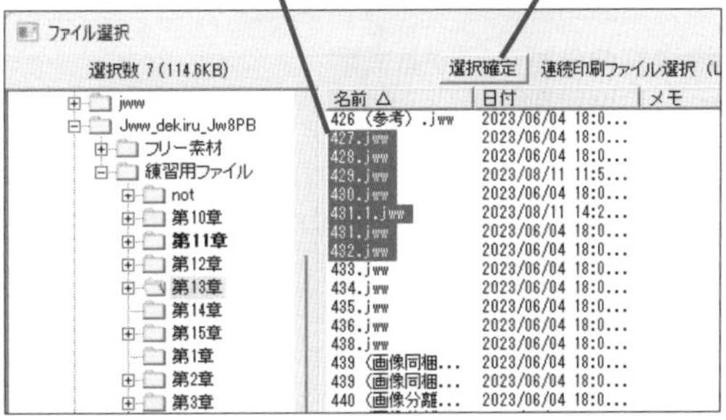

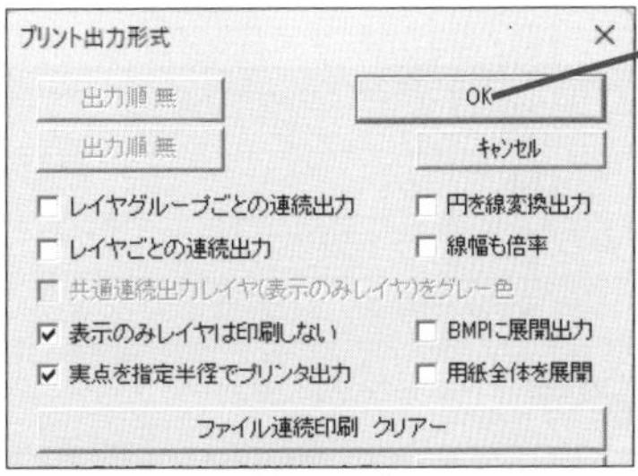

4 ［OK］をクリック

元の画面に戻るのでワザ355を参考に印刷を実行する

364

お役立ち度 ★★★

Q Jw_cadの埋め込み文字とは

A 日時や縮尺などを自動で表示します

Jw_cadには特有の埋め込み文字があり、ファイルの保存日時や現在の日時、縮尺などを自動で更新して表示することができます。埋め込み文字は全て半角英数字を使用します。

●ファイルの保存日時に関する文字

表示内容	記述	表示例
保存日時	=F	2023/10/12　15:20:30
保存日時	=f	2023/10/12
保存年（和暦）	=G	05
保存年（西暦下2桁）	=y	23
保存月	=m	10
保存時AM/PM	=n	PM
（午）前/後	=N	後
時（12時間）	=h	3
時（24時間）	=H	15
分	=M	20
秒	=s	30

●現在の日時に関する文字

表示内容	記述	表示例
西暦年/月/日	$j	2023/10/12
和暦年/月/日	$J	令和5年10月12日
西暦下2桁	$y	23
月	$m	10
日	$d	12
AM/PM	$n	PM
（午）前/後	$N	後
時（12時間）	$h	3
時（24時間）	$H	15
分	$M	20
秒	$s	30

●縮尺に関する文字

表示内容	記述	表示例
縮尺	%SS	1/1
印刷時の実際の縮尺	%SP	1/2

365

サンプル

お役立ち度 ★★★

Q ファイル名を印刷時に表示するには

A 「%f」または「&f」と入力します

Jw_cadの埋め込み文字を使って、図面上にファイル名を印刷することができます。「%f」と入力すると拡張子を付けた形で、「&f」と入力すると拡張子なしで印刷できます。以下の例ではPDFに出力して結果を確認していますが、ワザ366の操作を行うと印刷前の図面上に表示することができます。

ワザ355を参考に［印刷］コマンドを実行してPDF出力の準備をしておく

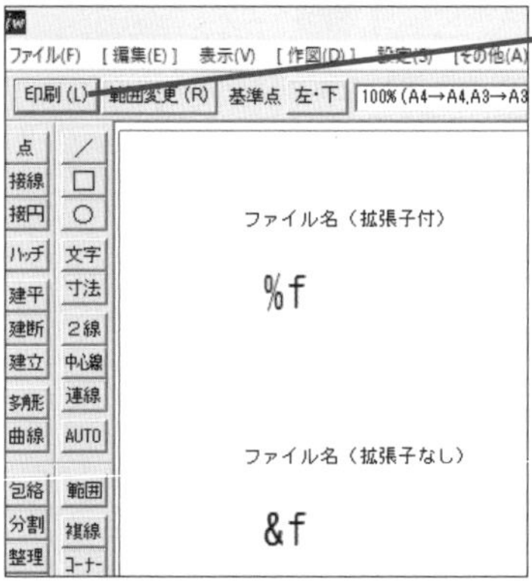

1 ［印刷］をクリック

PDFで出力された

ファイル名が表示された

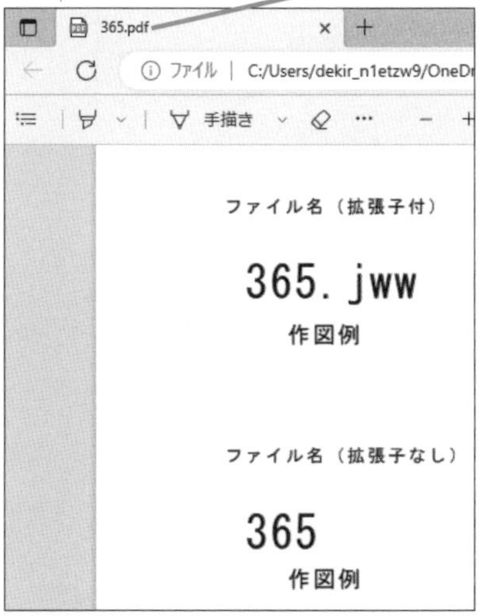

366　サンプル　お役立ち度 ★★★

Q 印刷時の埋め込み文字を画面にも変換表示するには

A ［基本設定］の［一般(2)］で設定します

ファイル名の埋め込み文字を印刷時以外でも表示する場合は、［基本設定］の画面の［一般（2）］で［プリンタ出力時の埋め込み文字（ファイル名・出力日時）を画面にも変換表示する。］にチェックマークを付けます。設定すると、埋め込み文字の表示が自動的に変わり、ファイル名が表示されるようになります。

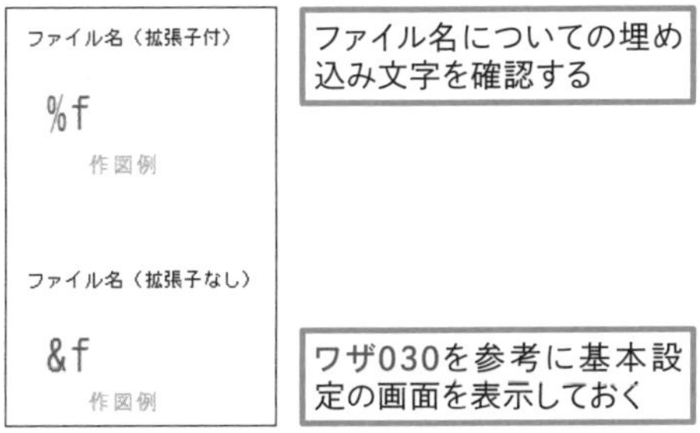

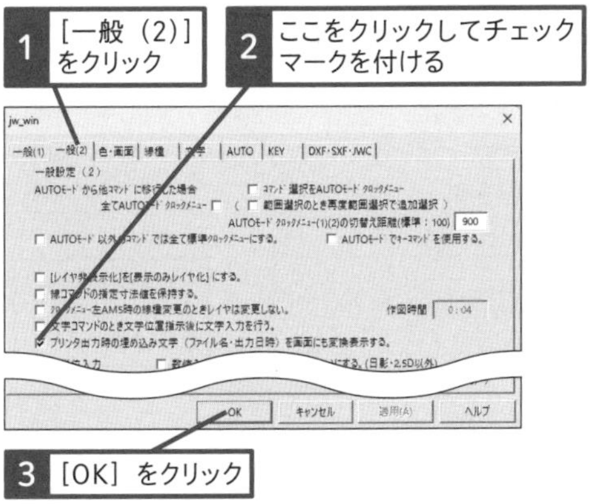

367　サンプル　お役立ち度 ★★★

Q ファイルの保存年月日を埋め込み文字で表示するには

A ［連］を使って文字列をクリックします

ワザ366を参考に埋め込み文字が画面に表示されるように設定しておき、［連］を使用すると日付などの文字列を表示することができます。以下の手順を参考に、埋め込み文字と他の文字を分割することで、埋め込み文字を表示できます。

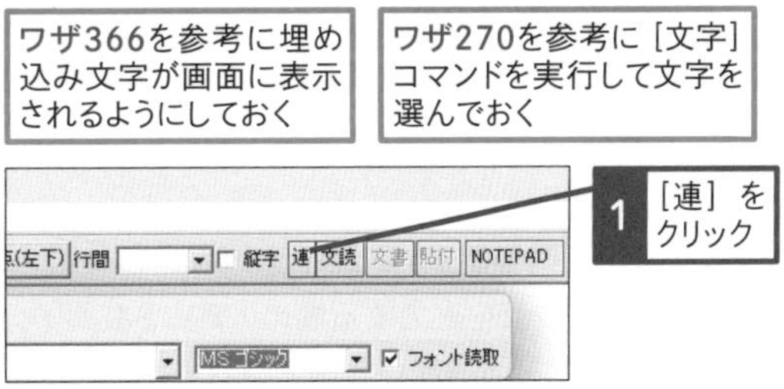

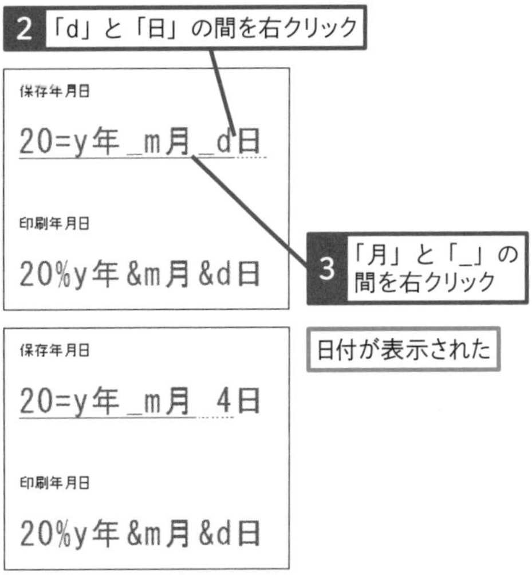

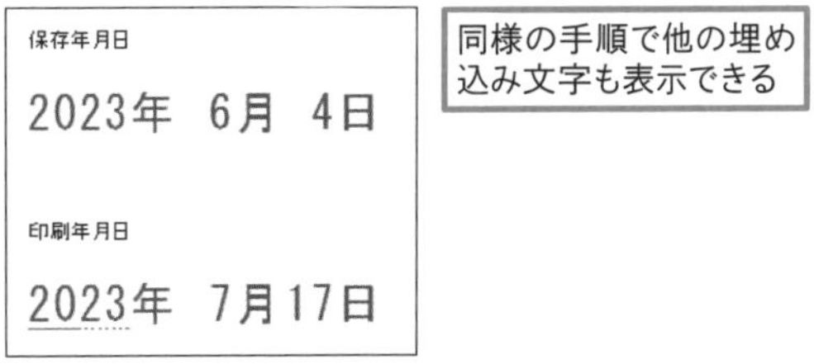

第14章 知っておきたい便利機能

便利な機能を活用するには

ここでは、Jw_cadをもっと便利に活用するための方法を説明します。Jw_cadは設定を変更しても画面表示はほぼ変わりません。必要な操作や、設定後の効果をよく確認しましょう。

368

お役立ち度 ★★★

Q マウスで数値を入力するには

A ［数値入力］画面を使用します

数値入力が必要なコマンドを実行中に、コントロールバーにある数値を入力する欄の「▼」を右クリックすると［数値入力画面］が表示されます。この画面を使うと、マウス操作だけで数値を入力したり、電卓機能を使って計算した数値を入力したりすることができます。

1 数値を入力する欄の▼を右クリック

［数値入力］画面が表示された

10000の位から小数第2位の位までクリックして数値を選ぶ

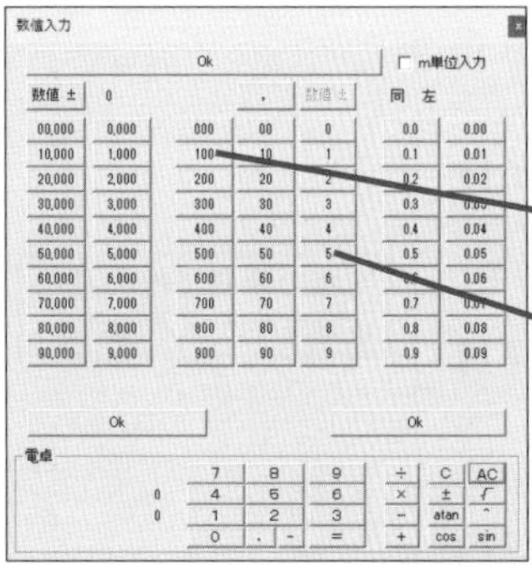

「105」を入力する

2 ［100］をクリック

3 ［5］をクリック

［,］をクリックすると2つ目の数値の入力に移行する

下部の電卓機能を使って計算後の数値の入力もできる

369

お役立ち度 ★★★

Q ツールバーを追加するには

A ［ツールバーの表示］画面で設定します

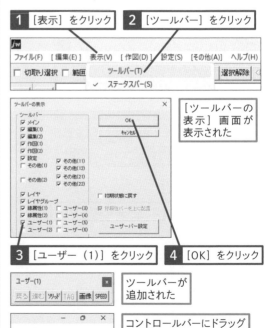

［表示］をクリックして［ツールバー］をクリックすると［ツールバーの表示］画面が表示されます。［ユーザー（1）］をクリックすると、［進む］［ソリッド］［画像］などの、初期状態ではツールバーに含まれないコマンドを追加できます。

1 ［表示］をクリック

2 ［ツールバー］をクリック

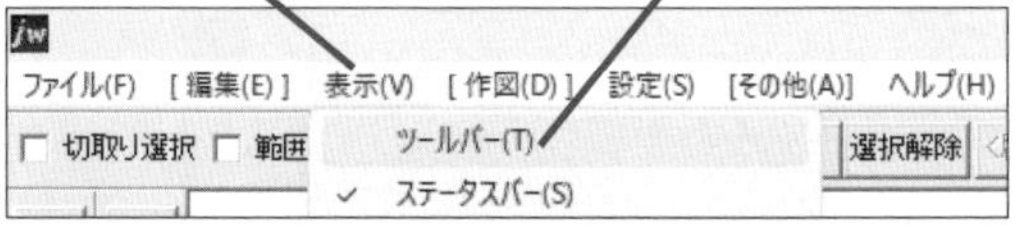

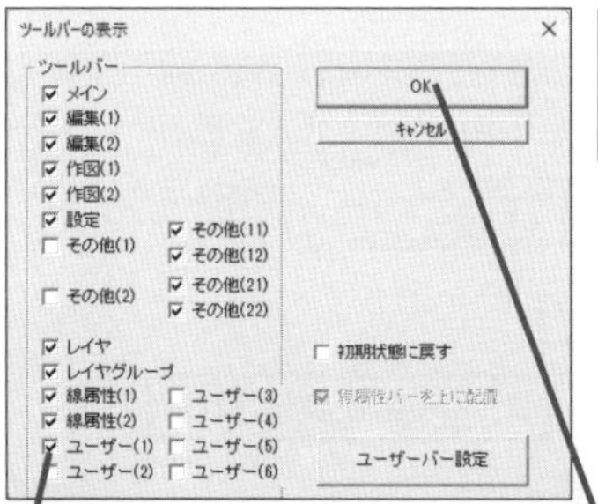

［ツールバーの表示］画面が表示された

3 ［ユーザー（1）］をクリック

4 ［OK］をクリック

ツールバーが追加された

コントロールバーにドラッグして移動できる

370

お役立ち度 ★★★

Q ［測定］コマンドについて教えて！

A 距離や面積、角度などを測定できます

［測定］コマンドを実行するとコントロールバーに以下の項目が表示され、距離や面積、角度などを測定できます。また、測定結果の数値を図面に書き込んだり、単位や小数点の桁数の指定をしたりすることもできます。

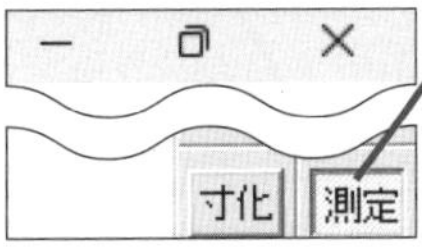

1 ［測定］をクリック

［測定］コマンドが表示された

●内容を確認する

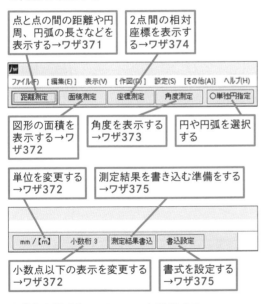

点と点の間の距離や円周、円弧の長さなどを表示する→ワザ371

2点間の相対座標を表示する→ワザ374

図形の面積を表示する→ワザ372

角度を表示する→ワザ373

円や円弧を選択する

単位を変更する→ワザ372

測定結果を書き込む準備をする→ワザ375

小数点以下の表示を変更する→ワザ372

書式を設定する→ワザ375

●［書込設定］のメニューを確認する

［書込設定］をクリックすると表示が以下のように変更される

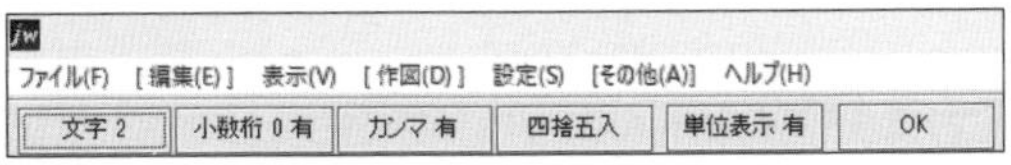

クリックすると各書式を切り替えて設定できる

371

サンプル　お役立ち度 ★★★

Q 線や円弧の長さを測るには

A ［測定］コマンドを実行してコントロールバーから選択します

線の長さを測る場合、［測定］コマンドを実行して［距離測定］をクリックします。続けて、始点をクリックして終点を右クリックします。円弧の場合は［(弧　指定］をクリックし、円弧をクリック、終点を右クリックします。

ワザ370を参考に［測定］コマンドを実行して［距離測定］をクリックしておく

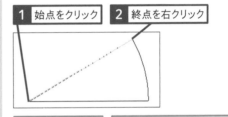

1 始点をクリック

2 終点を右クリック

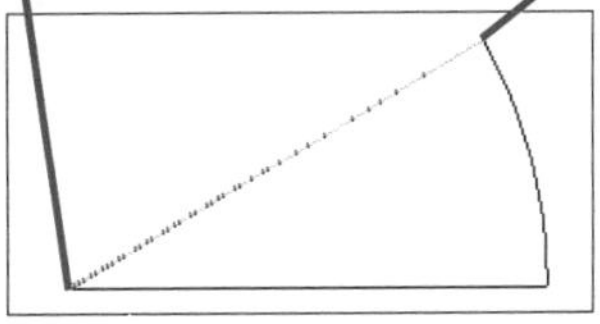

距離が表示された

【　】は合計長を意味している

S = 1 / 1 【 0.070m 】　0.0697441m

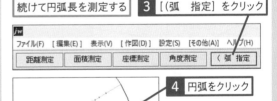

続けて円弧長を測定する

3 ［(弧　指定］をクリック

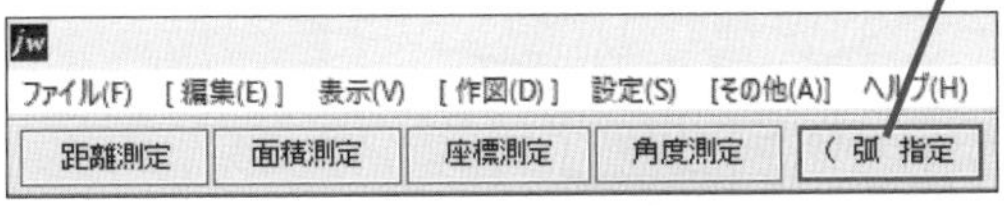

4 円弧をクリック

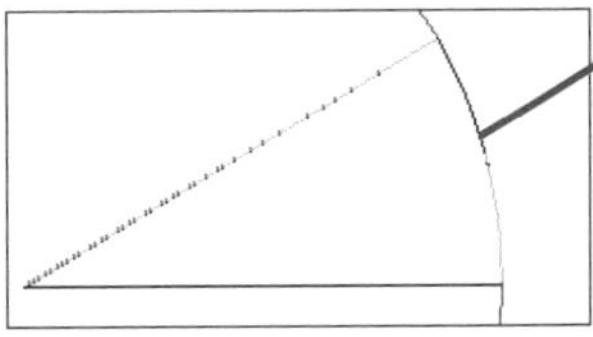

5 終点を右クリック

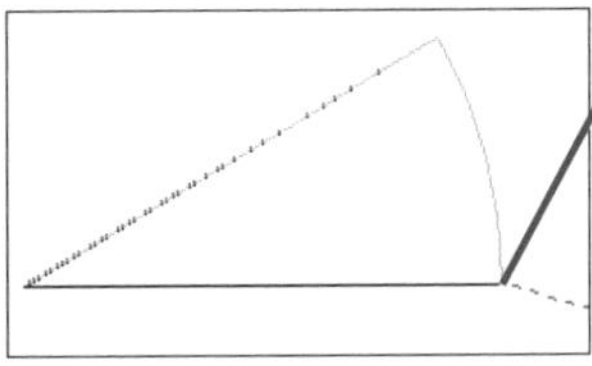

合計長と円弧長が表示された

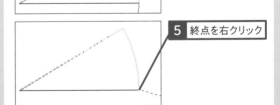

S = 1 / 1 【 0.106m 】　0.0366519m

372

サンプル　お役立ち度 ★★★

Q 面積を測定するには

動画で見る

A ［面積測定］を使用します

図形の面積を測定するときは、［測定］コマンドを実行し、［面積測定］をクリックします。続けて、図形の各頂点を順に右クリックします。なお［mm / 【m】］で単位の変更、［小数桁　］で小数点以下の桁数を変更できます。

ワザ370を参考に［測定］コマンドを実行しておく

1 ［面積測定］をクリック

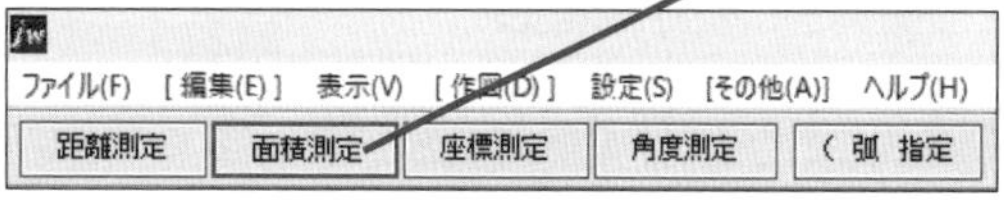

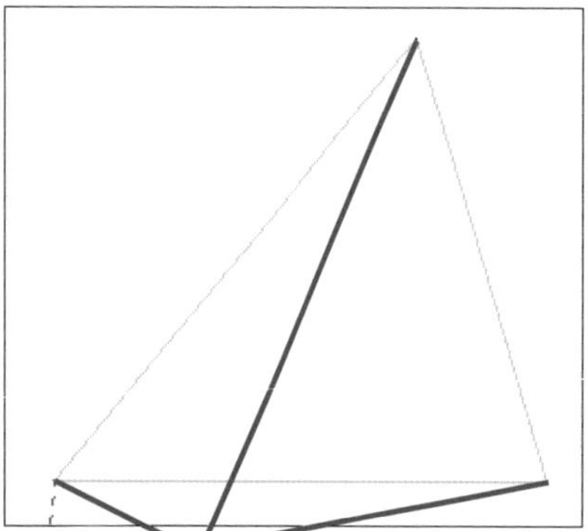

2 各頂点を右クリック

ステータスバーに面積が表示された

【 0.002m2 】 -0m2

単位を変更する

3 クリックして［【mm】/m］を表示

4 クリックして［小数桁3］を表示

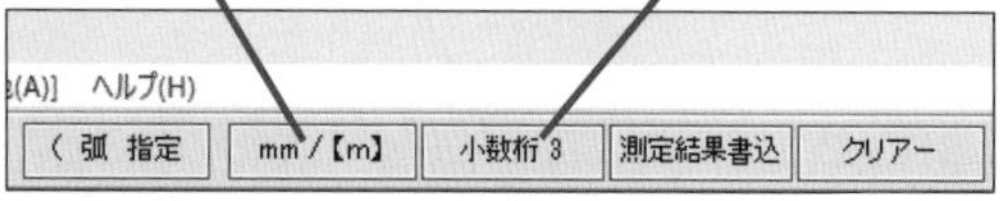

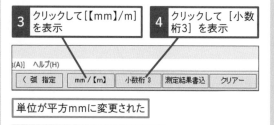

単位が平方mmに変更された

【 2,437.500mm2 】 -0mm2

373

サンプル　お役立ち度 ★★★

Q 角度を測定するには

A ［角度測定］を使用します

図形の角度を測定する場合は、［測定］コマンドを実行し、［角度測定］をクリックします。角度を形成している原点、始点、終点の順に反時計回りに右クリックすると、ステータスバーに角度が表示されます。

ワザ370を参考に［測定］コマンドを実行しておく

1 ［角度測定］をクリック

2 原点を右クリック

3 始点を右クリック

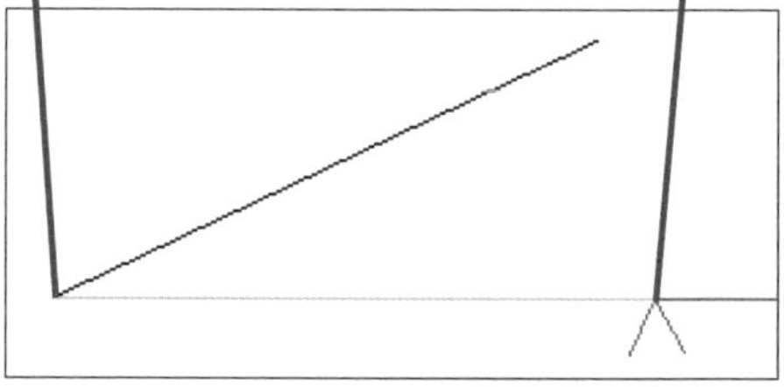

4 終点を右クリック

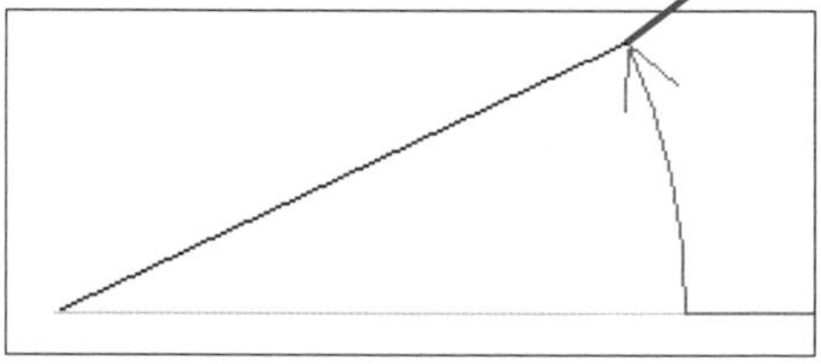

ステータスバーに角度が表示された

【 25.000° 】

関連 370 ［測定］コマンドについて教えて！ ▶P.231

関連 374 原点からの座標を測定するには ▶P.233

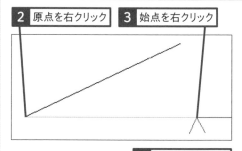

374

サンプル　お役立ち度 ★★★

Q 原点からの座標を測定するには

A ［座標測定］を使用します

原点からの座標を測定するには、［測定］コマンドを実行し、［座標測定］をクリックします。続けて原点、座標点の順に右クリックすると、原点に対する座標点の座標がステータスバーに表示されます。新たに原点を指示する場合は［クリアー］をクリックします。

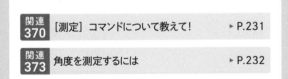

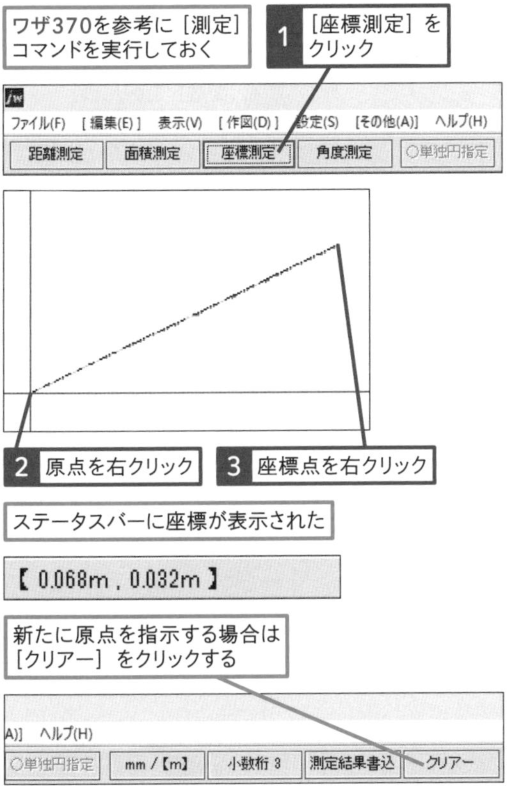
ワザ370を参考に［測定］コマンドを実行しておく
1 ［座標測定］をクリック
ファイル(F)　[編集(E)]　表示(V)　[作図(D)]　設定(S)　[その他(A)]　ヘルプ(H)
距離測定　面積測定　座標測定　角度測定　○単独円指定
2 原点を右クリック
3 座標点を右クリック
ステータスバーに座標が表示された
【 0.068m , 0.032m 】
新たに原点を指示する場合は［クリアー］をクリックする
A)]　ヘルプ(H)
○単独円指定　mm / 【m】　小数桁 3　測定結果書込　クリアー

関連370 ［測定］コマンドについて教えて！ ▸P.231

関連373 角度を測定するには ▸P.232

375

お役立ち度 ★★★

Q 測定結果を書き込むための書式を設定するには

A ［書込設定］を使用します

［測定］コマンドの［書込設定］をクリックすると、コントロールバーの表示が変更され、測定結果を図面に書き込む際の設定が行えるようになります。［基本設定］などにない設定内容となりますので、操作方法を覚えておきましょう。

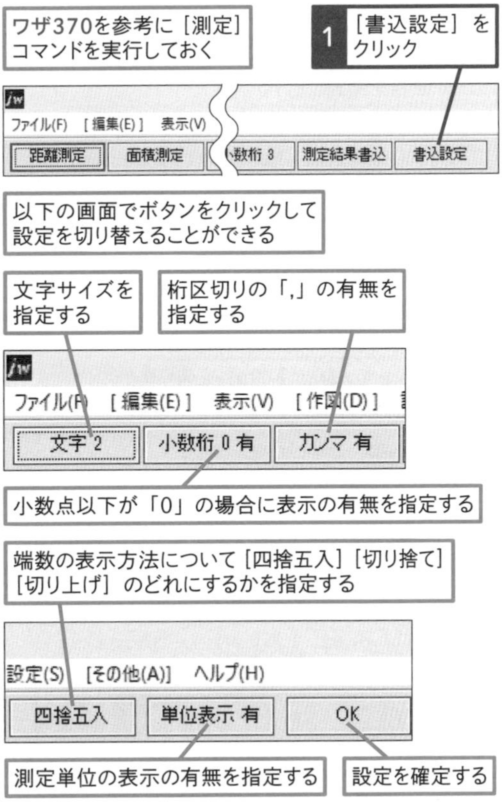
ワザ370を参考に［測定］コマンドを実行しておく
1 ［書込設定］をクリック
ファイル(F)　[編集(E)]　表示(V)
距離測定　面積測定　小数桁 3　測定結果書込　書込設定
以下の画面でボタンをクリックして設定を切り替えることができる
文字サイズを指定する
桁区切りの「,」の有無を指定する
ファイル(F)　[編集(E)]　表示(V)　[作図(D)]
文字 2　小数桁 0 有　カンマ 有
小数点以下が「0」の場合に表示の有無を指定する
端数の表示方法について［四捨五入］［切り捨て］［切り上げ］のどれにするかを指定する
設定(S)　[その他(A)]　ヘルプ(H)
四捨五入　単位表示 有　OK
測定単位の表示の有無を指定する
設定を確定する

関連370 ［測定］コマンドについて教えて！ ▸P.231

関連376 測定結果を書き込むには ▸P.234

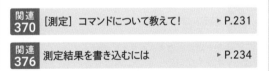

376

サンプル　お役立ち度 ★★★

Q 測定結果を書き込むには

A ［測定結果書込］を使用します

測定結果を図面に書き込むには、［測定］コマンドで測定後、［測定結果書込］を使用します。以下の例では［面積測定］で三角形の面積を測定してから、［mm/【m】］をクリックして単位を「mm」に切り替え、書き込む場所をクリックして測定結果を図面に書き込んでいます。

ワザ370を参考に［測定］コマンドを実行して図形の面積を測定しておく

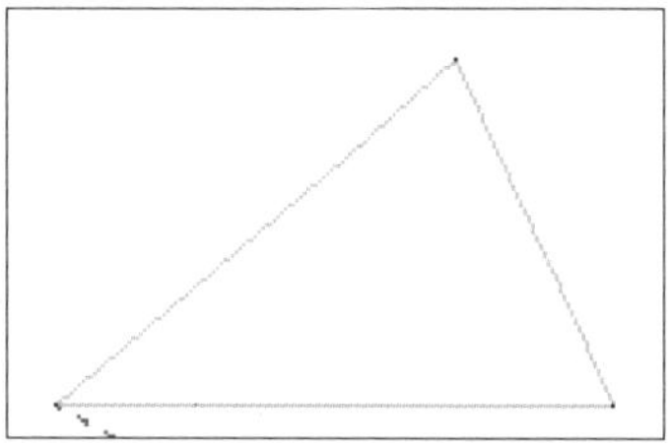

1 クリックして［【mm】/m］を表示

2 ［測定結果書込］をクリック

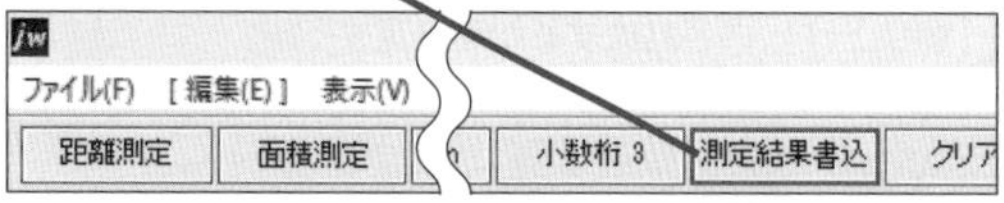

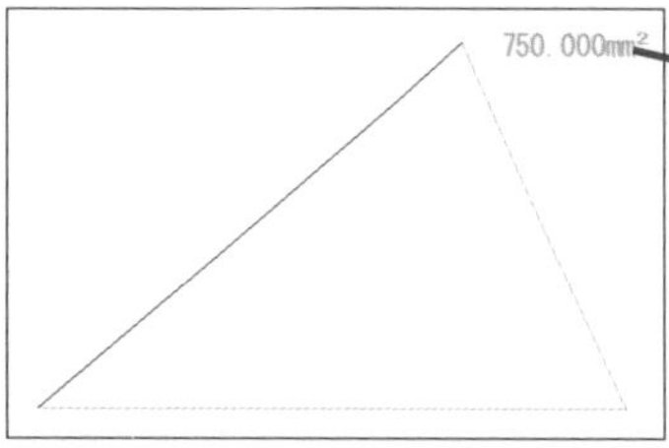

3 ここをクリック

測定結果が図面に書き込まれた

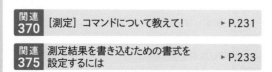

関連 370 ［測定］コマンドについて教えて！ ▶P.231

関連 375 測定結果を書き込むための書式を設定するには ▶P.233

377

サンプル　お役立ち度 ★★★

Q ［距離］コマンドで等間隔に作図するには

A 距離を指定して［連続］をクリックします

［距離］コマンドを使って点を等間隔で作図することができます。以下の例では［距離］コマンドを実行して［距離］に数値を入力し、始点をクリック後に線上をクリックして、始点から「10」離れた線上に点を作図しています。続けて［連続］をクリックして、さらに「10」離れたところに次の点を作図しています。

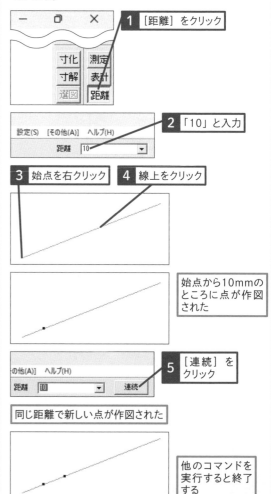

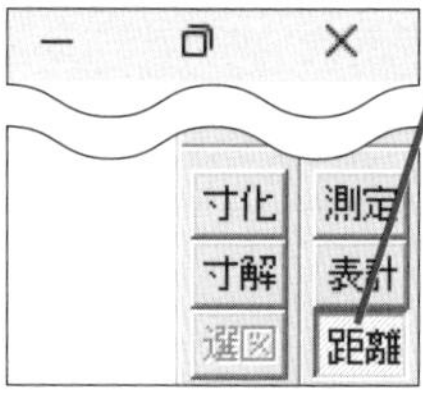

1 ［距離］をクリック

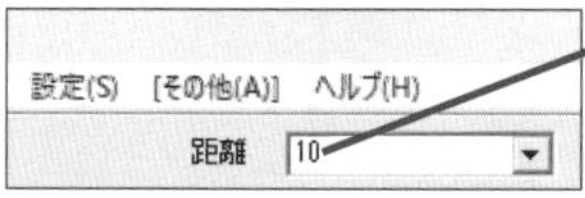

2 「10」と入力

3 始点を右クリック

4 線上をクリック

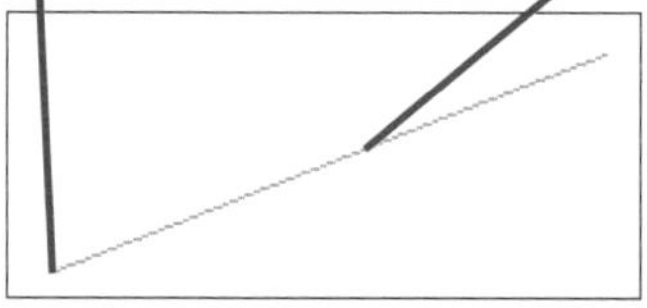

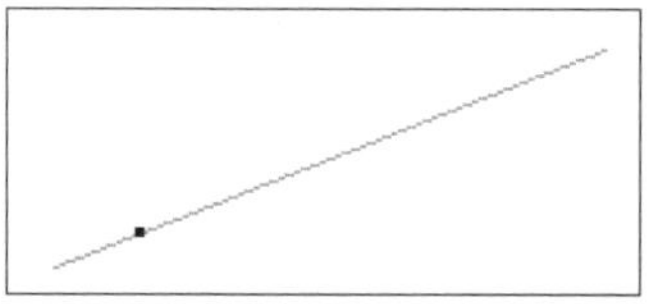

始点から10mmのところに点が作図された

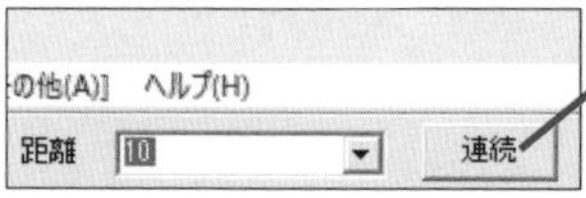

5 ［連続］をクリック

同じ距離で新しい点が作図された

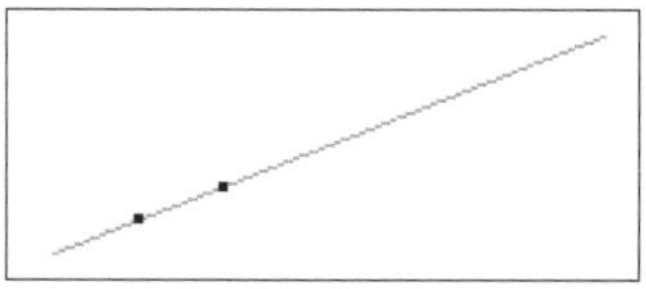

他のコマンドを実行すると終了する

378 サンプル お役立ち度 ★★★

Q 座標を指定して図形を作図するには

A ［オフセット］の機能を使用します

［軸角・目盛・オフセット　設定］画面でオフセットの設定を行うと、基準点から離れた位置に作図することができます。［設定］をクリックして［軸角・目盛・オフセット　設定］画面を表示し、［オフセット1回指定］または［オフセット常駐］にチェックマークを付けます。そのまま画面が閉じるので、作図を続けます。以下の例では［□］コマンドで寸法を指定して四角形を作図し、［オフセット］の画面で基準点からどのぐらいずらすかを数値で指定しています。ここでは「10,10」と入力し、基準点から右上の方向をクリックして作図を終了しています。

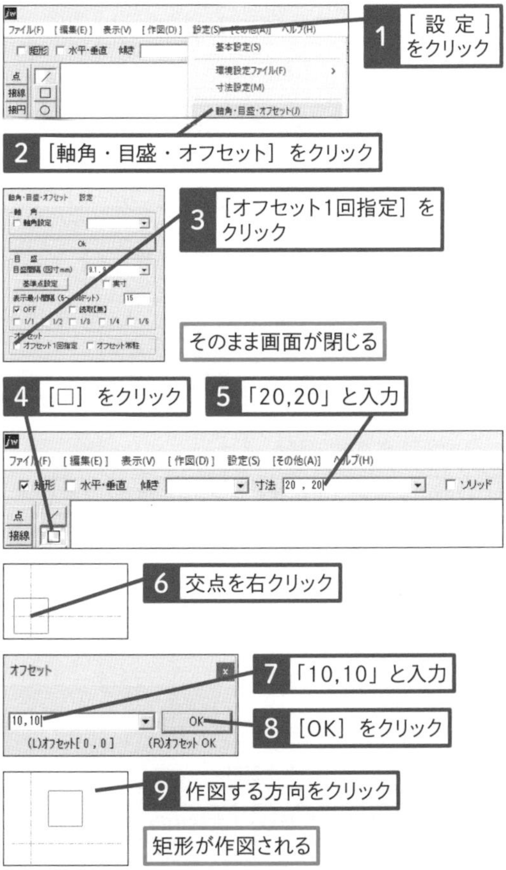
1 ［設定］をクリック
2 ［軸角・目盛・オフセット］をクリック
3 ［オフセット1回指定］をクリック
そのまま画面が閉じる
4 ［□］をクリック
5 「20,20」と入力
6 交点を右クリック
7 「10,10」と入力
8 ［OK］をクリック
9 作図する方向をクリック
矩形が作図される

379 サンプル お役立ち度 ★★★

Q 重複しているデータを整理するには

A ［整理］コマンドの［重複整理］を使用します

図面を作図する際に、柱線の上に壁線が重なっている場合など、見た目で分からない部分が重複していることがあります。重複した部分が多いとJw_cadのファイル容量が大きくなり、操作が遅くなる原因になります。［整理］コマンドの［重複整理］機能を使用すると、重複した線を整理して減らすことができます。ただし、レイヤやレイヤグループが異なる場合は整理の対象とならないため注意しましょう。

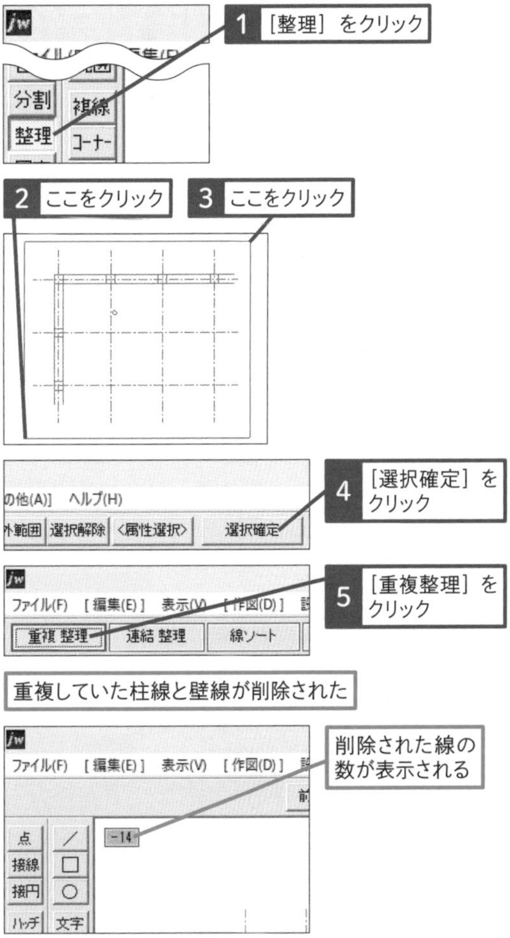
1 ［整理］をクリック
2 ここをクリック
3 ここをクリック
4 ［選択確定］をクリック
5 ［重複整理］をクリック
重複していた柱線と壁線が削除された
削除された線の数が表示される

380

サンプル　お役立ち度 ★★★

Q 同一線上にある線を連結して整理するには

A ［整理］コマンドの［連結整理］を使用します

柱線と壁線が同一線上に作図されている場合は、整理してまとめることができます。これにより、Jw_cadのファイル容量を減らし、操作を軽くすることができます。［整理］コマンドをクリックして［連結整理］をクリックすると、同一線上に作図された線が連結されます。なおレイヤやレイヤグループが違う場合は、連結の対象とはならないので注意しましょう。

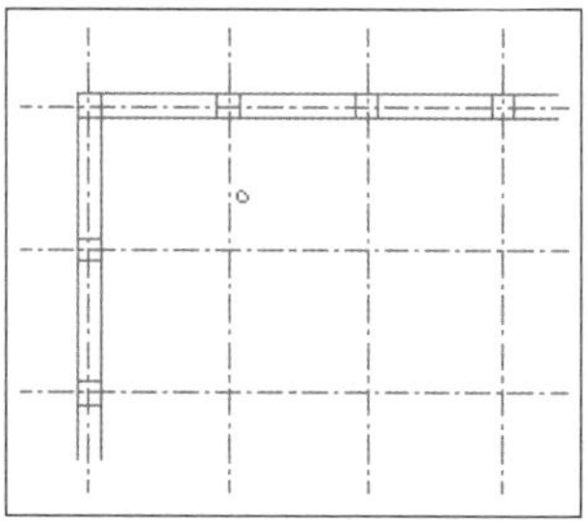

ワザ379を参考に［整理］コマンドを実行して図形を選択しておく

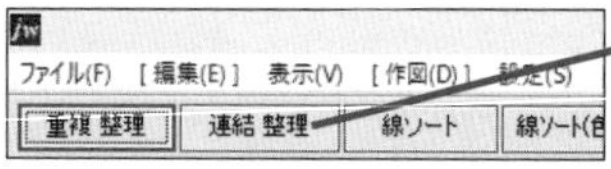

1 ［連結整理］をクリック

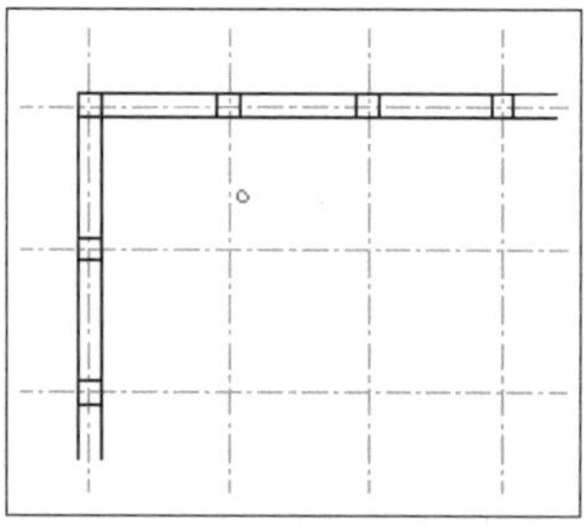

同一線上にあった柱線と壁線が連結された

重複しているため消去された線の数と、連結で消去された線の数が表示される

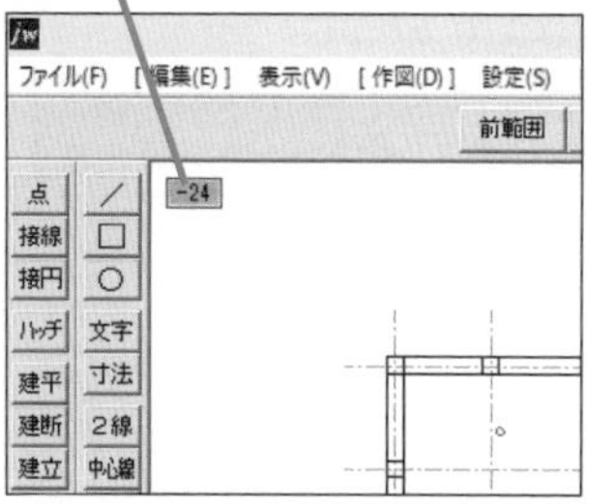

381

サンプル　お役立ち度 ★★

Q 線を属性で指定して選択するには

A 線属性を設定してCtrlキーを押しながらクリックします

同一線上に重なった線から、属性が違う線を選択したい場合があります。その場合は［線属性］画面で選択したい線と同じ線属性を設定し、Ctrlキーを押しながら線を右クリックします。

点線と重なっている実線のみ選択したい

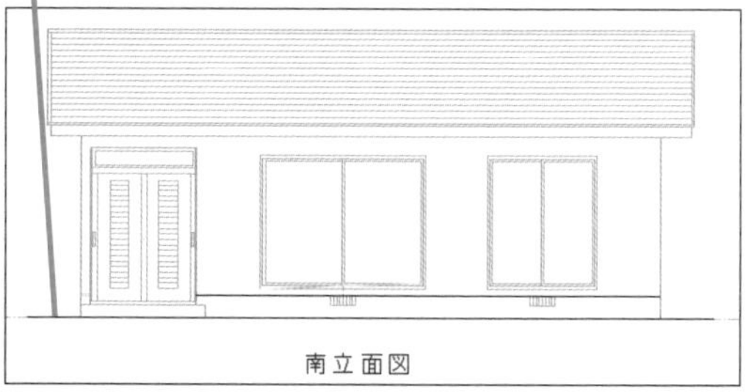

ワザ139を参考に［線属性］画面を表示しておく

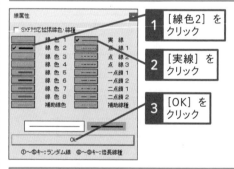

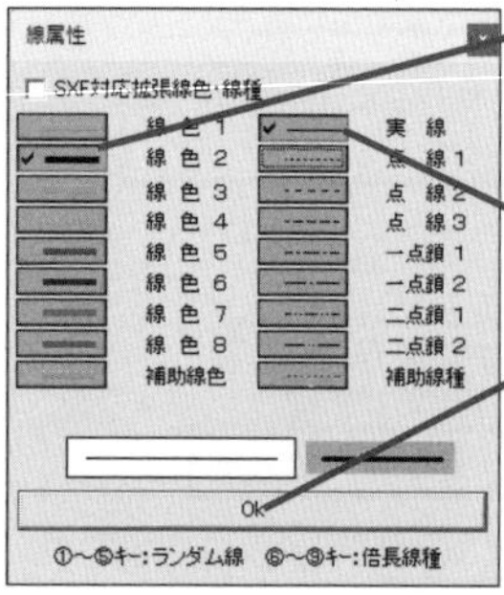

1 ［線色2］をクリック

2 ［実線］をクリック

3 ［OK］をクリック

ワザ195を参考に［範囲］コマンドを実行しておく

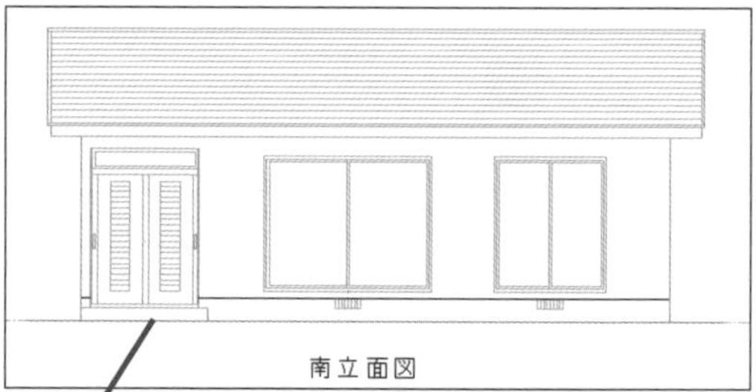

4 Ctrlキーを押しながら右クリック

実線のみ選択できた

382

サンプル　お役立ち度 ★★★

Q 表示領域を記憶するには

A ［画面倍率・文字表示　設定］を使用します

Jw_cadの初期設定では作図用紙の全体が表示されていますが、ファイルを開いた際の表示倍率を変更することができます。表示したい場所を拡大して表示してから、タスクバーの縮尺が表示されている部分をクリックします。すると［画面倍率・文字表示　設定］画面が表示されるので、［表示範囲記憶］をクリックします。これで全体表示の代わりに、設定した表示範囲で表示されます。なお両ボタンを押しながら右上にドラッグすると、［全体］ではなく［(範囲)］と表示され、記憶した範囲で表示されます。

1 両ボタンを押しながらドラッグ

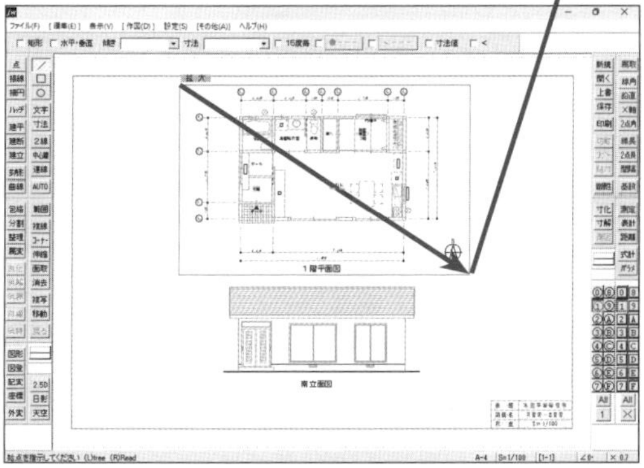

選択した範囲が拡大された

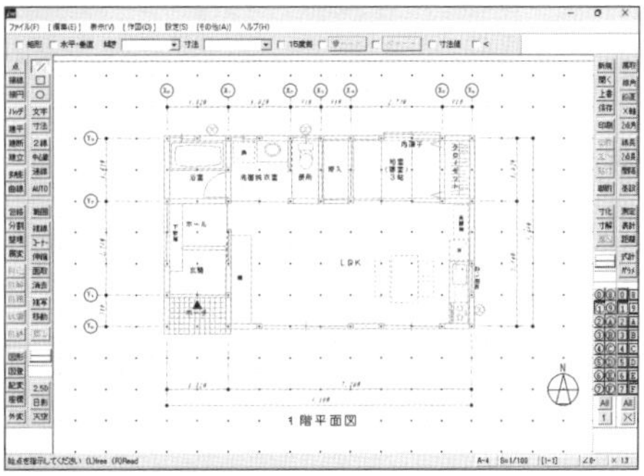

2 ここをクリック

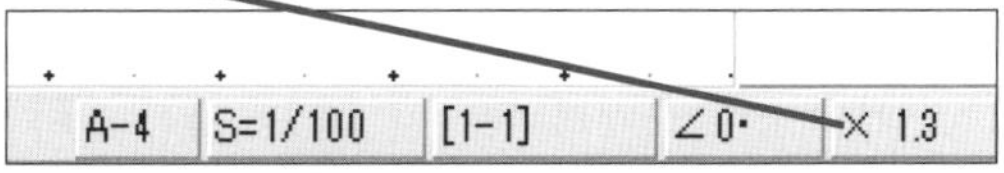

［画面倍率・文字表示設定］画面が表示された

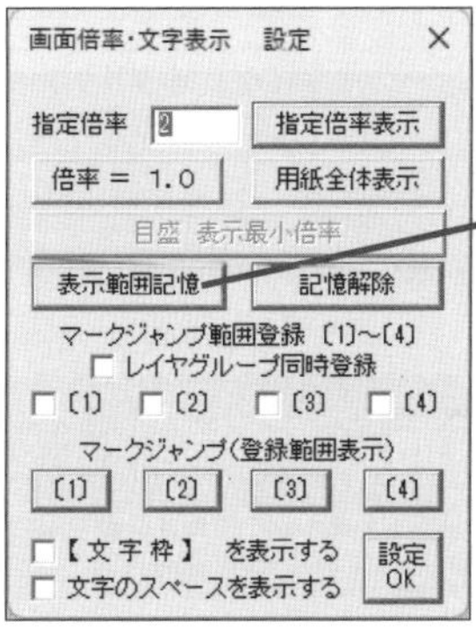

3 ここをクリック

現在の倍率が登録された

両ボタンを押しながら右上にドラッグすると［全体］ではなく［(範囲)］と表示される

383

サンプル　お役立ち度 ★★★

Q 表示領域を解除するには

A ［記憶解除］をクリックします

ワザ382で設定した表示範囲を解除するには、［画面倍率・文字表示　設定］画面の［記憶解除］をクリックします。画面が自動的に閉じて、指定した範囲ではなく全体を表示する状態に戻ります。

ワザ382を参考に［画面倍率・文字表示　設定］画面を表示しておく

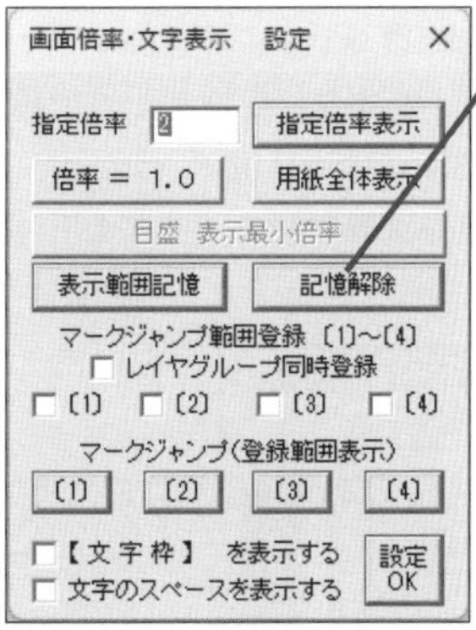

1 ［記憶解除］をクリック

表示領域の登録が解除された

384

お役立ち度 ★★★

Q メートル単位で図面に入力するには

A ［基本設定］の［一般（2）］で設定します

図面に入力する単位を「m」にするには、［基本設定］画面で設定します。［一般（2）］の［m単位入力］にチェックマークを付けておくと、図形を作図するときなどにメートル単位で数値を入力できるようになります。

ワザ030を参考に［基本設定］画面の［一般（2）］を表示しておく

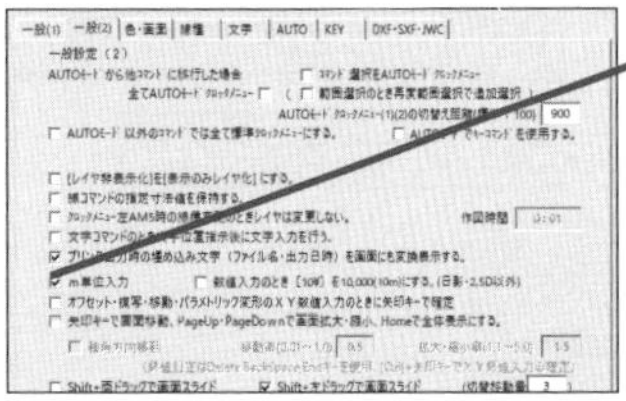

1 ［m単位入力］をクリックしてチェックマークを付ける

［OK］をクリックして設定を確定する

385

お役立ち度 ★★☆

Q ［線属性］画面を素早く表示できるようにするには

A ホイールボタンで表示できるように設定可能です

［基本設定］画面の［一般（2）］を表示して［ホイールボタンクリックで線色線種選択］にチェックマークを付けておくと、ホイールボタンを押すだけで線属性画面が表示されます。ただし、ホイールボタンを押してドラッグする操作は無効になりますので注意しましょう。

ワザ030を参考に［基本設定］画面の［一般（2）］を表示しておく

1 ここをクリックしてチェックマークを付ける

386

サンプル　お役立ち度 ★★★

Q 線を作図するときに水平・垂直と斜線を素早く切り替えるには

A マウスカーソルの移動で切り替えるようにできます

［基本設定］画面の［一般（1）］を表示して、［線コマンドでマウスを左右または上下に4回移動すると水平垂直線と斜線との切替］にチェックマークを付けます。［OK］をクリックして設定を確定し、［／］コマンドを実行してマウスカーソルを左右または上下に2回往復させると、［水平・垂直］にチェックマークが付きます。同じ動作を行うと、チェックマークがはずれます。

ワザ030を参考に［基本設定］画面の［一般（1）］を表示しておく

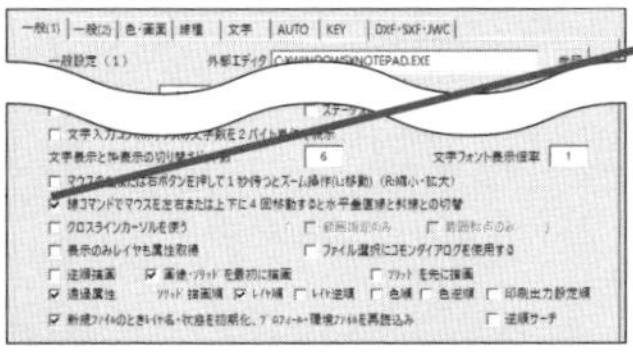

1 ここをクリックしてチェックマークを付ける

［OK］をクリックして設定を確定する

2 ［／］をクリック　3 始点をクリック

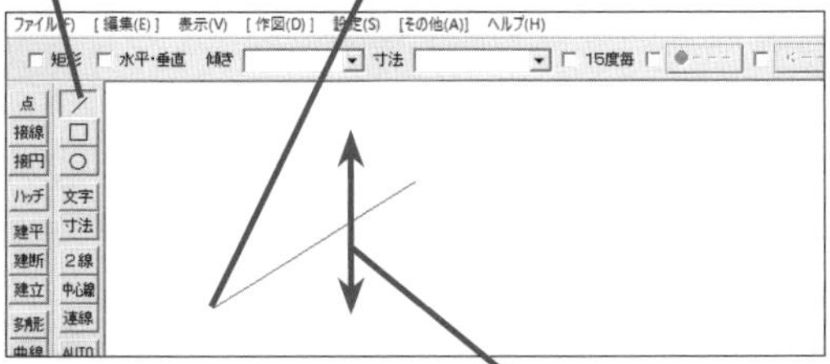

4 マウスカーソルを上下に2往復させる

［水平・垂直］にチェックマークがついた

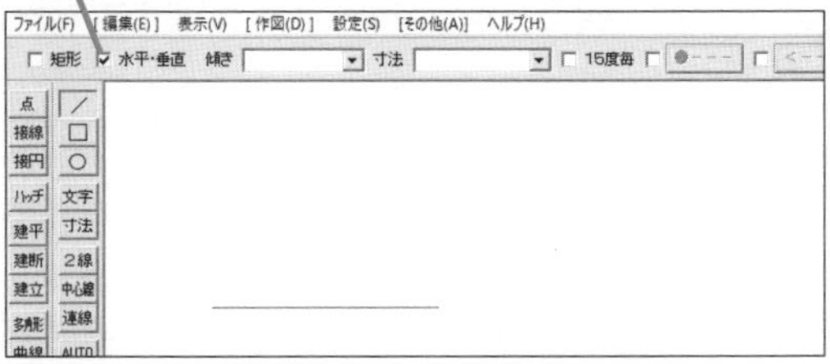

再度、マウスカーソルを上下に2往復させると［水平・垂直］のチェックマークが外れる

387

サンプル　お役立ち度 ★★★

Q Jw_cadで用意されている図形を確認するには

A ［図形］コマンドで表示できます

Jw_cadには、建築図面の作図に便利な図形データがあらかじめ用意されています。［図形］コマンドを実行して［jww］フォルダー内の［《図形01》建築1］などのフォルダー内を確認しましょう。

1 ［図形］をクリック

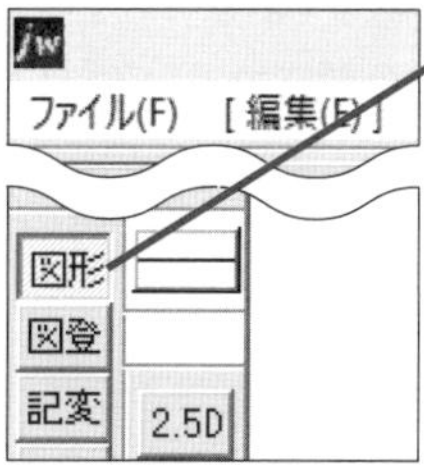

［ファイル選択］画面が表示された

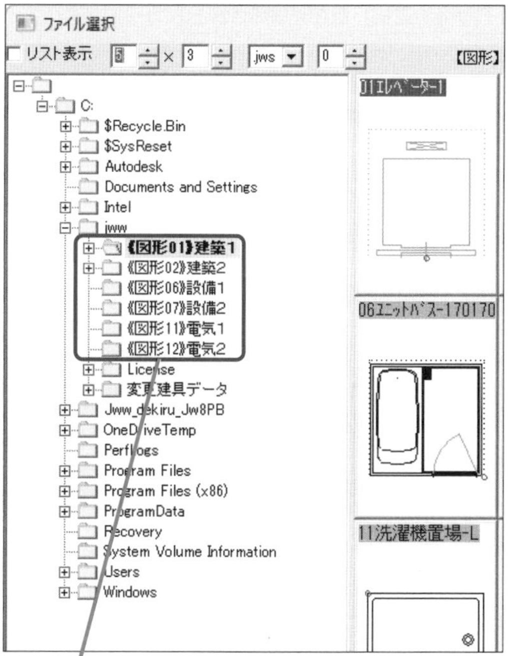

このフォルダー内の図形を使用できる

関連 354　図形を登録するには　▶P.222

388

サンプル　お役立ち度 ★★★

Q Jw_cadで用意されている建具を確認するには

A ［建平］［建断］［建立］などのコマンドを実行します

Jw_cadには、戸や窓などの建具のデータがあらかじめ用意されています。平面建具なら［建平］、断面建具なら［建断］、立面建具なら［建立］のコマンドを実行し、［jww］フォルダー内の「【建具平面A】建具一般平面図」などのフォルダー内を確認しましょう。

1 ［建平］をクリック

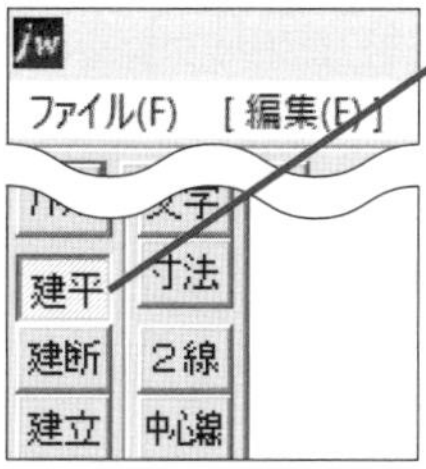

［ファイル選択］画面が表示された

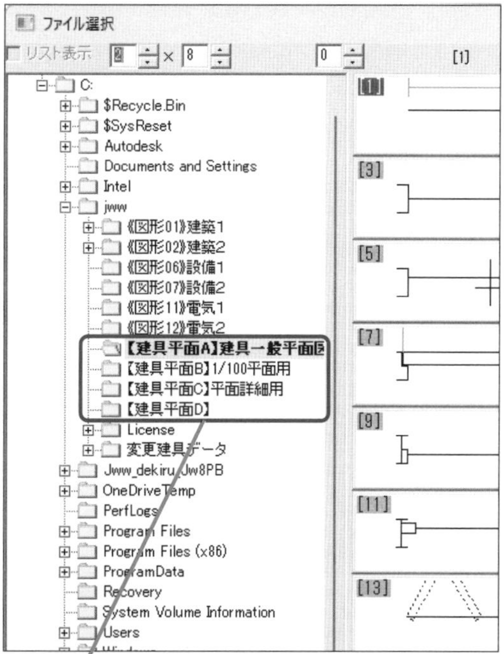

このフォルダー内の建具を使用できる

389

お役立ち度 ★★★

Q 線記号変形とは

A 線の代わりに記号を作図できる機能です

Jw_cadには［線記号変形］という機能があり、作図した線をクリックして図面用の線記号に変形することができます。［記変］をクリックすると［ファイル選択］画面が表示されるので、［jww］フォルダー内の［【線記号変形A】建築1］などのフォルダー内を確認しましょう。

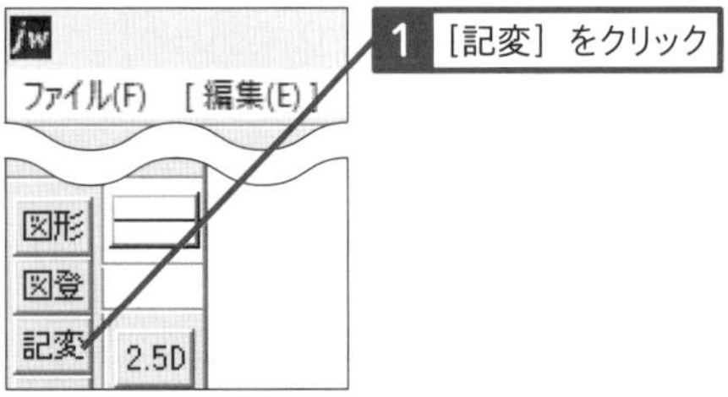

［ファイル選択］画面が表示された

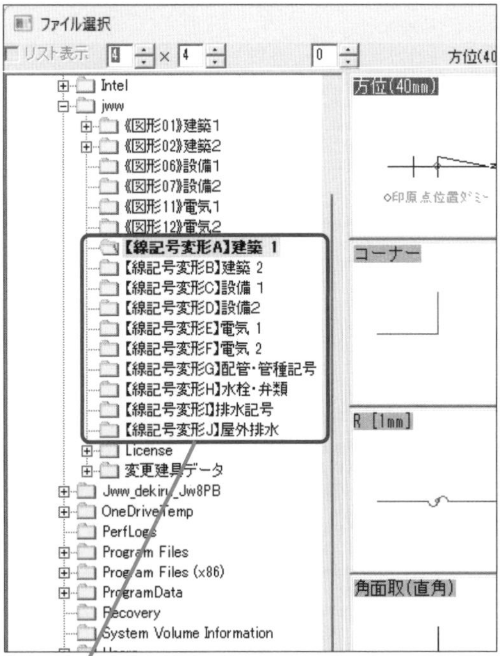

このフォルダー内の図形を使用できる

390

お役立ち度 ★★★

Q 外部変形とは

A プログラムで図形の作成変更などを行う機能です

［外部変形］機能を使うと、Jw_cadに用意されたプログラムを使って図形の作成や変更を行うことができます。［外変］コマンドを実行するとプログラムの内容が表示されるので、確認しておきましょう。なお、ワザ391の方法で、一般公開されているプログラムを追加することもできます。

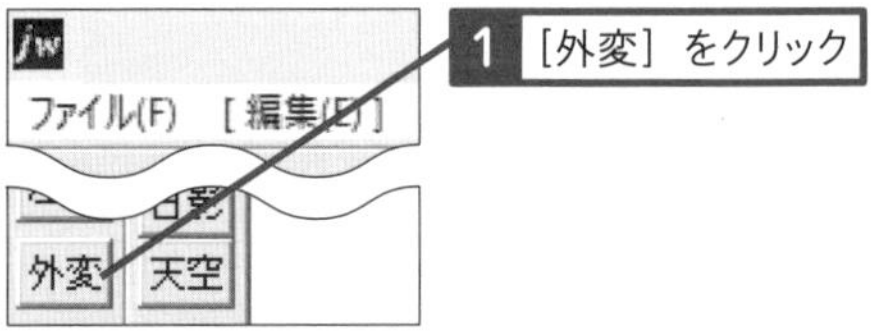

［ファイル選択］画面が表示された

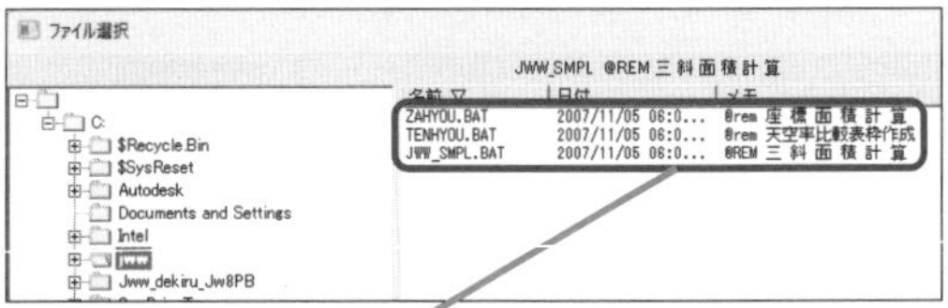

3種類の外部変形プログラムが用意されている

391

お役立ち度 ★★★

Q 外部変形を追加するには

A Webからダウンロードが可能です

Jw_cadをもっと便利に使えるように、［外変］コマンドで使えるプログラムを追加することができます。ダウンロードサイトの「Vector」などで検索してダウンロードすることが可能です。外部変形用のファイルには様々な形式があるので、ダウンロード後に提供元のファイルを参照しましょう。

よくあるトラブルを解決する

ここでは、Jw_cadで起きる諸々のトラブルの解決方法を説明します。また、いざという時のためにバックアップを作成する方法も紹介します。

392

サンプル　お役立ち度 ★★★

Q ツールバーの表示が乱れてしまった！

A ［表示］の［ツールバー］で初期化できます

Jw_cadの画面の大きさを変更すると、ツールバーの表示が乱れてしまう場合があります。これを元に戻すには［表示］をクリックして［ツールバー］をクリックし、［ツールバーの表示］画面で［初期状態に戻す］をクリックしてチェックマークを付けます。続けて［OK］をクリックして設定を確定すると、ツールバーの表示が初期状態に戻ります。ただし、ユーザー設定ツールバーなどの表示も初期状態に戻るので、再度設定が必要になります。

画面の最大化、最小化などを行うとツールバーの表示が乱れる場合がある

1 ［表示］をクリック

2 ［ツールバー］をクリック

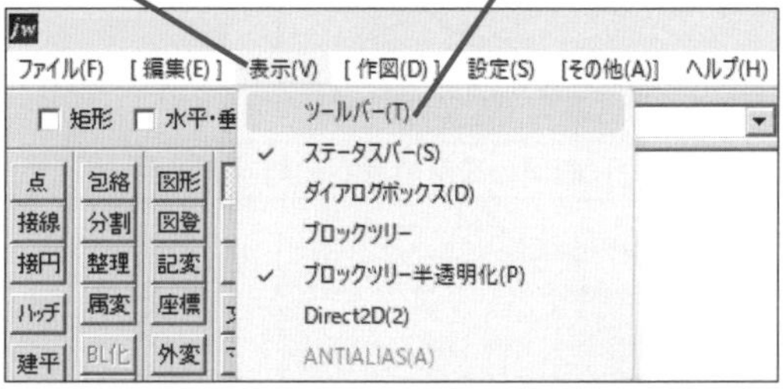

関連 026 おすすめのツールバーを教えて！ ▸ P.38

関連 027 ユーザー設定ツールバーをカスタマイズするには ▸ P.39

［ツールバーの表示］画面が表示された

3 ［初期状態に戻す］をクリック

4 ［OK］をクリック

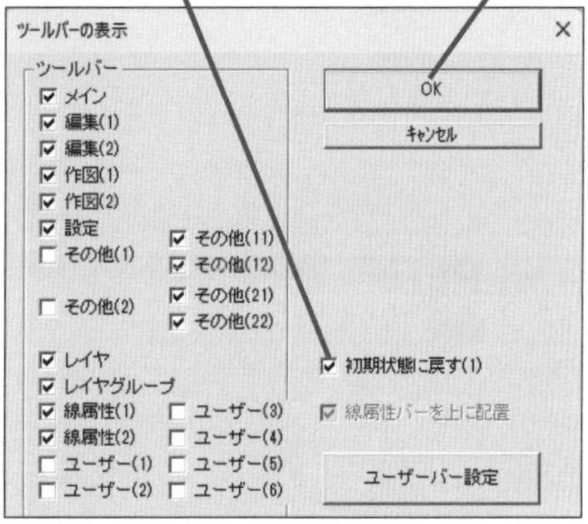

ツールバーの表示が初期状態に戻った

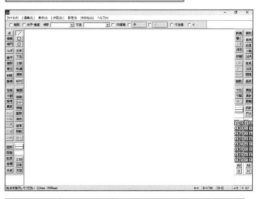

ユーザー設定ツールバーなどを表示していた場合は再度［ツールバーの表示］画面を表示して設定する

393

お役立ち度 ★★★

Q ステータスバーを表示するには

A ［表示］の［ステータスバー］にチェックマークを付けます

操作中にステータスバーが消えてしまうことがあります。再度表示するには［表示］をクリックして［ステータスバー］をクリックすると、ステータスバーが表示されます。なお、同じ操作でチェックマークをはずすとステータスバーを非表示にできます。

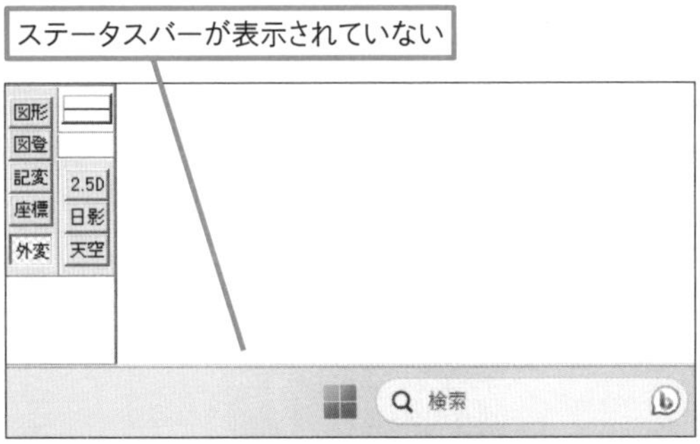

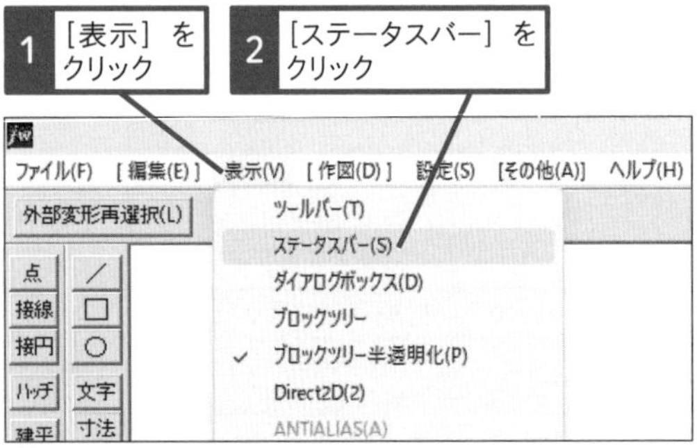

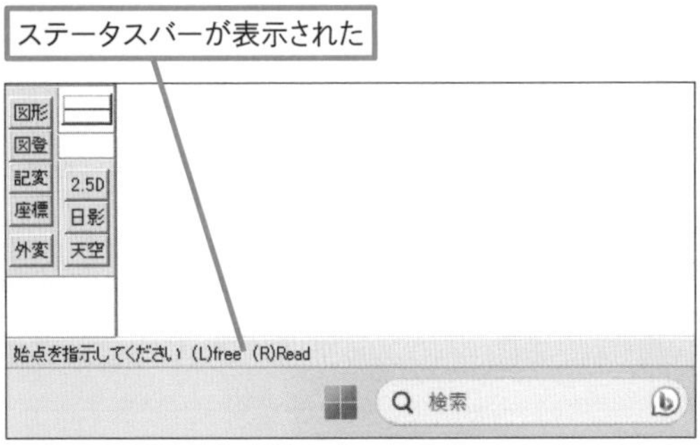

394

お役立ち度 ★★★

Q ダイアログボックスの位置を初期状態に戻すには

A ［表示］の［ダイアログボックス］をクリックします

［数値入力］などの画面がJw_cadの画面上から外れた位置に表示される場合があります。元に戻したいときは［表示］をクリックして［ダイアログボックス］をクリックし、表示された画面で［OK］をクリックすると初期状態に戻すことができます。この操作を行うと、［線属性］や［基本設定］など他の画面の表示位置も初期状態に戻ります。

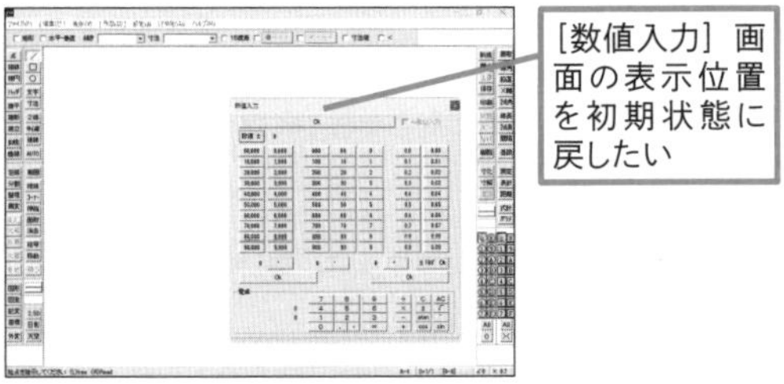

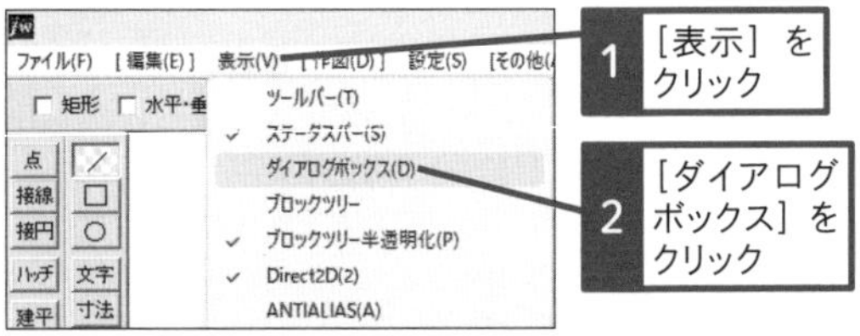

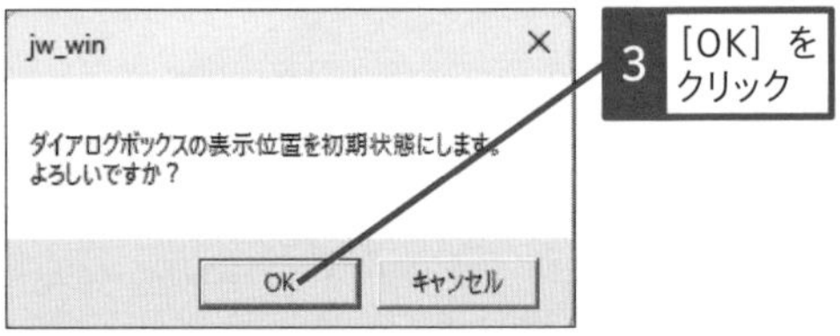

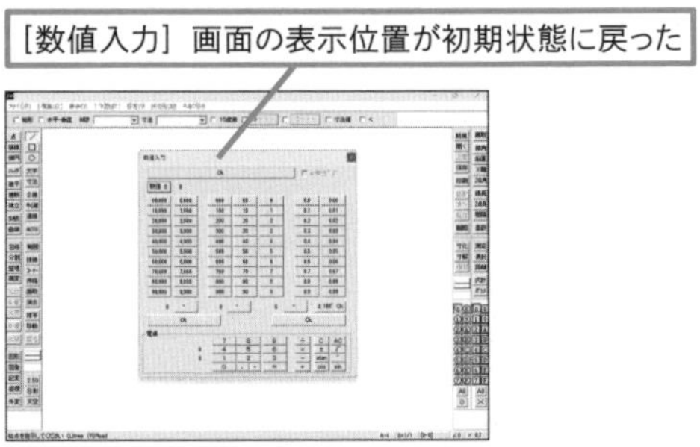

395

お役立ち度 ★★★

Q ツールバーの表示を素早く変更するには

A コントロールバーなどを右クリックして一覧を表示できます

ワザ369で紹介した方法の他に、ツールバーの表示を素早く切り替えることができます。コントロールバーやツールバーを右クリックすると、現在画面に表示されているツールバーの一覧が表示されます。クリックしてチェックマークを付けたりはずしたりすることで、表示を切り替えることができます。

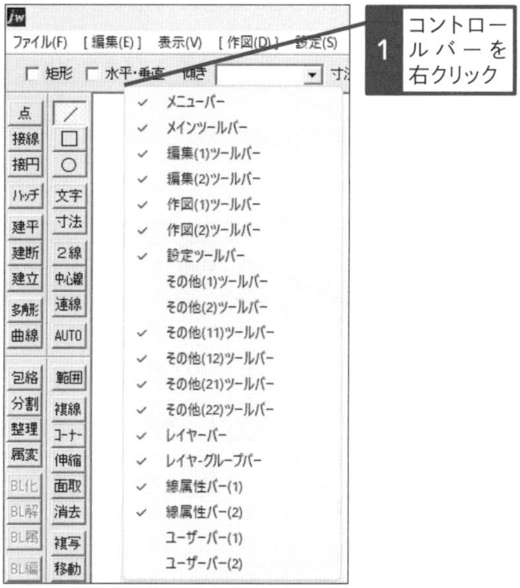

クリックして表示を切り替えることができる

左右のツールバーを右クリックしても同様の操作ができる

396

お役立ち度 ★★★

Q 拡張子が「.BAK」や「.jw$」のファイルは何？

A バックアップと自動保存のファイルです

Jw_cadのファイルを保存した場所に、拡張子が[BAK][jw$]といったファイルが作られる場合があります。[BAK]はバックアップファイルを意味しており、Jw_cadのファイルが上書き保存された際に、その前までに保存されていた内容を自動的に別途保存しています。[jw$]は自動保存されたファイルを意味しており、[基本設定]画面の[一般(1)]に含まれる[オートセーブ時間(1～1000分)]で設定した時間ごとに、ファイルの内容を自動保存したものです。こちらはJw_cadのファイルを保存すると自動的に削除されます。

上書き保存を実行すると、変更を加える1つ前の状態が「～.BAK」という拡張子のファイルが保存される

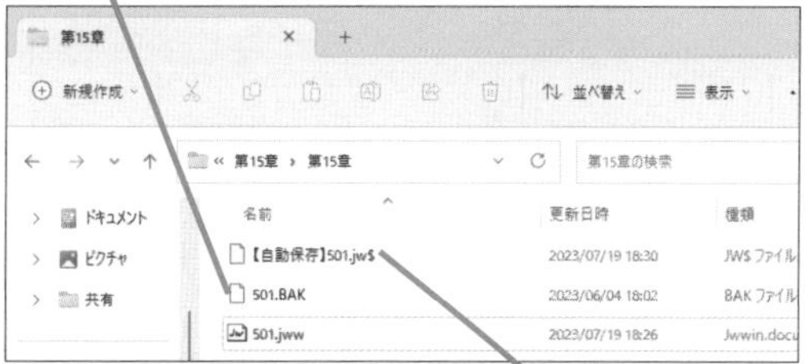

ファイルを一定時間開くと「【自動保存】～.jw$」という拡張子のファイルで変更内容が保存される

どちらのファイルも初期状態ではアプリケーションと関連付けされていない

397

お役立ち度 ★★★

Q バックアップや自動保存の設定を変更するには

A 保存のタイミングやファイル数を設定できます

［基本設定］画面の［一般（1）］の［オートセーブ時間（1～1000分）］の数値を変更すると、自動保存を始めるタイミングを設定できます。自動保存の間隔を短くすると頻繁に保存が実行され、操作に影響を与える場合があるので注意しましょう。また、バックアップファイルの数を指定することも可能です。「0」と入力すると、バックアップファイルが保存されなくなります。

ワザ030を参考に［基本設定］画面の［一般（1）］を表示しておく

数値を変更して、自動保存されるまでの時間を設定できる

初期状態では30分経つと、自動保存ファイルが作成される設定になっている

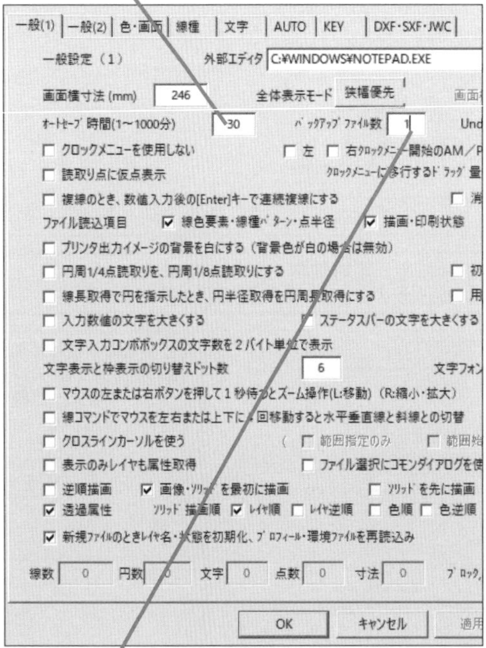

数値を変更して、バックアップファイルの数を設定できる

「0」と入力すると、上書き保存しても「.BAK」のファイルが保存されなくなる

398

サンプル

お役立ち度 ★★★

Q バックアップファイルを開くには

A 拡張子を変更します

［BAK］ファイルと［jw$］ファイルの内容は、どちらもJw_cadファイルと同じです。それぞれの拡張子を［jww］に変更すると、Jw_cadファイルと同じように扱うことができます。ただし、元のファイル名をそのまま使うと、Jw_cadのファイルと全く同じになってしまうので、数字などを追加して別の名前にしましょう。Jw_cadのファイルが破損したり、間違えて上書きされてしまったりした場合に対応できます。

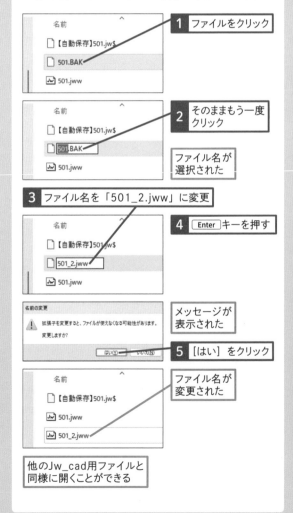

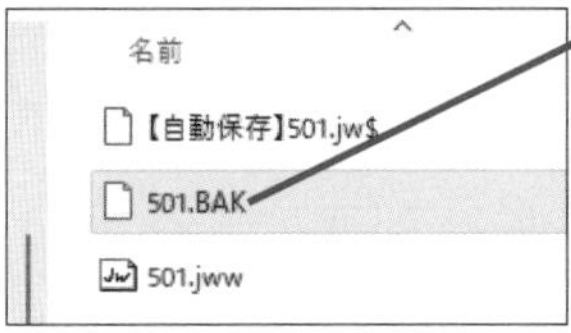

1 ファイルをクリック

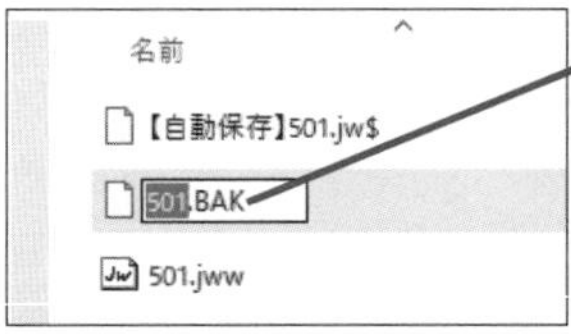

2 そのままもう一度クリック

ファイル名が選択された

3 ファイル名を「501_2.jww」に変更

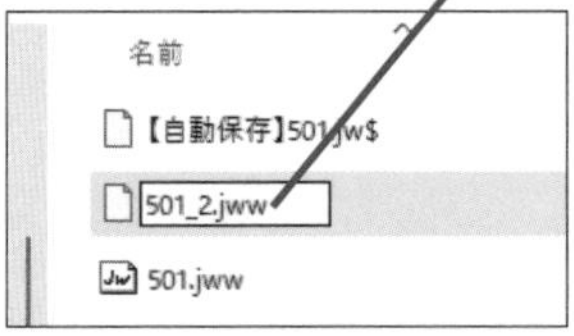

4 Enter キーを押す

メッセージが表示された

5 ［はい］をクリック

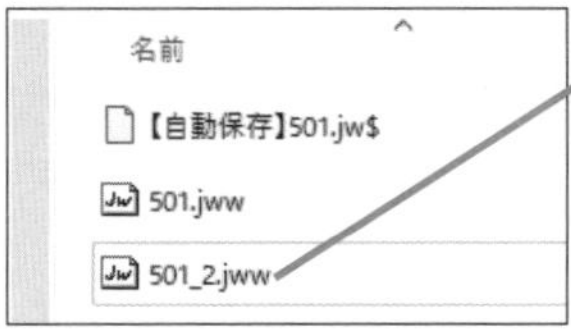

ファイル名が変更された

他のJw_cad用ファイルと同様に開くことができる

399 お役立ち度 ★★★

Q 「ファイルが見つからない」と表示されたときは

A 他のアプリでファイルを開いている可能性があります

フォルダー内にファイルが存在するのに、「ファイルが見つかりませんでした。」といったメッセージが表示され、ファイルが開けない場合があります。これは、他のアプリケーションでそのファイルを開いていることが原因です。AutoCADなどのCADソフトでファイルを開き、DXF形式で保存して、ファイルを開いたままJw_cadでも開こうとしたときによく起こります。Jw_cadで表示されたメッセージを閉じて、他のアプリケーションで開いているファイルを閉じると、Jw_cadで開けるようになります。

他のアプリでファイルを開いていると「ファイルが見つからない」と表示される

「アクセス中に共有違反が発生した」と表示されることもある

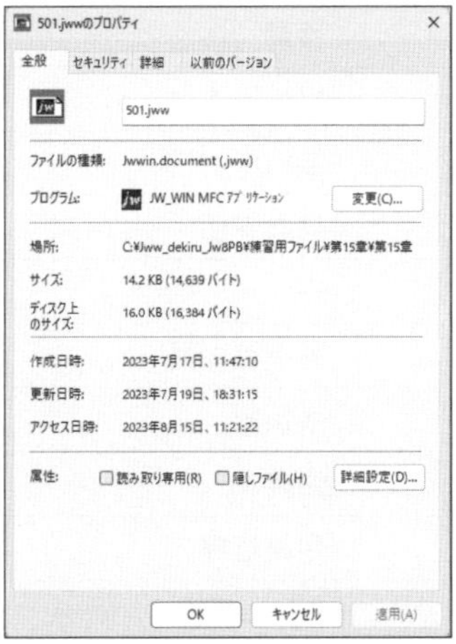

JWWファイルを選択して Alt + Enter キーを押すとファイルの関連付けなどが確認できる

400 サンプル お役立ち度 ★★★

Q 交差した線の消去で隙間が空いてしまうときは

A ［基本設定］で変更します

交差した線の片方を消去したときに、初期状態では線があった場所に隙間が空いて表示されます。［基本設定］画面の［一般（1）］を表示して、［消去部分を再表示する］にチェックマークを付けることで解消できます。

ワザ215を参考に［消去］コマンドで横線を消去する

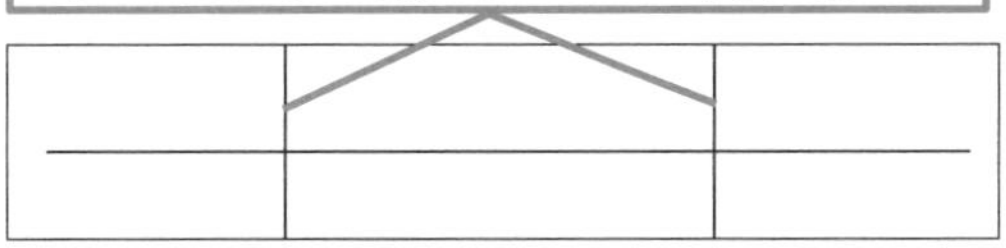

交点の部分に隙間ができてしまった

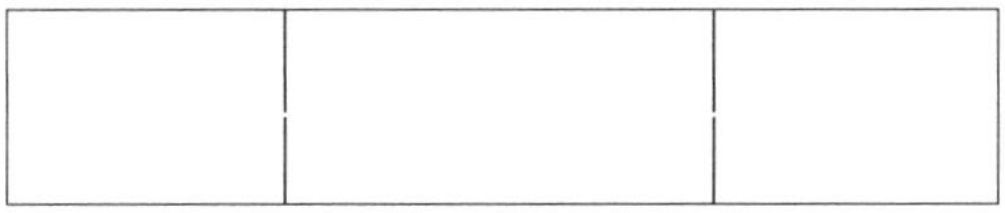

ワザ030を参考に［基本設定］画面の［一般（1）］を表示しておく

1 ［消去部分を再表示する］をクリックしてチェックマークを付ける

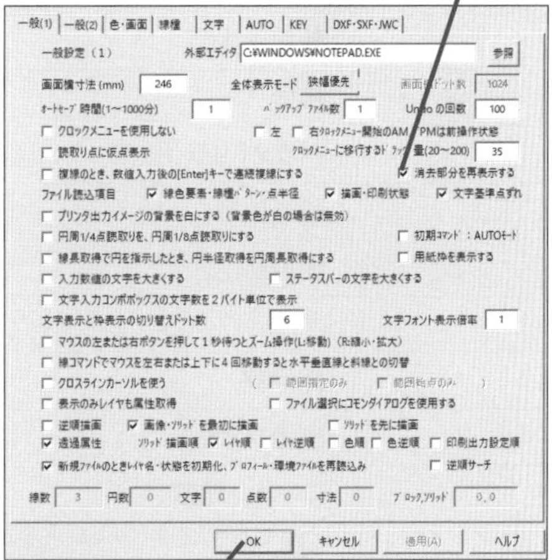

2 ［OK］をクリック

消去部分の隙間がなくなる

Jw_cadの基礎知識
基本操作と事前準備
基本的な線の作図と点の取得
円や接線、接円の作図
長方形や多角形の作図
さまざまな線の作図と属性の取得
線や角の編集
レイヤの管理と図形の編集
図形消去・移動・複写
変形と塗りつぶし
文字の記入と編集
寸法の記入
ファイルの挿入・出力
便利機能とトラブル解決

付録

ショートカットキー一覧

Jw_cad8で使用できるショートカットキーを一覧にしました。アルファベットに対応した26種類の操作と、Shiftキーを押しながらアルファベットのキーを押す20種類の操作があります。50ページも合わせてご参照ください。

キー	コマンド
A	文字
B	矩形
C	複写
D	図形消去
E	円・円弧
F	複線
G	外部変型
H	直線
I	中心線
J	建具平面
K	曲線
L	連続線
M	移動
N	線記号変型
O	接線
P	パラメトリック変形
Q	包絡処理
R	面取り
S	寸法
T	線伸縮
U	座標ファイル
V	コーナー処理
W	2線
X	ハッチング
Y	範囲選択
Z	図形読込

キー	コマンド
Shift+A	AUTO
Shift+B	直線
Shift+C	矩形
Shift+D	円・円弧
Shift+E	範囲確定・基準点変更
Shift+F	点
Shift+G	寸法
Shift+H	―
Shift+I	中心線
Shift+J	―
Shift+K	―
Shift+L	―
Shift+M	線伸縮
Shift+N	面取り
Shift+O	図形消去
Shift+P	―
Shift+Q	移動
Shift+R	接線
Shift+S	接円
Shift+T	建具平面
Shift+U	―
Shift+V	基準点変更
Shift+W	多角形
Shift+X	曲線
Shift+Y	包絡処理
Shift+Z	ズーム操作

付録

クロックメニュー一覧

Jw_cad8ではマウスボタンをクリックしながらドラッグする「クロックメニュー」を使うことで、合計48種類のコマンドを実行できます。以下は［／］コマンドが選択されている状態の際に表示されるクロックメニューの一覧です。クロックメニューの設定や操作については、51ページをご参照ください。

左AMメニュー	左PMメニュー	右AMメニュー	右PMメニュー
左12　文字	左12+右　【角度±反転】	右12　鉛直・円周点	右12+左　数値長
左1　線・矩形	左1+右　■矩形	右1　線・矩形	右1+左　鉛直角
左2　円・円弧	左2+右　15度毎	右2　円・円弧	右2+左　2点間角
左3　包絡	左3+右　■水平・垂直	右3　中心点・A点	右3+左　X軸角度
左4　範囲選択	左4+右　建具断面	右4　戻る	右4+左　線角度
左5　線種変更	左5+右　建具平面	右5　進む	右5+左　軸角取得
左6　属性取得	左6+右　【全】属性取得	右6　オフセット	右6+左　数値角度
左7　複写・移動	左7+右　ハッチ	右7　複写・移動	右7+左　(-) 軸角
左8　伸縮	左8+右　連続線	右8　伸縮	右8+左　(-) 角度
左9　AUTO	左9+右　中心線	右9　線上点・交点	右9+左　X軸 (-) 角度
左10　消去	左10+右　2線	右10　消去	右10+左　2点間長
左11　複線	左11+右　寸法	右11　複線	右11+左　線長取得

キーワード解説

本書を読む上で、知っておくと役に立つキーワードを用語集にまとめました。なお、この用語集の中で関連するほかの用語がある項目には→が付いています。併せて読むことで、初めて目にする専門用語でもすぐに理解できます。ぜひご活用ください。

アルファベット

BMP
ビットマップ画像フォーマットの1つで、ピクセル単位で画像データを保存するファイル形式。非圧縮で高品質な画像を保持し、Windowsで広く使用されている。各ピクセルの色情報を直接格納しており、透明度の設定やファイルの圧縮ができないため、ファイルサイズが大きい傾向がある。拡張子は「.bmp」。
→拡張子

JPEG
JPEG（Joint Photographic Experts Group）は、圧縮画像フォーマットの1つで、写真やイメージを効率的に圧縮することができる。ファイルサイズを小さくできるため、Webや画像ファイルでよく使用される。圧縮率は調整可能だが、非可逆圧縮のため圧縮率を高くすると画質が低下する。拡張子は「.jpg」または「.jpeg」。
→拡張子

あ

一点鎖線
線種の一種。点と短い線とを交互に配した線で、細い一点鎖線と太い一点鎖線がある。細い一点鎖線は通り芯や壁芯など、建築図面上で、主に中心や基準を示す実在しない仮想線に使用し、太い一点鎖線は敷地境界線などに使用する。Jw_cadの標準線種では、ピッチ別に[一点鎖1]と［一点鎖2］の一点鎖線が用意されている。

印刷線幅
印刷される線の太さのこと。Jw_cadの画面上では、基本的に線の太さは同じまま表示し、標準線色の違いで区別する。[基本設定]画面の[色・画面]タブをクリックし、[プリンタ出力要素］の［線幅］に数値を入力すると標準線色ごとの印刷時の線の太さ（印刷線幅）を設定できる。
→線色

か

外形線
製図において、対象とするものの見える部分の形状を表す線のことで、太線の実線で作図される。建築製図では、屋根伏図の外周部、立面図の外周部の線を指す。立面図で遠近感を出すために極太線にする場合もある。

書込線
今後作成する線や円などのために、線の色と線の種類を組み合わせたものを「書込線」という。書込線の特性は［線属性］画面で設定でき、ツールバー内の［線属性］バーには、その線の色と線の種類が表示される。
→線属性、ツールバー

書き込みレイヤ
作図の対象として設定されているレイヤ。［レイヤ］バーではレイヤ番号の横に赤い丸が表示される。レイヤボタンを右クリックすることで、特定のレイヤを書き込みレイヤに切り替えることができる。→レイヤ

拡張子
コンピュータープログラムやデータなどのファイルに関する情報や特性を示す文字のこと。ファイル名の後ろにピリオドと記号の組み合わせで表示される。Windowsの初期状態では、特別な設定が必要な場合を除き表示されない。

傾き
傾斜、勾配のこと。Jw_cadでは通常、水平方向を「0°」として反時計回りの傾きは「＋」（プラス）、時計回りの傾きは「－」（マイナス）で数値入力する。

曲線属性
複数の線・円・文字・ソリッドなどの要素をひとまとまりとする属性のこと。ソリッド図形を作図する際、［曲線属性化］にチェックマークを付けることで、要素がひとまとまりになる。また実行したい範囲を選択し、［属性変更］をクリックして［曲線属性に変更］にチェックマークを付けることで曲線属性化できる。→ソリッド

矩形
正方形や長方形のこと。Jw_cadでは［□］コマンドで正方形や長方形を作図する。→コマンド

クロックメニュー
Jw_cad独特の機能。左右どちらかのマウスボタンを押しながらマウスを一定距離ドラッグすると、その方向に対応するコマンドが表示され、マウスボタンを離すと実行できる。基本設定で機能をオフにできるが、右クリックと上下左右の4つの方向にドラッグして実行する「鉛直・円周点」「中心点・A点」「オフセット」「線上点・交点」の4種類は常に使用できる。
→コマンド、線上点

コマンド
命令、指揮、指令、支配などの意味。Jw_cadでは、ツールバーに、作図に必要なコマンドが並んでいる。このツールバーは自分でカスタマイズでき、よく使うコマンドだけを表示することもできる。→ツールバー

コントロールバー
メニューバーの下に表示される画面。選択中のコマンドによって表示が変化し、各コマンドの細かい設定を行うことができる。→コマンド

さ

実寸
製品や建築物などの実際の寸法を、図面上に描きながら表現すること。作図する際に実際の寸法を直接指定する。
→寸法

縮尺
作図する対象物の実際の長さに対して、何分の1の大きさで図を作成するかを示す比率。Jw_cad内での縮尺は、尺度やスケールと同義となっている。

ショートカットキー
画面上のメニュー項目やボタンをクリックする代わりに、キーボードの特定のキーを組み合わせて押すことで操作を実行する機能、またはキーのこと。Jw_cadには独自のショートカットキーが46種類用意されており、設定で変更することができる。

図形ファイル
「.jws」または「.jwk」という拡張子を持つ、特有の形式のデータファイル。これらのファイルは、[図形] コマンドを使用して一覧から選択し、配置できる。
→拡張子、コマンド

図寸
図面上の寸法や建築物などの実際の大きさは、印刷時の縮尺によって変更される場合があるが、文字サイズ指定のように縮尺に影響されず、実際の寸法を直接示すものを指す。図面寸法ともいう。→縮尺、寸法

ステータスバー
画面下部に位置するバーで、ウィンドウ内の情報を表示する領域。Jw_cadでは選択したコマンドの説明や操作ガイド、またはメッセージなどがこの領域に表示される。
→コマンド

図面ファイル
CADで作成され、保存された図面データのファイルのこと。Jw_cadでは一般的に「.jww」という拡張子が付けられる。異なるCAD間ではDXFファイルという形式を使う。→拡張子

寸法
図面作成における寸法は、一般的に製品や建築物のサイズを示すためミリメートル単位で表現される。Jw_cadでは [寸法] コマンドを使用する。→コマンド

寸法線
寸法を表示するための線。Jw_cadでは、寸法の対象となる2点間の距離と同じ長さを持つ線が示される。→寸法

寸法補助線
JISの定義では「寸法を表示する形状と、その寸法線の端点をつなぐ線」のことだが、Jw_cadではこれを [引出線] と呼ぶので注意。寸法補助線は細い実線を使い、通常は寸法線から約8倍の長さを伸ばす。
→寸法、寸法線、端点、引出線

接線
曲線に触れるように引かれた線のこと。[接線] コマンドを使用すると、円同士、点から円、特定の角度で接する線などを描くことができる。→コマンド

線色
Jw_cadでは、8つの基本的な線の色が提供されており、線の太さを示したり、カラー印刷の際に印刷箇所を区別したりするために使われる。

線種
図面内の対象の種類によって使い分ける、線の種類のこと。実線や破線、一点鎖線、二点鎖線などがある。Jw_cadでは8つの標準的な線種が用意されている。
→一点鎖線、二点鎖線

線上点
線の上の点を指定する機能。線の上に大まかな位置を指定するときに使う。[設定] の [線上点] またはクロックメニューの [線上点] で使用できる。
→クロックメニュー

線属性
線色、線種、レイヤ、レイヤグループなどの情報は、個々の線ごとに設定されており、これらの情報全般を「線属性」と呼ぶ。[属変] コマンドを用いると、線の属性を変更できる。
→コマンド、線色、レイヤ、レイヤグループ

ソリッド
「ソリッド」は物体が固くて密集していることを表すが、Jw_cadでは、塗りつぶされた部分を「ソリッド」または「ソリッド図形」と呼ぶ。

た

タイトルバー
ウィンドウの一番上にある部分で、右上に「閉じる」ボタンがあるエリアのこと。ファイル名などが表示される。

端点
線の一方の終わりを指す端部のこと。2次元CADの線は、両端点が「X, Y」座標を持つことで定義される。また、右クリックで読み取れるのは、「X, Y」座標を持つ点の情報となる。

ツールバー
よく使うコマンドをボタンとして表示し、帯状に並べたもの。Jw_cadの初期設定では、これらのボタンが画面の左右両側に配置されている。→コマンド

留線
[2線] コマンドや [複線] コマンドで、平行の直線を一度に2本作図するときに使う、端部に作図される閉じた線のこと。→コマンド、複線

トリミング
構図を整えるために不必要な部分を非表示にすること。Jw_cadでは、[画像編集] コマンドの [トリミング] で画像の不要な部分を隠すために使用する。
→コマンド

な

二点鎖線
線種の一種で、2つの点と短い線とを交互に配した線のこと。Jw_cadの標準線種では、ピッチ別に [二点鎖1] と [二点鎖2] の二点鎖線が用意されている。

は

ハッチング
元々の意味は、一定の面を平行な線で埋める技法のことで、視覚効果や作業の効率化など、幾つかの役割・目的がある。製図においては、指定した範囲を斜線や特定のパターンで埋めることを意味する。

パラメトリック変形
[パラメ] コマンドで行う処理のこと。図形の特定の部分を伸縮して形状を変えることができる。
→コマンド

引出線
JISの規定では「情報や要求事項、参照線、形体や寸法線をつなぐ線」のことで、材質などを示す際などに使用される。通常は細い実線で描かれ、特定の要素をつなぐ。Jw_cadでは「寸法補助線」を「引出線」と呼ぶため注意が必要。→寸法線

表示倍率
ステータスバーの右部に表示された、現在の画面表示倍率のこと。数値の部分をクリックして、[倍率=1.0] をクリックすると、印刷時と同じサイズで表示できる。
→ステータスバー

複線
線や円を指定間隔で平行複写すること。Jw_cadでは [複線] コマンドを使って作図する。
→コマンド

法線
曲線上の特定の点から引かれた、曲線の接線に垂直な直線のこと。→接線

包絡処理
複数の図形やオブジェクトの外形を包括的に囲む操作のこと。複数の図形の外形を大きな形状で囲むことができる。一般的な用途としては、複数の図形の境界を確認したり、特定の図形群の外形を把握したりする際に役立つ。

補助線種
画面に表示されるもので、他の線と同じように操作できるが、印刷には現れない線のこと。作図補助のための線（下書き線）として利用される。

補助線色
図面上に表示されるが印刷されない特定の線色のこと。作図補助やガイドラインとして使用できる。
→線色

ま

文字色
文字の表示色のこと。線色と同じく番号で指定されるが、印刷時の文字の太さには影響しない。
→線色

文字種
Jw_cad内で文字のサイズと色を設定するための分類。[1] ～ [10] までの文字の種類と、自由に設定できる [任意サイズ] がある。

ら

レイヤ
Jw_cadでは透明な複数のシートに異なる部分を描画し、それらを重ねて1つの図面にまとめることができる。この各シートに対応するのが「レイヤ」で、レイヤバーで表示状態などを変更できる。

レイヤグループ
Jw_cad特有の機能で、16層のレイヤをセットとしてまとめたものを「レイヤグループ」と呼ぶ。それぞれに異なる縮尺を設定でき、画面右側の「レイヤグループバー」で表示状態などを変更できる。→レイヤ

索引

さ

た

本書を読み終えた方へ
できるシリーズのご案内

シリーズ累計7500万部突破[※1] ベストセラー 売上No.1[※2]

※1：当社調べ　※2：大手書店チェーン調べ

CAD関連書籍

できるJw_cad8

ObraClub＆
できるシリーズ編集部
定価：3,080円
（本体2,800円＋税10％）

線の引き方から図面の作成・加筆まで自由自在。レッスンごとに用意された練習用ファイルや豊富な図形サンプルで、定番CADソフトを多角的に学べる。

できるゼロからはじめる Jw_cad 8超入門

ObraClub＆
できるシリーズ編集部
定価：2,640円
（本体2,400円＋税10％）

見やすい紙面とやさしい解説が特徴のJw_cadのいちばんやさしい入門書！書籍専用のサポート窓口「できるサポート」に対応しているから安心。

できるAutoCAD 2022/2021/2020対応

矢野悦子＆
できるシリーズ編集部
定価：2,860円
（本体2,600円＋税10％）

初めて使う人向けに操作や手順を厳選。基本的な作図方法から、実際の図面を使った操作まで丁寧に解説。安心のできるサポート付き。

読者アンケートにご協力ください！

https://book.impress.co.jp/books/1123101012

「できるシリーズ」では皆さまのご意見、ご感想を今後の企画に生かしていきたいと考えています。
お手数ですが以下の方法で読者アンケートにご協力ください。
ご協力いただいた方には抽選で毎月プレゼントをお送りします！

※プレゼントの内容については「CLUB Impress」のWebサイト（https://book.impress.co.jp/）をご確認ください。

1 URLを入力して Enter キーを押す

2 ［アンケートに答える］をクリック

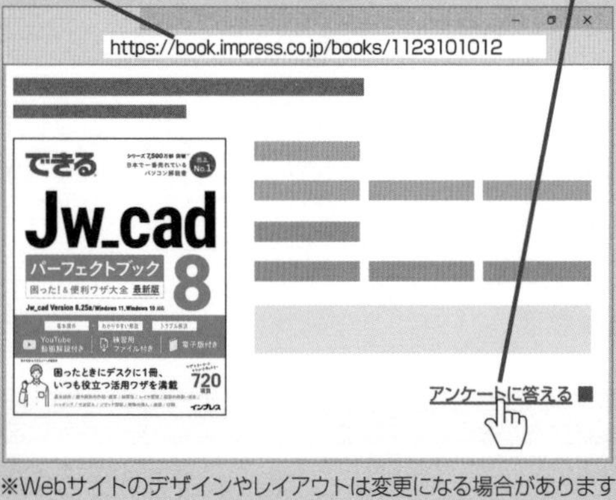

※Webサイトのデザインやレイアウトは変更になる場合があります。

◆会員登録がお済みの方
会員IDと会員パスワードを入力して、［ログインする］をクリックする

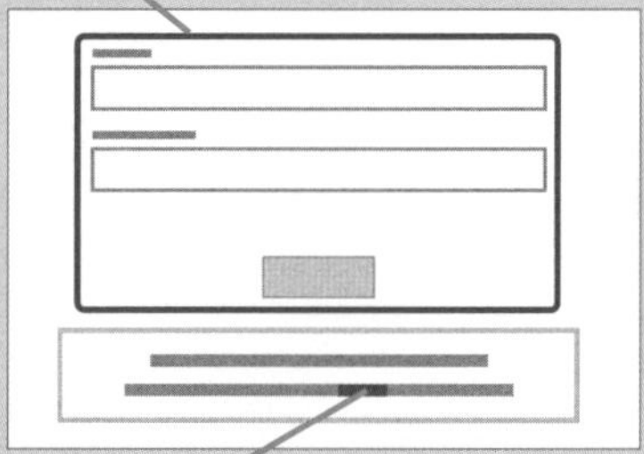

◆会員登録をされていない方
［こちら］をクリックして会員規約に同意してからメールアドレスや希望のパスワードを入力し、登録確認メールのURLをクリックする

■著者

櫻井良明（さくらい　よしあき）

1963年大阪府生まれ。一級建築士、一級建築施工管理技士、一級土木施工管理技士。1986年、福井大学工学部建設工学科卒業。設計事務所、ゼネコン勤務、山梨県立甲府工業高等学校建築科教諭、日本工学院八王子専門学校建築学科・建築設計科教員などを経て、現在、山梨県立甲府工業高等学校専攻科（夜間制）建築科教諭。長年にわたりJw_cadによる建築製図指導を続けていて、全国のさまざまな建築設計コンペなどで指導した生徒を多数入選に導いている。主な著書に『これで完璧！ Jw_cad基本作図ドリル［Jw_cad8対応版］』『Jw_cadでかんたんにつくれる建築模型』『高校生から始めるJw_cad建築製図入門[RC造編](Jw_cad 8 対応版）』（エクスナレッジ）など。

ホームページ：https://ags.gozaru.jp/

ブログ：http://agsgozaru.jugem.jp/

素材提供	株式会社LIXIL・有限会社ワカスギ
Special Thanks	清水治郎・田中善文

STAFF

シリーズロゴデザイン	山岡デザイン事務所<yamaoka@mail.yama.co.jp>
カバー・本文デザイン	伊藤忠インタラクティブ株式会社
カバーイラスト	こつじゆい
DTP制作	町田有美・田中麻衣子
校正	株式会社トップスタジオ
編集協力	株式会社トップスタジオ
デザイン制作室	今津幸弘<imazu@impress.co.jp>
	鈴木　薫<suzu-kao@impress.co.jp>
制作担当デスク	柏倉真理子<kasiwa-m@impress.co.jp>
デスク	荻上　徹<ogiue@impress.co.jp>
編集長	藤原泰之<fujiwara@impress.co.jp>
オリジナルコンセプト	山下憲治

■商品に関する問い合わせ先

このたびは弊社商品をご購入いただきありがとうございます。本書の内容などに関するお問い合わせは、下記のURLまたは二次元バーコードにある問い合わせフォームからお送りください。

https://book.impress.co.jp/info/

上記フォームがご利用いただけない場合のメールでの問い合わせ先

info@impress.co.jp

※お問い合わせの際は、書名、ISBN、お名前、お電話番号、メールアドレス に加えて、「該当するページ」と「具体的なご質問内容」「お使いの動作環境」を必ずご明記ください。なお、本書の範囲を超えるご質問にはお答えできないのでご了承ください。

●電話やFAXでのご質問には対応しておりません。また、封書でのお問い合わせは回答までに日数をいただく場合があります。あらかじめご了承ください。
●インプレスブックスの本書情報ページ https://book.impress.co.jp/books/1123101012 では、本書のサポート情報や正誤表・訂正情報などを提供しています。あわせてご確認ください。
●本書の奥付に記載されている初版発行日から3年が経過した場合、もしくは本書で紹介している製品やサービスについて提供会社によるサポートが終了した場合はご質問にお答えできない場合があります。

■落丁・乱丁本などの問い合わせ先

FAX 03-6837-5023

service@impress.co.jp

※古書店で購入された商品はお取り替えできません。

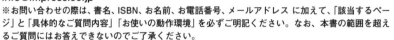

できるJw_cad 8 パーフェクトブック困った！&便利ワザ大全

2023年10月21日 初版発行

著 者 櫻井良明 & できるシリーズ編集部

発行人 高橋隆志

発行所 株式会社インプレス
〒101-0051 東京都千代田区神田神保町一丁目105番地
ホームページ https://book.impress.co.jp/

印刷所 図書印刷株式会社

ISBN978-4-295-01754-7 C3004

Printed in Japan